인술 배틀 TRPG

Ninja Battle Role Playing Game SHINOBIGAMI Basic Rulebook Revised edition

KAWASHIMA Toichiro & Adventure Planning Service

SHINOBIGAMI

와시마 토이치로
험기획국

시노비가미

역 유범

기본룰북
개정판
한국어판

KB043623

TRPG CLUB

지켜야 할 것을 두고 싸워라

거짓 없는 진심으로 대할 이를 위해
그림자와 그림자가 맞부딪친다.

현대 사회의 이면에서 끊임없는 싸움을 벌이는 이들이 있었다. 고층 빌딩 위에서, 인파 속에서, 심야의 인기척 없는 번화가에서 은밀히 싸우는 그림자들. 그들이 바로 현대까지 살아남은 닌자들이다!

현대의 이면에서 살아가는 닌자들의 싸움!

현대의 이면에 도사린 그림자의 주민, 닌자. 그들은 일반인의 눈에는 보이지 않을 정도로 빠르게 움직이며, 최신 시큐리티조차 돌파하는 초인적인 존재다. 그들은 아득히 먼 옛날부터 역사의 이면에서 존재하며 세계의 거사에 관여해왔다.

『인술 배틀 TRPG 시노비가미』는 바로 그런 닌자들이 모든 소원을 들어준다는 존재, 「시노비가미」를 둘러싸고 싸우는 TRPG다. 플레이어는 닌자가 되어 갖가지 인술을 구사하면서 비전서나 기밀 문서, 사연 있는 미술품, 때로는 히로인의 마음을 놓고 싸운다!

감정과 비밀이 자아내는 닌자들의 드라마

하지만 『시노비가미』의 세계를 이루는 것은 싸움만이 아니다. 적 닌자와 사랑에 빠지거나, 신뢰하는 동료가 갑자기 배신하고 적이 되거나, 아까까지 서로 다투던 이들이 손을 잡거나, 지금 싸우는 상대가 애타게 찾아 헤맨 인물이라는 사실이 밝혀지거나……. 그런 예기치 못한 사태가 종종 일어나는 것 또한 『시노비가미』의 특징이다. 싸움에 이기는 것만이 전부가 아니다. 승부 뒤에 기다리고 있는 드라마야말로 『시노비가미』의 진정한 즐거움이라고 할 수 있으리라. 거기에는 닌자들의 【사명】과 【비밀】이 깊이 관여한다.

열쇠를 쥐고 있는 사명과 비밀

『시노비가미』에서는 캐릭터 전원에게 핸드아웃이 배분된다. 핸드아웃의 앞면에는 달성해야 할 목표인 【사명】이, 뒷면에는 자신만 볼 수 있는 정보인 【비밀】이 적혀 있다. 【사명】과 【비밀】의 내용에 따라 세션은 예기치 못한 전개로 흘러갈 것이다.

사명

핸드아웃

이름

사명

당신은 학생 신분으로 고등학교에 잠입한 닌자다. 당신의 【사명】은 이 학교의 학생이 가지고 있다는 비전서 「월륜의 서」를 손에 넣어 가지고 돌아오는 것이다.

핸드아웃 앞면에 적혀 있는 【사명】은 그 시나리오에서 캐릭터가 달성해야 할 목표이자, 다른 플레이어에게도 공개되는, 누구나 아는 정보다.

비밀

핸드아웃

이 비밀을
스스로 밝힐 수는 없다

비밀

사실 「월륜의 서」는 비전서 따위가 아니다. 보름달이 뜨는 밤까지 「월륜의 서」를 방치하면 어느 의식이 완성되며, 주위의 인물들은 산제물이 되어버린다. 당신의 【진정한 사명】은 「월륜의 서」를 파괴하는 것이다.

【비밀】에 적혀 있는 내용은 앞면의 【사명】을 뒤집어엎는 것이었다. 이 핸드아웃의 소유자는 비전서를 빼앗는 척해서 의식의 완성을 방해하고자 하는 입장인 셈이다.

비밀을 둘러싸고 생겨나는 경악의 연쇄

『시노비가미』의 시나리오에서는 PC나 NPC를 위해 【사명】과 【비밀】이 적힌 핸드아웃을 준비한다. 앞면에 적힌 【사명】은 캐릭터가 그 세션에서 달성해야 하는 목표로, 플레이어 전원에게 공개된다. 뒷면에 적힌 【비밀】에는 세션과 관련된 갖가지 정보가 적혀 있다. 이것은 핸드아웃을 건네받은 플레이어만 볼 수 있는 정보다.

세션 동안 플레이어는 다른 플레이어의 【비밀】을 조사할 수 있다. 타인의 【비밀】을 본 순간, 새로운 전개가 펼쳐질 것이다. 적이라고 생각한 상대가 생이별한 누이였다! 간신히 손에 넣은 비전서가 가짜였다! 【비밀】에 따라 이야기는 새로운 전개를 맞이할 것이다.

이렇게 슬리브 안에 【비밀】을 숨겨두면 플레이할 때 편리하다. 자기만 알고 있는 정보가 있으면 묘하게 즐거운 법. 자신이 모르는 정보가 있으면 불안한 것 같기도 하고, 즐거운 것 같기도 하고.

【비밀】 조사에 성공하면 이렇게 다른 플레이어의 핸드아웃 뒷면을 보게 된다. 『시노비가미』 세션 과정에서 가장 가슴이 설레는 순간이다.

9

승부는 수읽기 싸움에 달려 있다

승부가 한순간에 정해진다면, 조금이라도 더 빨리 상대를 공격해야 한다. 설령 아무리 강력한 공격이라도 상대에게 닿지 않으면 의미가 없다. 그런 긴장감 넘치는 공방을 즐겨보자!

칼과 칼이 교차하는 한순간의 공방

칼을 든 닌자 두 사람이 공중에서 맞부딪친다. 다음 순간, 한쪽이 쓰러지면서 승부가 난다. 드라마나 애니메이션에서 이런 장면을 본 적 없는가? 『시노비가미』의 전투 규칙은 그런 한순간의 공방을 간단하게 재현할 수 있다.

상대가 어느 타이밍에 움직일지, 자신이 사용하는 기술에 가장 적합한 간격은 어디인지. 타이밍이 빠르면 상대보다 먼저 행동할 수 있지만, 공격에 실패할 가능성도 높아진다. 또, 싸울 상대와의 속도 차이가 너무 심하면 공격이 닿지 않는다. 참으로 흥미진진한 수읽기 승부다.

자신이 행동할 속도는 상대 몰래 주사위 위로 정한 후, 동시에 공개한다.

노린 대로다! 싸울 상대보다 빠르게 움직일 수 있고, 간격도 문제없다. 이제 공격에 성공하기만 하면 된다.

필살의 일격, 오의로 결정타를!

분신술을 쓰면서 각각 다른 방향에서 수리검을 던진다. 적과 함께 하늘 높은 곳에서 낙하하여 상대를 지면에 내동댕이친다. 닌자라고 하면 상상할 수 있는 것 중 하나가 강력한 필살기, 오의일 것이다. 『시노비가미』의 닌자들 또한 각자 비장의 오의를 가지고 있다.

적의 숨통을 끊는 강력한 공격을 펼치거나, 미리 설치한 함정으로 적의 행동을 무산시키거나, 적이 날린 혼신의 일격으로부터 동료를 지킨다. 오의를 선보이는 순간은 곧 닌자가 스포트라이트를 받는 순간이다. 사용하는 오의의 정보는 실제로 사용하기 전까지는 다른 플레이어에게 공개되지 않는다. 그리고 처음으로 선보인 오의는 누구도 방해할 수 없다. 설령 전황이 불리하더라도 오의를 잘 구사하면 역전할 가능성은 충분히 있다.

오의에는 반드시 연출과 이름을 정해두자. 오의의 이름을 선언하는 순간은 정말로 통쾌하다!

퇴마편

어둠 속에 숨어들어 인간 세상에 재앙을 가져오는 괴이는 실제로 존재한다. 시노비들은 태곳적부터 그런 요마들과 싸웠고, 그들을 봉인하여 세계의 평화를 지켰다.

하지만 요마를 봉인한 대결계 「지옥문」이 누군가에 의해 열리고, 봉인에서 벗어난 요마들이 다시 세상에 해방되었다. 인류를 위해 요마와 싸우는 자, 요마의 힘을 얻어 숙원을 성취하고자 하는 자, 요마와 손을 잡고 세계를 지배하고자 하는 자……. 시노비와 요마가 얽히고설키는 악몽의 싸움, 그 막이 오른다!

여러 가지 퇴마인법, 요마의 힘과 그 대가를 표현하는 「부정(不淨)」, 강력한 요마무기 등의 전용 시스템을 구사해서 일반적인 『시노비가미』와는 조금 다른 모험을 즐겨보자. 강력한 요마에게 대항하려면 닌자들간의 협력은 필수불가결. 하지만 어깨를 나란히 하고 싸울 동료들은 정말로 믿을 만한 상대인가? 요마를 쓰러뜨리는 것이 정말로 자신을 위한 일인가? 대답은 자신의 마음에 직접 묻는 수밖에 없다.

『시노비가미』가 더욱 즐거워지는 두 가지 레귤레이션

닌자라고 하면 역시 전국시대! 행상인으로 변장해 영지의 도읍에 숨어들거나, 천수각에서 공주를 납치하거나, 깊은 산속에서 선인과 수행을 하고 싶다면 『시노비가미』 전국편을 해보자. 현대 6대 유파의 선조에 해당하는 전국시대의 유파가 구사하는 인법은 하나같이 강력하고 위험한 것뿐. 더 치열한 배틀을 즐길 수 있다.

물론 역사에 대해 잘 몰라도 괜찮다. 고속 기동을 전개하는 닌자가 존재하는 전국시대에는 로봇이나 탄환을 연사할 수 있는 라이플, 하늘을 나는 요술사나 미래에서 온 에이전트 등이 우글거리고 있다. 역사상의 인물도 교과서에 실린 그대로일 것이라는 보장이 없다. 무장들이 모두 여자애일 수도 있고, 도쿠가와 이에야스가 진짜로 너구리였을 수도 있는 것이다.

전국편

11

6대 유파

삼라만상을 과학으로 좌지우지하는 오버 테크놀로지의 사용자들
하스바 인군

과학기술에 의한 대통일 인법 이론의 확립. 이것이야말로 하스바 인군이 내걸고 있는 이상이다. 우수한 연구자와 기술자로 구성된 유파로, 닌자장비와 닌자도구의 개발이 특기다. 전장에서는 이러한 발명품을 사용해서 인무(忍務)를 수행한다. 미지의 오의나 비술에 강한 관심을 보이는 인법 수집가들이다.

시노비의 세계에서 악을 단죄하는 최강의 닌자 검사
쿠라마신류

닌자 세계 제일의 전투집단. 검술, 봉술, 권법, 수리검술……. 온갖 무술의 원형이 되었다는 쿄하치류의 계승자들. 하나같이 뛰어난 무인이며, 개인의 전투력만 놓고 보면 6대 유파 중에서도 으뜸. 시노비나 요마가 일으키는 재앙이 바깥 세상으로 번지지 않도록 투쟁의 나날을 보내고 있는 긍지 높은 전사들이다.

하구레모노

특정한 유파에 속하지 않고 용병으로 활동하는 자들. 탈주닌자, 몇 명밖에 남지 않은 소규모 유파, 이제 막 힘에 눈을 뜬 「사나기(번데기)」 등 각자의 사정을 짊어지고 있는 이들이다. 하구레모노 개개인이 거대한 목적을 위해 협력하는 경우는 드물지만, 불확정 요소라는 의미에서는 무시할 수 없는 세력이다.

히라사카 기관

국가에 충성을 바친 닌자들. 예부터 전해진 종교인 히라사카류 고신도를 그 뿌리로 두고 있다. 예부터 정치에 관여했으며, 변환 자재의 음모를 구사한다. 계략을 꾸미고, 속이고, 함정에 빠뜨리는 것으로는 타의 추종을 불허한다. 시노비의 세계에서는 「사건의 뒤에 히라사카의 악마 있으리」라는 말이 있을 정도다.

사립 오토기 학원

대외적으로는 귀한 집안의 자녀가 다수 재적하고 있는 에스컬레이터식 진학교. 또 하나의 얼굴은 이능의 힘을 주체하지 못하는 소년 소녀들에게 힘을 제어하는 방법을 가르치는 비밀 닌자 육성 기관이다. 그 거대한 학사에서는 일반 학생 사이에 녹아든 닌자 학생들이 연애, 학업, 인무에 매진하는 청춘의 나날을 보내고 있다.

역사의 그림자에서 준동하는, 인간이 아닌 자들

오니의 혈통

고대 일본에서 오니나 츠치구모 등의 이름으로 통하곤 했던 「불복한 자들」의 말예. 기나긴 박해의 역사로 인해 국가 권력을 지독하게 증오하는 이들이 많다. 「시노비가미」의 부활과 국가 전복을 노리는 유파다. 그 일원은 하나같이 동서고금의 요술, 마술에 정통한 마인들이다.

14

요마

　　흡혈귀, 악마, 요괴…… 심지어 미확인 동물이나 사신 등에 이르기까지 초자연적인 능력을 휘두르는 「인간이 아닌 자들」을 통틀어서 요마라고 부른다. 그들은 대중의 눈앞에 나타나지 않으며, 시노비의 세계와 그 영역의 대부분이 겹쳐 있는 어둠의 세계에서 각자의 목적을 위해 활동하고 있다. 때때로 사악한 목적을 가지고 움직이며, 자신들과 필적하는 힘을 지닌 닌자들에 대해서는 강력한 적대감을 드러낸다.

　　닌자 유파 내부에 요마의 피를 이은 일족이 존재하는 것을 봐도 알 수 있듯이 요마와 닌자는 아득히 먼 옛날부터 깊이 관여해왔다. 하지만 닌자가 진정한 의미에서 요마를 이해하는 것은 불가능하다. 아마 앞으로도 그럴 것이다. 그들이 공유하는 의사소통 수단은 싸움뿐이다.

일반인

　　세계에는 닌자가 아닌 이능력자들이 존재한다. 마술사, 초능력자, 그리고 아직 이름이 붙여지지 않은 카테고리에 속하는 이들. 닌자는 그들을 통틀어 일반인이라고 부른다. 아무런 특수 능력도 없는 인간과 별 차이가 없다고 생각하기 때문이다.

　　분명 일반인들은 전투력이나 정보수집능력만 놓고 본다면 닌자의 발치에도 미치지 못한다. 하지만 일반인에게는 일반인만의 법식과 전투 방식이 있으며, 상황에 따라서는 닌자에 필적할 수도 있고, 심지어 닌자에게 이기는 일조차 있을 수 있다. 일반인이 가진 최대의 무기는 빛의 세계에서 살아가며 몰래 감춰두고 있는 비밀이다. 닌자가 그것을 밝혀낸 순간부터 진짜 싸움이 시작된다.

특수한 용어

이 책에 등장하는 몇 가지 용어를 읽는 법을 소개합니다. 규칙을 엄밀하게 정의하고 싶다면 여기에서 소개한 용어를 읽는 방식에 주의를 기울여보시기 바랍니다.

상승

이 책에는 다양한 수치가 등장합니다. 규칙을 참조하다 보면 각 수치를 상승시키라는 지시를 받을 때가 있습니다. 특정한 수치를 상승시키라고 지시받은 경우, 그 수치를 지정된 만큼 더합니다.

회복

회복은 상승의 일종입니다. 감소한 수치를 상승시키라는 의미입니다. 최대치가 설정되어 있는 수치의 경우, 회복 효과가 발생해도 최대치를 초과하도록 상승시킬 수 없습니다. 또, 회복에는 불리한 효과에서 벗어난다는 의미도 있습니다. 「상태이상을 회복한다」라는 효과가 발생했다면, 현재 자신에게 걸려 있는 상태이상 중에서 지정된 상태이상을 무효로 합니다.

획득

획득은 상승의 일종입니다. 닌자도구나 프라이즈, 【정보】나 【감정】 등을 새로 입수했다는 의미입니다. 해당하는 항목에 최대치가 설정되어 있는 경우, 획득 효과가 발생해도 최대치를 초과하도록 입수할 수 없습니다.

감소

이 책에 등장하는 수치 중에는 규칙의 지시에 따라 감소하는 것도 있습니다. 특정한 수치를 감소하라는 지시를 받은 경우, 그 수치를 지정된 만큼 뺍니다. 단, 따로 언급이 없다면 각 수치는 감소 효과로 인해 0 미만이 되지 않습니다. 「소실」, 「잃는다」, 「경감」이라고 적혀 있는 경우도 감소와 똑같이 취급합니다.

소비

소비는 감소의 일종입니다. 어떤 행동의 코스트를 지불하기 위해 자발적으로 특정한 수치를 감소하는 것을 의미합니다. 「●●를 소비하면 ●●한다」라는 형식으로 적혀 있을 경우, 지정된 자원을 지정된 수치만큼 감소해야만 뒤에 적혀 있는 효과가 발생합니다.

누가?

이 책에는 다양한 내용이 적혀 있습니다. 그중에는 「공격을 했을 때」, 「회피 판정에 실패했을 때」처럼 누가 공격을 했는지, 누가 회피 판정에 실패했는지를 생략하는 경우가 있습니다. 이런 경우, 그 규칙이나 특수효과를 사용한 인물을 동작의 주체로 보고 본문을 읽어주시기 바랍니다.

예를 들어 어느 캐릭터가 【접근전 공격】이라는 인법을 사용했다고 합시다. 본문의 내용에는 「공격이 성공하면 목표에게 접근전 대미지 1점을 입힐 수 있다」라고 적혀 있습니다. 여기에서 목표에게 대미지를 입힐 수 있는 것은 【접근전 공격】의 사용자인 그 캐릭터(혹은 그 플레이어)입니다.

「한다」와 「할 수 있다」

본문의 내용 중에는 「●●할 수 있다」, 「●●한다」라는 표기가 등장합니다. 「●●할 수 있다」라고 적혀 있을 때는 그 규칙이나 효과의 사용자가 그 효과를 사용하지 않을 수도 있습니다. 「●●한다」라고 적혀 있다면 반드시 그 내용에 따라 처리해야 합니다.

목표 선택하기

본문의 내용 중에는 「목표를 선택한다」라는 표기가 등장합니다. 이런 경우, 따로 언급이 없다면 규칙이나 특수효과를 사용하는 캐릭터와 같은 장면에 등장한 이들 중에서 목표를 선택합니다.

누적되지 않는다

본문의 내용 중에는 「이 효과는 누적되지 않는다」라는 표기가 등장합니다. 이런 언급이 있는 효과는 그 효과가 지속되는 사이에 동일한 목표에게 동일한 효과를 한 번 더 사용해도 중복해 적용되지 않습니다. 이미 모종의 「누적되지 않는」 효과가 발생한 대상에 대해 다시 동일한 효과를 사용했다면, 그때까지 발생한 효과는 사라지고 나중에 발생한 효과가 적용됩니다. 이것을 효과 덮어쓰기라고 부릅니다.

누적되지 않는 효과라도 다른 목표에게 사용했을 경우에는 그 이전에 사용한 목표의 효과를 덮어쓰지 않습니다.

인술 배틀 TRPG
시노비가미
기본룰북 개정판

저■카와시마 토이치로
/모험기획국

번역■유범

「아마도 혼란스럽겠지. 여기가 어디인지도 모를 테고, 자신이 누구인지도 떠오르지 않을 게다. 우선 알아둬야 할 것은 네가 위기에 처했다는 것, 그리고 너 자신도 매우 위험한 존재라는 것이다. 너는 닌자다.」

—— 하구레모노, 테이블 위의 메모

시작하며

이 게임은?

이 책은 그림자로 살아가는 닌자가 되어 어둠의 세계에서 치열한 싸움을 펼치는 TRPG『시노비가미』의 룰북입니다.

TRPG란 테이블 토크 롤플레잉 게임의 약자입니다. 모니터나 게임기, 컴퓨터 등을 사용하지 않고 즐기는 게임입니다.

컴퓨터 대신 종이와 연필, 주사위를 사용해서 게임을 합니다.

또, 게임을 하려면 게임 마스터라고 하는 진행자 한 명과 3~5명 정도의 플레이어가 필요합니다.

그렇습니다. 이 게임은 친구들과 함께 즐기는 게임입니다.

친구들과 한 자리에 모여『시노비가미』를 해보면 이런 것들을 체험할 수 있습니다.

• 멋진 캐릭터나 재미있는 캐릭터를 만들어서 서로에게 보여주는 자리.
• 예상할 수 없는 주사위 눈이 이끌어내는 깜짝 놀랄 만한 해프닝.
• 가벼운 눈치 싸움이나 임기응변을 동반하는 진검승부.
• 생각지도 못한 사실이 판명되어 무심코「뭐……라고!?」라고 말해버릴 정도의 전개.
• 캐릭터간의 로맨스.
• 소년만화처럼 서로를 향해 필살기를 주고받는 뜨거운 배틀.

로맨스나 뜨거운 배틀 같은 요소는 처음에야 조금 부끄럽게 느껴질 수도 있습니다. 진검승부라는 말도 어려워보일 수 있습니다.

그래도 친구들과 함께 과자를 먹거나 농담을 주고받으며 마음 편히 즐겨보시기 바랍니다.

게임을 통해 다 함께 이야기를 만들어나가는 느낌을 맛볼 수 있다는 것 또한 TRPG가 즐거운 이유입니다.

혹시라도 재미있을 것 같다는 생각이 드셨다면, 우선 p21부터 소개되는「인물의 서 캐릭터 파트」를 읽으면서 자신의 캐릭터를 만들어보시기 바랍니다.

그리고 캐릭터가 완성되면 실제로『시노비가미』를 체험해봅시다.

분명히 근사한 모험이 기다리고 있을 것입니다.

자, 페이지를 넘겨주세요.

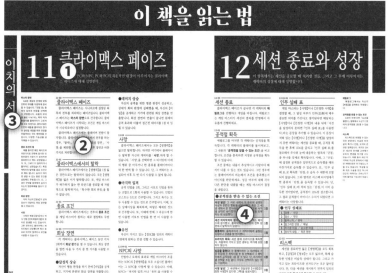

① 타이틀
그 코너의 타이틀입니다. 어떤 규칙에 관한 내용인지 간단히 설명합니다.

② 본문
여기에 적힌 문장입니다. 그 페이지에서 설명하는 주된 내용이 여기에 적혀 있습니다.

③ 주
그 페이지의 본문에 적혀 있는 내용에 대한 보충 설명이나 간단한 예시가 적혀 있습니다.

④ 표
게임에 필요한 데이터를 정리한 표입니다. 표마다 지시하는 주사위를 굴리고, 그 눈에 따라 표의 내용을 적용하는 방식으로 사용합니다.

게임에 필요한 것

룰북: 이 책입니다. 최소한 한 권, 가능하다면 참가자마다 한 권씩 있으면 편합니다.

시트류: 규칙 요약본, 핸드아웃 등의 각종 시트를 참가자 수만큼 복사해둬야 합니다. 또, 벨로시티 시스템의 복사본이 한 장 필요합니다. 시트류는 권말 부록으로 정리돼됐습니다. 또 시트의 내용을 채워넣기 위한 필기도구가 참가자마다 한 개씩 필요합니다. 쓰고 지울 수 있는 연필이나 지워지는 볼펜 등을 사용합시다.

주사위: 『시노비가미』를 플레이하려면 참가자마다 6면체 주사위가 3개 정도 필요합니다. 게임 마스터는 6개 이상 준비해둡시다.

게임 말: 참가자마다 1개씩 필요합니다. 게임 마스터는 시나리오에 등장하는 NPC용의 게임 말을 5~6개 준비해둡시다. 체스말이나 작은 피겨 등을 게임 말로 사용할 수 있습니다. 공식 사이트(http://www.trpgclub.com)에서 전용 게임 말을 다운로드할 수도 있습니다.

특별한 표기

이 책의 규칙에서 아래의 표기에는 특별한 의미가 있습니다.

nD6: 주사위를 n개 굴리고, 그 합계치를 구합니다. 예를 들어 1D6이라면 주사위를 1개 굴리고, 그 눈의 수치를 사용합니다. 2D6이라면 주사위를 2개 굴리고 각 눈의 합계치를 사용합니다.

D66: 주사위를 2개 굴려서 숫자가 작은 쪽을 십의 자리, 큰 쪽을 일의 자리로 보고 11~66의 수를 구합니다. 특수한 방식의 주사위 굴림입니다.

【　】: 게임상의 특수한 데이터를 의미합니다. 캐릭터의 생명력, 정보(거처, 비밀, 오의), 감정, 인법 등에 사용합니다.

《　》: 캐릭터의 특기를 의미합니다. 만약 / 뒤에 문자가 적혀 있다면 그것은 특기의 위치를 나타냅니다. 예를 들어 《은형술/인술7》이라면 은형술이라는 특기가 인술 분야의 일곱 번째에 해당한다는 것을 나타냅니다.

세션: 『시노비가미』에서는 한 번의 게임을 세션이라고 부릅니다.

GM: 게임 마스터의 약자입니다. 시나리오 제작, 게임 진행, 규칙 심판, 캐릭터 롤플레이, 이야기의 전개를 담당합니다.

플레이어: 닌자 캐릭터를 사용해서 게임 마스터의 시나리오에 도전하는 게임 참가자입니다. 자신만의 닌자 캐릭터를 만들어 게임에 참가합니다.

캐릭터: 게임상에 등장하는 가상의 인격. 플레이어는 전용 캐릭터를 만들고 조작해서 게임을 진행합니다.

PC: 플레이어 캐릭터의 약자입니다. 이름이나 설정, 특기나 인법을 설정해서 간단히 제작할 수 있습니다.

NPC: 논 플레이어 캐릭터의 약자입니다. 기본적으로 게임 마스터가 조작합니다.

목차

인물의 서

이 장에는 플레이어의 분신이 되어 시노비 세계의 싸움에 임할 닌자를 제작하는 방법이 적혀 있습니다. 우선 다음 페이지에서 캐릭터 제작 절차를 확인해봅시다.

캐릭터 파트

「듣거라, 제자야. 네 뼈를 박살내고 배를 가른 이유는 다름이 아니라, 그 몸이 무엇으로 이루어져 있는지 알려주기 위해서다. 그리고 자신이 무엇을 가지고 있는지 깨닫도록 하기 위함이다. 그 반대도 말이다. 그럼 이제 그 상태로 호랑이를 쓰러뜨려보거라.」

—— 쿠라마신류, 첫 검술 지도

1 캐릭터

그대가 조종하는 닌자가 어떤 호칭으로 불리고, 어떤 모습을 하고 있으며, 어떤 조직 소속이고, 어떤 인법을 구사하며, 무엇을 위해 싸우는지 결정하자.

레귤레이션

따로 특별한 처리를 가하지 않은 평범한 『시노비가미』를 「퇴마편」이나 「전국편」과 구별할 때는 「현대편」이라고 부릅니다. GM은 이 「현대편」을 기준으로 삼아 갖가지 규칙을 추가하거나 변경해도 좋습니다.

핸드아웃

핸드아웃을 나눠주는 방식에도 다양한 테크닉이 있습니다. 예를 들어, 플레이어들을 상대로 미리 앙케이트를 실시하는 방법이 있습니다. 어떤 캐릭터를 만들고 싶은지, 불편한 전개는 없는지(연애나 배신을 지시하는 핸드아웃을 꺼리는 사람이 있습니다) 등을 들어보는 것입니다. 각자의 의견을 들어본 후, 누구에게 어느 핸드아웃을 배정할지 결정합시다. 플레이어들에게 【사명】을 보여주고 어떤 핸드아웃을 원하는지 확인하는 방법도 안정적인 선택지입니다. 한편, 플레이어들이 좀 더 자극적인 것을 바라는 경우에는 무작위로 핸드아웃을 나눠주면 재미있을 것입니다. 캐릭터 제작이 끝난 뒤에 핸드아웃을 나눠주면 평소와는 다른 긴장감 넘치는 캐릭터 제작을 즐길 수 있을 것입니다.

복사

가까운 편의점 등에서 복사합시다. 집에 컴퓨터와 프린터가 있다면 공식 사이트에서 시트를 다운로드할 수도 있습니다.

볼 수 없는 곳

가능하다면 사전에 각자의 집이나 그에 준하는 장소에서 캐릭터 제작을 마쳐둡시다. 그렇게 하면 실제 세션 시간을 길게 잡을 수 있어서 안심입니다.

1·00 캐릭터

이 규칙은 플레이어가 자기 전용의 캐릭터를 제작하기 위한 규칙입니다.

1·01 캐릭터란?

캐릭터란 게임상에 등장하는 가상의 인격입니다. 플레이어는 자기 전용의 캐릭터를 제작하고 조작해서 게임을 진행합니다. 플레이어가 조종하는 캐릭터는 플레이어 캐릭터, 줄여서 PC라고 부릅니다.

1·02 레귤레이션 확인

게임 마스터는 캐릭터를 제작하기 전에 이번 세션이 어느 **레귤레이션**에 따라 플레이하는지를 플레이어에게 알려야 합니다.

레귤레이션이란 『시노비가미』로 세션을 열 때 설정하는 조건으로, 인간의 숙적인 요마와의 싸움을 중심으로 하는 「퇴마편」, 전국시대를 무대로 하는 「전국편」 등이 있습니다.

레귤레이션에 따라 캐릭터를 제작하는 방법은 달라집니다.

레귤레이션에 대한 자세한 설명은 「18 레귤레이션과 추가 규칙」(p138)을 참조하시기 바랍니다.

또, 게임 마스터는 레귤레이션에 더해 「2 특수한 캐릭터의 제작(p41)」이 가능한지, 가능하다면 어떤 캐릭터를 제작할 수 있는지를 플레이어에게 알려줍시다.

1·02·01 핸드아웃

게임 마스터는 플레이어가 캐릭터를 제작하기 전에 **핸드아웃**(p58)을 나눠줍시다.

플레이어는 자신에게 배정된 핸드아웃의 【사명】과 【비밀】을 확인하고, 그 내용을 반영해서 캐릭터를 제작합니다.

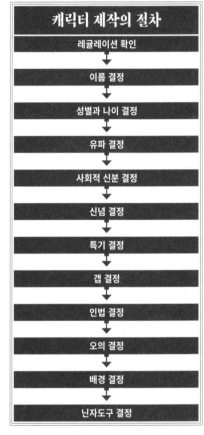

캐릭터 제작의 절차

- 레귤레이션 확인
- 이름 결정
- 성별과 나이 결정
- 유파 결정
- 사회적 신분 결정
- 신념 결정
- 특기 결정
- 갭 결정
- 인법 결정
- 오의 결정
- 배경 결정
- 닌자도구 결정

1·03 캐릭터 시트

플레이어는 p247의 캐릭터 시트를 **복사**해서 자신이 사용할 캐릭터 시트를 준비합니다. 그리고 각자 자신의 캐릭터를 제작합니다.

『시노비가미』의 캐릭터는 게임을 시작하는 시점에서 핸드아웃의 【비밀】처럼 다른 플레이어가 모르는 정보를 몇 가지 가지고 있습니다. 그러므로 캐릭터 제작은 다른 플레이어가 **볼 수 없는 곳**에서 합시다. 완성된 캐릭터는 게임을 시작하기 전에 게임 마스터에게 보여주고 검토를 받습니다.

① 이름
캐릭터의 이름을 적는 칸입니다.

② 일러스트
캐릭터의 일러스트나 심볼 마크 등을 그리는 칸입니다.

③ 나이
캐릭터의 나이를 기재합니다.

④ 성별
캐릭터의 성별을 기재합니다.

⑤ 유파
캐릭터가 소속된 유파를 기재합니다.

⑥ 계급
캐릭터의 계급을 기재합니다.

⑦ 법식
캐릭터가 속한 유파의 법식을 기재하는 칸입니다.

⑧ 사회적 신분
캐릭터가 대외적으로 내걸고 있는 신분이나 직업을 기재하는 칸입니다.

⑨ 신념
캐릭터의 주된 행동 방침인 신념을 기재합니다.

⑩ 공적
캐릭터가 현재 소지한 공적점 점수를 기재합니다.

⑪ 배경
캐릭터의 「배경」을 기재하는 칸입니다.

⑫ 생명력
대미지를 입었을 때 체크하는 칸입니다.

⑬ 특기 리스트
『시노비가미』의 특기 리스트입니다. 캐릭터가 습득한 특기에 ○를 쳐둡니다.

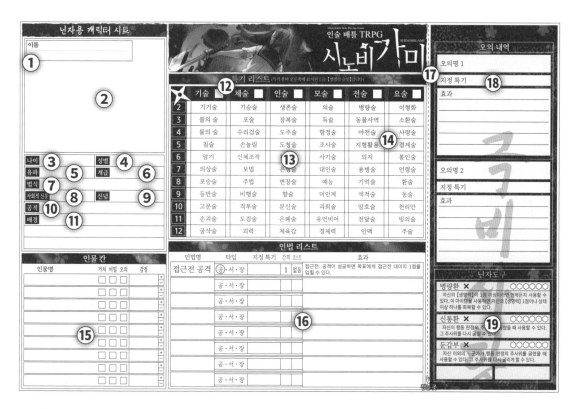

⑭ 갭
특기의 분야와 분야 사이에 있는 빈칸입니다. 행동 판정과 관계가 있습니다.

⑮ 인물칸
다른 캐릭터에 대한 감정, 다른 캐릭터의 정보를 관리하는 칸입니다. 인물명에 다른 PC나 시나리오에 등장한 NPC의 이름을 적어 넣습니다. 게임 중에 그 캐릭터에 관한 【정보】를 입수하면 □에 체크를 합니다. 【정보】에는 【거처】, 【오의】, 【비밀】의 세 종류가 있습니다. 【감정】을 맺으면 감정칸에 감정의 이름을 적고, + 또는 － 에 ○를 쳐서 어느 쪽인지 표시합시다.

⑯ 인법 리스트
캐릭터가 습득한 인법과 그 데이터를 기재하는 칸입니다.

⑰ 접는 선
이 선을 따라 캐릭터 시트를 접어서 오른쪽에 기재된 정보를 다른 플레이어가 볼 수 없게 합시다.

⑱ 오의 내역
캐릭터가 습득한 오의의 이름, 지정 특기, 오의의 종류나 효과를 적어두는 칸입니다. 오의의 연출 등을 미리 적어둬도 좋습니다.

⑲ 닌자도구
캐릭터가 소지한 닌자도구의 수와 사용한 개수를 기록해두는 칸입니다.

23

닌자다운 이름

TRPG의 캐릭터 이름은 다른 플레이어가 기억하기 쉬워야 합니다. 주특기에 해당하는 능력이나 성격, 겉모습과 관련된 이름이라면 다른 플레이어의 기억에 남을 가능성이 더 높을 것입니다.

1·04
캐릭터의 이름

자기 캐릭터의 이름을 결정합시다. **닌자다운 이름**을 생각해봅시다.

좋은 이름이 떠오르지 않을 때는 성 결정 표나 이름 결정 표를 사용해서 무작위로 결정해도 됩니다. 레귤레이션이 「전국편」이거나 고풍스러운 이름의 캐릭터를 제작할 때는 p50에 「전국시대 성 결정 표」나 「전국시대 이름 결정 표」가 준비되어 있으니 그것들을 사용하시기 바랍니다.

1·05
캐릭터의 성별과 나이

『시노비가미』에서는 캐릭터의 나이나 성별을 마음대로 설정할 수 있습니다.

● 성 결정표

1	명문 성 표1로 결정
2	명문 성 표2로 결정
3	픽션 성 표1로 결정
4	픽션 성 표2로 결정
5	전기 성 표1로 결정
6	전기 성 표2로 결정

● 이름 결정표

1	전기 이름 표1로 결정
2	전기 이름 표2로 결정
3	일반 이름 표1로 결정
4	일반 이름 표2로 결정
5	기상천외 이름 표로 결정
6	특수 이름 표로 결정

● 명문 성 표 1

11	大伴 / 오오토모	33	城戸 / 키도
12	源 / 미나모토	34	山岡 / 야마오카
13	伊勢 / 이세	35	多羅尾 / 타라오
14	風魔 / 후마	36	角隈 / 츠노쿠마
15	楠木 / 쿠스노키	44	石川 / 이시카와
16	加藤 / 가토	45	柳生 / 야규
22	望月 / 모치즈키	46	向坂 / 코사카
23	楯岡 / 타테오카	55	諸澄 / 모로즈미
24	服部 / 핫토리	56	伴 / 반
25	百地 / 모모치	66	小幡 / 오바타
26	藤林 / 후지바야시		

● 명문 성 표 2

11	須賀 / 스가	33	芥川 / 아쿠타가와
12	伊賀崎 / 이가사키	34	雑賀 / 사이가
13	根來 / 네고로	35	座頭 / 자토
14	松尾 / 마츠오	36	出浦 / 이데우라
15	間宮 / 마미야	44	曽呂利 / 소로리
16	九鬼 / 쿠키	45	瀧川 / 타키가와
22	岩畔 / 이와쿠로	46	魚住 / 우오즈미
23	鵜飼 / 우카이	55	天草 / 아마쿠사
24	二曲輪 / 니노쿠루와	56	前田 / 마에다
25	朝比奈 / 아사히나	66	益滿 / 마스미츠
26	甲賀 / 코우가		

● 픽션 성 표 1

11	猿飛 / 사루토비	33	鬼哭 / 키코쿠
12	霧隠 / 키리가쿠레	34	武神 / 부신
13	筧 / 카케이	35	不知火 / 시라누이
14	根津 / 네즈	36	十六夜 / 이자요이
15	海野 / 운노	44	朽ノ葉 / 쿠치노하
16	穴山 / 아나야마	45	結城 / 유우키
22	由利 / 유리	46	沙門 / 샤몬
23	三好 / 미요시	55	朧 / 오보로
24	高橋 / 타카하시	56	百目鬼 / 도메키
25	山地 / 야마지	66	淋代 / 사비시로
26	出雲 / 이즈모		

● 픽션 성 표 2

11	村雨 / 무라사메	33	土御門 / 츠치미카도
12	渦巻 / 우즈마키	34	月ノ輪 / 츠키노와
13	團扇 / 우치하	35	蟬丸 / 세미마루
14	六條 / 로쿠죠	36	犬塚 / 이누즈카
15	帷 / 토바리	44	不破 / 후와
16	笛吹 / 후에후키	45	如月 / 키사라기
22	地蟲 / 지무시	46	眞庭 / 마니와
23	煙卷 / 케무마키	55	荒卷 / 아라마키
24	麻宮 / 아사미야	56	草薙 / 쿠사나기
25	夢見 / 유메미	66	矢野 / 야노
26	那知 / 나치		

● 전기 성 표 1

11	鞍馬 / 쿠라마	33	緋室 / 히무로
12	夕玄 / 유우겐	34	卍洞 / 반도
13	爆淵 / 하제후치	35	禍津日 / 마가츠히
14	桐咲 / 키리사키	36	弔 / 토무라이
15	蛭間 / 히루마	44	宵街 / 요이마치
16	燈剖 / 히구라시	45	人肌 / 히토하다
22	仄々 / 호노보노	46	國巣 / 쿠즈
23	黒子 / 쿠로코	55	風贄 / 카제니에
24	闇丸 / 야미마루	56	骼 / 호네구미
25	檻姫 / 오리히메	66	斜齒 / 하스바
26	七星 / 나나호시		

● 전기 성 표 2

11	九重 / 코코노에	33	飯綱 / 이즈나
12	燈鳥 / 히토리	34	幽世 / 카쿠리요
13	鍵鎭 / 카기모리	35	九十九 / 츠쿠모
14	比良坂 / 히라사카	36	十影 / 토카게
15	人外 / 진가이	44	ビル風 / 비루카제
16	蛇原 / 헤비하라	45	志屍 / 시카바네
22	京 / 카나도메	46	階法 / 카이호
23	夏勢 / 카제	55	陽向 / 히무카이
24	詩門 / 시몬	56	苗叉 / 네코마타
25	密丘 / 미츠오카	66	迷ノ宮 / 마요이노미야
26	狹戒 / 사카이		

● 전기 이름 표 1 상:남성 / 하:여성

No	이름	No	이름	No	이름	No	이름
11	쿠루와 / 郭, 狂輪 아즈키 / 小豆, 亞好	22	엔쥬 / 延珠, 厭呪 키쿄우 / 桔梗, 樹香	34	카무이 / 神威, 咬尉 미사오 / 操, 美沙緒	55	텐젠 / 天膳, 点禪 마부타 / 瞼, 眞蓋
12	이타치 / 鼬, 伊達 린네 / 輪廻, 鈴音	23	셰츠라 / 雪羅, 刹羅 츠라라 / 氷柱, 面螺	35	무지나 / 狢, 六科 카스미 / 霞, 佳墨	56	쥬베에 / 十兵衛, 獸丙衛 보탄 / 牡丹, 釦
13	겐토 / 玄人, 幻斗 아자미 / 薊, 阿挫枇	24	무카데 / 百足, 蜈蚣 코마 / 獨樂, 駒, 狛	36	고에몬 / 五右衛門, 護衣紋 아게하 / 揚羽, 朱刃	66	타테와키 / 帶刀, 館脇 자쿠로 / 石榴, 哾髏
14	지하도(지하드) / 神霸怒, 慈刀弩 에우레카 / 惠憂佳, 笑羽麗華	25	시시마루 / 獅子丸, 死々丸 코쵸 / 胡蝶, 弧寢	44	쇼우 / 翔, 茬 츠쿠시 / 筑紫, 盡		
15	카가시 / 案山子, 伽樫 카에데 / 楓, 穢樹	26	하야테 / 疾風, 鮠手 카가미 / 鏡, 嘉神	45	호무라 / 焔, 火叢 호타루 / 螢, 火		
16	키리히토 / 斬人, 霧一 스모모 / 李, 素桃	33	이카즈치 / 雷, 射禍土 시노부 / 偲, 忍	46	토비카게 / 飛影, 鳶鉤 시로가네 / 白銀, 城鐘		

● 전기 이름 표 2 상:남성 / 하:여성

No	이름	No	이름	No	이름	No	이름
11	쿠우야 / 空夜, 喰也 카논 / 香遠, 觀音	22	바쿠로 / 爆爐, 白樂 링고 / 林檎, 凜瑚	34	시키 / 式, 四季 아리스 / 亞梨子, 有純	55	도구마 / 毒魔, 土偶馬 츠보미 / 蕾, 壺魅
12	단테 / 彈帝, 壇珸 하다카 / 裸, 肌華	23	토키오 / 時生, 朱鷺雄	35	쿠로오 / 黑生, 鴉 나루코 / 鳴子, 奈留虛	56	텐사이 / 天齋, 天災 코토부키 / 壽, 異792
13	바사라 / 婆娑羅, 伐更 모미지 / 紅葉, 椛路	24	코간 / 孤雁, 虎眠 사라사 / 沙羅沙, 更茶	36	지하도(지하드) / 神霸怒, 慈刀弩 에우레카 / 惠憂佳, 笑羽麗華	66	로쿠로 / 轆轤, 路黑 아미노 / 網乃, 娃箕
14	네지 / 螺子, 涅兒 마호호 / 麻頬, 魔法穗	25	히즈미 / 氷純, 歪 나데시코 / 撫子, 瞿麥	44	후지마루 / 藤丸, 不死丸 후미오 / 文緒, 踏鳴		
15	라이토 / 雷人, 礼斗 타키비 / 瀧, 焚	26	나타쿠 / 哪吒, 鉈狗 츠바키 / 椿, 唾吐	45	우쿄 / 右京, 浮世 루이 / 淚, 流衣		
16	소우마 / 蒼馬, 想眞 렌 / 蓮, 戀	33	소타츠 / 宗達, 雙龍 네온 / 音恩, 念怨	46	츠부테 / 飛礫, 潰手 아야메 / 菖蒲, 殺女		

● 일반 이름 표 1 상:남성 / 하:여성

No	이름	No	이름	No	이름	No	이름
11	1D6로 / 一郎(이치로), 三朗(사부로) 1D6하 / 雙琲(후타바), 四つ刃(요츠하)	22	간스케 / 玩介, 癌空 후지코 / 富士子, 不死蟲	34	겐키치 / 健吉, 劍狂 사야 / 小夜, 鞘	55	렌지 / 鍊亞, 戀慈 유카 / 由香, 床
12	나오토 / 直人, 奈音 미코토 / 美琴, 勤	23	세이지 / 誠治, 星児 아유미 / 亞由美, 鮎實	35	신사쿠 / 晋作, 心裂 리카 / 梨花, 璃禍	56	토시츠구 / 敏次, 杜子繼 시오리 / 栞, 死織
13	신고 / 愼吾, 神樏 미유리 / 深雪, 巳幽鬼	24	료마 / 龍馬, 良麻 요코 / 陽子, 妖狐	36	하루아키 / 晴明, 春秋 요코 / 椊, 預杞	66	후타로 / 風太朗, 封鉈狼 나기사 / 渚, 凪裟
14	테츠야 / 哲也, 鐵夜 미사 / 弥撒, 美沙	25	츠토무 / 勤, 夙無 란코 / 嵐子, 亂鼓	44	시게오미 / 重臣, 死化臣 카린 / 花梨, 火燐	※1D6로 : 이치로(1), 지로(2), 사부로(3), 시로(4), 고로(5), 로쿠로(6)	
15	신페이 / 晋平, 針兵 미치코 / 未知子, 倫子	26	토우타 / 兜太, 淘汰 유키에 / 幸惠, 夕貴繪	45	요시히코 / 義彦, 止曾孫 마리 / 鞠, 萬里	※1D6하 : 히토하(1), 후타바(2), 미츠하(3), 요츠바(4), 이츠하(5), 무츠하(6)	
16	타이조 / 泰造, 胎藏 치하루 / 千春, 痴晴	33	모리오 / 守男, 森王 카나에 / 叶, 香苗	46	스스무 / 進, 將 미나 / 美奈, 僉		

● 일반 이름 표 2 상:남성 / 하:여성

No	이름	No	이름	No	이름	No	이름
11	쿄1D6로 / 京四郞(쿄시로), 狂一狼(쿄이치로) 1D6에 / 一惠(카즈에), 후타에(二重)	22	켄 / 健, 劍 사쿠라 / 櫻, 咲羅	34	타쿠미 / 巧, 琢己 유즈키 / 柚木, 逗豆喜	55	신지 / 信士, 神事 유이 / 由衣, 唯
12	진 / 仁, 刃 스미카 / 澄香, 墨火	23	소라 / 空, 楚良 미쿠 / 美久, 美來	35	아스무 / 明日夢, 灰無 시즈카 / 靜, 閑	56	유우키 / 幸貴, 光輝 호노카 / 仄, 炎香
13	사토시 / 聰, 悟死 야에 / 八重, 夜榮	24	타이가 / 大河, 對牙 에츠코 / 悅子, 咽壺	36	타이세이 / 大政, 大星 료코 / 良子, 靈蠱	66	히비키 / 響, 日々記 코하루 / 小春, 己晴
14	카즈마 / 一馬, 歌須磨 마키 / 槇, 眞希	25	야마토 / 大和, 倭 유키나 / 雪奈, 由樹菜	44	히로 / 寬, 緋爐 아카리 / 明里, 燈	※쿄1D6로 : 쿄이치로(1), 쿄지로(2), 쿄사부로(3), 쿄시로(4), 쿄고로(5), 쿄쿠로(6)	
15	하야토 / 隼人, 勇徒 마이 / 舞, 妹	26	료타 / 良太, 獵汰 레니 / 麗奈, 零菜	45	소타 / 颯太, 素歌 카호 / 果步, 歌穗	※1D6에 : 카즈에, 히토에(1), 후타에(2), 미에(3), 시에(4), 사에(5), 무츠에(6)	
16	미츠루 / 充, 美鶴 토모미 / 知美, 供巳	33	토모키 / 友樹, 智鬼 메이 / 命, 冥	46	레오 / 烈雄, 禮男 코코로 / 心, 此處紹		

● 기상천외 이름 표

No	이름	No	이름	No	이름
11	남작(男爵) / 단사쿠 공주(公主) / 히메, 키	23	라파엘로 에이프릴	36	알레스타 레이첼
12	슈바르츠 징크스	24	죠 유니스	44	치프 크리스티
13	발탄 엘렉트라	25	케인 폭스	45	엣자 유피
14	갈포드 칸논	26	데스오토 잔느	46	어스케이크 가라샤
15	고르고 니키타	33	킬러 실비아	55	시그너스 메카라
16	본드 스키	34	츠라야바 유니스	56	레이븐 밀레나
22	고무즈 스지	35	슈레더 비너스	66	서브제로 프로스트

● 특수 이름 표

No	이름	No	이름	No	이름
11	이름을 가지지 않고 성만으로 불린다.	23	죽음에 관한 단어를 포함하는 이름…시로(死郎), 도쿠로(髑髏), 신쥬(心中)	36	날씨를 포함하는 이름…아라시(嵐), 후타로(風太郞), 후부키(吹雪)
12	신도 관련 용어를 포함하는 이름…츠쿠요미, 미코, 에마	24	밤이나 그림자를 연상시키는 단어를 포함하는 이름…바쿠야(白夜), 카게토(影人), 소게츠(宵血)	44	일본주나 소주의 이름…고쿠류(黑龍), 리하쿠(李白), 마오(魔王)
13	숫자를 포함하는 이름…쥬베에(十兵衛), 이소요(五十四), 나유타	25	역사상의 위인 이름…노부나가, 미치자네, 갈릴레오	45	신체부위를 포함하는 이름…키바(牙), 아카메(赤目), 센쥬(千手)
14	요괴 이름…갓파, 우부메, 가샤도쿠로	26	무구를 포함하는 이름…켄(劍), 카부토, 베레타	46	서양 몬스터 이름…드래곤, 키메라, 메두사
15	동물을 포함하는 이름…이누마루(犬丸), 오오자루(大猿), 타카토(鷹兔)	33	그리스 문자…알파, 감마, 오메가	55	식물을 포함하는 이름…카에데(楓), 아오바(靑葉), 바라오(薔薇男)
16	광물을 포함하는 단어…테츠타(鐵太), 곤고(金鋼), 마노(瑪瑙)	34	계절을 포함하는 이름…나츠코(夏彦), 후유카(冬華), 츠유코(梅雨子)	56	불교 용어를 포함하는 이름…만다라(曼茶羅), 엔마(閻魔), 야샤(夜叉)
22	색을 포함하는 이름…아카네(茜), 고쿠토(黑斗), 긴지(銀治)	35	지명…스루가, 미치노쿠, 이즈모	66	이름 없이 이명만으로 불린다.

대표적인 유파

게임 마스터는 핸드아웃마다 추천 유파를 설정할 수도 있습니다. 이러면 좀 더 세션의 전개를 상정하기 쉽고, 안정감 있는 시나리오를 만들 수 있습니다. 이때, 각 핸드아웃의 추천 유파는 되도록 서로 다른 유파로 설정해두는 것을 권장합니다. 같은 유파끼리 전투를 하면 결판이 날 때까지 시간이 걸릴 가능성이 있기 때문입니다. 참고로『시노비가미』의 규칙에 익숙하지 않은 플레이어에게 건네주는 핸드아웃의 추천 유파로는 쿠라마신류, 하구레모노, 오니의 혈통 등이 적당합니다. 이 유파들은 비교적 간단하게 플레이할 수 있기 때문입니다.

중급닌자

GM 자신을 비롯한 멤버들이『시노비가미』에 익숙하다면 중급닌자가 아닌 다른 계급의 캐릭터로 세션을 열어봐도 좋습니다. 특히 하급닌자 지휘관으로 플레이해보면 재미있답니다.

1·06
캐릭터의 유파

『시노비가미』의 세계에는 닌자들의 유파가 몇 군데 존재합니다. 캐릭터들은 그중 어느 한 군데에 소속되어 있습니다. **대표적인 유파**로는 「하스바 인군」, 「쿠라마신류」, 「하구레모노」, 「히라사카 기관」, 「사립 오토기 학원」, 「오니의 혈통」의 여섯 유파가 있습니다. 자세한 설명은 p27~32에 게재되어 있습니다. 그중 하나를 선택합니다.

레귤레이션이「전국편」일 때, 또는 하위 유파를 사용할 때는 선택할 수 있는 유파가 달라집니다. 「2 특수한 캐릭터의 제작」(p41~50)을 참조하시기 바랍니다.

각 유파의 페이지에서는 각각 다음과 같은 내용을 설명합니다.

● 전문 분야

유파가 특화한 분야입니다. 「1.09 캐릭터의 특기」(p33)나「1.09.01 갭」(p36)과 관계가 있습니다.

● 숙적

그 유파가 적대시하는 유파입니다. 「12.01 공적점 획득」(p71)과 관계가 있습니다. 하스바 인군의 숙적은 쿠라마신류지만 쿠라마신류의 숙적은 오니의 혈통인 것처럼 서로가 서로를 숙적으로 보는 유파는 없다는 점에 주의하시기 바랍니다.

● 법식

유파에 소속된 캐릭터의 행동 방침입니다. 「12.01 공적점 획득」(p71)과 관계가 있습니다. 「퇴마편 법식」은 레귤레이션이「퇴마편」일 때 사용하는 법식입니다.

● 샘플 캐릭터

그 유파로 캐릭터를 제작할 때 선택하는 특기와 인법의 예시입니다. 특기와 인법 이외의 다른 부분은 캐릭터 제작 규칙에 따라 플레이어가 결정합니다. 플레이어가『시노비가미』에 아직 익숙하지 않을 때는 샘플 캐릭터를 사용해봅시다.

「퇴마편의 경우」에는 샘플 캐릭터를「퇴마편」레귤레이션에서 사용할 때 특기와 인법을 변경하는 지침이 적혀 있습니다.

1·06·01
캐릭터의 계급

유파를 정했다면 캐릭터가 유파 내에서 차지하는 계급을 결정합니다. 계급이란 그 유파 내부에서의 실력이나 지명도, 영향력을 나타냅니다. 캐릭터 제작 시점에서 캐릭터의 계급은 **중급닌자**입니다.

실제로는 다음과 같은 계급 표가 있으며, 공적에 따라 계급이 오릅니다. 자세한 설명은 「12·03·01 계급 상승」(p72)을 참조하시기 바랍니다.

유파 상관도

```
          히라사카 기관          사립 오토기 학원
          일본의 국익을 지킨다    누군가의 비밀을 조사
                        숙적      한다

          오니의 혈통            하구레모노
          시노비가미 부활과 관    누구에게도 얽매이지 않
          련된 정보를 입수한다    고 자신의 의지로 싸운다

          쿠라마신류            하스바 인군
          시노비가미 부활을 저    숙적   다른 유파가 보유한「오
          지한다                      의 내역」을 수집한다
```

● 계급표

계급명	인법 수	특기 수	오의 수	공적점
쿠사(草)	1	4	없음	
하급닌자	2	5	없음	
하급닌자 지휘관	3	5	없음	
중급닌자	4	6	1	
중급닌자 지휘관	5	6	1	10점 소비
상급닌자	6	7	2	20점 소비
상급닌자 지휘관	7	7	2	50점 소비
두령	8	8	3	100점 소비

하스바 인군

전문 분야: 기술　숙적: 쿠라마신류

법식: 다른 유파가 보유한 「오의 내역」을 수집한다

퇴마편 법식: 새로운 인법 개발을 위해 요마의 수수께끼를 해명한다

사이가슈의 맥을 이어받아 닌자장비의 연구 및 개발을 주특기로 하는 유파. 이 세계에 존재하는 모든 인법을 연구하고 해석해서 누구나 사용할 수 있는 닌자장비로 구현하는 것에 범상치 않은 노력을 쏟고 있다. 유파의 목표는 하스바를 모든 유파가 통합된 통일 유파로 만드는 것이다.

하스바 인군 샘플 캐릭터

기술	체술	인술	모술	전술	요술
기기술	기승술	생존술	의술	병량술	이형화
불의 술	포술	잠복술	독술	동물사역	소환술
물의 술	수리검술	도주술	함정술	야전술	사령술
침술	손놀림	도청술	조사술	지형활용	결계술
암기	신체조작	복화술	사기술	의지	봉인술
의상술	보법	은형술	대인술	용병술	언령술
포승술	주법	변장술	예능	기억술	환술
등반술	비행술	향술	미인계	색적술	동술
고문술	격투술	분신술	괴뢰술	암호술	천리안
손괴술	도검술	은폐술	유언비어	전달술	빙의술
굴삭술	괴력	제육감	경제력	인맥	주술

계급	특기
중급닌자	기술/《불의 술》《의상술》《고문술》《도청술》《경제력》《용병술》

인법
【접근전 공격】 공 《경제력》 간격:1　p78
【사격전 공격】 공 《용병술》 간격:2　p79
【폭파】 공 《불의 술》 간격:1　코스트:1　p79
【강타】 서 《고문술》 코스트:1　p83
【마계공학】 장 p86

■퇴마편의 경우

특기:《기기술》《의상술》《굴삭술》《변장술》《독술》《괴뢰술》로 변경

인법:【사격전 공격】을【독수】(p78)로,【폭파】를【토룡후】(p86)로 변경

27

쿠라마신류

전문 분야: 체술 ┃ 숙적: 오니의 혈통

법식: 시노비가미 부활을 저지한다

퇴마편 법식: 요마나 시노비로부터 인간 세상을 지킨다

쿄하치류를 원류로 두고 있는 전사들의 유파. 구성원은 하나같이 무시무시한 무술의 달인들이다. 그 전투 기술은 시노비가미 현현과 관련된 여섯 신기를 모든 세력으로부터 지키고 봉인하기 위해 사용된다. 금지 높은 시노비들이다.

쿠라마신류 샘플 캐릭터

계급	특기
중급닌자	체술／《손괴술》《기승술》《주법》《도검술》《함정술》《색적술》

인법

【접근전 공격】 공 《기승술》 간격:1 p78

【사격전 공격】 공 《도검술》 간격:2 p79

【강타】 서 《손괴술》 코스트:1 p83

【아지랑이】 서 《도검술》 코스트:1 p90

【후의 선】 장 p90

기술	체술	인술	모술	전술	요술
기기술	기승술	생존술	의술	병량술	이형화
불의 술	포술	잠복술	독술	동물사역	소환술
물의 술	수리검술	도주술	함정술	야전술	사령술
침술	손놀림	도청술	조사술	지형활용	결계술
암기	신체조작	복화술	사기술	의지	봉인술
의상술	보법	은형술	대인술	용병술	언령술
포승술	주법	변장술	예능	기억술	환술
등반술	비행술	향술	미인계	색적술	동술
고문술	격투술	분신술	괴뢰술	암호술	천리안
손괴술	도검술	은폐술	유언비어	전달술	빙의술
굴착술	괴력	재예감	경제력	인맥	주술

■퇴마편의 경우

특기:《수리검술》《비행술》《도검술》《괴뢰술》《야전술》《천리안》으로 변경

인법:【사격전 공격】을 【순뢰】(p90)로,【강타】를 【비연】(p90)으로, 후의 선을 【항마】(p90)로 변경

28

하구레모노

전문 분야: 인술 ｜ 숙적: 하스바 인군

법식: 누구에게도 얽매이지 않고 자신의 의지로 싸운다

퇴마편 법식: 누구에게도 얽매이지 않고 자신의 의지로 싸운다

엄밀히 말하면 유파는 아니지만, 무시할 수 없는 세력. 정해진 유파에 소속되지 않은 프리랜서 닌자들, 또는 매우 작은「마을」이나 혈맹으로 맺어진 이들. 탈주닌자 등도 여기에 포함된다. 하구레모노끼리 느슨한 협력 관계를 이루는 경우는 있지만, 따로 정해진 목적을 가지지는 않는다.

하구레모노 샘플 캐릭터

기술	체술	인술	모술	전술	요술
기기술	기승술	생존술	의술	병량술	이형화
불의 술	포술	잠복술	독술	동물사역	소환술
물의 술	수리검술	도주술	함정술	야진술	사령술
침술	손놀림	도청술	조사술	지형활용	결계술
암기	신체조작	복화술	사기술	의지	봉인술
의상술	보법	은형술	대인술	용병술	언령술
포승술	주법	변장술	예능	기억술	환술
등반술	비행술	향술	미인계	색적술	동화
고문술	격투술	분신술	괴뢰술	암호술	천리안
손괴술	도검술	은폐술	유언비어	전달술	빙의술
굴삭술	괴력	제육감	경제력	인맥	주술

계급	특기
중급닌자	인술/《불의 술》《도주술》《은형술》《분신술》《색적술》《결계술》

인법

【접근전 공격】 공 《도주술》 간격:1 p78

【폭파】 공 《불의 술》 간격:1 코스트:1 p79

【그림자 분신】 서 《분신술》 코스트:1 p94

【연격】 서 코스트:2 p81

【강건함】 장 p84

■퇴마편의 경우

특기: 《의상술》《도주술》《은형술》《분신술》《이형화》《동술》로 변경

인법: 【폭파】를 【화살방어술】(p82)로, 【연격】을 【반격기】(p82)로, 【강건함】을 【칼날장막】(p94)으로 변경

29

히라사카 기관

히라사카류 고신도에 뿌리를 둔 일본의 첩보 기관. 정부와 깊은 관계를 맺고 있으며, 일본의 국방과 국익을 최우선으로 수행하고자 한다. 정치력, 경제력을 바탕으로 전개하는 음모와 공작이 주특기로, 일본을 지키기 위해 암약한다.

전문 분야: 모술   숙적: 사립 오토기 학원

법식: 일본의 국익을 지킨다

퇴마편 법식: 일본의 국익을 지킨다

히라사카 기관 샘플 캐릭터

기술	체술	인술	모술	전술	요술
기기술	기승술	생존술	의술	병량술	이형화
불의 술	포술	잠복술	독술	동물사역	소환술
물의 술	수리검술	도주술	함정술	야전술	사령술
침술	손놀림	도청술	조사술	지형활용	결계술
암기	신체조작	복화술	사기술	의지	봉인술
의상술	보법	은형술	대인술	용병술	언령술
포승술	주법	변장술	예능	기억술	환술
등반술	비행술	향술	미인계	색적술	동술
고문술	격투술	분신술	괴뢰술	암호술	천리안
손괴술	도검술	은폐술	유언비어	전달술	빙의술
굴삭술	괴력	제육감	경제력	인맥	주술

계급	특기
중급닌자	모술／《고문술》《수리검술》《함정술》《미인계》《경제력》《언령술》

인법

【접근전 공격】 공 《언령술》 간격:1 p78

【사격전 공격】 공 《수리검술》 간격:2 p79

【보급】 서 《경제력》 p82

【감정 조작】 서 《미인계》 코스트:1 p83

【꼭두각시】 서 《괴뢰술》 코스트:5 p98

■퇴마편의 경우

특기:《포승술》《수리검술》《의술》《대인술》《유언비어》《사령술》로 변경
인법:【접근전 공격】 이외의 인법을 【가마이타치】(p79), 【하늘눈】(p98), 【사회전】(p98), 【동요유발】(p98)로 변경.

30

사립 오토기 학원

전문 분야: 전술 | 숙적: 하구레모노

법식: 누군가의 비밀을 조사한다

퇴마편 법식: 요마의 힘에 의해 괴로워하는 이를 돕는다

대외적으로는 초중고 모두를 포함하는 에스컬레이터식 진학교. 그 정체는 자신의 힘을 제어할 줄 모르는 소년 소녀 이능력자들을 닌자로 교육시키는 닌자 양성 기관이다. 국내외의 재벌이나 연구기관, 첩보기관의 지원을 받고 있으며, 해외에서 찾아오는 유학생도 많다.

사립 오토기 학원 샘플 캐릭터

기술	체술	인술	모술	전술	요술
기기술	기승술	생존술	의술	병량술	이형화
불의 술	포술	잠복술	독술	동물사역	소환술
물의 술	수리검술	도주술	함정술	야전술	사령술
짐술	손놀림	도청술	조사술	지형활용	결계술
암기	신체조작	복화술	사기술	의지	봉인술
의상술	보법	은형술	대인술	용병술	언령술
포승술	주법	변장술	예능	기억술	환술
등반술	비행술	향술	미인계	색적술	동술
고문술	격투술	분신술	괴뢰술	암호술	천리안
손괴술	도검술	은폐술	유언비어	전달술	빙의술
굴삭술	괴력	제육감	경제력	인맥	주술

계급	특기
중급닌자	전술/《기기술》《주법》《도청술》《야전술》《용병술》《전달술》

인법

【접근전 공격】 공 《야전술》 간격:1 p78

【연격】 서 코스트:2 p81

【유도】 서 《주법》 코스트:2 p82

【전격작전】 서 《전달술》 p102

【전장의 극의】 장 p102

■퇴마편의 경우

특기: 《굴삭술》《기승술》《주법》《병량술》《의지》《전달술》로 변경

인법: 【연격】을 【불규칙한 궤적】(p81), 【전격작전】을 【오토기 정신】(p102)으로 변경.

오니의 혈통

전문 분야: 요술	숙적: 히라사카 기관

법식: 시노비가미 부활과 관련된 정보를 입수한다

퇴마편 법식: 요마의 힘을 이용해서 세계에 변혁을 가져온다

고대 일본에서 오니, 츠치구모 등의 이름으로 불린 자들의 말예. 흡혈귀나 늑대인간처럼 인간이 아닌 존재도 많아 「나이트건트」라고 불리기도 한다. 각 시대의 권력자들에게 핍박 받은 역사로 인해 국가 권력에 대해 거센 증오심을 품고 있다.

오니의 혈통 샘플 캐릭터

기술	체술	인술	모술	전술	요술
기기술	기승술	생존술	의술	병량술	이형화
불의 술	포술	잠복술	독술	동물사역	소환술
물의 술	수리검술	도주술	함정술	야전술	사령술
침술	손놀림	도청술	조사술	지형활용	결계술
암기	신체조작	복화술	사기술	의지	봉인술
의상술	보법	은형술	대인술	용병술	언령술
포승술	주법	변장술	예능	기억술	환술
등반술	비행술	향술	미인계	색적술	동물
고문술	격투술	분신술	괴뢰술	암호술	천리안
손괴술	도검술	은폐술	유언비어	전달술	빙의술
굴삭술	괴력	제육감	경제력	인맥	주술

계급	특기
중급닌자	요술 《등반술》《제육감》《함정술》《소환술》《봉인술》《동술》

인법

【접근전 공격】 공 《봉인술》 간격:1 p78

【유성우】 공 《소환술》 간격:3 코스트:3 p106

【강타】 서 《등반술》 코스트:1 p83

【반격기】 서 《함정술》 간격:2 코스트:2 p82

【강건함】 장 p84

■퇴마편의 경우

특기: 《포술》《격투술》《사기술》《소환술》《환술》《주술》로 변경

인법: 【접근전 공격】이외의 인법을 【팔중】(p79), 【가을 폭풍】(p81), 【역린】(p106), 【귀신 그림자】(p106)로 변경

1·07
캐릭터의 사회적 신분

일반 사회와 접점이 있는 닌자라 할지라도 자신이 닌자라는 사실을 공개하지는 않습니다. 그들은 대개 거짓 신분을 지닙니다. 이것을 **사회적 신분**이라고 부릅니다. 플레이어는 원한다면 자기 캐릭터의 사회적 신분을 결정할 수 있습니다. 적당한 신분이 떠오르지 않을 때는 1D6을 굴려 「사회적 신분 표」에서 무작위로 자신의 유파에 대응하는 사회적 신분을 결정할 수도 있습니다. 「전국편」에는 p47에 별도의 「사회적 신분 표」가 준비되어 있습니다.

1·08
캐릭터의 신념

캐릭터의 기본적인 성격을 결정합니다. 닌자의 기본적인 성질이 여섯 종류 준비되어 있습니다. 이것을 육도(六道)라고 합니다. 「육도 표」에서 1D6을 굴려 그 캐릭터의 성격을 설정합니다. 주사위를 굴리지 않고 직접 골라도 상관없습니다.

육도에 따라 그 캐릭터의 행동 원리가 정해집니다. 게임을 하는 동안 캐릭터가 어떤 행동을 해야 할지 고민될 때는 신념을 참고해보시기 바랍니다. 단, 플레이어가 게임 중에 신념에 얽매일 필요는 없습니다. 플레이어가 그 캐릭터가 취할 행동에 대한 명확한 이미지를 가지고 있다면 육도를 무시해도 무방합니다.

● 사회적 신분 표

	하스바 인군	쿠라마신류	하구레모노	히라사카 기관	사립 오토기 학원	오니의 혈통
1	연구원	탐정	프리터	공무원	초등학생	여행자
2	정비사	무술가	회사원	경찰관	중학생	혁명가
3	장인	운동선수	연예인	자위관/군인	고등학생	시인
4	건축가	경호원	화류계	법률가	대학생	무역업자
5	의사	용병	도박사	정치가	교사	괴인
6	프로그래머	경비원	작가	종교인	비상근 교사	호사가

● 육도 표

1	**흉凶:** 사회나 자기자신을 파괴, 투쟁, 붕괴로 몰아넣으려고 한다.
2	**율律:** 모순이나 나약함을 용납하지 못하고, 교정하려고 한다.
3	**아我:** 돈이나 명예, 힘, 자신의 이상, 안전을 손에 넣으려고 한다.
4	**정情:** 가족이나 벗, 연인 등 가까운 누군가를 사랑하고, 지키려고 한다.
5	**충忠:** 자기가 속한 유파나 어떠한 사상, 인물에게 공감하여 목숨 바쳐 따른다.
6	**화和:** 많은 사람들이 행복해질 수 있는 미래를 믿고, 서로 이해할 수 있는 길을 모색한다.

사회적 신분
불편하긴 하겠지만, 사회적인 신분을 전혀 가지지 않는 닌자도 있습니다. 그런 닌자를 제작해도 상관없습니다. 이때, 사회적 신분은 「없음」으로 해둡니다. 또, 핸드아웃에 따라서는 캐릭터가 임무를 위해 학교나 연구기관 등에 잠입해야 하는 경우도 있습니다. 이런 경우, 핸드아웃의 내용에 맞는 「사회적 신분」을 설정합시다.

중급닌자 캐릭터라면
만약 중급닌자 지휘관이라면 세 종류, 상급닌자나 상급닌자 지휘관이라면 네 종류, 두령이라면 다섯 종류의 특기를 임의로 선택합니다.

1·09
캐릭터의 특기

이어서 캐릭터의 특기를 결정합니다. 닌자로서 자신 있는 기술이나 술법을 정하는 것입니다.

특기에는 여섯 가지 분야가 있습니다. 각 분야와 거기에 속하는 각 특기를 p34~35에서 소개합니다. 또, 캐릭터 시트의 특기 리스트에도 같은 일람이 실려 있습니다.

캐릭터는 계급을 막론하고 먼저 자기 유파의 전문 분야에서 세 종류의 특기를 선택하여 습득합니다.

이어서 **중급닌자 캐릭터라면** 임의로 세 종류의 특기를 선택해서 습득합니다.

습득한 특기는 캐릭터 시트의 특기 리스트에 있는 해당 특기명을 ○로 감싸서 표시합니다.

특기 습득 포인트1
특기를 습득할 때, 캐릭터 시트의 특기 리스트를 보면서 선택합시다. 행동 판정 규칙을 참조해보면 아실 테지만, 특기는 주위에 있는 다른 특기를 대신할 수 있습니다. 따라서 서로 이웃에 있는 특기를 습득하면 불리해질 가능성이 있습니다. 각 특기가 적당한 거리를 두도록 습득할 특기를 선택합시다.

특기 습득 포인트2
「포인트1」에서도 설명했지만, 특기는 주위에 있는 다른 특기를 대신할 수 있습니다. 즉, 특기 리스트 가장자리에 있는 특기보다 중앙에 있는 특기의 응용 범위가 더 넓은 셈입니다. 반드시 응용 범위가 넓은 쪽이 유리하다는 법은 없지만, 특기를 선택할 때 이 점을 기억해두면 도움이 될 것입니다.

특기 습득 포인트3
뒤에 설명할「인법」을 습득하기 위해 특정한 특기가 필요해지는 경우도 흔히 찾아볼 수 있습니다. 따라서 어느 인법을 습득할지 생각한 후에 습득할 특기를 생각해보는 것도 하나의 방법입니다. 꼭「캐릭터 제작의 절차」에서 소개한 순서대로 캐릭터를 만들 필요는 없습니다. 이것은 특기와 인법에만 해당하는 이야기가 아닙니다. 캐릭터를 제작할 때 이름이나 사회적 신분 같은 항목을 나중으로 미루는 플레이어도 드물지 않습니다.

「기술(器術)」: 도구를 능숙하기 사용하기 위한 기능입니다. 기술 특기를 보유한 이는 닌자의 암기나 다양한 도구를 능숙하게 사용할 수 있습니다. 하스바 인군에 속한 이는 기술이 전문 분야입니다. 기술에는 다음 11종류의 특기가 있습니다.

기기술: 기계나 전자기기를 능숙하게 다루는 기능.
불의 술: 화약이나 화기의 취급, 불이나 열에 관한 지식.
물의 술: 수상 이동이나 잠수를 하기 위한 도구, 액체에 관한 지식.
침술: 침과 뜸 등을 다루는 기능. 입 속에 숨겨 무기로 쓰거나, 방위를 조사할 때도 사용할 수 있다.
암기: 의상이나 일용품 등의 내부에 무기를 숨기는 기능.
의상술: 옷으로 정체를 감추거나 다양한 것들을 수납하는 기능.
포승술: 밧줄을 던지거나 단단히 묶는 기능. 포박술이라고도 한다.
등반술: 담장이나 벽 등을 능숙하게 오르기 위한 기능.
고문술: 고문기구를 사용해서 적절한 고통을 가하는 기능.
손괴술: 개기술(開器術)이라고도 한다. 자물쇠나 창문, 기계부품 등을 파괴하는 기능.
굴삭술: 재빠르게 벽이나 지면에 구멍을 파는 기능.

「체술(體術)」: 자신의 육체를 능숙하게 사용하기 위한 기능입니다. 체술 특기를 보유한 이는 기동성이나 전투능력이 뛰어납니다. 쿠라마신류에 속한 이는 체술이 전문 분야입니다. 체술에는 다음 11종류의 특기가 있습니다.

기승술: 탈것이나 승용동물을 능숙하게 타고 다니는 기능.
포술: 총기나 대포를 능숙하게 쏘는 기능. 탄도학 등.
수리검술: 십자, 팔방, 만자 등 다양한 수리검을 다루는 기능.
손놀림: 손재주. 인(印)을 맺거나 정밀작업을 할 때 사용한다.
신체조작: 자신의 몸을 조작하는 기능. 균형을 잡거나 뼈를 빼낼 때 사용한다.
보법: 소리를 내지 않고 걷거나, 장거리를 걸을 수 있다.
주법: 재빠르게 이동할 때 사용한다.
비행술: 허공을 도약하거나, 높은 곳에서 착지하기 위한 기능.
격투술: 격투기. 맨손으로 싸울 때 사용한다.
도검술: 칼을 비롯한 근거리 무기를 사용하기 위한 기능.
괴력: 무거운 것을 들어올리거나, 뭔가를 옮길 때 사용한다.

「인술(忍術)」: 자신의 기척을 지우거나 다른 것으로 착각하게 만들기 위한 기능입니다. 인술을 보유한 이는 빼어난 오감과 방어능력을 자랑합니다. 하구레모노에 속한 이는 인술이 전문 분야입니다. 인술에는 다음 11종류의 특기가 있습니다.

생존술: 고온이나 저온, 수중, 기아 상태 등 극한 상황에서 살아남기 위한 기능.
잠복술: 오랜 시간 동안 적지나 열악한 환경에 잠복하기 위한 기능.
도주술: 궁지에서 벗어나기 위한 기능.
도청술: 바닥이나 천장 너머에서 엿듣거나 해킹을 하는 기능.
복화술: 자신과 거리가 있는 곳에서 소리를 내는 기능. 성대모사도 포함한다.
은형술: 자신의 모습을 감추기 위한 기능.
변장술: 다른 사람으로 행세하기 위한 기능.
향술: 자신의 체취를 지우거나, 냄새를 조합하기 위한 기능.
분신술: 마치 몸이 여러 개로 나뉜 것처럼 여러 가지 행동을 병행하기 위한 기능.
은폐술: 무언가로부터 사람이나 물건, 정보를 감추기 위한 기능.
제육감: 감각기관에 의지하지 않는 지각 능력. 경험으로 터득한 예지 등.

「모술(謨術)」: 자신의 뜻대로 일을 진행하기 위해 사람이나 물건을 움직이는 기능입니다. 모술을 보유한 이는 외교나 대인 교섭을 수행하는 능력, 타인에 대한 영향력이 높습니다. 히라사카 기관에 속한 이는 모술이 전문 분야입니다. 모술에는 다음 11종류의 특기가 있습니다.

의술: 병이나 상처를 치료하는 기능. 인체에 관한 지식.
독술: 인체에 유해한 물질에 관한 지식. 또는 그것들을 이용하는 기능.
함정술: 용해술(用害術)이라고도 한다. 침입자나 추적자를 함정에 빠뜨리는 기능.
조사술: 물적, 인적인 증거를 모아 조사하는 기능.
사기술: 자신의 본심을 감추거나 남을 속이기 위한 기능.
대인술: 타인에게 주는 인상을 조작하기 위한 기능.
예능: 그림이나 음악, 춤과 같은 예능 분야 전반에 관한 기능.
미인계: 미색으로 남을 홀리는 기능.
괴뢰술: 남을 뜻대로 조종하기 위한 기능.
유언비어: 다양한 소문을 퍼트리는 기능. 정보공작.
경제력: 자금이 필요하거나 뭔가를 구매할 때 사용한다.

「전술(戰術)」: 실제로 전투에 임할 때 전력을 효율적으로 활용하기 위한 기능입니다. 전술을 보유한 이는 뛰어난 분석능력이나 작전 입안 능력을 자랑합니다. 사립 오토기 학원에 속한 이는 전술이 전문 분야입니다. 전술에는 다음 11종류의 특기가 있습니다.

병량술: 식량의 보급이나 조달에 관한 기능. 영양가가 높은 식사를 만들 수 있다.
동물사역: 짐승이나 곤충 등을 자유자재로 조종하는 기능.
야전술: 산야에서 활동하기 위한 기능.
지형활용: 전투 시에 고저의 기복, 지표면의 지질, 수질, 식생, 인공 건축물 등을 능숙하게 활용하기 위한 기능.
의지: 정신력. 동요될 때나 혼란스러울 때 사용한다.
용병술: 부대를 효율적으로 운용하기 위한 기능.
기억술: 사건과 사물을 기억하기 위한 기능.
색적술: 적을 발견하거나, 상대의 힘을 분석하기 위한 기능.
암호술: 암호를 해독하고 작성하는 기능. 암구호나 은어에 관한 지식.
전달술: 통신이나 사인, 서면을 사용해 적절하게 정보를 전달하기 위한 기능.
인맥: 어둠의 세계, 빛의 세계에서 맺어둔 유력 인사와의 연줄.

「요술(妖術)」: 괴물이나 요마, 요괴 등의 초자연적인 힘을 다루기 위한 기능입니다. 요술을 보유한 이는 다른 세계의 섭리나 전통적인 종교, 마술에 조예가 깊습니다. 오니의 혈통에 속한 이는 요술이 전문 분야입니다. 요술에는 다음 11종류의 특기가 있습니다.

이형화: 자기 몸의 일부 또는 전부를 변형한다.
소환술: 다른 세계의 생물을 불러내서 조종하는 기능.
사령술: 죽은 자의 혼이나 육체를 조종하는 기능.
결계술: 특정한 존재가 드나들 수 없는 공간을 만들어내는 기능.
봉인술: 요술을 봉인하는 기능.
언령술: 말에 잠재된 마력을 이끌어내는 기능.
환술: 남의 눈을 속이는 환각을 만들어내는 기능.
동술: 자신이 보는 이, 자신의 눈동자를 본 이를 조종하는 기능.
천리안: 멀리 떨어진 장소나 과거, 미래를 꿰뚫어보는 기능.
빙의술: 자신의 정신을 누군가의 육체에 옮기는 기능.
주술: 남을 저주해서 불행하게 만드는 기능.

특기 습득 포인트4
『시노비가미』를 하다 보면 종종 플레이어가「그 특기로 어떻게 이 상황을 호전시킬 것인가」를 생각해내야만 하는 상황이 발생합니다. 그럴 때는 요술 분야의 특기가 매우 편리합니다. 왜냐하면 어지간한 상황은「요술이니까」,「마법이니까」라는 설명으로 넘어갈 수 있기 때문입니다.

갭

갭을 검게 칠할 때, 사인펜이나 마커가 있으면 편합니다.

오른쪽 갭이 없습니다

반대로 특기 리스트 왼쪽 끝에 있는 기술 분야에는 양 옆의 갭이 모두 존재합니다. 단, 이 왼쪽의 갭은 인법 【마계공학】 등의 효과가 발생했을 때 사용합니다.

추가 【생명력】

추가 【생명력】은 인법이나 배경 등의 데이터를 습득하면 획득할 수 있습니다. 캐릭터 시트의 인법이나 배경 옆에 그 슬롯의 수만큼 □를 그려두면 편합니다.

4개의 인법

만약 당신이 어떤 인법을 습득할지 고민하고 있다면, 공격 인법과 장비 인법을 1개씩 선택합니다. 공격 인법은 지정 특기가 【접근전 공격】의 지정 특기와 멀리 떨어져 있는 것을 추천합니다. 그래야 공격이 성공할 가능성이 커지기 때문입니다. 장비 인법은 자기 유파의 유파 인법 중에서 강해 보이는 것을 하나 선택합시다. 하스바 인군이라면 【마계공학】, 쿠라마신류라면 【후의 선】, 하구레모노라면 【칼날 장막】, 히라사카 기관이라면 【동요 유발】, 사립 오토기 학원이라면 【전장의 극의】, 오니의 혈통이라면 【귀신 그림자】가 적당할 것입니다. 나머지 2개는 캐릭터의 방향성에 맞춰 선택합니다.

【접근전 공격】

이 인법의 지정 특기는 각 플레이어가 스스로 결정할 수 있습니다. 전투 방식이라는 요소는 캐릭터를 표현할 때 중요한 포인트입니다. 【접근전 공격】의 지정 특기가 《불의 술》이라면 화염술사, 《괴력》이라면 파워 타입이라는 식으로 캐릭터의 이미지 메이킹에 공헌할 수 있을 것입니다.

1·09·01 갭

캐릭터 시트에 있는 특기 리스트에서 특기의 이름 양 옆에 있는 좁은 □의 열을 **갭**이라고 부릅니다. 특기 습득을 마쳤다면 각 캐릭터의 전문 분야에 해당하는 특기 양 옆에 있는 갭을 검게 색칠합니다. 색칠한 갭은 존재하지 않는 것으로 간주합니다.

단, 특기 리스트 오른쪽 끝에 있는 요술 분야에는 **오른쪽 갭이 없습니다**. 유파가 오니의 혈통인 캐릭터와 같이 요술이 전문 분야인 캐릭터는 왼쪽의 갭만 검게 색칠합니다.

1·09·02 생명력

캐릭터 시트에 있는 특기 리스트에서 각 분야의 이름 옆을 보면 □가 있습니다. 이것은 그 특기에 대응하는 【생명력】을 관리하기 위한 슬롯입니다. 【생명력】이란 그 캐릭터의 육체나 정신이 얼마나 문제없이 활동하고 있는지를 나타내는 수치입니다. 대미지나 인법의 효과를 받게 되면 【생명력】을 잃습니다.

【생명력】이 1점이라도 있는 한, 캐릭터는 규칙에 따라 다양한 행동을 할 수 있습니다. 하지만 【생명력】이 0점이 되면 그 캐릭터는 행동을 할 수 없게 됩니다.

PC는 게임을 개시할 때 특기마다 대응하는 【생명력】을 1점씩 가집니다. 다 합치면 【생명력】은 6점이 됩니다. 모종의 효과로 인해 【생명력】을 잃었을 때는 각 특기 분야 이름 옆에 있는 □에 ×표시를 합니다.

1·09·02·01 추가 생명력

PC는 인법이나 특수한 프라이즈 등을 입수함으로써 **추가 【생명력】**을 가질 수도 있습니다. 추가 【생명력】을 얻으면 그 수치만큼의 추가 【생명력】 슬롯을 얻습니다.

추가 【생명력】을 가진 캐릭터가 【생명력】을 잃을 경우, 특기에 대응하는 【생명력】이 아닌 추가 【생명력】부터 우선적으로 잃습니다.

1·10 캐릭터의 인법

인법이란 닌자가 사용할 수 있는 불가사의한 기술입니다. 게임상으로도 특수한 효과를 발휘합니다.

중급닌자 캐릭터는 4개의 인법을 선택해서 습득할 수 있습니다. 습득할 수 있는 인법은 범용 인법, 자기 유파의 유파 인법, 자기 유파의 비전 인법입니다. 단, 반드시 자기 유파의 유파 인법이나 비전 인법을 최소 1종류는 습득해야 합니다. 또, 자신이 속하지 않은 유파의 유파 인법, 비전 인법은 습득할 수 없습니다.

단, 「1.13.01 캐릭터의 배경」(p40)에서 설명하는 몇 가지 「장점」을 습득하면 레귤레이션이 「전국편」인 유파 인법을 습득할 수 있게 됩니다. 「전국편」의 유파 인법을 습득하려면 아래와 같은 「장점」이 필요합니다.

【말예】: 임의의 「전국편」 유파 인법을 1개 습득할 수 있게 된다.

【시간여행자】: 임의의 「전국편」 유파 인법을 2개 습득할 수 있게 된다.

【장수】: 「전국편」 캐릭터로 리스펙할 수 있게 된다.

인법의 데이터는 p78~120에 수록되어 있습니다. 인법 중에는 「퇴마편」에서만 습득할 수 있는 것이 있으므로 주의하시기 바랍니다.

습득한 인법은 이름과 타입, 지정 특기, 간격, 코스트, 효과를 캐릭터 시트의 인법 칸에 옮겨 적습니다. 효과는 간단한 개요만 적어도 상관없으며, 그 인법이 적혀 있는 페이지의 번호를 적어 넣어도 됩니다.

같은 이름의 인법은 하나밖에 습득할 수 없지만, ※표시가 있는 인법은 여러 개 습득할 수 있습니다.

캐릭터 시트에 적혀 있는 【접근전 공격】은 어떤 닌자라도 습득하고 있는 기본적인 인법입니다. 이것은 초기에 습득할 수 있는 4개에 포함되지 않습니다. 【접근전 공격】의 지정 특기 칸에 임의의 특기를 하나 골라 적어 넣습니다.

1·10·01
인법의 타입

인법에는 공격 인법과 서포트 인법, 장비 인법의 세 가지 타입이 있습니다.

● 공격 인법

공격 인법은 전투 시에 자기 차례가 될 때마다 사용할 수 있습니다. 상대에게 다양한 대미지를 가할 수 있습니다.

● 서포트 인법

서포트 인법은 공격을 보조하거나, 상대의 상태를 변화시키는 등 매우 풍부한 바리에이션을 자랑하는 인법입니다. 조합 나름으로 다양한 효과를 발휘합니다.

● 장비 인법

장비 인법은 습득하면 항상 효과를 발휘하는 인법입니다.

1·10·02
인법의 지정 특기

지정 특기란 그 인법의 효과를 사용할 때 중요한 역할을 하는 특기입니다. 인법에 지정 특기가 설정되어 있다면 그 **특기 판정**에 성공해야 효과가 발휘됩니다.

인법 중에는 지정 특기에 「**자유**」나 「**임의의 ●술**」이라고 적혀 있는 것, 혹은 특기 이름이 여러 개 적혀 있는 것이 있습니다. 이런 인법을 습득했을 때는 지정된 범위에서 특기를 하나 골라 지정 특기 칸에 적어 넣습니다. 또, 「**가변**」이라고 적혀 있는 경우에는 판정을 할 때마다 지정 특기가 달라집니다.

1·10·03
인법의 기타 사용 제한

기본적으로 같은 이름의 인법은 드라마 장면이라면 사이클마다 한 번, 전투 중이라면 라운드마다 **한 번만 사용할 수 있습니다.**

인법의 간격은 전투 중에 사용할 때 어느 정도의 범위에 효과가 미치는지를 나타냅니다.

인법의 코스트는 그 인법의 사용 난이도입니다. 이 수치가 낮은 인법은 사용하기 편하고, 반대로 높은 인법은 사용하기 어렵습니다.

자세한 설명은 각각 「8.03 드라마 장면 중의 인법 사용」(p62), 「9.12 전투 장면 중의 인법 사용」(p68)을 참조하시기 바랍니다.

1·10·04
특례 습득

인법 중에는 【기계닌자】나 【탐랑】처럼 본래는 자신이 습득할 수 없는 인법을 습득할 수 있게 되는 효과를 가진 것이 있습니다. 이런 효과로 본래 습득할 수 없는 인법을 습득하는 것을 특례 습득이라고 부릅니다

특례 습득 효과를 발생시키는 인법이나 배경이 미습득 상태 또는 사용불능이 되면 특례 습득한 인법은 사용할 수 없게 됩니다.

1·10·05
종자를 획득할 수 있는 인법

종자란 추가로 사용할 수 있는 부하 캐릭터입니다. 자세한 설명은 「23 종자」(p162)를 참조하시기 바랍니다. 인법 중에는 「종자」를 획득할 수 있는 것이 있습니다. 그 세션에서 GM이 종자 규칙을 사용하지 않기로 했다면 그런 효과를 지닌 인법은 습득해도 사용할 수 없다는 점에 주의하시기 바랍니다.

1·10·05·01
통솔력

각 캐릭터가 그 장면에서 사용할 수 있는 종자의 수에는 제한이 있습니다. 종자 추가 규칙을 사용할 경우, 캐릭터들은 【통솔력】이라는 수치를 가집니다. 【통솔력】은 각 캐릭터가 한 장면 동안 사용할 수 있는 **종자의 최대 수**입니다. 【통솔력】보다 많은 종자를 장면에 등장시킬 수는 없습니다. 【통솔력】은 계급에 따라 결정됩니다. 하급닌자 지휘관이라면 1, 중급닌자라면 2, 중급닌자 지휘관이라면 3, 상급닌자라면 4, 상급닌자 지휘관이라면 5, 두령이라면 6입니다.

종자의 사용자는 장면마다 자신의 【통솔력】 이하의 종자를 그 장면에 등장시킬 수 있습니다. 각 장면에 자신의 【통솔력】보다 많은 종자를 등장시킬 수는 없습니다. 자신의 【통솔력】보다 많은 종자를 획득하는 것은 가능합니다.

또, 전투 장면 동안이라면 현재 사용하는 종자의 수가 【통솔력】 미만일 경우, 자신이 사용하는 종자의 수가 【통솔력】을 넘지 않는 한도 내에서 추가로 종자를 등장시킬 수 있습니다. 이것을 종자의 보충이라고 부릅니다. 종자를 보충할 때도 일반적인 경우와 마찬가지로 전투 난입이나 인법 등 종자를 등장시키는 효과가 필요합니다.

특기 판정

인법의 효과를 발휘하려면 아무튼 판정에 성공하기만 하면 됩니다. 그 인법을 사용하기 위해 반드시 지정 특기를 습득할 필요는 없습니다(지정 특기 근처에 있는 다른 특기를 습득했다면, 그 특기를 대신 사용할 수도 있을 것입니다).

자유

습득할 때 마음대로 결정할 수 있는 것이라는 점에 주의. 사용할 때마다 마음대로 변경할 수 있다는 의미가 아닙니다. 단, 모종의 효과로 세션 중에 지정 특기가 「자유」인 인법을 습득했다면 그 타이밍에 지정 특기를 결정합니다.

임의의 ●술

기술, 체술처럼 특기 분야가 설정되어 있습니다. 그중에서 마음대로 하나를 선택합시다.

가변

인법의 목표가 된 캐릭터의 데이터나 주사위 등에 따라 변화합니다.

한 번만 사용할 수 있습니다

드라마 장면과 전투 장면 양쪽 모두에서 사용할 수 있는 인법도 존재합니다. 그런 인법은 같은 사이클의 드라마 장면에 한 번 사용했더라도 전투가 발생하면 라운드마다 한 번까지 사용할 수 있습니다.

종자의 최대 수

장면 중에 자신의 종자 수가 【통솔력】을 초과했다면, 【통솔력】과 같은 수가 될 때까지 종자를 무작위로 선택해서 퇴장시킵니다.

언제든지

【불사신】효과의 오의는 자신의 【생명력】이 0점이 된 직후에도 사용할 수 있습니다. 【생명력】이 0점이 된 직후에 이 효과로【생명력】을 1점 이상으로 회복했다면 행동불능이 되지 않으며, 클라이맥스 페이즈의 전투 장면에서 탈락을 무효로 할 수 있습니다.

상태이상을 회복

【불사신】효과를 사용했을 때【생명력】이 1점도 회복하지 않았더라도, 상태이상을 회복하는 효과는 반드시 발생합니다.

경감

【절대 방어】로 경감할 수 있는 효과는 한 가지 요인에 의한 것뿐입니다. 예를 들어 여러 가지 인법의 효과를 동시에 적용했더라도, 경감할 수 있는 것은 그중 한 가지 인법에 의한 것뿐입니다. 또, 모종의 대미지를 입은 결과 발생한 【생명력】 감소를【절대 방어】로 0점 미만으로 경감했을 경우,【절대 방어】의 목표는 대미지를 입지 않은 것으로 간주합니다.

그 판정에 성공

【완전 성공】의 효과가 무효화되었을 경우, 그 판정은 실패합니다. 다시 주사위를 굴릴 수는 없습니다. 이때는 신통환이나 둔갑부 같은 닌자도구를 사용해서 주사위를 다시 굴릴 수도 없습니다.

10으로 간주한다

목표치가 11 이상인 판정이라도 결과는 성공이 됩니다. 어떠한 효과를 위해 달성치를 참고할 필요가 있을 때만 10이라는 수치를 사용합니다.

사용할 수 있다

【추가 인법】의 효과는 선택한 인법을 사용할 수 있는 효과입니다. 따라서 해당하는 인법을 습득한 것으로 취급하지는 않습니다. 그리고 오의를 사용할 때는 사용할 인법 하나만을 선언합니다. 선택한 두 개의 인법을 동시에 공개할 필요는 없습니다. 또,【추가 인법】으로 지정 특기 판정이 필요한 인법을 사용했다가 판정에 실패했을 경우, 오의는 사용한 것으로 간주합니다(같은 장면에 등장한 캐릭터는【오의】에 관한【정보】를 획득할 수 있습니다). 그 인법은 1회 사용한 것으로 간주하며, 지정 특기 판정에 성공했을 때의 효과는 발휘되지 않습니다.

1·11

캐릭터의 오의

닌자는 누구에게도 알려지지 않은 자신만의 비기, 오의를 보유하고 있습니다. 중급닌자 캐릭터는 이 오의를 1개만 습득합니다.

오의에는 아래의 일곱 가지 효과가 있습니다. 모두 드라마 장면이라면 사이클마다 1회, 전투 장면이라면 라운드마다 1회 사용할 수 있습니다.

● 크리티컬 히트

공격을 하는 대신 사용할 수 있다. 자신과의 플롯치 차이가 1 이내인 캐릭터 1명을 목표로 선택한다. 무작위로 특기 분야 4개를 선택해서 목표의【생명력】을 소실시킨다(이미 소실된 【생명력】이 선택되었을 때는 목표가 어느 특기 분야의【생명력】을 소실시킬지 선택할 수 있다).

● 범위 공격

공격을 하는 대신 사용할 수 있다. 자신과의 플롯치 차이가 3 이내인 캐릭터를 원하는 만큼 선택하고, 그 캐릭터 전원을 목표로 선택한다. 목표의【생명력】을 2점 소실시킨다. 어느 특기 분야의【생명력】을 소실시킬지는 목표가 선택할 수 있다.

● 불사신

언제든지 사용할 수 있다. 1D6에서 세션 동안 이 오의를 사용한 횟수를 뺀 수치(최저 0, 맨 처음 사용할 때는 1D6에서 1을 뺀 수치)만큼 자신의【생명력】을 회복하고, 모든 **상태이상을 회복**할 수 있다.

● 절대 방어

같은 장면에 등장한 캐릭터가【생명력】을 소실했을 때 사용할 수 있다(단,【생명력】을 소비했을 때는 사용할 수 없다).【생명력】을 소실한 캐릭터 중에서 1명을 목표로 선택한다. 목표가 감소한【생명력】중에서 임의로 선택한 4점 분량을 **경감**할 수 있다(0점 미만이 되지는 않는다).

● 완전 성공

자신이 판정을 할 때, 주사위를 굴리기 전에 사용할 수 있다. 판정을 위한 주사위를 굴리지 않고, 자동으로 **그 판정에 성공**한다(스페셜은 아니다. 달성치가 필요하다면 **10으로 간주한다**).

● 판정 방해

같은 장면에 등장한 캐릭터가 행동 판정을 해서 주사위 굴림을 마쳤을 때 사용할 수 있다. 그 캐릭터를 목표로 선택한다. 목표가 판정에서 굴린 주사위 중 하나의 눈을 1로 만들 수 있다.

● 추가 인법

이 오의를 습득했을 때, 자신이 습득 가능한 공격 인법 및 서포트 인법 중에서 임의로 두 종류를 선택한다. 이 오의를 사용하면 그 인법 중 아무거나 하나를 **사용할 수 있다**. 이 오의의 사용 타이밍은 사용하는 인법의 것과 같아지며, 그 인법에 코스트가 있다면 그만큼의 코스트도 필요로 한다. 또, 이 오의를 사용할 경우 그 인법의 지정 특기는 이 오의의 지정 특기와 같은 것을 사용한다.

이 일곱 가지 효과 중에서 한 가지를 골라 「오의 내역」의 효과 칸에 적어 넣습니다. 그리고 오의의 설정이나 성질, 이론을 생각해봅니다. 자신이 습득한 특기 중에서 그 성질에 가장 어울린다고 생각하는 특기를 하나 선택해서 지정 특기 칸에 적어 넣습니다. 이것이 오의의 지정 특기가 됩니다.

오의의 효과와 지정 특기는 사용할 때까지는 비밀로 해둬야 합니다. 닌자의 오의는 그것이 어떤 기술인지 알려지지 않는 것이 중요합니다.

오의의 효과와 지정 특기를 결정했다면 마지막으로 오의의 이름을 결정합시다. 마음대로 정해도 상관없지만, 혹시 좋은 이름이 떠오르지 않는다면 무작위로 오의명을 정해도 됩니다.

이때, 먼저 2D6을 굴리고 「오의 명명 법칙 표」를 참조합니다. 이어서 그 결과에 따라 D66을 2회 굴려 「화조풍월 표」, 「행주좌와 표」, 「백귀야행 표」, 「삼라만상 표」에서 단어를 추출합니다. 그리고 단어를 조합해서 오의의 이름을 짓습니다. 이때, 단어의 순서를 뒤바꾸거나, 단어를 외국어로 번역하거나, 비슷한 의미나 소리의 다른 단어로 변경해도 됩니다. 또, 그 오의의 지정 특기 이름 중 일부 또는 전부를 오의의 이름에 섞거나, 오의의 효과마다 지정된 「수식어 표」에서 임의의 수식어를 골라 오의의 이름 앞에 붙이면 더욱 그럴싸한 이름의 오의가 될 것입니다.

● 수식어 표

【크리티컬 히트】	필살(必殺), 비검(秘劍), 영류(影流,) 마인(魔刃,) 파사(破邪,) 닌자살법(忍者殺法)
【범위 공격】	살진(殺陣), 분신(分身), 연격(連擊), 오기(鏖技), 마탄(魔彈), 비밀병기(秘密兵器)
【완전 성공】	선법(仙法), 절기(絶技), 이기(裏技), 비전(秘傳), 초급(超級), 신기(神技)
【불사신】	금술(禁術), 외법(外法), 재생(再生), 초회복(超回復), 마약(魔藥), 과학인법(科學忍法)
【절대 방어】	결계(結界), 호신(護身), 파술(破術), 심안(心眼), 법력(法力), 극의(極意)
【판정 방해】	사술(邪術), 비의(秘儀), 공수(口寄せ), 광념(狂念), 요파(妖波), 마인구(魔忍具)
추가 인법	숨겨진 검(隱し劍), 비술(秘術), 밀법(密法), 경천(驚天), 각성(覺醒), 전생(轉生)

● 오의 명명 법칙 표

2	【화조풍월 표】 + 【화조풍월 표】
3	【백귀야행 표】 + 【삼라만상 표】
4	【화조풍월 표】 + 【백귀야행 표】
5	【삼라만상 표】 + 【행주좌와 표】
6	【백귀야행 표】 + 【화조풍월 표】
7	【삼라만상 표】 + 【화조풍월 표】
8	【화조풍월 표】 + 【삼라만상 표】
9	【백귀야행 표】 + 【행주좌와 표】
10	【화조풍월 표】 + 【행주좌와 표】
11	【삼라만상 표】 + 【백귀야행 표】
12	【삼라만상 표】 + 【삼라만상 표】

● 화조풍월(花鳥風月) 표

11	별, 성(星) / 호시, 세이, 쇼우	23	허공(虛空) / 고쿠우	36	떼구름(村雲) / 무라쿠모
12	달, 월(月) / 츠키, 게츠, 가츠	24	선풍(旋風) / 센푸, 츠무지, 츠무지카제	44	물보라, 비말(飛沫) / 시부키, 히마츠
13	암흑(暗黑) / 안고쿠	25	육화(六花) / 릿카, 롯카	45	폭풍, 람(嵐) / 아라시, 모야, 란
14	그림자, 영(影) / 카게, 스가타, 마보로시, 에이, 요우	26	눈사태, 설붕(雪崩) / 나다레	46	으스름, 롱(朧) / 오보로, 로우
15	번개, 뇌(雷) / 카미나리, 이카즈치, 라이	33	허물벗기, 공선(空蟬) / 우츠세미	55	입맞춤, 접문(接吻) / 셋푼, 구치즈케, 키스
16	화염(火炎) / 카엔, 호무라	34	눈보라, 취설(吹雪) / 후부키	56	무지개, 홍(虹) / 니지, 하시, 코우
22	안개, 봄안개, 하(霞) / 카스미, 카	35	도깨비불, 귀화(鬼火) / 오니비	66	붉은 색, 홍(紅) / 쿠레나이, 베니, 아카, 모미, 코우, 쿠, 구

● 행주좌와(行住座臥) 표

11	뛰기 / 토비(飛び)	23	묶기 / 시바리(縛り)	36	춤추기 / 오도리(踊り)
12	외치기 / 사케비(叫び)	24	베기 / 키리(斬り)	44	발광, 뒤틀기 / 쿠루이(狂い)
13	훔치기 / 누스미(盜み)	25	죽이기 / 코로시(殺し)	45	건너기 / 와타리(渡り)
14	꿰매기 / 누이(縫い)	26	속이기 / 다마시(騙し)	46	되돌리기 / 카에시(返し)
15	달리기 / 하시리(走り)	33	말하기 / 가타리(語り)	55	노려보기 / 니라미(睨み)
16	떨구기 / 오토시(落とし)	34	쏘기 / 우치(擊ち)	56	봉하기 / 후우지(封じ)
22	숨기기 / 가쿠레(隱れ)	35	맺기 / 무스비(結び)	66	비추기 / 우츠시(映し)

● 백귀야행(百鬼夜行) 표

11	야차(夜叉) / 야샤	23	원숭이, 원(猿) / 마시라, 사루	36	공작(孔雀) / 쿠쟈쿠
12	벌레, 충(蟲) / 무시, 츄	24	사자(獅子)) / 시시	44	잠자리, 청령(蜻蛉) / 돈보, 카게로
13	호랑이, 호(虎) / 토라, 코	25	여우, 호(狐) / 키츠네, 코	45	봉황(鳳凰) / 호오, 히노토리
14	상어, 교(鮫) / 사메, 코우	26	뱀, 사(蛇) / 헤비, 쿠치나와, 다, 쟈, 이, 타	46	전갈, 갈(蠍) / 사소리, 카츠, 케츠
15	용(龍) / 타츠, 류, 료, 린	33	나찰(羅刹) / 라세츠	55	미륵(彌勒) / 미로쿠
16	박쥐, 편복(蝙蝠) / 코모리, 카와호리	34	도마뱀, 석척(蜥蜴) / 토카게	56	거미, 지주(蜘蛛) / 쿠모
22	아수라(阿修羅) / 아슈라	35	까마귀, 아(鴉) / 카라스, 아	66	명왕(明王) / 묘오

● 삼라만상(森羅萬象) 표

11	기록, 녹(錄) / 시루시, 로쿠, 료쿠	23	주검, 시(屍) / 시카바네, 카바네, 시	36	소리, 음(音) / 오토, 네, 타요리, 온, 인
12	신(神) / 카미, 칸, 코우, 타마시이, 신, 진	24	황금(黃金) / 코가네, 오우곤	44	피, 혈(血) / 치, 케츠, 케치
13	시간, 시(時) / 토키, 지	25	열쇠, 건(鍵) / 카기, 켄	45	널, 관, 구(柩) / 히츠기, 큐
14	꿈, 몽(夢) / 유메, 무, 보우	26	꽃, 화(華) / 하나, 시로, 카, 케, 게	46	수레, 차(車) / 쿠루마, 샤
15	신령, 영(靈) / 타마, 타마시이, 요, 레이, 료우	33	바늘, 침(針) / 하리, 신	55	계(界) / 사카이, 카이
16	이빨, 아(牙) / 키바, 하, 사이토리, 가, 게	34	칼, 검(劍) / 츠루기, 카타나, 켄	56	눈, 안(眼) / 메, 마나코, 간, 겐
22	상처, 상(傷) / 키즈, 쇼우, 이타미, 소코나이	35	주먹, 권(拳) / 코부시, 켄, 겐	66	진(陳) / 진다테, 히토시키리, 진, 친

배경

『시노비가미』를 처음 접하시는 분은 배경을 무시하고 플레이하는 것도 생각해봅시다. 한 번 플레이를 해보고, 각 규칙의 개요를 이해한 후에 도입하는 것을 권장합니다.

상태이상 하나

만약 어느 캐릭터에게 누적되는 동종의 상태이상이 둘 걸려 있다면, 그중 한쪽의 효과를 회복할 수 있습니다. 어느 효과를 회복할지는 병량환의 사용자가 선택할 수 있습니다.

둔갑부의 사용

특정한 장면에 등장한 캐릭터의 판정에 대해 「둔갑부」를 사용하려면 그 캐릭터와 같은 장면에 등장해야 합니다. 또, 장면에 등장하지 않은 캐릭터의 판정에 대해 「둔갑부」를 사용하려면 마찬가지로 장면에 등장하지 않았어야 합니다.

도합 6개

인법으로 획득할 수 있는 닌자도구의 수까지 포함해서 최대 6개입니다(특수 닌자도구를 가지고 있다면 그 수도 포함해서 6개까지 가질 수 있습니다). 세션 동안 모종의 효과로 닌자도구가 7개 이상이 된 캐릭터는 6개가 되도록 아무거나 닌자도구를 폐기해야 합니다(폐기한 닌자도구는 그 세션에서 배제되며, 누구도 획득할 수 없습니다).

1·12
캐릭터의 감정

이 칸은 게임 중에 사용합니다. 【감정】은 그 캐릭터가 특정한 캐릭터에 대해 어떤 생각을 품고 있는지를 정하는 개념입니다. 【감정】을 가지고 있는 캐릭터에게는 적극적으로 관여할 수 있습니다. 자세한 설명은 「8.02.03 감정 판정」(p61) 항목을 참조하시기 바랍니다.

1·13
캐릭터의 공적점

공적점이란 그 캐릭터가 유파에 얼마나 공헌했는지를 나타내는 수치입니다. 이 수치를 소비하면 캐릭터를 강화할 수 있습니다. 기본적으로 캐릭터를 제작하는 시점이라면 0점입니다. 단, 「**배경**」 중에서 「단점」을 습득하면 어느 정도의 공적점을 획득할 수 있습니다.

1·13·01
캐릭터의 배경

자신이 조종하는 캐릭터의 출신이나 특수한 설정을 데이터로 보강할 수 있습니다. 배경에는 「장점」과 「단점」의 두 종류가 있습니다.

캐릭터를 제작할 때는 장점을 1개까지, 그리고 단점을 1개까지 습득할 수 있습니다. 둘 모두 습득할 수도 있고, 어느 한쪽만 습득할 수도 있습니다. 단, 같은 종류의 배경을 2개 이상 습득할 수는 없습니다.

배경 데이터는 p122~128에 수록되어 있습니다. 레귤레이션에 따라 습득할 수 있는 배경이 다릅니다.

1·14
캐릭터의 닌자도구

이 칸은 게임을 개시하기 전에 결정합니다. 닌자도구란 닌자가 자주 사용하는 아이템입니다. 「병량환」, 「신통환」, 「둔갑부」의 세 종류가 있으며, 모두 사용하면 소비됩니다.

게임을 개시할 때는 임의의 닌자도구를 선택해서 합계 2개까지 가질 수 있습니다. 한 종류의 닌자도구를 2개 가질 수도 있고, 두 종류의 닌자도구를 1개씩 가질 수도 있습니다.

● 병량환

자신의 【생명력】이 1점 이상이라면 언제든지 사용할 수 있습니다. 이 아이템을 사용하면 자신의 【생명력】 1점이나 **상태이상 하나**를 회복할 수 있습니다.

● 신통환

자신이 행동 판정의 주사위를 굴렸을 때 사용할 수 있습니다. 굴린 주사위의 눈과 관계없이 그 주사위를 다시 굴릴 수 있습니다.

● 둔갑부

자신 이외의 누군가가 행동 판정의 주사위를 굴렸을 때 **사용**할 수 있습니다. 굴린 주사위의 눈과 관계없이 그 주사위를 다시 굴리게 할 수 있습니다.

1·14·01
닌자도구 추가

공적점을 2점 소비할 때마다 「병량환」, 「신통환」, 「둔갑부」 중 아무거나 1개를 획득할 수 있습니다. 단, 닌자도구는 기본적으로 주어지는 2개를 포함해서 **도합 6개**까지만 가질 수 있습니다. 닌자도구의 개수가 도합 7개를 초과하도록 닌자도구를 추가할 수는 없습니다.

이 효과로 획득한 닌자도구도 기본적으로 주어지는 2개와 마찬가지로 세션을 마치면 모두 사라집니다. 다음 세션을 개시할 때는 기본적으로 주어지는 2개만을 가집니다. 소비한 공적점은 돌아오지 않습니다.

그 밖에도 특수 닌자도구를 획득하는 방법, 세션 중에만 적용할 수 있는 성장 방법이 p139에 수록되어 있습니다. 게임 마스터가 허가한다면 각 규칙을 사용할 수 있습니다.

2 특수한 캐릭터의 제작

이 페이지에서는 하위 유파나 혈맹, 일반인, 고류 유파 등 특수한 캐릭터를 제작하는 방법을 설명한다.

2·00
특수한 캐릭터의 제작

게임 마스터가 허가하거나 시나리오에서 권장할 경우, 『시노비가미』에서는 하위 유파에 소속된 캐릭터, 혈맹에 소속된 캐릭터, 일반인, 고류 유파에 소속된 캐릭터 등 특수한 캐릭터를 PC로 제작해서 세션에 참가할 수 있습니다.

이 항목에서는 각각의 특수한 캐릭터를 제작하는 방법을 설명합니다.

2·01
하위 유파

하위 유파란 6대 유파의 산하에 있는 유파나 분파, 또는 동맹 관계에 있는 유파입니다. 게임 마스터가 허가한다면, 플레이어는 하위 유파에 속한 캐릭터를 제작할 수 있습니다.

p42~p43의 하위 유파 리스트 중에서 소속 유파를 하나 선택합시다. 또, 각 유파의 상세한 설정은 p206~217에서 해설합니다.

캐릭터를 제작할 때, 유파를 결정하는 타이밍에 하위 유파를 선택하려면 각 유파에 설정된 「조건」을 충족해야 합니다. 조건으로 지정된 특기나 인법, 기타 설정은 **리스펙**으로 변경할 수 없습니다. 주의하시기 바랍니다.

하위 유파가 되기로 한 캐릭터는 아래와 같은 부분에서 6대 유파의 캐릭터와 차이가 생깁니다.

● 법식과 숙적

법식과 숙적은 그 하위 유파에 설정된 내용을 사용합니다.

● 특기

하위 유파에 속한 캐릭터의 전문 분야는 대응하는 6대 유파의 전문 분야와 같습니다. 캐릭터 시트에 있는 특기 리스트를 보고, 자신의 전문 분야에 해당하는 특기 옆의 □(갭)을 모두 검게 칠합니다.

그 후, 전문 분야에서 2개의 특기를 선택하고, 각 특기의 이름을 ○로 감쌉니다. 이어서 아무거나 4개의 특기를 선택하고, 그 특기의 이름을 ○로 감쌉니다.

● 인법

하위 유파의 캐릭터는 대응하는 6대 유파의 유파 인법에 더해 그 하위 유파의 유파 인법을 습득할 수 있게 됩니다. 인법을 습득할 때 자기 유파의 유파 인법을 하나 습득해야 하는데, 이것은 하위 유파의 것을 골라도 되고, 대응하는 6대 유파의 것을 골라도 됩니다.

하위 유파의 캐릭터는 비전 인법을 습득할 수 없습니다.

하위 유파의 유파 인법은 그 유파의 유파 인법인 동시에 그 하위 유파에 대응하는 6대 유파의 유파 인법인 것으로 간주합니다. 하스바 인군의 하위 유파인 츠바노미구미에 속한 캐릭터라면 하스바 인군과 츠바노미구미의 인법을 자기 유파의 유파 인법으로 습득할 수 있는 셈입니다.

● 수장

수장이란 그 하위 유파를 책임지고 관리하는 인물입니다. 수장만큼은 예외적으로 대응하는 유파의 비전 인법을 습득할 수 있습니다(게임 마스터가 허가하지 않는 한, PC는 수장이 될 수 없습니다).

각 유파의 수장은 p218~224에서 소개합니다. 그쪽도 참조하시기 바랍니다.

하위 유파의 캐릭터는 수장은 물론이고, 대응하는 6대 유파의 두령에게도 경의를 표해야 합니다.

● 대응

하위 유파의 캐릭터는 위에 언급된 내용 이외의 부분에 대해서는 하위 유파의 캐릭터인 동시에 그 하위 유파에 대응하는 6대 유파의 캐릭터인 것으로 간주합니다.

하위 유파
각 하위 유파와 그 수장에 관한 상세한 설정은 p206~226에 실려 있습니다.

리스펙
리스펙이란 캐릭터의 데이터를 재구성하는 것을 말합니다. 「12 세션 종료와 성장」(p71)에서 해설합니다.

하스바 인군 하위 유파

● 츠바노미구미
조건: 【기계닌자】 인법을 습득했다.
법식: 감정에 휘둘리지 않고 임무를 완수한다.
숙적: 쿠라마신류

하스바 인군의 기계화 닌자부대. 임무 도중에 부상을 당한 자, 더 강한 힘을 얻고자 기계화 수술에 자원한 자 등이 소속되어 있습니다. 하스바에서 가장 무시무시한 실행부대입니다.

● 오오즈치군
조건: 《경제력》 특기를 습득했다.
법식: 닌자도구를 능숙하게 사용한다.
숙적: 없음

하스바 인군의 닌자도구 개발부대. 최신예 과학을 이용해서 다양한 형태의 닌자도구를 개발하고 있습니다. 또, 닌자도구의 응용 연구 분야에서도 경이로운 성과를 거두고 있습니다.

● 사시가네한
조건: 《조사술》 특기를 습득했다.
법식: 하스바 인군과 동일.
숙적: 없음

하스바 인군의 인법 연구, 분석 부문입니다. 다른 유파의 인법을 조사하고 해석해서 하스바 인군에 거두어들이기 위한 닌자장비 개발 등을 하고 있습니다.

● 오쿠기슈
조건: 《천리안》이나 《주술》 특기를 습득했다.
법식: 역사의 흐름에 간섭하지 않는다.
숙적: 없음

하스바 인군의 이단아인 마술 행사자들입니다. 그 원류는 어느 점성술사 일족입니다. 점성술을 이용한 예지와 주살(呪殺)이 그들의 역할입니다.

쿠라마신류 하위 유파

● 마와리가라스
조건: 【아지랑이】 인법을 습득했다.
법식: 「시노비의 세계」를 어지럽히는 자를 쓰러뜨린다.
숙적: 오니의 혈통, 요루가오

쿠라마신류의 처형 집행인들입니다. 시노비의 힘에 도취되어 인간 사회를 혼란에 빠뜨리려고 하는 악인이나 유파의 배신자를 말살하는 것이 사명입니다.

● 바요넷
조건: 《포술》 특기를 습득했다.
법식: 혼자서 여러 명의 적에게 이긴다.
숙적: 다른 쿠라마신류

검술, 창술 등을 전문으로 하는 쿠라마신류로서는 드물게도 총기에 특화한 일파입니다. 초인적인 체술과 사격능력을 조합한 총검법을 구사합니다.

● 마왕류
조건: 요술 특기를 아무거나 하나 습득했다.
법식: 마물을 죽인다.
숙적: 오니의 혈통

오니를 상대로 하는 전투에 특화한 쿠라마신류의 악귀 사냥꾼들입니다. 독으로 독을 제압한다는 방침에 따라 오니의 피를 이어받은 일족 출신만으로 구성된 인외의 마검사들입니다.

● 연화왕권
조건: 《포승술》이나 《격투술》 특기를 습득했다.
법식: 요마를 토벌하고 약자를 지킨다.
숙적: 오니의 혈통

어디까지나 인간으로서 마물을 멸하기 위한 권법을 추구한 유파입니다. 연화왕권의 권법가가 마음만 먹으면 맨손으로 바위산을 허허벌판으로 만드는 것조차 가능하다고 합니다.

하구레모노 하위 유파

● 요루가오
조건: 《은형술》 특기를 습득했다.
법식: 의뢰받은 목표를 죽인다.
숙적: 마와리가라스, 공안 은밀국

프리랜서 암살자들의 조직입니다.

● No.9
조건: 세션의 전개에 따라 현재의 유파에서 탈주한 캐릭터.
법식: 다시 「시노비의 세계」에 관여할 동기를 찾는다.
숙적: 히라사카 기관, 하스바 인군

탈주닌자들을 위한 은신처입니다.

● 세계 닌자 연합
조건: 없음
법식: 자신들의 실력을 시노비의 세계에 선전한다.
숙적: 히라사카 기관

세계 각지의 닌자들이 모인 연합입니다.

● 카게에자
조건: 《괴뢰술》이나 《환술》 특기를 습득했다.
법식: 누구에게도 얽매이지 않고 자신의 의지로 싸운다.
숙적: 없음

그림자술사들의 연락망입니다.

● 시라누이
조건: 《불의 술》이나 《사령술》 특기를 습득했다.
법식: 누구에게도 얽매이지 않고 자신의 의지로 싸운다.
숙적: 없음

발화능력자 일족입니다.

● 토가메류
조건: 《동술》 특기를 습득했다.
법식: 누구에게도 얽매이지 않고 자신의 의지로 싸운다.
숙적: 없음

사안의 힘을 이어받은 혈족 유파입니다.

● 브레멘
조건: 인수일 것. 체술 특기 분야에서 아무거나 한 가지 특기를 습득했다.
법식: 모실 가치가 있는 상대를 찾아낸다.
숙적: 마가츠미, 오오즈치군

주인을 잃은 인수(忍獸)들이 모여 결성한 집단입니다.

히라사카 기관 하위 유파

● 토코요
조건: 《사령술》 특기를 습득했다. 성별이 여성.
법식: 죽은 자들의 안식을 수호한다.
숙적: 세계 닌자 연합

히라사카류 고신도의 오의를 수행한 무녀 집단입니다. 죽은 자들의 목소리를 듣고 불행이나 재앙을 예언합니다. 국정에도 강한 영향력을 미치고 있는 무시무시한 사령술사들입니다.

● 시코메슈
조건: 성별이 여성.
법식: 남성에게 지지 않는다.
숙적: 오니의 혈통, 쿠라마신류

여성만으로 구성된 전투부대. 히라사카 기관 내에서도 예외적으로 직접적인 전투가 특기입니다. 구성원은 모두 얼굴을 가리고 있으며, 맨얼굴을 본 상대를 말살하는 것으로 유명합니다.

● 공안 은밀국
조건: 【침묵】 인법을 습득했다.
법식: 일본의 국익을 지킨다.
숙적: 하구레모노, 사립 오토기 학원

일본 정부 내부에 존재하는 히라사카의 산하 기관 중 하나. 안전 보장을 위해 국내외의 정보를 수집하고 분석합니다. 닌자와 관련된 주요 사건은 그들이 조사하고, 은폐합니다.

● 쟈코카이 종합병원
조건: 《독술》이나 《미인계》 특기를 습득했다.
법식: 사랑과 죽음을 동등하게 선사한다.
숙적: 없음

독술사 및 전신에 맹독을 품은 쿠노이치들로 구성된 유파입니다. 공식적으로는 정재계 인사들을 위해 설립한 병원이지만, 그 실체는 VIP 전용의 매춘굴 겸 마약굴입니다.

사립 오토기 학원 하위 유파

● 특명 임시 교직원 파견위원회
조건: 《전달술》 특기를 습득했다.
법식: 누군가를 올바른 길로 이끈다.
숙적: 하구레모노

오토기 학원의 졸업생들로 구성된 인법 교사들의 조직입니다. 별명은 「특교위」. 닌자와 관련된 문제가 발생한 학교에 파견되어 비밀리에 사건을 해결합니다.

● 오토기 학원 학생회
조건: 없음
법식: 오토기 학원 학생들의 모범이 되도록 행동한다.
숙적: 없음

오토기 학원 최강의 학생을 결정하기 위해 비밀리에 거행되는 육도제(六道祭). 그 육도제의 우승자를 비롯한 상위 입상자들로 구성된 학생들의 자치 조직입니다. 학교의 치안 유지를 위해 힘쓰고 있습니다.

● 사립 타라오 여학원
조건: 《미인계》 특기를 습득했다.
법식: 남성을 뜻대로 농락한다.
숙적: 히라사카 기관

긴키 지방의 산간부에 있는 학교로, 사립 오토기 학원의 자매교. 쿠노이치를 전문으로 양성합니다. 학생의 수는 오토기 학원의 1할에도 미치지 못하지만, 그녀들 모두가 쿠노이치입니다.

● 구교사 관리위원회
조건: 《결계술》이나 《봉인술》 특기를 습득했다.
법식: 구교사를 지킨다.
숙적: 히라사카 기관, 오니의 혈통

오토기 학원의 구교사를 보전하는 학생 위원회입니다. 구교사는 「어떤 존재」를 봉인하기 위해 미궁으로 변화했으며, 구교사 관리위원회는 그 미궁의 공략에 도전하는 닌자 학생들을 지원하고 있습니다.

오니의 혈통 하위 유파

● 츠치구모
조건: 《동물사역》 특기를 습득했다.
법식: 현 정부에 뼈아픈 타격을 가한다.
숙적: 히라사카 기관, 마왕류

조정에 순순히 굴복하지 않았다는 이유로 무수한 가계가 멸망당한 선주민족의 말예. 모계 사회의 형태를 취하고 있습니다. 그 피를 이은 자는 모두 팔다리가 길고, 벌레술사의 재능을 타고납니다.

● 셰샤
조건: 《사령술》이나 《이형화》, 혹은 《물의 술》을 습득했다.
법식: 재능 있는 인물을 찾아내서 동료로 만든다.
숙적: 토코요, 쿠라마신류

흡혈귀가 된 진시황을 선조로 두고 숭배하는 비밀결사로, 흡혈귀만으로 이루어져 있습니다. 비록 진시황은 긴 잠에 빠져 있지만, 그래도 아시아 최대 규모의 혈족 집단입니다.

● 마가츠비
조건: 《이형화》 특기를 습득했다.
법식: 금지를 가지고 살아간다.
숙적: 히라사카 기관, 쿠라마신류

나이를 먹어 인간으로 둔갑하는 힘을 손에 넣은 짐승들입니다. 또, 그런 짐승의 피를 이어받아 짐승으로 변신할 수 있는 수인들도 포함됩니다.

● 나가미미
조건: 《예능》이나 《언령술》 특기를 습득했다.
법식: 고향인 이계로 귀환한다.
숙적: 히라사카 기관

인간의 아기와 바꿔치기된 요마, 요정을 가리키는 「뒤바뀐 아이」들의 집단입니다. 특히 강력한 마력을 지닌 자들이 작위를 내세우며 유사 궁정 사회를 형성하고 있습니다.

혈맹
　혈맹은 공통의 목적을 위해 결성된 굳건한 동맹입니다. 하지만 그렇다고 해서 그 구성원들이 반드시 같은 편이라고 단정할 수는 없습니다. 혈맹 내부의 캐릭터끼리 대립할 가능성은 존재합니다. 어쩌면 당신 곁에 있는 PC는 다른 유파에서 당신의 혈맹에 잠입시킨 스파이일 수도 있습니다.

2·02
혈맹

　이 규칙을 추가할 경우, 게임 마스터와 각 플레이어는 「**혈맹**」이라는 특수한 팀을 설정할 수 있습니다. 게임 마스터가 바란다면 시나리오를 제작할 때 독자적인 「혈맹」을 설정하고, PC나 NPC들을 거기에 소속시킬 수 있습니다. 또, 게임 마스터가 허가한다면 각 플레이어는 자신의 캐릭터들이 소속된 「혈맹」을 설정해도 무방합니다.

　「혈맹」이란 닌자들의 개인적인 연합체를 가리킵니다.

　대부분의 닌자는 각각의 유파를 따르며, 소속된 유파의 동료들과 함께 인무에 나섭니다. 하지만 그중에는 은밀히 다른 유파의 일원과 무리를 이루어 유파에서 일탈된 행동을 하는 닌자들도 있습니다. 이러한 무리를 「혈맹」이라고 부릅니다. 「혈맹」은 최소 두 명, 최대라도 십수 명 규모로 구성되는 것이 보통입니다.

　「혈맹」은 대체로 유파와는 별도로 달성해야 할 목적을 가지고 있습니다. 그들은 멸망한 유파의 부흥, 경제적인 성공, 힘의 획득 등을 목표로 하는 이들입니다. 그들의 행동 방침은 어디까지나 개인적인 목적을 위한 것이며, 하구레모노를 제외한 5대 세력이 내걸고 있는 대의와는 거리가 멉니다. 그래서 암흑가나 해외 각국의 첩보 기관이 「상대적으로 더 다루기 쉬운」 혈맹에 인무를 의뢰하는 사례가 늘고 있습니다.

　당연한 이야기지만 「혈맹」에 소속된 닌자는 그 사실을 유파에 비밀로 합니다(단, 이미 들통났을 가능성도 있습니다). 또, 개중에는 유파의 명령을 받아 혈맹 내부의 상황을 정탐하고자 침입한 닌자도 있습니다. 그래서 혈맹 또한 일반적인 유파와 마찬가지로 비밀주의를 취하며, 함께 행동할 때 이외의 정보(서로가 유파에서 활동할 때의 모습이나 사회적 신분)에 대해서는 모르는 부분도 많습니다. 또, 최근에는 유파의 울타리를 뛰어넘는 특수한 인무를 위해 임시로 혈맹을 결성하는 사례도 늘고 있습니다.

2·02·01
혈맹 제작

　「혈맹」에는 이름이 필요합니다. 이름을 설정합니다. 좋은 이름이 떠오르지 않을 때는 「혈맹 이름 결정 표」를 사용해서 무작위로 이름을 지을 수도 있습니다.

　또, 「혈맹」의 목적을 결정합니다. 「혈맹 법식 표」에서 1D6을 굴려 결정하시기 바랍니다. 주사위를 굴리지 않고 직접 선택해도 상관없습니다. 「혈맹」의 캐릭터는 세션을 종료할 때 「혈맹 법식 표」로 결정한 「혈맹」의 법식을 달성했을 때도 「공적점을 받을 수 있는 조건」의 「법식 달성」에 성공한 것으로 간주합니다.

2·02·02
혈맹 참가

　플레이어가 자기 캐릭터를 자발적으로 「혈맹」에 가입시키는 경우, 다음 세션까지 자신을 포함해서 최소한 두 명 이상의 플레이어가 각자의 캐릭터를 같은 「혈맹」에 넣겠다고 희망할 필요가 있습니다. 캐릭터 제작 시점이나 리스펙

● 혈맹 이름 결정 표

1	화조풍월표(p39) + 일족낭당표
2	삼라만상표(p39) + 일족낭당표
3	이류이형표 + 백귀야행표(p39)
4	이류이형표 + 일족낭당표
5	전기 성표1(p24) + 일족낭당표
6	삼라만상표(p39) + 전기 이름표2 (p25)

● 일족낭당(一族郎堂) 표

11	사단(師團) / 시단	23	조(組) / 구미	36	교실(教室) / 쿄시츠
12	일족(一族) / 이치조쿠	24	영역(領域) / 료이키	44	극장(劇場) / 게키죠
13	형제(兄弟) / 쿄다이	25	상회(商會) / 쇼카이	45	중(衆) / 슈
14	자매(姉妹) / 시마이	26	산(山) / 산, 잔, 야마	46	당(黨) / 토우
15	저택(屋敷) / 야시키	33	문고(文庫) / 분코	55	일당(一味) / 이치미
16	무대(舞臺) / 부타이	34	기관(機關) / 키칸	56	소대(小隊) / 쇼타이
22	도중(道中) / 도추	35	결사(結社) / 켓샤	66	군단(軍團) / 군단

● 이류이형(異類異形) 표

11	적목(赤目; 붉은 눈) / 아카메	23	대취(大嘴; 큰 부리) / 오오하시	36	단면(斷面; 단면) / 단멘
12	팔목(八目; 8개의 눈) / 야츠메	24	팔두(八頭; 8개의 머리) / 야가시라	44	구미(九尾; 9개의 꼬리) / 큐비
13	계접(繼接; 이어붙임) / 츠기하기	25	역면(逆面; 거꾸로 된 얼굴) / 사카즈라	45	유우(濡羽; 젖은 깃털) / 누레바네
14	복이(福耳; 큰 귀) / 후쿠미미	26	부육(腐肉; 썩은 살) / 후니쿠	46	촉수(觸手; 촉수) / 쇼쿠슈
15	구열(口裂; 찢어진 입) / 구치사케	33	지주각(蜘蛛脚; 거미다리) / 쿠모아시	55	장경(長脛; 긴 정강이) / 나가스네
16	환절(球節; 둥근 관절) / 타마부시	34	수장(首長; 긴 목) / 쿠비나가	56	창혈(蒼血; 푸른 피) / 소케츠
22	쌍수(雙首; 2개의 머리) / 후타코베	35	구조(鉤爪; 갈고리 손톱) / 카기즈메	66	노장(露腸; 삐져나온 창자) / 아라와타

44

시점이라면 PC는 자유롭게 「혈맹」에 들어가거나, 반대로 이탈할 수 있습니다. 단, 둘 이상의 혈맹에 동시에 가입할 수는 없습니다.

세션 도중에 「혈맹」에 가입하거나 「혈맹」을 이탈하려면 게임 마스터의 허가를 받아야 합니다.

「혈맹」에 들어간 PC는 세션에서 획득할 수 있는 공적점이 1점 감소합니다(0 미만이 되지는 않습니다).

2·02·03
혈맹 인법

「혈맹」에 소속된 캐릭터는 혈맹 인법을 1개 습득할 수 있습니다.

「혈맹」에 소속된 것이 캐릭터 제작 시점이나 리스펙 시점이라면 자신의 계급에 대응하는 습득 인법 수 제한과 별개로 **혈맹 인법**(p120)을 습득해도 무방합니다. 「혈맹」을 이탈하면 혈맹 인법은 사용할 수 없게 됩니다.

● 혈맹 법식 표	
1	**수호**: 여러분은 어떤 존재의 수호자이다. 소중한 장소나 인물, 가계를 하나 선택한다. 그것을 노리는 자들로부터 그것을 지키는 것이 여러분의 법식이다.
2	**탐색**: 여러분은 무언가 중요한 존재를 찾고 있다. 소중한 인물이나 중요한 아이템을 하나 선택한다. 모든 수단을 동원해서 그것을 찾아내는 것이 여러분의 법식이다.
3	**살육**: 여러분은 그저 피에 굶주려 있다. 더 많은 인간을 살육하거나, 자신들의 강함과 존재를 싸움을 통해서 입증하는 것이 여러분의 법식이다.
4	**욕망**: 여러분은 경제적인 성공이나 권력의 획득을 목표로 삼고 있다. 많은 보수를 입수하거나, 일반인의 사회 및 닌자의 세계에서 권력을 찬탈하는 것이 여러분의 법식이다.
5	**부흥**: 여러분은 과거에 멸망한 유파의 말예다. 유파를 설정한다. 그 유파를 다시 부흥시키거나, 재흥에 필요한 자원을 모으는 것이 여러분의 법식이다.
6	**원한**: 여러분은 어떤 유파를 원망하고 있다. 특정 유파를 하나 선택한다. 그 유파에 큰 타격을 주거나, 그 유파의 목적을 방해하는 것이 여러분의 법식이다.

2·03
일반인

일반인이란 엑스트라(p132)로 취급하지는 않으나, 닌자 또한 아닌 캐릭터들의 총칭입니다. 이름과 달리 이능력이나 중대한 비밀을 지니는 경우가 많습니다.

일반인에게는 전용 캐릭터 시트가 있습니다. p248의 시트를 복사해서 사용합시다.

일반인을 제작할 경우, 닌자 캐릭터 제작 규칙에서 아래의 항목을 변경하여 적용합니다. 여기에 적혀 있지 않은 항목은 닌자 캐릭터를 제작할 때와 마찬가지로 제작합니다.

● 유파·계급

일반인은 유파와 계급을 설정하지 않습니다. 단, 그 캐릭터의 목적을 결정합니다. 「일반인 법식 표」(p46)에서 1D6을 굴려 결정하시기 바랍니다. 주사위를 굴리지 않고 직접 선택해도 상관없습니다. 일반인 캐릭터는 세션을 종료할 때 「일반인 법식 표」로 결정한 법식을 달성하면 「공적점을 받을 수 있는 조건」의 「법식 달성」에 성공한 것으로 간주합니다.

● 사회적 신분

「일반인의 사회적 신분 표」(p46)에서 1D6을 2회 굴려 사회적 신분을 결정할 수 있습니다. 또, 닌자 캐릭터도 이 표를 사용해서 사회적 신분을 결정해도 됩니다.

● 특기

임의의 특기 분야 하나를 전문 분야로 선택할 수 있습니다. 그 분야의 특기 칸 양쪽에 있는 □(갭)을 모두 검게 색칠합니다.

또, 전문 분야와 관계없이 자유롭게 6개의 특기를 선택해서 습득할 수 있습니다.

● 인법과 오의

일반인은 인법과 오의를 설정하지 않습니다.

● 닌자도구

게임을 개시할 때 「병량환」, 「신통환」, 「둔갑부」 중에서 임의의 닌자도구를 선택해서 도합 3개까지 가질 수 있습니다.

혈맹 인법
혈맹에 가입한 중급닌자는 혈맹 인법까지 포함해서 6개의 인법을 습득한 상태로 게임을 시작합니다. 이 범위 내라면 혈맹 인법을 2개 이상 습득할 수도 있습니다.

일반인
일반인이 이능력자이긴 하지만, 결코 닌자보다 전투력이 우월한 것은 아닙니다. 단독으로 「사명」을 달성하는 것도 어려울 수 있습니다. 일반인을 담당하는 플레이어는 세션 동안 신뢰할 수 있는 닌자를 찾아내서 힘을 합치는 것을 지향해야 할 것입니다. 일반인을 해보고 싶다는 플레이어가 있을 경우, GM은 그 시나리오에 일반인이 등장할 여지가 있는지 꼼꼼히 검토한 후에 허가를 내려야 합니다. 혹시라도 일반인 PC의 제작을 허가하더라도, 한 명 정도로 그쳐야 합니다.

인물의 서

일반인의 배경

배경의 태반은 닌자를 위한 것입니다. 인법이나 오의를 가지지 않는 일반인에게는 의미가 없는 것이 많습니다. 단, 그 중에는 일반인이 가져도 효과를 발휘하는 것이 있습니다. GM이 허가한다면 그런 배경을 습득해도 상관없습니다.

전국시대풍의 이름

너무 진지하게 생각할 필요는 없습니다. 이름의 끝부분에 「마루」나 「에몬」 따위를 붙이는 정도라도 상관없습니다.

● 페르소나

일반인은 「페르소나」라고 하는 특수한 핸드아웃 몇 개를 직접 설정할 수 있습니다.

캐릭터를 제작할 때, 일반인 캐릭터는 「페르소나」를 2개 습득할 수 있습니다. 「페르소나」에 관한 자세한 설명은 p140 이후를 참조하시기 바랍니다.

● 공적

일반인은 공적점을 소비해서 게임을 개시할 때 습득하는 페르소나의 수를 늘릴 수 있습니다. 「페르소나」를 2개 습득하고 있는 경우, 10점의 공적점을 소비하면 3개의 「페르소나」를 습득할 수 있게 됩니다. 당신이 「페르소나」를 3개 습득하고 있는 경우, 20점의 공적점을 소비하면 4개의 「페르소나」를 습득할 수 있게 됩니다. 이후, 마찬가지로 50점으로 「페르소나」를 5개로, 100점으로 「페르소나」를 6개로 늘릴 수 있습니

다. 「페르소나」 수의 상승은 세션과 세션 사이에 한 번만 처리할 수 있습니다. 「페르소나」 수의 상승은 영속적으로 효과를 발휘합니다.

또, 게임 마스터가 허가한다면 공적점을 소비해서 「닌자도구 추가」, 「특수 닌자도구:변심환」, 「번뜩이는 영감」(p139)을 특전으로 받을 수도 있습니다.

2·04
고류 유파

레귤레이션이 「전국편」이거나, 배경으로 【장수】 등을 습득했다면 플레이어는 고류 유파에 소속된 캐릭터를 제작할 수 있습니다. 고류 유파에 소속된 캐릭터는 아래와 같은 부분이 다릅니다.

● 이름

전국시대풍의 이름을 생각해봅시다. p50의 전국시대 성 결정 표나 전국시대 이름 결정 표를 사용해서 무작위로 이름을 결정하게 해도 됩니다. 이때, 「이름 결정 표2」를 사용해서 여성의 이름을 결정했다면 그 이름 앞에 「오」를 붙여도 무방합니다.

● 유파

고류 유파에는 p48~49에 실린 22종류의 유파가 있습니다. 그중에서 하나를 선택합니다. 유파에는 조건이 설정되어 있는 경우도 있습니다. 조건이 있는 경우에는 이후의 캐릭터 제작 과정에서 그 조건을 충족하도록 데이터를 선택해야 합니다.

또, 고류 유파에는 유파를 대표하는 NPC인 「걸물」이 설정되어 있습니다.

● 사회적 신분

캐릭터들은 닌자지만, 거짓 신분을 가지고 있는 경우가 있습니다. 이를 나타내는 사회적 신분을 선택합니다. 무작위로 선택해도 상관없습니다. 그 경우에는 p47의 「전국시대 사회적 신

● 일반인 법식 표

1	**평온:** 당신은 되도록 조용히 살고 싶다고 생각하고 있으며, 자신의 정체를 비밀로 하고 싶어 한다. 자신의 【비밀】이 모두 밝혀지지 않도록 하는 것이 당신의 법식이다.
2	**관심:** 당신은 시노비의 세계에 깊은 관심을 가지고 있다. 어둠 속에 숨어 있는 닌자나 그 유파들의 【비밀】, 또는 그들의 인법이나 오의의 지식을 얻는 것이 당신의 법식이다.
3	**권세:** 당신은 닌자를 이용해서 재산이나 권력을 얻으려 하고 있다. 닌자 PC를 이용하여 그 세션에서 지위나 명예, 금전을 획득하는 것이 당신의 법식이다.
4	**정의:** 당신은 정의를 행하려 하고 있다. 눈앞에서 일어나는 악행이나 곤경에 처한 사람들을 못 본 척할 수 없다. 사악한 존재에 맞서 해야 할 일을 하는 것이 당신의 법식이다.
5	**사교:** 당신은 친구나 연인, 가족 등을 원한다. 운명의 상대나 소중한 친구를 만나서 그 사람과 모종의 인간관계를 맺는 것이 당신의 법식이다.
6	**복수:** 당신은 닌자에게 원한을 품고 있으며, 가능하다면 닌자를 쓰러뜨리고 싶다고 생각하고 있다. 자신의 힘으로든, 다른 닌자를 이용해서든 닌자를 쓰러뜨리는 것이 당신의 법식이다.

● 일반인의 사회적 신분 표

	1	2	3	4	5	6
1	비서	학생	회사원	프리터	상점 점원	요리사
2	의사／간호사	작가	주부	교사	학자	점쟁이
3	자영업자	프로그래머	정치가	고물상	화류계	외교관
4	공무원	연예인	토목사업 종사자	범죄자	종교인	환자
5	농부	경찰관	운전수	정비사	문화인	무역업자
6	사립탐정	변호사	군사관계자	장의사	호사가	매스컴 관계자

분 표」에서 1D6을 2회 굴려 선택하시기 바랍니다. 현대인이 잘 모를 법한 직업은 「※」를 붙여 간단한 해설을 첨부했습니다.

● 특기

우선 임의의 특기 분야를 하나 선택합니다. 그것이 전문 분야가 됩니다. 캐릭터 시트에 있는 특기 리스트를 보고, 자신의 전문 분야에 해당하는 특기 옆에 있는 □(갭)을 모두 검게 색칠합니다.

그 후, 전문 분야에서 2개의 특기를 선택하고, 각 특기의 이름을 ○로 감쌉니다. 이어서 아무거나 4개의 특기를 선택하고, 그 특기의 이름을 ○로 감쌉니다.

● 기술과 요술

기술과 요술은 다른 분야와 접하는 면이 하나밖에 없으므로, 다른 득기 분야에 비하면 전문 분야로 삼는 의미가 상대적으로 적습니다. 하지만 「배경」으로 추가되는 「장점」 중에 【닌자장비의 묘수】(지정 특기가 기술에 속하는 특기인 서포트 인법의 판정은 펌블치가 1 감소)와 【요괴의 피】(오니의 혈통 및 그 하위 유파의 인법을 습득할 수 있게 된다)라는 것이 있습니다. 기술이 전문 분야라면 【닌자장비의 묘수】를, 요술이 전문 분야라면 【요괴의 피】를 공적점 소비 없이 습득할 수 있게 됩니다.

● 인법

계급이 중급닌자인 캐릭터를 제작했다면 【접근전 공격】을 제외하고 4종류의 인법을 습득할 수 있습니다. 단, 자기 유파의 유파 인법 중 최소 1개는 습득해야 합니다.

습득할 수 있는 인법은 범용 인법, 그리고 캐릭터가 소속된 유파의 유파 인법입니다. 하지만 「배경」에 수록되어 있는 몇몇 「장점」을 습득하면 「전국편」의 캐릭터가 다른 유파 인법을 습득할 수 있게 됩니다. 이를 위해서는 아래와 같은 「장점」이 필요합니다.

【검호】:쿠라마신류의 유파 인법을 습득할 수 있게 된다.
【떠돌이】:하구레모노의 유파 인법을 습득할 수 있게 된다.
【요괴의 피】:오니의 혈통과 특정한 하위 유파의 유파 인법을 습득할 수 있게 된다.
【시간여행자】:고류 유파의 유파 인법 이외의, 임의의 유파 인법을 2개 습득할 수 있게 된다.

● 배경

고류 유파에 속한 캐릭터는 「퇴마편」 이외의 배경을 습득할 수 있습니다.

● 전국시대 사회적 신분 표

	1	2	3	4	5	6
1	유랑민	수험자*	야시*	약장수	쇼모지*	유녀
2	비파법사*	허무승*	쿠구츠*	시라뵤시*	원숭이 조련사*	호카시*
3	승려	의사	다인*	가인*	노 연기자*	선교사
4	사무라이	노부시(野武士)*	가부키모노*	검호	밤도둑	산적
5	목수	대장장이	불상 장인	장신구 장인	목공예 장인	석공
6	상인	농민	나무꾼	어부	사냥꾼	숯장이

수험자: 산에서 수험도(修驗道)를 수행하는 이들.

야시: 제례나 축일에 노점을 열거나 공연을 하는 사람.

쇼모지: 기도를 하거나 점을 치는 하급 음양사.

비파법사: 비파 연주를 하며 이야기를 들려주는 맹인 승려. 일종의 유랑 예능인.

허무승: 일본 선불교의 일파에 속하는 승려. 삿갓 대신 바구니를 쓰고 다니는 탁발승.

쿠구츠: 꼭두각시 인형으로 인형극을 하는 유랑 예인.

시라뵤시: 춤 추고 노래하는 예인. 여자가 많았다.

원숭이 조련사: 원숭이에게 재주를 부리게 해서 공연을 하는 사람.

호카시: 곡예나 기묘한 묘기, 마술 등을 선보이는 길거리의 예인.

다인: 다도(茶道)에 정통한 이. 혹은 풍류객.

가인: 와카(和歌) 등을 읊는 시인.

노 연기자 : 전통 가면극인 노(能)의 연기자.

노부시:소속 없이 무력을 휘두르거나 패잔병을 약탈하던 무사나 도적.

가부키모노: 화려한 옷차림을 한 젊은 무사나 그런 패거리들.

고류유파

● 이가
조건: 없음
법식: 【사명】에 충실히 임하고, 시노비의 책무를 다한다.
숙적: 코우가
걸물: 핫토리 한조, 모모치 탄바, 후지바야시 나가토
　사방이 천연의 요새로 둘러싸인 이가노쿠니(미에현)에서 「이가 260가」의 군소 유파 전체를 거느린 최대 유파입니다. 「텐쇼 이가의 난」으로 몰락해서 뿔뿔이 흩어졌으나, 상급닌자 핫토리 한조가 전부터 섬겼던 인연 덕분에 도쿠가와가를 모시게 되었습니다.

● 코우가
조건: 없음
법식: 닌자를 비웃는 자를 쓰러뜨린다
숙적: 이가
걸물: 모치즈키 이즈모노카미, 야마오카 카게토모
　오우미노쿠니(시가현) 코우가부의 지방 무사 「코우가 53가」로 구성된 강력한 연합체입니다. 독과 약에 능하며, 갖가지 기괴한 기술을 사용합니다. 오우미의 수호직 록가쿠 가에 용병으로 고용되어 활약하면서 도쿠가와 이에야스를 도왔습니다.

● 우라야규
조건: 《도검술》을 습득한다.
법식: 도쿠가와의 적을 쓰러뜨린다.
숙적: 자토슈, 하치야슈
걸물: 야규 쿄부, 레츠도 기센
　이가 근처 야마토노쿠니(나라현)의 지방무사인 야규 일족. 그들은 검객으로서 널리 이름을 떨쳐 훗날 도쿠가와 쇼군가의 검술 사범 자리까지 출세했습니다. 우라야규는 야규 일족 중에서도 첩보나 암살 같은 지저분한 일을 전문적으로 담당하는 자들입니다.

● 네고로슈
조건: 《포술》을 습득한다.
법식: 오의로 최후의 일격을 가한다
숙적: 이가, 코우가
걸물: 츠다 켄모츠, 스기노보 묘잔
　기이 지방 신의진언종 총본산, 네고로지의 인법승. 고야산과 투쟁을 벌이면서 무장화가 진행되었고, 용병이 되어 전국 각지의 전장을 누볐습니다. 진언밀교와 철포술을 조합한 인법을 사용합니다.

● 슷파
조건: 없음
법식: 우수한 닌자의 재능이 있는 자를 스카우트한다.
숙적: 노키자루
걸물: 토미타 고자에몽, 모치즈키 치요메
　가이(야마나시현)의 다케다 신겐을 섬기는 닌자 집단입니다. 가이류 인술을 만들어낸 신겐은 승려, 상인, 의사, 수험자, 마을주민, 농민, 유랑 예인 등등 다양한 이들을 직업을 따지지 않고 슷파의 닌자로 거두어들였다고 합니다. 또, 쿠노이치 양성 기관을 보유하여 아루키미코*를 만들어낸 유파이기도 합니다.
(*역주-아루키미코: 신사에 머무르지 않고 떠돌며 민간에서 기도를 올리는 무녀. 첩보 활동을 위한 신분으로 이용되기도 했다.)

● 노키자루
조건: 없음
법식: 자신의 오의를 남에게 들키지 않고, 이를 알아차린 자는 쓰러뜨린다.
숙적: 슷파
걸물: 「하늘을 나는 가토」 가토 단조, 나카니시 나니가시
　에치고(니가타현)의 패자, 우에스기 겐신을 따르는 닌자 집단. 노키자루(軒猿)라는 이름의 기원은 고대 중국 전설에 등장하는 황제이자 모든 인술의 시초로 알려진 「헌원황제(軒猿皇帝)」입니다. 데와 3산, 야히코산, 쿠로히메산에서 수행한 수험자들의 계보를 이어받아 주술적인 인법을 구사합니다.

● 랏파
조건: 없음
법식: 적대하는 이를 가차없이 쓰러뜨린다.
숙적: 슷파
걸물: 후마 코타로
　오다와라의 호죠 가문이 고용한 닌자들. 소슈(카나가와현) 랏파의 두령 후마 코타로의 이름을 따서 「후마 일족」이라고도 불리며, 대륙에서 이주해온 기마 집단이라는 설도 있습니다. 전장에서 자비 없이 잔인하게 굴기로 유명하여 주변 국가들을 공포에 떨게 했습니다. 호죠 일족이 몰락한 후에는 도적 집단으로 변모하게 말았습니다.

● 톳파
조건: 전문 분야가 「요술」이다.
법식: 주군이나 상급닌자의 명령을 지킨다.
숙적: 이가, 코우가
걸물: 사루토비 사스케
　시나노노쿠니(나가노현)의 사나다 일족을 따르는 닌자들. 사나다슈라고도 불립니다. 책략과 게릴라전이 주특기로, 수많은 성을 함락시켰습니다.
　영봉으로 유명한 이이즈나산이나 도카쿠산에서 수행을 쌓은 수험자들도 많아 요술에도 정통합니다.

● 사이가슈
조건: 《포술》을 습득한다.
법식: 돈을 번다
숙적: 없음
걸물: 사이가 마고이치
　총포술에 능한 닌자 집단입니다. 돈으로 움직이는 용병 집단이며, 오다 노부나가와 잇코슈가 싸운 「이시야마 합전」 때는 노부나가 측, 잇코슈 측 양 진영 모두에 사이가슈가 참전했다고 합니다.

● 쿠로하바키구미
조건: 《동술》을 습득한다.
법식: 시간표류자를 포획해서 말살한다.
숙적: 이가, 코우가, 네고로슈
걸물: 다이린보 슌카이, 히무로 쿠란도
　센다이 번조, 다테 마사무네가 집권하던 시기에 만들어진 마사무네 직속 닌자 부대입니다. 산적이나 도적, 혹은 무술에 능한 백성 등에게 특수한 「눈동자」를 이식해서 탄생시켰습니다. 그들은 모두 미래 예지나 원격투시, 또는 바라본 상대를 해치는 능력 등을 지니고 있는 「안력술사」입니다.

● 자토슈
조건: 《예능》을 습득한다.
법식: 유력한 인맥을 형성한다
숙적: 하치야슈, 우라야규, 이가, 코우가
걸물: 카쿠즈, 비파법사 쇼이치
　희대의 책략가 모리 모토나리를 모시는 시노비들입니다. 그들은 모두 맹인 승려이자 예인인 비파법사로, 각국을 여행하며 타국의 정보를 수집했다고 합니다. 교묘한 화술과 예능, 그리고 맹인이라는 점을 이용해 방심을 유발시켜 정보를 뽑아내는 것이 특기입니다.

● 하치야슈

조건: 전문 분야가 「기술」이다.

법식: 즐거운 싸움을 한다.

숙적: 자토슈

걸물: 하치야 야사부로

원래는 「타이라노 마사카도의 난」에서 반란군에 가세한 이보로 일족. 그들은 마사카도가 죽은 이후 강도, 야적이 되었으나, 쿠우야 쇼닌의 가르침을 받고 예능과 병법을 생업으로 삼는 하치야슈로 발전했습니다. 이즈모(시마네현)의 수호직 아마코 일족을 모셨습니다.

● 야츠후사

조건: 《동물사역》을 습득한다.

법식: 주군을 지킨다.

숙직: 노키자루, 랏파

걸물: 이누즈카 시노 등 팔견사

아와노쿠니(치바현 남부)의 사토미 일족을 모시는 닌자 집단입니다. 짐승의 움직임을 본따서 독특한 체술을 고안했으며, 결코 반응할 수 없는 사각에서 가하는 신속한 일격을 오의로 구사합니다.

● 쿠로쿠와구미

조건: 《굴삭술》을 습득한다.

법식: 주도면밀한 준비로 싸움을 유리하게 이끈다.

숙적: 슷파, 랏파

걸물: 쿠로쿠와 오즈누

미카와노쿠니(아이치현 동부)의 도쿠가와 일족을 모시는 닌자 집단. 전쟁 중의 토목 공사를 담당하는 한편, 함정이나 화약의 취급에도 능합니다. 또, 토목업자로 일하며 각지의 치수 공사를 청부하는 동시에 첩보 활동을 하고 있습니다.

● 카와나미슈

조건: 《물의 술》을 습득한다.

법식: 싸움에 지지 않는다.

숙적: 슷파, 랏파, 스쿠나슈

걸물: 하치스카 코로쿠

미노노쿠니(기후현 남부)와 오와리노쿠니(아이치현 서부), 키소강 유역을 근거지로 삼는 용병 닌자 집단. 배를 잘 다루고 수상전에 능한 강습부대로, 소위 말하는 「배수의 진」을 필수의 진으로 승화합니다. 오랫동안 사이토 일족에게 고용되었고, 그 후에는 오다 일족의 시노비가 되어 천하포무에 공헌했습니다.

● 야마쿠구리

조건: 《등반술》을 습득한다.

법식: 【사명】을 위해서라면 목숨을 버린다.

숙적: 자토슈

걸물: 시마즈 타다요시, 쿠구리기츠네

시마즈 가문을 모시는 닌자 집단. 「야마쿠구리」라는 이름은 산에 숨어든 자들이라는 의미로, 시마즈 가문이 야전에서 닌자를 복병으로 즐겨 사용한 것에서 유래합니다. 또, 야외에서 갖가지 목소리를 골라 사용해서 정보를 전달하는 기술에 능하며, 괴조가 울부짖는 듯한 소리를 내서 적을 마비시켰다고 합니다.

● 카루타슈

조건: 《변장술》을 습득한다.

법식: 맨얼굴을 보이지 않는다.

숙적: 이가, 코우가, 우라야규, 네고로슈, 자토슈

걸물: 쿠로아미

아시카가 쇼군가를 대대로 수호해온 닌자 집단. 구성원은 가면을 쓰고 있으며, 두령 이외의 다른 이가 그들의 맨얼굴을 아는 일은 결코 없습니다. 화려한 싸움을 신조로 삼으며, 그 전법은 변화무쌍합니다.

● 콘지키안

조건: 없음

법식: 규모가 큰 싸움을 한다.

숙적: 없음.

걸물: 센노 리큐, 소로리 신자에몽

천하인(天下人) 도요토미 히데요시를 모시는 닌자 집단. 학식이 높은 자나 고귀한 가문 출신이 많으며, 히데요시의 오토기슈(참모)로 활약했습니다. 사이가나 네고로슈 등 히데요시가 멸망시킨 몇몇 유파의 오의를 흡수했습니다.

● 스쿠나슈

조건: 《이형화》를 습득한다.

법식: 더 강한 존재와 동화해서 하나의 살덩어리가 된다.

숙적: 없음.

걸물: 오오야누스노미코토, 야나히메

히다노쿠니(기후현 북부) 아네가코지 일족의 영지에 숨어사는 일족. 육체를 점토처럼 변화시켜 타인과 융합하는 특이체질의 소유자들입니다. 본거지인 오쿠히다의 종유동굴은 납치해온 영지 주민들을 재료 삼아 만든 살색의 신전입니다.

● 진언 타치가와류

조건: 《언령술》을 습득한다.

법식: 쾌락을 통해 깨달음을 얻는다.

숙적: 없음.

걸물: 몬칸 승정

남북조 시대에 번영했던 밀교 종파. 격렬한 탄압을 받아서 「난세」에는 지하에 잠복하고 있습니다. 「파산(波山)」이라는 비밀 사원에서 암살술과 밀교의 비술을 전수받은 젊은이를 각지로 보내 다이묘를 암살하는 동시에, 숨겨두었던 황금과 극상의 아편을 대량으로 퍼트려서 「난세」를 더 큰 혼란으로 유도하려 하고 있습니다.

● 츠치미카도 가

조건: 《결계술》을 습득한다.

법식: 요마로부터 사람들을 지킨다.

숙적: 없음.

걸물: 츠치미카도 아리스에, 츠치미카도 히사나가

아베노 세이메이를 시조로 둔 음양사의 가계. 부적을 촉매로 시키가미를 사역하는 술자들입니다만, 신체 능력은 일반인과 별 다를 것이 없으므로 고속기동에 특화한 시키가미나 자신의 분신을 이용해서 요마나 닌자에 대항합니다. 일족 중에서도 빼어난 재능을 지닌 자는 아베노 세이메이가 사역한 열두 마리의 시키가미를 동시에 병렬 기동시킬 수 있습니다.

● 바테렌

조건: 《의지》를 습득한다.

법식: 신의 가르침을 전파한다.

숙적: 없음.

걸물: 프란치스코 하비에르, 루이스 프로이스

바다를 건너 신의 가르침을 전파하고자 일본을 찾아온 선교사들. 사명감에 불타는 그들은 이윽고 「난세」의 현실을 목격하고, 거듭된 싸움의 그늘에서 암약하는 닌자의 존재를 알게 되었습니다. 그들은 16세기의 십자군 기사로, 최신식 머스킷으로 무장하고, 몸에 걸친 성유물로 영적 방어를 굳건히 하며, 기도로 기적을 일으킨다고 합니다. 지옥조차 정복하는 궁극의 신벌 대행자들입니다.

인물의 서

● 전국시대 성 결정 표

1	없음
2	통칭 결정 표로 결정
3	통칭 결정 표로 결정
4	지명 성 결정 표로 결정
5	지명 성 결정 표로 결정
6	명문 성 결정 표로 결정

● 전국시대 이름 결정 표

1	이름 결정 표1로 결정
2	이름 결정 표1로 결정
3	이름 결정 표2로 결정
4	이름 결정 표2로 결정
5	이름 결정 표3으로 결정
6	이름 결정 표3으로 결정

● 통칭 결정 표

11	神鳴る / 카미나루 (천둥의)
12	地震いの / 지후루이노 (지진의)
13	野分の / 노와키노 (들녘 바람의)
14	村雨の / 무라사메노 (소나기의)
15	狭霧の / 사기리노 (안개의)
16	埋火の / 우즈메비노 (지뢰의)
22	焔の / 호무라노 (불꽃의)
23	獅子の / 시시노 (사자의)
24	猿の / 마시라노 (원숭이의)
25	狢の / 무지나노 (오소리의)
26	虎の / 토라노 (호랑이의)
33	長蟲の / 나가무시노 (뱀의)
34	蛙の / 카와즈노 (개구리의)
35	梟の / 후쿠로노 (올빼미의)
36	水鳥の / 미즈도리노 (물새의)
44	阿修羅の / 아슈라노 (아수라의)
45	菩薩の / 보사츠노 (보살의)
46	鵺の / 누에노 (누에의)
55	火食い鳥の / 히쿠이도리노 (화식조의)
56	「자신이 습득하고 있는 인법명」의
66	「자신이 소속된 유파」의

● 지명 성 결정 표

11	琉球 / 류큐
12	隠岐 / 오키
13	出雲 / 이즈모
14	伊勢 / 이세
15	飛騨 / 히다
16	久慈 / 쿠지
22	耶麻 / 야마
23	櫛引 / 쿠시비키
24	天羽 / 아마하
25	那須 / 나스
26	加茂 / 카모
33	比企 / 히키
34	富士 / 후지
35	設楽 / 시타라
36	不破 / 후와
44	鈴鹿 / 스즈카
45	射水 / 이미즈
46	名張 / 나바리
55	明石 / 아카시
56	育波 / 이쿠하
66	石狩 / 이시카리

● 명문 성 표

11	大伴 / 오오토모
12	源 / 미나모토
13	松尾 / 마츠오
14	風魔 / 후마
15	楠 / 쿠스노키
16	望月 / 모치즈키
22	楯岡 / 타테오카
23	服部 / 핫토리
24	城戸 / 키도
25	百地 / 모모치
26	藤林 / 후지바야시
33	山岡 / 야마오카
34	蜂須賀 / 하치스카
35	鵜飼 / 우카이
36	二曲輪 / 니노쿠루와
44	芥川 / 아쿠타가와
45	九鬼 / 쿠키
46	増滿 / 마스미츠
55	諸澄 / 모로즈미
56	伴 / 반
66	小幡 / 오바타

● 이름 결정 표1

11	1D6헤이 / 一平(잇페이), 三平(산페이) 1D6하 / 一葉(히토하), 三刃(미츠하)	23	카미키리 / 神斬, 天牛 아오이 / 葵, 蒼生	36	쿠라게 / 海月, 水母 이스카 / 伊砂, 衣須架
12	이타치 / 鼬鼠, 板血 카에데 / 楓, 槭樹	24	히이라기 / 柊, 秀羅城 모쿠렌 / 木蓮, 目連	44	이와나 / 岩魚, 岩名 아토리 / 花鶏, 亞捕
13	이나고 / 蝗, 稲河 사츠키 / 皐, 殺氣	25	야모리 / 守宮, 矢守 시구레 / 時雨, 死暮	45	아카자 / 赤座, 菜 쿠루미 / 胡桃, 久留美
14	아나구로 / 穴馬, 亞啼魔 보탄 / 牡丹, 惚嘆	26	네즈미 / 鼠, 根隅 아즈사 / 梓, 亞啼狹	46	카와세미 / 川蟬, 翡翠 코노하 / 木葉, 弧乃刃
15	호즈키 / 鬼燈, 酸漿 모미지 / 紅葉, 籾路	33	야마세 / 山背, 夜魔瀬 나츠메 / 棗, 夏目	55	코모리 / 蝙蝠, 古森 아야메 / 菖蒲, 殺女
16	오로치 / 大蛇, ヲロチ 히바리 / 雲雀, 火針	34	요모기 / 蓬, 四方木 아자미 / 薊, 阿左美	56	하에 / 蠅, 南風 타루히 / 垂氷, 樽火
22	미카게 / 御影, 花崗 사쿠라 / 櫻, 咲良	35	키츠츠키 / 啄木, 鬼筒鬼 아라레 / 霰, 荒霊	66	카라스 / 鴉, 枯巣 나데시코 / 撫子, 瞿麥

※1D6헤이 : 잇페이(1), 니헤이(2), 산페이(3), 시헤이(4), 고헤이(5), 로쿠헤이(6)
※1D6하 : 히토하(1), 후타바(2), 미츠하(3), 요츠바(4), 이츠하(5), 무츠하(6)

● 이름 결정 표2

11	1D6방 / 一番(이치방), 二番(니방)	23	쇼로쿠 / 勝六, 小祿 사사 / 笹, 佐々	36	토마 / 刀馬, 當麻 미츠 / 光, 蜜
12	카게마루 / 影丸, 蔭丸 이와 / 岩, 忌我	24	타케마츠 / 竹松, 武末 치즈 / 智壽, 地圖	44	쥬베에 / 十兵衛, 獸兵衛 리쿠 / 陸, 璃空
13	사스케 / 佐助, 左介 유키 / 雪, 湯來	25	곤이치 / 嚴一, 權市 요네 / 米, 夜根	45	진나이 / 陣內, 神無 쿄 / 京, 狂
14	한조 / 半藏, 伴造 란 / 蘭, 嵐	26	타로 / 太郎, 汰狼 코토 / 琴, 湖都	46	우시와카마루 / 牛若丸, 丑和歌円 류 / 龍, 柳
15	코타로 / 小太郎, 狐太朗 나미 / 波, 奈美	33	야시치 / 彌七, 椰子治 치요 / 千代, 蝶	55	토라지요 / 虎千代, 寅千世 마츠 / 松, 末
16	키치야 / 吉彌, 奇智矢 엔 / 炎, 円	34	신에몬 / 新衛門, 信右衛門 노부 / 信, 野窗	56	테츠노스케 / 鐵ノ介, 哲之助 콘 / 紺, 根
22	우콘 / 右近, 鬱金 린 / 燐, 輪	35	단조 / 彈正, 段上 케이 / 桂, 刑	66	유키노죠 / 雪乃丈, 柚木ノ蒸 세이 / 靑, 精

※1D6방 : 이치방(1), 니방(2), 산방(3), 요방(4), 고방(5), 로쿠방(6)

● 이름 결정 표3

11	월광(月光, 달빛) / 겟코 삼일월(三日月, 초승달) / 미카즈키
12	용권(龍卷, 회오리) / 타츠마키 풍화(風花, 바람에 날리는 눈) / 카자하나
13	귀화(鬼火, 도깨비불) / 오니비 양염(陽炎, 아지랑이) / 카게로
14	흑운(黑雲, 먹구름) / 쿠로쿠모 부초(浮草, 부평초) / 우키쿠사
15	롱(朧, 어스름) / 오보로 하(霞, 노을, 봄 안개) / 카스미
16	말고(末枯, 마른 가지) / 우라가레 일륜(日輪, 태양) / 니치린
22	야화(野火, 들불) / 노비 목령(木靈, 메아리) / 코다마
23	영(影, 그림자) / 카게 포말(泡沫, 물거품) / 우타카타
24	뇌(雷, 번개) / 이카즈치 은염(銀, 은) / 시로가네
25	전침(轉寢, 선잠) / 우타타네 환(幻, 환각) / 마보로시
26	운해(雲海, 운해) / 운카이 비말(飛沫, 물보라) / 시부키
33	암(闇, 어둠) / 야미 요(妖, 요괴) / 아야카시
34	명롱(鳴瀧, 요란한 폭포) / 나루타키 빙우(氷雨, 우박, 싸락눈) / 히사메
35	백파(白波, 흰 물결) / 시라나미 취설(吹雪, 눈보라) / 후부키
36	질풍(疾風, 질풍) / 하야테 량풍(凉風, 서늘한 바람) / 스즈카제
44	흑(黑, 검정) / 쿠로 홍(紅, 다홍) / 쿠레나이
45	석지(夕虹, 저녁뜸) / 유우나기 담설(淡雪, 자국눈) / 아와유키
46	지옥(地獄, 지옥) / 지고쿠 극락(極樂, 극락) / 고쿠라쿠
55	부(腑, 내장) / 하라와타 시(屍, 주검) / 시카바네
56	이름 결정표1 + 마루(丸) 이름 결정표2 + 히메(姬)
66	목고(木枯, 찬 바람) / 코가라시 추성(箒星, 혜성) / 호키보시

Character Part

이치의 서

규칙 파트

이 장에는 『시노비가미』 세션을 실제로 플레이할 때를 위한 규칙이 수록되어 있습니다. 암기는 하지 않아도 됩니다. 게임 중에 필요할 때 참조하시기 바랍니다.

「무엇으로 닌자를 정의하는가. 무엇이 여러분을 닌자로 만드는가. 그 기준은 명확합니다. 사용하는 기술이나 타고난 능력으로 구별하는 것이 아닙니다. 시노비의 룰로 싸우는 자가 곧 닌자라고 불리는 것입니다.」

―― 사립 오토기학원,
"또 하나의" 입학식에서 교장이 연설한 훈화

3 기본 규칙

이 항목에서는 『시노비가미』의 기본적인 규칙과 더불어 세션 동안 종종 굴리게 될 주사위 굴리는 법을 설명한다.

3·00
규칙

『시노비가미』 세션의 가장 근본적인 목적은 게임 마스터와 플레이어가 협력하며 즐거운 시간을 보내는 것입니다. PC끼리 적대하거나 싸우는 것도 즐거운 시간을 보내기 위한 과정에 불과합니다.

전투에 참가한 플레이어는 승자가 될 수도 있고, 패자가 될 수도 있습니다. 하지만 승부에 지나치게 얽매이면 『시노비가미』의 즐거움을 망칠 가능성이 있습니다. 『시노비가미』에서는 승자만이 아니라 패자의 이야기를 체험하고 즐기는 것 또한 가능하기 때문입니다.

게임을 즐긴다는 목적을 수행하기 위해 게임 마스터에게는 다음과 같은 특권이 주어집니다.

3·01
게임 마스터의 특권

게임 마스터는 그 어떤 규칙보다 우선되는 권한으로 게임 중에 벌어진 일을 자유롭게 처리할 수 있습니다.

사용해야 하는 규칙을 무시해도 되고, 보통은 적용하지 않는 처리를 적용해도 상관없습니다. 게임 마스터의 이런 결정에 대해 플레이어가 제안이나 의문을 제시할 수도 있습니다. 게임 마스터는 어떻게 해야 참가자 모두가 더 즐겁게 게임을 즐길 수 있을지 생각해보고, 이러한 제안이나 의문에 답하시기 바랍니다.

주사위 굴림 방법

『시노비가미』에서는 뭔가가 일어날 때마다 6면체 주사위를 굴려 다양한 결정을 내립니다.
주사위 굴림 방법에는 몇 가지 종류가 있습니다.

● 1D6
「일디육」이라고 읽습니다. 6면체 주사위를 1개 굴린다는 의미입니다. 1~6의 난수가 발생합니다. 가장 기본적인 주사위 굴림 방법입니다.

● D66
「디육십육」이라고 읽습니다. 6면체 주사위 2개를 굴리고 숫자가 작은 쪽을 십의 자리, 큰 쪽을 일의 자리로 본다는 의미입니다. 11~66의 난수가 발생합니다. 특수한 주사위 굴림 방법이므로 주의합시다.

작은 쪽을 십의 자리, 큰 쪽을 일의 자리로 보면……36

● 2D6
「이디육」이라고 읽습니다. 6면체 주사위를 2개 굴리고 각 눈을 더한다는 의미입니다. 2~12의 난수가 발생합니다. 캐릭터의 행동 결과를 처리할 때는 대체로 이 방식의 주사위 굴림을 합니다.

2+5=7

●더블릿
2개 이상의 주사위를 굴려서 나온 주사위 눈이 모두 같은 수인 경우를 더블릿이라고 부릅니다.

주사위를 굴리고, 주사위 눈이 모두 같다면 더블릿

4 행동 판정

이 항목에서는 규칙의 기본이자 캐릭터가 취하는 갖가지 행동의 성공 여부를 결정하는 행동 판정 규칙을 설명한다

4·00
행동 판정

『시노비가미』에서는 캐릭터가 「성공할지 실패할지 알 수 없는」 행동을 했을 때 행동 판정이라는 처리를 합니다. 행동 판정은 챌린지라고 부르기도 합니다.

게임 동안 닌자들은 다양한 도전을 할 것입니다. 누군가의 비밀을 조사하거나, 경비가 삼엄한 장소에 침입할 수도 있습니다. 때로는 누군가를 설득해서 동료로 삼거나, 적대하는 닌자를 함정에 빠뜨릴 수도 있습니다.

그럴 때 행동 판정을 합니다.

4·01
행동 판정의 절차

행동 판정은 아래의 절차대로 처리합니다.
①부터 ④까지의 절차에 따라 처리하세요.

①특기 결정

행동 판정을 하게 되었다면, 게임 마스터는 그 행동 판정에 도전하기에 어울리는 특기를 선택해서 지정합니다. 인법의 지정 특기처럼 원래부터 게임 규칙으로 지정되어 있는 경우도 있습니다.

②특기 확인

플레이어는 게임 마스터가 지정한 특기를 자기 캐릭터가 가지고 있는지 확인합니다.

만약 그 특기를 가지고 있다면 성공할 확률은 높아집니다. 만약 그 특기를 가지고 있지 않다면 다른 특기를 **대신 사용**할 수 있습니다. 습득한 특기 중에서 지정된 특기와 **가장 가까운** 특기를 찾으세요. 그 특기를 대신 사용합니다. 그리고 지정된 특기를 스타트 지점으로 보고, 대신 사용할 특기가 상하좌우로 몇 칸 떨어져 있는지 셉니다. 특기 리스트에서 각 분야 사이에 있는 갭도 1칸으로 셉니다. 단, 검게 색칠한 갭은 존재하지 않는 것으로 간주합니다.

③목표치 확인

그 판정의 목표치를 산출합니다. 목표치가 높으면 높을수록 판정이 어려워집니다.

「②특기 확인」에서 지정된 특기를 가지고 있다면 **목표치는 5**입니다.

또, 다른 특기를 대신 사용했다면 [5+지정된 특기에서 대신 사용하는 특기까지의 칸 수]가 목표치입니다.

④주사위 굴림

2D6을 굴리세요. 이 수치를 「달성치」라고 부릅니다. 달성치가 「③목표치 확인」에서 정한 목표치 이상이라면 판정에 성공합니다. 목표치 미만이라면 판정에 실패합니다.

행동 판정은 이렇게 성공과 실패를 정합니다.

또, 이런 처리에 더해 지금부터 설명할 「수정치」, 「특별한 주사위 눈」, 「게임 마스터의 개입」이라는 세 가지 특례가 존재합니다.

만약 GM이 《사기술》 특기로 판정하라고 했다면…

《사기술》 특기를 가지고 있다면 목표치는 **5**다!

여기도 1칸으로 세라고!

이 경우는 7이로군.

복화술 / 사기술 / 대인술 / 예능

《사기술》 특기를 가지고 있지 않다면 자신이 가지고 있는 특기 중에서 《사기술》과 가장 가까운 특기까지의 칸 수를 세라! 그 수에 5를 더한 것이 목표치다.

대신 사용

다른 특기를 대신 사용할 때는 특기 리스트의 칸을 셉니다. 이때, 특기 리스트 최상단과 최하단, 왼쪽 끝과 오른쪽 끝은 연결되어 있지 않습니다. 범용 인법 【련】이나 하스바 인군의 【마계공학】을 가지고 있다면 이것들이 연결되어 있는 것으로 보고 칸을 셀 수 있습니다.

가장 가까운

판정을 하는 참가자가 바란다면 일부러 더 먼 곳에 있는 특기를 대신 사용할 수도 있습니다.

목표치는 5

2D6을 굴렸을 때 5 이상이 나올 확률은 약 83.3%입니다. 어라, 거의 성공하겠네요. 일단 1이 부족해서 실패하거나 하는 일은 없을 것 같네요.

2D6을 굴리세요

판정을 하는 참가자가 바란다면 2D6을 굴리지 않을 수도 있습니다. 이 경우, 판정에 자동으로 실패한 것으로 간주합니다. 이것은 펌블이 아닙니다.

주사위 눈

달성치에 수정치를 더하기 전의 수치를 가리킵니다.

수정치를 적용한 결과

예를 들어 스페셜치가 12인 판정에서 주사위 눈이 12였다고 합시다. 이때, -1의 수정치를 적용해서 달성치가 11이 되었더라도 주사위 눈이 12이므로 그 판정은 스페셜이 됩니다.

또, 펌블치가 5인 판정에서 주사위 눈이 5였다고 합시다. 이때, +1의 수정치를 적용한다고 하더라도 주사위 눈이 5이므로 그 판정은 펌블이 됩니다.

4·02
수정치

행동 판정에는 갖가지 수정치가 발생할 수 있습니다. 성공하기 쉬운 상황이라면 플러스 수정치가 적용됩니다. 반대로 불리한 상황에는 마이너스 수정치가 적용됩니다.

판정에 수정치를 적용하면 달성치가 그만큼 증감합니다.

4·03
특별한 주사위 눈

행동 판정에서 특별한 **주사위 눈**이 나오면 특수한 상황이 발생합니다. 2D6을 굴렸을 때 특별한 주사위 눈이 나오면 스페셜이나 펌블이 발생합니다.

스페셜, 펌블은 둘 모두 주사위 눈으로만 발생합니다. **수정치를 적용한 결과** 해당하는 수치가 되었더라도 스페셜이나 펌블은 발생하지 않습니다.

4·03·01
스페셜

스페셜이란 매우 근사한 대성공을 의미합니다.

행동 판정을 할 때, 2D6의 주사위 눈이 특정 수치 이상이라면 스페셜이 발생합니다. 이 특정 수치를 스페셜치라고 부릅니다. 보통 스페셜치는 12입니다. 스페셜치는 13 이상이 되지 않습니다.

스페셜이 발생하면 설령 달성치가 목표치 미만이라도 반드시 판정에 성공합니다. 또, 본인의【생명력】1점이나 상태이상 하나를 회복할 수 있습니다.

4·03·02
펌블

펌블이란 예기치 못한 대실패를 의미합니다.

행동 판정을 할 때, 2D6의 주사위 눈이 특정 수치 이하라면 펌블이 발생합니다. 이 특정 수치를 펌블치라고 부릅니다.

기본적으로「공격 처리」부터「라운드 종료」까지의 타이밍을 제외하면 세션 동안의 펌블치는 2입니다. 전투 중에「공격 처리」부터「라운드 종료」까지의 과정을 진행하는 동안에는 자신의 플롯치가 곧 펌블치입니다. 펌블치는 12 이상이 되지 않습니다. 펌블치가 1 이하가 되면 펌블이 발생하지 않습니다.

펌블이 발생하면 서령 달성치가 목표치 이상이라도 반드시 판정에 실패합니다. 또, 일반적인 경우라면 1D6을 굴려서「펌블 표」의 결과를 적용합니다. 전투 중「공격 처리」에서「라운드 종료」까지의 타이밍에 펌블이 발생했다면「파랑」(p67)이라는 불리한 효과가 발생합니다.

● 펌블 표	
1	뭔가 상태가 이상하다. 그 사이클 동안 모든 행동 판정에 -1의 수정치를 적용한다.
2	아뿔싸! 아무거나 닌자도구를 하나 잃어버린다.
3	정보가 새어나갔다! 당신을 제외한 다른 캐릭터들은 당신이 가지고 있는【비밀】이나【거처】중에서 원하는 것을 하나씩 알아낼 수 있다.
4	방심했다! 술법의 제어에 실패해서【생명력】을 아무거나 1점 잃는다.
5	적의 음모인가? 함정에 걸려서 무작위로 상태이상 한 종류에 걸린다. 상태이상은 상태이상 표로 결정한다.
6	휴우. 하마터면 큰일 날 뻔 했다. 아무 일도 일어나지 않는다.

4·03·03
주사위 눈의 경합

스페셜치가 펌블치 이하로 떨어졌을 경우, 스페셜치는 펌블치에 1을 더한 수치가 됩니다.

4·03·04
사용할 수 있는 특기가 없다

【생명점】을 잃거나「마비」상태이상에 걸려 판정에 사용할 수 있는 특기가 없더라도 행동 판정에는 도전할 수 있습니다. 이때의 행동 판정은 스페셜이 나왔을 때만 성공합니다.

4·04
게임 마스터의 개입

게임 마스터의 **개입**은 행동 판정을 하는 캐릭터가 지정된 특기를 가지고 있지 않고, 다른 특기를 대신 사용했을 때 발생할 가능성이 있습니다.

게임 마스터는 대신 사용된 특기가 주어진 행동 판정에 사용하기에 너무나도 부자연스럽다고 생각될 경우, 플레이어에게 그 특기를 사용해서 구체적으로 어떻게 사태를 해결할지 질문할 수 있습니다. 질문을 받은 플레이어는 특기를 어떻게 이용할지 설명합니다.

게임 마스터가 그 설명에 납득했다면 문제없이 판정을 속행합니다. 설명에 납득하지 못했다면 다른 특기를 대신 사용하도록 지시하시기 바랍니다. 새로 선택한 특기가 지정된 특기와 더 떨어져 있다면 목표치가 상승합니다.

4·05
판정 재굴림

판정을 위해 주사위를 굴렸을 때,「신통환」이나「둔갑부」등의 효과로 판정 재굴림이 발생할 수 있습니다. 이때, 해당하는 효과가 발생할 때마다 주사위를 다시 굴리고 주사위 눈을 확인합니다. 확인한 **주사위 눈을 받아들일 수 없다면** 다시「신통환」이나「둔갑부」를 사용해서 한 번 더 판정의 주사위를 재굴림할 수 있습니다.

마지막으로, 그 이상 재굴림 효과가 발생하지 않는 것을 확인했다면 주사위 눈을 확인하고 달성치를 산출합니다. 이때, 원래의 판정에 발생한 수정치만큼 달성치가 증감합니다.

4·06
효과의 적용 타이밍

『시노비가미』에는 갖가지 특수한 효과가 발생합니다. 그중에는 때때로 경합하는 효과가 설정되어 있습니다.

효과의 경합이 발생했을 경우, 각각의 효과는 나중에 발생한 것을 우선적으로 처리하도록 합시다. 효과의 경합이 발생했다면 아래와 같은 순서로 해결합니다.

① 전장에 의한 효과
② 장비 인법에 의한 효과
③ 공격 인법이나 서포트 인법에 의한 효과

같은 타이밍의 효과가 경합할 경우, 그 효과를 발생시킨 플레이어가 원하는 순서로 해결합니다.

같은 타이밍의 효과를 각기 다른 플레이어가 발생시켜 경합이 발생했다면 해당하는 플레이어끼리 주사위를 굴립니다. 그리고 주사위 눈이 더 작은 사람의 효과부터 먼저 해결합니다. 주사위를 굴려 같은 주사위 눈이 나왔다면, 해당하는 참가자끼리만 어느 쪽을 먼저 처리할지 결정될 때까지 재굴림합니다.

개입

템포가 중요한 상황이나 같은 처리를 여러 차례 반복할 법한 상황이라면 GM은 너무 엄격하게 개입하지 않는 것이 좋습니다. 특히 전투 시에는 개입을 거의 하지 않는 정도가 딱 좋을 것입니다.

주사위 눈을 받아들일 수 없다면

모종의 인법이나 오의의 효과로 주사위 눈이 바뀌었을 때도「신통환」이나「둔갑부」를 사용해서 그 판정의 주사위를 다시 굴릴 수 있습니다.

효과의 경합

몇 가지 추가 규칙을 도입했을 경우, 아래와 같은 순서로 해결합시다.

① 전장
② 책략에 속하는【전력】
③ 걸어 다니는 재액이나 증식자의【진실】
④ 장비 인법
⑤ 자객, 패왕에 속하는【전력】
⑥ 이인의【진실】
⑦ 배경
⑧ 공격 인법이나 서포트 인법

같은 타이밍

같은 타이밍에 사용할 수 있는 효과를 여러 명의 캐릭터가 습득하고 있을 경우, 효과의 경합이 발생할 가능성이 높아집니다. 특정한 효과의 사용이 선언되었고, 거기에 대해 효과의 경합이 발생할 것 같다면 게임 마스터나 다른 플레이어는「이 타이밍에서 효과를 사용하실 분 계신가요?」,「다른 효과를 사용하실 분 더 없으신가요?」라고 확인해봅시다. 아무도 효과를 더 사용하겠다고 선언하지 않는다면 그때부터 쌓인 처리를 해결합시다.

5 세션의 흐름

이 페이지에서는 세션 시작 전부터 세션 종료 시점까지 『시노비가미』의 세션이 대략적으로 어떻게 진행되는지 설명한다.

세션
본래는 음악 용어에서 유래한 말입니다. 즉흥적인 연주나 임기응변을 중시하는 잼 섹션이라는 단어가 어원입니다. 테이블 토크 RPG도 그 자리의 즉흥성을 중시하므로 이 단어를 사용하고 있습니다.

장면
하나의 장면은 소설이나 영화, 만화의 한 단락으로 간주합니다. 게임 마스터와 플레이어가 여러 장면을 묘사함으로써 세션은 하나의 이야기와 같이 모양을 잡아갑니다. 『시노비가미』에서는 자신이 조작하는 캐릭터를 장면에 참가시켜 이야기를 자신이 원하는 방향으로 유도할 수 있습니다. 이와 같이 장면에 참가하는 것을 등장이라고 부릅니다. 가능한 한 장면에 등장해야 세션에 대한 영향력이 높아집니다. 단, 장면에 등장하기 위해서는 그 장면의 종류에 대응하는 몇 가지 조건을 따라야 합니다. 또, 장면에 등장한 캐릭터의 장면 참가를 중지하는 것도 가능합니다. 이것을 장면에서의 퇴장이라고 합니다. 등장이나 퇴장을 하기 위한 규칙은 장면의 종류에 따라 정해져 있습니다. 각각 「드라마 장면」과 「전투 장면」의 규칙을 따르기 바랍니다.

5·00 세션

『시노비가미』에서는 게임 1회를 **세션**이라고 부릅니다.

세션을 할 때는 우선 게임 마스터가 상황을 설명합니다. 플레이어들은 그 설명을 듣고 자기 캐릭터에게 어떤 행동을 시킬지 생각해서 선언합니다. 이와 같은 플레이어와 게임 마스터의 대화를 통해 세션을 진행합니다.

『시노비가미』의 세션은 세션을 개시할 때까지의 「세션 준비」, 세션이 개시된 후의 「도입 페이즈」, 「메인 페이즈」, 「클라이맥스 페이즈」, 세션이 끝난 뒤의 처리를 하는 「세션 종료와 성장」의 순서로 발생합니다. 자세한 것은 각 페이즈 항목을 참조하세요.

5·01 세션 준비

세션 준비에는 전날까지의 준비와 당일의 준비라는 두 종류가 있습니다. 우선 전날까지의 준비부터 설명합니다.

● 전날까지의 준비

게임 마스터는 전날까지 시나리오를 제작합니다. 시나리오란 닌자들이 도전할 사건이나 음모의 개요입니다. 자세한 설명은 「17 시나리오」(p131)를 참조하시기 바랍니다.

플레이어는 각자 자신의 캐릭터를 제작합니다. 자세한 설명은 「1 캐릭터」(p22)를 참조하시기 바랍니다. 게임 마스터가 지정한 계급의 캐릭터를 이미 소지하고 있는 플레이어는 그 캐릭터를 사용해도 무방합니다. 또, 자기 캐릭터용의 게임 말을 준비해둡시다. 다른 사람의 것과 구별할 수 있는 간단한 소품이라면 뭐든지 좋습니다.

세션의 흐름
세션 준비
↓
도입 페이즈
↓
메인 페이즈
↓
클라이맥스 페이즈
↓
세션 종료와 성장

● 당일의 준비

플레이어는 자기 캐릭터의 데이터를 게임 마스터에게 제출해서 검토를 받습니다.

세션 동안에는 접는 선을 따라 자신의 캐릭터 시트를 접어서 「오의 내역」과 「닌자도구」칸을 다른 플레이어가 보지 못하게 합시다.

5·02 사이클

『시노비가미』에서는 세션 동안 플레이어가 행동할 기회를 균등하게 제공하기 위해 사이클이라는 개념을 사용합니다. 기본적으로 각 플레이어는 사이클마다 1회씩 주요 행동을 할 수 있습니다. 어떤 행동을 할 수 있는지는 그 페이즈가 어떤 페이즈인가에 따라 달라집니다. 동료와 상의하거나 주위를 가볍게 살펴보는 정도의 간단한 행동은 제한없이 할 수 있습니다. 어떤 행동이 주요 행동인지는 이 뒤에 이어지는 「메인 페이즈」를 참조해보시기 바랍니다.

일단 사이클이 시작되면 게임 마스터의 왼쪽 자리에 앉은 플레이어부터 순서대로 차례를 가집니다. 각 차례를 **장면**, 차례가 된 플레이어를 장면 플레이어라고 부릅니다. 장면 플레이어가 자기 캐릭터의 행동 처리를 마치면 그 플레이어

の 왼쪽에 앉은 플레이어에게 장면 플레이어 역할을 넘깁니다. 단, 게임 마스터가 인정한다면 장면 플레이어를 맡는 순서는 플레이어끼리 상의해서 변경해도 좋습니다.

장면 플레이어 역할이 한 바퀴 돌아 모두가 자신의 차례를 마쳤다면 그 사이클을 마칩니다. 이어서 새 사이클을 시작합니다.

5·02·01 장면 플레이어를 맡는 순서

이것은 추가 규칙입니다. 트럼프 카드를 사용해서 장면 플레이어를 맡을 순서를 결정하기 위한 규칙입니다. 대립형 시나리오와 같이 PC의 행동 순서가 중요한 시나리오에서 사용하시기 바랍니다.

카드의 무늬는 무엇이든 상관없으니 A(에이스)부터 순서대로 플레이어의 수만큼 카드를 한 장씩 뽑습니다. 예를 들어 플레이어가 다섯 명이라면 A, 2, 3, 4, 5를 한 장씩 준비합니다.

각 사이클을 시작할 때, 이 카드를 뒤집은 상태로 놓아두고 각 플레이어에게 한 장씩 뽑게 합니다. 그리고 뽑은 카드를 공개해둡니다. 첫 장면 플레이어가 행동하기 전이라면 플레이어끼리 교섭해서 카드를 교환해도 상관없습니다. 그 사이클은 가장 낮은 숫자를 가진 참가자부터 순서대로 장면 플레이어를 맡습니다. 또, 공격이나 간파 판정처럼 여러 명의 플레이어가 동시에 처리를 진행하는 상황이 일어났을 때도, 처리를 하는 참가자의 카드 숫자를 비교해서 낮은 숫자를 가진 참가자부터 순서대로 처리하게 합니다. 사이클을 마치면 다시 카드를 섞은 후, 다시 뽑습니다.

5·03 마스터 장면

게임 마스터는 장면 플레이어를 교대하는 타이밍에 마스터 장면을 끼워 넣을 수 있습니다. 마스터 장면은 게임 마스터의 차례입니다. 마스터 장면에서는 게임 마스터가 장면 플레이어입니다.

마스터 장면에서는 시나리오에 설정된 게임 마스터용 캐릭터인 NPC가 행동합니다. 마스터 장면에서는 규칙에 없는 갖가지 특수한 처리를 적용해도 무방합니다.

5·04 미행동과 행동완료

각 플레이어는 자기 장면에 캐릭터가 주요 행동을 했다면, 캐릭터 시트의 일러스트 칸에 주사위를 올려둡니다. 이 상태를 행동완료라고 부릅니다. 행동완료는 그 캐릭터가 그 사이클에 이미 행동을 했다는 것을 나타냅니다.

반대로 캐릭터 시트의 일러스트 칸 위에 주사위가 놓여 있지 않은 캐릭터는 미행동이라는 상태입니다. 미행동은 그 캐릭터가 그 사이클에 아직 행동하지 않았다는 것을 나타냅니다.

새로운 사이클이 시작되면 행동완료인 캐릭터는 모두 미행동이 됩니다. 모든 플레이어는 캐릭터 시트의 일러스트 칸에서 주사위를 치워주세요.

6 도입 페이즈

『시노비가미』의 도입 페이즈에서는 각 PC가 사건에 관여하게 된 이유나 사건에 관한 정보를 설명한다.

사명

각 플레이어는 되도록 【사명】(【진정한 사명】이 있다면 그쪽)을 달성하기 위해 노력합시다. 참가자가 「이런 상황이라면 【사명】을 포기하는 것도 당연하다」라고 생각할 만한 상황이 아닌 한, 스스로 【사명】을 포기하는 행위는 권장하지 않습니다.

비밀

공개되지 않은 【비밀】의 내용을 스스로 말하는 것은 금지되어 있지만, 무심코 말해버리는 경우는 있을 수 있습니다. 그럴 때는 되도록 「말실수를 했다」, 「이거 【비밀】이었어」 같은 말을 하지 말고, 포커페이스로 넘어갑시다. 당신이 쓸데없는 말만 하지 않으면 다른 플레이어는 「그게 【비밀】이구나」라고 눈치채지 못할지도 모르니까요.

6·00
도입 페이즈

도입 페이즈는 각 캐릭터가 어째서 시나리오에 관여하게 되었는지를 설명하는 페이즈입니다. 도입 페이즈는 1사이클로 종료됩니다. 도입 페이즈에서는 주요 행동을 하지 않습니다.

게임 마스터는 각 장면 플레이어에게 각 PC가 사건에 참가하게 된 이유, 그 시점에서 사건에 대해 알고 있는 정보를 설명한 후, 【사명】과 【비밀】을 전달합니다. 【사명】이란 그 세션 동안 그 캐릭터가 달성해야만 하는 목표입니다. 이것을 달성하면 세션을 마칠 때 공적점을 받을 수 있습니다. 반대로 달성하지 못했다면 공적점이 감소합니다. 【비밀】이란 그 캐릭터가 숨기고 싶어하는 중요한 무언가입니다. 게임을 개시하는 시점에서는 다른 캐릭터에게 공개되지 않는 설정입니다. 대부분의 경우, 【사명】과 관계된 내용입니다. 자신의 【비밀】을 직접 다른 플레이어에게 보여주거나 이야기할 수는 없습니다. 그것은 시노비의 규정에 반하는 짓입니다.

【사명】과 【비밀】은 「핸드아웃」에 기재합니다. 【비밀】을 적는 면이 뒷면이 되도록 접어서 다른 플레이어가 보지 못하도록 건네줍니다.

플레이어 전원의 도입 장면을 마쳤다면 메인 페이즈가 됩니다.

6·01
인물 칸

각 플레이어는 도입 페이즈에서 남의 장면이 되었을 때, 그 장면의 장면 플레이어가 조종하는 캐릭터의 이름을 자기 캐릭터 시트의 인물 칸에 기재합시다.

또, 게임 마스터는 【비밀】을 가진 NPC를 등장시킬 때, 그 캐릭터의 이름을 인물 칸에 기재하도록 지시하세요.

핸드아웃	핸드아웃
이름 ①	이 비밀을 스스로 밝힐 수는 없다
사명	비밀
②	③

① 이름

핸드아웃의 주인인 캐릭터의 이름을 기재하는 칸입니다.

② 사명

핸드아웃 주인의 【사명】이 적혀 있는 칸입니다. 평소에는 이쪽이 보이게 합시다.

③ 비밀

핸드아웃 주인의 【비밀】이 적혀 있는 칸입니다. 내용을 확인할 때도 다른 플레이어가 보지 못하도록 몰래 확인합시다.

복사한 핸드아웃을 오려서 카드 슬리브 등에 넣어두면 무심코 【비밀】이 적힌 면을 노출시키는 실수를 줄일 수 있습니다.

7 메인 페이즈

이 항목에서는 게임의 중심에 해당하는 페이즈인 메인 페이즈의 대략적인 흐름을 설명한다.

7·00
메인 페이즈

메인 페이즈는 게임의 중심에 해당하는 페이즈입니다. 메인 페이즈는 시나리오상 설정된 조건을 충족하면 종료됩니다.

메인 페이즈에서는 특히 플레이어가 주체가 되어 게임을 진행합니다. 장면 플레이어는 자신의 장면이 어떤 장면인지를 규칙에 따라 직접 정합니다.

메인 페이즈의 장면으로는 드라마 장면과 전투 장면의 두 종류가 있습니다. 장면 플레이어는 어느 쪽을 할지 결정한 후, 해당하는 처리를 하시기 바랍니다.

7·01
메인 페이즈 진행

메인 페이즈를 개시하면 게임 마스터는 먼저 어느 PC가 행동할지 정해야 합니다. 「5·02 사이클」(p56)에서도 설명했지만, 보통은 게임 마스터의 왼쪽 자리에 앉은 플레이어부터 행동을 처리합니다. 단, 게임 마스터가 인정한다면 이 순서는 변경해도 무방합니다. 장면을 개시할 때 플레이어 전원에게 이 장면에서 행동하고 싶은지 물어보고, 하고 싶다고 대답한 플레이어부터 행동하게 하는 방법도 있습니다. 만약 행동하고 싶어 하는 플레이어가 여러 명이라면 왼쪽 자리의 플레이어부터 우선권을 가지게 하는 방법도 있습니다.

대립형 시나리오 등에서 게임 마스터가 판단하기에 먼저 행동하느냐 나중에 행동하느냐에 따라 어느 한쪽이 더 유리해질 정도로 행동 순서가 중요한 경우에는 추가 규칙인 「5·02·01 장면 플레이어를 맡는 순서」(p57)를 사용합시다.

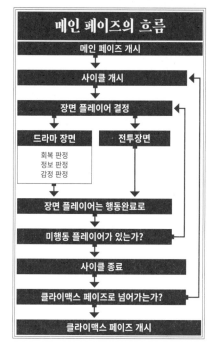

메인 페이즈의 흐름

- 메인 페이즈 개시
- 사이클 개시
- 장면 플레이어 결정
- 드라마 장면
  - 회복 판정
  - 정보 판정
  - 감정 판정
- 전투 장면
- 장면 플레이어는 행동완료로
- 미행동 플레이어가 있는가?
- 사이클 종료
- 클라이맥스 페이즈로 넘어가는가?
- 클라이맥스 페이즈 개시

7·02
마스터 장면의 예

메인 페이즈 동안 게임 마스터는 원하는 타이밍에 **마스터 장면**을 열 수 있습니다. 미리 시나리오에 설정되어 있는 마스터 장면만이 아니라, 게임의 전개에 따라 새로 추가한 마스터 장면을 삽입해도 상관없습니다.

장면과 장면 사이, 혹은 그에 준하는 상황에서 플레이어끼리 다음 행동을 의논하기 시작하는 일은 자주 벌어집니다. 만약 이 의논이 길어질 것 같다면 게임 마스터는 마스터 장면을 삽입해서 PC끼리 의논하는 장면을 만듭시다.

이런 마스터 장면에서는 캐릭터가 가진 【정보】를 교환하게 하면 의논이 수월하게 진행될 것입니다.

휴식

GM은 각 페이즈와 페이즈 사이, 사이클과 사이클 사이에 잠시 쉬었다가 하자고 제안해봅시다. 적당히 휴식 시간을 끼워 넣으면 더 쾌적하게 게임을 할 수 있습니다. 또, 이런 휴식 시간을 이용해서 각 플레이어에게 궁금한 점이나 상담하고 싶은 점은 없는지 물어봅시다. 『시노비가미』는 【비밀】에 관한 내용을 공공연하게 상담할 수 없습니다. 시간에 여유가 있다면 개별적으로 다른 방으로 이동해서 【비밀】을 잘 이해하고 있는지 확인해보도록 합시다.

만남 장면

『시노비가미』에서는 PC가 다른 PC를 전혀 만나지 않은 채로 게임이 진행되는 상황도 종종 발생합니다. 설정상 만나는 것이 부자연스러운 캐릭터끼리는 특별히 의식하지 않아도 자연스럽게 그런 전개가 되기 쉽습니다. GM은 그런 전개를 봤을 경우, 마스터 장면을 삽입해서 이 캐릭터들이 만나는 장면을 만듭시다.

마스터 장면

게임 마스터가 바란다면 마스터 장면에서는 규칙에 존재하지 않는 특수한 처리를 할 수 있습니다. 예를 들어 마스터 장면에서는 캐릭터를 자유롭게 등장시킬 수 있습니다. 플레이어의 동의 없이 캐릭터를 등장시키거나,【거처】를 가지지 않은 캐릭터에게 전투를 신청할 수 있습니다. 이런 특수한 처리를 남발하면 플레이어들이 불공평하다고 느낄 우려가 있습니다. 하지만 적당히 사용한다면 세션의 템포를 높이거나 드라마틱한 전개를 만들 수 있을 것입니다.

8 드라마 장면

이 항목에서는 메인 페이즈에서 PC가 다른 PC나 NPC를 만나거나, 조사를 비롯한 특정 행동을 하는 드라마 장면에 대해 설명한다.

다양한 장면 표

p236~p238에는 아래의 아홉 가지 장면 표가 수록되어 있습니다.

• 장면 표
• 데지마 장면 표
• 도시 장면 표
• 저택 장면 표
• 트러블 장면 표
• 회상 장면 표
• 일상 장면 표
• 학교 장면 표
• 전국시대 장면 표

장면의 대략적인 분위기

장면을 연출할 때, 장면 표로 정한 내용에 너무 얽매일 필요는 없습니다. 표에서 언급된 키워드의 일부만을 사용하거나, 문장을 확대 해석하는 것도 허용됩니다. 장면 표는 어디까지나 이미지를 떠올릴 실마리를 잡기 위해 사용하는 것입니다. 장면 플레이어가 이미 자신이 하고 싶은 장면의 명확한 이미지를 가지고 있다면 그것을 GM에게 알려주세요. GM이 세션의 전개와 모순되지 않는다고 판단했다면 장면 표를 사용하지 않고 장면을 연출해도 무방합니다.

장면의 등장인물

행동완료인 캐릭터라도 장면에 등장할 수 있습니다. 드라마 장면에서는 등장한 캐릭터가 임의의 타이밍에 자유롭게 퇴장할 수 있습니다.

【비밀】이나 【거처】

【정보】에는 【거처】, 【비밀】, 【오의】의 세 종류가 있습니다. 하지만 정보 판정으로는 【오의】의 정보를 획득할 수 없습니다. 또, 정보 판정으로는 목표가 가지고 있는 목표 이외의 【비밀】이나 【거처】를 획득할 수 없습니다.

8·00

드라마 장면

드라마 장면은 캐릭터의 일상이나 조사 활동 등을 처리하는 장면입니다.

8·01

장면 표와 연출

드라마 장면을 하기로 했다면 장면 플레이어는 2D6을 굴리고 「장면 표」의 결과를 읽어 장면의 대략적인 분위기를 결정합니다. 이 책의 권말에는 **다양한 장면 표**가 수록되어 있습니다. 장면의 분위기를 정하고, 거기에 어울릴 법한 「장면 표」를 선택해서 사용해도 무방합니다.

장면의 대략적인 분위기가 정해졌다면, 장면 플레이어는 그 **장면의 등장인물**을 결정합니다. 엑스트라(p132)는 자유롭게 등장시킬 수 있습니다. NPC나 PC는 그 캐릭터의 플레이어(NPC

라면 게임 마스터)가 허가하면 등장시킬 수 있습니다. 이어서 장면의 상세한 시간과 장소를 임의로 결정합니다.

등장인물과 시간, 장소가 정해졌다면 장면 플레이어는 그 장면을 연출합니다.

그리고 그 연출 전후에 회복 판정, 정보 판정, 감정 판정 중 한 종류를 할 수 있습니다.

8·02

드라마 장면의 판정

드라마 장면 동안 장면 플레이어는 회복 판정, 정보 판정, 감정 판정 중 아무거나 하나를 선택합니다. 그리고 임의의 특기를 1개 선택해서 그 특기로 판정을 합니다. 판정에 성공하면 각 판정 종류에 설정된 효과가 발생합니다. 이것들은 주요 행동입니다.

판정은 그 장면 동안이라면 연출 전에 하든 연출 후에 하든 상관없습니다.

8·02·01

회복 판정

회복 판정에 성공하면 자신이 잃은 【생명력】을 1점 회복하거나, 상태이상 하나를 회복할 수 있습니다.

8·02·02

정보 판정

정보 판정을 하기 전에 임의의 캐릭터 1명을 목표로 선택하고(같은 장면에 등장하고 있을 필요는 없습니다), 목표의 【비밀】이나 【거처】 중 하나를 선택합니다.

판정에 성공하면 그 【정보】를 1개 획득합니다. 목표가 NPC라면 게임 마스터가, 그렇지 않다면 그 캐릭터를 조종하는 플레이어가 【비밀】이나 【거처】를 몰래 **알려주세요**. 그러면 장면 플레이어는 인물 칸에서 대응하는 【비밀】이나 【거처】의 체크 칸을 체크합니다. 【비밀】은 한 캐릭터에게 2개 이상 설정되어 있을 수도 있습니다.

【비밀】이 공개되었을 때, 아직 밝혀지지 않은 【비밀】이 남아 있다면 목표는 「아직 밝혀지지 않은 비밀이 있다」라고 선언해야 합니다.

● 장면 표	
2	주위에 피 냄새가 진동한다. 누군가가 싸운 흔적. 아니, 아직 싸움은 계속되고 있는 것인가?
3	이것은…… 꿈? 이미 지나간 과거. 하지만 그것을 잊을 수는 없다.
4	눈앞에 펼쳐진 거리의 풍경을 바라본다. 여기라면 한 눈에 거리를 내려다볼 수 있지만…….
5	세계의 끝을 연상케 하는 어둠. 어둠 속에서 당신들은 은밀하게 속삭인다.
6	평화로운 시간이 흘러간다. 그림자의 세계를 잊어버릴 것만 같다.
7	맑은 기운이 감도는 숲 속. 새가 지저귀는 소리와 나무 사이로 산들바람이 부는 소리가 들려온다.
8	엄청나게 혼잡하고 떠들썩하다. 그림자의 세계를 모르는 순진한 이들이 자기자랑이며 잡담을 나누는 소리로 시끌벅적하다.
9	세찬 비가 내린다. 사람들은 비를 피할 곳을 찾아 황급히 달려가고 있다.
10	강한 바람이 휘몰아친다. 머리카락과 옷이 크게 휘날린다. 무언가가 일어날 듯한 예감…….
11	주정뱅이의 노성. 호객꾼들의 외침. 여자들의 교성. 평소와 다를 것이 없는 번화가의 모습이지만…….
12	태양의 미소가 당신을 감싼다. 그림자 속에서 살아가는 이들에게 그 미소는 너무나 눈부시다.

8·02·03
감정 판정

감정 판정을 할 때는 판정에 앞서 **같은 장면에 등장한** 임의의 캐릭터 1명을 목표로 선택합니다.

판정에 성공하면 장면 플레이어와 목표 플레이어는 각각 1D6을 굴리고「감정 표」를 사용해서 서로에 대한【감정】의 종류를 결정합니다.【감정】에는 플러스와 마이너스의 두 가지 속성이 있습니다. 어느 속성으로 정할지는 주사위를 굴린 플레이어가 원하는 대로 결정할 수 있습니다.【감정】을 결정했다면 그 인물 옆의 감정 칸에【감정】의 종류를 기재하고, 플러스라면 옆의「+」에 ○를, 마이너스라면 옆의「-」에 ○를 칩니다. 그【감정】을 획득합니다.【감정】을 가진 캐릭터가 있으면「정보 공유」,「전투 난입」,「**감정 수정**」이라는 특수한 처리가 발생합니다.

● 감정 표

1	공감 (플러스) / 불신 (마이너스)
2	우정 (플러스) / 분노 (마이너스)
3	애정 (플러스) / 질투 (마이너스)
4	충성 (플러스) / 모멸 (마이너스)
5	동경 (플러스) / 열등감 (마이너스)
6	광신 (플러스) / 살의 (마이너스)

8·02·03·01
정보 공유

자신이【감정】을 가진 캐릭터가【정보】를 획득하면, 자동으로 그【정보】를 획득할 수 있습니다. 이것을「정보 공유」라고 부릅니다. 단, 정보 공유로 얻은【정보】에 대해 연쇄적으로 정보 공유가 발생하는 일은 없습니다.

또, 자신의【비밀】은 스스로 가르쳐줄 수 없습니다.

8·02·03·02
전투 난입

자신이【감정】을 가진 캐릭터가 전투 장면을 일으켰거나 전투 장면의 상대로 선택된 경우, 그 전투에 난입할 수 있습니다. 이것을「전투 난입」이라고 부릅니다.

전투 난입을 할 수 있는 것은 전투 장면을 시작한 두 캐릭터 중 어느 한쪽에라도【감정】을 가진 캐릭터뿐입니다. 전투 난입으로 등장한 캐릭터에 대한【감정】만 가지고 있는 캐릭터는 그 전투 장면에 전투 난입을 할 수 없습니다.

전투 난입은 전투를 개시할 때, 또는 각 라운드의 플롯 시에 플롯치를 공개하기 전에 할 수 있습니다.

8·02·03·03
감정 수정

자신이【감정】을 가진 캐릭터가 행동 판정을 할 때, 그 판정에 수정치를 적용할 수 있습니다. 이것을 감정 수정이라고 부릅니다.

감정 수정은 플러스 감정이라면 +1, 마이너스 감정이라면 -1의 수정치를 적용합니다. 감정 수정을 하려면 자신과 상대가 같은 장면에 등장하고 있어야 합니다.

감정 수정은 드라마 장면이라면 사이클마다 1회, 전투 장면이라면 라운드마다 1회 사용할 수 있습니다.

정보 공유

누군가의 비밀이나오의

흠

이 사람에게 감정 있음

보여줘!

감정 없음

볼 수가 없어...

이 사람에 대한 감정은 가지고 있지만...

알려주세요

【비밀】을 알아냈을 때는 상대 플레이어로부터 그 핸드아웃을 건네받아서 뒷면의【비밀】을 조용히 읽도록 합시다. 거기에는 그 인물이 숨기고 있는 무언가(사실은 배신자였다, 사실은 성별이 다르다, 사실은 당신을 사랑하고 있었다!)가 적혀 있을지도 모릅니다. 한편,【거처】를 알아냈다면 그 캐릭터에게 전투를 신청할 수 있게 됩니다.

같은 장면에 등장한

감정 판정의 목표는 같은 장면에 등장하고 있어야 합니다. 또, 감정 판정의 목표로 자신을 선택할 수는 없습니다.

【감정】을 획득

이미 자신이【감정】을 가지고 있는 상대를 목표로 감정 판정을 했다면, 새로 결정된 자신의【감정】종류가 마음에 들지 않을 경우 변경하지 않고 기존의【감정】을 그대로 유지해도 무방합니다.

정보 공유

「정보 공유의 연쇄는 발생하지 않는다」라고 기억해두세요.

감정 수정

감정 수정은 행동 판정의 주사위를 굴리기 전에만 할 수 있습니다. 이미 주사위 굴림을 마친 판정에는 감정 수정을 적용할 수 없습니다.

또, 캐릭터가 여러 개의【감정】을 습득했더라도 주어진 타이밍에 사용할 수 있는 감정 수정은 한 번에 하나뿐입니다. 예를 들어 드라마 장면이라면 같은 사이클에 두 명 이상의 캐릭터에 대해 감정 수정을 사용할 수 없습니다. 그리고 전투 장면이라면 같은 라운드에 두 명 이상의 캐릭터에 대해 감정 수정을 사용할 수 없습니다.

코스트 수치만큼 상승

예를 들어 펌블치 2인 캐릭터가 히라사카 기관의 유파 인법 【금술】(코스트 2)을 사용했다면, 펌블치는 4가 됩니다.

그 밖의 행동

장면에 등장한 캐릭터는 롤플레이를 통해 정보를 모을 수도 있습니다. 【비밀】이나 【거처】 같은 정보는 정보 판정을 통해서만 모을 수 있습니다. 하지만 그 밖의 정보는 NPC에게 물어보거나, GM에게 상황을 확인해서 수집할 수 있습니다. 이러한 정보를 종합해서 추리하면 누구의 【비밀】을 조사해야 할지 알 수 있을지도 모릅니다. 고민될 때는 롤플레이를 통해 정보 수집에 도전해보는 것도 방법입니다.

교환

굳이 바란다면, 닌자도구나 【정보】, 프라이즈 등을 교환하지 않고 일방적으로 양도할 수도 있습니다. 또, 이런 수단으로 어떠한 【정보】를 획득했을 때도 정보 공유가 발생합니다.

8·02·04 ——
계획 판정

계획 판정이란 게임 마스터가 설정한 주요 행동입니다. 판정에 성공하면 어떤 일이 일어나고, 실패하면 어떤 일이 일어나는지는 게임 마스터가 시나리오마다 정하세요. 계획 판정은 주요 행동으로 간주하므로, 계획 판정을 한 장면에는 회복 판정, 정보 판정, 감정 판정 등을 할 수 없습니다. 「에니그마」(p146)를 사용하는 경우, 그것을 해제하기 위해 계획 판정이 필요할 때가 있습니다.

8·02·05 ——
보조 판정

보조 판정이란 게임 마스터가 설정한 간단한 행동입니다. 판정에 성공하면 어떤 일이 일어나고, 실패하면 어떤 일이 일어나는지는 게임 마스터가 시나리오마다 정하세요. 보조 판정은 주요 행동으로 간주하지 않으므로, 보조 판정을 했더라도 그와 별개로 회복 판정, 정보 판정, 감정 판정 등을 할 수 있습니다. 단, 보조 판정은 장면 플레이어만 할 수 있으며, 같은 종류의 보조 판정은 장면마다 한 번만 도전할 수 있습니다.

추가 규칙 「에니그마」(p146)를 사용하는 경우, 그것을 해제하기 위해 보조 판정이 필요할 때가 있습니다.

8·03 ——
드라마 장면 중의 인법 사용

드라마 장면 중에는 효과에 자기 차례, 또는 드라마 장면에 사용할 수 있다고 적혀 있는 서포트 인법만 사용할 수 있습니다.

서포트 인법을 사용할 때는 지정 특기 판정의 펌블치가 그 인법의 **코스트 수치만큼 상승**합니다.

드라마 장면에 사용할 수 있는 서포트 인법 중에는 장면 플레이어여야 한다고 지정되어 있는 것이 있습니다. 이런 인법은 장면 플레이어만 사용할 수 있습니다. 하지만 그 외의 서포트 인법은 장면 플레이어가 아니라도 사용할 수 있습니다. 단, 그런 경우라도 따로 「당신이 등장하지 않은 드라마 장면에서 사용할 수 있다」와 같은 언급이 없다면, 그 장면에 등장하고 있어야 서포트 인법을 사용할 수 있습니다.

8·04 ——
그 밖에 할 수 있는 일

드라마 장면 동안에는 같은 장면에 등장한 다른 캐릭터와 닌자도구나 【정보】, 프라이즈를 **교환**할 수 있습니다. 단, 자신의 【비밀】을 자진해서 알려줄 수는 없습니다. 이것은 장면 플레이어 이외의 플레이어가 담당하는 캐릭터도 마찬가지입니다.

9 전투 장면

이 항목에서는 메인 페이즈에 일어나는 전투 장면의 규칙, 그리고 PC와 NPC, PC와 PC 사이에서 전개되는 전투에 관한 규칙을 설명한다.

9·00
전투 장면

전투 장면은 캐릭터끼리 전투를 하기 위한 장면입니다. 전투 장면을 신청하는 것은 주요 행동입니다. 전투 장면을 마치면 전투를 신청한 캐릭터는 행동완료가 됩니다.

9·01
전투 장면 준비

전투 장면을 열기로 했다면, 게임 마스터는 권말의 벨로시티 시스템을 복사한 시트를 펼칩니다. 이것은 전투 장면 동안 각 캐릭터의 속도를 관리하기 위한 시트입니다.

그리고 장면 플레이어는 【거처】를 아는 캐릭터를 1명 선택해서 그 캐릭터와 전투를 합니다.

이때, 전투를 하는 두 캐릭터에 대해 【감정】을 가지고 있는 캐릭터는 전투 난입을 시도할 수 있습니다. 전투 난입 규칙은 「8·02·03·02 전투 난입」(p61)을 참조하시기 바랍니다.

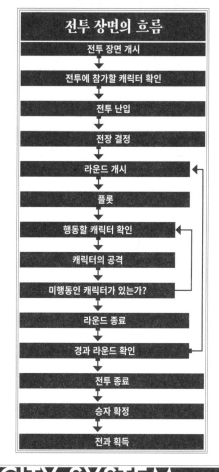

전투 장면의 흐름

- 전투 장면 개시
- 전투에 참가할 캐릭터 확인
- 전투 난입
- 전장 결정
- 라운드 개시
- 플롯
- 행동할 캐릭터 확인
- 캐릭터의 공격
- 미행동인 캐릭터가 있는가?
- 라운드 종료
- 경과 라운드 확인
- 전투 종료
- 승자 확정
- 전과 획득

전투를 할 때는 책 끝부분에 실린 벨로시티 시스템의 복사본 한 장, 그리고 각자의 전용 게임말을 준비해두면 편리합니다. 플롯치를 정했다면 각자 자신의 플롯치와 같은 숫자가 적혀 있는 장소에 자신의 게임 말을 올려둡시다.

VELOCITY SYSTEM

Mundain 정지한 시간	Ghost Walk 유령걸음	Shadow Run 그림자 질주	Neuro Speed 사고속도	Sonic Speed 음속	Bullet Speed 탄속	Light Speed 광속	F.T.L. 초광속
0	**1**	**2**	**3**	**4**	**5**	**6**	**7**
펌블 에어리어 0	펌블 에어리어 1	펌블 에어리어 2	펌블 에어리어 3	펌블 에어리어 4	펌블 에어리어 5	펌블 에어리어 6	펌블 에어리어 7
전투 장면에서는 펌블이 발생하면 모든 행동 판정이 자동으로 실패하게 된다.	전투 장면에서는 펌블이 발생하면 모든 행동 판정이 자동으로 실패하게 된다.	전투 장면에서는 펌블이 발생하면 모든 행동 판정이 자동으로 실패하게 된다.	전투 장면에서는 펌블이 발생하면 모든 행동 판정이 자동으로 실패하게 된다.	전투 장면에서는 펌블이 발생하면 모든 행동 판정이 자동으로 실패하게 된다.	전투 장면에서는 펌블이 발생하면 모든 행동 판정이 자동으로 실패하게 된다.	전투 장면에서는 펌블이 발생하면 모든 행동 판정이 자동으로 실패하게 된다.	전투 장면에서는 펌블이 발생하면 모든 행동 판정이 자동으로 실패하게 된다.

63

특수한 전투 난입

특수한 전투 난입도 일반적인 전투 난입과 마찬가지로 전투를 개시할 때, 또는 각 라운드의 플롯 시에 플롯치를 공개하기 전까지 할 수 있습니다.

탈락

전투 장면에서 탈락하면 그 장면에서 퇴장합니다. 전투 장면에서 스스로 탈락하려면 「라운드 종료 시」에 자발적으로 탈락하거나, 「특수한 회피 판정」에 성공해야 합니다. 모종의 효과로 인해 자발적으로 【생명력】을 소비해도 자진해서 탈락할 수는 없습니다. 단, 자발적인 소비였다고 해도 【생명력】이 0점이 된 캐릭터는 그 전투 장면에서 탈락합니다.

손바닥에 숨기고

플롯 중에는 다른 플레이어와 상의해서는 안 됩니다. 또, 「삼박자로 맞춰서 가보자고!」와 같은 암호를 이용한 부정 행위도 금지됩니다. 어떻게 해서든 자신의 플롯치를 남에게 알리고 싶다면 【암호】라는 인법을 사용해봅시다.

플롯치를 공개

이때, 손바닥 아래에 주사위가 없거나, 필요 이상으로 많거나, 적의 인법 효과로 인해 플롯해서는 안 되는 주사위 눈이 있다면 문제가 됩니다. 이런 경우를 플롯의 오류라고 부릅니다. 플롯의 오류가 발생한 경우, 플롯치는 0이 됩니다.

9·01·01
특수한 전투 난입

이것은 추가 규칙입니다. 게임 마스터는 세션을 개시할 때, 이 규칙의 도입 여부를 선택할 수 있습니다. 게임 마스터가 이 추가 규칙을 도입하기로 했다면, 전투 장면을 시작할 때 최초의 두 캐릭터 중 어느 한쪽의 【거처】를 가지고 있는 캐릭터도 「전투 난입」을 할 수 있게 됩니다. 이것을 **특수한 전투 난입**이라고 부릅니다. 「특수한 전투 난입」을 하기 위해서는 게임 마스터가 1D6을 굴린 후, 다시 2D6을 굴려 특기 리스트에서 무작위로 특기 하나를 선택합니다. 「특수한 전투 난입」을 하고자 하는 캐릭터는 그 판정에 성공해야 합니다. 「특수한 전투 난입」 규칙을 도입하면 일대일 전투가 발생할 기회가 줄어듭니다. 그런 상황을 발생시키고 싶거나 짧은 시간의 플레이를 즐기고 싶다면 도입을 삼가도록 합시다.

9·02
전장

장면 플레이어가 바란다면 전투를 개시할 때 전장을 변경할 수 있습니다. 전장을 변경할 때는 1D6을 굴려 「전장 표」에서 전장을 무작위로 결정합니다. 「전장 표」로 선택한 전장마다 설정되어 있는 특수한 규칙을 채용합니다.

전장을 변경하지 않는 경우, 「평지」(특별한 효과 없음)에서 전투를 합니다.

● 전장 표	
1	평지. 특별한 효과 없음.
2	수중. 바다나 강, 수영장, 피 연못 지옥 등. 회피 판정에 -2의 수정치를 적용한다.
3	고지대. 빌딩 사이나 나무 위, 깎아지른 절벽 등. 이 전장에서 펌블을 내면 접근전 대미지 1점을 입는다.
4	악천후. 폭풍이나 눈보라, 미사일의 비 등. 이 전장에서는 모든 공격 인법의 간격이 1 상승한다.
5	혼잡. 사람이 우글거리는 거리나 교실, 정체 중인 차도 등. 이 전장에서는 행동 판정을 할 때의 펌블치가 1 상승한다.
6	위험지대. 우주나 심해, 용암, 마계 등. 게임 마스터는 라운드가 끝날 때 1D6을 굴린다. 주사위 눈이 전투가 시작하고 경과한 라운드 수 이하인 경우, 이 전장에 있는 캐릭터들은 접근전 대미지 1점을 입는다. 이 전장에서 탈락한 자는 1D6을 굴려서 상태이상 표의 결과를 적용한다.

9·03
전투의 흐름

전투 중에는 사이클이 아닌 라운드를 반복하며 게임을 진행합니다. 1라운드는 아래와 같은 순서에 따라 처리합니다.

① 플롯
② 공격 처리
③ 라운드 종료

메인 페이즈에 발생하는 전투에서는 자신 이외의 캐릭터에 의해 【생명점】이 1점 이상 감소하면 전투에서 **탈락**합니다. 전투 도중에 탈락한 이는 패자, 마지막까지 남은 한 사람은 승자가 됩니다. 승자는 전과를 얻을 수 있습니다. 자세한 설명은 「9·11 전과」(p68)를 참조하시기 바랍니다.

9·04
플롯

전투 장면에 등장한 플레이어 전원은 6면체 주사위를 **손바닥에 숨기고**, 1~6 중에서 임의의 숫자를 골라 그 면이 위를 향하게 합니다. 이 행위를 플롯, 숨겨둔 주사위 눈을 플롯치라고 부릅니다. 전투에 참가한 전원이 플롯을 했다면 **플롯치를 공개**합니다.

플롯치를 공개했다면 벨로시티 시스템에서 자기 플롯치와 같은 숫자가 적혀 있는 장소에 자기 캐릭터 말을 배치합니다.

그리고 플롯치가 높은 플레이어의 캐릭터부터 순서대로 차례를 가지고, 「공격 처리」를 합니다.

9·04·01
플롯 시 주의할 점

공격 처리부터 라운드 종료까지의 과정 동안은 펌블치가 그 라운드에 플롯한 자신의 플롯치로 변경됩니다. 즉, 플롯치가 높으면 먼저 공격할 수 있으나, 펌블이 발생하기 쉬워집니다. 이 점에 주의해서 플롯을 하시기 바랍니다. 또, 모종의 효과로 플롯치가 변화하는 경우가 있습니다.

9·04·02
플롯치가 0일 때

「일반인」처럼 특수한 캐릭터인 경우, 또는 특정한 인법의 효과를 적용한 경우 플롯치가 0이 될 때가 있습니다. 이때는 플롯치 0의 타이밍에 공격 처리를 할 수 있습니다. 펌블치는 2로 간주합니다.

플롯치가 1 이상인 캐릭터는 간격과 관계없이 플롯치 0의 캐릭터를 목표로 선택할 수 있습니다. 이것은 간격을 따지는 서포트 인법도 마찬가지입니다.

또, 여러 명의 목표를 선택할 수 있는 인법이라면 간격과 관계없이 플롯치 0의 캐릭터를 선택할 수 있습니다.

【크리티컬 히트】나 【범위 공격】 오의는 플롯치와 관계없이 플롯치 0인 캐릭터를 목표로 선택할 수 있습니다.

9·05
공격 처리

자기 차례가 되면 공격을 1회 합니다.

공격을 하게 된 캐릭터는 자신이 습득한 인법 중에서 공격 인법을 하나 선택합니다. 그리고 전투에 참가한 캐릭터 중에서 **목표를 1명 선택합니다.** 이때, 선택한 목표의 플롯치와 자신의 플롯치 차이가 그 공격 인법에 설정된 간격 이내라면 그 목표를 공격할 수 있습니다.

공격을 하는 플레이어는 공격 인법의 지정 특기로 행동 판정을 합니다. 이것을 **명중 판정**이라고 부릅니다.

명중 판정에 성공하면 목표 캐릭터가 회피 판정을 합니다. 회피 판정을 할 때는 공격에 사용한 공격 인법의 지정 특기로 행동 판정을 합니다. 회피 판정에 성공하면 공격은 실패합니다. 그 공격을 무효로 할 수 있습니다. 회피 판정에 실패하면 공격이 성공하고, 목표는 공격 인법의 효과에 대응하는 **대미지**를 입습니다.

명중 판정에 실패하면 공격 자체가 실패해서 회피 판정이 발생하지 않습니다.

9·05·01
접근전 대미지

격투술이나 검술 등으로 상대를 직접 공격하는 공격 인법을 사용하면 입힐 수 있는 대미지입니다.

캐릭터는 접근전 대미지를 1점 입을 때마다 무작위로 특기 분야 하나를 선택해서 거기에 대응하는 【생명력】을 잃습니다. 잃은 【생명력】에 대응하는 슬롯에 ×표시를 합니다. 단, 잃은 【생명력】의 슬롯에 이미 ×표시가 되어 있다면, 어느 【생명력】을 잃을지는 목표 자신이 임의로 결정할 수 있습니다.

9·05·02
사격전 대미지

수리검이나 돌팔매, 총기 등을 이용해서 상대를 간접적으로 공격하는 공격 인법을 사용하면 입힐 수 있는 대미지입니다.

캐릭터는 사격전 대미지를 1점 입을 때마다 임의의 특기 분야를 하나 선택하고, 거기에 대응하는 【생명력】을 잃습니다. 잃은 【생명력】에 대응하는 슬롯에 ×표시를 합니다.

9·05·03
집단전 대미지

부하나 사역마, 꼭두각시 등을 부려서 상대를 간접적으로 공격하는 공격 인법을 사용하면 입힐 수 있는 대미지입니다.

캐릭터는 집단전 대미지를 1점 입을 때마다 1D6을 굴려 「상태이상 표」에서 무작위로 선택한 **상태이상** 한 종류에 걸립니다.

상태이상의 종류는 아래와 같습니다.

● 고장
닌자도구에 이물질이 들어가거나, 사출 장치가 망가지거나 합니다. 닌자도구를 사용할 수 없습니다. 이 효과는 누적되지 않습니다.

● 마비
신체의 일부가 마비되어 뜻대로 움직일 수 없는 상태입니다. 습득한 특기 하나를 무작위로 선택합니다. 그 특기를 사용할 수 없게 됩니다. 이 효과는 습득한 특기의 수만큼 누적됩니다.

● 중상
심한 상처를 입은 상태입니다. 명중 판정, 정보 판정, 감정 판정을 할 때마다 접근전 대미지를 1점 입습니다. 이 효과는 누적되지 않습니다.

● 행방불명
누구에게도 연락을 취할 수 없는 상태입니다. 메인 페이즈 동안 자신 이외의 플레이어가 장면 플레이어인 장면에 등장할 수 없게 됩니다. 이 효과는 누적되지 않습니다.

● 망각
머리가 혼란에 빠져 기억의 일부를 잃은 상태입니다. 획득한 【감정】 중에서 무작위로 한 가지를 선택합니다. 그 【감정】을 가지고 있지 않은 것으로 간주합니다. 이 효과는 획득한 【감정】의 수만큼 누적됩니다.

목표를 1명 선택합니다
인법의 효과에 따라서는 목표로 여러 명의 캐릭터를 선택할 수 있습니다. 그 경우에도 명중 판정은 1회만 합니다. 이때, 판정에 대한 수정치나 펌블치는 목표마다 적용됩니다. 또, 명중 판정이 성공했다면 회피 판정은 각자 합니다.

명중 판정
명중 판정의 성공과 공격의 성공은 별개의 개념입니다. 틀리지 않도록 주의하세요.

대미지
공격 인법의 효과를 서포트 인법이나 장비 인법이 강화하는 경우가 있습니다. 「공격이 성공하면 본래의 공격 효과와 더불어 사격전 대미지를 1점 입을 수 있다」, 「그 공격에 의한 대미지를 1점 상승시킬 수 있다」라고 적혀 있는 것들입니다. 이와 같이 하나의 공격으로 발생한 다수의 대미지는 1회의 【생명력】 감소로 간주해야 합니다. 이 처리는 【절대 방어】의 효과로 경감될 때를 비롯한 몇몇 상황과 관계가 있습니다. 예를 들어 【후의 선】으로 강화한 【접근전 공격】은 목표에게 접근전 대미지 1점과 사격전 대미지 1점을 입힙니다. 이것을 2회의 【생명력】 1점 감소가 아니라, 1회의 【생명력】 2점 감소로 취급합니다.

또, 모종의 효과로 인해 대미지가 0점 이하가 되었다면 발생할 예정인 대미지는 무효가 됩니다. 0점의 대미지를 입히는 것으로 처리하지는 않습니다. 따라서 대미지를 입히는 것을 조건으로 하는 인법도 사용할 수 없습니다.

상태이상
효과가 누적되지 않는 상태이상에 이미 걸려 있는 캐릭터가 같은 종류의 상태이상에 걸리는 경우, 아무 일도 일어나지 않습니다. 집단전 대미지처럼 「상태이상 표」를 사용해서 무작위로 상태이상을 정하는 경우, 「상태이상 표」에서 다시 주사위를 굴릴 필요는 없습니다.

고장
인법에 따라서는 닌자도구를 소비해서 효과를 발휘하는 경우도 있습니다. 고장 상태이상에 걸렸다면 그런 인법을 위해 닌자도구를 소비하는 것도 불가능하게 됩니다.

전국 상태이상 표

「전국편」이외의 레귤레이션을 채용했더라도【말예】장점 등을 가지고 있다면 고류유파의 인법을 사용할 수 있게 됩니다. 그렇게 되면【죽음의 눈빛】이나【치료】처럼「전국편」의 특정 상태이상을 거는 인법을 사용할 수 있습니다. 그런 인법이 사용되면「현대편」이나「퇴마편」에서도「전국편」의 상태이상 효과를 적용합니다.

특수한 효과

명중 판정에서 스페셜이 발생했을 때, 타이밍을 엄격하게 따지고 싶다면【생명력】이나 상태이상의 회복」,「대미지 결정(접근전이나 사격전이라면 1D6을 굴리고, 집단전이라면 상태이상 선택)」,「회피 판정」의 순서로 처리하세요.

최면

마음을 조종당해서 때때로 자아를 잃는 상태입니다. 자신을 상처 입혀서 제정신을 유지하지 않는 한 전투에서 자동으로 탈락합니다.

불덩어리

타오르는 불길에 몸이 휩싸인 상태입니다. 닌자인 만큼 그것만으로는 치명상에 이르지 않지만, 움직임을 무너뜨리거나 마음을 흐트러뜨려 치명적인 실패를 초래합니다. 그리고 대실패는 그 몸을 더욱 불사릅니다.

맹독

독에 대한 저항력을 지닌 닌자조차 괴로워할 만큼 강력한 독에 중독된 상태입니다. 서서히 생명이 깎여 나갑니다.

기아

영양이 부족해서 공복으로 인한 피로에 시달리는 상태입니다. 서서히 생명이 깎여 나갑니다.

잔류물

칼날이나 창, 화살 등이 몸에 박혔는데 함부로 뽑을 수 없는 상태입니다. 오의나 스페셜로만【생명력】을 회복할 수 있게 됩니다.

야망

강한 야심이 솟아나 투쟁본능이 폭주하는 상태입니다. 다른 상태이상과 달리 명중 판정만큼은 유리해집니다.

● 저주

주술적인 효과를 받아 자신의 기술 중 일부를 봉인당한 상태입니다. 습득한 인법 중에서 무작위로 하나를 선택하고, 그 인법을 습득하지 않은 것으로 간주합니다. 이 효과는 습득한 인법의 수만큼 누적됩니다.

레귤레이션이「전국편」이라면「**전국 상태이상 표**」를 사용합니다.

9·05·04
명중 판정의 스페셜

명중 판정에서 스페셜이 발생하면 **특수한 효과**가 발생합니다.

접근전이나 사격전의 명중 판정에서 스페셜이 발생하면 일반적인 스페셜의 효과와 더불어 1D6을 굴립니다. 이 수치가 원래의 공격 대미지 수치보다 높을 경우, 그 수치만큼 공격 종류에 대응하는 대미지를 입힐 수 있습니다.

집단전의 명중 판정에서 스페셜이 발생하면 일반적인 스페셜의 효과와 더불어「상태이상 표」를 사용하는 대신 공격을 한 플레이어가 선택한 임의의 상태이상 하나를 걸 수 있습니다.

스페셜의 효과가 적용되는 것은 공격의 종류에 대응하는 대미지뿐입니다. 공격의 종류는 각 공격 인법의 효과 맨 처음에 적혀 있습니다.

● 상태이상 표

1	**고장.** 모든 닌자도구를 사용할 수 없게 된다. 이 효과는 누적되지 않는다. 각 사이클을 종료할 때《기기술》로 행동 판정을 해서 성공하면 이 상태이상은 무효가 된다.
2	**마비.** 습득하고 있는 특기 중에서 무작위로 하나를 고른다. 그 특기를 사용할 수 없게 된다. 이 효과는 습득하고 있는 특기의 수만큼 누적된다. 각 사이클을 종료할 때《신체조작》으로 행동 판정을 해서 성공하면 이 상태이상은 모두 무효가 된다.
3	**중상.** 명중 판정, 정보 판정, 감정 판정을 할 때마다 접근전 대미지 1점을 입는다. 이 효과는 누적되지 않는다. 각 사이클을 종료할 때《생존술》로 행동 판정을 해서 성공하면 이 상태이상은 무효가 된다.
4	**행방불명.** 메인 페이즈 동안 자기 이외의 플레이어가 장면 플레이어인 장면에 등장할 수 없게 된다. 이 효과는 누적되지 않는다. 각 사이클을 종료할 때《경제력》으로 행동 판정을 해서 성공하면 이 상태이상은 무효가 된다.
5	**망각.** 획득한【감정】중에서 무작위로 하나를 고른다. 그【감정】을 가지고 있지 않은 것으로 간주한다. 이 효과는 획득한【감정】의 수만큼 누적된다. 각 사이클을 종료할 때《기억술》로 행동 판정을 해서 성공하면 이 상태이상은 모두 무효가 된다.
6	**저주.** 습득하고 있는 인법 중에서 무작위로 하나를 고른다. 그 인법을 사용할 수 없게 된다. 이 효과는 습득하고 있는 인법의 수만큼 누적된다. 각 사이클을 종료할 때《주술》로 행동 판정을 해서 성공하면 이 상태이상은 모두 무효가 된다.

● 전국 상태이상 표

1	**최면.** 이 상태이상에 걸린 이가 전투에 참가했다면, 전투가 시작되는 시점 또는 이 상태이상에 걸린 시점에【생명력】을 1점 감소하지 않으면 그 전투에서 자동적으로 탈락한다. 이 효과는 누적되지 않는다. 사이클을 종료할 때《의지》판정을 해서 성공하면 이 효과는 무효가 된다.
2	**불덩어리.** 이 상태이상에 걸린 이는 펌블치가 1 상승하며, 펌블을 발생시키면 1점의 접근전 대미지를 입는다. 이 효과는 누적된다. 장면을 종료할 때 이 효과는 무효가 된다.
3	**맹독.** 이 상태이상에 걸린 이가 전투에 참가했다면, 라운드를 종료할 때 주사위를 1개 굴린다. 그 눈이 홀수라면【생명력】이 1점 감소한다. 이 효과는 누적된다. 사이클을 종료할 때《독술》판정을 해서 성공하면 이 효과는 무효가 된다.
4	**기아.** 이 상태이상에 걸린 이가 전투에 참가했다면, 라운드를 종료할 때 주사위를 1개 굴린다. 그 눈이 짝수라면【생명력】이 1점 감소한다. 이 효과는 누적된다. 사이클을 종료할 때《병량술》판정을 해서 성공하면 이 효과는 무효가 된다.
5	**잔류물.** 이 상태이상에 걸린 이는 회복 판정이나 인법, 닌자도구의 효과로【생명력】을 회복할 수 없게 된다(상태이상은 회복할 수 있다). 이 효과는 누적되지 않는다. 사이클을 종료할 때《고문술》판정을 해서 성공하면 이 효과는 무효가 된다.
6	**야망.** 이 상태이상에 걸린 이는 명중 판정에 +1, 그 이외의 모든 행동 판정에 -1의 수정치를 적용한다. 이 효과는 누적되지 않는다. 사이클을 종료할 때《빙의술》판정을 해서 성공하면 이 효과는 무효가 된다.

예를 들어【사역술】의 명중 판정에서 스페셜이 발생한 경우,【사역술】은 집단전이므로 사격전 대미지는 상승하지 않습니다. 또,【항마】를 가진 캐릭터가 요마 인법의 소유자에게【접근전 공격】을 했는데 판정에서 스페셜이 발생했다면【접근전 공격】의 대미지만이 변경되고, 거기에 더해【항마】의 사격전 대미지를 입힐 수 있습니다.

9·06
특수한 회피 판정

회피 판정을 하는 플레이어는「특수한 회피 판정」을 할 수 있습니다.「특수한 회피 판정」을 하기로 했다면 공격 인법의 지정 특기와 관계없이《도주술》로 회피 판정을 할 수 있습니다. 이 판정에 성공하면 공격을 무효로 할 수 있으나, 전투에서 탈락합니다.

9·07
생명력의 감소와 회복

【생명력】을 잃으면 캐릭터에게 다양한 제한이 걸립니다.

우선【생명력】을 잃은 특기 분야의 특기는 그【생명력】을 회복할 때까지 **사용할 수 없게 됩니다**.

또, 【생명력】을 모두 잃은 캐릭터는 행동불능이 됩니다. 【생명력】은 0점 미만이 되지 않습니다.

잃은 【생명력】은 회복 판정이나 닌자도구 「병량환」, 각종 인법이나 오의 【불사신】 등으로 회복할 수 있습니다. 회복한 【생명력】 슬롯에 그린 ×표시를 지우세요. 어느 슬롯의 【생명력】을 회복할지는 회복 효과를 사용한 본인이 뜻대로 선택할 수 있습니다.

단, 그 캐릭터가 가지고 있는 【생명력】 슬롯 수보다 더 많은 【생명력】이 회복하는 일은 없습니다.

9·07·01
행동불능

【생명력】이 0점인 캐릭터는 아무런 행동도 할 수 없습니다. 캐릭터의 이런 상태를 행동불능이라고 부릅니다. 【생명력】이 1점 이상이 되면 행동불능은 해제됩니다.

메인 페이즈의 경우, 각 장면을 개시하는 시점에서 행동불능인 캐릭터는 자동으로 【생명력】을 1점 회복할 수 있습니다.

9·08
파랑

전투 동안 「공격 처리」나 「라운드 종료」 때 펌블이 발생했다면 펌블 표를 사용하지 않습니다. 그러나 그 캐릭터는 그 후 모든 행동 판정에 자동으로 실패하게 되며, 달성치는 0으로 간주합니다. 이것을 파랑이라고 부르는데, 그 캐릭터가 고속이동이나 인법 사용의 부담을 견뎌내지 못하게 된 상태를 나타냅니다.

파랑을 일으킨 캐릭터는 자기 게임 말을 그 플롯치에 대응하는 펌블 에어리어로 이동시킵니다.

파랑 중에도 행동 판정을 동반하지 않는 행동(오의 사용 등)은 문제없이 할 수 있습니다. 또, 오의 【완전 성공】을 사용하면 **파랑 중에도 행동 판정에 성공**할 수 있습니다.

새 라운드가 시작되면 파랑은 해제됩니다.

9·09
동시 공격

만약 플롯치가 같은 캐릭터가 있다면 동시에 「공격 처리」를 합니다. 이것을 **동시 공격**이라고 부릅니다. 편의상 게임 마스터의 왼쪽 자리에 앉은 플레이어부터 **시계 방향**으로 순서를 정해 처리하지만, 게임 내에서는 어디까지나 동시에 공격을 처리한 것으로 간주합니다.

동시 공격이 발생했다면 그 플롯치의 캐릭터 전원이 「공격 처리」를 마친 후에 **대미지, 파랑, 상태이상, 【생명력】 감소(소비는 제외)를 적용**합니다. 또, 대미지나 공격 성공에 동반되는 특수 효과도 마찬가지로 처리합니다.

예를 들어 플롯치가 같은 캐릭터 A와 B가 있다고 합시다. 편의상 A가 먼저 【독수】를 사용해서 공격을 합니다. B가 거기에 대해 회피 판정을 시도했다가 펌블이 발생했습니다. 규칙상 B는 접근전 대미지 1점과 「마비」 상태이상을 받고 파랑을 일으킵니다. 하지만 동시 공격의 경우, 이러한 효과는 B가 공격 처리를 마칠 때까지 적용되지 않습니다.

만약 이러한 상황이 발생했을 때, A와 B가 서로를 공격해서 양쪽 모두 상대에게 대미지를 입혀 【생명력】을 소실시켰다면 클라이맥스 페이즈의 전투가 아닌 바에야 무승부가 되어 양쪽 모두 탈락합니다.

9·10
라운드 종료

전투에 참가한 플레이어 모두가 공격 처리를 했다면 **라운드를 종료**합니다. 플레이어가 바란다면 라운드를 종료하는 시점에서 자진해서 탈락하여 패배할 수 있습니다.

라운드 종료 시점에서 아래의 두 가지 조건 중 어느 하나가 충족되었다면 전투를 종료합니다.

• 전투에 참가한 캐릭터가 1명 이하가 되었다
• 전투에 참가한 캐릭터의 수만큼 라운드가 경과했다

위의 조건을 하나도 충족하지 않았다면 전투를 속행합니다. 다음 라운드로 넘어가고, 다시 「플롯」부터 처리를 진행합니다.

전투를 종료할 때 그 전투에 참가한 캐릭터가 한 명만 남아 있다면 그 캐릭터는 **승자**가 됩니다. 탈락한 캐릭터는 패자가 됩니다.

만약 전원 탈락했거나, 전투를 종료할 때 두 명 이상의 캐릭터가 전투에 참가하고 있었다면 그 전투에는 승자가 없습니다.

사용할 수 없게 됩니다

지정 특기를 사용할 수 없게 되어 오의는 사용할 수 있습니다.

파랑 중에도 행동 판정에 성공

오의 외에도 「파랑 중에도 사용할 수 있다」라고 적혀 있는 인법이라면 파랑 중에 행동 판정을 할 수 있습니다. 또, 판정이 「자동으로 성공한다」라고 적혀 있는 인법의 효과도 파랑보다 우선됩니다.

동시 공격

동시 공격이 반드시 공격을 처리할 때만 발생하는 것은 아닙니다. 공격 대신 서포트 인법을 사용했을 때도 마찬가지로 처리합니다.

시계 방향

이때, 전투의 결과에 자리 배치가 매우 중요한 의미를 가지는 경우가 있습니다. 따라서 엄격하게 전투를 처리하고 싶을 때 온라인으로 세션을 하는 경우에는 동시 공격의 처리 순서를 추가 규칙 「5·02·01 장면 플레이어를 맡는 순서」로 결정할 것을 권장합니다. 또, 트럼프 카드가 없다면 동시 공격이 발생할 때마다 당사자에 해당하는 각 플레이어가 D66을 굴려 더 높은 수치가 나온 플레이어부터 순서대로 처리하는 것도 방법입니다.

대미지, 파랑, 상태이상, 【생명력】 감소를 적용

【생명력】의 소비, 스페셜에 의한 【생명력】 회복, 공격 성공에 동반되지 않는 판정의 수정치 등은 전원의 「공격 처리」가 끝날 때까지 기다리지 않고, 각 효과가 발생했을 때 적용하세요.

라운드를 종료

라운드를 종료할 때 사용할 수 있는 인법 등은 이 타이밍에 처리합니다. 이때, 여러 개의 효과가 발생했다면 효과의 경합 규칙으로 처리하세요. 캐릭터가 사용하는 효과를 엄격하게 처리하고자 한다면, 그 사용 선언을 플롯의 순서대로 처리하세요. 또, 라운드를 종료할 때 판정을 한다면 펌블치는 각 캐릭터의 플롯치와 같습니다.

승자

메인 페이즈의 전투에서 승자는 한 번에 한 명이거나, 혹은 아예 없거나 둘 중 하나입니다.

이치의 서

닌자도구에 대하여

전투 장면 동안에는 프라이즈나 닌자도구, 요마무기 등을 캐릭터끼리 주고받을 수 없습니다. 단, 닌자도구만큼은 혈맹 인법【반주】를 사용하면 전투 장면에서도 주고받을 수 있습니다.

【정보】를 획득

그 캐릭터가 원래 가지고 있는 【거처】나 【정보】를 획득할 수도 있고, 그 캐릭터가 모종의 방법으로 획득한 다른 누군가의 【거처】나 【정보】를 획득할 수도 있습니다.

프라이즈

시나리오를 좀 더 복잡하게 만들고 싶은 경우, 게임 마스터는 프라이즈의 소유자가 판명되어야만 전과로 프라이즈를 선택할 수 있다고 할 수 있습니다. 이 경우, 프라이즈의 소유자를 조사하는 방법을 시나리오에 설정할 필요가 있을 테지요(가장 간단한 방법은 프라이즈 소유자의【비밀】에 그러한 정보를 기재해두는 것입니다).

지정된 타이밍

다른 일에 집중하다 보면 인법별로 지정된 타이밍을 놓치는 바람에 인법을 제때 쓰지 못할 때가 있습니다. 이때, 이미 지나간 시점으로 되돌아가 인법을 사용하는 것은 권장하지 않습니다. 인법 사용자는 되도록 인법의 타이밍을 확인해둡시다.

연출 수정

연출 수정은 행동 판정의 주사위를 굴리기 전에만 할 수 있습니다. 이미 주사위를 굴린 판정에는 연출 수정을 가할 수 없습니다.

9·11
전과

전투를 마치면, 승자는 패자 중에서 한 명을 골라 아래의 전과 중 원하는 것을 하나 얻을 수 있습니다.

● 정보

그 캐릭터가 가지고 있는 【거처】, 【비밀】 중 아무거나 한 가지 【정보】를 획득할 수 있습니다.

● 감정

임의의 【감정】을 하나 선택합니다. 자신에 대한 그 【감정】을 패자가 습득하게 하거나, 패자에 대한 그 【감정】을 자신이 습득하거나 둘 중 하나를 선택할 수 있습니다. 자신 또는 패자가 상대에 대해 이미 모종의 【감정】을 가지고 있는 경우, 그것을 그 【감정】으로 변경하세요.

● 프라이즈

그 캐릭터가 **프라이즈**를 가지고 있다면 그것을 빼앗을 수 있습니다.

9·12
전투 장면 중의 인법 사용

전투에 참가한 플레이어는 자신의 차례가 되면 공격 인법을 하나 사용할 수 있습니다. 또, 자신의 차례와 관계없이 서포트 인법을 각 인법에 **지정된 타이밍**에 사용할 수 있습니다. 단, 같은 이름의 공격 인법이나 서포트 인법은 라운드마다 한 번만 사용할 수 있습니다.

인법 중에는 간격이 설정되어 있는 것이 있습니다. 이것은 그 인법의 목표로 선택할 수 있는 캐릭터에 제한이 있다는 것을 나타냅니다. 선택한 목표의 플롯치와 자신의 플롯치 차이가 그 인법에 설정된 간격 이내라면 그 목표에게 인법의 효과를 사용할 수 있습니다.

인법 중에는 코스트가 설정되어 있는 것이 있습니다. 그 라운드에 사용할 수 있는 인법은 코스트가 그 라운드에 플롯한 자신의 플롯치 이하인 것뿐입니다. 만약 한 라운드 동안 여러 개의 인법을 사용한다면, 코스트 합계가 그 라운드에 플롯한 자신의 플롯치 이하(플롯치가 변했다면 새로운 플롯치 이하)가 되도록 해야 합니다. 단, 플롯 시만큼은 예외입니다.

9·12·01
플롯 시의 인법

전투에서 플롯 시에 서포트 인법을 사용했다면 결과적으로 그 코스트의 합계가 그 라운드에 플롯한 자신의 플롯치보다 커져도 무방합니다. 단, 7 이상이 될 수는 없으며, 그 라운드에는 그 이상 코스트가 있는 인법을 사용할 수 없습니다.

또, 플롯 시에 펌블이 발생해도 파랑은 발생하지 않습니다. 그 대신 펌블 표를 사용합니다.

9·13
전투 도중 참가

전투 도중에 그 전투에 참가할 경우, 아래와 같이 처리합니다. 「플롯」 처리 중에 플롯치를 공개하기 전까지 전투 난입을 선언하세요. 다른 플레이어와 마찬가지로 플롯치를 정하고, 정상적으로 전투에 참가할 수 있습니다. 【방황】 등의 인법을 사용하면 플롯 이후에도 전투에 도중부터 참가할 수 있습니다. 단, 그 라운드의 플롯치는 자동으로 1이 되며, 공격 인법은 사용할 수 없습니다.

또, 갖가지 판정이나 인법, 오의의 효과 등을 처리하는 도중에 등장할 수는 없습니다. 한창 모종의 처리를 하고 있는데 전투 도중 참가를 선언했다면, 현재 진행하는 처리를 모두 마친 후에 등장합니다.

9·14
연출 수정

전투에 참가하지 않은 플레이어(탈락한 이는 제외)는 각자 라운드당 한 번씩 전투의 상황을 조작할 수 있습니다. 이것을 **연출 수정**이라고 부릅니다.

연출 수정은 전투에 참가한 캐릭터가 행동 판정을 할 때, 그 판정에 +1 또는 -1의 수정치를 적용할 수 있는 규칙입니다. 연출 수정을 하는 플레이어는 왜 그런 수정치가 적용되는지를 설명하는 장면을 연출하세요.

10 오의 사용

여기에서는 생사를 가르는 순간에만 공개하는 궁극의 기술, 아군에게도 간단히는 알려주지 않는 오의의 사용에 관한 규칙을 설명한다.

10·00
오의 사용

플레이어는 효과에 지정된 타이밍이라면 언제든지 **오의를 사용**할 수 있습니다. 오의 한 종류마다 드라마 장면이라면 사이클당 1회, 전투 장면이라면 **라운드당 1회** 사용할 수 있습니다.

아직 누구에게도 자신의 「오의 내역」이 알려지지 않은 플레이어가 오의를 사용한다면, 오의의 이름과 효과를 선언하기만 해도 자동으로 효과를 발휘합니다.

그리고 오의의 효과를 발동한 후, 그 장면에 등장한 캐릭터는 오의 사용자의 「오의 내역」을 볼 수 있습니다. 인물 칸에서 해당 캐릭터의 **【오의】 칸을 체크**하세요.

「오의 내역」은 【정보】로 간주합니다. 즉, 자신에 대해 【감정】을 가진 캐릭터와는 정보 공유가 발생합니다. 단, 드라마 장면의 정보 판정에 성공해도 【정보】로서 「오의 내역」을 획득할 수는 없습니다.

10·01
오의 파훼 판정

이미 「오의 내역」이 누군가에게 알려진 오의를 사용했다면, 오의의 이름과 효과를 선언한 후에 오의 파훼 판정이 발생할 가능성이 있습니다.

오의 파훼 판정이란 문자 그대로 오의를 무효로 하기 위한 판정입니다. 오의 파훼 판정을 시도하려면 자신의 캐릭터가 오의 사용자와 **같은 장면**에 등장하고 있어야 합니다. 또, 사용된 오의의 「오의 내역」을 모르는 이는 오의 파훼 판정을 할 수 없습니다.

오의 파훼 판정을 할 때는 그 오의의 지정 특기로 행동 판정을 합니다. 그 판정이 성공하면 오의는 효과를 발휘하지 않습니다(오의를 사용한 횟수는 1회 늘어납니다).

10·02
오의와 오의 파훼 연출

일반적으로 PC가 어떤 【오의】를 가지고 있는지는 실제로 사용할 때까지는 알 수 없습니다. 또, 일반적으로 【오의】를 처음으로 사용할 때는 오의 파훼 판정을 할 수 없으므로, 【오의】는 확실하게 효과를 발휘합니다.

【오의】를 사용하는 플레이어는 미리 정해 둔 오의명을 선언하는 것에 그치지 말고, 부디 그것이 어떤 기술인지를 연출해봅시다. 똑같이 적 캐릭터에게 【크리티컬 히트】를 사용하더라도 「눈에 보이지 않을 정도의 속도로 칼을 휘두르는 것」과 「하늘에서 벼락이 떨어지는 것」에는 큰 차이가 있습니다.

오의가 파훼되었을 때도 앞서 연출한 내용을 바탕으로 「칼날의 궤도에서 몸을 젖혀 급소를 피한다」, 「자신과 통나무를 바꿔치기해서 대신 벼락에 맞게 한다」와 같은 연출을 할 수 있다면 세션이 더욱 즐거울 것입니다.

오의

오의!
선풍
화살진

그 기술은 이미
알고 있습니다

오의 파훼
판정을 할 수 있다

으악!
난 그게 몰라!

오의 파훼 판정을
할 수 없다

오의를 사용
오의에는 지정 특기가 설정되어 있습니다. 해당하는 특기를 사용할 수 없게 되어도 오의의 사용에는 아무 문제가 없습니다. 또, 오의 중에는 【크리티컬 히트】나 【범위 공격】처럼 일부 공격 처리와 흡사한 것이 있지만, 이것들은 공격이 아닙니다.

라운드당 1회
이 횟수 제한은 「오의 한 가지마다」 적용합니다. 같은 효과를 가진 오의라도 이름이나 지정 특기가 다르면 별개의 오의입니다. 【크리티컬 히트】나 【범위 공격】은 공격 대신 사용하므로, 둘 모두를 가지고 있어도 한 라운드에 양쪽 모두를 사용하기는 어려울 것입니다. 하지만 그 외의 오의라면 한 라운드에 같은 효과의 오의를 두 번 사용하는 것도 가능합니다.

【오의】 칸을 체크
만약 오의 사용자가 오의를 둘 이상 습득했다면, 사용한 오의에 해당하는 【정보】만 받을 수 있습니다.

같은 장면
같은 장면에 등장하지 않았더라도 【오의】에 관한 【정보】를 획득하거나 오의 파훼 판정을 할 수 있는 경우가 있습니다. 바로 【추가 인법】 오의로 「장면에 등장하지 않았을 때」 사용할 수 있는 인법의 효과를 사용한 경우입니다.

간파 판정
【뒤흔드는 소리】 인법을 보유한 상대로부터 【오의】에 관한 【정보】를 획득하려면 같은 장면에 등장하는 것만으로는 안 되고, 《색적술》 판정을 해서 성공해야 합니다. 이 판정을 간파 판정이라고 부릅니다.

11 클라이맥스 페이즈

여기에서는 PC와 NPC, PC와 PC의 최종적인 대결이 이루어지는 클라이맥스 페이즈에 대해 설명한다.

마스터 장면

GM은 게임의 전개에 맞춰 전투의 무대를 다양하게 준비할 수 있습니다. 「전장 표」 중에서 임의의 전장을 선택해도 무방합니다. 싸움의 무대를 둘로 나눠 어느 쪽의 적과 싸울지를 플레이어가 고르게 할 수도 있겠지요. 얽히고설킨 인연의 매듭을 풀어야만 한다면 일대일 대결을 위한 전장을 만들어보는 것도 재미있을 것입니다. 다양한 가능성을 생각해볼 수 있습니다.

종료 조건의 예

예를 들자면 메인 페이즈와 마찬가지로 전투에 참가한 인원만큼의 라운드가 경과하면 종료된다고 해도 상관없습니다. 또, 그보다 더 길어지거나 짧아져도 상관없습니다. 특정 캐릭터의 탈락을 종료 조건으로 해도 됩니다. 승자가 여러 명 생길 수 있는 종료 조건을 설정해도 무방합니다. 단, 그 경우 어떻게 해야 승자가 되는지 명문화해둘 필요가 있겠지요.

회상 장면

이미 자신의 【정보】가 공개 정보가 되었어도 회상 장면을 열 수 있습니다.

사망

사망은 배경 【침식】이나 의식 인법 【천마복멸의 법】의 효과로 발생할 수도 있습니다. 그런 경우라도 클라이맥스 페이즈에서 사망했다면 특수 효과로 마지막 일격이나 유언을 사용할 수 있습니다.

11·00
클라이맥스 페이즈

클라이맥스 페이즈는 시나리오에 설정된 최후의 전투를 처리하는 페이즈입니다. 클라이맥스 페이즈는 **마스터 장면**으로 간주합니다. 클라이맥스 페이즈가 시작되는 조건은 게임 마스터가 시나리오마다 설정합니다.

클라이맥스 페이즈에는 플레이어 전원이 참가합니다. 클라이맥스 페이즈에서 전투를 하는 경우, 「탈락」, 「종료 조건」, 「회상 장면」, 「사망」을 제외한 나머지 부분은 전투 장면과 마찬가지로 처리합니다.

11·01
클라이맥스에서의 탈락

클라이맥스 페이즈에서는 【생명력】을 1점 잃은 것만으로는 탈락하지 않습니다. 모든 【생명력】을 잃은 이가 탈락합니다. 또, 게임 마스터가 허가하지 않는 한 라운드를 종료할 때 자발적으로 탈락하거나, 「특수한 회피 판정」을 할 수 없습니다.

11·02
종료 조건

클라이맥스 페이즈에서는 전투의 **종료 조건**을 게임 마스터가 원하는 대로 결정해도 무방합니다.

11·03
회상 장면

각 캐릭터는 클라이맥스 페이즈 동안 각자 1회까지 **회상 장면**을 열 수 있습니다. 회상 장면을 열면 다음 두 가지 중 한 가지를 사용할 수 있습니다.

● 달성치 상승

자신이 행동 판정을 하기 전에 【비밀】을 공개하고, 거기에 관련된 회상 장면을 연출합니다. 그리고 회상 장면의 연출이 끝나면 행동 판정에 +3의 수정치를 적용할 수 있습니다.

● 대미지 상승

자신의 공격을 위한 명중 판정이 성공하고, 상대가 회피 판정에 실패했을 때, 자신의 【비밀】을 공개하고 거기에 관련된 회상 장면을 연출합니다. 회상 장면의 연출이 끝나면 원래의 공격 효과와 더불어 접근전 대미지를 1점 더 입힐 수 있습니다.

11·04
사망

클라이맥스 페이즈에서는 모든 【생명력】을 잃으면 탈락합니다. 하지만 여기에서 플레이어는 탈락한 자신의 캐릭터를 「**사망**」하게 할 수 있습니다. 「사망」을 선택하면 그 타이밍에 아래의 행위 중 아무거나 한 종류를 플레이어마다 딱 한 번씩 할 수 있습니다. 단, 그 캐릭터는 소실되어 이후 두 번 다시 사용할 수 없게 됩니다.

● 마지막 일격

공격 인법을 1회, 그리고 서포트 인법을 원하는 조합으로 1회씩 사용할 수 있습니다. 인법의 코스트는 0으로 간주합니다. 그리고 특기는 모두 사용할 수 있는 것으로 간주합니다. 이때, 모든 상태이상을 회복하며, 파랑은 해제된 것으로 간주합니다. 또, 이때에 한해 그 라운드에 이미 사용한 서포트 인법을 한 번 더 사용할 수 있습니다.

● 유언

자신이 가지고 있는 【정보】를 임의의 캐릭터 1명에게 원하는 만큼 전할 수 있습니다.

11·04·01
NPC의 사망

인법이나 오의의 효과로 게임 마스터가 조종하는 NPC의 【생명력】을 모두 소실시킨 플레이어는 그 NPC를 사망케 할 수 있습니다. 이때, NPC는 「마지막 일격」이나 「유언」을 사용할 수 없습니다.

12 세션 종료와 성장

이 항목에서는 세션을 종료할 때 처리할 것들, 그리고 그 후에 이루어지는 캐릭터의 성장에 대해 설명합니다.

12·00
세션 종료

클라이맥스 페이즈가 끝나면 각 캐릭터의 **에필로그**를 진행하고 게임을 마칩니다. 에필로그는 게임 마스터가 세션의 결과를 반영해서 원하는 대로 진행하세요.

12·01
공적점 획득

에필로그를 마치면 각 캐릭터는 공적점을 획득합니다. 각 캐릭터의 플레이를 돌이켜보고, 그 내용과 **「공적점을 받을 수 있는 조건」**을 비교합니다. 조건을 충족하면 지정된 공적점을 획득할 수 있습니다.

조건 중에는 내용이 추상적이고 사람마다 해석이 다를 수 있는 것도 있습니다. 그런 경우에는 플레이어끼리 의논해서 조건을 충족했는지 아닌지를 판단하세요. 성공 여부에 대해 각자 다른 판단을 내렸을 때는 게임 마스터가 결정을 내립니다.

● 공적점을 받을 수 있는 조건	
법식 달성: 그 세션 동안 각 유파에 설정된 법식과 관련된 행동을 성공시켰다. 혹은 그 세션 동안 한 번이라도 각 유파에 설정된 숙적을 상대로 승리했거나, 숙적의 【사명】을 방해하는 데 성공했다.	1점
세션 마지막까지 참가했다: 클라이맥스 페이즈에 참가했고, 클라이맥스 페이즈의 전투 장면에서 탈락하지 않았다.	1점
롤플레이: 플레이어가 그 캐릭터에게 설정된 감정이나 신념을 잘 연기했다.	1점
프라이즈 획득: 세션 중에 프라이즈를 획득했다. 처음부터 가지고 있던 경우는 여기에 포함되지 않는다.	1점
심금을 울렸다: 각 플레이어는 그 세션에서 가장 마음에 와닿은 캐릭터를 한 명 선택해서 그 캐릭터에게 공적점을 1점 줄 수 있다. 단, 자기 자신을 선택할 수는 없다. 아무도 선택하지 않는 것은 가능하다.	1점
사명 달성: 그 세션에서 전달받은 【사명】(【진정한 사명】이 있다면 그쪽)을 성공시켰다.	3점

12·01·01
인무 실패 표

게임 마스터는 【사명】이나 【진정한 사명】을 결정할 때, 그 달성 여부가 **인무(忍務)**에 매우 중요한 의미를 가진다고 생각된다면 해당하는 【사명】이나 【진정한 사명】의 내용 뒤에 「이것을 달성하지 못하면 『인무 실패 표』를 사용한다」라는 문장을 추가할 수 있습니다. 이 문장이 적혀 있는 【사명】이나 【진정한 사명】을 달성하지 못한 캐릭터는 세션을 종료할 때, 공적점 획득을 한 후에 1D6을 굴리고 「인무 실패 표」를 참조해서 주사위 눈에 대응하는 항목의 「단점」 중 하나를 강제로 획득합니다. 이때, 그 「단점」에 설정된 공적점은 일반적으로 습득했을 때와 마찬가지로 습득할 수 있습니다. 또, 「인무 실패 표」로 획득한 「단점」은 습득 수 제한에 포함되지 않습니다. 그와 별개로 리스펙 타이밍에서 한 종류의 「단점」을 습득할 수 있습니다. 단, 「인무 실패 표」에 적혀 있는 「단점」이 양쪽 모두 이미 습득한 것이었다면, 공적점이 1D6점 감소합니다. 그 결과 공적점이 마이너스 수치가 되었다면 그 캐릭터는 사망합니다.

● 인무 실패표	
1	유명(p125) / 이단(p125)
2	망신(p126) / 무인(p125)
3	탈주닌자(p125) / 변덕(p125)
4	일그러진 연정(p125) / 체념(p125)
5	차가운 마음(p126) / 순수한 마음(p125)
6	정치적 대립(p126) / 묵은 원한(p126)

12·02
리스펙

세션을 종료하면 잃은 【생명력】을 모두 회복하고, 【감정】과 【정보】는 모두 잃으며, 특례 습득한 인법은 미습득 상태가 됩니다. 그리고 가지고 있는 프라이즈와 닌자도구는 모두 없어집니다. 단, 다음 세션을 개시하기 전까지 임의의 닌자도구를 합계 2개 획득할 수 있습니다.

또, 캐릭터는 세션과 세션 사이에 자신의 계급에 따른 제한 범위 내에서 특기나 인법, 오의를 다른 임의의 것으로 변경할 수 있습니다.

에필로그
에필로그에서는 자신의 【비밀】을 공개해도 무방합니다.

공적점을 받을 수 있는 조건
GM이 바란다면 「심금을 울렸다」 항목에서 누군가 1명에게 공적점을 1점 줄 수 있습니다.

인무(忍務)
닌자에게 주어진 임무.

이치의 서

리스펙

　리스펙으로 변경할 수 있는 것은 본문에도 언급된 바와 같이 특기나 인법, 오의와 관련된 항목입니다. 하지만 GM은 세션의 전개를 고려해서 유파의 변경을 허가할 수도 있습니다. 예를 들어 세션 마지막에 자신의 유파를 이탈한 캐릭터라면 하구레모노가 될 수도 있습니다. 부상을 당해 개조 수술을 받은 하스바인군의 캐릭터는 츠바노미구미에 들어갈 가능성이 있습니다.

　그리고 이 타이밍에 배경을 습득하거나 미습득 상태로 되돌릴 수 있습니다. 장점이든 단점이든 **리스펙** 1회당 1개씩 습득할 수 있습니다.

　이때, 플레이어가 바란다면 자신이 습득한 장점을 원하는 만큼 미습득 상태로 만들 수 있습니다. 그리고 그 장점을 습득하기 위해 소비한 만큼의 공적점을 획득할 수 있습니다. 단점을 미습득 상태로 만들려면 게임 마스터의 허가가 필요합니다. 그 세션에서 단점을 극복하는 전개가 발생했으며, 게임 마스터가 그것을 인정했을 때에 한해서 단점을 미습득 상태로 만들 수 있습니다(습득할 때 획득한 공적점을 소비할 필요는 없습니다).

12·03
공적점 사용

　리스펙 타이밍에서 공적점을 사용할 수 있습니다. 사용한 공적점은 소비되며, 회복하지 않습니다.

　공적점에는 다음과 같은 사용법이 있습니다.

12·03·01
계급 상승

필요 공적점: 10/20/50/100

　자신의 계급을 현재 계급보다 한 단계 위의 계급으로 올릴 수 있습니다. 「1·06·01 캐릭터의 계급」의 「계급 표」(p26)를 보시기 바랍니다. 당신이 중급닌자라면 10점의 공적점을 소비해서 중급닌자 지휘관이 될 수 있습니다. 당신이 중급닌자 지휘관이라면 20점의 공적점을 소비해서 상급닌자가 될 수 있습니다. 마찬가지로 50점으로 상급닌자 지휘관이, 100점으로 두령이 될 수 있습니다.

　「계급 상승」은 세션과 세션 사이에 한 번씩만 할 수 있습니다. 「계급 상승」은 영속적으로 효과를 발휘합니다. 계급이 상승하면 특기, 인법, 오의의 수가 변화합니다.

12·04
망자의 상념

　『시노비가미』에서는 플레이어 자신의 의사, 혹은 시나리오 등의 결과에 따라 캐릭터가 사망할 때가 있습니다. 자신의 PC가 사망한 플레이어는 「공적점 획득」을 할 때 「심금을 울렸다」 항목에서 선택받아도 아무런 의미가 없을까요? 사망한 캐릭터의 공적점은 의미를 잃을까요?

　망자의 상념은 추가 규칙입니다. 이 규칙을 사용하면 사망한 캐릭터가 획득한 공적점을 다른 캐릭터가 사용할 수 있게 됩니다.

12·04·01
망자의 공적점

　사망한 캐릭터가 가지고 있는 공적점은 「망자의 공적점」이라고 부릅니다. 세션 동안 캐릭터가 사망하면 가지고 있는 공적점은 그 시점에서 절반이 되며(소수점 이하 올림), 망자의 공적점이 됩니다. 그리고 「공적점 획득」 타이밍에 일반적인 캐릭터와 같은 규칙에 따라 얻은 공적점을 망자의 공적점에 더합니다. 그 후에는 사망한 캐릭터가 가진 망자의 공적점이 늘어나지 않습니다.

12·04·02
망자의 공적점 사용

　캐릭터를 제작할 때나 리스펙 타이밍에 사망한 캐릭터의 캐릭터 시트가 있다면, 다른 캐릭터를 위해 사용할 수 있습니다. 망자의 공적점을 사용할 때는 일반적인 캐릭터의 경우와 마찬가지로 사망한 캐릭터의 캐릭터 시트에 있는 공적점 칸에서 사용한 만큼을 소비합니다. 소비한 공적점은 다른 캐릭터를 위해 사용됩니다. 계급 상승, 닌자도구 및 장점의 획득 등을 처리하세요. 그 후, 그 처리를 적용한 캐릭터의 배경 칸에 「망자의 상념」이라고 적어 넣고, 그 뒤에 「망자의 이름」과 「사용한 망자의 공적점」을 함께 적어 넣습니다.

　캐릭터를 제작할 때나 리스펙을 1회 처리하는 타이밍에 사용할 수 있는 공적점은 캐릭터 1명 분량뿐입니다. 특정 캐릭터를 성장시키기 위해 망자의 공적점을 소비했다면, 그 캐릭터가 원래 가지고 있던 공적점은 사용할 수 없습니다. 한 명의 캐릭터를 위해 망자의 공적점 두 명 분량을 사용하는 것도 불가능합니다.

　또, 망자의 공적점을 누군가 다른 캐릭터를 위해 사용할 경우, 그 캐릭터와 죽은 캐릭터 사이에 어떠한 관계가 있어야 합니다. 플레이어는 「죽은 캐릭터와 이 캐릭터는 형제였다」, 「죽은 캐릭터의 세포에서 배양한 클론 닌자였다」 등등 죽은 캐릭터와 관련된 설정을 마음대로 추가해주세요.

13 정보 취급

이 항목에서는 『시노비가미』 세션에서 중요한 역할을 하는 요소, 정보를 다루는 규칙을 상세하게 설명한다.

13·00
정보 취급

『시노비가미』에서는 정보의 관리가 게임상에서 매우 중요한 의미를 가집니다. 그중에서도 공개 정보와 **비공개 정보**를 구별하는 것이 중요합니다. 여기에서는 그러한 정보의 종류를 해설합니다.

13·01
비공개 정보

비공개 정보란 특정한 절차를 밟지 않으면 알 수 없는 정보입니다. 『시노비가미』의 플레이어에게는 아래와 같은 정보가 비공개 정보에 해당합니다.

① 자기 PC 이외의 캐릭터가 습득한 오의
② 자기 PC 이외의 캐릭터가 소지하고 있는 닌자도구 및 특수 닌자도구
③ 자기 PC 이외의 캐릭터가 가지고 있는 【비밀】
④ 자기 PC 이외의 캐릭터가 가지고 있는 【거처】
⑤ 시나리오마다 존재하는 독자적인 전개

13·01·01
비공개 정보의 취급

①은 오의의 소유자가 그것을 사용하면 알 수 있습니다. 게임 마스터나 각 플레이어는 자신이 조작하는 캐릭터가 그 장면에 등장했을 경우, 이 비공개 정보를 획득할 수 있습니다. 자기 캐릭터 시트의 인물 칸을 보고, 그 오의의 사용자에 해당하는 캐릭터의 【오의】 칸을 체크합니다. 자기 PC의 【오의】 칸에 체크가 되어 있는 오의의 이름, 지정 특기, 효과는 언제든지 다시 확인할 수 있습니다(p158 「22 오의 개발 규칙」을 사용한다면 그 「기믹」도 포함됩니다).

②는 닌자도구의 사용자가 그것을 사용하면 알 수 있습니다. 플레이어가 알아낼 방법은 이것뿐입니다.

①과 ②는 규칙상으로 조사하기 어려운 비공개 정보입니다. GM은 게임을 개시하기 전에 각

PC가 어떤 오의와 닌자도구를 가지고 있는지 확인하고, 부정 행위가 일어나지 않도록 관리하시기 바랍니다.

③은 정보 판정을 하거나, 그 정보를 가지고 있는 캐릭터가 알려주면 획득할 수 있습니다. 【비밀】을 알아낸 플레이어는 자기 캐릭터 시트의 인물 칸을 보고, 그 【비밀】의 주인에 해당하는 캐릭터의 【비밀】 칸을 체크합니다. 플레이어는 클라이맥스 페이즈를 제외하면 스스로 자기 자신의 【비밀】을 공개할 수 없다는 점에 주의하세요.

④는 ③과 같은 방법으로 획득할 수 있습니다. 【거처】를 알아낸 캐릭터는 자기 캐릭터 시트의 인물 칸을 보고, 그 【거처】의 주인에 해당하는 캐릭터의 【거처】 칸을 체크합니다. 체크를 한 정보는 언제든지 확인할 수 있습니다. 【거처】는 그 캐릭터에게 전투를 걸 수 있는지를 나타냅니다. 각 PC가 구체적으로 어디에 있는지는 그 PC의 주인이 그 자리에서 결정합니다.

⑤의 획득 방법은 제각각입니다. 사이클이나 장면이 정해진 수만큼 경과해야 알 수 있는 것, 마스터 장면에서 지정된 판정에 성공해야 알 수 있는 것, 플레이어 자신이 캐릭터가 되어 추리해야 하는 것 등등 다양한 방법을 생각해볼 수 있습니다. 기본적으로는 게임 마스터가 시나리오를 제작할 때 정해둘 것이므로, 각 게임 마스터나 시나리오의 지시에 따릅시다.

비공개 정보에 관한 질문을 받은 경우, 정보의 소유자는 대답을 하지 않거나 「그건 비밀입니다」라고 대답할 것을 권장하는 바입니다. 단, 게임 참가자는 게임을 재미있게 만들기 위해, 혹은 자신에게 유리한 상황을 만들기 위해 비공개 정보에 대한 질문에 거짓말로 답할 권리를 가집니다. 거짓말을 하는 것은 일반적인 사회에서는 「악」으로 통합니다만, 게임 중의 비공개 정보에 관한 거짓말만큼은 참가자 모두 되도록 관용적으로 대처하시기 바랍니다.

비공개 정보

【비밀】은 세션을 개시할 때는 비공개 정보입니다. 따라서 그 내용을 오해한 상태로 세션을 진행하는 경우도 있을 수 있습니다. 그런 상황을 피하기 위해 각 플레이어는 세션 동안 언제든지 세션을 중단하고, 게임 마스터나 그 【비밀】을 아는 다른 플레이어와 상담을 할 권리를 가집니다. 이것을 밀담이라고 부릅니다.

게임 마스터는 플레이어가 밀담을 청할 경우, 세션을 중단하고 그 플레이어와 함께 다른 방으로 이동합니다. 그리고 【비밀】 등의 비공개 정보에 관한 질문을 받고, 대답해 줍니다.

밀담은 플레이어가 다른 플레이어에게 요청할 수도 있고, 게임 마스터가 플레이어에게 요청할 수도 있습니다.

『시노비가미』에 익숙하지 않을 경우, 게임 마스터는 도입 페이즈 시점에서 각 플레이어와 밀담을 하여 비공개 정보의 내용을 이해하고 있는지 확인하거나, 질문을 받아보도록 합시다.

공개 정보

참가자 전원이 아는 【비밀】은 공개 정보가 됩니다. 자기 PC의 【비밀】이 공개 정보가 된 플레이어는 거기에 관해 자유롭게 이야기하거나, 자신의 【비밀】을 보여줄 수 있게 됩니다.

13·01·02
플레이어 지식

게임의 전개에 따라서는 자신이 조종하는 캐릭터가 모르는 정보를 플레이어가 알아버리는 상황이 발생합니다.

예를 들어 누군가가 오의를 사용했을 때, 그 장면에 등장하지 않은 캐릭터가 있었다고 합시다. 그 캐릭터는 그 【오의】를 체크할 수 없습니다. 하지만 그 캐릭터를 담당하는 플레이어는 오의의 이름이나 효과를 알 수 있습니다. 각 플레이어는 이렇게 얻은 정보를 게임에서 활용해도 무방합니다. 단, 그런 정보를 알고 있다고 해서 규칙을 변경할 수는 없다는 점에 주의하세요. 위와 같은 경우, 그 PC가 오의 파훼를 하거나, 그 PC를 조종하는 플레이어가 오의의 소유자를 상대로 오의의 효과 및 지정 특기를 확인하지는 못 합니다.

13·01·03
게임 마스터와 비공개 정보

게임 마스터는 플레이어와 달리 플레이어의 비공개 정보를 언제든지 확인할 수 있습니다. 플레이어는 거기에 협력합니다. 단, 이것은 NPC가 PC의 【오의】나 【비밀】, 【거처】를 내키는 대로 획득할 수 있다는 의미는 아닙니다. 어디까지나 게임 마스터가 시나리오를 원활하게 진행하기 위해, 플레이 어빌리티를 높이기 위해 확인할 수 있다는 것뿐입니다.

또, 게임 마스터는 그렇게 얻은 정보가 다른 플레이어에게 알려지지 않도록 신중하게 관리하시기 바랍니다.

13·02
공개 정보와 그 취급

「비공개 정보」에서 정의한 비공개 정보 이외의 게임 데이터는 **공개 정보**입니다. 또, 게임 마스터와 플레이어 전원의 PC가 알고 있는 비공개 정보는 공개 정보가 됩니다.

공개 정보는 기본적으로 모든 게임 참가자가 알 권리를 가집니다. 누군가가 그 정보에 관한 질문을 할 경우, 정보의 소유자는 솔직하게 대답해야 합니다(물론 게임과 관계없는 질문에 대답할 필요는 없습니다). 따로 설정되지 않은 정보나 모르는 정보에 대해 질문을 받았을 때도 솔직하게 대답하도록 합시다.

예를 들어 플레이어는 다른 플레이어가 담당하는 PC의 인법 데이터나 현재의 【감정】 등에 대해 질문할 수 있습니다. 【학원 7대 불가사의】(p103) 같은 특수한 인법을 습득하지 않았다면, 이러한 질문에 대답해야 합니다.

이것은 기본적으로 게임 마스터도 마찬가지입니다. 특히 에너미를 사용할 경우, 그 데이터에 관한 질문에는 대답해줍시다.

단, 요마의 경우는 아직 알려지지 않은 영역이 많습니다. 이런 NPC를 준비한 경우, 그들의 정보는 「시나리오마다 존재하는 독자적인 전개」로 취급해서 비공개 정보로 설정해도 무방합니다. 원래의 데이터를 개조한 에너미나 직접 제작한 오리지널 에너미 등도 마찬가지입니다. 게임 마스터는 비공개 정보가 설정된 NPC가 각각의 효과를 발생시킨 타이밍에 그 효과에 따라오는 데이터를 그때그때 공개 정보로 전환하도록 합시다.

13·03
게임을 개시할 때의 PC 정보

게임을 개시하는 시점에서 각 PC는 자신의 【거처】, 【비밀】, 【오의】에 관한 정보를 가지고 있습니다. 이러한 정보는 게임상에서 중요한 의미를 가지며, 특별히 【 】로 감싸 【정보】라고 표기합니다.

자신의 【비밀】을 제외한 【정보】는 같은 드라마 장면에 등장한 캐릭터에게 개별적으로 알려줄 수 있습니다.

13·04
확산 정보

이것은 특수한 비공개 정보입니다. 특수한 【비밀】이나 【거처】를 나타냅니다.

확산 정보는 기본적으로 일반적인 【비밀】이나 【거처】와 똑같이 다루지만, 정보 판정 등으로 PC 중 누군가가 그 정보를 획득하면 즉시 공개 정보가 되어 모든 PC가 획득할 수 있습니다.

페르소나(p143~145)나 에니그마의 【전력】(p149~154) 등이 확산 정보입니다. 각각에 대한 자세한 설명은 해당하는 페이지를 참조하시기 바랍니다.

기법의 서

데이터 파트

이 장에는 닌자가 사용하는 갖가지 인법이나 배경이 수록되어 있습니다. 자기 캐릭터의 유파에는 어떤 인법이 준비되어 있는지 살펴봅시다.

「세계에는 아직 우리가 파악하지 못한 인법이 있어. 더군다나 존재를 알고도 원리를 밝혀내지 못한 것, 원리를 알면서도 기술 부족으로 재현할 수 없는 것도 있지. 그것들을 모두 해명했을 때야말로 우리는 모든 유파를 아우르는 통일 유파가 되는 거야.」
—— 하스바 인군, 서고 관리인의 잡담

14 인법

이 항목에서는 캐릭터들이 습득하는 기술, 닌자라면 빼놓을 수 없는 인법의 규칙과 데이터를 소개한다.

장면에 등장하지 않은 목표

인법 중에는 예외적으로 장면에 등장하지 않은 캐릭터를 목표로 선택할 수 있는 것이 있습니다. 「장면에 등장하지 않은 캐릭터 중에서 목표를 선택할 수 있다」라는 취지가 명시되어 있는 인법이나 아래와 같은 효과는 장면에 등장하지 않은 캐릭터를 목표로 선택할 수 있습니다.

감정이나 정보를 조건으로 삼는 인법

【사회전】(p98)처럼 드라마 장면 중에 자신이 【거처】, 【비밀】, 【오의】 등 모종의 【정보】를 획득한 캐릭터 중에서 목표를 선택하는 서포트 인법이 있습니다. 또, 【친밀감】(p99)처럼 드라마 장면 중에 자신이 모종의 【감정】을 획득한 캐릭터, 또는 자신에 대해 모종의 【감정】을 획득한 캐릭터 중에서 목표를 선택하는 서포트 인법이 있습니다. 이런 인법은 조건을 충족하면 그 드라마 장면에 등장하지 않은 캐릭터를 목표로 선택할 수 있습니다.

14·00

인법

인법이란 닌자가 사용할 수 있는 불가사의한 기술입니다. 게임상에서도 특수한 효과를 일으킵니다. 인법에는 아래와 같은 종류가 있습니다.

● 범용 인법

모든 유파, 모든 레귤레이션의 캐릭터가 습득할 수 있는 인법입니다.

● 유파 인법

각각의 6대 유파, 하위 유파, 고류 유파에 설정된 인법입니다. 고류 유파의 유파 인법을 고류 인법이라고 부릅니다. 그 유파에 소속된 캐릭터라면 습득할 수 있습니다. 6대 유파의 하위 유파에 소속된 캐릭터라면 대응하는 6대 유파의 유파 인법을 자신의 유파 인법으로 습득할 수 있습니다.

● 비전 인법

각 6대 유파에 설정된 인법입니다. 6대 유파에 소속된 캐릭터라면 자신이 소속된 유파의 비전 인법을 습득할 수 있습니다. 하위 유파에 소속된 캐릭터는 습득할 수 없습니다. 단, 하위 유파의 수장만큼은 예외적으로 자기 하위 유파가 속한 유파의 비전 인법을 습득할 수 있습니다.

● 혈맹 인법

혈맹에 소속된 캐릭터가 습득할 수 있는 인법입니다.

● 의식 인법

복잡한 절차를 되풀이해서 게임 전체에 영향을 주는 특수한 인법입니다. p155~157에 수록되어 있습니다.

● 요마 인법

「퇴마편」에서만 사용할 수 있는 인법입니다. 요마 및 요마화한 캐릭터만 습득하고 사용

할 수 있습니다. 자세한 설명은 「24·04 요마화」(p167)를 참조하시기 바랍니다.

● 외도 인법

외도 유파에 소속된 캐릭터가 습득할 수 있는 NPC 전용 인법입니다. 에너미만 습득하고 사용할 수 있습니다.

또, 인법 중에는 이러한 습득 제한과 관계없이 레귤레이션이 「퇴마편」일 때만 습득할 수 있는 인법이 있습니다. 주의하시기 바랍니다.

14·01

인법의 타입

인법에는 공격 인법과 서포트 인법, 장비 인법이라는 세 가지 타입이 있습니다.

공격 인법은 전투 시에 자기 차례가 될 때마다 사용할 수 있습니다. 상대에게 갖가지 대미지를 입힐 수 있습니다.

서포트 인법은 공격을 보조하거나, 상대의 상태를 변화시키는 다종다양한 인법입니다. 조합에 따라 갖가지 효과를 발휘합니다.

장비 인법은 습득하면 항상 효과를 발휘하는 인법입니다.

14·01·01

인법의 지정 특기

지정 특기란 그 인법의 효과를 사용하기 위해 필요한 특기입니다. 인법에 지정 특기가 설정되어 있다면 그 특기로 판정을 해서 성공해야 효과가 발휘됩니다.

인법 중에는 지정 특기에 「자유」 또는 「임의의 ●술」이라고 적혀 있거나, 특기 이름이 여럿 적혀 있는 것이 있습니다. 그런 인법을 습득할 때는 주어진 범위에서 특기를 하나 골라 지정 특기 칸에 적어 넣습니다. 또, 「가변」이라고 적혀 있는 인법은 판정을 할 때마다 지정 특기가 변화합니다.

14·02
드라마 장면 중의 인법 사용

드라마 장면 중에는 효과에 **자기 차례**, 또는 드라마 장면에 사용할 수 있다고 적혀 있는 서포트 인법만 사용할 수 있습니다.

서포트 인법을 사용할 때는 지정 특기 판정의 펌블치가 그 인법의 코스트 수치만큼 상승합니다.

드라마 장면에 사용할 수 있는 서포트 인법 중에는 장면 플레이어여야 한다고 지정되어 있는 것이 있습니다. 이런 인법은 장면 플레이어만 사용할 수 있습니다. 하지만 그 외의 서포트 인법은 장면 플레이어가 아니라도 사용할 수 있습니다. 단, 그런 경우라도 따로「당신이 등장하지 않은 드라마 장면에서 사용할 수 있다」와 같은 언급이 없다면, 그 장면에 등장하고 있어야 서포트 인법을 사용할 수 있습니다.

14·03
전투 장면 중의 인법 사용

전투에 참가한 플레이어는 자신의 차례가 되면 공격 인법을 하나 사용할 수 있습니다. 또, 자신의 차례와 관계없이 서포트 인법을 각 인법에 지정된 타이밍에 사용할 수 있습니다. 단, 같은 서포트 인법은 라운드마다 한 번만 사용할 수 있습니다.

인법 중에는 간격이 설정되어 있는 것이 있습니다. 이것은 그 인법의 목표로 선택할 수 있는 캐릭터에 제한이 있다는 것을 나타냅니다. 선택한 목표의 플롯치와 자신의 플롯치 차이가 그 인법에 설정된 간격 이내라면 그 목표에게 인법의 효과를 사용할 수 있습니다.

인법 중에는 코스트가 설정되어 있는 것이 있습니다. 그 라운드에 사용할 수 있는 인법은 코스트가 그 라운드에 플롯한 **자신의 플롯치 이하**인 것뿐입니다. 만약 한 라운드 동안 여러 개의 인법을 사용한다면, 코스트 합계가 그 라운드에 플롯한 자신의 플롯치 이하(플롯치가 변했다면 새로운 플롯치 이하)가 되도록 해야 합니다. 단, 플롯 시만큼은 예외입니다.

14·03·01
플롯 시의 인법

전투에서 플롯 시에 서포트 인법을 사용했다면 결과적으로 그 코스트의 합계가 그 라운드에 플롯한 자신의 플롯치보다 커져도 무방합니다. 단, 7 이상이 될 수는 없으며, 그 라운드에는 그 이상 코스트가 있는 인법을 사용할 수 없습니다.

또, 플롯 시에 펌블이 발생해도 파랑은 발생하지 않습니다. 그 대신 펌블 표를 사용합니다.

드라마 장면 중
드라마 장면의 경우, 이름이 같은 인법은 사이클당 한 번씩만 사용할 수 있습니다.

자기 차례
드라마 장면에서 말하는 자기 차례란 자신이 장면 플레이어일 때의 드라마 장면을 가리킵니다. 따로 언급이 없는 한, 그 드라마 장면 동안이라면 언제든지 사용할 수 있습니다. 전투 중이라면 공격을 하는 타이밍을 가리킵니다. 전투 동안 자신의 차례에 사용할 수 있는 인법은 따로 언급이 없는 한 공격을 하기 전후 어느 쪽이라도 사용할 수 있습니다.

자신의 플롯치 이하
전투 중에 플롯치가 변화하는 경우가 있습니다. 그런 경우, 사용할 수 있는 인법의 코스트 수치가 변화하는 것에 주의하세요. 플롯치가 변화한 후에 인법을 사용할 경우, 코스트 계산은 변화한 플롯치를 기준으로 합니다. 변화한 플롯치가 그때까지 사용한 인법의 코스트 합계를 초과하면 코스트가「없음」이나「0」인 인법만 사용할 수 있습니다.

인법 데이터 읽는 법

① 인법명
인법의 이름입니다. 같은 이름의 인법에는 몇 가지 제한이 존재합니다.

모든 캐릭터는 같은 이름의 인법을 여러 개 습득할 수 없습니다. 단, 이름 뒤에 ※가 붙은 인법은 여러 개 습득할 수 있습니다.

② 타입
인법의 타입입니다. 인법에는 공격 인법, 서포트 인법, 장비 인법의 세 종류가 존재합니다.

③ 간격
전투 중에 그 인법의 목표를 선택할 때 필요한 수치입니다. 간격이 있는 인법을 사용해서 목표를 선택할 때, 벨로시티 시스템상에서 인법 사용자와 목표로 삼고자 하는 캐릭터의 플롯치 차이가 간격 수치 이내라면 해당하는 캐릭터를 그 인법의 목표로 선택할 수 있습니다.

④ 코스트
그 인법을 사용하기 위한 코스트입니다. 코스트 수치가 낮은 인법은 사용하기 쉬운 인법이고, 코스트 수치가 높은 인법은 사용에 리스크가 따르거나 한 번에 잔뜩 사용하지 못하는 인법입니다.

⑤ 지정 특기
그 인법을 사용하기 위해 필요한 특기입니다. 지정 특기가 설정되어 있는 경우, 그 인법을 사용할 때 해당하는 특기로 판정을 해서 성공하면 인법이 효과를 발휘합니다.

⑥ 효과
그 인법의 효과입니다. 서포트 인법은 효과 본문에 언제 사용할 수 있는지도 적혀 있습니다.

⑦ 개요
그 인법의 대략적인 설명입니다.

⑧ 퇴마편 마크
이 마크가 붙어 있는 인법은 레귤레이션이「퇴마편」인 세션에서만 습득할 수 있습니다.

범용 인법

범용 인법은 소속 유파나 레귤레이션과 관계없이 어느 캐릭터라도 습득할 수 있는 인법이다.

공격 인법

접근전 공격※

타입	공격 인법	간격	1	코스트	없음
지정 특기	자유				

접근전. 공격이 성공하면 목표에게 접근전 대미지 1점을 입힐 수 있다.

일반적인 접근전 공격.

위광

타입	공격 인법	간격	1	코스트	1
지정 특기	자유				

접근전. 공격이 성공하면 목표에게 접근전 대미지 1점을 입힐 수 있다. 만약 목표가 닌자이고, 계급이 자신보다 아래였다면 추가로 접근전 대미지 1점을 입힐 수 있다.

자신감으로 자신을 강화하는 인법.

괴조

타입	공격 인법	간격	1	코스트	없음
지정 특기	등반술				

접근전. 공격이 성공하면 목표에게 접근전 대미지 1점을 입힐 수 있다. 만약 자신이 「고지대」 전장에서 싸우고 있다면 추가로 접근전 대미지 1점을 입힐 수 있다.

주위의 건물을 이용해서 도약을 거듭하며 적을 공격한다.

돌파의 권격

타입	공격 인법	간격	1	코스트	없음
지정 특기	격투술				

접근전. 목표가 이 공격을 회피했을 경우, 목표마다 그 횟수를 메모해둔다. 이 공격의 회피 판정에는 그때까지 회피당한 횟수만큼 마이너스 수정치를 적용한다(최대 -3까지). 회피당한 횟수는 전투를 마치면 0으로 돌아간다. 공격이 성공하면 목표에게 접근전 대미지 1점을 입힐 수 있다.

언뜻 보기에는 무작정 내지르는 주먹처럼 보이지만, 착실하게 상대의 방어력을 깎아내리는 권격.

교차

타입	공격 인법	간격	0	코스트	1
지정 특기	도검술				

접근전. 공격이 성공하면 목표에게 접근전 대미지 2점을 입힐 수 있다.

스쳐지나가는 한순간을 노려 휘두르는 참격.

베어가르기

타입	공격 인법	간격	1	코스트	없음
지정 특기	도검술				

접근전. 공격이 성공하면 목표에게 접근전 대미지 1점을 입힐 수 있다. 만약 명중 판정 시점에서 목표의 추가 【생명력】 슬롯에 【생명력】이 1점 이상 남아 있다면, 추가로 사격전 대미지 2점을 입힐 수 있다.

상대가 체득한 방어능력을 무효화하는 신묘한 검.

조릿대꿰기

타입	공격 인법	간격	1	코스트	1
지정 특기	도검술				

접근전. 이 공격에 대해 회피 판정을 하는 경우, 회피 판정의 달성치가 이 공격의 명중 판정 달성치 이상이 아니라면 그 회피 판정은 실패한다. 공격이 성공하면 목표에게 접근전 대미지 1점을 입힐 수 있다.

흩날리는 조릿대 잎을 꿰뚫는 소리 없는 일격.

하늘소

타입	공격 인법	간격	0	코스트	4
지정 특기	괴력				

접근전. 공격이 성공하면 목표에게 접근전 대미지 1점을 입히고, 목표가 가지고 있는 닌자도구(특수 닌자도구 포함)를 하나 소실시킬 수 있다(어느 닌자도구를 잃을지는 공격받은 목표가 결정할 수 있다).

힘에 모든 것을 맡긴 공격으로 장비째 적에게 타격을 가한다.

그림자 후리기

타입	공격 인법	간격	1	코스트	없음
지정 특기	잠복술				

접근전. 공격이 성공하면 목표에게 접근전 대미지 1점을 입힐 수 있다. 만약 자신이 「혼잡」 전장에서 싸우고 있다면 추가로 접근전 대미지 1점을 입힐 수 있다.

남의 그림자에 숨으면서 적을 공격한다.

독수

타입	공격 인법	간격	0	코스트	1
지정 특기	독술				

접근전. 공격이 성공하면 목표에게 「마비」 상태이상과 함께 접근전 대미지 1점을 입힐 수 있다.

독이 스며든 손톱의 일격.

모래의 속박

타입	공격 인법	간격	2	코스트	4
지정 특기	야전술				

접근전. 간격 내에서 자신보다 플롯치가 낮은 캐릭터 1명을 목표로 삼을 수 있다. 공격이 성공하면 목표에게 접근전 대미지 1점을 입힐 수 있다. 이 공격의 명중 판정에 성공했다면, 목표는 라운드를 종료할 때 한 번 더 회피 판정을 해야 한다. 거기에 실패하면 목표는 사격전 대미지 1점을 입는다.

모래폭풍으로 빨아들여 상대의 몸에서 수분을 빼앗는다.

깃든 넋의 비상

타입	공격 인법	간격	3	코스트	1
지정 특기	빙의술				

접근전. 이 인법은 자신이 추가 슬롯이 아닌 【생명력】을 1점 이상 잃었을 때만 사용할 수 있다. 공격이 성공하면 목표에게 접근전 대미지 1점을 입힐 수 있다.

잘려나간 자기 몸의 일부를 조종해서 공격한다.

시노비의 안개

인법 중에는 【육망인】처럼 특정 조건을 충족한 캐릭터에 대해 특정한 효과가 발생하는 것이 있습니다. 그런 인법을 사용했을 경우, 목표가 조건을 충족하고 있는지 해당하는 데이터를 참조하세요.

단, 시나리오에 따라서는 특정 조건이 비공개 정보인 경우도 있습니다【비밀】에 그런 설정이 적혀 있거나, 정체 불명의 에너미라서 데이터를 공개하지 않은 경우 등). 설령 목표가 비공개 정보 속에서 해당하는 조건을 충족했더라도, 인법을 사용하는 캐릭터가 그 사실을 모른다면 해당하는 효과는 발생하지 않습니다. 이런 처리를 「시노비의 안개」라고 부릅니다.

하지만 게임 마스터는 세션마다 이 부분의 처리를 변경할 수 있습니다. 그 경우, 게임 마스터는 레귤레이션을 선언할 때 「시노비의 안개」를 사용하지 않는다고 알려주세요. 「시노비의 안개」를 사용하지 않는 경우, 위와 같은 효과를 사용할 때 게임 마스터가 비공개 정보를 참조해서 효과가 발생하는지 판단하시기 바랍니다.

육망인

| 타입 | 공격 인법 | 간격 | 1 | 코스트 | 2 | 퇴 |

지정 특기 가변

접근전. 명중 판정을 할 때, 1D6을 굴려 무작위로 특기 분야를 선택한다. 그 분야에서 임의의 특기를 하나 선택하고, 그것을 지정 특기로 삼아 명중 판정을 한다. 공격이 성공하면 목표에게 접근전 대미지 1점을 입힐 수 있다. 목표가 오니의 혈통 유파 인법이나 요마 인법을 습득하고 있다면 추가로 접근전 대미지 1점을 입힐 수 있다.

육망성을 그리듯이 칼을 휘두르는 요마 틱치 검법.

야차

| 타입 | 공격 인법 | 간격 | 1 | 코스트 | 없음 |

지정 특기 자유

접근전. 공격이 성공하면 목표에게 접근전 대미지 2점을 입힐 수 있다. 이 인법은 중급닌자 지휘관 이상이라면 습득할 수 있다.

중급닌자 지휘관용 상위 접근전 공격.

수라

| 타입 | 공격 인법 | 간격 | 2 | 코스트 | 없음 |

지정 특기 자유

접근전. 간격 내의 캐릭터를 원하는 만큼 선택하고, 선택한 캐릭터 전원을 목표로 삼을 수 있다. 공격이 성공하면 목표에게 접근전 대미지 1점을 입힐 수 있다. 이 인법은 상급닌자 이상이라면 습득할 수 있다.

상급닌자용 광범위 접근전 공격.

제석천

| 타입 | 공격 인법 | 간격 | 1 | 코스트 | 없음 |

지정 특기 자유

접근전. 간격 내의 캐릭터를 2명까지 목표로 삼을 수 있다. 공격이 성공하면 목표에게 접근전, 사격전, 집단전 대미지를 1점씩 입힐 수 있다. 이 인법은 상급닌자 지휘관 이상이라면 습득할 수 있다.

상급닌자 지휘관용 복합 다중공격.

사격전 공격※

| 타입 | 공격 인법 | 간격 | 2 | 코스트 | 없음 |

지정 특기 자유

사격전. 공격이 성공하면 목표에게 사격전 대미지 1점을 입힐 수 있다.

일반적인 사격전 공격.

폭파

| 타입 | 공격 인법 | 간격 | 1 | 코스트 | 1 |

지정 특기 불의 술

사격전. 공격이 성공하면 목표에게 사격전 대미지 2점을 입힐 수 있다.

간격은 좁아도 대미지는 큰 사격전 공격.

핏방울

| 타입 | 공격 인법 | 간격 | 2 | 코스트 | 1 |

지정 특기 물의 술

사격전. 공격이 성공하면 목표에게 사격전 대미지 1점을 입힐 수 있다. 만약 이 인법을 사용해서 간격이 0인 목표를 공격했다면, 이 공격에 대한 회피 판정에 -2의 수정치를 적용한다.

자신의 피를 칼날이나 바늘처럼 날려 상대를 공격한다.

저주돌팔매

| 타입 | 공격 인법 | 간격 | 2 | 코스트 | 2 |

지정 특기 암기

사격전. 공격이 성공하면 사격전 대미지 1점을 입힐 수 있다. 만약 자신의 닌자도구나 특수 닌자도구를 아무거나 1개 소비하면, 추가로 사격전 대미지 1점을 입힐 수 있다.

닌자도구를 사용해서 강력한 공격을 가한다.

카마이타치

| 타입 | 공격 인법 | 간격 | 2 | 코스트 | 1 |

지정 특기 포승술

사격전. 이 공격에 대한 회피 판정에 -1의 수정치를 적용한다. 공격이 성공하면 목표에게 사격전 대미지 1점을 입힐 수 있다.

머리카락이나 실, 채찍 등을 이용해서 눈에 보이지 않는 공격을 한다.

사슬진

| 타입 | 공격 인법 | 간격 | 2 | 코스트 | 2 |

지정 특기 포승술

사격전. 공격이 성공하면 목표에게 사격전 대미지 1점을 입히고, 그 후 전투를 마칠 때까지 목표가 시도하는 회피 판정에 -1의 수정치를 적용한다(최대 -3까지).

사슬 형태의 무기로 상대를 구속하면서 서서히 농락하며 죽인다.

필중

| 타입 | 공격 인법 | 간격 | 2 | 코스트 | 3 |

지정 특기 포술

사격전. 이 공격에 대해 회피 판정을 하는 경우, 회피 판정의 달성치가 이 공격의 명중 판정 달성치 이상이 아니라면 그 회피 판정은 실패한다. 공격이 성공하면 목표에게 사격전 대미지 1점을 입힐 수 있다.

뛰어난 기량이 뒷받침된다면 반드시 명중하는 사격전 공격.

청새치

| 타입 | 공격 인법 | 간격 | 2 | 코스트 | 3 |

지정 특기 수리검술

사격전. 이 공격의 명중 판정은 스페셜치가 11이다. 공격이 성공하면 목표에게 사격전 대미지 1점을 입힐 수 있다.

목표의 눈앞에서 머리 위로 튀어올라 상대의 정수리를 노리는 필살의 수리검술.

기법의 서

탄지

타입	공격 인법	간격	1	코스트	3
지정 특기	손놀림				

사격전. 이 공격에 대한 회피 판정은 펌블치가 1 상승한다. 공격이 성공하면 목표에게 사격전 대미지 1점을 입힐 수 있다.

자갈이나 엽전을 손가락으로 튕겨 고속으로 발사한다. 기습에 안성맞춤.

회전하는 부채

타입	공격 인법	간격	2	코스트	1
지정 특기	사기술				

사격전. 이 공격에 대한 회피 판정을 모술 이외의 분야에 속하는 특기로 하면 그 판정에 -1의 수정치를 적용하며, 펌블치가 1 상승한다. 공격이 성공하면 목표에게 사격전 대미지 1점을 입힐 수 있다.

상대의 심리적인 허점을 찌르는 환혹의 부채 난무.

천 자루 화살

타입	공격 인법	간격	3	코스트	없음
지정 특기	자유				

사격전. 공격이 성공하면 목표에게 사격전 대미지 1점을 입힐 수 있다. 이 인법은 중급닌자 지휘관 이상이라면 습득할 수 있다.

중급닌자 지휘관

중급닌자 지휘관용 장거리 사격전 공격.

만화경

타입	공격 인법	간격	3	코스트	없음
지정 특기	자유				

사격전. 공격이 성공하면 목표에게 사격전 대미지 2점을 입힐 수 있다. 이 인법은 상급닌자 이상이라면 습득할 수 있다.

상급닌자

상급닌자용 고화력 사격전 공격.

집단전 공격※

타입	공격 인법	간격	4	코스트	없음
지정 특기	자유				

집단전. 공격이 성공하면 목표에게 집단전 대미지 1점을 입힐 수 있다.

일반적인 집단전 공격.

몽환 인형극

타입	공격 인법	간격	3	코스트	1
지정 특기	괴뢰술				

집단전. 이 공격에 대한 회피 판정에는 -1의 수정치를 적용한다. 공격이 성공하면 목표에게 집단전 대미지 1점을 입힐 수 있다.

최면에 빠뜨린 일반인을 조종해서 습격하는 집단전.

미채 만다라

타입	공격 인법	간격	2	코스트	1~
지정 특기	용병술				

집단전. 이 공격을 할 때, 이 인법의 코스트를 1부터 사용할 수 있는 최대치까지의 범위 내에서 임의로 설정할 수 있다. 이 공격에 대한 회피 판정에는 이 인법의 코스트만큼 마이너스 수정치를 적용한다. 공격이 성공하면 목표에게 집단전 대미지 1점을 입힐 수 있다.

고안을 거듭할수록 피하기 어려워지는 작전. 그 포진은 무시무시한 시노비 만다라를 이룬다.

추격

타입	공격 인법	간격	2	코스트	4
지정 특기	야전술				

집단전. 공격이 성공하면 목표에게 집단전 대미지 1점을 입히고, 「전장 표」를 사용해서 무작위로 전장을 변화시킬 수 있다.

상대의 도주 방향을 절묘하게 통제하면서 노린 곳으로 몰아넣는 공격.

환영병정

타입	공격 인법	간격	2	코스트	4
지정 특기	환술				

집단전. 공격이 성공하면 목표에게 집단전 대미지 1점, 접근전 대미지 1점을 입힐 수 있다.

환영 병정들로 습격을 가하는 집단전.

사역술

타입	공격 인법	간격	3	코스트	4
지정 특기	동물사역				

집단전. 공격이 성공하면 목표에게 집단전 대미지 1점, 사격전 대미지 1점을 입힐 수 있다.

새나 벌레 같은 작은 동물을 동원해서 습격하는 집단전.

내박진

타입	공격 인법	간격	4	코스트	없음
지정 특기	자유				

집단전. 공격이 성공하면 목표에게 집단전 대미지 1점을 입힐 수 있다. 「상태이상 표」에서 주사위를 두 번 굴리고, 이 인법을 사용한 캐릭터가 선택한 쪽의 상태이상 하나를 걸 수 있다(명중 판정이 스페셜이었다면 스페셜의 효과를 우선한다). 이 인법은 중급닌자 지휘관 이상이라면 습득할 수 있다.

중급닌자 지휘관

정예 병력을 동원하는 중급닌자 지휘관용 집단전 공격.

외박진

타입	공격 인법	간격	5	코스트	없음
지정 특기	자유				

집단전. 간격 내의 캐릭터를 원하는 만큼 선택한다. 그 캐릭터 전원을 목표로 삼을 수 있다. 공격이 성공하면 목표에게 집단전 대미지 1점을 입힐 수 있다. 이 인법은 상급닌자 이상이라면 습득할 수 있다.

상급닌자

상급닌자용 광범위 집단전 공격.

서포트 인법

이독제독

타입	서포트 인법	간격	없음	코스트	1

지정 특기	없음

언제든지 사용할 수 있다. 【생명력】을 1점 소비하면 자신에게 걸린 상태이상을 모두 회복한다.

특수한 독을 복용해서 독으로 독을 제압한다.

연격

타입	서포트 인법	간격	없음	코스트	2

지정 특기	없음

자신의 공격을 회피당했을 때 사용할 수 있다. 같은 공격 인법을 한 번 더 사용해서 회피 판정에 성공한 상대를 목표로 공격을 할 수 있다(추가 공격도 코스트가 발생한다).

무수한 공격을 퍼부어 상대의 방어를 돌파한다.

감싸기

타입	서포트 인법	간격	없음	코스트	1

지정 특기	없음

누군가가 1점 이상의 대미지를 입거나, 【생명력】을 1점 이상 잃었을 때 사용할 수 있다. 본래 대미지를 입어야 할 캐릭터 대신 자신이 그 대미지를 모두 입을 수 있다. 또, 본래 【생명력】을 잃어야 할 캐릭터 대신 자신이 같은 양의 【생명력】을 잃을 수 있다.

누군가를 대신하여 몸 바쳐 공격을 받는다.

화둔술

타입	서포트 인법	간격	없음	코스트	1

지정 특기	불의 술

자신이 공격을 받았을 때, 그 공격의 명중 판정이 이루어지기 전에 사용할 수 있다. 지정 특기 판정에 성공하면 그 명중 판정의 펌블치가 1 상승한다.

공격을 받게 된 순간, 화약을 폭발시켜 상대를 교란시킨다.

불규칙한 궤적

타입	서포트 인법	간격	없음	코스트	1

지정 특기	기승술

전투 중에 라운드를 종료할 때 사용할 수 있다. 지정 특기 판정에 성공하면 라운드를 종료하면서 경과한 라운드를 헤아릴 때, 1라운드 더 경과한 것으로 헤아리게 된다. 예를 들어 제1 라운드를 종료할 때 이 효과가 발동하면 그 시점에서 제2 라운드가 종료한 것으로 보며, 다음 라운드는 제3 라운드가 된다.

탈것을 타고 전장을 이동하면서 시간을 번다.

기마

타입	서포트 인법	간격	없음	코스트	1

지정 특기	기승술

전투 중에 전장이 결정되었을 때, 혹은 변경되었을 때 사용할 수 있다. 지정 특기 판정에 성공하면 전장을 무작위로 변경할 수 있다.

위험한 장소에서 탈출하기 위한 탈것.

살풍선

타입	서포트 인법	간격	없음	코스트	1

지정 특기	신체조작

자신이 1점 이상의 접근전 대미지나 집단전 대미지를 입었을 때 사용할 수 있다. 지정 특기 판정에 성공하면 그 공격의 대미지를 사격전 대미지로 변경할 수 있다.

고무처럼 유연한 몸으로 재주껏 대미지를 흘려 보낸다.

가을 폭풍

타입	서포트 인법	간격	없음	코스트	2

지정 특기	격투술

전투 중에 자신의 공격이 성공해서 누군가에게 대미지를 입혔을 때 사용할 수 있다. 지정 특기 판정에 성공하면 같은 공격 인법을 한 번 더 사용해서 대미지를 입은 상대를 목표로 공격을 할 수 있다(추가 공격도 코스트가 발생한다).

상대가 약한 모습을 보일 때 추가타를 가하는 기술.

난폭자

타입	서포트 인법	간격	0	코스트	2

지정 특기	도주술

자신이 메인 페이즈의 전투에서 탈락했을 때, 【생명력】이 1점 이상이라면 사용할 수 있다. 지정 특기 판정에 성공하면 자신을 제외한 간격 내의 캐릭터 전원에게 1점의 사격전 대미지를 입힌다.

전장에서 도주하는 순간 폭발을 일으킨다.

무박자

타입	서포트 인법	간격	없음	코스트	1

지정 특기	도청술

「플롯」시에 플롯치를 공개했을 때 사용할 수 있다. 지정 특기 판정에 성공하면 자신의 플롯치를 1 감소할 수 있다(0 미만이 되지는 않는다).

상대의 호흡을 훔쳐듣고 한 박자 간격을 둔다.

언동 뒤집기

타입	서포트 인법	간격	없음	코스트	없음

지정 특기	복화술

자신이 등장하지 않은 드라마 장면일 때 사용할 수 있다. 지정 특기 판정에 성공하면 그 장면의 감정 판정에 -2의 수정치를 적용한다.

자신의 본심과는 정반대의 내용을 말하게 만든다.

호위

타입	서포트 인법	간격	1	코스트	2

지정 특기	분신술

간격 내의 누군가가 공격을 받았고, 그 공격의 명중 판정이 성공했을 때, 공격을 받은 이가 동의하면 사용할 수 있다. 지정 특기 판정에 성공하면 공격을 받은 캐릭터 대신 자신이 회피 판정을 하고, 여기에 성공하면 공격을 무효로 할 수 있다. 대신할 캐릭터에 대해 「충성」의 【감정】을 가지고 있다면 회피 판정에 +2의 수정치를 적용한다.

누군가를 호위하는 인법.

기법의 서

공격이 조건인 경우

인법 중에는 【반격기】처럼 「공격을 한 것」을 조건으로 특정한 효과를 발휘하는 것이 있습니다. 그런 효과는 공격을 했을 때만 발생합니다. 공격을 하는 대신 사용할 수 있는 서포트 인법, 공격 대신 사용할 수 있는 오의를 사용했을 때는 해당 효과가 발생하지 않습니다.

세그물

타입	서포트 인법	간격	1	코스트	3
지정 특기	함정술				

전투 중에 자기 차례가 되면 사용할 수 있다. 간격 내에서 임의의 캐릭터를 원하는 만큼 목표로 선택한다. 지정 특기 판정에 성공하면 그 라운드 동안 목표가 시도하는 회피 판정에 -1의 수정치를 적용한다.

잘 보이지 않는 실로 짠 그물로 상대를 옭아매서 기동력을 봉쇄한다.

보급

타입	서포트 인법	간격	없음	코스트	없음
지정 특기	경제력				

자신이 장면 플레이어인 드라마 장면에서 사용할 수 있다. 지정 특기 판정에 성공하면 그 세션 동안 자신이 사용한 닌자도구(특수 닌자도구 포함)를 1개 회복할 수 있다(자신이 사용한 닌자도구의 수보다 많이 회복하지는 않는다. 누군가에게 넘겨준 것은 회복할 수 없다).

유파의 본부나 독자적인 루트를 통해 닌자도구를 조달한다.

호흡 운용

타입	서포트 인법	간격	없음	코스트	1
지정 특기	의지				

라운드를 마칠 때 사용할 수 있다. 지정 특기 판정에 성공하면 그 라운드의 플롯치에서 그 라운드에 사용한 코스트 수치를 뺀다. 산출한 수치를 다음 라운드에 사용할 수 있는 인법의 코스트 합계에 더할 수 있다.

기를 모으며 기회를 엿보다가 강력한 인법을 사용한다.

열화의 기세

타입	서포트 인법	간격	없음	코스트	1
지정 특기	의지				

자신의 서포트 인법 판정을 하기 전에 사용할 수 있다. 지정 특기 판정에 성공하면 이어지는 서포트 인법의 판정을 할 때 스페셜치가 2 감소한다.

기합을 넣어 인법을 사용한다.

암호

타입	서포트 인법	간격	없음	코스트	없음
지정 특기	암호술				

「플롯」 시에 자신의 플롯치를 결정한 후, 그것을 공개하기 전에 사용할 수 있다. 임의의 캐릭터 1명을 목표로 선택한다. 지정 특기 판정에 성공하면 목표 캐릭터를 조종하는 플레이어에게만 자신의 플롯치, 또는 인법을 사용해서 추가로 플롯한 요소의 플롯치 중 원하는 쪽을 몰래 보여줄 수 있다. 보여준 내용을 확인한 상대는 그 후에 플롯을 변경할 수 있다.

특수한 신호나 암호로 동료에게만 자신이 움직일 타이밍을 알린다.

각오

타입	서포트 인법	간격	없음	코스트	3
지정 특기	이형화				

「플롯」 시에 플롯치를 공개했을 때 사용할 수 있다. 지정 특기 판정에 성공하면 자신의 플롯치를 1 상승시킬 수 있다(8 이상이 되지는 않는다).

정신을 통일하여 사지에 뛰어든다.

야만족의 노래

타입	서포트 인법	간격	없음	코스트	2
지정 특기	언령술				

전투 중에 플롯치가 같은 캐릭터가 1명도 없다면, 자신이 공격하는 대신 사용할 수 있다. 전투에 참가한 임의의 캐릭터 1명을 목표로 선택한다. 지정 특기 판정에 성공하면 목표에게 「고장」 상태이상을 걸 수 있다.

상대의 닌자도구를 사용할 수 없게 만드는 주문.

점술

타입	서포트 인법	간격	없음	코스트	1
지정 특기	천리안				

자신이 장면 플레이어인 드라마 장면에서 사용할 수 있다. 【생명력】 1점을 소비하고 임의의 캐릭터 1명을 목표로 선택한다. 지정 특기 판정에 성공하면 목표의 【거처】를 획득한다. 이 인법은 그 장면에 등장하지 않은 캐릭터 중에서도 목표를 선택할 수 있다.

음양도나 밀교, 신도 등 다양한 비술을 구사해서 적의 거처를 찾는다.

화살방어술

타입	서포트 인법	간격	없음	코스트	1
지정 특기	의상술, 손놀림				

누군가가 사격전의 명중 판정에 성공했을 때 사용할 수 있다. 그 명중 판정을 한 캐릭터를 목표로 선택한다. 지정 특기 판정에 성공하면 목표의 명중 판정을 실패로 바꿀 수 있다. 단, 이 인법의 판정에는 자신과 목표의 플롯치 차이가 마이너스 수정치로 적용된다.

다다미나 탄막, 겉옷 등을 한순간에 펼쳐서 원거리 무기를 무효화한다.

파훼술※

타입	서포트 인법	간격	없음	코스트	2
지정 특기	손괴술, 비행술, 은형술, 조사술, 전달술, 봉인술				

누군가가 이 인법의 지정 특기와 같은 분야에 속하는 지정 특기로 서포트 인법을 사용했을 때 사용할 수 있다. 그 서포트 인법을 사용한 캐릭터를 목표로 선택한다. 지정 특기 판정에 성공하면 목표가 사용한 서포트 인법의 효과를 무효로 할 수 있다. 이 인법은 지정 특기마다 별개의 인법으로 간주한다.

상대의 인법을 간파해서 무효로 하는 인법.

반격기

타입	서포트 인법	간격	2	코스트	2
지정 특기	침술, 신체조작, 은폐술, 함정술, 지형활용, 동물				

자신이 회피 판정에 성공했을 때 사용할 수 있다. 공격을 한 캐릭터가 이 인법의 간격 내에 있는 경우, 공격을 한 캐릭터를 목표로 선택한다. 지정 특기 판정에 성공하면 목표에 대해 사격전 대미지 1점을 입힐 수 있다.

상대가 펼친 공격의 빈틈을 찔러 공격하는 인법.

유도

타입	서포트 인법	간격	없음	코스트	2
지정 특기	주법, 예능, 결계술				

라운드를 종료할 때 사용할 수 있다. 지정 특기 판정에 성공하면 전장을 임의의 장소로 변경할 수 있다. 같은 라운드에 【유도】를 사용한 것이 2명 이상인 경우, 【유도】 판정의 달성치가 높은 쪽을 우선한다(달성치가 같은 캐릭터가 둘 이상이라면 효과가 발생하지 않는다). 또, 「위험지대」로 변경했다면 즉시 「위험지대」의 효과가 발생한다.

자신에게 유리한 진장으로 상대를 유인하거나, 장소 자체를 마경화한다.

Data Part

횟수 제한이 있는 효과

인법 등의 특수 효과 중에는 【개안】처럼 세션마다, 전투마다 등등 지정된 기간 동안 사용할 수 있는 횟수가 제한된 것이 있습니다.

이런 효과는 사용을 선언한 시점에서 그 횟수를 헤아립니다. 예를 들어 지정 특기 판정에 실패해서

원하는 결과를 얻지 못했더라도 해당 효과를 사용한 것으로 헤아립니다. 또, 【추가 인법】오의로 사용한 인법이 오의 파훼로 무효가 되거나, 다른 특수 효과로 인해 무효가 된 경우도 마찬가지입니다.

강타

| 타입 | 서포트 인법 | 간격 | 없음 | 코스트 | 1 |

| 지정 특기 | 임의의 기술 |

자신의 명중 판정 전에 사용할 수 있다. 지정 특기 판정에 성공하면 그 공격의 대미지를 1점 상승시킬 수 있다. 이 효과로 상승하는 대미지는 각 공격 인법 맨 앞에 적혀 있는 종류뿐이다.

자신이 사용하는 공격 인법의 대미지를 높이는 인법.

작전 지휘

| 타입 | 서포트 인법 | 간격 | 없음 | 코스트 | 3 |

| 지정 특기 | 임의의 전술 |

자신 이외의 누군가가 행동 판정을 할 때 사용할 수 있다. 행동 판정을 하는 캐릭터를 목표로 선택한다. 지정 특기 판정에 성공하면 목표의 판정에 +1 또는 -1의 수정치를 적용할 수 있다.

전황을 빈틈없이 분석하고, 대상을 지원하거나 방해한다.

흡수

| 타입 | 서포트 인법 | 간격 | 없음 | 코스트 | 1 |

| 지정 특기 | 임의의 체술 |

자신의 명중 판정 전에 사용할 수 있다. 지정 특기 판정에 성공하면 다음 명중 판정 때 스페설치가 2 감소한다.

상대의 급소를 정확하게 노린다.

바꿔치기술

| 타입 | 서포트 인법 | 간격 | 없음 | 코스트 | 1 |

| 지정 특기 | 임의의 인술 |

자신이 회피 판정을 할 때 사용할 수 있다. 임의의 닌자도구나 특수 닌자도구를 1개 소비하고 지정 특기로 회피 판정을 할 수 있다. 파랑 중일 때도 이 인법을 사용하면 회피 판정에 도전할 수 있다.

닌자도구를 사용해서 적의 눈을 속이고 공격을 피한다.

감정 조작

| 타입 | 서포트 인법 | 간격 | 없음 | 코스트 | 1 |

| 지정 특기 | 임의의 모술 |

자신의 공격이 성공했을 때 사용할 수 있다. 공격의 효과를 받은 캐릭터 중에서 1명을 목표로 선택한다. 지정 특기 판정에 성공하면 목표가 가지고 있는 【감정】하나를 선택하고, 그 종류를 마음대로 변경할 수 있다(새로 【감정】을 습득하게 하거나, 소실시킬 수는 없다).

공격한 상대의 감정을 조작하는 인법.

플롯 제한

| 타입 | 서포트 인법 | 간격 | 없음 | 코스트 | 3 |

| 지정 특기 | 임의의 요술 |

자신의 공격이 성공했을 때 사용할 수 있다. 공격의 효과를 받은 캐릭터 중에서 1명을 목표로 선택한다. 지정 특기 판정에 성공하면 목표는 다음 라운드 이후 플롯을 할 때 3 이상의 플롯치를 내놓을 수 없게 된다. 목표는 라운드를 종료할 때마다 《의지》판정을 할 수 있게 된다. 성공하면 이 효과를 무효로 할 수 있다.

상대의 육체를 속박해서 고속 이동을 하지 못하게 만든다.

요염한 꽃

| 타입 | 서포트 인법 | 간격 | 없음 | 코스트 | 1 |

| 지정 특기 | 가변 |

전투 중에 자신이 공격하는 대신 사용할 수 있다. 자신과 같은 특기를 가진 캐릭터 1명을 목표로 선택하고, 양쪽 모두 가지고 있는 특기 하나를 선택한다. 자신과 목표는 서로 그 특기로 판정을 한다. 자신의 판정이 성공했고, 또한 자신의 달성치가 목표의 달성치보다 높다면, 목표는 전투를 종료할 때까지 그 특기를 미습득한 상태가 된다.

같은 종류의 기술을 겨뤄서 상대의 기술을 봉인하는 인법.

개안

| 타입 | 서포트 인법 | 간격 | 없음 | 코스트 | 없음 |

| 지정 특기 | 없음 |

원하는 때 사용할 수 있다. 【생명력】2점을 소비하고 특기 하나를 선택한다. 그 세션 동안 그 특기를 습득한다. 이 인법은 세션마다 한 번만 사용할 수 있다. 이 인법은 중급닌자 지휘관 이상이라면 습득할 수 있다.

제3의 눈을 뜨고 봉인해둔 기술을 사용한다.

망망대해

| 타입 | 서포트 인법 | 간격 | 없음 | 코스트 | 2 |

| 지정 특기 | 물의 술 |

전투 중에 자신이 공격하는 대신 사용할 수 있다. 지정 특기 판정에 성공하면 전장을 「수중」으로 변경한다. 또, 이 인법의 사용자는 플롯치가 낮은 캐릭터 전원은 《물의 술》로 판정을 한다. 실패한 캐릭터는 사격전 대미지 1점을 입는다. 이 효과는 중급닌자 지휘관 이상이라면 습득할 수 있다.

자신의 주위에 거친 파도가 몰아치는 마계의 바다를 만들어낸다.

기술 봉인

| 타입 | 서포트 인법 | 간격 | 없음 | 코스트 | 2 |

| 지정 특기 | 봉인술 |

플롯 시에 사용할 수 있다. 지정 특기 판정에 성공하면 자신의 플롯과는 별개로「기술 봉인」의 플롯을 한다. 플롯을 공개한 타이밍에서 플롯치가「기술 봉인」과 같은 캐릭터 전원은 《봉인술》로 판정을 한다. 실패한 캐릭터는 그 라운드 동안에는 그 플롯치에 있는 한 오의를 사용할 수 없다. 이 효과는 중급닌자 지휘관 이상이라면 습득할 수 있다.

「기」로 만들어낸 실로 상대를 구속해서 기술을 봉인한다.

인법 혈청

| 타입 | 서포트 인법 | 간격 | 없음 | 코스트 | 2 |

| 지정 특기 | 색적술 |

자신이 서포트 인법의 목표가 되어 그 효과를 받았을 때 사용할 수 있다. 지정 특기 판정에 성공하면 그 인법의 이름을 메모해둔다. 그 후, 다시 메모해둔 인법의 목표나 대상이 되었을 때 이 인법의 지정 특기로 판정할 수 있게 된다. 이 판정에 성공하면 해당하는 인법을 무효로 할 수 있다. 이 효과는 그 세션을 종료할 때까지 지속된다. 이 인법은 상급닌자 이상이라면 습득할 수 있다.

한 번 당한 인법에 대한 면역력을 기른다.

인수 소환

| 타입 | 서포트 인법 | 간격 | 없음 | 코스트 | 4 |

| 지정 특기 | 소환술 |

메인 페이즈의 전투 중에 자신이 공격하는 대신 사용할 수 있다. 인수 카테고리의 에너미 중에서 임의의 에너미를 한 종류 선택한다. 지정 특기 판정에 성공하면 다음 라운드부터 그 전투를 종료할 때까지 그 에너미를 1명 불러내서 종자로 사용할 수 있다. 이 판정에는 그 에너미의 위협도만큼 마이너스 수정치를 적용한다. 이 인법은 전투마다 한 번만 사용할 수 있다. 이 인법은 상급닌자 이상이라면 습득할 수 있다.

갖가지 사역수를 불러내서 싸우게 한다.

기법의 서

장비 인법

봄안개
타입	장비 인법	간격	없음	코스트	없음
지정 특기	없음				

이 인법을 습득했을 때, 임의의 상태이상을 하나 선택한다. 그 상태이상에 걸리지 않는다.

상태이상에 대한 방어책을 갖추고 있다.

강건함
타입	장비 인법	간격	없음	코스트	없음
지정 특기	없음				

추가 【생명력】과 그 슬롯을 2점 획득한다. 단, 이 인법을 2개 이상 습득한다면 두 번째 이후부터는 추가 【생명력】과 그 슬롯을 1점씩만 획득할 수 있다.

강인한 생명력을 자랑한다.

기갈
타입	장비 인법	간격	없음	코스트	없음
지정 특기	없음				

전투 장면에서 제4 라운드 이후, 공격에 성공하면 원래의 공격 효과와 더불어 목표에게 사격전 대미지 1점을 입힐 수 있다.

이중 삼중으로 작전을 짜고, 차분히 시간을 들여 적을 친다.

군사
타입	장비 인법	간격	없음	코스트	없음
지정 특기	없음				

효과 맨 앞에 집단전이라고 표기된 공격 인법을 사용할 때, 그 명중 판정에 +1의 수정치를 적용한다.

군사학이나 전략에 정통한 이들.

물방울
타입	장비 인법	간격	없음	코스트	없음
지정 특기	없음				

오의 파훼 판정에 실패할 때마다 자신의 캐릭터 시트에서 오의를 사용한 캐릭터의 【오의】칸 옆에 그 횟수를 메모한다. 두 번 이상 오의 파훼 판정에 실패한 오의에 대해서는 그 후의 오의 파훼 판정에 자동으로 성공하게 된다(스페셜은 아니다. 달성치가 필요하다면 10이 된다).

불굴의 정신은 단단한 바위조차 푸는 법이다.

신통력
타입	장비 인법	간격	없음	코스트	없음
지정 특기	없음				

자신이 가지고 있는 「신통환」 이외의 닌자도구나 특수 닌자도구를 「신통환」으로 사용할 수 있다.

닌자도구의 힘을 빌려 정신을 갈고닦는 인법.

달인
타입	장비 인법	간격	없음	코스트	없음
지정 특기	없음				

이 인법을 습득했을 때, 자신이 습득한 임의의 특기를 하나 선택한다. 그 특기는 【생명력】을 잃어서 그 분야의 특기를 사용할 수 없게 되어도 사용할 수 있다.

특수한 기술이 몸에 배어 있다.

어지러운 연기
타입	장비 인법	간격	없음	코스트	없음
지정 특기	없음				

자신이 습득한 서포트 인법의 간격을 1 늘린다.

불가사의한 연기가 피어오르면서 멀리 떨어진 상대조차도 인법의 포로로 만든다.

도둑질
타입	장비 인법	간격	없음	코스트	없음
지정 특기	없음				

전투의 승자가 되면 본래의 전과와 더불어 패자가 가지고 있는 닌자도구(특수 닌자도구 포함)를 1개 빼앗을 수 있다(어느 닌자도구를 빼앗길지는 빼앗기는 쪽에서 결정할 수 있다).

쓰러뜨린 상대로부터 닌자도구를 가로챈다.

부하
타입	장비 인법	간격	없음	코스트	없음
지정 특기	없음				

하급닌자 카테고리의 에너미 「쿠사」, 「공작원」, 「쿠노이치」(p184) 중 한 종류를 선택한다. 그 종류의 에너미 1명을 보유한다. 당신은 그 에너미를 종자로 사용할 수 있다.

전속 하급닌자를 데리고 있다.

박식
타입	장비 인법	간격	없음	코스트	없음
지정 특기	없음				

오의의 효과 중에서 임의로 두 종류를 선택한다. 그 종류의 오의가 사용되었을 때, 자신이 오의 파훼 판정을 한다면 +2의 수정치를 적용한다. 단, 이 인법을 2개 이상 습득했다면 두 번째 이후부터는 오의를 한 종류씩만 선택할 수 있다.

시노비의 세계에 정통한 현자. 걸어다니는 인법 사전.

길앞잡이
타입	장비 인법	간격	없음	코스트	없음
지정 특기	없음				

정보 판정에 +1의 수정치를 적용한다.

벌레나 짐승, 바람에 흩날리는 꽃잎이나 눈송이가 중요한 정보가 있는 곳으로 당신을 인도한다.

한정 효과와 다수의 목표

인법의 효과 중에는 【무쌍】처럼 특정 조건을 충족한 목표에 대한 공격에 영향을 주는 효과가 있습니다. 이런 효과를 「한정 효과」라고 부릅니다. 한정 효과가 발생하는 상태에서 여러 명의 목표를 공격한 경우, 동일한 공격을 처리하는 과정에서 조건을 충족한 목표와 그렇지 않은 목표가 발생할 수 있습니다.

이 경우, 조건을 충족한 목표에게만 한정 효과가 발생합니다. 같은 공격이라고 해도 조건을 충족하지 않은 상대에게는 한정 효과가 발생하지 않습니다.

일각고래

타입	장비 인법	간격	없음	코스트	없음
지정 특기	없음				

이 인법의 사용자가 명중 판정을 했을 때, 결과가 스페셜이었다면 그 공격에 대한 회피 판정에는 -3의 수정치를 적용한다.

상대가 피할 수 없는 공격을 가하는 결사의 각오.

휴양소

타입	장비 인법	간격	없음	코스트	없음
지정 특기	없음				

자신이 회복 판정을 할 때 사용할 수 있다. 주사위를 굴리지 않고, 회복 판정에 자동으로 성공할 수 있다(스페셜은 아니다. 달성치가 필요하다면 10이 된다).

마음 편히 쉴 수 있는 거점, 혹은 일상.

무예

타입	장비 인법	간격	없음	코스트	없음
지정 특기	없음				

접근전 표시 공격 인법을 사용할 때, 그 명중 판정에 +1의 수정치를 적용한다.

일반 사회에도 전해지는 모종의 무술. 무예에 통달했다.

무쌍

타입	장비 인법	간격	없음	코스트	없음
지정 특기	없음				

위협도가 2 이하인 에너미를 공격할 때, 본래의 공격 효과와 더불어 사격전 대미지 1점을 입힐 수 있다.

하급닌자 정도라면 일격에 쓰러트릴 수 있는 인법.

목련

타입	장비 인법	간격	없음	코스트	없음
지정 특기	없음				

자신이 행동 판정에서 지정 특기 대신 다른 특기를 사용할 때, 특기 리스트의 2번 항목(최상단)과 12번 항목(최하단)이 연결되어 있는 것으로 간주한다.

폭넓은 응용술.

뒤흔드는 소리

타입	장비 인법	간격	없음	코스트	없음
지정 특기	없음				

이 인법을 습득한 캐릭터가 오의를 사용했을 때, 같은 장면에 등장한 캐릭터는 《색적술》 판정에 성공해야만 그 오의의 《정보》를 획득할 수 있다. 이 판정을 간파 판정이라고 부른다.

오의의 발동 프로세스를 복잡하게 만들어서 상대가 그 논리를 간파하기 어렵게 한다.

숨결

타입	장비 인법	간격	없음	코스트	없음
지정 특기	없음				

자신이 목표치가 10 이상인 판정을 할 때, 그 판정에 +2의 수정치를 적용한다. 이 인법은 중급닌자 지휘관 이상이라야 습득할 수 있다.

곤란한 상황에 처했을 때를 위한 정신 집중법.

허공장

타입	장비 인법	간격	없음	코스트	없음
지정 특기	없음				

이 인법을 습득했을 때, 특기 분야와 특기 분야 사이의 공백칸(갭) 한 줄을 선택한다. 그것들을 모두 검게 칠한다. 이 인법은 상급닌자 이상이라면 습득할 수 있다.

상급닌자용 인법. 특기의 응용범위가 넓어진다.

(역주-허공장: 한없는 지혜와 자비를 베푼다는 허공장보살)

피안

타입	장비 인법	간격	없음	코스트	없음
지정 특기	없음				

이 인법을 습득했을 때, 임의의 특기 분야 하나를 선택한다. 그 특기 분야의 특기는 대응하는 《생명력》을 잃어도 사용할 수 있다. 이 인법은 상급닌자 이상이라면 습득할 수 있다.

경이로운 영역까지 기술을 갈고닦은 달인.

부동

타입	장비 인법	간격	없음	코스트	없음
지정 특기	없음				

전투 중에 플롯 시 이외의 타이밍에 행동 판정을 했을 때, 펌블치가 1 감소한다. 이 인법은 상급닌자 이상이라면 습득할 수 있다.

상급닌자용 인법. 고속기동이나 술법에 대한 반동에 내성이 있다.

염마

타입	장비 인법	간격	없음	코스트	없음
지정 특기	없음				

자신이 명중 판정을 할 때, 그 판정을 자동으로 성공시킬 수 있다(스페셜은 아니다. 달성치가 필요하다면 10이 된다). 이 인법은 상급닌자 지휘관 이상이라면 습득할 수 있다.

숨 쉬듯이 자연스럽게 사람을 죽이는 암살술.

질풍

타입	장비 인법	간격	없음	코스트	없음
지정 특기	없음				

플롯치와 관계없이 전투 중의 펌블치를 3으로 만든다. 이 인법은 상급닌자 지휘관 이상이라면 습득할 수 있다.

초고속 활동에 특화하여 파랑의 발생 확률을 안정시킨다.

하스바 인군

하스바 인군과 그 하위유파의 캐릭터가 습득할 수 있는 인법. 응용성이 넓고, 다양한 국면에서 활용할 수 있다.

유파 인법

봉황

타입	공격 인법	간격	6	코스트	2
지정 특기	불의 술				

접근전. 이 공격은 남은 【생명력】이 3점 이상인 캐릭터를 목표로 선택할 수 없다. 공격이 성공하면 목표에게 접근전 대미지 2점을 입힐 수 있다.

과학인법의 필살기. 불길을 휘감은 채로 상대와 격돌한다.

물뱀

타입	공격 인법	간격	2	코스트	없음
지정 특기	물의 술				

사격전. 공격이 성공하면 목표에게 사격전 대미지 1점을 입힐 수 있다. 만약 자신이 「수중」 전장에서 싸우고 있다면 추가로 접근전 대미지 1점을 입힐 수 있다.

물을 자유자재로 다뤄 적을 공격하는 인법.

토룡후

타입	공격 인법	간격	2	코스트	2
지정 특기	굴삭술				

접근전. 공격이 성공하면 목표에게 접근전 대미지 1점을 입히고, 목표가 있는 플롯치로 이동한다. 자신의 원래 플롯치보다 낮은 플롯치로 이동했을 경우, 그 플롯치의 차례가 되었을 때 한 번 더 이번 라운드에 사용하지 않은 다른 공격 인법을 사용할 수 있다([크리티컬 히트]나 【범위 공격】오의는 사용할 수 없다).

땅을 파고 상대의 사각에서 공격을 가한다.

틈새 찌르기

타입	서포트 인법	간격	없음	코스트	1
지정 특기	침술				

누군가가 오의를 사용했을 때, 그 오의에 대한 오의 파훼 판정에 성공하면 사용할 수 있다. 오의 사용자를 목표로 선택한다. 지정 특기 판정에 성공하면 목표에게 접근전 대미지 1점을 입힐 수 있다.

오의를 사용한 순간의 빈틈을 노려 눈에 보이지 않는 바늘을 찔러 넣는다.

불의의 습격

타입	서포트 인법	간격	없음	코스트	없음
지정 특기	암기				

자신이 장면 플레이어인 드라마 장면에 사용할 수 있다. 임의의 캐릭터 1명을 목표로 선택한다. 지정 특기 판정에 성공하면 목표에게 접근전 대미지 1점을 입힐 수 있다. 이 인법은 같은 세션 동안 한 번이라도 사용한 상대에게는 두 번 다시 효과를 발휘하지 않는다.

일반인의 세계에서 방심하고 있는 상대를 베어버린다.

포목 성채

타입	서포트 인법	간격	없음	코스트	3
지정 특기	의상술				

누군가가 자신에 대해 공격을 하려고 했을 때 사용할 수 있다. 공격을 하려고 한 이를 목표로 선택한다. 지정 특기 판정에 성공하면 목표의 명중 판정 펌블치를 2 상승시킬 수 있다.

몸에 걸친 의상을 뻗어 상대를 휘감아서 움직임을 봉쇄한다.

어둠거미

타입	서포트 인법	간격	2	코스트	5
지정 특기	포승술				

전투 중에 자신이 공격하는 대신 사용할 수 있다. 이 인법의 간격 내에 있는 캐릭터 1명을 목표로 선택한다. 지정 특기 판정에 성공하면 목표에게 대미지 1점을 입힐 수 있다. 단, 이 인법으로 대미지를 입히면 그 특기 분야의 특기는 사용 불능이 되지 않는다.

보이지 않는 실이나 사슬낫으로 상대를 찢어발긴다.

참혹한 일격

타입	서포트 인법	간격	없음	코스트	1
지정 특기	고문술				

자신의 명중 판정이 성공했고, 상대의 회피 판정이 실패했을 때 사용할 수 있다. 지정 특기 판정에 성공하고, 자신이 가진 임의의 닌자도구나 특수 닌자도구를 1개 소비하면 그 공격으로 인한 대미지를 1점 상승시킬 수 있다(최대 1점). 이 효과로 상승하는 대미지는 각 공격 인법의 맨 처음에 적혀 있는 종류뿐이다.

닌자도구를 사용해서 뼛속까지 파고드는 일격을 가한다.

무기파괴

타입	서포트 인법	간격	없음	코스트	2
지정 특기	손괴술				

자신의 공격이 성공해서 상대에게 대미지를 입혔을 때 사용한다. 그 공격의 목표 중에서 1명을 목표로 선택한다. 지정 특기 판정에 성공하면 그 전투 동안 목표는 명중 판정에 -2의 수정치를 적용한다. 이 효과는 누적되지 않는다.

상대가 사용하는 무기를 파괴한다.

나락

타입	서포트 인법	간격	없음	코스트	2
지정 특기	굴삭술				

「플롯」시에 사용할 수 있다. 지정 특기 판정에 성공하면 자신의 플롯과는 별개로 「나락」의 플롯을 한다. 플롯을 공개한 타이밍에서 플롯치가 「나락」과 같은 캐릭터 전원은 《굴삭술》로 판정을 한다. 실패한 캐릭터는 파랑을 일으켜 펌블 에어리어로 이동한다.

구덩이를 파서 상대의 발을 묶는 인법.

기계닌자

타입	장비 인법	간격	없음	코스트	없음
지정 특기	없음				

하스바 인군이나 그 하위 유파 이외의 유파 인법에서 서포트 인법을 특례 습득할 수 있게 된다(비전 인법이나 고류 인법은 제외). 단, 그 인법의 지정 특기는 《기교술》이 되며, 코스트가 1 상승한다(없음이라면 1이 된다).

자신의 육체 일부를 기계화한다.

마계공학

타입	장비 인법	간격	없음	코스트	없음
지정 특기	없음				

자신이 행동 판정을 할 때 다른 특기를 대신 사용하는 경우, 「기술」 분야와 「요술」 분야가 연결되어 있는 것으로 간주한다. 예를 들어 갭이 채워져 있다면 《봉인술》 대신 《암기》를 사용할 경우 목표치가 6이 된다.

요술을 과학적으로 분석해서 이용한다.

비전 인법

화약 내장

타입	서포트 인법	간격	없음	코스트	1
지정 특기	없음				

이 인법을 습득했을 때, 임의의 특기 분야 하나를 선택한다. 누군가의 공격으로 그 특기 분야의 【생명력】을 잃었을 때 사용할 수 있다. 공격을 한 캐릭터를 목표로 선택한다. 목표는 《불의 술》 판정을 하며, 여기에 실패하면 사격전 대미지 2점을 입는다.

자신의 육체 일부에 화약을 숨겨둔다.

형장

타입	서포트 인법	간격	없음	코스트	없음
지정 특기	고문술				

자신이 정보 판정으로 【비밀】을 획득했을 때 사용할 수 있다. 【비밀】의 소유자를 목표로 선택한다. 지정 특기 판정에 성공하면 목표는 《고문술》 판정을 하며, 여기에 실패하면 사격전 대미지 1점을 입는다.

극한까지 다듬은 고문술.

나사탑

타입	공격 인법	간격	1	코스트	1
지정 특기	등반술				

접근전. 공격이 성공하면 목표는 접근전 대미지 1점을 입는다. 또, 목표가 회피 판정에 성공해도 그 라운드 동안 목표가 시도하는 회피 판정에 -1의 수정치를 적용한다(최대 -3까지). 이 인법은 중급닌자 이상이라면 습득할 수 있다.

중급닌자

공격을 가한 상대를 높이 처올리는 인법.

도구라

타입	공격 인법	간격	2	코스트	없음
지정 특기	임의의 기술				

사격전. 이 공격에 대한 회피 판정에는 -3의 수정치를 적용한다. 공격이 성공하면 목표에게 사격전 대미지 0점을 입힌다. 이 인법으로 누군가에게 0점의 대미지를 입힌 경우, 일반적인 경우와는 달리 누군가가 대미지를 입히는 것을 조건으로 사용할 수 있는 종류의 효과를 사용할 수 있다. 이 인법은 중급닌자 지휘관 이상이라면 습득할 수 있다.

중급닌자 지휘관

하스바 인군이 고안한 신형 실험 닌자장비. 다른 장비와의 연계를 전제로 두고 있다.

전자올빼미

타입	서포트 인법	간격	없음	코스트	없음
지정 특기	없음				

공격을 했을 때, 【생명력】을 1점 소비하면 사용할 수 있다. 이번 라운드에 사용하지 않은 인법 중에서 효과 맨 위에 사격전이라고 표기된 공격 인법을 사용할 수 있다. 이 인법은 중급닌자 지휘관 이상이라면 습득할 수 있다.

중급닌자 지휘관

사용자의 뇌파에 반응해서 행동하는 소형 전투 드론.

재앙 전염

타입	서포트 인법	간격	없음	코스트	없음
지정 특기	기기술				

자신이 장면 플레이어인 드라마 장면에 사용할 수 있다. 임의의 캐릭터 1명을 선택한다. 그 캐릭터의 【비밀】(【진실】은 제외)을 이미 획득한 캐릭터를 장면에 등장하지 않은 이도 포함해서 전원 목표로 선택한다(단, 그 【비밀】의 본래 소유자는 목표로 선택할 수 없다). 지정특기 판정에 성공하면 목표는 사격전 대미지 1점을 입는다. 이 인법은 중급닌자 지휘관 이상이라면 습득할 수 있다.

중급닌자 지휘관

정보를 입수한 자를 정보 속에 설치해둔 함정에 빠뜨리는 인법.

요마공학

타입	장비 인법	간격	없음	코스트	퇴
지정 특기	없음				

세션 중에 한 번, 사이클을 개시할 때 유지 공적점이 1점 이하인 요마무기를 획득할 수 있다. 이 인법으로 획득한 요마무기는 유지 공적점을 지불해서 다음 세션으로 가지고 넘어갈 수 없다. 이 인법은 중급닌자 지휘관 이상이라면 습득할 수 있다.

중급닌자 지휘관

하스바의 요마 연구반 「아라토겐」. 그곳에서는 날마다 갖가지 요마무기를 개발하고 있다.

마구라

타입	장비 인법	간격	없음	코스트	없음
지정 특기	없음				

이 인법을 습득했을 때, 자신이 습득한 인법 중에서 지정 특기가 있는 임의의 인법 중에서 효과 맨 위에 사격전이라고 표기된 공격 인법을 다른 임의의 특기 하나로 변경할 수 있다. 이 인법은 중급닌자 지휘관 이상이라면 습득할 수 있다.

중급닌자 지휘관

하스바 인군이 만들어낸 만능 닌자장비. 다양한 인법을 사용할 수 있게 된다.

전지전뇌

타입	서포트 인법	간격	없음	코스트	없음
지정 특기	없음				

행동 판정을 할 때 (주사위를 굴리기 전에) 사용할 수 있다. 【생명력】을 1점 소비할 때마다 그 판정에 +2의 수정치를 적용할 수 있다. 이 인법은 상급닌자 이상이라면 습득할 수 있다.

상급닌자

뇌의 기능을 활성화시켜 갖가지 상황에 적용한다.

기계 거인

타입	서포트 인법	간격	없음	코스트	5
지정 특기	불의 술				

전투 중에 자신이 공격하는 대신 사용할 수 있다. 지정 특기 판정에 성공하면 이후 그 전투를 종료할 때까지 자신의 데이터를 인수 카테고리의 에너미 「거대 기계인형」(p183)과 동일한 것으로 간주한다(【생명력】은 그 에너미의 【생명력】 최대치가 되며, 【생명력】이 감소해도 특기가 사용 불능이 되지 않는다). 전투를 마치면 【생명력】은 이 인법을 사용한 시점에서 1점 감소한 상태가 된다. 인수일 때는 오의나 닌자도구를 사용할 수 없다. 이 인법은 상급닌자 이상이라면 습득할 수 있다.

하스바 인군이 은밀히 만들어낸 거대 로봇을 불러낼 수 있다.

대통일인법

타입	장비 인법	간격	없음	코스트	없음
지정 특기	없음				

오의 【추가 인법】으로 사용할 수 있는 인법은 지정 특기 판정이 필요한 경우 자동으로 성공하게 된다(스페셜은 아니다. 달성치는 10으로 간주한다). 또, 그 코스트는 모두 2 감소한다(0 미만이 되지는 않는다). 이 인법은 상급닌자 이상이라면 습득할 수 있다.

상급닌자

하스바 인군이 은밀히 구축 중인 궁극 이론.

순간 파악

타입	장비 인법	간격	없음	코스트	없음
지정 특기	없음				

【정보】를 획득하지 않은 오의에 대해 오의 파훼 판정을 할 수 있다. 이 인법은 상급닌자 지휘관 이상이라면 습득할 수 있다.

상급닌자 지휘관

보기만 해도 곧바로 정체를 파악하는 초월적인 해석능력.

87

기
법
의
서

인법: 츠바노미구미

그래비톤

타입	공격 인법	간격	3	코스트	6
지정 특기	손괴술				

접근전. 공격이 성공하면 목표에게 접근전 대미지 1D6-1점을 입힐 수 있다. 단, 이 공격을 할 때마다 【생명력】을 1점 잃는다.

기계 육체의 리미터를 해제해서 구사하는 초고속 공격.

기계 무공

타입	공격 인법	간격	1	코스트	2
지정 특기	신체조작				

접근전. 공격이 성공하면 목표에게 목표가 습득한 장비 인법의 수와 같은 점수만큼 접근전 대미지를 입힐 수 있다(최저 1점).

상대의 무장에 특수한 주파수의 진동을 가해서 내부부터 파괴한다.

은신도롱이

타입	서포트 인법	간격	없음	코스트	4
지정 특기	의상술				

전투 중에 전장이 「평지」나 「고지대」, 「혼잡」이라면 자기 차례에 사용할 수 있다. 지정 특기 판정에 성공하면 이 인법의 사용자는 자신의 《거처》를 가지고 있지 않은 이가 자신에게 시도하는 명중 판정, 자신의 공격에 대해 시도하는 회피 판정에 -3의 수정치를 적용한다. 이 효과는 누적되지 않으며, 전장이 「평지」, 「고지대」, 「혼잡」 이외의 다른 것으로 변하거나, 이 인법의 사용자가 인법이나 오의를 사용해서 해당하는 처리를 마치거나, 그 전투를 종료할 때까지 지속된다.

광학미채. 아무리 닌자라고 할지라도 그 모습을 찾아내기란 매우 어려운 일이다.

정밀기동

타입	장비 인법	간격	없음	코스트	없음
지정 특기	없음				

전투 중에 자신이 행동 판정을 하기 전에 원하는 만큼 자신의 【생명력】을 소비한다. 소비한 【생명력】 수치만큼 그 행동 판정의 펌블치가 감소한다.

기계 육체가 제공하는 고속 이동 중의 동작 보정 기능. 하지만 이 기능의 사용은 뇌에 막대한 부담을 준다.

매의 눈

타입	장비 인법	간격	없음	코스트	없음
지정 특기	없음				

자신이 습득한 인법 중에서 효과 맨 앞에 사격전이라고 표기된 공격 인법의 간격이 1 늘어난다.

특수한 전투용 의안. 갖가지 외부 시야와 연결해서 고속 기동 중인 목표를 포착한다.

전자두뇌

타입	장비 인법	간격	없음	코스트	없음
지정 특기	없음				

이 인법을 습득했을 때, 임의의 특기를 한 종류 선택한다. 이 인법을 사용할 수 있는 동안 그 특기를 습득한다.

뇌와 컴퓨터를 직접 연결해서 갖가지 기술을 일시적으로 터득한다.

인법: 오오즈치군

마약

타입	서포트 인법	간격	없음	코스트	없음
지정 특기	없음				

누군가가 닌자도구를 사용했을 때 사용할 수 있다. 닌자도구의 사용자를 목표로 선택한다. 자신이 가진 임의의 닌자도구나 특수 닌자도구를 1개 소비하면, 목표의 닌자도구 효과를 무효로 할 수 있다.

마약(魔藥). 상대의 닌자도구를 무효화하는 특수한 약물이나 마이크로 머신을 살포한다.

히토츠

타입	서포트 인법	간격	없음	코스트	없음
지정 특기	기기술				

이 인법을 습득했을 때, 임의의 닌자도구(특수 닌자도구는 포함하지 않는다)를 한 종류 선택한다. 자신이 장면 플레이어인 드라마 장면에 사용할 수 있다. 지정 특기 판정에 성공하면 【생명력】 1점을 소비해서 그 닌자도구를 하나 획득할 수 있다.

자신의 혼을 연성해서 닌자도구를 만들어내는 기술. 인법명의 유래는 대장장이신 「아메노마히토츠노카미」.

고로제

타입	서포트 인법	간격	없음	코스트	1
지정 특기	암기				

전투 중에 사용할 수 있다. 지정 특기 판정에 성공하면 자신이 가진 임의의 닌자도구나 특수 닌자도구를 하나 소비한다. 그리고 그 라운드에 사용할 수 있는 인법의 코스트 합계를 4점 상승시킬 수 있다.

닌자도구에서 마력을 추출하는 특수한 기술.

나무망치

타입	서포트 인법	간격	없음	코스트	1
지정 특기	손괴술				

자기 차례에 사용한다. 그 장면을 목표로 선택하고, 임의의 닌자도구(특수 닌자도구 포함)를 한 종류 선택한다. 지정 특기 판정에 성공하면 그 장면 동안 그 닌자도구를 사용하는 이는 사격전 대미지 1점을 입는다. 이 효과는 사용자가 그 장면에서 퇴장하면 사라진다. 또, 이 효과는 누적되지 않는다.

닌자도구에 반응해서 발동하는 자율 공격형 닌자도구를 살포한다.

도구상자

타입	장비 인법	간격	없음	코스트	없음
지정 특기	없음				

세션을 개시할 때, 닌자도구를 4개 획득할 수 있다. 본래의 2개와 더불어 2개가 더 추가되는 것으로 간주한다. 추가로 얻은 2개는 영적장비, 주술문양, 변심환이어도 상관없다. 모종의 인법으로 그것들 이외의 특수 닌자도구를 습득할 수 있다면 해당하는 특수 닌자도구라도 상관없다.

닌자도구를 잔뜩 장비하고 있다.

시노비 세공

타입	장비 인법	간격	없음	코스트	없음
지정 특기	없음				

세션을 개시할 때, 특수 닌자도구 「시노비 세공」을 2개 획득한다. 이 닌자도구는 자신의 공격이 성공했을 때 사용할 수 있다. 그 공격의 대미지가 1점 상승한다(한 번의 공격에 대해 이 닌자도구로 상승시킬 수 있는 대미지는 최대 2점). 이 효과로 상승하는 대미지는 각 공격 인법의 맨 처음에 적혀 있는 종류뿐이다. 「시노비 세공」은 사용하면 소비된다. 이 특수 닌자도구도 일반적인 닌자도구와 마찬가지로 드라마 장면에서 다른 캐릭터에게 건네줄 수 있으며, 세션을 종료할 때 모두 사라진다.

전투 강화용 특수 닌자도구. 다양한 종류가 있다.

인법: 사시가네한

인법 연구

타입	서포트 인법	간격	없음	코스트	없음
지정 특기	없음				

이 인법을 습득했을 때, 서포트 인법 중에서 임의로 세 종류를 선택해서 따로 적어 둔다. 세션 중에 누군가가 그 인법을 사용했을 때 사용할 수 있다. 인법의 사용자를 목표로 선택한다. 목표가 사용한 인법을 무효로 한다.

하스바의 인법 데이터베이스에서 특정한 인법에 대한 대응책을 다운로드해둔다.

변천

타입	서포트 인법	간격	없음	코스트	1
지정 특기	기억술				

전투 중의 자기 차례, 또는 자신이 장면 플레이어인 드라마 장면에 사용할 수 있다. 지정 특기 판정에 성공하면 자신이 습득한 오의 하나를 자신이 【정보】를 획득한 다른 오의 하나로 변경할 수 있다(해당 오의의 원래 주인이 가지고 있는 【오의】에 관한 【정보】를 획득한 캐릭터는 이 오의에 대해 오의 파훼를 시도할 수 있다). 변경한 오의는 지정 특기도 함께 변경되며, 이 인법을 사용한 시점에서는 그 오의의 사용 횟수를 0회로 헤아린다.

획득한 오의의 내용을 해석해서 자기가 사용한다.

감찰

타입	장비 인법	간격	없음	코스트	없음
지정 특기	없음				

자신이 정보 판정에 성공해서 같은 장면에 등장한 캐릭터의 【정보】를 획득하게 되었을 때 사용할 수 있다. 자신이 이미 그 캐릭터의 【거처】나 【비밀】을 모두 획득했다면, 그 캐릭터의 【오의】에 관한 【정보】를 획득할 수 있다.

신변 정보로부터 그 정보의 소유자가 보유한 오의를 간파하는 안력.

인법회로

타입	장비 인법	간격	없음	코스트	없음
지정 특기	없음				

모든 서포트 인법의 코스트가 1 낮은 것으로 간주한다 (1 미만이 되지는 않는다).

다양한 인법을 보다 효율적으로 운용하기 위해 개발한 기계 부품.

인법학

타입	장비 인법	간격	없음	코스트	없음
지정 특기	없음				

장비 인법 【박식】(p84)의 효과로 얻은 오의 파훼 판정의 수정치가 +2에서 +4로 변화한다.

동서고금의 인법을 철저하게 조사했다.

비공식 코드

타입	서포트 인법	간격	없음	코스트	없음
지정 특기	암호술				

자기 차례에 사용할 수 있다. 임의의 캐릭터 1명을 목표로 선택한다. 지정 특기 판정에 성공하면 목표의 기술에 대응하는 【생명력】을 감소시킨다.

닌자장비에 대해 매우 잘 알고 있으며, 그 약점 또한 파악하고 있다.

인법: 오쿠기슈

역운

타입	공격 인법	간격	2	코스트	1
지정 특기	천리안				

접근전. 간격 내의 캐릭터를 원하는 만큼 선택한다. 그 캐릭터 전원을 목표로 삼을 수 있다. 공격이 성공하면 목표가 가지고 있는 프라이즈의 수만큼 목표에게 접근전 대미지를 입힐 수 있다(최저 0점, 최대 4점).

프라이즈에 깃든 영기를 역류시켜 그 소유자에게 불행한 운명을 불러온다.

쐐기

타입	서포트 인법	간격	없음	코스트	4
지정 특기	침술				

누군가가 판정을 하려고 할 때 사용할 수 있다. 판정을 하고자 하는 이를 목표로 선택한다. 지정 특기 판정에 성공하면 2D6을 굴려 목표가 판정에 사용할 특기가 속한 분야에서 무작위로 특기 하나를 선택한다. 목표가 판정에 사용하는 특기가 무작위로 선택한 특기로 변경된다.

용맥에 못을 박아 운명을 뒤바꾼다.

별점

타입	서포트 인법	간격	없음	코스트	없음
지정 특기	천리안				

자신이 장면 플레이어인 드라마 장면에 사용할 수 있다. 자신을 목표로 선택한다. 지정 특기 판정에 성공하면 주사위를 6개 굴리고, 원하는 순서로 왼쪽부터 오른쪽까지 일렬로 나열한다. 그 후, 행동 판정을 할 때마다 2D6을 굴리는 대신 왼쪽부터 순서대로 2개씩 주사위를 가져다가 그 눈이 나온 것으로 간주한다. 이 효과는 6개의 주사위를 모두 사용할 때까지(행동 판정을 3회 할 때까지) 지속된다. 이 효과는 누적되지 않는다.

마술에 기원을 둔 미래 예지의 비법.

재앙의 제물

타입	서포트 인법	간격	없음	코스트	4
지정 특기	가변				

자신이 대미지를 입었을 때 사용할 수 있다. 자신에 대해 【감정】을 가진 캐릭터 1명을 목표로 선택한다. 목표의 전문 분야 중에서 무작위로 선택한 특기로 판정을 한다. 성공하면 목표가 그 대미지를 입는다. 판정에 실패하면 이 인법의 사용자가 본래 입어야 할 대미지와 더불어 추가로 접근전 대미지 1점을 입는다.

자신에게 닥칠 불상사를 인연을 맺은 상대에게 흘려보낼 수 있다.

살상 영역

타입	장비 인법	간격	없음	코스트	없음
지정 특기	없음				

전투 중에 라운드마다 결정한 자신의 플롯치를 메모해둔다. 그 전투 동안 해당하는 플롯치에 있는 캐릭터는 자신의 공격 인법 간격 안에 없더라도 공격의 목표로 선택할 수 있게 된다.

전장을 서서히 자신의 전투 영역으로 변화시킨다.

천칭

타입	장비 인법	간격	없음	코스트	없음
지정 특기	없음				

지정 특기가 있는 인법을 사용했으나 판정에 실패한 경우, 사용 시에 소비한 코스트, 【생명력】, 닌자도구는 소비하지 않은 것이 된다.

길흉의 밸런스를 맞추는 의식.

쿠라마신류

쿠라마신류와 그 하위 유파의 캐릭터가 습득할 수 있는 인법. 다른 유파에 비해 높은 공격력을 자랑한다.

유파 인법

가을비

타입	공격 인법	간격	2	코스트	1
지정 특기	포술				

사격전. 간격 내에서 임의의 캐릭터를 2명까지 목표로 삼을 수 있다. 공격이 성공하면 목표에게 사격전 대미지 1점을 입힐 수 있다.

난사. 총탄이나 수리검을 마구 날린다.

춘뢰

타입	공격 인법	간격	1	코스트	2
지정 특기	격투술				

접근전. 명중 판정이 성공하면 습득하고 있는 다른 특기로 판정을 1회 더 한다. 두 판정 모두 성공했다면 사용자는 이 인법의 지정 특기와 그 판정에 사용한 특기 중 마음에 드는 쪽을 선택한다(두 판정 모두 실패했다면 명중 판정에 실패한 것으로 간주한다). 목표는 그 특기로 회피 판정을 해야 한다. 공격이 성공하면 목표에게 접근전 대미지 2점을 입힐 수 있다.

벽이나 지형 등 주위의 상황을 이용해서 날리는 변화무쌍한 발차기.

저녁뜸

타입	공격 인법	간격	0	코스트	2
지정 특기	수리검술				

접근전. 공격이 성공하면 목표에게 접근전 대미지 1점을 입힐 수 있다. 이 공격은 자신과 같은 플롯치에 캐릭터가 여러 명이고, 동시 공격 처리가 발생할 경우, 동시 공격을 처리하기 전에 먼저 공격할 수 있다. 이때, 자신 이외의 캐릭터가 【속공】이나 【저녁뜸】 등 같은 종류의 효과를 사용했다면, 해당하는 인법의 지정 특기 판정에서 가장 높은 달성치가 나온 캐릭터 1명에게만 동시 공격보다 먼저 공격을 하는 효과가 발생한다(달성치가 같은 캐릭터가 2명 이상이라면 효과가 발생하지 않는다).

미끼로 수리검을 던져 한순간의 빈틈을 만들어낸다.

신창

타입	공격 인법	간격	3	코스트	1
지정 특기	수리검술				

사격전. 이 공격은 자신과의 플롯치 차이가 0이나 1인 캐릭터를 목표로 선택할 수 없다. 공격이 성공하면 목표에게 사격전 대미지 2점을 입힐 수 있다.

간격을 둔 상대를 꿰뚫는 신속한 찌르기.

그림자 흉내

타입	서포트 인법	간격	없음	코스트	2
지정 특기	보법				

「플롯」 시에 자신의 플롯을 하기 전에 사용할 수 있다. 전투에 참가한 임의의 캐릭터 1명을 목표로 선택한다. 지정 특기 판정에 성공하면 그 라운드에는 플롯을 하지 않으며, 플롯 공개 후 자신의 플롯치는 자동으로 목표가 플롯한 주사위 눈과 같아진다. 그 라운드에 목표가 【그림자 흉내】를 사용했다면 자신과 목표는 둘 다 원래의 규칙대로 플롯을 한다(【그림자 흉내】의 효과는 사라진다). 그 라운드에 목표가 플롯을 여러 개 했다면, 목표의 플롯이 공개된 후에 목표가 플롯한 주사위 중에서 무작위로 하나를 선택한다.

그림자처럼 착 달라붙어 상대를 좇아다니는 이동법.

우보

타입	서포트 인법	간격	없음	코스트	3
지정 특기	보법				

자신이 누군가의 공격으로 사격전 대미지를 입었을 때 사용할 수 있다. 공격을 한 캐릭터를 목표로 선택한다. 지정 특기 판정에 성공하면 자신이 입은 사격전 대미지 수치만큼 목표에게 사격전 대미지를 입힌다.

자신이 받은 충격을 똑같이 상대에게 되돌려주는 특수한 보법.

비연

타입	서포트 인법	간격	없음	코스트	2
지정 특기	비행술				

라운드를 종료할 때, 같은 플롯치에 자신 이외에는 아무도 없다면 사용할 수 있다. 【생명력】을 1점 소비하고 지정 특기 판정에 성공하면 한 번 더 공격을 할 수 있다(이 인법을 사용하는 이가 여러 명이라면, 플롯치와 관계없이 판정의 달성치가 높은 이부터 공격을 한다).

고속으로 이동하다가 갑자기 방향을 바꾸면서 충격파를 일으켜 상대를 베는 검법.

아지랑이

타입	서포트 인법	간격	없음	코스트	1
지정 특기	도검술				

자신의 명중 판정 전에 사용할 수 있다. 지정 특기 판정에 성공하면 그 공격에 대한 회피 판정에 -2의 수정치를 적용한다.

칼날이 아지랑이처럼 흔들려서 포착하기가 매우 어렵다.

피의 결단

타입	장비 인법	간격	없음	코스트	없음
지정 특기	없음				

자신의 명중 판정이 성공했고, 상대의 회피 판정이 실패했을 때 사용할 수 있다. 자신의 【생명력】을 1점 소비하면(최대 1점), 공격의 대미지가 1점 상승한다. 이 효과로 상승하는 대미지는 각 공격 인법의 맨 처음에 적혀 있는 종류뿐이다.

육체의 한계를 넘어 공격을 가한다.

항마 ▣퇴

타입	장비 인법	간격	없음	코스트	없음
지정 특기	없음				

오니의 혈통 유파 인법이나 요마 인법을 습득한 캐릭터에 대한 공격이 성공하면, 본래의 공격 효과와 더불어 사격전 대미지 1점을 입힐 수 있다. 이 추가 사격전 대미지에 의한 【생명력】 감소는 【절대 방어】로 경감할 수 없다.

요마를 정화하는 신기가 깃든 항마검.

후의 선

타입	장비 인법	간격	없음	코스트	없음
지정 특기	없음				

자신보다 플롯치가 높은 캐릭터에 대한 공격이 성공하면 본래의 공격 효과와 더불어 사격전 대미지 1점을 입힐 수 있다.

상대가 움직이기를 기다렸다가 그 빈틈을 찌른다.

선의 선

타입	장비 인법	간격	없음	코스트	없음
지정 특기	없음				

자신보다 플롯치가 낮은 캐릭터에 대한 공격이 성공하면 본래의 공격 효과와 더불어 사격전 대미지 1점을 입힐 수 있다.

상대의 의도를 간파해서 선수를 친다.

절대 방어 관통

【잔설】이나 【마금】처럼 【절대 방어】로 경감할 수 없는 대미지(【생명력】 감소)를 발생시키는 효과가 존재합니다. 이런 대미지를 관통 대미지라고 부릅니다. 모종의 효과로 관통 대미지를 상승시켰다면, 그것은 모두 관통 대미지가 됩니다. 하지만 관통 대미지와 더불어 발생하는 추가 대미지의 경우는 관통 대미지로 간주하지 않습니다. 예를 들어 【강타】나 【피의 결단】으로 상승한 대미지는 관통 대미지로 간주합니다. 한편, 【선의 선】이나 【후의 선】으로 발생하는 대미지는 관통 대미지로 간주하지 않습니다.

비전 인법

잔설

타입	공격 인법	간격	1	코스트	2
지정 특기	주법				

접근전. 이 공격은 자신보다 플롯치가 높은 캐릭터를 목표로 선택할 수 없다. 공격이 성공하면 목표에게 접근전 대미지 1점을 입힐 수 있다. 또, 이 공격에 의한 【생명력】 감소는 【절대 방어】로 경감할 수 없다.

절묘한 간격에서 전개하는 필살의 일격.

염천

타입	서포트 인법	간격	없음	코스트	2
지정 특기	보법				

전투 중에 자기 차례가 되면 사용할 수 있다. 자신보다 플롯치가 낮은 캐릭터 1명을 목표로 선택한다. 지정 특기 판정에 성공하면 그 라운드 동안 목표는 명중 판정에 -2의 수정치를 적용한다.

서서히 상대에게 불리한 간격으로 유도하는 인법.

안개

타입	장비 인법	간격	없음	코스트	없음
지정 특기	없음				

이 캐릭터의 공격에 대한 회피 판정에 -1의 수정치를 적용한다.

상대를 혼란에 빠뜨리는 이해불능의 자세나 참격.

찬바람

타입	서포트 인법	간격	없음	코스트	2
지정 특기	격투술				

자신이 누군가의 공격을 회피했을 때 사용할 수 있다. 공격을 한 캐릭터를 목표로 선택한다. 지정 특기 판정에 성공하면 그 라운드 동안 목표는 회피 판정에 -2의 수정치를 적용한다.

상대의 공격을 피할 때, 상대의 자세를 무너뜨리는 기술.

소나기

타입	장비 인법	간격	없음	코스트	없음
지정 특기	없음				

이 캐릭터의 공격에 대해 회피 판정을 하는 경우, 펌블치가 1 상승한다. 이 인법은 중급닌자 이상이라면 습득할 수 있다.

중급닌자

상대의 회피 궤도를 예측해서 사지로 몰아넣는 검법.

달 기우는 밤

타입	공격 인법	간격	1	코스트	2
지정 특기	도검술				

접근전. 공격이 성공하면 목표에게 「저주」 상태이상과 함께 접근전 대미지 1점을 입힐 수 있다. 단, 이미 「저주」 상태이상에 걸린 캐릭터에게 이 인법으로 다시 「저주」를 걸 수는 없다. 이 인법은 중급닌자 지휘관 이상이라면 습득할 수 있다.

중급닌자 지휘관

* *칼날로 저주의 각인을 새기는 인법.*

일륜

타입	서포트 인법	간격	없음	코스트	없음	퇴
지정 특기	손놀림					

자신이 장면 플레이어인 드라마 장면에서 사용할 수 있다. 임의의 캐릭터 1명을 목표로 선택한다. 지정 특기 판정에 성공하면 목표가 오니의 혈통 유파 인법이나 요마 인법을 습득하고 있는 경우, 사격전 대미지 1점을 입힌다. 이 인법은 중급닌자 지휘관 이상이라면 습득할 수 있다.

중급닌자 지휘관

퇴마의 인을 맺어 요마의 힘을 지닌 자를 밝혀낸다.

으스름

타입	서포트 인법	간격	없음	코스트	3
지정 특기	신체조작				

자신이 판정에 실패했을 때 사용할 수 있다(펌블 시에는 사용할 수 없다). 지정 특기 판정에 성공하면 그 판정을 성공으로 바꿀 수 있다. 단, 전투 장면에서 이 인법을 사용하면 판정 성공에 따른 처리를 적용한 후에 파랑을 일으켜 펌블 에어리어로 이동한다(플롯 시는 제외). 드라마 장면에서 이 인법을 사용하면 펌블 표에서 1회 주사위를 굴려야 한다. 이 인법은 중급닌자 지휘관 이상이라면 습득할 수 있다.

중급닌자 지휘관

육체에 부하를 걸어가며 본래는 불가능한 움직임을 취하는 인법.

반석

타입	장비 인법	간격	없음	코스트	없음
지정 특기	없음				

추가 【생명력】과 그 슬롯을 1점 획득한다. 또, 이 캐릭터에 대한 명중 판정에서 펌블이 발생한 캐릭터는 접근전 대미지 1점을 입는다. 이 인법은 중급닌자 지휘관 이상이라면 습득할 수 있다.

중급닌자 지휘관

단련된 육체는 마침내 강철 같은 견고함을 획득한다.

눈사태

타입	서포트 인법	간격	없음	코스트	3
지정 특기	괴력				

전투 중에 자신이 공격하는 대신 사용할 수 있다. 지정 특기 판정에 성공하면 전장을 무작위로 변경하고, 체술에서 무작위로 특기 하나를 선택한다. 전투에 참가한 캐릭터는 전원 그 특기로 판정하며, 실패한 이는 사격전 대미지 2점을 입는다. 이 인법은 상급닌자 이상이라면 습득할 수 있다.

상급닌자

땅을 가르고 건물을 부숴서 새로운 전장을 만들어내는 인법.

백야

타입	공격 인법	간격	1	코스트	1
지정 특기	수리검술				

접근전. 공격이 성공하면 목표에게 접근전 대미지 2점을 입힐 수 있다. 만약 목표가 체술 이외의 특기로 회피 판정을 한다면 회피 판정에 -4의 수정치를 적용한다. 이 인법은 상급닌자 이상이라면 습득할 수 있다.

상급닌자

무수한 수리검이 허공에서 대상을 덮친다. 그 수리검의 비에서 벗어나는 것은 매우 어려운 일이다.

밤 무지개

타입	공격 인법	간격	1	코스트	없음
지정 특기	임의의 체술				

접근전. 공격이 성공하면 목표에게 접근전 대미지 3점을 입힐 수 있다. 이 인법은 상급닌자 지휘관 이상이라면 습득할 수 있다.

상급닌자 지휘관

구라마신류에 전해지는 비검 중의 비검. 번뜩이는 칼날이 무지개를 그린다.

인법 : 마와리가라스

천구

타입	공격 인법	간격	0	코스트	1
지정 특기	비행술				

접근전. 【생명력】1점을 소비하면 이 인법을 사용할 수 있다. 공격이 성공하면 목표에게 자신의 플롯만큼 접근 전 대미지를 입힐 수 있다.

질풍 같은 몸통박치기. 혹은 유성과도 같은 일격을 내지르는 경우도 있다.

처벌의 검　　　　　　　　　퇴

타입	공격 인법	간격	1	코스트	2
지정 특기	도검술				

접근전. 【생명력】1점을 소비하면 이 인법을 사용할 수 있다. 이 공격에 대한 회피 판정에는 목표가 그 세션 동안 요마화한 횟수 1회당 -1의 수정치를 적용한다. 공격이 성공하면 목표에게 「행방불명」 상태이상과 함께 접근전 대미지 1점을 입힐 수 있다.

마물로 타락한 자의 고뇌를 불사르고 이계의 감옥에 가두는 단죄의 검.

외법의 부채

타입	서포트 인법	간격	없음	코스트	3
지정 특기	기승술				

전투 중에 자기 차례가 되면 사용할 수 있다. 지정 특기 판정에 성공하면 1D6을 굴린다. 자신의 플롯치를 그 눈과 같은 수치로 변경한다. 그 라운드에 아직 자신이 공격이나 공격 대신 할 수 있는 행동을 하지 않았고, 원래 자신이 플롯한 플롯치 이하의 플롯치로 이동했다면, 그 플롯치가 되었을 때 자기 차례를 맞이한다. 그 외의 경우에는 자기 차례를 잃는다.

스스로 일으킨 폭풍에 몸을 맡겨 이동하는 인법.

경계의 새

타입	서포트 인법	간격	없음	코스트	없음
지정 특기	비행술				

자신이 등장하지 않은 전투 장면의 「플롯」 때, 플롯치를 공개하기 전에 사용할 수 있다. 지정 특기 판정에 성공하면 그 전투 장면에 난입할 수 있다. 또, 이때 주사위를 3개 사용해서 플롯을 할 수 있다. 플롯을 공개한 타이밍에 어느 주사위 눈을 자신의 플롯치로 삼을지 결정한다.

악을 감시하는 까마귀의 눈을 벗어날 수 있는 이는 거의 없다.

전문 사냥꾼

타입	장비 인법	간격	없음	코스트	없음
지정 특기	—				

이 인법을 습득했을 때, 임의의 유파 한 종류를 선택한다. 그 유파에 소속된 캐릭터에 대한 공격이 성공하면 본래의 공격 효과와 더불어 사격전 대미지 1점을 입힐 수 있다 (이 인법을 습득했을 때는 6대 유파 중 하나를 선택했다면, 그 하위 유파를 목표로 하는 공격이 성공했을 때도 사격전 대미지 1점을 입힐 수 있다).

특정 유파에 관한 지식, 대항책.

복멸

타입	장비 인법	간격	없음	코스트	없음
지정 특기	없음				

한 번 오의 파훼 판정에 성공한 오의에 대해 오의 파훼 판정을 하는 경우, 자동으로 성공하게 된다(스페셜은 아니다. 달성치가 필요하다면 10이 된다).

마와리가라스에게 한 번 파훼된 오의는 두 번 다시 통하지 않는다.

인법 : 바요넷

뇌화

타입	공격 인법	간격	3	코스트	1
지정 특기	포술				

사격전. 이 공격에 대해 회피 판정을 할 경우, 공격을 한 캐릭터와 목표의 플롯치 차이를 회피 판정에 마이너스 수정치로 적용한다. 공격이 성공하면 목표에게 사격전 대미지 1점을 입힐 수 있다.

상대와의 간격이 넓으면 넓을수록 피하기 어려운 사격술.

불꽃수레바퀴

타입	공격 인법	간격	2	코스트	1~
지정 특기	신체조작				

사격전. 이 공격을 할 때, 이 인법의 코스트를 1부터 사용할 수 있는 최대치까지의 범위 내에서 임의로 설정할 수 있다. 사용한 코스트 1점마다 간격 내에서 목표를 1명 선택한다. 공격이 성공하면 목표에게 사격전 대미지 1점을 입힐 수 있다.

고속으로 회전하면서 전방위에 탄환을 사출한다.

선총

타입	공격 인법	간격	2	코스트	1
지정 특기	의지				

사격전. 이 공격은 자신이 파랑 중이라도 정상적으로 명중 판정을 할 수 있다. 공격이 성공하면 목표에게 사격전 대미지 1점을 입힐 수 있다.

마음의 눈으로 적을 쏘는 경이로운 사격술.

마탄

타입	서포트 인법	간격	없음	코스트	1
지정 특기	없음				

자신의 공격으로 사격전 대미지를 입혔을 때 사용할 수 있다. 그 사격전 대미지를 집단전 대미지로 변경할 수 있다.

무수한 탄환을 마치 군대처럼 다룬다.

연옥

타입	서포트 인법	간격	없음	코스트	4
지정 특기	함정술				

전투 중에 자신보다 플롯치가 높은 캐릭터가 공격 인법이나 공격을 대신하는 오의를 사용하려고 할 때 사용할 수 있다. 공격 인법이나 오의를 사용하려고 하는 캐릭터를 목표로 선택한다. 지정 특기 판정에 성공하면 목표의 공격이나 오의보다 먼저 목표에게 사격전 대미지 1점을 입힐 수 있다(이 효과로 목표가 탈락할 경우, 목표는 공격 인법이나 오의를 사용하지 않은 것이 된다).

고속 기동을 방해하는 탄막 결계. 초정밀 예측 사격이다.

엉거리사격

타입	장비 인법	간격	없음	코스트	없음
지정 특기	없음				

자신과 플롯치가 같은 캐릭터에 대한 공격이 성공하면 본래의 공격 효과와 더불어 사격전 대미지 1점을 입힐 수 있다.

자신과 같은 속도로 움직이는 자를 쏴서 꿰뚫는 인법.

인법: 마왕류

전투 도취

타입	공격 인법	간격	1	코스트	3

지정 특기 도검술

접근전. 공격이 성공하면 그 시나리오 동안 전투에서 승자가 된 횟수+1점만큼 목표에게 접근전 대미지를 입힐 수 있다(최저 1점, 최대 4점).

전장에서 흐른 피에 취하면 취할수록 더욱 예리해지는 요사스러운 검법.

요괴칼날 　　　　퇴

타입	공격 인법	간격	1	코스트	1

지정 특기 이형화

접근전. 공격이 성공하면 목표에게 그 세션 동안 자신이 요마화한 횟수만큼 접근전 대미지를 입힐 수 있다(최저 0점, 최대 4점).

요마화한 몸을 검으로 바꿔 적을 베어 넘긴다.

어둠사마귀

타입	서포트 인법	간격	없음	코스트	2

지정 특기 이형화

전투 중에 자기 차례가 되면 사용할 수 있다. 자신을 목표로 선택한다. 지정 특기 판정에 성공하면 그 전투 동안 자신의 명중 판정에 +2의 수정치를 적용한다. 이 효과는 누적되지 않는다.

팔을 칼날 형태로 변형시켜 적을 동강낸다.

마물사냥의 노래

타입	서포트 인법	간격	2	코스트	2

지정 특기 봉인술

전투 중에 이 인법의 간격 내에 있는 누군가가 요술 분야의 특기가 지정 특기인 공격 인법이나 서포트 인법을 사용했을 때 사용할 수 있다. 그 캐릭터를 목표로 선택한다. 지정 특기 판정에 성공하면 목표가 사용한 인법을 무효로 할 수 있다.

요술을 상쇄하는 마물 사냥꾼의 노래.

용의 통곡 　　　　퇴

타입	서포트 인법	간격	2	코스트	2

지정 특기 언령술

전투 중에 자신이 공격하는 대신 사용할 수 있다. 간격 내에서 오니의 혈통 유파 인법이나 요마 인법을 습득한 캐릭터 전원(자신 포함)을 목표로 선택한다. 지정 특기 판정에 성공하면 목표에게 접근전 대미지 1점을 입힐 수 있다.

용조차 울게 만든다는 이종족 살해 주문.

마성의 피

타입	장비 인법	간격	없음	코스트	없음

지정 특기 없음

이 인법을 습득했을 때, 오니의 혈통 유파 인법 중에서 공격 인법이나 서포트 인법을 두 종류 선택한다(하위 유파의 유파 인법은 포함하지만, 비전 인법은 포함되지 않는다). 자신의 【생명력】을 1점 소비하면 그 인법을 사용할 수 있다.

독으로 독을 제압하듯, 마성의 피로 요마를 베리라.

인법: 연화왕권

밀경

타입	공격 인법	간격	1	코스트	1

지정 특기 가변

접근전. 이 인법의 지정 특기는 공격을 할 때 인법의 사용자가 체술 분야에서 임의로 한 종류 선택한다. 공격이 성공하면 목표에게 접근전 대미지 1점을 입힐 수 있다.

노 모션에서 내지르는 변화무쌍한 일격.

기 연마

타입	서포트 인법	간격	없음	코스트	1

지정 특기 신체조작

전투 중에 자신이 공격하는 대신 사용할 수 있다. 지정 특기 판정에 성공하면 자신이 【크리티컬 히트】 효과의 오의를 사용했을 때, 추가로 접근전 대미지 1점을 입힐 수 있게 된다. 이 효과는 누적되지 않으며, 그 전투를 종료하거나 자신에 대해 누군가가 공격을 성공시킬 때까지 지속된다.

체내를 순환하는 기를 연마해서 필살의 일격을 날린다.

권법의 야수

타입	장비 인법	간격	없음	코스트	없음

지정 특기 없음

간격이 1 이하인 공격 인법으로 간격 1 이내에 있는 목표에 대해 공격을 성공시켰을 때, 본래의 효과와 더불어 「마비」 상태이상을 걸 수 있다.

맹렬한 연타로 목표의 기세를 꺾는다.

성유부 　　　　퇴

타입	장비 인법	간격	없음	코스트	없음

지정 특기 없음

요마 인법을 습득한 캐릭터는 이 인법을 습득한 캐릭터의 공격으로 인한 【생명력】 감소를 【절대 방어】로 경감할 수 없다.

요마의 장벽을 깨부수는 성스러운 글귀가 적혀 있는 끈 형태의 호부.

진극권

타입	장비 인법	간격	없음	코스트	없음

지정 특기 없음

자신이 공격의 목표가 되었을 때, 회피 판정을 포기할 수 있다. 회피 판정을 포기하면 그 공격의 효과가 결정된 후, 자신이 그 전투에서 탈락하지 않았다면 그 공격을 한 캐릭터에 대해 그 라운드에 사용하지 않은 공격 인법을 사용할 수 있다(【크리티컬 히트】나 【범위 공격】 오의는 사용할 수 없다).

온갖 고난을 이겨내고 필사의 각오로 내지르는 주먹이 야말로 연화왕권의 극의.

축복의 복근

타입	장비 인법	간격	없음	코스트	없음

지정 특기 없음

「신통환」을 사용했을 때, 다시 굴린 주사위 눈이 마음에 들지 않으면 한 번 더 다시 굴릴 수 있다.

한계까지 단련한 육체는 신불의 축복을 얻는다.

하구레모노

하구레모노와 그 하위 유파의 캐릭터가 습득할 수 있는 인법. 기동력이 높고, 유격전에 걸맞는 인법이 많다.

유파 인법

나선진

타입	공격 인법	간격	0	코스트	1
지정 특기	은형술				

접근전. 간격 내의 캐릭터를 원하는 만큼 선택한다. 그 캐릭터 전원을 목표로 삼을 수 있다. 공격이 성공하면 목표에게 접근전 대미지 1점을 입힌다.

나선을 그리듯이 공격을 해서 주위에 있는 이들에게 대미지를 준다.

춘향

타입	공격 인법	간격	3	코스트	4
지정 특기	향술				

사격전. 간격 내에서 자신보다 플롯치가 낮은 캐릭터 전원을 목표로 삼는다. 공격이 성공하면 목표에게 사격전 대미지 1점을 입히거나, 파랑을 발생시킬 수 있다(명중 판정에서 스페셜이 발생한 경우, 목표에게 파랑을 발생시키는 효과를 선택했다면 사격전 대미지는 발생하지 않는다). 사격전 대미지를 입힐지, 파랑을 발생시킬지는 목표마다 개별적으로 지정할 수 있다.

육체에 영향을 미치는 특수한 향기를 발생시켜, 바람이 향하는 쪽에 있는 이들의 의식을 몽롱하게 한다.

태극파

타입	공격 인법	간격	1	코스트	2	퇴
지정 특기	제육감					

사격전. 간격 내에서 오니의 혈통 유파 인법이나 요마 인법을 습득한 캐릭터 전원(자신 제외)을 목표로 삼는다. 공격이 성공하면 목표에게 사격전 대미지 1점을 입힐 수 있다.

마물과 싸우기 위한 음양무술의 일종. 체내의 기를 최대한 활성화해서 방출한다.

환옥

타입	서포트 인법	간격	없음	코스트	2
지정 특기	없음				

전투 중에 자신이 공격하는 대신 사용할 수 있다. 자신보다 1 낮은 플롯치의 캐릭터 1명을 목표로 선택한다. 그 캐릭터는 2D6을 굴려 인술 분야에서 무작위로 선택한 특기로 판정을 한다. 실패하면 그 캐릭터는 접근전 대미지 1점을 입는다.

선수를 쳐서 상대가 도망칠 곳을 빼앗으면서 함정으로 유인한다.

금강

타입	서포트 인법	간격	없음	코스트	3
지정 특기	생존술				

자신이 【생명력】을 2점 이상 잃었을 때 사용할 수 있다. 지정 특기 판정에 성공하면 감소하는 【생명력】 수치를 1점 경감할 수 있다.

자신의 육체를 금강석처럼 단단하게 변화시키는 인법.

역풍

타입	서포트 인법	간격	없음	코스트	4
지정 특기	잠복술				

메인 페이즈의 전투 장면에서 누군가에게 대미지를 입거나, 【생명력】을 잃었을 때 사용할 수 있다. 지정 특기 판정에 성공하면 그 전투에서 탈락하지 않는다.

바람을 거스르듯 역경을 견디는 마음.

방황

타입	서포트 인법	간격	없음	코스트	없음
지정 특기	잠복술				

현재의 장면에 자신이 등장하지 않았을 때 사용할 수 있다. 지정 특기 판정에 성공하면 그 장면에 등장할 수 있다. 단, 각종 판정이나 인법, 오의의 효과 등을 처리하는 도중에 등장할 수는 없다(인법 처리 후에 등장하더라도 그 인법에 영향을 주는 효과는 사용할 수 없다. 오의 처리 후에 등장하더라도 그 【오의】에 관한 【정보】는 획득할 수 없다). 각 처리를 모두 종료한 후에 등장한다. 또, 플롯 공개 이후에 이 인법을 사용하면 그 라운드의 플롯치는 자동으로 1이 되며, 공격 인법은 사용할 수 없다.

신출귀몰한 신기. 사실은 거기에 있었다.

허물벗기

타입	서포트 인법	간격	없음	코스트	4
지정 특기	복화술				

전투 중에 공격의 목표로 선택되었을 때, 자신과 플롯치가 같은 캐릭터 중에서 1명을 목표로 할 수 있다. 자신과 같은 플롯치의 캐릭터 중에서 1명을 목표로 선택한다. 지정 특기 판정에 성공하면 공격의 목표를 이 인법의 목표로 변경할 수 있다. 이때, 공격을 한 캐릭터는 그 명중 판정을 포기할 수 없으며, 명중 판정이 성공하면 그 성공으로 발생하는 효과를 반드시 적용해야 한다(「~할 수 있다」라고 적혀 있는 효과라도 사용자의 판단으로 사용하지 않는다는 선택지를 고를 수 없게 된다).

상대를 교란시켜 엉뚱한 목표를 노리게 한다.

인법 복사

타입	서포트 인법	간격	2	코스트	4
지정 특기	변장술				

전투 중에 간격 내의 누군가가 서포트 인법을 사용했을 때 사용할 수 있다(요마 인법은 제외). 지정 특기 판정에 성공하면 그 서포트 인법을 그 세션 동안 2회까지 사용할 수 있게 된다(단, 복사한 인법에 설정된 본래의 사용횟수를 초과해서 사용할 수는 없다). 한 번 인법을 복사한 상태에서 다시 다른 인법을 먼저 복사한 인법은 사용할 수 없게 된다(새로 복사한 인법의 사용 횟수는 2회가 된다. 단, 복사한 인법에 설정된 본래의 사용 횟수를 초과해서 사용할 수는 없다).

상대의 인법을 기억해서 사용한다.

그림자 분신

타입	서포트 인법	간격	없음	코스트	1
지정 특기	분신술				

「플롯」 시에 자신의 플롯을 하기 전에 사용할 수 있다. 지정 특기 판정에 성공하면 2개의 주사위를 사용해서 플롯을 할 수 있다. 플롯을 공개할 타이밍에 어느 주사위 눈을 자신의 플롯치로 삼을지 결정한다.

고속기동으로 잔상을 만들어서 유리한 위치를 빼앗는다.

무아

타입	서포트 인법	간격	없음	코스트	2
지정 특기	제육감				

자신이 파랑 중에 공격받았을 때 사용할 수 있다. 이 인법을 사용하면 펌블 에어리어에 있더라도 평소처럼 지정 특기 판정을 할 수 있다. 판정에 성공하면 그 공격을 회피할 수 있다.

마음을 비우고 파랑의 반동을 이용해서 상대의 공격을 피한다.

칼날장막

타입	장비 인법	간격	없음	코스트	없음
지정 특기	없음				

이 캐릭터에 대한 명중 판정에 실패한 캐릭터는 1점의 사격전 대미지를 입는다.

자신의 주위에 면도날처럼 예리한 나뭇잎이나 꽃잎을 흩날리게 해서 다가오는 상대를 벤다.

비전 인법

꾐낚시

타입	서포트 인법	간격	없음	코스트	없음
지정 특기	도주술				

자신의 【비밀】을 대상으로 정보 판정이 이루어졌을 때 사용할 수 있다. 지정 특기 판정에 성공하면 자신 이외의 캐릭터 1명을 목표로 선택한다(그 장면에 등장하지 않은 캐릭터를 목표로 선택해도 상관없다. 단, 【비밀】을 가지고 있지 않은 캐릭터, 또는 정보 판정을 한 캐릭터가 이미 【비밀】을 획득한 캐릭터는 선택할 수 없다). 그 정보 판정의 목표는 자신이 아니라 이 인법의 목표로 변경된다. 이 인법은 자신이 장면에 등장하지 않아도 사용할 수 있으나, 그 경우 이 인법의 판정에 -2의 수정치를 적용한다.

교묘하게 기척을 지우고 적의 주의를 남에게 돌리는 인법.

미끼

타입	서포트 인법	간격	1	코스트	1
지정 특기	분신술				

간격 내의 캐릭터가 공격의 목표가 되었을 때 사용할 수 있다(이때, 자신이 그 공격의 목표가 되었다면 사용할 수 없다). 공격의 목표가 된 캐릭터 하나를 목표로 선택한다. 지정 특기 판정에 성공하면 그 공격의 목표를 목표에서 자신으로 변경한다.

스스로 미끼가 되어 상대가 사용하는 인법의 표적이 된다.

한 마리 늑대

타입	장비 인법	간격	없음	코스트	없음
지정 특기	없음				

이 캐릭터에 대해 감정 수정을 할 수 없다. 또, 누구에 대한 【감정】도 획득하지 않은 상황에서는 모든 판정의 펌블치가 1 감소한다.

남의 접근을 허용하지 않는 벽. 그것이 너를 강인한 닌자로 만들어준다.

뭍가의 사슬

타입	공격 인법	간격	3	코스트	1
지정 특기	생존술				

사격전. 간격 내의 펌블 에어리어에 있는 캐릭터 전원을 목표로 삼는다(자신이 펌블 에어리어에 있다면 자기자신도 목표가 된다). 공격이 성공하면 목표에게 사격전 대미지 1점을 입힐 수 있다. 이 인법은 중급닌자 지휘관 이상이라면 습득할 수 있다.

파랑의 고통을 촉진시키는 인법.

파도

타입	공격 인법	간격	2	코스트	3
지정 특기	분신술				

접근전. 공격이 성공하면 목표에게 접근전 대미지 1점, 집단전 대미지 1점을 입힐 수 있다. 이 인법은 중급닌자 지휘관 이상이라면 습득할 수 있다.

무수한 분신을 만들어내서 다양한 각도에서 습격한다.

도적

타입	서포트 인법	간격	없음	코스트	없음
지정 특기	도청술				

메인 페이즈의 전투에서 승자가 되어 전과를 획득했을 때 사용할 수 있다. 지정 특기 판정에 성공하면 전과를 하나 더 획득할 수 있다. 이 인법은 중급닌자 지휘관 이상이라면 습득할 수 있다.

상대의 심리를 읽어 가진 것을 모조리 빼앗는 인법.

쌍둥이 그림자

타입	서포트 인법	간격	없음	코스트	3
지정 특기	분신술				

「플롯」 시에 자신의 플롯을 하기 전에 사용할 수 있다. 지정 특기 판정에 성공하면 2개의 주사위를 사용해서 플롯을 할 수 있다. 그 라운드 동안 이 인법의 사용자는 그 두 개의 플롯치에 있는 것으로 간주하며, 각각의 플롯치에서 공격을 할 수 있다. 두 개의 플롯치에 있는 각각의 자신은 그 라운드에 사용할 수 있는 인법의 코스트, 플롯치와 간격의 관계, 파랑 상태를 따질 때 각각 다른 캐릭터로 관리한다. 그 외의 부분을 따질 때는 같은 캐릭터로 간주하며, 같은 이름의 오의나 인법은 라운드당 한 번씩만 사용할 수 있다. 또, 대미지나 상태이상, 각종 수정치 등을 받게 되면 서로 그 영향을 받는다. 이 인법은 중급닌자 지휘관 이상이라면 습득할 수 있다.

그림자 분신보다 더 고도의 분신술. 실제로 있는 분신을 만들어낸다.

나그네

타입	서포트 인법	간격	없음	코스트	없음
지정 특기	은폐술				

사이클을 종료할 때 사용할 수 있다. 지정 특기 판정에 성공하면 이 인법을 사용한 이의 【거처】를 획득한 캐릭터 전원은 그 【거처】를 잃는다. 이 인법은 중급닌자 지휘관 이상이라면 습득할 수 있다.

방랑자. 그 거취를 수색하는 것은 실로 곤란하기 짝이 없는 일이다.

두꺼비 신선

타입	서포트 인법	간격	없음	코스트	5
지정 특기	변장술				

전투 중에 자신이 공격하는 대신 사용할 수 있다. 지정 특기 판정에 성공하면 이후 그 전투를 종료할 때까지 자신의 데이터가 인수 카테고리의 에너미 「거대 두꺼비」(p182)와 동일한 것으로 간주한다(【생명력】은 그 에너미의 【생명력】 최대치가 되며, 【생명력】이 감소해도 특기가 사용 불능이 되지 않는다). 전투를 마치면 【생명력】은 이 인법을 사용한 시점에서 1점 감소한 상태가 된다. 인수일 때는 오의나 닌자도구를 사용할 수 없다. 이 인법은 상급닌자 이상이라면 습득할 수 있다.

거대한 닌자 개구리로 변신하는 인법.

즉흥

타입	서포트 인법	간격	없음	코스트	1
지정 특기	제육감				

자신의 명중 판정 전에 사용할 수 있다. 지정 특기 판정에 성공하면 그 공격으로 인한 【생명력】 감소를 【절대 방어】로 경감할 수 없게 된다. 이 인법은 상급닌자 이상이라면 습득할 수 있다.

천재적인 발상으로 상대의 방어를 돌파한다.

업력

타입	장비 인법	간격	없음	코스트	없음
지정 특기	없음				

전투 중에 자신이 파랑을 일으키고 있을 때, 【생명력】을 1점 소비하면 파랑에서 회복할 수 있다. 이 인법은 상급닌자 이상이라면 습득할 수 있다.

파랑을 이겨내는 강인한 정신력.

비룡

타입	공격 인법	간격	2	코스트	없음
지정 특기	임의의 인술				

접근전. 공격이 성공하면 목표에게 접근전 대미지 1점과 사격전 대미지 2점을 입힐 수 있다. 이 인법은 상급닌자 지휘관 이상이라면 습득할 수 있다.

무기나 자기자신의 분신을 충격파의 형태로 발사한다.

인법:요루가오

처형

타입	공격 인법	간격	1	코스트	1
지정 특기	손놀림				

접근전. 공격이 성공하면 목표에게 접근전 대미지 1점을 입힐 수 있다. 만약 목표가 펌블 에어리어에 있다면 추가로 1점의 사격전 대미지를 입힐 수 있다.

타인의 빈틈을 노려 공격하는 인법.

악당

타입	공격 인법	간격	0	코스트	1
지정 특기	은폐술				

접근전. 공격이 성공하면 목표에게 접근전 대미지 1점을 입히거나, 목표가 가진 닌자도구 또는 특수 닌자도구 하나를 빼앗을 수 있다(어느 닌자도구를 빼앗길지는 공격받은 목표가 결정할 수 있다).

타인에게서 닌자도구를 빼앗는 인법.

비밀 중의 비밀

타입	장비 인법	간격	없음	코스트	없음
지정 특기	없음				

이 인법을 습득했을 때, 임의의 특기 한 종류를 선택한다. 이 캐릭터의 오의에 대해 「간파 판정」을 하는 경우, 《색적술》이 아니라 선택한 특기로 판정해서 성공해야만 한다. 또, 이 「간파 판정」에는 -2의 수정치를 적용한다.

자신의 오의를 숨기는 기술.

인법: No.9

등롱초

타입	서포트 인법	간격	없음	코스트	5
지정 특기	불의 술				

「플롯」 시에 자신의 플롯을 하기 전에 사용할 수 있다. 지정 특기 판정에 성공하면 자신의 플롯과는 별개로 「등롱초」의 플롯을 한다. 플롯을 공개한 타이밍에서 플롯치가 「등롱초」와 같은 캐릭터 전원은 《불의 술》로 판정을 한다. 실패한 캐릭터는 1점의 접근전 대미지를 입는다.

대기 중에 배치할 수 있고, 건드리면 폭발하는 특수한 화약 「불씨」를 조작하는 인법.

미궁

타입	서포트 인법	간격	없음	코스트	없음
지정 특기	결계술				

메인 페이즈에 누군가가 전투 장면의 상대로 선택되었을 때 사용할 수 있다. 지정 특기 판정에 성공하면 전투 장면의 장면 플레이어는 《결계술》 판정을 한다. 《결계술》 판정이 성공하면 정상적으로 전투 장면이 발생하지만, 실패하면 전투 장면이 발생하지 않고 드라마 장면이 발생한다(장면 플레이어는 그 장면이 드라마 장면이 된 것으로 처리해서 장면 표를 사용하고, 등장인물과 시간, 장소 등을 다시 결정해야 한다).

미로의 숲이나 기문둔갑진 등 사람을 쫓는 결계를 만들어내는 인법.

옛날

타입	장비 인법	간격	없음	코스트	없음
지정 특기	없음				

이 인법을 습득했을 때, 자기 유파 이외의 유파를 한 종류 선택한다. 그 유파의 유파 인법 중에서 공격 인법이나 서포트 인법을 두 종류 선택한다(비전 인법과 요마 인법은 제외). 자신의 【생명력】이 2점 이하가 되면 그 인법을 사용할 수 있다.

하구레모노가 되기 전, 다른 유파에서 익힌 인법. 가능하다면 쓰고 싶지 않은 기술이다.

인법: 세계닌자연합

망향

타입	서포트 인법	간격	없음	코스트	없음
지정 특기	없음				

클라이맥스 페이즈에 회상 장면을 열었을 때 사용할 수 있다. 【생명력】이 1D6점 회복한다.

머나먼 고향을 떠올리며 다시 일어선다.

이국의 문화

타입	장비 인법	간격	없음	코스트	없음
지정 특기	없음				

이 인법을 습득했을 때, 임의의 특기 한 종류를 선택한다. 이 캐릭터에 대해 정보 판정이나 감정 판정을 할 때는 그 특기로 판정해야만 한다.

그들 사이에 전해지는 기이한 관습. 이것을 이해하지 못하면 진심으로 소통할 수 없다.

고향의 전법

타입	장비 인법	간격	없음	코스트	없음
지정 특기	없음				

자신의 유파 이외의 유파 인법에서 공격 인법을 특례 습득할 수 있게 된다(비전 인법은 제외). 그 인법의 지정 특기는 당신이 선택한 임의의 특기가 되지만, 코스트가 1 상승한다(코스트가 「없음」인 인법이라면 1이 된다).

세계 각지에 전해지는 다종다양한 공격 기술.

귀향

타입	장비 인법	간격	없음	코스트	없음
지정 특기	없음				

자신이 회복 판정에 성공하면 잃은 【생명력】을 모두 회복할 수 있다.

고향이나 그에 준하는 장소로 돌아가 상처를 치료하는 인법.

닌자 정신

타입	장비 인법	간격	없음	코스트	없음
지정 특기	없음				

자신의 【생명력】이 1점만 남으면 모든 판정에 +2의 수정치를 적용하며, 공격이 성공하면 본래의 공격 효과와 더불어 사격전 대미지 3점을 입힐 수 있다.

일본의 시노비 사이에서 잊혀지고 있는 그 옛날의 NINJA SOUL.

비상식적

타입	장비 인법	간격	없음	코스트	없음
지정 특기	없음				

이 캐릭터에 대한 명중 판정에는 그 공격에 사용한 공격 인법의 코스트를 절반으로 나눈 만큼(소수점 이하 올림) 마이너스 수정치를 적용한다.

그들에게는 소위 말하는 닌자의 상식이 통하지 않는다.

인법: 카게에자

흑색 현

타입	공격 인법	간격	2	코스트	3
지정 특기	가변				

접근전. 이 인법의 지정 특기는 공격을 할 때 인법의 사용자가 인술 분야에서 임의로 한 종류 선택한다. 공격이 성공하면 목표에게 접근전 대미지 1점을 입힐 수 있다.

비밀리에 설치해둔 검은색의 현으로 그림자 속에서 상대를 해친다.

어둠의 경치

타입	서포트 인법	간격	없음	코스트	2
지정 특기	잠복술				

전투 중에 공격하는 대신 사용할 수 있다. 자신을 목표로 선택한다. 지정 특기 판정에 성공하면 그 전투 동안 자신과 플롯치가 다른 캐릭터로부터 공격의 목표로 지정되었을 때, 간격이 1 더 먼 것으로 간주한다. 이 효과는 누적되지 않는다.

그림자로 만들어낸 배경 속에 숨어 공격을 피한다.

그림자 인형

타입	서포트 인법	간격	2	코스트	4
지정 특기	괴뢰술				

전투 중에 공격하는 대신 사용할 수 있다. 간격 내의 캐릭터 1명을 목표로 선택하고, 지정 특기 판정을 한다. 성공하면 목표가 습득한 공격 인법 한 종류를 선택한다(요마 인법 제외). 그 공격 인법을 습득한 것으로 간주해서 공격을 할 수 있다. 이때, 그 공격 인법의 코스트는 0으로 간주한다.

타인의 그림자를 조종해서 그림자 주인의 기술을 사용한다.

인법: 시라누이

백린

타입	공격 인법	간격	2	코스트	2
지정 특기	불의 술				

사격전. 간격 내에 있는 자신 이외의 캐릭터 전원을 목표로 삼는다. 공격이 성공하면 목표에게 사격전 대미지 1점을 입힐 수 있다. 이 인법으로 누군가를 전투에서 탈락시키면 전장을 「위험지대」로 변경할 수 있다.

도깨비불을 흩뿌려 주위를 불바다로 만드는 인법.

화염칼날

타입	서포트 인법	간격	1	코스트	3
지정 특기	불의 술				

간격 내에서 자신 이외의 누군가가 서포트 인법을 사용할 때 사용할 수 있다. 서포트 인법의 사용자를 목표로 선택한다. 지정 특기 판정에 성공하면 목표에게 접근전 대미지 1점을 입힐 수 있다.

적이 기술을 사용하는 한순간의 빈틈을 노려 화염을 칼날처럼 변화시킨다.

업화

타입	장비 인법	간격	없음	코스트	없음
지정 특기	없음				

그 전투 동안 누군가가 전투에서 탈락했다면, 공격을 했을 때 본래의 공격 효과와 더불어 사격전 대미지 1점을 입힐 수 있다. 탈락한 캐릭터가 사망했다면 추가로 사격전 대미지 1점을 입힐 수 있다.

죽은 자의 몸에서 나오는 도깨비불을 촉매삼아 더 강력한 화염을 다룬다.

인법: 토가메류

마안

타입	공격 인법	간격	2	코스트	1
지정 특기	동술				

사격전. 공격이 성공하면 목표에게 사격전 대미지 1점을 입히고, 추가로 한 번 더 이 인법을 사용할 수 있다. 단, 코스트는 누적되며, 이미 이 인법의 목표가 된 캐릭터와는 다른 캐릭터를 목표로 삼아야 한다.

살상능력을 지닌 시선. 일반적으로 이 시선의 소유자는 특수한 기구로 자신의 시야를 제어한다.

적안

타입	서포트 인법	간격	없음	코스트	1
지정 특기	동술				

자신이 장면 플레이어인 드라마 장면에 사용할 수 있다. 임의의 캐릭터 1명을 목표로 선택한다. 지정 특기 판정에 성공하면, 목표는 다음에 펌블을 발생시켰을 때 접근전 대미지 1점과 사격전 대미지 1점을 입는다. 이 효과는 누적되지 않는다. 이 인법은 그 장면에 등장하지 않은 캐릭터 중에서도 목표를 선택할 수 있다.

누군가에게 일어날 불상사를 예언하는 인법.

진안

타입	장비 인법	간격	없음	코스트	없음
지정 특기	없음				

오의 파훼 판정을 할 때, +1의 수정치를 적용한다. 또, 이 캐릭터가 시도하는 오의 파훼 판정이 스페셜로 성공했을 경우, 그 오의는 그 세션 동안 사용할 수 없게 된다.

상대의 생각을 꿰뚫어보는 안력.

인법: 브레멘

불의의 맹습

타입	공격 인법	간격	0	코스트	1
지정 특기	격투술				

접근전. 이 공격에 대한 회피 판정은 펌블치가 1 상승한다. 공격이 성공하면 목표에게 접근전 대미지 1점을 입힐 수 있다.

짐승의 본성을 드러내서 물어뜯고, 발톱으로 잡아 찢는다.

짐승의 기교

타입	장비 인법	간격	없음	코스트	없음
지정 특기	없음				

이 인법을 습득했을 때, 「인수」 카테고리의 에너미 한 종류와 그 에너미가 습득한 공격 인법 또는 서포트 인법 두 종류를 선택한다(요마 인법 제외). 각 인법의 사용 타이밍에 자신의 【생명력】을 1점 소비하면 그 인법을 사용할 수 있다.

인수 특유의 기술을 익히고 있다.

충절

타입	장비 인법	간격	없음	코스트	없음
지정 특기	없음				

자신이 「충성」의 【감정】을 획득한 캐릭터와 같은 장면에 등장했을 때는 모든 판정에 +1의 수정치를 적용하며, 전투 중이라면 라운드마다 사용할 수 있는 인법의 코스트 합계가 1점 상승한다.

자신이 주인으로 인정한 상대를 위해서라면 경이로운 활약을 보여준다.

히라사카 기관

히라사카 기관과 그 하위 유파의 캐릭터가 습득할 수 있는 인법. 허를 찌르는 인법이 많으며, 정보전에 강한 경향을 보인다.

유파 인법

대정화

타입	공격 인법	간격	2	코스트	3
지정 특기	유언비어				

집단전. 간격 내에서 임의의 캐릭터 2명을 목표로 삼을 수 있다. 공격이 성공하면 목표에게 집단전 대미지 1점을 입힐 수 있다.

히라사카 기관의 구성원들을 동원하여 악을 정화하는 전투 의식.

해독

타입	서포트 인법	간격	1	코스트	3
지정 특기	의술				

전투 중에 자신이 공격하는 대신 사용할 수 있다. 이 인법의 간격 내에 있는 캐릭터 1명을 목표로 선택한다. 지정 특기 판정에 성공하면 목표의 상태이상 하나를 회복한다.

상대에게 걸린 상태이상을 푼다.

금술

타입	서포트 인법	간격	없음	코스트	2
지정 특기	함정술				

자기 차례에 사용한다. 현재의 장면을 목표로 선택한다. 지정 특기 판정을 한다. 성공하면 목표로 삼은 장면 동안 그 인법을 사용한 이는 접근전 대미지 1점을 입는다. 이 효과는 사용자가 그 장면에서 퇴장하면 사라진다. 또, 이 효과는 누적되지 않는다.

주술적인 함정을 펼쳐 인법을 사용한 자를 상처입힌다.

침묵

타입	서포트 인법	간격	없음	코스트	없음
지정 특기	조사술				

자신이 모종의 【정보】를 획득했을 때 사용할 수 있다. 지정 특기 판정에 성공하면 자신에 대해 상대에게 발생하는 「정보 공유」를 무효로 할 수 있다. 또, 이 인법을 습득한 캐릭터에 대한 오의 파훼 판정에 -1의 수정치를 적용한다(이 마이너스 수정치의 적용 타이밍은 자신이 습득한 장비 인법과 마찬가지로 간주한다).

정보를 차단해서 기밀의 누설을 막는다.

하늘눈

타입	서포트 인법	간격	없음	코스트	2
지정 특기	대인술				

자신이 인법으로 누군가에게 대미지를 입혔을 때 사용할 수 있다. 대미지를 입힌 캐릭터 1명을 목표로 선택한다. 지정 특기 판정에 성공하면 목표의 【비밀】이나 【거처】를 획득할 수 있다.

상처를 통해 그 인물과 인연을 맺고, 그 마음 속이나 거처를 조사한다.

고혹

타입	서포트 인법	간격	3	코스트	2
지정 특기	미인계				

전투 중에 자신이 공격하는 대신 사용할 수 있다. 이 인법의 간격 내에 있는 캐릭터 중에서 자신에 대해 플러스 【감정】을 가진 전원을 목표로 선택한다. 지정 특기 판정에 성공하면 그 전투 동안 목표는 이 인법의 사용자에게 【생명력】을 감소당하거나, 이 인법의 사용자가 탈락할 때까지 모든 판정에 -1의 수정치를 적용한다. 이 효과는 누적되지 않는다.

색기로 상대를 홀려 방심하게 한다.

꼭두각시

타입	서포트 인법	간격	없음	코스트	5
지정 특기	괴뢰술				

전투 중에 자신에 대해 【감정】을 가진 캐릭터의 차례가 되었을 때 사용할 수 있다. 그 캐릭터를 목표로 선택한다. 지정 특기 판정에 성공하면 그 라운드에 목표가 차례를 맞이했을 때 목표가 습득한 공격 인법 하나를 목표가 사용한 것처럼 사용할 수 있다. 목표는 그 라운드에 더 이상 공격을 할 수 없게 된다. 이 공격 인법의 목표는 【꼭두각시】의 사용자가 결정할 수 있다. 그 후, 그 라운드 동안 목표가 대미지를 입으면 대신 【꼭두각시】의 사용자가 그 대미지를 입는다. 이 효과는 누적되지 않는다.

누군가의 마음에 숨어들어 자기 뜻대로 조종한다.

뿌리

타입	서포트 인법	간격	없음	코스트	없음
지정 특기	괴뢰술				

드라마 장면에 누군가가 엑스트라를 등장시켰을 때 사용할 수 있다. 지정 특기 판정에 성공하면 그 엑스트라는 하급닌자 카테고리의 에너미 「쿠사」(p184)가 되며, 그 세션을 종료할 때까지 자신의 종자로 사용할 수 있게 된다. 단, 이 「종자」는 【생명력】이 없으면 그 세션에서는 사용할 수 없게 된다.

어떤 장소에서든 배신자를 만들어내는 악마적인 음모.

사회전

타입	서포트 인법	간격	없음	코스트	없음
지정 특기	유언비어				

자신이 장면 플레이어인 드라마 장면에서 사용할 수 있다. 자신이 【거처】를 획득한 캐릭터 중에서 1명을 목표로 선택한다. 지정 특기 판정에 성공하면 목표에게 집단전 대미지 1점을 입힐 수 있다.

히라사카 기관의 국가적인 배경을 이용해서 누군가를 사회적으로 말살한다.

방첩

타입	서포트 인법	간격	없음	코스트	2
지정 특기	가변				

정보 판정이 이루어졌을 때 사용할 수 있다. 정보 판정을 한 캐릭터를 목표로 선택한다. 그 정보 판정에 사용된 특기로 판정해서 성공하면 목표에게 1점의 사격전 대미지를 입힌다. 이 인법은 자신이 장면에 등장하지 않아도 사용할 수 있지만, 그 경우에는 이 인법의 판정에 -2의 수정치를 적용한다.

물리적인 것, 주술적인 것을 불문하고 공격성 정보 방벽을 쌓아올린다.

동요 유발

타입	장비 인법	간격	없음	코스트	없음
지정 특기	없음				

자신이 【비밀】을 아는 캐릭터를 공격할 때, 공격이 성공하면 본래의 공격 효과와 더불어 사격전 대미지 1점을 입힐 수 있다.

상대의 약점을 이용해서 빈틈을 만든다.

치성

타입	장비 인법	간격	없음	코스트	없음
지정 특기	없음				

자신의 판정이 스페셜이라면 임의의 닌자도구(특수 닌자도구는 포함하지 않는다)를 하나 획득할 수 있다. 어느 닌자도구를 획득했는지는 선언해야 한다.

히라사카의 신묘한 기술은 그 잔상마저 힘을 지닌 닌자도구가 된다.

비전 인법

마금

타입	공격 인법	간격	3	코스트	2
지정 특기	예능				

사격전. 공격이 성공하면 목표에게 사격전 대미지 1점을 입힐 수 있다. 또, 이 공격으로 인한【생명력】감소는【절대 방어】로 경감할 수 없다.

거문고의 현을 튕겨 충격파를 일으켜서 적을 친다.

장기짝

타입	공격 인법	간격	2	코스트	2
지정 특기	경제력				

집단전. 공격이 성공하면 목표에게 집단전 대미지 1점을 입힐 수 있다. 또, 그 전투 장면에 자신의「종자」가 있다면 그 숫자만큼 추가로 접근전 대미지를 입힐 수 있다(최대 3점).

히라사카가 상투적으로 사용하는 수단. 부하를 조직하고 동원해서 제압한다.

친밀감

타입	서포트 인법	간격	없음	코스트	2
지정 특기	없음				

자신이 행동 판정을 할 때 사용할 수 있다. 자신에 대해 플러스【감정】을 가진 캐릭터 1명을 목표로 선택한다. 목표의 특기를 가지고 있는 것으로 간주해서 그 판정을 할 수 있다. 이 인법은 세션 동안 모술 특기의 수와 같은 횟수만큼 사용할 수 있다.

마치 친한 친구인 것처럼 여기게 해서 힘을 빌리는 인법.

성역의 울타리

타입	서포트 인법	간격	없음	코스트	1
지정 특기	함정술				

「플롯」시에 자신의 플롯을 하기 전에 사용할 수 있다. 지정 특기 판정에 성공하면 임의의 플롯치 하나를 선택한다. 그 라운드에 그 플롯치가 된 캐릭터는【생명력】이 1점 감소한다.

들어가기 어려운 장소를 만들어 전장의 분위기를 조작한다.

연회

타입	서포트 인법	간격	없음	코스트	없음
지정 특기	예능				

자신이 장면 플레이어인 드라마 장면에서 사용할 수 있다. 임의의 캐릭터 1명을 목표로 선택한다. 지정 특기 판정에 성공하면 목표가 가진【감정】하나의 속성(플러스／마이너스)을 반전시킬 수 있다(【감정】을 전혀 가지고 있지 않은 캐릭터에게 새로【감정】을 획득하게 할 수는 없다).

춤과 음악으로 마음을 조종하는 인법.

밀고

타입	서포트 인법	간격	없음	코스트	4
지정 특기	유언비어				

누군가가 판정에서 펌블을 발생시켰을 때 사용할 수 있다(이 인법은 자신이 장면에 등장하지 않아도 사용할 수 있다). 펌블을 발생시킨 캐릭터를 목표로 선택한다. 지정 특기 판정에 성공하면 목표에게 사격전 대미지 1점을 입힐 수 있다. 이 인법은 중급닌자 지휘관 이상이라면 습득할 수 있다.

누군가에게 불리한 정보를 퍼뜨려서 그 인물을 실각시키는 인법.

미끼사냥

타입	서포트 인법	간격	없음	코스트	없음
지정 특기	사기술				

자신이 장면 플레이어인 드라마 장면에서 정보 판정으로 누군가의【비밀】을 획득했을 때 사용할 수 있다. 지정 특기 판정에 성공하면 그【비밀】을 획득한 캐릭터와 전투 장면에 돌입할 수 있다. 그 전투 장면을 종료하면 자신의 장면을 종료한다. 이 인법은 중급닌자 지휘관 이상이라면 습득할 수 있다.

비밀을 미끼로 누군가를 유인해서 습격한다.

시련

타입	장비 인법	간격	없음	코스트	없음
지정 특기	없음				

이 캐릭터의 공격에 대해 회피 판정을 하는 경우, 이 캐릭터에게 걸린 상태이상 한 종류마다 -1의 수정치를 적용한다(「마비」나「저주」처럼 누적되는 상태이상에 두 번 걸렸더라도 한 종류로 헤아린다). 이 인법은 중급닌자 지휘관 이상이라면 습득할 수 있다.

일부러 궁지에 몰림으로써 진정한 힘을 각성한다.

하바야

타입	서포트 인법	간격	없음	코스트	4
지정 특기	독술				

자신에 대한 공격을 회피했을 때 사용할 수 있다. 임의의【생명력】1점을 소비하고, 그 공격을 한 캐릭터를 목표로 선택한다. 지정 특기 판정에 성공하면 그 공격이 성공했을 때의 효과를 목표에게 적용할 수 있다(이 효과에 대해서는 회피 판정을 시도할 수 없다). 이 인법은 상급닌자 이상이라면 습득할 수 있다.

자신의 피에 독을 섞어두고, 공격을 받았을 때 튄 피로 상대를 절명시키는 인법.

(역주-하바야: 일본신화에 등장하는 신의 화살 아메노하바야)

책략전

타입	서포트 인법	간격	없음	코스트	없음
지정 특기	대인술				

누군가가 지정 특기 판정이 필요한 서포트 인법을 사용했을 때 사용할 수 있다. 서포트 인법의 사용자를 목표로 선택한다. 지정 특기 판정을 한다. 판정의 달성치가 목표가 사용한 서포트 인법의 달성치 이상이라면 목표가 사용한 서포트 인법을 무효로 할 수 있다. 이 인법은 상급닌자 이상이라면 습득할 수 있다.

상대의 심리를 읽고 예상치 못한 허점을 찌른다.

인신공양

타입	장비 인법	간격	없음	코스트	없음
지정 특기	없음				

자신이【생명력】을 잃을 때, 자신 대신「종자」나「심복」의【생명력】을 감소시킬 수 있다. 이 인법은 상급닌자 이상이라면 습득할 수 있다.

살아 있는 방패. 희생양.

신역

타입	장비 인법	간격	없음	코스트	없음
지정 특기	없음				

모든 판정의 스페셜치가 1 감소한다. 이 인법은 상급닌자 지휘관 이상이라면 습득할 수 있다.

그 몸에 신을 내려 인간을 초월한 힘을 손에 넣는다.

기법의 서

인법: 토코요

어둠의 제전

타입	서포트 인법	간격	없음	코스트	없음
지정 특기	예능				

자신이 정보 판정에 성공하고, 【정보】를 획득했을 때 사용할 수 있다. 지정 특기 판정에 성공하면 【생명력】1점을 소비하고 임의의 특기로 한 번 더 정보 판정을 할 수 있다.

죽은 자를 위로하는 의식을 집행해서 그 목소리를 듣는다.

솟아나는 시체

타입	서포트 인법	간격	1	코스트	2
지정 특기	사령술				

전투 중에 자기 차례가 되면 공격하는 대신 사용할 수 있다. 이 인법의 간격 내에서 캐릭터 1명을 목표로 선택한다. 지정 특기 판정에 성공하면 자신이 목표에 대해 공격을 할 때, 공격 인법의 간격이 1 상승한 것으로 간주한다. 또, 목표가 펌블을 발생시키면 사격전 대미지 1점을 입힐 수 있다. 이 효과는 전투 동안 지속되며, 누적되지 않는다.

지면에서 저승의 주민을 불러서 적의 움직임을 견제한다.

탄원의 서약   퇴

타입	서포트 인법	간격	없음	코스트	없음
지정 특기	언령술				

클라이맥스 페이즈를 종료할 때 사용할 수 있다. 【생명력】1점을 소비하고, 임의의 캐릭터 1명을 목표로 선택한다. 지정 특기 판정에 성공하면 목표의 「부정」을 하나 회복한다. 이 인법은 그 장면에 등장하지 않은 캐릭터 중에서도 목표를 선택할 수 있다.

황천의 신 요모츠오오카미에게 기도를 올려 부정을 정화한다.

(역주·요모츠오오카미: 일본 신화의 여신 이자나미의 다른 이름)

밤의 눈

타입	서포트 인법	간격	없음	코스트	없음
지정 특기	천리안				

자신이 정보 판정을 할 때 사용할 수 있다. 지정 특기 판정에 성공하면 정보 판정에 성공했을 때, 본래의 효과와 더불어 두 명 분량의 【거처】를 획득할 수 있다.

꿈속에서 죽은 자들의 눈을 통해 현세의 인간을 점친다.

능묘

타입	장비 인법	간격	없음	코스트	없음
지정 특기	없음				

이 인법을 습득했을 때 히라사카 기관의 비전 인법 중에서 임의의 인법 한 종류를 선택한다(계급의 제한을 무시할 수 있다). 자신이 장면 플레이어인 장면에서는 그 인법을 사용할 수 있다.

위대한 히라사카 무녀들의 묘소를 지키고 있다. 그녀들의 힘을 빌릴 수 있다.

시체 사역

타입	장비 인법	간격	없음	코스트	없음
지정 특기	없음				

하급닌자 카테고리의 에너미 「송장닌자」(p185) 1명을 데리고 있다. 당신은 그 「송장닌자」를 종자로 사용할 수 있다. 단, 이 인법으로 획득한 「송장닌자」는 서포트 인법을 1회 사용할 때마다 그 「송장닌자」의 【생명력】을 1점 잃는다.

황천의 주민을 조종하는 히라사카류 고신도의 비술.

인법: 시코메슈

야쿠사노이카츠치

타입	공격 인법	간격	2	코스트	3
지정 특기	사령술				

사격전. 간격 내에서 자신보다 플롯치가 낮은 캐릭터 전원을 목표로 삼을 수 있다. 공격이 성공하면 목표에게 사격전 대미지 1점을 입힐 수 있다.

전신에서 여덟 줄기의 벼락을 날리는 인법.

(역주·야쿠사노이카츠치: 저승에 떨어진 이자나미의 썩은 몸을 뒤덮은 구더기에서 유래한 여덟 뇌신)

부정 바르기

타입	공격 인법	간격	1	코스트	1
지정 특기	독술				

접근전. 공격이 성공하면 목표에게 접근전 대미지 1점을 입힐 수 있다. 또, 목표가 그 라운드에 사용할 수 있는 인법의 코스트 합계가 1점 감소하며, 자신이 그 라운드에 사용할 수 있는 인법의 코스트 합계가 1점 상승한다(감소도 상승도 최대 3점까지).

저승의 부정을 무기에 바르고, 그것을 통해 정기를 빨아들이는 인법.

요모츠이쿠사

타입	공격 인법	간격	4	코스트	1
지정 특기	괴뢰술				

집단전. 공격이 성공하면 목표에게 집단전 대미지 1점을 입히고, 그 전투 동안 회피 판정에 -1의 수정치를 적용할 수 있다(최대 -3까지).

토코요에서 빌려온 망자의 군단.

(역주·요모츠이쿠사: 일본 신화에 언급되는 황천의 군세)

치가에시

타입	서포트 인법	간격	없음	코스트	5
지정 특기	함정술				

「플롯」시에 자신의 플롯을 하기 전에 사용할 수 있다. 지정 특기 판정에 성공하면 자신의 플롯과는 별개로 「치가에시」의 플롯을 한다. 플롯을 공개한 타이밍에서 「치가에시」와 플롯이 같은 캐릭터 전원을 《함정술》로 판정을 한다. 실패한 캐릭터는 1점의 집단전 대미지를 입는다.

함정을 이용해서 발을 묶고 방해를 하는 인법.

(역주·치가에시: 일본 신화에서 이자나기가 이자나미를 피해 저승을 빠져나갈 때, 저승의 입구를 막은 바위 또는 바위의 신 치가에시노카미를 뜻한다)

수치

타입	서포트 인법	간격	0	코스트	4
지정 특기	미인계				

전투 중에 자기 차례가 되면 사용할 수 있다. 간격 내에서 자신을 제외하고 자신의 【비밀】을 획득한 캐릭터 전원을 목표로 선택한다. 지정 특기 판정에 성공하면 목표에게 사격전 대미지 1점을 입힌다(회상 장면으로 공개했을 때는 그 장면에 등장한 캐릭터라면 【비밀】을 획득한 것으로 간주한다).

자신의 진짜 모습을 본 자에게만 사용할 수 있는 여인의 일격.

마가츠히   퇴

타입	장비 인법	간격	없음	코스트	없음
지정 특기	없음				

「부정」을 1점 받을 때마다 전투 중에 사용할 수 있는 인법의 코스트 합계가 1점 상승하고, 전투 중의 펌블치가 1점 감소한다.

부정을 몸에 둘러 강력한 주력을 손에 넣는다.

(역주·마가츠히: 저승에서 탈출한 이자나기가 몸에서 씻어낸 저승의 더러움으로부터 태어난 부정과 재앙의 신 야소마가츠히노카미, 오오마가츠히노카미)

인법: 공안 은밀국

말벌

타입	공격 인법	간격	4	코스트	2

지정 특기 인맥

집단전. 이 공격의 명중 판정은 스페셜치가 11이 된다. 공격이 성공하면 목표에게 집단전 대미지 1점을 입힐 수 있다. 만약 이 공격의 명중 판정이 스페셜이었고, 공격이 성공했다면 본래의 효과와 더불어 추가로 사격전 대미지 2점을 입힐 수 있다.

공안 은밀국 소속 강습부대. 매우 은밀한 행동력을 동반한 전투능력을 자랑한다.

무표정

타입	서포트 인법	간격	없음	코스트	없음

지정 특기 은폐술

누군가가 정보 판정에 성공해서 이 인법을 소유한 캐릭터의 【비밀】을 획득하려고 할 때 사용한다. 그 정보 판정을 한 이를 목표로 선택한다. 지정 특기 판정에 성공하면 목표의 정보 판정을 실패로 만들 수 있다. 단, 목표가 같은 장면에 등장한 캐릭터라면 지정 특기 판정에 –2의 수정치를 적용한다. 이 인법은 자신이 장면에 등장하지 않아도 사용할 수 있다.

철저하게 감정을 버리고 자신의 비밀을 봉인해서 정보의 유출을 막는 인법.

정보전

타입	서포트 인법	간격	없음	코스트	1

지정 특기 조사술

자신이 장면 플레이어인 드라마 장면에 사용할 수 있다. 임의의 캐릭터 1명을 목표로 선택한다. 지정 특기 판정에 성공하면 목표에 대한 명중 판정과 오의 파훼 판정에 +1의 수정치를 적용한다. 이 효과는 세션을 종료할 때까지 지속되며, 누적되지 않는다.

적을 알고 자신을 아는 것은 병법의 기본이다.

인둔술

타입	서포트 인법	간격	없음	코스트	1

지정 특기 사기술

전투 중에 전장이 「혼잡」이라면 자기 차례에 사용할 수 있다. 지정 특기 판정에 성공하면 이 인법의 사용자를 공격할 때는 명중 판정에 –2의 수정치를 적용한다. 또, 이 인법의 사용자는 자신이 시도하는 명중 판정에 +2의 수정치를 적용한다. 이 효과는 누적되지 않으며, 전장이 「혼잡」이외의 다른 것으로 변경되거나 전투를 종료할 때까지 지속된다.

일반인 사이에 섞여 적을 교란시킨다.

괴문서

타입	서포트 인법	간격	없음	코스트	없음

지정 특기 유언비어

자신이 【정보】를 획득했을 때 사용한다. 임의의 캐릭터를 원하는 만큼 목표로 선택한다. 지정 특기 판정에 성공하면 목표 전원에게 그 【정보】를 전달할 수 있다. 이 인법은 그 장면에 등장하지 않은 캐릭터 중에서도 목표를 선택할 수 있다.

소문이나 괴문서, 화살 편지나 봉화 등을 통해 정보 공작을 하는 인법.

염탐

타입	장비 인법	간격	없음	코스트	없음

지정 특기 없음

자신이 정보 판정을 할 때 사용한다. 주사위를 굴리지 않고 정보 판정에 자동으로 성공할 수 있다(스페셜은 아니다. 달성치가 필요하다면 10이 된다).

기계처럼 안정적인 정보 수집 능력.

인법: 쟈코카이 종합병원

입 속의 꿀 [퇴]

타입	서포트 인법	간격	없음	코스트	없음

지정 특기 의술

자신이 감정 판정에 성공했을 때 사용할 수 있다. 자신이 【감정】을 얻은 캐릭터를 목표로 선택한다. 지정 특기 판정에 성공하면 목표의 「부정」을 하나 회복하고, 목표의 이형 하나를 미습득 상태로 만든다. 그리고 자신이 그 「부정」을 하나 받고, 이형 하나를 발현한다(목표가 「부정」을 받은 것과 같은 특기에 대응하는 【생명력】 슬롯에 색칠을 한다. 이미 그 【생명력】이 「부정」을 받아 색칠된 상태라면 이 인법은 사용할 수 없다).

입맞춤을 나눈 상대로부터 부정을 빨아들여 자신의 몸에 깃들게 한다.

독과일 [퇴]

타입	서포트 인법	간격	없음	코스트	4

지정 특기 독술

누군가가 「병량환」을 사용했을 때 사용한다. 「병량환」을 사용한 캐릭터를 목표로 선택한다. 지정 특기 판정에 성공하면 목표는 추가 【생명력】이 아닌 【생명력】 슬롯을 하나 선택하고, 거기에 「부정」을 받는다.

약이나 음식을 부정한 존재로 변화시킨다.

약사의 침실

타입	서포트 인법	간격	없음	코스트	없음

지정 특기 미인계

자신에 대해 누군가가 플러스 【감정】을 획득했을 때 사용할 수 있다. 지정 특기 판정에 성공하면 「병량환」을 하나 획득할 수 있다.

방중술의 일종으로, 남녀의 교접을 통해 기를 연마해서 영약을 만들어낸다.

의령

타입	서포트 인법	간격	1	코스트	3

지정 특기 의술

이 인법을 습득했을 때 상태이상 한 종류를 선택한다. 자기 차례에 사용할 수 있다(전투 장면이라면 공격을 하는 대신 사용할 수 있다). 드라마 장면이라면 임의의 캐릭터 1명을 목표로 선택한다. 전투 중이라면 이 인법의 간격 내에 있는 캐릭터 1명을 목표로 선택한다. 지정 특기 판정에 성공하면 목표에게 해당 상태이상 하나를 걸거나, 목표에게 걸려 있는 해당 상태이상 하나를 회복할 수 있다.

쟈코카이 종합병원에는 각각의 전문 분야를 담당하는 다양한 의료 닌자들이 있다.

베갯밑송사

타입	서포트 인법	간격	없음	코스트	없음

지정 특기 미인계

자신이 등장했고, 자신 이외의 플레이어가 장면 플레이어인 드라마 장면에서 누군가가 정보 판정을 하려고 할 때 사용할 수 있다. 그 정보 판정을 시도하는 이를 목표로 선택한다. 지정 특기 판정에 성공하면 목표가 정보 판정으로 누구의 【정보】를 획득할지, 그리고 【비밀】과 【거처】 중 어느 쪽을 획득할지를 이 인법의 사용자가 결정할 수 있다. 단, 목표가 이미 획득한 【정보】를 획득하게 할 수는 없다.

능수능란한 테크닉으로 상대를 자신의 포로로 만든다.

구명침

타입	장비 인법	간격	없음	코스트	없음

지정 특기 없음

공격이 성공했을 때, 공격 인법의 효과를 적용하는 대신 그 목표에 대해 「병량환」을 사용할 수 있게 된다(소지한 개수의 범위 내라면 1회의 공격으로 여러 개의 「병량환」을 사용해도 좋다. 또, 여러 목표를 공격했다면 목표마다 본래의 효과를 사용할지, 「병량환」을 사용할지를 각각 정할 수 있다).

침이나 주사기를 투척해서 전투 시에도 응급처치를 하는 인법.

사립 오토기 학원

사립 오토기 학원과 그 하위 유파의 캐릭터가 습득할 수 있는 인법. 변칙적인 인법이 많다는 것이 특징.

유파 인법

천도
타입	공격 인법	간격	1	코스트	1
지정 특기	야전술				

접근전. 공격이 성공하면 목표에게 접근전 대미지 1점을 입힐 수 있다. 만약 자신이 「평지」 전장에서 싸우고 있다면 자신의 명중 판정 펌블치가 1 감소하고, 이 공격에 대한 회피 판정에 −1의 수정치를 적용한다.

태양이나 바람 등의 자연을 최대한 이용하는 야외 특화 전투법.

북두
타입	공격 인법	간격	5	코스트	1
지정 특기	야전술				

접근전. 이 공격은 현재의 【생명력】이 자신과 같은 캐릭터만 목표로 선택할 수 있다. 공격이 성공하면 목표에게 2점의 접근전 대미지를 입힐 수 있다.

적과 자신의 심장 소리를 공명시켜 그 투사체를 친다.

복병
타입	공격 인법	간격	1	코스트	1
지정 특기	용병술				

집단전. 이 공격에 대한 회피 판정에 −2의 수정치를 적용한다. 공격이 성공하면 목표에게 집단전 대미지 1점을 입힐 수 있다.

예기치 못한 복병을 배치해서 적의 동요를 유발시킨다.

선식
타입	서포트 인법	간격	없음	코스트	없음
지정 특기	병량술				

자신이 장면 플레이어인 드라마 장면에 사용할 수 있다. 임의의 캐릭터를 원하는 만큼 목표로 선택한다. 지정 특기 판정에 성공하면 목표의 【생명력】을 1점 회복할 수 있다.

상처를 치료하는 불가사의한 선인식(仙人食)을 만든다.

오토기 정신
타입	서포트 인법	간격	없음	코스트	1
지정 특기	의지				

전투 중에 자신의 【생명력】이 감소했을 때 사용할 수 있다. 감소한 【생명력】과 같은 수치의 마이너스 수정치를 적용해서 지정 특기 판정을 한다. 성공하면 그 【생명력】 감소를 무효로 할 수 있다. 이 인법은 한 번 【생명력】 감소를 무효화했다면 같은 전투 중에는 다시 사용할 수 없게 된다.

쓰러져도 쓰러져도 다시 일어나는 불굴의 정신.

수업
타입	서포트 인법	간격	없음	코스트	없음
지정 특기	기억술				

자신이 장면 플레이어인 드라마 장면에 사용할 수 있다. 지정 특기 판정에 성공하면 자신의 특기 하나를 미습득 상태로 만들고, 새로 다른 특기 하나를 습득할 수 있다.

오토기에 전해지는 수행법을 시도해서 단기간에 새로운 특기를 익힌다.

탐랑
타입	서포트 인법	간격	없음	코스트	없음
지정 특기	기억술				

전투의 승자가 되었을 때 사용할 수 있다. 패자 중에서 1명을 목표로 선택한다. 지정 특기 판정에 성공하면 목표가 습득한 인법과 특기를 각각 하나씩 선택하고, 그 세션 동안 그것을 특례 습득한다. 그리고 자신이 습득한 인법과 특기를 각각 하나씩 선택해서 미습득 상태로 만든다.

쓰러뜨린 상대의 기술을 따라고자 모방해서 터득한다.

양동
타입	서포트 인법	간격	없음	코스트	2
지정 특기	암호술				

누군가가 회피 판정을 할 때 사용할 수 있다. 그 회피 판정을 하는 캐릭터 1명을 목표로 선택한다. 지정 특기 판정에 성공하면 목표가 회피 판정에 사용하는 특기와 같은 분야에서 2D6을 굴려 무작위로 특기 하나를 선택한다. 목표가 회피 판정에 사용하는 특기가 그 특기로 변경된다.

회피 판정의 지정 특기를 무작위로 변경한다.

전격작전
타입	서포트 인법	간격	없음	코스트	없음
지정 특기	전달술				

자신이 장면 플레이어인 드라마 장면에서 누군가의 【거처】를 획득한 상태라면 사용할 수 있다(이미 그 【거처】를 획득한 상태라면 사용할 수 없다). 지정 특기 판정에 성공하면 【거처】를 획득한 캐릭터와 전투 장면에 돌입할 수 있다. 그 전투 장면을 종료하면 자신의 장면을 종료한다.

서치 앤드 디스트로이. 눈 깜빡할 사이에 싸움을 건다.

파군
타입	서포트 인법	간격	없음	코스트	2
지정 특기	인맥				

전투 중에 누군가가 판정을 하기 전에 사용할 수 있다. 판정을 하려는 이를 목표로 선택한다. 지정 특기 판정에 성공하면 그 라운드 동안 목표는 행동 판정의 주사위 눈이 이 인법의 사용자가 플롯한 플롯치 이하일 경우 펌블을 일으키게 된다.

같은 반 친구의 도움을 빌려 상대를 사지로 몰아넣는다.

전장의 극의
타입	장비 인법	간격	없음	코스트	없음
지정 특기	없음				

이 인법을 습득했을 때 「전장 표」에서 전장을 하나 선택한다. 그 전장에서 싸우는 경우, 자신의 모든 행동 판정에 +1의 수정치를 적용한다. 또, 그 전장의 특수 효과를 무시할 수 있다.

자신에게 유리한 전장을 설정할 수 있다.

사오토메
타입	장비 인법	간격	없음	코스트	없음
지정 특기	없음				

자신이 【거처】를 아는 캐릭터를 상대로 자신의 공격이 성공하면 본래의 효과와 더불어 사격전 대미지 1점을 입힐 수 있다.

적의 거처를 조사해서 상대의 전법이나 성질을 분석한다. 인법명의 유래는 이 인법을 특기로 하는 사립 오토기 학원의 학생회장, 사오토메 켄의 이름.

비전 인법

문곡

타입	공격 인법	간격	2	코스트	1
지정 특기	용병술				

사격전. 공격이 성공하면 목표에게 사격전 대미지 1점을 입힐 수 있다. 만약 목표가 전술 분야 이외의 특기로 회피 판정을 했다면 추가로 접근전 대미지 1점을 입힐 수 있다.

이론 학습으로 궁극의 영역까지 갈고닦은 한 수.

거문

타입	서포트 인법	간격	없음	코스트	1
지정 특기	색적술				

누군가가 회피 판정을 할 때 사용할 수 있다. 그 회피 판정을 하는 캐릭터 1명을 목표로 선택한다. 지정 특기 판정에 성공하면 목표는 그 라운드 동안 회피 판정을 한 번 할 때마다 인법의 코스트를 1점 사용한 것으로 간주한다. 이미 그 라운드에 사용할 인법의 코스트가 남아 있지 않다면 회피 판정을 시도할 수 없다. 이 효과는 누적되지 않는다.

상대의 회피를 유도해서 스태미너를 소모시킨다.

솔직함

타입	장비 인법	간격	없음	코스트	없음
지정 특기	없음				

자신의 감정 판정으로【감정】을 획득했을 때, 자신이 플러스【감정】을 획득했다면 상대도 플러스【감정】을 획득한다. 마찬가지로 자신이 마이너스【감정】을 획득했다면 상대도 마이너스【감정】을 획득한다. 배경으로 특정한 속성의【감정】만 획득할 수 있는 경우는 예외로 처리한다.

있는 그대로 마주하여 시노비에게 본래의 인간성을 되찾아준다.

무곡

타입	공격 인법	간격	3	코스트	2
지정 특기	야전술				

집단전. 공격이 성공하면 목표에게 집단전 대미지 1점을 입힐 수 있다. 또, 이 공격을 받은 시점에서 목표에게 상태이상이 걸려 있다면, 그 상태이상 종류마다 사격전 대미지 1점을 입힐 수 있다(「마비」나「저주」처럼 누적되는 상태이상이 두 번 걸렸더라도 한 종류로 헤아린다). 이 인법은 중급닌자 이상이라면 습득할 수 있다.

상대가 약해졌을 때 친다. 그것이 전투의 정석이다.

학원 7대 불가사의

타입	장비 인법	간격	없음	코스트	없음
지정 특기	없음				

이 캐릭터가 습득한 인법은 이 인법을 제외하고 비공개 정보가 된다.【학원 7대 불가사의】를 습득한 PC가 공격 인법이나 서포트 인법을 사용하면 그 시점에서 사용한 인법에 관한 정보는 공개 정보가 된다.【학원 7대 불가사의】이외의 인법에 관련된 정보는 그 효과에 따라 특수한 처리를 한 타이밍에 공개 정보가 된다(단, 인법을 습득할 때나 세션을 개시할 때 발생하는 효과로는 공개 정보가 되지 않는다). 캐릭터 시트의 왼쪽 부분에 칼집을 내서 인법 리스트 부분을 접어둔다. 이 인법은 중급닌자 이상이라면 습득할 수 있다.

그대는 학원 7대 불가사의라는 수수께끼의 인법을 사용한다.

사육담당

타입	서포트 인법	간격	없음	코스트	3
지정 특기	동물사역				

전투 중에 자신이 공격하는 대신 사용할 수 있다. 지정 특기 판정에 성공하면 다음 라운드부터 그 전투를 종료할 때까지 인수 카테고리 에너미「닌자까마귀」(p181) 또는「닌자원숭이」(p182)를 1명 불러내서 종자로 사용할 수 있다. 이 인법은 전투마다 두 번까지만 사용할 수 있다. 이 인법은 중급닌자 지휘관 이상이라면 습득할 수 있다.

오토기 학원에서는 다양한 인수를 비밀리에 사육하고 있다.

해설

타입	서포트 인법	간격	없음	코스트	없음
지정 특기	암호술				

자신이 누군가의【오의】에 관한【정보】를 획득했을 때 사용할 수 있다(이미 그【정보】를 획득한 상태라면 사용할 수 없다). 지정 특기 판정에 성공하면 둔갑부를 하나 획득할 수 있다. 이 인법은 중급닌자 지휘관 이상이라면 습득할 수 있다.

강력한 인법을 직접 해설해서 중대한 힌트를 알아낸다.

비공식 구매

타입	장비 인법	간격	없음	코스트	없음
지정 특기	없음				

사이클을 개시할 때, 자신이 가지고 있는 닌자도구를 원하는 만큼 공개한다. 그 닌자도구를 다른 닌자도구(특수 닌자도구는 포함하지 않는다)로 교환할 수 있다(무엇으로 교환했는지도 공개한다). 이 인법은 중급닌자 지휘관 이상이라면 습득할 수 있다.

닌자 학생들 사이에서 소문으로 전해지는 비밀 매점.

전학생

타입	장비 인법	간격	없음	코스트	없음
지정 특기	없음				

이 인법을 습득했을 때, 하구레모노나 오니의 혈통에 속하는 유파 인법 중에서 장비 인법을 한 종류 선택한다(하위 유파의 유파 인법은 포함하지만, 비전 인법은 포함하지 않는다). 자신이 아무런 상태이상에도 걸리지 않은 상태라면 그 장비 인법을 특례 습득한다. 이 인법은 중급닌자 지휘관 이상이라면 습득할 수 있다.

다른 유파로 전학을 가거나, 다른 유파에서 전학을 온 오토기 닌자.

해류의 경계선

타입	서포트 인법	간격	없음	코스트	2
지정 특기	지형활용				

「플롯」시에 자신의 플롯을 하기 전에 사용할 수 있다. 전투에 참가하는 캐릭터 중에서 1명을 목표로 선택한다. 지정 특기 판정에 성공하면 전원의 플롯을 공개한 후, 목표의 플롯치를 자신의 플롯치와 1 가깝게 만들 수 있다. 이 인법은 상급닌자 이상이라면 습득할 수 있다.

차고 빠지는 바닷물처럼 적의 속도를 제어한다.

인법 난무

타입	장비 인법	간격	없음	코스트	없음
지정 특기	없음				

자신이 공격할 차례에【생명력】을 1점 소비하면 코스트나 간격, 사용 횟수 등의 제한이 허가하는 한 몇 번이든 공격을 할 수 있다. 단, 이 효과로 같은 캐릭터를 2회 이상 목표로 선택해서 공격할 수는 없다. 이 인법은 상급닌자 이상이라면 습득할 수 있다.

단숨에 무수한 인법을 난사해서 집단을 상대하기 위한 전투법.

친우

타입	장비 인법	간격	없음	코스트	없음
지정 특기	없음				

이 인법을 습득한 캐릭터는 자신과 상대가 서로에 대해「우정」의【감정】을 가지고 있을 경우, 상대를 친우라고 부른다. 친우가 습득한 공격 인법과 서포트 인법을 자신이 사용할 수 있게 된다(오마 인법과 서포트 인법을 자신이 사용할 수 있게 된다(오마 인법은 제외). 이 인법은 상급닌자 지휘관 이상이라면 습득할 수 있다.

누구와도 친구가 되고자 하는 마음. 그것이 바로 오토기 닌자 최대의 무기다.

기법의 서

인법: 특명 임시 교직원 파견위원회

사랑의 매

타입	공격 인법	간격	0	코스트	없음

지정 특기 전달술

접근전. 공격이 성공하면 목표에게 접근전 대미지 1점을 입히고, 임의의 캐릭터에 대한 임의의 플러스【감정】을 획득하게 할 수 있다(이미 그 캐릭터에 대해 모종의【감정】을 가지고 있다면 그것을 다른 종류의 플러스【감정】으로 변경시킬 수 있다).

소중한 감정을 깨닫게 해주는 사랑의 회초리.

신기루

타입	서포트 인법	간격	2	코스트	2

지정 특기 사기술

전투 중에 전원의 플롯을 공개했을 때 사용할 수 있다. 이 인법의 간격 내에 있는 자신 이외의 캐릭터 중에서 1명을 목표로 선택한다. 지정 특기 판정에 성공하면 목표는 그 라운드의 플롯치가 1 상승한다.

신기루를 사용해서 적을 속이고, 상대를 유인하는 인법.

설교

타입	서포트 인법	간격	없음	코스트	1

지정 특기 대인술

누군가가 상태이상에 걸렸을 때 사용할 수 있다. 상태이상에 걸린 캐릭터 1명을 목표로 선택한다. 지정 특기 판정에 성공하면 그 상태이상 하나를 무효로 할 수 있다.

뜨거운 열정이 담긴 말로 꺾일 듯한 마음에 불을 지핀다.

교도

타입	서포트 인법	간격	없음	코스트	없음

지정 특기 용병술

자신이 장면 플레이어인 드라마 장면에 사용할 수 있다. 임의의 캐릭터 1명을 목표로 선택한다. 지정 특기 판정에 성공하면 그 세션 동안 자신은 습득하였으나 목표는 습득하지 않은 인법 한 종류(단, 계급이 중급닌자 지휘관 이하인 캐릭터는 습득할 수 없는 인법이나【교도】는 제외)를 목표에게 특례 습득시킬 수 있다. 이 효과는 누적되지 않는다. 또, 목표는【교도】를 사용한 상대에 대해 명중 판정을 할 때, 그리고【교도】를 사용한 상대의 공격에 대해 회피 판정을 할 때 -1의 수정치를 적용한다.

순간적으로 기억을 복사해서 인법을 수행시키는 의식.

질타

타입	서포트 인법	간격	없음	코스트	2

지정 특기 전달술

누군가에게 감정 수정을 할 때 사용한다. 지정 특기 판정에 성공하면 감정 수정의 효과를 2배로 할 수 있다 (플러스【감정】이라면 +2, 마이너스【감정】이라면 -2의 수정치를 적용한다).

자신의 마음을 누군가에게 강하게 전달하는 인법.

애제자

타입	장비 인법	간격	없음	코스트	없음

지정 특기 없음

하급닌자 카테고리의 에너미「사나기」(p185)를 1명 데리고 있다. 당신은 그 에너미를 종자로 사용할 수 있다. 또, 이「사나기」에게는 이 인법의 사용자가 습득한 공격 인법이나 서포트 인법 중에서 한 종류를 선택해서 특례 습득시킬 수 있다.

당신에게는 당신의 의지를 이어받은 제자가 있다.

인법: 오토기 학원 학생회

집행

타입	공격 인법	간격	1	코스트	1

지정 특기 가변

접근전. 이 인법의 지정 특기는 공격을 했을 때 인법의 사용자가 전술 분야에서 임의로 한 종류 선택한다. 공격이 성공하면 목표에게 접근전 대미지 1점을 입힐 수 있다.

학교의 규율과 학생들의 안전을 지키는 정의의 일격.

속공

타입	서포트 인법	간격	없음	코스트	1

지정 특기 격투술

전투 중에 자신과 같은 플롯치에 캐릭터가 여러 명 있고, 동시 공격 처리가 발생했을 때 사용할 수 있다. 동시 공격에 참가한 캐릭터 중에서 자신 이외의 캐릭터를 목표로 선택한다. 지정 특기 판정에 성공하면 동시 공격을 처리하기 전에 목표보다 먼저 공격할 수 있다. 이러한 인법의 지정 특기 판정에서 달성치가 가장 높은 캐릭터 1명만 동시 공격보다 먼저 공격을 하는 효과가 발생한다(달성치가 같은 캐릭터가 두 명 이상이라면 효과가 발생하지 않는다).

한순간 상대의 기선을 제압하는 기술.

황사

타입	서포트 인법	간격	없음	코스트	2

지정 특기 지형활용

전투 중에 자신이 공격하는 대신 사용할 수 있다. 현재의 장면을 목표로 선택한다. 지정 특기 판정에 성공하면 목표에 해당하는 장면 동안 그 전투에 참가하는 캐릭터는 모든 공격 인법의 간격이 1 감소한다(0 미만이 되지는 않는다). 이 효과는 사용자가 그 장면에서 퇴장하면 사라진다. 또, 이 효과는 누적되지 않는다.

안개나 흙먼지를 일으켜 시야를 가리는 인법.

앞지르기

타입	서포트 인법	간격	없음	코스트	없음

지정 특기 색적술

메인 페이즈에 누군가가 전투 장면을 열려고 할 때 사용할 수 있다. 지정 특기 판정에 성공하면 전투를 신청받은 캐릭터 대신 자신이 그 전투의 상대가 될 수 있다. 이 인법으로 발생한 전투에 전투 난입을 하는 경우, 이 인법의 사용자에게 허가를 받아야 한다.

상대의 수를 먼저 읽고 몸을 날려 막아내는 전술.

독단

타입	장비 인법	간격	없음	코스트	없음

지정 특기 없음

이 인법을 습득했을 때, 임의의 특기 분야 하나를 선택한다. 판정을 할 때, 지정 특기가 그 분야의 특기였다면 그 판정에 +1의 수정치를 적용하며, 스페셜치가 1 감소한다.

오토기 학원의 학생회는 무언가 한 가지 분야에서 뛰어난 기량을 보이는 이를 채용하는 경향이 있다.

극상

타입	장비 인법	간격	없음	코스트	없음

지정 특기 없음

세션을 개시할 때, 특수 닌자도구「자금」을 4개 획득한다. 이 닌자도구는 자신이 판정을 한 뒤에 사용할 수 있으며, 그 판정의 달성치를 1점 상승시킬 수 있다(판정 1회마다 최대 2개까지 사용할 수 있다.《경제력》특기를 습득하고 있다면 판정 1회마다 최대 4개까지 사용할 수 있다).「자금」은 사용하면 소비된다. 이 특수 닌자도구도 일반적인 닌자도구와 마찬가지로 드라마 장면에서 다른 캐릭터에게 넘겨줄 수 있으며, 세션을 종료할 때 모두 사라진다.

오토기 학원 학생회에는 닌자인 동시에 양갓집 자녀이기도 한 셀럽들도 소속되어 있다.

인법: 사립 타라오 여학원

용담

타입	공격 인법	간격	1	코스트	없음

지정 특기 의지

접근전. 공격이 성공하면 목표에게 접근전 대미지 1점을 입힐 수 있다. 만약 자신이 목표에 대해 플러스 【감정】을 가지고 있다면 추가로 접근전 대미지 1점을 입힐 수 있다.

상대를 향한 마음을 칼에 싣는 쿠노이치의 기술.

단풍

타입	서포트 인법	간격	없음	코스트	없음

지정 특기 미인계

자신이 감정 판정에 성공했고, 【감정】을 획득했을 때 사용할 수 있다. 지정 특기 판정에 성공하면 【생명력】 1점을 소비하고, 임의의 특기로 한 번 더 감정 판정을 할 수 있다.

흩날리는 단풍잎처럼 사람의 마음을 쉬지 않고 뒤흔드는 비술.

메꽃

타입	서포트 인법	간격	없음	코스트	2

지정 특기 병량술

누군가가 「병량환」을 사용했을 때 사용할 수 있다. 「병량환」을 사용한 캐릭터를 목표로 선택한다. 지정 특기 판정에 성공하면 【감정 표】를 사용해서 무작위로 플러스 【감정】을 선택한다. 목표는 이 인법의 사용자에 대해 그 【감정】을 획득한다(이미 다른 【감정】을 가지고 있다면, 이 인법으로 결정한 【감정】으로 변경한다).

먹을 것으로 상대를 휘어잡는 현대 쿠노이치의 기본 인법.

도둑놈의갈고리

타입	서포트 인법	간격	없음	코스트	없음

지정 특기 환술

드라마 장면에 사용할 수 있다. 임의의 캐릭터 1명을 목표로 선택한다. 지정 특기 판정에 성공하면 목표가 획득한 플러스 【감정】을 하나 선택하고, 그것을 소실시킨다. 그리고 목표로 하여금 소실된 것과 같은 종류의 【감정】을 자신에 대해 획득하게 할 수 있다.

그 인물이 마음에 두고 있는 상대가 자신인 것처럼 기억을 개찬한다.

봉선화

타입	장비 인법	간격	없음	코스트	없음

지정 특기 없음

이 인법을 습득했을 때, 자신이 습득한 공격 인법이나 서포트 인법 중에서 하나를 선택한다. 그 인법의 지정 특기를 《미인계》로 바꾸고, 코스트를 1 낮출 수 있다(0 미만이 되지는 않는다).

나도 여자애란 말이야! 뭐든지 다 하고 싶은걸!

패랭이꽃

타입	장비 인법	간격	없음	코스트	없음

지정 특기 없음

자신이 감정 판정을 할 때 사용할 수 있다. 주사위를 굴리지 않고 감정 판정에 자동으로 성공할 수 있다(스페셜은 아니다. 달성치가 필요하다면 10이 된다).

절세의 미모로 타인의 마음을 자유자재로 조종한다.

인법: 구교사 관리위원회

하나코

타입	공격 인법	간격	3	코스트	없음

지정 특기 대인술

집단전. 공격이 성공하면 목표에게 집단전 대미지 1점을 입힐 수 있다. 만약 목표가 이 인법의 사용자에 대해 플러스 【감정】을 가지고 있다면 추가로 접근전 대미지 1점을 입힐 수 있다.

구교사의 괴이 「하나코」를 소환할 수 있다. 그녀는 매우 질투가 심하다.

장송 방송

타입	서포트 인법	간격	없음	코스트	없음

지정 특기 없음

클라이맥스 페이즈에 회상 장면을 열었을 때 사용할 수 있다. 「달성치 상승」을 했다면 수정치가 +4가 된다. 또, 회상 장면에서 「대미지 상승」을 했다면 추가로 입힐 수 있는 접근전 대미지가 2점이 된다.

어딘가에서 들려오는 기분 나쁜 방송.

괴담 계단

타입	서포트 인법	간격	없음	코스트	4

지정 특기 소환술

전투 중에 자신의 차례에 공격을 하는 대신 사용할 수 있다. 지정 특기 판정에 성공하면 전장을 「고지대」로 변경할 수 있다. 또, 전투에 참가한 캐릭터 전원은 플롯을 할 때 앞 라운드의 최종적인 플롯±1 이내의 범위에서만 플롯을 선택할 수 있게 된다. 이 효과는 전장이 「고지대」 이외의 전장으로 변경되거나 전투를 종료할 때까지 지속된다.

구교사의 괴이 「증식하는 계단」을 소환할 수 있다.

폐쇄

타입	서포트 인법	간격	없음	코스트	없음

지정 특기 봉인술

메인 페이즈의 전투에서 승자가 되었을 때 사용할 수 있다. 패자 중에서 1명을 목표로 선택한다. 지정 특기 판정에 성공하면 목표에게 아무 종류나 상태이상을 하나 걸 수 있다.

목표의 육체, 또는 정신의 일부를 구교사의 문이 열리지 않는 교실에 봉인한다.

특별교실

타입	장비 인법	간격	없음	코스트	없음

지정 특기 없음

이 인법을 습득했을 때, 자신이 습득할 수 있는 임의의 인법 두 가지를 선택한다(【특별교실】 제외). 사이클을 개시할 때, 자신이 습득한 인법 하나를 미습득 상태로 만들고, 선택한 인법 중 하나를 특례 습득할 수 있다.

구교사에 있는 특별교실로 돌아가 처음부터 다시 수행을 한다.

유령부원

					퇴
타입	장비 인법	간격	없음	코스트	없음

지정 특기 없음

저급요마 카테고리의 에너미 「유령」(p192)을 1명 데리고 있다. 당신은 그 「유령」을 종자로 사용할 수 있다.

구교사의 유령들 중에 친구가 있다.

오니의 혈통

오니의 혈통과 그 하위 유파의 캐릭터가 습득할 수 있는 인법. 강력하지만 독특한 성향을 띠는 인법이 많다.

유파 인법

핏빛 소용돌이

타입	공격 인법	간격	3	코스트	1
지정 특기	이형화				

접근전. 공격이 성공하면 목표에게 접근전 대미지 1점을 입힐 수 있다.

자신의 피나 육체의 일부를 변화시켜 그것으로 공격한다.

유성우

타입	공격 인법	간격	3	코스트	3
지정 특기	소환술				

사격전. 간격 내에 있는 캐릭터 전원을 목표로 삼는다(자신도 목표에 포함된다). 공격이 성공하면 사격전 대미지 1점을 입힌다.

우박이나 유성우, 이계의 소형 요마를 소환해서 상대를 공격한다.

어둠의 진언

타입	공격 인법	간격	2	코스트	3
지정 특기	언령술				

사격전. 공격이 성공하면 목표에게 「저주」 상태이상과 함께 사격전 대미지 1점을 입힐 수 있다.

오오에산에 총본산을 두고 있는 귀밀법(鬼密法)에 전해지는 주술.

(역주-오오에산: 헤이안 시대의 오니 슈텐도지가 근거지로 삼았던 산)

흡정

타입	서포트 인법	간격	없음	코스트	1
지정 특기	사령술				

자신의 공격이 성공해서 목표에게 대미지를 입혔을 때 사용할 수 있다. 지정 특기 판정에 성공하면 자신의 【생명력】을 1점 회복할 수 있다(동시 공격이었다면 대미지 적용 후에 회복한다).

상대로부터 생명을 빨아들인다.

마계 시공

타입	서포트 인법	간격	없음	코스트	없음
지정 특기	환술				

자신이 등장하지 않은 전투 장면이 개시되었을 때 사용할 수 있다. 지정 특기 판정에 성공하면 그 전투의 전장을 마음대로 변경할 수 있다(【마계 시공】을 사용한 캐릭터가 여럿이라면 달성치가 높은 쪽이 전장을 변경할 수 있다. 달성치가 가장 높은 것이 두 명 이상이라면 효과가 발생하지 않는다).

전장에 마계의 풍경을 현현시키는 대환술.

깨달음

타입	서포트 인법	간격	없음	코스트	2
지정 특기	천리안				

「플롯」 시에 전원의 플롯을 결정하고, 그것들을 공개하기 전에 사용할 수 있다. 전투에 참가한 캐릭터 중에서 1명을 목표로 선택한다. 지정 특기 판정에 성공하면 1~6 중 임의의 숫자를 선언한다. 그 숫자가 목표가 플롯한 주사위 눈과 같다면 「저주」 상태이상을 건다.

상대의 마음을 읽고 인법을 봉인한다.

마계전생

타입	서포트 인법	간격	없음	코스트	5
지정 특기	빙의술				

전투 중에 공격을 하는 대신 사용할 수 있다. 자신의 【생명력】을 1점 소비하고, 지정 특기 판정에 성공하면 자신을 장면 플레이어로 삼아 한 번만 드라마 장면을 열 수 있다. 단, 시간상 과거에 해당하는 장면이 된다(어디까지나 연출상으로만 과거의 장면으로 다루는 것이며, 그 밖의 게임적인 처리는 본래의 규칙대로 적용한다). 드라마 장면을 종료하면 본래의 전투를 재개한다. 이 인법은 전투마다 한 번씩만 사용할 수 있다.

과거의 중요한 한 장면을 뇌리에 선명하게 되새긴다.

부름

타입	서포트 인법	간격	없음	코스트	없음
지정 특기	빙의술				

자신이 장면 플레이어인 드라마 장면에 사용할 수 있다. 지정 특기 판정에 성공하면 그 장면에 등장하지 않은 캐릭터를 감정 판정의 상대로 선택할 수 있다.

머나먼 차원 너머에서도 들린다는, 영혼에 울리는 목소리.

귀신 그림자

타입	장비 인법	간격	없음	코스트	없음
지정 특기	없음				

이 캐릭터에 대한 명중 판정에는 -2의 수정치를 적용한다.

안개나 그림자처럼 종잡을 수 없는 형태로 변한다.

귀도

타입	장비 인법	간격	없음	코스트	없음
지정 특기	없음				

자신이 마이너스 【감정】을 가진 캐릭터에 대한 공격이 성공하면 본래의 공격 효과와 더불어 사격전 대미지 1점을 입힐 수 있다. 그 【감정】이 「살의」였다면 추가로 사격전 대미지 1점을 입힐 수 있다.

오니(鬼)의 길(道)이란 분노의 길이자 수라의 길.

검은 제물

타입	장비 인법	간격	없음	코스트	없음
지정 특기	없음				

요술 분야에 속하는 특기가 지정 특기인 판정을 할 때, 그 판정의 펌블치가 1 감소한다.

뼈나 내장 등으로 만들어낸 영적인 촉매를 이용해서 요술의 반동을 안정시킨다.

역린

타입	장비 인법	간격	없음	코스트	없음
지정 특기	없음				

이 인법을 습득했을 때 임의의 특기 분야 하나를 선택한다. 그 특기 분야의 【생명력】을 잃으면 모든 행동 판정에 +1의 수정치를 적용한다.

건드려서는 안 되는 곳이 있으며, 그곳을 다치면 흉포해진다.

비전 인법

귀신파리
타입	서포트 인법	간격	없음	코스트	없음
지정 특기	빙의술				

누군가가 자신의 【비밀】이나 【거처】를 획득했을 때 사용할 수 있다(이미 그 【정보】를 획득한 상태라면 사용할 수 없다). 자신의 【비밀】이나 【거처】를 획득한 캐릭터 중에서 원하는 만큼 목표를 선택한다. 지정 특기 판정에 성공하면 목표의 【거처】를 획득할 수 있다. 이 인법은 자신이 장면에 등장하지 않아도 사용할 수 있다.

자신을 조사한 자를 자동으로 추적하는 날벌레를 조종하는 인법.

재생
타입	장비 인법	간격	없음	코스트	없음
지정 특기	없음				

자신이 장면 플레이어인 장면이 되었을 때, 【생명력】을 1점 회복할 수 있다.

경이로운 자기재생능력.

요괴 이론
타입	장비 인법	간격	없음	코스트	없음
지정 특기	없음				

이 인법을 습득했을 때, 임의의 특기 하나를 선택한다. 판정할 때 이 특기로 다른 특기를 대신하는 경우, 최초의 한 칸만큼은 대각선으로 이동할 수 있다.

기술의 응용 범위를 확대하는 오니 특유의 이형 논리.

마물의 매복
타입	공격 인법	간격	0	코스트	1
지정 특기	결계술				

접근전. 간격 내에 있는 자신 이외의 캐릭터 전원을 목표로 삼는다. 공격이 성공하면 목표에게 접근전 대미지 1점을 입힐 수 있다. 이 인법은 중급닌자 이상이라면 습득할 수 있다.

중급닌자

자신의 주위에 들어온 이를 해치는 살상 공간을 만드는 인법.

귀신의 후예
타입	장비 인법	간격	없음	코스트	없음	퇴
지정 특기	없음					

그 세션에서 처음으로 요마화했을 때나 1D6을 굴리지 않고 「이형 표」에서 임의의 결과를 고를 수 있다. 이때, 「이형 표」에서 1~3을 골랐다면 각 「요마 인법 표」에서 임의의 요마 인법을 선택할 수 있다. 이 인법은 중급닌자 지휘관 이상이라면 습득할 수 있다.

상급닌자
지휘관

오니들에게 흐르는 요마의 피. 그것을 깨운다.

상극
타입	서포트 인법	간격	없음	코스트	없음
지정 특기	없음				

전투 중에 누군가가 오의를 사용했을 때 사용할 수 있다. 오의의 사용자가 목표를 선택했고, 이 인법의 사용자가 그 목표에 있다면 그것을 사용할 수 있다. 그 경우, 사용한 오의의 효과는 이때만 본래의 효과가 아니라 「목표가 사용한 오의의 효과를 제거한다」가 된다(이전의 오의에 적용한 기믹는 모두 무효가 된다). 이 인법은 중급닌자 지휘관 이상이라면 습득할 수 있다.

지휘관

오의와 오의를 맞부딪쳐 효과를 상쇄한다.

흡성
타입	서포트 인법	간격	3	코스트	1
지정 특기	언령술				

전투 중에 자기 차례가 되면 사용할 수 있다. 이 인법의 간격 내에 있는 자신 이외의 캐릭터 전원을 목표로 선택한다. 지정 특기 판정에 성공하면 목표는 그 라운드 동안 회피 판정에 -1의 수정치를 적용한다. 이 인법은 중급닌자 지휘관 이상이라면 습득할 수 있다.

상급닌자
지휘관

가공할 포효로 상대의 공포를 자극하여 위축시킨다.

쇠방망이
타입	공격 인법	간격	1	코스트	2
지정 특기	괴력				

접근전. 공격이 성공하면 목표에게 접근전 대미지 1점을 입히고, 파랑을 일으키게 해서 펌블 에어리어로 이동시킨다. 이 인법은 상급닌자 이상이라면 습득할 수 있다.

상급닌자

주위에 있는 전봇대나 거대한 바위 등 압도적인 질량을 지닌 구조물을 무기로 삼는다.

용성군
타입	공격 인법	간격	3	코스트	1
지정 특기	소환술				

사격전. 간격 내에 있는 캐릭터 전원(자신도 포함)을 목표로 삼는다. 공격이 성공하면 목표에게 사격전 대미지 2점을 입힐 수 있다. 이 인법은 상급닌자 이상이라면 습득할 수 있다.

상급닌자

유성우의 상위 인법.

야마타
타입	서포트 인법	간격	없음	코스트	5
지정 특기	이형화				

전투 중에 자신이 공격하는 대신 사용할 수 있다. 지정 특기 판정에 성공하면 이후 그 전투를 종료할 때까지 자신의 데이터가 인수 카테고리의 에너미 「이무기」(p181)와 동일한 것으로 간주한다(【생명력】은 그 에너미의 【생명력】 최대치가 되며, 【생명력】이 감소해도 특기가 사용 불능이 되지 않는다). 전투를 마치면 【생명력】은 이 인법을 사용한 시점에서 1점 감소한 상태가 된다. 인수일 때는 오의나 닌자도구를 사용할 수 없다. 이 인법은 상급닌자 이상이라면 습득할 수 있다.

거대한 뱀으로 변신하는 인법.

살신
타입	장비 인법	간격	없음	코스트	없음
지정 특기	없음				

이 캐릭터가 사용하는 【크리티컬 히트】, 【범위 공격】에 대한 오의 파훼 판정에는 -3의 수정치를 적용한다. 이 인법은 상급닌자 지휘관 이상이라면 습득할 수 있다.

상급닌자
지휘관

궁극의 살인자. 지고의 살육자. 그것이 오니의 정점에 서 있는 이들이다.

반혼
타입	서포트 인법	간격	없음	코스트	없음	퇴
지정 특기	사령술					

자신이 등장한 드라마 장면, 또는 클라이맥스 페이즈를 종료할 때 사용한다. 그 세션에서 사망한 캐릭터 1명을 목표로 선택한다. 지정 특기 판정에 성공하면 목표의 사망을 무효로 하고, 목표는 【부정】을 1점 받는다. 이 인법은 두령만 습득할 수 있다. 이 인법은 그 장면에 등장하지 않은 캐릭터 중에서도 목표를 선택할 수 있다.

두령

오니가 문외불출로 관리하는 금단의 사자 부활 인법.

기법의 서

인법: 츠치구모

실의 요새

타입	공격 인법	간격	1	코스트	2
지정 특기	포승술				

접근전. 이 인법은 자신과 같은 플롯치에 있는 캐릭터를 목표로 선택했을 경우, 명중 판정이 자동으로 성공하게 된다(스페셜은 아니다. 달성치가 필요하다면 10이 된다). 공격이 성공하면 목표에게 접근전 대미지 1점을 입힐 수 있다.

주위에 둘러친 요괴의 실을 이용한 살육공간. 닿은 자를 절단한다.

지중은신

타입	서포트 인법	간격	없음	코스트	5
지정 특기	굴삭술				

전투 중에 자기 차례가 되면 공격을 하는 대신 사용할 수 있다. 지정 특기 판정에 성공하면 전장을 「평지」로 변경할 수 있다. 또, 이 인법의 사용자를 공격하려면 공격을 하기 전에 《굴삭술》이나 《색적술》로 판정해서 성공해야만 한다. 이 효과는 전장이 「평지」 이외의 다른 전장으로 변경되거나, 전투를 종료할 때까지 지속된다.

땅속을 헤엄치듯이 자유자재로 이동한다.

땅거미

타입	서포트 인법	간격	없음	코스트	2
지정 특기	동물사역				

전투 중에 자신이 【생명력】을 잃었을 때 사용할 수 있다. 지정 특기 판정에 성공하면 그 라운드를 종료할 때, 잃은 【생명력】과 같은 수의 인수 카테고리 에너미 「닌자충」(p181)을 불러낼 수 있다. 이 「닌자충」은 그 전투를 종료할 때까지 종자로 사용할 수 있다. 이 인법으로는 전투마다 「닌자충」을 3명까지만 불러낼 수 있다.

자신의 몸에 닌자충을 키우다가 위기가 닥치면 풀어놓는 인법.

긴 사지

타입	서포트 인법	간격	없음	코스트	3
지정 특기	이형화				

전투 중에 자기 차례가 되면 사용할 수 있다. 자신을 목표로 선택한다. 지정 특기 판정에 성공하면 그 전투 동안 자신이 습득한 인법 중에서 효과 맨 앞에 접근전이라고 표기된 공격 인법의 간격이 1 상승하며, 【크리티컬 히트】 오의를 사용할 때 평소보다 플롯치 범위가 1 넓은 위치에 있는 캐릭터를 목표로 선택할 수 있게 된다(기믹 【늘이기】의 효과와는 누적되지 않는다). 이 효과는 누적되지 않는다.

자신의 수족을 거미처럼 길게 늘리거나, 제3의 손발이 돋아나는 인법.

고치

타입	서포트 인법	간격	없음	코스트	4
지정 특기	결계술				

회피 판정 대신 사용할 수 있다. 지정 특기 판정에 성공하면 그 공격을 회피할 수 있다.

모든 공격을 막아내는 실의 결계.

실충

타입	장비 인법	간격	없음	코스트	없음
지정 특기					

전투 중에 이 인법의 소유자와 같은 플롯치에 있는 캐릭터(이 인법의 소유자 제외)는 그 라운드에 시도하는 명중 판정과 회피 판정에 -1의 수정치를 적용한다.

설충(雪蟲)이라는 하얀 거미를 체내에 기르고 있다. 숙주에게 다가오는 이를 실로 옭아매려고 한다.

인법: 셰샤

혈액 비등

타입	공격 인법	간격	0	코스트	3
지정 특기	물의 술				

접근전. 공격이 성공하면 목표에게 「중상」 상태이상과 함께 접근전 대미지 1점을 입힐 수 있다.

셰샤에 전해지는 혈공(血功) 중 하나. 만진 상대의 체액을 끓어오르게 한다.

원념의 저주

타입	서포트 인법	간격	없음	코스트	2
지정 특기	사령술				

전투 중에 자신이 공격하는 대신 사용할 수 있다. 주사위를 1개 굴린다. 그 눈과 같은 플롯치에 있는 캐릭터 전원을 목표로 선택한다. 지정 특기 판정에 성공하면 목표는 《사령술》 판정을 한다. 실패한 캐릭터는 접근전 대미지 2점을 입는다.

비통한 죽음을 맞이한 악령들의 음습한 독기를 조종하는 요술.

사악한 시선

타입	서포트 인법	간격	없음	코스트	없음
지정 특기	동술				

자신이 장면 플레이어인 드라마 장면에 사용할 수 있다. 자신 이외의 캐릭터 1명을 목표로 선택하고, 지정 특기 판정을 한다. 성공하면 목표가 가진 【감정】 하나를 임의의 것으로 변경하거나, 그것을 지울 수 있다(이 인법으로 【감정】을 가지고 있지 않은 캐릭터로 하여금 새로운 【감정】을 획득하게 할 수는 없다).

보는 이의 감정을 조종하는 붉은 마안.

피의 안개

타입	서포트 인법	간격	1	코스트	2
지정 특기	이형화				

자신이 회피 판정에 성공했을 때 사용할 수 있다. 공격을 한 캐릭터가 이 인법의 간격 내에 있다면, 공격을 한 캐릭터를 목표로 선택한다. 지정 특기 판정에 성공하면 목표는 파랑을 일으킨다.

셰샤에 전해지는 혈공(血功) 중 하나. 공격을 피할 때 한순간 자신의 몸을 피의 안개로 변화시켜 적을 붙잡는다.

숨겨진 관

타입	서포트 인법	간격	없음	코스트	없음	퇴
지정 특기	없음					

자신에 대해 누군가가 플러스 【감정】을 획득했을 때 사용할 수 있다. 그 【감정】을 획득한 캐릭터 1명을 목표로 선택한다. 그 세션 동안 목표에게 【마인】 장점을 줄 수 있다(단, 이미 【마인】 장점을 습득한 이에게는 사용할 수 없다). 또, 그 세션 동안이라면 원하는 타이밍에 목표 한 명마다 한 번씩 요마화를 시킬 수 있다.

일시적인 죽음을 선사해서 자신과 피로 맺어진 「자식」을 만들어낸다.

피의 노예

타입	장비 인법	간격	없음	코스트	없음	퇴
지정 특기	없음					

저급요마 카테고리의 에너미 「피의 사도」(p192)를 1명 데리고 있다. 당신은 그 「피의 사도」를 종자로 사용할 수 있다.

당신을 충실히 모시는 피의 종복.

인법: 마가츠비

거대한 턱

타입	공격 인법	간격	0	코스트	1
지정 특기	병량술				

접근전. 공격이 성공하면 목표에게 「고장」 상태이상과 함께 접근전 대미지 1점을 입힐 수 있다.

약아빠진 인간의 얕은 지혜를 그대로 깨물어 부수는 일격.

둔갑

타입	서포트 인법	간격	없음	코스트	없음
지정 특기	변장술				

자신이 장면 플레이어인 드라마 장면에 임의의 닌자도구나 특수 닌자도구를 하나 소비하면 사용할 수 있다. 그 장면에 등장하지 않은 캐릭터 중에서 1명을 목표로 선택한다. 지정 특기 판정에 성공하면 목표가 가지고 있는 【정보】를 하나 획득할 수 있다. 단, 이 인법으로 목표의 【비밀】 및 목표의 【오의】를 획득할 수는 없다(목표가 가지고 있는, 목표 자신의 것이 아닌 【비밀】이나 【오의】의 【정보】라면 획득할 수 있다).

특정한 인물로 둔갑해서 그 인물이 아는 정보를 입수한다.

악식

타입	서포트 인법	간격	없음	코스트	2
지정 특기	병량술				

사격전 대미지를 입었을 때 사용할 수 있다. 지정 특기 판정에 성공하면 그 사격전 대미지를 무효로 하고, 그만큼 자신의 【생명력】을 회복할 수 있다(동시 공격인 경우, 대미지를 적용한 후에 회복한다).

자신의 상처를 먹어치워 새로운 육체로 재생시킨다.

권속

타입	서포트 인법	간격	없음	코스트	3
지정 특기	동물사역				

전투 중에 자신이 공격하는 대신 사용할 수 있다. 지정 특기 판정에 성공하면 다음 라운드부터 그 전투를 종료할 때까지 인수 카테고리의 에너미 「닌자견」(p181)이나 「닌자여우」(p183) 1명을 불러내서 종자로 사용할 수 있다. 이 인법은 전투마다 두 번까지만 사용할 수 있다.

자신의 권속에 해당하는 짐승을 불러내서 사역한다.

짐승 변신

타입	서포트 인법	간격	없음	코스트	3
지정 특기	이형화				

전투 중에 자기 차례가 되면 사용할 수 있다. 자신을 목표로 선택한다. 지정 특기 판정에 성공하면 그 전투 동안 공격이 성공했을 때, 본래의 공격 효과와 더불어 접근전 대미지 1점을 입힐 수 있게 된다. 이 효과는 누적되지 않는다.

내면의 짐승을 해방해서 자신의 육체를 강화한다.

비밀 머리

타입	서포트 인법	간격	없음	코스트	1
지정 특기	이형화				

전투 중에 자기 차례가 되면 사용할 수 있다. 지정 특기 판정에 성공하면 둔갑부 하나를 획득한다. 이 둔갑부는 자신의 공격에 대한 회피 판정에 대해서만 사용 및 소비할 수 있다. 이 효과로 획득한 둔갑부는 그 전투를 마치면 소비된다. 이 효과는 전투마다 두 번까지 사용할 수 있다.

또 하나의 머리가 돋아난다.

인법: 나가미미

은혜

타입	서포트 인법	간격	없음	코스트	없음
지정 특기	없음				

자신이 「둔갑부」를 사용할 때 사용할 수 있다. 주사위를 다시 굴릴 때, 그 판정에 +1이나 -1의 수정치를 적용할 수 있다.

요정의 선물. 사소한 행운, 혹은 불행이 찾아온다.

기마행

타입	서포트 인법	간격	없음	코스트	2
지정 특기	기승술				

자신이 등장한 드라마 장면에 사용할 수 있다. 임의의 캐릭터 1명을 목표로 삼을 수 있다. 지정 특기 판정에 성공하면 목표에게 「행방불명」 상태이상을 걸 수 있다.

무수한 요정들이 말을 타고 하늘과 대지를 뛰어다니며 가련한 희생자를 어딘가로 데려간다.

취몽

타입	서포트 인법	간격	없음	코스트	없음
지정 특기	예능				

자신이 장면 플레이어인 드라마 장면에 사용할 수 있다. 자신 이외의 캐릭터 전원을 목표로 선택한다. 지정 특기 판정에 성공하면 각 목표는 가지고 있는 임의의 【정보】를 하나 잃는다(그 【정보】의 체크 칸에서 체크를 지운다). 이때, 목표가 세션을 개시할 때 가지고 있던 목표 본인의 【정보】는 잃게 할 수 없다.

주위에 있는 이를 깊은 잠에 빠뜨린다. 잠에서 깨어난 뒤에는 중요한 기억을 잊는다고 한다.

마술피리

타입	서포트 인법	간격	없음	코스트	3	퇴
지정 특기	언령술					

전투 중에 자신이 공격하는 대신 사용할 수 있다. 지정 특기 판정에 성공하면 다음 라운드부터 그 전투를 종료할 때까지 저급요마 카테고리의 에너미 「검은 날개」(p191) 또는 「불도마뱀」(p190)을 1명 불러내서 종자로 사용할 수 있다. 이 인법은 전투마다 두 번까지만 사용할 수 있다.

휘파람을 불어 태고의 맹약으로 맺어진 친구 요정들을 불러낸다.

작위

타입	장비 인법	간격	없음	코스트	없음
지정 특기	없음				

이 인법의 소유자에게 걸린 모든 상태이상은 그 상태이상에 걸린 장면의 다음 장면을 종료하면 자동으로 회복한다.

다양한 독을 정화하는 고귀한 피의 소유자들.

영롱

타입	장비 인법	간격	없음	코스트	없음
지정 특기	없음				

「혼잡」 전장에서는 이 캐릭터의 공격에 대한 회피 판정에 -3의 수정치를 적용한다.

도시라는 이름의 숲속에서 그들의 기척을 알아차릴 수 있는 이는 드물다.

고류 인법

주로 「전국편」 레귤레이션에서 활약하는 스물두 가지 고류 유파. 하나같이 강력한 인법을 갖추고 있다.

인법: 이가

월륜

타입	공격 인법	간격	2	코스트	1
지정 특기	수리검술				

사격전. 공격이 성공하면 목표에게 사격전 대미지 1점을 입힐 수 있다. 만약 전장에 자신 이외의 캐릭터가 1명밖에 없다면 이 공격의 회피 판정에는 -3의 수정치를 적용한다.

초승달 모양의 불가사의한 궤적을 그리는 수리검을 무수히 투척한다.

숨은 기둥

타입	공격 인법	간격	0	코스트	4
지정 특기	잠복술				

접근전. 공격이 성공하면 목표에게 접근전 대미지 1점을 입힐 수 있다. 또, 그 전투를 종료하거나 전장이 변경될 때까지 대미지를 입은 캐릭터가 있던 플롯치는 이후 「고지대」 전장으로도 간주한다.

지면에서 무수한 창 형태의 바위 기둥을 솟아나게 해서 목표를 꿰뚫는다.

나비

타입	공격 인법	간격	1	코스트	3
지정 특기	동물사역				

집단전. 간격 내에 있는 캐릭터를 원하는 만큼 목표로 삼을 수 있다. 공격이 성공하면 목표에게 집단전 대미지 1점을 입힌다.

무수한 나비를 불러내서 적의 움직임을 봉쇄한다.

머리카락 연극

타입	서포트 인법	간격	0	코스트	2
지정 특기	신체조작				

전투 중에 자신이 공격하는 대신 사용할 수 있다. 이 인법의 간격 내에서 캐릭터 1명을 목표로 선택하고, 지정 특기 판정을 한다. 판정에 성공하면 3라운드 동안 목표를 「포박 상태」로 만든다. 「포박 상태」인 캐릭터가 라운드를 종료할 때 이 인법의 사용자와 다른 플롯치에 있으면 사격전 대미지 1점을 입는다. 이 효과는 누적되지 않는다.

자신의 체모를 자유자재로 조종해서 움직이는 상대를 서서히 교살하는 인법.

오독

타입	서포트 인법	간격	없음	코스트	2
지정 특기	독술				

누군가가 「병량환」을 사용했을 때 사용할 수 있다. 「병량환」의 사용자를 목표로 선택한다. 지정 특기 판정에 성공하면 목표에게 「맹독」 상태이상을 걸 수 있다.

지네, 뱀, 전갈, 두꺼비, 도마뱀붙이의 독을 섞어 강력한 독을 만든다.

메아리

타입	서포트 인법	간격	없음	코스트	5
지정 특기	전달술				

자신이 누군가로부터 공격 인법의 효과를 받았을 때 사용할 수 있다. 그 공격 인법의 사용자를 목표로 선택한다. 지정 특기 판정에 성공하면 자신이 받은 대미지, 상태이상, 기타 지속되는 효과를 목표에게 똑같이 준다(메인 페이즈라면 자신이 탈락하기 전에 이 효과를 사용할 수 있다).

마음을 동조시켜 자신이 입은 상처를 그대로 상대에게도 입히는 인법.

반조 _퇴

타입	서포트 인법	간격	없음	코스트	3
지정 특기	사령술				

자기 차례에 사용할 수 있다. 현재 감소되어 있는 【생명력】 슬롯을 하나 선택한다(추가 【생명력】 슬롯은 선택할 수 없다). 그 슬롯에 「부정」을 받고, 지정 특기 판정을 한다. 성공하면 임의의 닌자도구(특수 닌자도구는 포함하지 않는다)를 하나 획득한다.

죽음의 힘을 삶의 힘으로 반전시키는 이가 닌자 전래의 비술.

용의 타액

타입	서포트 인법	간격	2	코스트	3
지정 특기	없음				

전투 중에 자신이 공격하는 대신 사용할 수 있다. 간격 내의 캐릭터 1명을 목표로 선택한다. 목표는 《비행술》로 판정한다. 실패하면 목표는 그 전투 동안 회피 판정에 -2의 수정치를 적용한다. 이 효과는 누적되지 않는다.

매우 점성이 강한 끈끈이 같은 타액을 사출한다.

거울지옥

타입	서포트 인법	간격	없음	코스트	6
지정 특기	없음				

전투 중에 자기 차례가 되면 사용할 수 있다. 그 라운드에는 플롯치가 5 이하인 캐릭터로부터 공격을 받지 않는다(단, 오의의 효과는 받는다).

거울 세계에 들어가 일방적으로 공격하는 인법.

닌자 가면

타입	장비 인법	간격	없음	코스트	없음
지정 특기	없음				

이 캐릭터에 대해 감정 판정을 할 때, -2의 수정치를 적용한다.

감정을 들키지 않도록 항상 특수한 가면을 쓰고 있다.

창시자

타입	장비 인법	간격	없음	코스트	없음
지정 특기	없음				

이 인법을 습득했을 때, 자신이 습득한 인법 중에서 이 인법 이외의 인법을 한 종류 선택한다. 이 인법을 사용할 수 있는 동안, 그 인법의 이름을 세 글자 이내의 다른 이름으로 변경한다(이 인법으로 이름을 바꿔서 본래 두 개 습득할 수 없는 같은 종류의 인법을 두 개 습득했다면 이름을 바꾼 쪽의 인법은 특례 습득한 것으로 간주한다. 또, 이 효과로 룰북이나 서플리먼트에 이미 존재하는 인법의 이름을 지울 수는 없다).

다양한 인법을 창조한 명문 이가의 칭호.

갈고리진

타입	장비 인법	간격	없음	코스트	없음
지정 특기	없음				

자신이 습득한 인법 중에서 효과 맨 앞에 집단전이라고 표기된 공격 인법을 간격을 1 늘린다.

이가 닌자들의 장기인 게릴라 전술.

인법: 코우가

기라성
타입	공격 인법	간격	2	코스트	1
지정 특기	비행술				

접근전. 공격이 성공하면 목표에게 접근전 대미지 2점을 입힌다. 상대에게 대미지를 입힌 후, 자신은 파랑을 일으킨다.

스스로 초고속의 유성이 되어 상대에게 격돌한다.

살상 시선
타입	공격 인법	간격	3	코스트	1
지정 특기	동술				

사격전. 공격이 성공하면 목표에게 사격전 대미지 1점을 입힐 수 있다. 만약 목표가 자신에 대해 마이너스 【감정】을 가지고 있다면 추가로 「최면」 상태이상을 걸 수 있다.

자신에게 적의를 품은 자를 조종해서 자해시키는 인법.

빈 옷
타입	서포트 인법	간격	없음	코스트	없음
지정 특기	의상술				

전투 중에 자신이 공격을 하는 대신 사용할 수 있다. 지정 특기 판정에 성공하면 다음 라운드부터 그 전투를 종료할 때까지 하급닌자 카테고리의 에너미 「전투원」(p184)을 1명 불러내서 「종자」로 사용할 수 있다. 불러냈을 때는 임의의 플롯치를 하나 골라서 선언한다. 플롯을 할 때, 「전투원」은 라운드마다 반드시 그 수치로 플롯을 한다.

벗은 의복이 분신으로 변화해서 습격을 가한다.

구름사다리
타입	서포트 인법	간격	없음	코스트	없음
지정 특기	등반술				

자신이 장면 플레이어인 드라마 장면에 사용할 수 있다. 자신이 【거처】를 획득한 캐릭터 중에서 1명을 목표로 선택한다. 지정 특기 판정에 성공하면 목표가 가진 닌자도구나 특수 닌자도구 하나를 빼앗을 수 있다(어느 닌자도구를 빼앗길지는 빼앗기는 쪽이 결정할 수 있다). 단, 목표가 같은 장면에 등장하지 않은 캐릭터였다면 지정 특기 판정에 -2의 수정치를 적용한다.

어딘가에서 갑자기 나타나 닌자도구를 빼앗고는 사라진다.

형체 지우기
타입	서포트 인법	간격	없음	코스트	1
지정 특기	은형술				

누군가가 정보 판정에 성공해서 【비밀】을 획득했을 때 사용할 수 있다. 【생명력】 1점을 소비하고, 그 【비밀】을 획득한 캐릭터를 목표로 선택한다. 지정 특기 판정에 성공하면 그 장면에 등장해서 목표가 획득한 【비밀】을 획득할 수 있다. 그 【비밀】을 이미 획득했다면 목표에게 사격전 대미지 1점을 입힐 수 있다.

벽이나 바닥 등에 자신의 몸을 동화시켜 적의 빈틈을 찌른다.

화장
타입	서포트 인법	간격	없음	코스트	2
지정 특기	변장술				

드라마 장면에 등장했을 때 사용할 수 있다. 지정 특기 판정에 성공하면 그 장면에서 자신이 감정 판정을 했을 때, 또는 자신이 감정 판정의 목표가 되었을 때 상대는 주사위를 굴리지 않고 이 인법의 소유자가 선택한 【감정】을 획득한다. 또, 자신에 대해 그 캐릭터가 플러스 【감정】을 획득했다면 그 캐릭터의 【거처】도 획득할 수 있다.

자신의 모습이나 성별을 상대의 이상형으로 변화시켜 그 마음을 조종한다.

우레
타입	서포트 인법	간격	없음	코스트	2
지정 특기	소환술				

자기 차례에 사용한다. 지정 특기 판정에 성공하면 그 라운드 동안 이 인법의 사용자를 목표로 효과 앞에 접근전이라고 표기된 공격 인법을 사용하거나, 이 인법의 사용자에게 효과 맨 앞에 접근전이라고 표기된 공격 인법의 목표로 선택된 캐릭터는 1D6을 굴린다. 주사위 눈이 홀수라면 사격전 대미지 1점을 입는다.

자기 자신에게 벼락을 떨어뜨려 몸을 감싼다.

무지개해파리
타입	서포트 인법	간격	없음	코스트	1
지정 특기	독술				

자기 차례에 사용할 수 있다. 자신 이외의 캐릭터 1명을 목표로 선택한다. 지정 특기 판정에 성공하면 목표에게 걸린 상태이상을 원하는 만큼 회복하고, 자신이 그것과 같은 상태이상에 걸린다. 그리고 걸린 상태이상의 수만큼 자신의 【생명력】을 회복한다.

해파리의 촉수처럼 머리카락이나 끈, 천 등을 뻗어서 대상으로부터 독기를 빨아들인다.

죽음의 접촉
타입	서포트 인법	간격	없음	코스트	없음
지정 특기	미인계				

누군가가 자신에 대해 「애정」의 【감정】을 획득했을 때 사용한다. 「애정」의 【감정】을 획득한 캐릭터를 목표로 선택한다. 지정 특기 판정에 성공하면 목표에게 「맹독」 상태이상과 함께 접근전 대미지 1점을 입힌다.

자신의 피부에 닿은 자로부터 생명력을 빨아들이는 인법.

부식의 기운
타입	장비 인법	간격	없음	코스트	없음
지정 특기	없음				

자신의 공격이 성공했을 때, 추가로 현재 자신에게 걸린 상태이상의 종류 수만큼 접근전 대미지를 입힐 수 있다.

체내의 독기나 악의를 부식성의 안개로 변화시켜 분출한다.

살갑옷
타입	장비 인법	간격	없음	코스트	없음
지정 특기	없음				

추가 【생명력】 슬롯을 3개 획득한다. 단, 이 【생명력】 슬롯은 사격전 대미지를 입었을 때만 감소할 수 있다. 이 인법의 효과로 얻은 【생명력】 슬롯을 잃지 않았더라도, 보통의 【생명력】이 0점이 되면 행동불능이 된다.

전신의 피부를 경질화하는 인법.

율모기의 맹독
타입	장비 인법	간격	없음	코스트	없음
지정 특기	없음				

이 캐릭터가 건 「맹독」 상태이상의 효과로 【생명력】이 감소했을 경우, 추가로 1점 더 【생명력】이 감소한다.

그 독은 닌자조차 하루만에 목숨을 잃을 정도의 힘을 지니고 있다.

111

기법의 서

인법: 우라야규

불타는 바늘

타입	공격 인법	간격	1	코스트	1
지정 특기	도검술				

접근전. 공격이 성공하면 목표에게 「잔류물」 상태이상과 함께 접근전 대미지 1점을 입힐 수 있다.

찔러 넣은 검을 일부러 부러뜨려 상대의 체내에 칼날을 남기는 비검.

동백꽃

타입	공격 인법	간격	1	코스트	3
지정 특기	용병술				

집단전. 공격이 성공하면 목표에게 집단전 대미지 2점을 입힌다.

우라야규의 쿠사들을 동원해서 일제히 공세를 펼친다.

오오즈메

타입	서포트 인법	간격	없음	코스트	2
지정 특기	없음				

전투 중에 자기 차례가 되면 사용할 수 있다. 자신이 습득한 인법 중에서 효과 맨 앞에 접근전이라고 표기된 공격 인법, 혹은 서포트 인법을 하나 선택한다. 그 라운드 동안 그 인법의 간격을 1점 상승시킨다.

목표를 향해 도약해서 단숨에 간격을 좁힌다. 이름의 유래는 야규 신카게류에 전해지는 검술.

뒤엎기

타입	서포트 인법	간격	1	코스트	3
지정 특기	격투술				

전투 중에 이 인법의 간격 내에 있는 캐릭터가 오의를 사용했을 때 사용할 수 있다. 오의의 사용자를 목표로 선택한다. 지정 특기 판정에 성공하면 오의의 효과가 발생한 후, 목표에게 접근전 대미지 1점을 입힐 수 있다.

오의를 전개하는 한순간의 빈틈을 찔러 권격을 가한다.

코즈메

타입	서포트 인법	간격	0	코스트	없음
지정 특기	도검술				

자신이 회피 판정에 성공했을 때 사용할 수 있다. 공격을 한 캐릭터가 이 인법의 간격 내에 있다면, 공격을 한 캐릭터를 목표로 선택한다. 지정 특기 판정에 성공하면 그 전투 동안 목표는 그 공격에 사용한 공격 인법의 명중 판정에 -4의 수정치를 적용하게 된다. 이 효과는 누적되지 않는다.

칼을 맞댄 상태에서 적의 무기를 파괴하는 참격. 이름의 유래는 야규 신카게류에 전해지는 검술.

몽도

타입	서포트 인법	간격	없음	코스트	1
지정 특기	도검술				

자신이 장면 플레이어인 드라마 장면에 사용할 수 있다. 임의의 캐릭터 1명을 목표로 선택한다. 지정 특기 판정에 성공하면 목표가 가진 【감정】을 하나 소실시킬 수 있다 (이 인법의 사용자가 어느 【감정】을 소실시킬지 선택할 수 있다).

상대의 마음을 베는 비검. 그 미련이나 망집을 잘라낸다.

용의 꼬리

타입	서포트 인법	간격	없음	코스트	2
지정 특기	도검술				

자신보다 플롯치가 낮은 캐릭터의 공격을 회피했을 때 사용할 수 있다. 자신에게 공격을 한 캐릭터를 목표로 선택한다. 지정 특기 판정에 성공하면 목표에게 접근전 대미지 1점을 입힐 수 있다.

칼을 맞댄 상태에서 단숨에 상대에게 치명상을 입히는 비검.

그림자 베기

타입	서포트 인법	간격	0	코스트	3
지정 특기	빙의술				

전투 중에 자신이 공격하는 대신 사용할 수 있다. 이 인법의 간격 내에 있는 캐릭터 중에서 1명을 목표로 선택한다. 지정 특기 판정에 성공하면 목표가 습득한 장비 인법 하나를 선택해서 미습득 상태로 만든다. 이 효과는 그 전투를 종료할 때까지 지속되며, 누적되지 않는다.

상대의 그림자를 베는 비검. 상대의 기술을 파훼한다.

겨울 하늘

타입	장비 인법	간격	없음	코스트	없음
지정 특기	없음				

전투 중에 자신의 명중 판정 펌블치가 1 감소한다.

우라야규에 전해지는 암살검의 진수. 망설임 없이 사람을 베는 냉정한 마음.

달그림자

타입	장비 인법	간격	없음	코스트	없음
지정 특기	없음				

체술 분야의 특기가 지정 특기인 공격 인법을 사용해서 공격에 성공하면, 본래의 효과와 더불어 사격전 대미지 1점을 입힐 수 있다.

체술의 극치를 선보이는 묘기.

떼구름

타입	장비 인법	간격	없음	코스트	없음
지정 특기	없음				

자신보다 플롯치가 낮은 캐릭터만을 공격의 목표로 삼았을 경우, 거기에 대한 회피 판정에 -1의 수정치를 적용하고 펌블치를 2 상승시킨다.

선수를 쳐서 상대를 몰아넣어 도망갈 길을 막는 검법.

다중 장벽

타입	장비 인법	간격	없음	코스트	없음
지정 특기	없음				

공격을 받을 때마다 다음에 시도하는 회피 판정에 +1의 수정치를 적용하고, 펌블치를 1 감소시킨다. 이 수정치와 펌블치 감소는 라운드를 종료할 때 무효가 된다.

여러 명의 적과 싸울 때 유리한 위치를 차지하기 위한 기술.

인법: 네고로슈

01식 대닌자 석장

타입	공격 인법	간격	0	코스트	1
지정 특기	괴력				

접근전. 공격이 성공하면 목표에게 접근전 대미지 1점을 입힐 수 있다. 이 인법으로 누군가의 【생명력】을 0점으로 만들면 공적점을 1점 획득할 수 있다(공적점 획득 효과는 세션마다 한 번만 사용할 수 있다).

쇼오(正応) 원년(1288년), 네고로지(根來寺) 성립을 기념하여 만들어진 인법승들의 기본장비.

열반적정식 금강저

타입	공격 인법	간격	1	코스트	2	퇴
지정 특기	봉인술					

접근전. 이 인법은 오니의 혈통 유파 인법이나 요마 인법을 습득한 캐릭터만 목표로 선택할 수 있다. 공격이 성공하면 목표에게 접근전 대미지 3점을 입힐 수 있다.

요마에게만 통하는 금강저 형태의 초미세 병기를 발사한다.

대공 천수포

타입	공격 인법	간격	3	코스트	2
지정 특기	기기술				

사격전. 이 공격을 무효로 하기 위해서는 회피 판정에 3회 성공해야만 한다. 공격이 성공하면 목표에게 사격전 대미지 1점을 입힐 수 있다.

네고로슈가 개발한 다탑포. 무수한 미사일을 난사한다.

대물 저격보살

타입	공격 인법	간격	4	코스트	4
지정 특기	포술				

사격전. 공격이 성공하면 목표에게 사격전 대미지 1점을 입힐 수 있다. 또, 목표의 추가 【생명력】 슬롯에 【생명력】이 1점 이상 남아 있다면 추가로 사격전 대미지 2점을 입힐 수 있다.

네고로슈가 개발한 보살(菩殺)병기. 장갑을 관통하는 일격을 날린다.

화승식 탄력본원

타입	공격 인법	간격	5	코스트	1
지정 특기	야전술				

사격전. 공격이 성공하면 목표에게 사격전 대미지 1점을 입힐 수 있다.

네고로슈가 개발한 화승총. 종자를 새긴 불탄(佛彈)이 중생을 구제한다.

(역주-종자: 밀교에서 부처나 보살을 한 글자로 나타낸 범자)

자동추미참회

타입	서포트 인법	간격	없음	코스트	없음
지정 특기	전달술				

자신이 장면 플레이어인 드라마 장면에 사용할 수 있다. 자신이 【거처】를 획득한 캐릭터 중에서 1명을 목표로 선택한다. 지정 특기 판정에 성공하면 목표에게 사격전 대미지 1점을 입힐 수 있다.

네고로슈가 개발한 성도기관. 인과를 더듬어 죄인의 마음을 강제로 정화한다.

(역주-성도: 도를 깨달음)

육도기관

타입	서포트 인법	간격	없음	코스트	없음	퇴
지정 특기	사령술					

자신이 대미지를 입었을 때 사용할 수 있다. 지정 특기 판정에 성공하면 이후 그 전투를 종료할 때까지 자신의 데이터가 저급요마 카테고리의 에너미 「콧쿠리」(p191)와 동일한 것으로 간주한다(【생명력】은 그 에너미의 【생명력】 최대치가 되며, 【생명력】이 감소해도 특기가 사용 불능이 되지 않는다). 전투를 종료하면 【생명력】은 이 인법을 사용한 시점의 상태가 된다. 저급요마일 때는 오의나 닌자도구를 사용할 수 없다.

강제로 윤회를 해서 자신의 몸을 일시적으로 전생시키는 생체 주술도구.

삼천대전세계

타입	서포트 인법	간격	없음	코스트	없음
지정 특기	없음				

전투 중에 자신이 공격하는 대신 사용할 수 있다. 현재의 장면을 목표로 선택한다. 목표에 해당하는 장면 동안 이 인법을 사용한 캐릭터 이외의 캐릭터를 목표로 하는 공격이 성공한 경우, 그 대미지를 1점 상승시킬 수 있다. 이 효과로 상승하는 대미지는 각 공격 인법의 맨 처음에 적혀 있는 종류뿐이다. 이 효과는 그 전투를 종료하거나, 사용자가 그 장면에서 퇴장할 때까지 지속된다. 이 효과는 누적되지 않는다.

네고로슈가 개발한 전투 결계. 수라계를 현현시켜 살육의 현장을 만들어낸다.

이동대가람 「니르바나」

타입	장비 인법	간격	없음	코스트	없음
지정 특기	없음				

추가 【생명력】 슬롯을 3개 획득한다. 이 인법의 소유자는 플롯치와 관계없이 전투에 참가한 모든 캐릭터의 공격 인법 간격 내에 있는 것으로 간주한다.

네고로슈가 개발한 불적(佛敵) 제압용 공중 기동 불탑. 니르바나란 열반을 의미한다.

화기관제용 대형 삿갓

타입	장비 인법	간격	없음	코스트	없음
지정 특기	없음				

효과 맨 앞에 사격전이라고 표기된 공격 인법을 사용해서 명중 판정을 할 때, 스페셜치가 1 감소한다.

겉보기에는 허무승이 쓰고 다니는 큼직한 삿갓처럼 보이지만, 내부에는 다양한 화기관제용 계기가 탑재되어 있다.

배력법의

타입	장비 인법	간격	없음	코스트	없음
지정 특기	없음				

전투 중에 각 라운드에 사용할 수 있는 인법의 코스트 합계가 1점 상승한다.

염불장갑의 일종. 사용자의 법력을 높인다.

비구니 갑옷

타입	장비 인법	간격	없음	코스트	없음
지정 특기	없음				

자신을 목표로 지정 특기 판정이 필요한 서포트 인법이 사용되었을 때, 【생명력】을 1점 소비하면 사용할 수 있다. 그 인법의 지정 특기로 판정해서 성공하면 그 효과를 무효로 할 수 있다.

네고로슈가 개발한 염불장갑(念佛裝甲). 불법의 인을 맺어 적대적인 인법을 복멸한다.

113

기법의 서

인법: 슷파

그림자 무사

타입	서포트 인법	간격	없음	코스트	없음
지정 특기	변장술				

자신이 장면 플레이어인 드라마 장면에 사용할 수 있다. 자신이 【거처】를 획득한 캐릭터 중에서 1명을 목표로 선택한다. 지정 특기 판정에 성공하면 목표에게 접근전 대미지 1점을 입힐 수 있다.

신겐의 대역이 되어 다케다 군을 부린다.

독 흡입

타입	서포트 인법	간격	없음	코스트	없음
지정 특기	의술				

자신이 장면 플레이어인 드라마 장면에 사용할 수 있다. 임의의 캐릭터 1명을 목표로 선택한다. 지정 특기 판정에 성공하면 목표의 상태이상을 하나 회복한다.

상태이상에 빠진 자의 체내에서 독소를 빼낸다.

구워삶기

타입	서포트 인법	간격	없음	코스트	없음
지정 특기	대인술				

전투에서 에너미에게 승리했을 때 사용한다. 그 에너미 중에서 원래의 인법 수가 4개 이하인 캐릭터 1명을 목표로 선택한다. 지정 특기 판정에 성공하면 목표가 다른 PC, 또는 PC의 「종자」가 아닌 경우 그 세션 동안 목표를 자신의 「종자」로 삼을 수 있다.

쓰러뜨린 이를 자신의 부하로 삼는다.

마물의 웃음

타입	서포트 인법	간격	없음	코스트	1
지정 특기	미인계				

누군가에 대한 【감정】을 획득했을 때 사용할 수 있다. 【감정】을 획득한 상대를 목표로 선택한다. 지정 특기 판정에 성공하면 목표에게 상태이상으로 「최면」 또는 「야망」 중 하나를 걸 수 있다.

사람의 마음을 현혹하는 괴이하고도 아름다운 미소.

화계

타입	서포트 인법	간격	없음	코스트	2
지정 특기	인맥				

전투를 개시할 때, 플롯을 하기 전에 사용할 수 있다(자신이 그 전투에 참가하지 않아도 이 인법은 사용할 수 있다). 전투에 참가한 이 중에서 자신이 【거처】를 획득한 캐릭터 1명을 목표로 선택한다. 지정 특기 판정에 성공하면 목표에게 「불덩어리」 상태이상을 걸 수 있다.

상대의 집이나 잠복 장소 등에 불을 지른다.

보름달

타입	장비 인법	간격	없음	코스트	없음
지정 특기	없음				

정보 판정으로 【비밀】을 획득했을 때, 그 【비밀】 주인의 【거처】도 획득할 수 있다.

광범위 정보망. 정보를 흘려 특정 인물의 거처를 밝힐 수 있다.

인법: 노키자루

검은 비

타입	공격 인법	간격	1	코스트	2
지정 특기	물의 술				

집단전. 간격 내에 있는 캐릭터 전원을 목표로 삼는다(자신도 목표에 포함된다). 공격이 성공하면 목표에게 집단전 대미지 1점과 사격전 대미지 1점을 입힌다.

타오르는 검은 비를 내리게 한다.

마권

타입	공격 인법	간격	1	코스트	2
지정 특기	격투술				

접근전. 명중 판정에 성공하면 한 번 더 명중 판정을 할 수 있다. 이것은 최대 4회까지 반복할 수 있으나, 한 번이라도 명중 판정에 실패하면 이 인법의 판정은 실패가 된다. 그리고 반복한 판정이 모두 스페셜이었던 경우에만 스페셜로 간주한다. 명중 판정이 몇 번 성공했건 간에 거기에 대한 회피 판정은 한 번만 하며, 그 한 번의 회피 판정이 성공하면 이 공격은 실패가 된다. 공격이 성공하면 목표에게 성공한 명중 판정의 횟수만큼 접근전 대미지를 입힐 수 있다.

한순간에 전개하는 가공할 연격.

살바람

타입	서포트 인법	간격	없음	코스트	3
지정 특기	제육감				

자신의 등장 여부와 관계없이 드라마 장면에서 누군가가 서포트 인법을 사용했을 때 사용할 수 있다. 서포트 인법의 사용자를 목표로 선택한다. 지정 특기 판정에 성공하면 목표가 사용한 그 인법을 무효로 할 수 있다.

갖가지 간계나 책략을 간파하는 술수.

쿄단

타입	서포트 인법	간격	없음	코스트	없음
지정 특기	사기술				

자신이 장면 플레이어인 드라마 장면에 사용할 수 있다. 임의의 캐릭터 1명을 목표로 선택한다. 지정 특기 판정에 성공하면 목표에게 「야망」 상태이상을 걸 수 있다. 이 인법은 그 장면에 등장하지 않은 캐릭터 중에서도 목표를 선택할 수 있다.

감언이설과 중상모략으로 야망을 불어넣는 화술. 쿄단(鄕談)이라는 이름은 노키자루의 별명이다.

화신화

타입	서포트 인법	간격	없음	코스트	4
지정 특기	이형화				

전투 중에 자기 차례가 되면 사용한다. 【생명력】을 1점 소비하고, 지정 특기 판정을 한다. 판정에 성공하면 명중 판정과 회피 판정을 할 때 주사위를 3개 굴리고, 그 중에서 마음에 드는 주사위 2개를 골라 달성치를 산출한다. 이때, 선택한 두 개의 눈을 확인해서 스페셜이나 펌블이 발생했는지 판단한다. 이 효과는 그 전투를 종료할 때까지 지속된다.

본래의 자신보다 강력한 화신으로 변신할 수 있다.

탁탑부

					퇴
타입	장비 인법	간격	없음	코스트	없음
지정 특기	없음				

오니의 혈통 유파 인법이나 요마 인법을 습득한 캐릭터에 대한 명중 판정과 오의 파훼 판정에 +1의 수정치를 적용한다.

비사문천의 진언이 그려진 영험한 부적.

114

인법: 랏파

적완

타입	공격 인법	간격	0	코스트	1
지정 특기	격투술				

접근전. 공격이 성공하면 목표에게 「불덩어리」 상태이상과 함께 접근전 대미지 1점을 입힐 수 있다.

팔뚝에서 고열을 일으켜 닿은 자를 불사른다.

용마

타입	서포트 인법	간격	없음	코스트	없음
지정 특기	기승술				

전투 중에 전장이 「평지」로 결정되었을 때, 또는 「평지」로 변경되었을 때 사용할 수 있다. 지정 특기 판정에 성공하면 자신이 공격으로 대미지를 입힐 때, 그 대미지를 1점 상승시킬 수 있다. 이 효과로 상승하는 대미지는 각 공격 인법의 맨 처음에 적혀 있는 종류뿐이다. 이 효과는 전투를 종료하거나, 전장이 「평지」 이외의 것으로 바뀔 때까지 지속된다.

전장을 바람처럼 가로지르는, 빼어난 기마전법.

뜬 발

타입	서포트 인법	간격	없음	코스트	2
지정 특기	신체조작				

전투 중에 「위험지대」 이외의 전장에 있을 때, 자기 차례에 사용할 수 있다. 임의의 캐릭터를 원하는 만큼 목표로 선택한다. 지정 특기 판정에 성공하면 전장이 변경될 때까지 자신의 공격에 대한 목표의 회피 판정, 자신에 대한 목표의 오의 파훼 판정에 -1의 수정치를 적용한다. 이 효과는 누적되지 않는다. 또, 자신은 전장이 변경될 때까지 그 전장의 특수효과를 무시할 수 있다.

우아한 발걸음으로 물 위나 공중을 걷는다.

보이지 않는 빗장

타입	서포트 인법	간격	없음	코스트	1
지정 특기	함정술				

메인 페이즈에 누군가가 자신에게 전투를 신청했을 때, 또는 자신이 참가한 전투에서 누군가가 탈락했을 때 사용할 수 있다(이 인법은 자신이 그 전투에 참가하지 않아도 사용할 수 있다). 전투를 신청한 캐릭터, 또는 전투에서 탈락한 캐릭터 중에서 1명을 목표로 선택한다. 지정 특기 판정에 성공하면 목표는 《함정술》 판정을 한다. 목표가 그 판정에 실패하면 목표에게 접근전 대미지 1점을 입힌다.

함정을 깔고 자신을 습격하는 이나 자신으로부터 도망치는 이를 해친다.

풍마

타입	서포트 인법	간격	없음	코스트	없음
지정 특기	전달술				

자신이 등장하지 않은 장면에서 누군가가 오의를 사용했을 때 사용할 수 있다. 지정 특기 판정에 성공하면 오의의 사용자가 「뒤흔드는 소리」를 가지고 있는 것으로 간주해서 「간파 판정」을 한다. 거기에 성공하면 사용된 오의의 【오의】에 관한 【정보】를 획득한다.

바람을 통해 적의 기술을 훔쳐보는 인법.

척후

타입	장비 인법	간격	없음	코스트	없음
지정 특기	없음				

자신이 정보 판정이나 오의 파훼 판정을 할 때, 스페셜치가 1 감소한다.

정찰과 잠복을 특기로 하는 척후병들을 부하로 두고 있다.

인법: 톳파

불 뿜기

타입	공격 인법	간격	2	코스트	3
지정 특기	불의 술				

사격전. 공격이 성공하면 목표에게 「불덩어리」 상태이상과 함께 사격전 대미지 1점을 입힐 수 있다.

입에서 화염을 뿜을 수 있다.

난신

타입	서포트 인법	간격	없음	코스트	3
지정 특기	괴력				

전투 중에 자기 차례가 되면 사용할 수 있다. 지정 특기 판정에 성공하면 자신이 습득한 인법 중 효과 앞에 접근전이라고 표기된 공격 인법을 사용하여 공격에 성공했을 때, 본래의 효과와 더불어 추가로 접근전 대미지 1점을 입힐 수 있게 된다. 이 효과는 누적되지 않으며, 3라운드 지속된다.

자신의 육체를 활성화해서 괴력을 휘두른다.

설풍

타입	서포트 인법	간격	없음	코스트	3
지정 특기	은형술				

자신이 같은 장면에 등장한 캐릭터로부터 서포트 인법의 목표로 선택되었을 때 사용할 수 있다. 지정 특기 판정에 성공하면 그 인법은 무효가 된다. 서포트 인법을 사용한 캐릭터는 이 인법을 사용한 캐릭터 이외의 캐릭터를 다시 목표로 선택할 수 있다(달리 선택 조건을 충족하는 캐릭터가 없다면 그 인법은 무효가 된다).

투명해져서 적의 술법에 걸리지 않는다.

안개은신

타입	서포트 인법	간격	없음	코스트	없음
지정 특기	색적술				

전투 중에 자기 차례가 되면 사용할 수 있다. 자신을 목표로 선택한다. 지정 특기 판정에 성공하면 그 전투 동안 자신이 지정 특기 판정이 필요한 서포트 인법의 목표로 선택되었을 때, 해당하는 판정에 -3의 수정치를 적용한다. 이 효과는 누적되지 않는다.

적의 집중을 흐트러뜨리는 기이한 안개를 주위에 불러낸다.

바위동굴

타입	서포트 인법	간격	없음	코스트	없음
지정 특기	결계술				

전투 중에 자기 차례가 되면 공격을 하는 대신 사용할 수 있다. 지정 특기 판정에 성공하면 그 라운드 동안 한 번에 【생명력】이 2점 이상 감소하게 되는 오의나 인법의 목표가 되었을 때, 감소하는 【생명력】 수치를 1점 경감할 수 있다(접근전 대미지와 사격전 대미지를 동시에 입었다면, 사용자가 어느 대미지를 경감할지 선택한다). 또, 다음 라운드에는 사용할 수 있는 인법의 코스트 합계가 2점 상승하며, 자기 차례에 공격 인법을 2회 사용할 수 있다(추가 공격도 코스트는 발생한다. 그 라운드에 이미 사용한 공격 인법을 한 번 더 사용할 수도 있다).

자신의 몸을 지키면서 기력을 모으고, 공격할 기회를 노린다.

이즈나

타입	장비 인법	간격	없음	코스트	없음
지정 특기	없음				

인수 카테고리 에너미 「닌자까마귀」(p181), 「닌자묘」(p182), 「닌자원숭이」(p182) 중 아무 종류나 1명을 데리고 있다. 당신은 그 에너미를 「종자」로 사용할 수 있다. 단, 이 「종자」는 【생명력】이 없어지면 그 세션에서는 사용할 수 없게 된다.

직접 사역하는 인수를 데리고 있다.

기법의 서

인법: 사이가슈

꽃놀이 화톳불

타입	공격 인법	간격	3	코스트	2
지정 특기	포술				

사격전. 공격이 성공하면 목표에게 「잔류물」 상태이상과 함께 사격전 대미지 1점을 입힐 수 있다.

화살비가 아닌 총탄의 비. 무수한 총탄을 퍼붓는다.

뇌조

타입	공격 인법	간격	4	코스트	1
지정 특기	포술				

사격전. 공격을 한 캐릭터와 목표의 플롯치 차이가 4 이상이라면 이 공격에 대해 회피 판정을 할 수 없다. 공격이 성공하면 목표에게 사격전 대미지 1점을 입힐 수 있다.

고속으로 적의 간격 밖으로 이동해서 저격하는 초장거리 사격.

위풍

타입	공격 인법	간격	3	코스트	3
지정 특기	색적술				

사격전. 공격이 성공하면 목표에게 사격전 대미지 1점을 입히고, 추가로 상대가 습득한 오의 내역을 볼 수 있다. 단, 【오의】에 관한 【정보】를 획득한 것은 아니다.

적의 본성을 간파하는 신비한 충격.

악지

타입	서포트 인법	간격	없음	코스트	2
지정 특기	지형활용				

라운드를 종료할 때 사용할 수 있다. 현재의 장면을 목표로 선택한다. 지정 특기 판정에 성공하면 전장이 변경될 때까지 전투에 참가한 캐릭터 전원이 습득한 서포트 인법의 코스트가 2점 상승한다. 이 효과는 사용자가 그 장면에서 퇴장하면 사라진다. 또, 이 효과는 누적되지 않는다.

울창한 숲과 같이 시야를 확보하기 어려운 장소에서 싸우는 게릴라 전술.

송장까마귀

타입	장비 인법	간격	없음	코스트	없음
지정 특기	없음				

자신이 전투에서 탈락한 후, 그 전투에서 각 라운드를 종료할 때 임의의 공격 인법 하나를 사용할 수 있다. 이때, 자신이 플롯치 0에 있는 것으로 간주하고, 공격 인법의 코스트는 0으로 간주한다. 이 효과는 자신의 【생명력】이 0점이라도 전투마다 한 번까지 사용할 수 있다.

사이가의 신념은 굳건하다. 설령 비겁하다는 말을 듣더라도 얌전히 당해주지는 않는다.

연발

타입	장비 인법	간격	없음	코스트	없음
지정 특기	없음				

효과 맨 앞에 사격전이라고 표기된 공격 인법을 사용할 때, 그 명중 판정에 +2의 수정치를 적용한다.

동료와 함께 연속으로 철포를 교환하며 연달아 발포하는 사격법.

인법: 쿠로하바키구미

계안

타입	서포트 인법	간격	1	코스트	3
지정 특기	동술				

전투 중에 자기 차례가 되면 사용할 수 있다. 자신의 【생명력】을 1점 소비하고, 이 인법의 간격 내에 있는 캐릭터 중에서 1명을 목표로 선택한다. 지정 특기 판정에 성공하면 그 라운드 동안 목표가 오의를 사용할 경우, 목표는 오의의 효과를 발동한 후에 사격전 대미지 2점을 입는다.

상대의 오의를 봉인한다. 닌자를 상대하기 위한 안력.

정안

타입	서포트 인법	간격	없음	코스트	없음
지정 특기	동술				

자신이 장면 플레이어인 드라마 장면에 사용할 수 있다. 임의의 캐릭터 1명을 목표로 선택한다. 지정 특기 판정에 성공하면 다음에 자신에 대한 그 캐릭터의 명중 판정이 성공했을 때, 거기에 대한 회피가 자동으로 성공하게 된다(스페셜은 아니다. 달성치가 필요하다면 10이 된다). 이 효과는 누적되지 않는다. 이 인법은 그 장면에 등장하지 않은 캐릭터 중에서도 목표를 선택할 수 있다.

자신의 미래를 예지해서 다음에 일어날 재난을 한 번 피할 수 있다.

독안

타입	서포트 인법	간격	없음	코스트	없음
지정 특기	동술				

자신이 장면 플레이어인 드라마 장면에 사용할 수 있다. 임의의 캐릭터 1명을 목표로 선택하고, 임의의 상태이상 하나를 선택한다. 지정 특기 판정에 성공하면 목표가 다음에 펌블을 발생시켰을 때, 선택한 상태이상을 건다. 이 효과는 누적되지 않는다. 이 인법은 그 장면에 등장하지 않은 캐릭터 중에서도 목표를 선택할 수 있다.

누군가의 미래를 예지하고, 그것을 안 좋은 방향으로 개변하는 인법.

나안

타입	서포트 인법	간격	없음	코스트	없음
지정 특기	동술				

「플롯」 시에 전원의 플롯을 결정하고, 그것들을 공개하기 전에 사용할 수 있다. 전투에 참가한 캐릭터 중에서 1명을 목표로 선택한다. 지정 특기 판정에 성공하면 1~6 중 임의의 숫자를 선언한다. 그 숫자가 플롯한 주사위 눈과 같다면, 목표는 이 인법을 사용한 캐릭터의 공격에 대해 회피 판정을 할 수 없게 된다.

최면술의 일종. 상대의 마음을 들여다봐서 방어를 무효화한다.

수정안

타입	서포트 인법	간격	없음	코스트	없음
지정 특기	없음				

자기 차례에 사용할 수 있다. 자신의 【생명력】을 1점 소비한다. 드라마 장면이라면 그 장면 동안, 전투 중이라면 그 라운드 동안 자신이 시도하는 모든 판정의 스페셜치가 2 감소한다.

피를 빨아들여 미래를 예측하는 마안.

삼안

타입	장비 인법	간격	없음	코스트	없음
지정 특기	없음				

자신의 남은 【생명력】이 3점 이하가 되면 자신의 【접근전 공격】으로 입히는 접근전 대미지가 1점 상승하고, 거기에 대한 회피 판정에 -1의 수정치를 적용할 수 있게 된다.

궁지에 몰리면 제3의 눈이 뜨이면서 마력이 넘쳐나온다.

인법: 자토슈

세키
타입	공격 인법	간격	4	코스트	1

지정 특기: 용병술

집단전. 공격이 성공하면 목표에게 집단전 대미지 1점이나 사격전 대미지 1점을 입힐 수 있다.

세키 일족이라는 닌자 집단을 부려 암습을 가한다.

칼 삼키기
타입	서포트 인법	간격	없음	코스트	1

지정 특기: 암기

전투 중에 자기 차례가 되면 사용할 수 있다. 지정 특기 판정에 성공하면 자신이 습득한 【접근전 공격】의 지정 특기를 다른 특기로 변경할 수 있다. 이 효과는 그 전투를 종료할 때까지 지속된다.

비파 등의 도구나 몸 안에 다양한 「검」을 숨겨두는 인법.

말려죽이기
타입	서포트 인법	간격	없음	코스트	없음

지정 특기: 예능

자신이 장면 플레이어인 드라마 장면에 사용할 수 있다. 자신이 【거처】를 획득한 캐릭터 중에서 1명을 목표로 선택한다. 지정 특기 판정에 성공하면 목표에게 「기아」 상태이상을 걸 수 있다.

무시무시한 마성의 곡조. 그 소리를 들은 이는 아무것도 먹지 못하게 된다.

이간질
타입	서포트 인법	간격	없음	코스트	없음

지정 특기: 유언비어

자신이 장면 플레이어인 드라마 장면에 사용할 수 있다. 자신을 제외한 임의의 캐릭터 1명을 목표로 선택한다. 지정 특기 판정에 성공하면 목표에 대해 【감정】을 가지고 있는 이는 모두 그 속성의 플러스와 마이너스를 반전시킨다. 이 인법은 그 장면에 등장하지 않은 캐릭터 중에서도 목표를 선택할 수 있다.

우스꽝스러운 소문을 흘려 그 인물의 평판을 뒤흔든다.

돌부처
타입	서포트 인법	간격	1	코스트	2

지정 특기: 주술

전투 중에 자기 차례가 되면 사용할 수 있다. 이 인법의 간격 내에 있는 캐릭터 중에서 아무나 1명을 목표로 선택한다. 지정 특기 판정에 성공하면 목표는 다음 라운드의 플롯 시에 현재와 같은 플롯만 플롯할 수 있다(현재의 플롯치가 0이나 7이라면 효과가 없다).

전신을 돌처럼 굳히는 악몽의 숨결.

예견
타입	서포트 인법	간격	없음	코스트	없음

지정 특기: 없음

드라마 장면이라면 장면을 개시할 때, 전투 중이라면 라운드를 개시할 때 사용할 수 있다. 【생명력】을 1점 소비하면 드라마 장면에는 그 장면 동안, 전투 중에는 그 라운드 동안 자신이 시도하는 판정에 대한 모든 마이너스 수정치를 무효할 수 있다.

오직 자토슈만이 볼 수 있는 세계의 진실.

인법: 하치야슈

큰 톱
타입	공격 인법	간격	0	코스트	4

지정 특기: 손괴술

접근전. 공격이 성공하면 목표에게 접근전 대미지 1점을 입힌 후, 목표가 습득한 장비 인법을 하나 선택해서 미습득 상태로 만든다. 장비 인법을 미습득 상태로 만드는 효과는 그 전투를 종료할 때까지 지속되며, 누적되지 않는다.

거대한 톱을 사용한 특수한 공격법.

장송곡
타입	공격 인법	간격	1	코스트	1

지정 특기: 예능

접근전. 공격이 성공하면 목표에게 접근전 대미지 1점을 입힐 수 있다. 또, 상대의 【오의】에 관한 【정보】를 획득했다면 추가로 접근전 대미지 1점을 입힐 수 있다.

기묘한 선율에 따라 죽음의 춤을 춘다.

대피 우물
타입	서포트 인법	간격	없음	코스트	2

지정 특기: 물의 술

전장이 「수중」인 전투 중에 자신이 공격을 받았을 때 사용할 수 있다. 지정 특기 판정에 성공하면 그 공격에 대한 회피 판정이 자동으로 성공한다(스페셜은 아니다. 달성치가 필요하다면 10이 된다). 그리고 그 라운드에 자신이 아직 공격이나 공격 대신 할 수 있는 행동을 하지 않았다면 자신의 플롯치를 임의의 수치로 변경할 수 있다. 원래 자신이 플롯한 플롯치 이하의 플롯으로 이동한다면, 그 플롯치가 되었을 때 자기 차례를 맞이한다. 그 외의 경우에는 자기 차례를 잃는다.

물 속으로 사라졌다가 연결되어 있는 다른 장소의 물속에서 나타나는 인법.

비행 우산
타입	서포트 인법	간격	없음	코스트	2

지정 특기: 등반술

전투 중에 자기 차례가 되면 사용할 수 있다. 자신을 목표로 선택한다. 지정 특기 판정에 성공하면 목표의 공격 인법 간격이 1 상승한다. 또, 전장이 「고지대」라면 추가로 목표의 간격이 1 상승하고, 그 공격 인법에 대한 회피 판정에 -2의 수정치를 적용한다. 이 효과는 그 전투를 종료할 때까지 지속되며, 누적되지 않는다.

우산을 날리고 그 위에 올라타서 공중을 이동하는 능력.

날뛰는 팽이
타입	서포트 인법	간격	없음	코스트	2

지정 특기: 손놀림

전투 중에 자신이 공격하는 대신 사용할 수 있다. 지정 특기 판정에 성공하면 주사위를 최소 1개, 최대 3개의 범위에서 원하는 만큼 굴린다. 그 주사위 눈과 같은 플롯치에 있는 캐릭터는 1점의 사격전 대미지를 입는다(같은 주사위 눈이 둘 이상 나왔다면 입는 대미지가 누적된다).

고속 회전하는 칼날 달린 팽이를 날린다. 그 움직임은 술자조차 예측할 수 없다.

가시옷
타입	장비 인법	간격	없음	코스트	없음

지정 특기: 없음

이 캐릭터에 대한 명중 판정에 실패한 캐릭터는 「잔류물」 상태이상에 걸린다.

자신의 옷에 칼날을 설치해서 함부로 공격한 이를 상처 입힌다.

인법: 야츠후사

열아

타입	공격 인법	간격	1	코스트	없음
지정 특기	자유				

접근전. 이 인법은 【거처】를 획득한 상대를 목표로 하는 경우, 명중 판정을 할 때 자동으로 성공하게 된다(스페셜은 아니다. 달성치가 필요하다면 10이 된다). 공격이 성공하면 목표에게 접근전 대미지 1점을 입힐 수 있다.

충성스러운 개와 같이 우직하게 사냥감으로 정한 상대를 물어뜯는다.

견사

타입	장비 인법	간격	없음	코스트	없음
지정 특기	없음				

자신과 같은 「신념」의 소유자에 대한 정보 판정이나 감정 판정은 주사위 굴림 없이 자동으로 성공할 수 있다(스페셜은 아니다. 달성치가 필요하다면 10이 된다). NPC에 대해 정보 판정이나 감정 판정을 하는 경우, 그 NPC에게 어울리는 신념을 GM이 즉석에서 결정한다. GM이 적절한 신념을 떠올리기 어렵다면 「육도 표」(p33)를 사용해서 무작위로 결정한다.

같은 마음을 품은 이와 공명하는 불가사의한 인물들.

영옥　　　　　　퇴

타입	장비 인법	간격	없음	코스트	없음
지정 특기	없음				

오니의 혈통 유파 인법이나 요마 인법을 습득한 캐릭터만을 목표로 명중 판정을 할 때, 그 판정의 스페셜치는 9가 된다.

요마에게 고통을 안겨주는 신비한 구슬.

인법: 쿠로쿠와구미

개미지옥

타입	공격 인법	간격	1	코스트	2
지정 특기	굴삭술				

접근전. 공격이 성공하면 목표에게 접근전 대미지 1점을 입힐 수 있다. 또, 이 인법으로 1점 이상 대미지를 입히는 다음 라운드의 플롯을 1로 정해야만 한다.

발밑에 유사(流沙)를 만들어 희생자를 삼킨다.

환몽전

타입	서포트 인법	간격	없음	코스트	4
지정 특기	환술				

전투 중에 자신이 공격하는 대신 사용할 수 있다. 그 장면을 목표로 선택한다. 지정 특기 판정에 성공하면 「전장표」에서 임의로 전장 두 종류를 선택한다. 목표의 전장을 인법의 사용자가 선택한 두 가지 효과가 모두 적용된 특수한 전장으로 변경할 수 있다.

순식간에 환상과도 같은 궁전을 만들어내는 건축술.

탐색조

타입	서포트 인법	간격	없음	코스트	없음
지정 특기	없음				

원하는 때 사용할 수 있다. 임의의 캐릭터 1명을 목표로 선택한다. 목표의 【거처】를 획득할 수 있다. 이 인법은 그 장면에 등장하지 않은 캐릭터 중에서도 목표를 선택할 수 있다.

부하를 풀어 상대의 거처를 확실하게 알아낸다.

인법: 카와나미슈

배수

타입	공격 인법	간격	2	코스트	1
지정 특기	자유				

접근전. 이 인법은 자신의 【생명력】이 2점 이하가 되어야만 사용할 수 있다. 공격이 성공하면 목표에게 접근전 대미지 3점을 입힐 수 있다.

배수의 진을 치는 마음으로 자신의 피를 무기로 삼는 카와나미슈의 비술.

수계

타입	서포트 인법	간격	2	코스트	1
지정 특기	물의 술				

전투 중에 현재의 전장이 「수중」일 경우, 자기 차례가 되면 사용할 수 있다. 이 인법의 간격 내에 있는 캐릭터 중에서 원하는 만큼 목표를 선택한다. 지정 특기 판정에 성공하면 목표에게 「맹독」 상태이상을 걸 수 있다.

물에 독을 푸는 잔인무도한 전술.

수군

타입	장비 인법	간격	없음	코스트	없음
지정 특기	없음				

자신이 장면 플레이어라면 전투를 개시할 때 그 전장을 「수중」으로 정할 수 있다. 또, 전투 중에 현재의 전장이 「수중」인 경우, 각 라운드에 사용할 수 있는 인법의 코스트 합계가 3점 상승하고, 명중 판정의 스페셜치가 2점 감소한다.

수군을 이끌고 하천이나 바다에서 싸우는 기술.

인법: 야마쿠구리

수직 쪼개기

타입	공격 인법	간격	1	코스트	3
지정 특기	등반술				

접근전. 이 인법은 간격 내에서 자신보다 플롯치가 높은 캐릭터만 목표로 선택할 수 있다. 공격이 성공하면 목표에게 접근전 대미지 3점을 입힐 수 있다.

산속이나 나무 위에서 습격하는 기습 전술. 투구째로 머리를 쪼갠다.

포효

타입	서포트 인법	간격	없음	코스트	2
지정 특기	전달술				

누군가가 서포트 인법을 사용했을 때 사용할 수 있다. 서포트 인법의 사용자를 목표로 선택한다. 지정 특기 판정에 성공하면 목표가 사용한 인법의 코스트를 1D6점 상승시킬 수 있다(이 효과로 그 인법의 코스트가 각 라운드에 사용할 수 있는 인법의 코스트 합계를 웃돌더라도 그 효과는 발휘된다. 단, 그 라운드에는 그 이상 코스트가 있는 인법을 사용할 수 없다).

초진동을 일으키는 울부짖음. 고속기동 중인 닌자의 움직임을 방해한다.

산마루의 엄니

타입	장비 인법	간격	없음	코스트	없음
지정 특기	없음				

자신이 장면 플레이어라면 전투를 개시할 때 그 전장을 「고지대」로 정할 수 있다. 전투 중에 현재의 전장이 「고지대」인 경우, 이 캐릭터의 공격에 대한 회피 판정이나 이 캐릭터가 사용하는 오의에 대한 오의 파훼 판정을 할 때 -2의 수정치를 적용한다.

산은 그들의 앞마당. 지형이나 날씨, 갖가지 요소가 그들의 힘이 된다.

인법: 카루타슈

아야카시 가면
타입	장비 인법	간격	없음	코스트	없음
지정 특기	없음				

이 인법을 습득했을 때, 범용 공격 인법이나 카루타슈 이외의 고류 유파에 해당하는 유파 인법의 공격 인법 중에서 인법을 셋 선택한다. 자기 차례에 「신통환」이나 「둔갑부」를 하나 소비하면 그 장면 동안 선택한 인법 중 하나를 선택해서 그것을 특례 습득한다(장면마다 최대 2개까지).

노가쿠의 가면 중 하나로, 무장의 원령을 나타내는 가면. 과거의 영웅을 몸에 빙의시켜 그들의 기술을 구사한다.

우소부키 가면
타입	장비 인법	간격	없음	코스트	없음
지정 특기	없음				

자신이 판정에서 펌블을 발생시켰을 때, 「신통환」이나 「둔갑부」를 하나 소비하면 그 결과를 성공으로 바꿀 수 있다(달성치가 필요하다면 10이 된다).

노가쿠의 가면 중 하나로, 광대를 나타내는 가면. 익살맞은 행동으로 방심을 유도한다.

신쟈 가면 퇴
타입	장비 인법	간격	없음	코스트	없음
지정 특기	없음				

이 인법을 습득했을 때, 요마 인법을 하나 선택한다. 임의의 타이밍에 「신통환」이나 「둔갑부」를 하나 소비하면 그 장면 동안 그 요마 인법을 특례 습득한다.

노가쿠의 가면 중 하나로, 귀녀의 가면 중에서도 질투로 인해 거의 완전히 뱀의 형상으로 변해버린 귀신의 가면. 요마를 몸에 빙의시켜 그 마력을 사용한다.

인법: 콘지키안

자동인형
타입	서포트 인법	간격	없음	코스트	2
지정 특기	기기술				

전투 중에 자신이 공격하는 대신 사용할 수 있다. 지정 특기 판정에 성공하면 현재 자신이 있는 플롯치는 이후 그 전투를 종료할 때까지 「혼잡」 전장이기도 한 것으로 간주한다. 전투에 참가한 캐릭터는 이 「혼잡」을 인법이나 오의의 목표로 삼을 수 있다. 1점 이상 대미지를 입거나, 1점 이상 【생명력】이 감소되면 이 「혼잡」은 효과를 잃는다(회피 판정은 하지 않는다). 또, 이 특수한 「혼잡」에 있는 캐릭터는 자기 차례가 되면 《도검술》로 판정을 한다. 실패하면 접근전 대미지 1점을 입는다.

자율 행동을 하는 기계인형. 설령 주인이라 할지라도 간격 안에 들어오면 자동으로 습격한다.

밤가마 퇴
타입	서포트 인법	간격	없음	코스트	3
지정 특기	경제력				

자기 차례가 되면 사용할 수 있다(전투 장면이라면 공격을 하는 대신 사용할 수 있다). 유지 공적점이 3점 이하인 요마무기를 하나 선택한다. 지정 특기 판정에 성공하면 그 요마무기를 획득한다. 단, 그 판정에는 그 요마무기의 유지 공적점과 같은 수치의 마이너스 수정치를 적용한다. 그 장면을 종료하면 그 요마무기는 사라진다.

콘지키안이 봉인한 금단의 기술. 중요한 임무 때는 그것이 해방된다.

기계병기
타입	장비 인법	간격	없음	코스트	없음
지정 특기	없음				

자기 유파 이외의 유파에 속하는 유파 인법 중에서 장비 인법을 특례 습득할 수 있게 된다(비전 인법이나 요마 인법은 제외). 단, 「기술」에 대응하는 【생명력】을 잃으면 해당하는 장비 인법은 미습득 상태가 된다.

다양한 형태의 기계병기. 네고로 등 히데요시가 멸망시킨 수많은 유파의 기술이 사용되었다.

인법: 스쿠나슈

육체 흡수 퇴
타입	서포트 인법	간격	없음	코스트	1
지정 특기	병량술				

전투 중에 자기 차례가 되면 사용할 수 있다. 그 전투에서 탈락한 캐릭터 중에서 1명을 목표로 선택한다. 지정 특기 판정에 성공하면 목표의 【생명력】을 1점 또는 2점 감소시킨다. 그리고 감소시킨 【생명력】과 같은 수치까지 자신의 【생명력】을 회복하거나, 유지 공적점이 감소시킨 【생명력】 수치 이하인 요마무기를 획득한다. 이 효과는 동일한 목표를 상대로는 전투마다 한 번만 사용할 수 있다. 요마무기를 획득했을 경우, 그 장면을 종료하면 그 요마무기는 사라진다.

쓰러뜨린 자의 살을 흡수해서 상처를 틀어막거나, 살로 이루어진 무기를 만들어낸다.

지네
타입	서포트 인법	간격	없음	코스트	1
지정 특기	이형화				

전투 중에 자기 차례가 되면 사용할 수 있다. 그 전투에서 탈락한 캐릭터 중에서 1명을 목표로 선택한다. 지정 특기 판정에 성공하면 목표가 습득한 인법과 특기를 하나씩 골라서 그것을 특례 습득한다. 이 효과는 최대 두 종류의 인법까지 누적되며, 그 전투를 종료할 때까지 지속된다.

전의를 상실한 이의 기량이나 의식을 빼앗아 자신의 무기로 삼는다.

살 가면
타입	서포트 인법	간격	없음	코스트	없음
지정 특기	빙의술				

메인 페이즈의 전투에서 자신이 탈락했을 때 사용할 수 있다. 임의의 캐릭터 1명을 목표로 선택한다. 지정 특기 판정에 성공하면, 목표가 그 전투에서 승자가 되었을 경우 그 캐릭터가 전과를 선택한 뒤에 자신도 자신 이외의 패자로부터 전과를 하나 선택할 수 있다.

자신의 일부를 빙의시켜 비밀리에 패자를 유린한다.

인법: 진언 타치가와류

사신의 사당
타입	서포트 인법	간격	없음	코스트	2
지정 특기	항술				

자신이 감정 판정에 성공했을 때 사용할 수 있다. 지정 특기 판정에 성공하면 감정 판정을 한 상대 캐릭터의 【생명력】을 1점 또는 2점 회복시킨다. 그리고 이 인법의 사용자는 회복시킨 【생명력】 수치와 같은 수의 「병량환」이나 「신통환」, 또는 「둔갑부」를 획득한다(서로 다른 종류를 조합할 수도 있다). 무엇을 획득했는지는 선언해야 한다.

방중술의 일종. 기의 순환 속에서 강력한 마력을 만들어낸다.

감로
타입	서포트 인법	간격	없음	코스트	없음
지정 특기	의술				

드라마 장면에 사용할 수 있다. 자신에 대해 플러스 【감정】을 가지고 있는 캐릭터 1명을 목표로 선택한다. 임의의 닌자도구나 특수 닌자도구를 하나 소비하고 지정 특기 판정에 성공하면 목표의 【비밀】을 획득한다.

중독성이 강한 마약을 이용해 비밀을 캐묻는다.

해골본존
타입	장비 인법	간격	없음	코스트	없음
지정 특기	없음				

효과 맨 앞에 집단전이라고 표기된 공격 인법을 사용해서 명중 판정을 할 때, 그 판정의 스페셜치는 9가 된다.

진언 타치가와류의 오의. 소유자에게 세계의 진리를 전수한다.

기법의 서

인법: 츠치미카도 가

귀문 [퇴]

타입	서포트 인법	간격	1	코스트	2
지정 특기	결계술				

전투 중에 자신이 공격하는 대신 사용할 수 있다. 이 인법의 간격 내에서 오니의 혈통 유파 인법이나 요마 인법을 습득한 캐릭터 중 1명을 목표로 선택한다. 지정 특기 판정에 성공하면 목표에게 접근전 대미지 2점을 입힐 수 있다. 단, 이 인법으로 목표의 【생명력】을 0으로 만들 수는 없다.

요마를 약화시키는 결계술.

시키가미

타입	서포트 인법	간격	없음	코스트	없음
지정 특기	없음				

전투 중에 자신이 공격을 종료했을 때 사용할 수 있다. 「둔갑부」를 하나 소비하면 한 번 더 공격을 할 수 있다 (추가 공격에 코스트는 발생한다. 그 라운드에 이미 사용한 공격 인법을 한 번 더 사용해도 무방하다).

고속기동을 할 수 있는 시키가미(式神)를 소환해서 적을 공격하게 한다.

나침반

타입	장비 인법	간격	없음	코스트	없음
지정 특기	없음				

이 인법을 습득했을 때 플롯치를 하나 선택하고, 이 인법의 효과 칸에 기록해둔다. 전투 중에 그 수치와 같은 플롯치에 있을 때 공격이 성공하면, 본래의 효과와 더불어 추가로 사격전 대미지 1점을 입힐 수 있다. 또, 그 공격에 대한 회피 판정에 -1의 수정치를 적용한다.

자신에게 길한 속도를 알려주는 점술도구.

인법: 바테렌

인페르노

타입	공격 인법	간격	2	코스트	4
지정 특기	소환술				

사격전. 간격 내에서 자신과 플롯치가 다른 캐릭터 전원을 목표로 삼는다. 공격이 성공하면 목표에게 접근전 대미지 1점과 사격전 대미지 1점을 입힌다.

지옥(Inferno). 자신의 몸에 지옥문을 열고, 접촉한 이들을 고속으로 변질 및 분해하는 독기를 불러낸다.

마르티르

타입	서포트 인법	간격	없음	코스트	2
지정 특기	의지				

「플롯」 시에 자신의 플롯을 하기 전에 사용할 수 있다. 지정 특기 판정에 성공하면 그 라운드에 자신과 같은 플롯치의 상대를 공격할 경우, 공격이 성공하면 본래의 효과와 더불어 접근전 대미지 3점을 입힐 수 있다. 단, 그 라운드 동안 이 인법의 사용자는 모든 회피 판정을 포기해야만 한다.

순교(Martir). 자신의 안위를 내려놓고 신을 위한 일격을 가한다.

파라이소 [퇴]

타입	서포트 인법	간격	없음	코스트	4
지정 특기	언령술				

요마가 요마 인법에 속하는 서포트 인법을 사용했을 때, 또는 요마가 오의를 사용했을 때 사용할 수 있다(요마화한 캐릭터는 포함되지 않는다). 그것들을 사용한 요마를 목표로 선택한다. 지정 특기 판정에 성공하면 목표가 사용한 서포트 인법이나 오의의 효과를 무효로 하고, 목표에게 사격전 대미지 1점을 입힐 수 있다. 단, 오의를 무효로 하는 경우에는 지정 특기 판정에 -4의 수정치를 적용한다. 이 인법은 그 장면에 등장하지 않은 캐릭터 중에서도 목표를 선택할 수 있다.

천국(Paraiso). 바테렌에 전해지는, 요마를 퇴치하는 성스러운 글귀.

혈맹 인법

닌자들의 팀, 혈맹을 결성하면 습득할 수 있는 혈맹 인법. 협력을 통해 힘을 발휘한다.

두 얼굴의 사자

타입	공격 인법	간격	1	코스트	2
지정 특기	자유				

접근전. 같은 플롯치에 자신과 같은 혈맹에 속한 자신 이외의 캐릭터가 있어야만 사용할 수 있다. 공격이 성공하면 1D6을 굴려 그 절반(소수점 이하 올림)의 수치만큼 목표에게 접근전 대미지를 입힐 수 있다.

동료와 타이밍을 맞춰 연계 공격을 한다.

속임수

타입	서포트 인법	간격	없음	코스트	2
지정 특기	임의의 체술이나 인술, 또는 소환술				

「플롯」 시에 전원의 플롯치를 공개한 뒤에 사용할 수 있다. 자신과 같은 혈맹에 속한 자신 이외의 캐릭터 1명을 목표로 선택한다. 지정 특기 판정에 성공하면 목표의 플롯치와 자신의 플롯치를 교환할 수 있다.

순간적으로 동료와 위치를 맞바꾼다.

바람소리

타입	서포트 인법	간격	없음	코스트	없음
지정 특기	없음				

전투 중에 같은 플롯치에 자신과 같은 혈맹에 속한 자신 이외의 캐릭터가 있다면 공격을 하는 대신 사용할 수 있다. 같은 플롯치에 있는 자신 이외의 혈맹 캐릭터 1명을 목표로 선택한다. 목표가 명중 판정을 할 때, 주사위를 4개 굴리고 임의로 2개의 눈을 선택해서 달성치를 산출한다. 이때, 선택한 2개의 눈을 확인해서 스페셜이나 펌블이 발생했는지 판단한다.

동료와 타이밍을 맞추면서 상대의 행동을 돕는다.

흑의

타입	서포트 인법	간격	1	코스트	없음
지정 특기	없음				

전투 중에 공격을 하는 대신 사용할 수 있다. 간격 내에서 자신과 같은 혈맹에 속한 자신 이외의 캐릭터 1명을 목표로 선택한다. 목표가 그 라운드에 사용할 수 있는 인법의 코스트 합계는 그 캐릭터의 플롯치+2가 된다. 이 효과는 누적되지 않는다.

보이지 않는 곳에서 지원에 전념하여 같은 혈맹에 속한 다른 닌자를 돕는다.

둘이서 한 바지

타입	서포트 인법	간격	없음	코스트	없음
지정 특기	없음				

자신과 같은 혈맹에 속한 자신 이외의 캐릭터가 누군가에 대해 【감정】을 획득했을 때 사용할 수 있다. 자신 또한 같은 상대에 대해 같은 【감정】을 획득한다(이미 다른 종류의 【감정】을 획득하고 있는 경우에는 변경한다).

동료와 감정을 동기화한다.

반주

타입	장비 인법	간격	없음	코스트	없음
지정 특기	없음				

전투 중에 같은 플롯치에 자신과 같은 혈맹에 속한 자신 이외의 캐릭터가 1명 이상 있을 경우, 모든 행동 판정에 +1의 수정치를 적용한다. 또, 같은 혈맹 캐릭터의 동의를 얻는다면 공격을 하는 대신 닌자도구나 특수 닌자도구를 3개까지 건네주거나 건네받을 수 있다(3개 이내의 범위라면 「2개 받고 1개 건네주기」 같은 행동도 가능).

동료와 협력해서 전투를 진행한다.

15 배경

이 항목에서는 캐릭터의 특수한 설정에 데이터적인 요소를 덧붙일 수 있는
배경에 관한 규칙과 데이터를 소개한다.

15·00
배경

「배경」이란 닌자 캐릭터의 출생이나 특수한
설정에 게임적인 요소를 덧붙이기 위한 데이터
입니다. 「배경」은 기본적으로 닌자 캐릭터에게
만 설정하는 데이터지만, 일부는 일반인에게도
사용할 수 있습니다. 배경에는 「장점」과 「단점」
이라는 두 종류가 있습니다.

15·01
배경 습득

배경은 캐릭터를 제작할 때, 또는 리스펙 타
이밍에 장점을 1개까지, 그리고 단점을 1개까지
습득할 수 있습니다. 양쪽 모두 습득할 수도 있
고, 둘 중 한쪽만 습득해도 무방합니다. 단, 같
은 종류의 배경을 2개 이상 습득할 수는 없습
니다.

배경은 계급에 따라 최대 습득 수가 정해져
있습니다. 하급닌자 지휘관이라면 장점과 단점
을 각각 1개씩, 중급닌자라면 각각 2개, 중급닌
자 지휘관이라면 각각 3개, 상급닌자라면 각각
4개, 상급닌자 지휘관이라면 각각 5개, 두령이
라면 각각 6개까지 습득할 수 있습니다.

15·02
장점

장점은 캐릭터에게 유리한 설정을 나타냅니
다. 배경마다 설정된 필요 공적점을 소비하면
습득할 수 있습니다. 한 번 습득한 장점은 리스
펙 타이밍에 미습득 상태로 만들 수 있습니다.
이때, 습득에 소비한 필요 공적점만큼 공적점
을 획득할 수 있습니다.

15·03
단점

단점은 캐릭터에게 불리한 설정을 나타냅니
다. 그 배경을 습득하면 배경마다 설정된 공적
점을 획득할 수 있습니다. 한 번 습득한 단점은
리스펙으로 변경할 수 없습니다. 단, 세션 중에
자신의 단점을 극복하는 상황이 발생했고, 게
임 마스터가 인정하면 그 단점을 미습득 상태
로 만들 수 있습니다(습득했을 때 획득한 공적
점을 소비할 필요는 없습니다).

15·04
배경의 종류

배경에는 레귤레이션과 관계없이 습득할 수
있는 배경, 레귤레이션이 「전국편」일 때만 습득
할 수 있는 「전국편 배경」, 「퇴마편」일 때만 습
득할 수 있는 「퇴마편 배경」이 있습니다.

배경 데이터 읽는 법

은신처 ① ② 장점

필요 공적점 ③

회복 판정에 성공하면 【생명력】을 2점 회복하거나, 상태
이상 ④ 회복하거나 둘 중 한쪽을 선택할 수 있다.

*자신이 위기에 처했을 때를 위해 마련해둔 안전한 은신
처 ⑤ 곳에서 쉬면 갖가지 이변에도 대응할 수
있을 터.*

① 배경명
배경의 이름입니다.

② 장점 / 단점
이 배경이 장점인지, 단점인지가 적혀 있
습니다.

③ 필요 공적점 / 공적점
장점이라면 그 배경을 습득하기 위해 필
요한 공적점 점수가 「필요 공적점」으로 적
혀 있습니다. 단점이라면 그 배경을 습득함
으로써 획득할 수 있는 공적점 점수가 「공적
점」으로 적혀 있습니다.

④ 효과
그 배경의 효과입니다.

⑤ 개요
그 배경의 대략적인 설명입니다.

배경

이 페이지부터 p126까지 수록된 배경은 레귤레이션과 관계없이 습득할 수 있다.

짐승의 마음
장점
필요 공적점 1

그 세션 동안 「인수」 카테고리 에너미를 처음 만날 때마다 《동물사역》 판정을 할 수 있다(자신의 「종자」에 대해서는 「인수」인 「종자」가 여럿 있더라도 세션마다 한 번만 이 판정에 도전할 수 있다). 성공하면 서로에 대해 【감정】을 획득할 수 있다. 이때, 「인수」 카테고리의 에너미는 반드시 플러스 【감정】을 획득한다. 또, 이 캐릭터에게 플러스 【감정】을 가진 「인수」 카테고리 에너미는 이 캐릭터에 대한 명중 판정과 회피 판정에 -1의 수정치를 적용한다.

동물이나 벌레에게 사랑받는다.

은신처
장점
필요 공적점 1

회복 판정에 성공하면 【생명력】 2점 회복, 상태이상 둘 회복 중 어느 한쪽을 선택할 수 있다.

자신이 위기에 처했을 때를 위해 마련해둔 안전한 은신처가 있다. 그곳에서 쉬면 갖가지 이변에도 대응할 수 있을 터.

사교성
장점
필요 공적점 1

이 배경의 소유자는 정보 판정으로 페르소나의 【진실】을 밝혔을 때, 추가로 한 번 더 정보 판정을 할 수 있다. 이 효과로 추가 정보 판정을 할 때마다 그 정보 판정에 -2의 수정치를 적용한다.

매우 붙임성이 좋고, 친해지기 쉬운 용모의 소유자다.

신분
장점
필요 공적점 2

이 배경의 소유자는 정보 판정으로 에니그마의 【전력】을 밝혀냈을 때, 추가로 한 번 더 정보 판정을 할 수 있다. 이 효과로 추가 정보 판정을 할 때마다 그 정보 판정에 -2의 수정치를 적용한다. 또, 에니그마의 【전력】을 해제하는 판정을 할 때, 그 판정에 +1의 수정치를 적용한다.

당신의 사회적인 신분은 임무에 유익한 영향력을 행사할 수 있다.

정보통
장점
필요 공적점 2

이 배경을 소유한 캐릭터의 플레이어는 자신이 장면 플레이어인 드라마 장면이 되었을 때, 「엑스트라 속성 표」(p235) 4번의 「정보통」 효과를 가진 엑스트라를 등장시킬 수 있다.

친하게 지내는 정보통이 있다.

영향력
장점
필요 공적점 2

닌자도구나 특수 닌자도구를 습득하기 위해 필요한 공적점이 절반(소수점 이하 올림)이 된다.

당신의 일족이나 가까운 인물 중에 유파 내에서 중요한 지위를 차지하고 있는 인물이 있다.

내통자
장점
필요 공적점 2

이 배경을 습득했을 때, 임의의 유파 하나를 선택한다. 이 배경의 소유자가 그 유파에 속한 캐릭터의 【비밀】이나 【거처】를 획득하는 경우, 그 정보 판정에 +1의 수정치를 적용한다.

특정 유파에 스파이를 보내두었다.

말예
장점
필요 공적점 2

이 배경을 습득할 때, 고류 인법을 하나 선택한다. 이 배경의 소유자는 캐릭터 제작 및 리스펙 때 그 인법을 특례 습득할 수 있게 된다(「전국편」 캐릭터는 습득 불가).

당신은 근근이 이어져 내려온 옛 닌자 일족의 말예다. 당신의 가문에는 유실되었다고 알려진 인법이 계승되고 있다.

종복의 훈련
장점
필요 공적점 3

이 배경의 소유자가 「종자」를 획득했다면, 임의의 타이밍에 그 「종자」 중에서 1명을 목표로 선택할 수 있다. 목표는 그 세션 동안 추가로 임의의 특기를 하나 습득하는 효과, 혹은 추가 【생명력】과 그 슬롯을 1점 획득하는 효과 중 어느 한쪽을 받을 수 있다. 이 효과는 세션마다 한 번만 사용할 수 있다.

헌신적으로 따르는 종자가 있다.

인연
장점
필요 공적점 3

이 배경을 습득할 때, 임의의 캐릭터 1명을 선택하고 그 캐릭터와의 【감정】 하나를 선택한다. 이 배경의 소유자는 세션을 개시할 때마다 그 캐릭터에 대해 그 【감정】을 가질 수 있다.

당신에게는 특별한 인연이 있는 인물이 한 명 있다.

이질적인 재능
장점
필요 공적점 3

이 배경을 습득했을 때, 임의로 갭을 둘 선택한다. 그리고 자기 전문 분야의 특기 양쪽에 있는 갭(오니의 혈통이라면 한쪽만)을 비우고, 선택한 두 개의 갭을 채운다. 이 【장점】은 하스바 인군이나 오니의 혈통, 또는 그 하위 유파에 속하는 캐릭터라면 필요 공적점이 본래의 절반(소수점 이하 올림)이 된다.

당신은 유파 내에서 이단에 해당하는 기술을 사용한다.

면역
장점
필요 공적점 3

사이클을 종료할 때 「상태이상」을 회복하기 위한 판정을 하는 경우, 그 판정에 +2의 수정치를 적용한다.

어린 시절부터 몸소 위력이 약한 독이나 저주를 겪으면서 그것들에 대한 면역력을 높여왔다.

운명의 별 <small>장점</small>
필요 공적점 3

자신의 「신념」에 따른 행동을 위한 것이라면 실패한 판정의 주사위를 다시 굴릴 수 있다. 「신념」에 따른 행동의 기준은 GM이 판단한다. GM이 「신념」에 따른 행동이 아니라고 판단했다면 이 배경을 사용한 것으로 보지 않는다. 이 효과는 세션마다 한 번만 사용할 수 있다.

자신의 운명을 나타내는 별이 있으며, 거기에 따라 살아가고 있다. 운명의 별은 다양한 이름으로 불리는데, 크게 나누자면 「신념」의 「육도」에 대응한다(「흉성」, 「충의 별」 등).

은폐 <small>장점</small>
필요 공적점 4

세션을 개시할 때마다 자신이 습득한 배경 중에서 이 배경 이외의 것을 임의로 하나 선택할 수 있다. 이 배경의 소유자는 페르소나를 하나 획득하고, 그 「진실」에 선택한 배경을 적을 수 있다(캐릭터 시트의 배경 칸에는 그 배경을 적지 않고, 관련된 정보는 비공개 정보가 된다). 【위장】은 자유롭게 설정할 수 있다.

자신의 배경 정보를 교묘하게 은폐하고 있다.

효웅 <small>장점</small>
필요 공적점 3

집단전 대미지를 입력었을 때, 「상태이상 표」 대신 「전국 상태이상 표」를 사용할 수 있다.

현대의 인물치고는 거친 성격의 소유자다.

가보 <small>장점</small>
필요 공적점 4

이 배경을 습득했을 때, 「프라이즈 효과 표」(p242)에서 12번 이외의 효과를 아무거나 하나 선택한다. 세션을 개시할 때마다 그 효과를 보유한 프라이즈를 가지고 세션에 참가할 수 있다(세션을 종료할 때 그 프라이즈는 없어진다).

당신의 일족에 전해지는 특수한 아이템을 소유하고 있다.

그림자미륵의 가르침 <small>장점</small>
필요 공적점 4

닌자 캐릭터에 대해 가지고 있는 플러스 속성【감정】을 임의의 타이밍에 마이너스 속성으로 변경할 수 있다. 이 효과는 세션마다 두 번까지만 사용할 수 있다.

모든 닌자를 없애고자 하는 「그림자미륵」의 생각에 깊이 동조하고 있다.

일상적인 단련 <small>장점</small>
필요 공석점 5

추가 【생명력】과 그 슬롯을 1점 획득한다.

하루하루 훈련을 게을리하지 않고, 매일 같이 육체를 연마하고 있다.

상급닌자 포식자 <small>장점</small>
필요 공적점 5

자신보다 계급이 높은 닌자나 그에 상당하는 에너미와의 전투에 승리했을 때, 추가로 공적점을 2점 더 획득할 수 있다.

매우 투쟁심이나 향상심이 강하며, 항상 자신보다 실력이 뛰어난 자와의 싸움에 굶주려 있다. 그들에게 승리하면 그 장점이나 강함을 매우 탐욕스럽게 흡수할 것이다.

다른 유파의 혈통 <small>장점</small>
필요 공적점 6

이 배경을 습득했을 때, 자신이 소속된 유파 이외의 유파를 아무거나 하나(고류 유파는 포함하지 않는다) 선택하고, 그 유파의 유파 인법 중에서 한 가지를 선택한다(하위 유파는 선택할 수 없다). 이 배경의 소유자는 캐릭터 제작 때나 리스펙 때 그 인법을 특례 습득할 수 있게 된다(이 효과로는 비전 인법을 특례 습득할 수 없다. 하위 유파를 선택하지 않으면 하위 유파의 유파 인법은 특례 습득할 수 없다).

당신의 일족에는 다른 유파의 기술이 이어져 내려오고 있다.

정비반 <small>장점</small>
필요 공적점 6

자신이 장면 플레이어인 드라마 장면에 사용할 수 있다. 자신이 습득한 서포트 인법 중에서 판정이 필요한 것을 하나 선택한다. 그 세션 동안 한 번만 그 서포트 인법을 사용할 때 지정 특기 판정에 자동으로 성공할 수 있다. 이 효과는 세션마다 한 번만 사용할 수 있다. 이 「장점」은 하스바 인군이나 그 하위 유파의 캐릭터가 습득하는 경우 필요 공적점이 본래의 절반이 된다.

당신이 사용하는 닌자장비나 당신 자신의 육체를 정비해주는 전문 스태프가 붙어 있다.

수련 <small>장점</small>
필요 공적점 6

자신이 장면 플레이어인 드라마 장면에 사용할 수 있다. 자신이 습득한 공격 인법 중에서 판정이 필요한 것을 하나 선택한다. 그 세션 동안 한 번만 그 공격 인법을 사용할 때 지정 특기 판정에 자동으로 성공할 수 있다. 이 효과는 세션마다 한 번만 사용할 수 있다. 이 「장점」은 쿠라마신류나 그 하위 유파의 캐릭터가 습득하는 경우 필요 공적점이 본래의 절반이 된다.

자신의 무예를 향상시키기 위해 매일 혹독한 수련을 쌓고 있다.

비장의 카드 <small>장점</small>
필요 공적점 6

자신의 【오의】에 관한 【정보】를 자신 이외의 누군가가 획득했을 때, 그 이후 임의의 타이밍에 사용할 수 있다. 자기 오의의 지정 특기를 자신이 습득한 특기 중에서 아무거나 다른 특기 하나로 변경할 수 있다. 이 효과는 세션마다 한 번만 사용할 수 있다. 이 「장점」은 하구레모노나 그 하위 유파의 캐릭터가 습득하는 경우 필요 공적점이 본래의 절반이 된다.

늘 오의를 연마하고 있다. 자신의 오의를 개발할 때는 항상 최악의 사태에 대비해서 오의를 간파당했을 경우에 대한 대책을 강구한다.

후원자 <small>장점</small>
필요 공적점 6

세션마다 한 번, 임의의 타이밍에 임의의 닌자도구(특수 닌자도구는 포함하지 않는다)를 하나 획득할 수 있다. 단, 닌자도구를 획득하면 그 세션에서 획득하는 공적점이 1점 감소한다. 이 「장점」은 히라사카 기관이나 그 하위 유파의 캐릭터가 습득하는 경우 필요 공적점이 본래의 절반이 된다.

커다란 후원 조직이 있다. 당신의 임무에는 항상 후원 조직의 자금적인 백업이 뒤따른다.

청춘 장점
필요 공적점 6

이 배경을 습득했을 때, 자신과 사이가 좋은 엑스트라를 설정한다. 그 엑스트라가 등장한 장면에서 감정 판정을 하면 그 판정에 +2의 수정치를 적용한다. 이 「장점」은 사립 오토기 학원이나 그 하위 유파의 캐릭터가 습득하는 경우 필요 공적점이 본래의 절반이 된다.

닌자로 살아가는 인생과 별개로, 근사한 친구나 연인과 함께 충실한 인생을 살아가고 있다.

숨겨진 이형 장점
필요 공적점 6

장면마다 한 번, 임의의 타이밍에 《이형화》 판정을 할 수 있다. 그 판정에 성공하면 자신에 대해 【감정】을 가지고 있는 캐릭터 중에서 1명을 선택하고, 그 【감정】의 속성을 반대 속성으로 변경시킬 수 있다(이를테면 「애정」을 「질투」로, 「불신」을 「공감」으로 바꾼다). 이 효과는 세션마다 두 번까지만 사용할 수 있다. 이 「장점」은 오니의 혈통이나 그 하위 유파의 캐릭터가 습득하는 경우 필요 공적점이 본래의 절반이 된다.

자신의 의지로 뿔이나 날개 등 인간에게는 없는 기관을 발현시킬 수 있다.

시간여행자 장점
필요 공적점 6

이 배경을 습득했을 때, 만약 그 세션의 레귤레이션이 「전국편」이라면 6대 유파나 그 하위 유파 중에서 유파를 하나 선택한다. 레귤레이션이 「현대편」이라면 고류 유파 중에서 유파를 하나 선택한다. 그리고 그 유파의 캐릭터가 습득할 수 있는 유파 인법에서 두 가지를 선택한다. 이 배경의 소유자는 캐릭터 제작 때나 리스펙 때 그 인법을 특례 습득할 수 있게 된다.

과거나 미래에서 지금 이 시대로 찾아온 시간 표류자다.

예지몽 장점
필요 공적점 6

세션을 개시할 때 에니그마나 페르소나를 하나 선택하고, 그 【진실】을 한 번만 볼 수 있다. 페르소나를 선택했다면 캐릭터를 지정할 수는 있으나, 그 캐릭터가 가진 페르소나 중 어느 것의 【진실】을 볼지는 무작위로 결정한다. 이 효과로 【진실】을 보더라도 그 내용을 공개하거나 공개 정보로 전환할 수 없다(꿈의 내용을 어렴풋이 기억하는 것에 불과하다). 메모도 금지다. 따라서 공개하거나 밝혀내는 것을 조건으로 하는 페르소나의 효과는 발휘되지 않으며, 해제 조건이 「자동」인 에니그마를 해제할 수도 없다. 또, 세션 중에 이 배경의 소유자가 해당하는 내용을 재확인할 수도 없다. 한 번 더 내용을 확인하고 싶다면 룰북의 규칙에 따라 정보 판정을 해야 한다.

때때로 예지몽을 꾼다.

쌍둥이 장점
필요 공적점 7

각 세션을 개시할 때, 자신이 습득할 수 있는 공격 인법이나 서포트 인법을 셋 선택한다. 세션 동안 임의의 타이밍에 한 번, 자신이 습득한 인법 셋을 미습득 상태로 만들고, 세션을 개시할 때 선택한 인법을 특례 습득할 수 있다.

몸도 마음도 통하는, 자신과 똑같이 생긴 쌍둥이가 있다.

생존자 장점
필요 공적점 7

「사망」으로 발생한 「마지막 일격」에 대해 회피 판정을 할 때, 그 판정에 +2의 수정치를 적용한다. 또, 이 배경의 소유자가 「사망」했을 때 「마지막 일격」을 시도했다면, 거기에 대해 회피 판정을 하는 이는 그 판정에 -2의 수정치를 적용한다.

십수 년 전, 시노비의 세계에 일어난 「대전쟁」의 생존자다. 이 대전쟁에는 무수한 중급닌자, 상급닌자가 참가했으나, 그 태반이 사망했다고 한다. 당신은 그 싸움 속에서 죽음을 각오한 시노비가 얼마나 무시무시한지 수도 없이 목격했다.

의도치 않은 저주 장점
필요 공적점 8

각 세션을 개시할 때, 【감정】의 종류 중에서 임의로 한 종류를 선택한다. 그 세션 동안 이 배경의 소유자에 대해 【감정】을 획득한 캐릭터는 집단전 대미지 1점을 입는다.

자신에게 마음을 둔 상대를 불행하게 만드는 저주에 걸려 있다.

도레인의 혈통 장점
필요 공적점 8

이 배경의 소유자는 【뒤흔드는 소리】를 습득한다. 이 【뒤흔드는 소리】는 계급에 따른 인법 수 제한에 포함되지 않는다. 이 배경의 소유자가 오의를 사용했을 때, 누군가가 「간파 판정」에 성공해도 그 【오의】에 관한 「정보」는 「정보 공유」로 다른 캐릭터에게 전달되지 않는다. 「간파 판정」에 성공한 이만이 【오의】에 관한 「정보」를 획득할 수 있다. 단, 이 캐릭터에 대해 「간파 판정」을 하는 이에게는 +2의 수정치를 적용한다.

당신은 다른 세계의 주민인 「도레인」의 피를 이었다. 당신은 이 세계의 것과는 다른 특수한 법칙을 다룰 수 있다. 그 법칙에 따라 발동하는 기묘한 오의는 닌자라 할지라도 파악하기 어렵다.

파환의 눈동자 장점
필요 공적점 9

각 세션을 개시할 때, 임의의 오의 효과를 한 종류 선택한다. 그 효과를 지닌 오의에 대해 오의 파훼 판정을 해서 성공하면, 그 오의는 그 세션을 종료할 때까지 사용할 수 없게 된다(사용할 수 없게 되는 것은 지정된 효과를 가진 오의 전체가 아니라, 이 배경을 가진 캐릭터가 오의 파훼 판정에 성공한 캐릭터의 오의뿐이다).

모든 인법을 무효로 하는 가공할 「눈」의 소유자다.

종가 장점
필요 공적점 9

자기 유파의 비전 인법 중에서 인법을 습득할 때, 자신의 계급을 한 단계 위인 것으로 간주할 수 있다. 계급 제한으로 인해 본래는 습득할 수 없는 인법을 이 효과로 습득했을 경우, 그것을 특례 습득으로 간주한다.

당신은 명문가 출신이다. 핫토리 후마, 야규, 후지바야시 등 유명한 옛 닌자들의 이름을 이어받았다고 인정받은 엘리트 닌자다.

예언의 아이 장점
필요 공적점 10

드라마 장면에서 자신이 시도하는 판정에 자동으로 성공할 수 있다. 이 효과는 판정의 주사위를 굴리기 전에 선언해야만 한다. 이 효과는 세션마다 한 번만 사용할 수 있다.

당신은 「시노비가미」가 되리라고 예언된 인물이다. 예언을 달성하기 위한 영재 교육을 받았다.

장수 장점
필요 공적점 10

특기를 추가로 하나 획득한다. 또, 레귤레이션이 「현대편」인 세션이라면 「전국편」의 캐릭터로 데이터를 리스펙할 수 있게 된다.

당신은 인간보다 훨씬 수명이 길며, 그 나이는 수백 살을 넘겼다. 그리고 그 오랜 세월을 시노비 수행에 바쳐 왔다.

마법 재능 장점
필요 공적점 10／20／30

「요술」 분야의 특기를 하나 이상 습득한 캐릭터만이 이 「배경」을 습득 및 사용할 수 있다. 「마법」을 사용할 수 있다. 자세한 설명은 p142의 「마법」 규칙 참조. 단, 이 배경의 소유자가 「마법」으로 사용할 수 있는 오의 효과의 수에는 제한이 있다. 이 「배경」을 습득했을 때, 「마법」으로 사용할 수 있는 오의의 효과를 선택한다. 필요 공적점에 따라 「마법」으로 사용할 수 있는 오의의 효과 수가 달라진다. 10점이라면 한 종류, 20점이라면 두 종류, 30점이라면 네 종류를 선택할 수 있다.

당신은 마법 훈련을 받은 인물이다.

스승 장점
필요 공적점 10／20／40

이 배경을 습득했을 때, 특정 유파를 선택하고 그 유파의 NPC를 제작한다. 그 NPC가 당신의 스승이 된다. 필요 공적점에 따라 스승의 계급이 달라진다. 10점이라면 상급닌자, 20점이라면 상급닌자 지휘관, 40점이라면 두령이다. 스승 캐릭터는 배경을 습득할 수 없다. 세션 동안 메인 페이즈에 딱 한 번 스승 NPC를 등장시킬 수 있다. 그 장면에서 스승을 당신의 「종자」처럼 사용할 수 있다 (단, 스승의 닌자도구를 누군가에게 넘겨줄 수는 없다).

개인적으로 스승으로 모시는 인물이 있다.

감정 결핍 단점
필요 공적점 1

이 배경을 습득했을 때, 【감정】의 종류 중에서 임의로 한 종류를 선택한다. 이 배경의 소유자는 감정 판정으로 그 【감정】을 획득할 수 없게 된다(전투에 패배했거나, 인법이나 페르소나의 효과를 적용하는 때는 그 【감정】을 획득할 수 있다). 「감정 표」에서 그 【감정】에 대응하는 주사위 눈이 나왔다면 그 감정과는 반대 속성의 【감정】을 선택한다.

감정의 일부가 결여되어 있다.

무사도 단점
필요 공적점 1

메인 페이즈의 전투에서 그 전투의 참가자가 일대일 대결을 바랄 경우, 이 배경의 소유자는 그 전투에 난입할 수 없게 된다. 단, 참가자가 일대일 대결을 바랐더라도 결과적으로 1:2 이상의 전력차가 생기는 전투가 발생했다면 난입할 수 있다.

싸움에 일종의 로맨티시즘을 추구한다. 닌자에게 있어서는 안 되는 일이지만, 수로 밀어붙이는 싸움을 꺼린다.

유명 단점
필요 공적점 2

누군가가 이 배경을 소유한 캐릭터의 【비밀】이나 【거처】를 획득하기 위해 정보 판정을 했을 때, 정보 판정을 한 플레이어는 그 판정이 실패해도 한 번에 한해 주사위를 다시 굴릴 수 있다.

닌자의 세계에서 잘 알려진 존재다.

탈주닌자 단점
필요 공적점 2

이 배경을 습득할 때, 자신이 현재 소속된 유파 이외의 유파 하나를 선택한다. 이 배경의 소유자는 선택한 유파의 캐릭터가 자신의 【거처】를 획득할 경우, 사격전 대미지 1점을 입는다(이미 그 【거처】를 획득한 상태라면 사격전 대미지를 입지 않는다).

옛날, 현재의 유파와는 다른 유파에서 탈주한 적이 있다. 옛 유파는 당신에게 추격자를 보내고 있다.

일그러진 연정 단점
필요 공적점 2

이 배경을 습득했을 때, 임의의 캐릭터 1명을 선택한다. 이 배경의 소유자는 선택한 캐릭터 이외의 캐릭터에 대해 「애정」이나 「광신」의 【감정】을 획득하면 사격전 대미지 1점을 입는다.

무시무시한 인물에게 사랑받고 있다. 그 인물은 매우 질투가 심하며, 당신이 다른 누군가에게 호감을 품는 것을 용납하지 않는다.

이단 단점
필요 공적점 2

자신이 감정 판정을 할 때, -2의 수정치를 적용한다. 이 「단점」을 하스바 인군이나 그 하위 유파의 캐릭터가 습득했다면 추가로 공적점을 1점 더 획득할 수 있다.

인생이란 인법 연구와 개발이 전부라고 생각하고 있다. 친구를 사귀거나 누군가를 미워하거나 하는 것은 비합리적이고 비효율적인 일이라고 여기고 있는 셈이다.

무인 단점
필요 공적점 2

이 배경의 소유자는 《도주술》로 특수한 회피 판정을 하거나, 라운드를 종료할 때 자신의 의지로 전투에서 탈락할 수 없다. 단, 전투의 상대 중에 자신이 플러스 【감정】을 가지고 있는 캐릭터가 포함되어 있다면 탈락할 수 있게 된다. 이 「단점」을 쿠라마신류나 그 하위 유파의 캐릭터가 습득했다면 추가로 공적점을 1점 더 획득할 수 있다.

닌자이기 이전에 한 사람의 무인으로 살고 싶어한다. 그래서 함부로 승부를 모욕하는 행위는 달가워하지 않는다.

변덕 단점
필요 공적점 2

이 배경의 소유자는 자신 또는 누군가의 감정 판정으로 인해 【감정】을 획득했을 때, 플러스와 마이너스 중 어느 속성의 【감정】을 획득할지 무작위로 결정한다. 이 「단점」을 하구레모노나 그 하위 유파의 캐릭터가 습득했다면 추가로 공적점을 1점 더 획득할 수 있다.

매우 변덕스럽다. 그 진의를 간파하는 것은 어려우며, 자신조차 자기가 뭘 생각하고 있는지 알 수 없을 때가 있다.

체념 단점
필요 공적점 2

이 배경의 소유자는 클라이맥스 페이즈에 회상 장면을 열어도 행동 판정에 +3의 수정치를 적용하거나 대미지를 증가시킬 수 없다. 이 「단점」을 히라사카 기관이나 그 하위 유파의 캐릭터가 습득했다면 추가로 공적점을 1점 더 획득할 수 있다.

너무나도 많은 죽음과 재앙을 봐온 탓에 당신의 마음은 얼어붙고 말았다. 과거의 다양한 기억이나 경험도 당신에게는 단순한 정보에 불과하다.

순수한 마음 단점
필요 공적점 2

이 배경의 소유자는 자신의 【생명력】을 1점 소비해야만 누군가에게 마이너스의 「감정 수정」을 할 수 있다. 이 「단점」을 사립 오토기 학원이나 그 하위 유파의 캐릭터가 습득했다면 추가로 공적점을 1점 더 획득할 수 있다.

당신은 닌자치고는 상당히 물러터진 성격이다. 마음 속 어딘가에서는 인간을 믿고 있으며, 타인에게 악의를 드러내는 것을 혐오한다.

125

기법의 서

묵은 원한 단점
필요 공적점 2

이 배경의 소유자는 자기 유파 및 그 하위 유파 이외의 유파에 속한 캐릭터가 획득한 【정보】를 「정보 공유」로 획득할 수 없다(자신이 얻은 【정보】는 「정보 공유」로 해당 인물에게 전달된다). 단, 【정보】를 얻은 캐릭터가 바랄 경우, 본래 「정보 공유」가 발생하는 타이밍에 《전달술》 판정에 성공하면 「정보 공유」가 발생한다. 이 「단점」을 오니의 혈통이나 그 하위 유파의 캐릭터가 습득했다면 추가로 공적점을 1점 더 획득할 수 있다.

과거의 역사를 매우 불쾌하게 여기고 있으며, 그 일들을 잊지 못한다. 무슨 짓을 해도 다른 유파의 인간에게는 마음을 열지 못한다.

죽은 자의 목소리 단점
필요 공적점 2

이 배경의 소유자는 드라마 장면에서 자신 이외의 PC가 아무도 나오지 않으면 그 장면 동안 모든 판정에 -1의 수정치를 적용한다.

살아 있는 자를 저주하는 망자들의 외침이 들려올 때가 있다.

전투광 단점
필요 공적점 2

이 배경의 소유자는 자신이 장면 플레이어일 때 전투 장면을 선택하면 반드시 「전장 표」를 사용해서 무작위로 전장을 결정해야만 한다.

당신은 전투에 굶주렸다. 싸움에 임할 때는 시간과 장소를 가리지 않는다.

차가운 마음 단점
필요 공적점 3

이 배경의 소유자는 누군가로부터 플러스 【감정】에 의한 감정 수정을 받을 수 없다.

당신은 닌자로 살아오면서 많은 이들을 배신했고, 또한 배신당했다. 그래서 남의 선의를 믿을 수 없다.

정치적 대립 단점
필요 공적점 3

이 배경의 소유자는 【사명】을 달성하지 못하면 그 세션에서 획득할 수 있는 공적점이 2점 감소한다. 그 세션에서 획득할 수 있는 공적점 수치가 마이너스가 되면 현재 가지고 있는 공적점에서 차감한다. 그래도 여전히 공적점 수치가 마이너스라면 그 캐릭터는 사망한다.

유파 내에 당신과는 다른 사상이나 행동 방침을 내걸고 있는 라이벌이 있다. 그는 당신의 실각을 바란다. 당신의 실패를 그냥 넘어가지 않을 것이다.

망신 단점
필요 공적점 3

이 배경의 소유자는 세션을 개시할 때마다 받을 수 있는 닌자도구의 수가 1개 적어진다.

과거에 중대한 임무에 실패한 적이 있다. 그 탓에 유파 내에서 미움받으며 무시당하고 있다.

침식 단점
필요 공적점 3

이 배경의 소유자는 【생명력】이 0점이 되면 강제로 사망한다. 단, 【생명력】을 0점으로 만든 것이 다른 PC였을 경우, 해당 PC는 그 사망을 행동불능으로 변경할 수 있다.

당신의 육체는 가혹한 수행과 거듭된 임무로 인해 한계를 앞두고 있다.

목격자 단점
필요 공적점 3

이 배경의 소유자는 최대 두 명에 대한 【감정】까지만 가질 수 있다. 【감정】을 획득한 캐릭터가 세 명 이상이 되면 무작위로 【감정】을 없앨 캐릭터를 선택해서 【감정】을 가진 캐릭터가 두 명이 되도록 조정한다.

당신은 「시노비가미」라는 초월적인 존재와 조우한 적이 있으며, 그에게 자신의 소중한 것을 빼앗겼다. 당신의 마음은 지금도 그때 잃은 것에 얽매여 있으며, 남들처럼 지금 이 순간을 똑바로 살아갈 수 없다.

게으름뱅이 단점
필요 공적점 3

이 배경의 소유자가 습득한 오의는 모두 「결점」 한 가지를 추가로 가진다. 오의를 습득할 때 「결점」 중 하나를 선택하고, 그것을 설정한다.

당신은 닌자치고는 다소 긴장감이 결여되어 있다. 닌자의 생명줄이라고 해도 과언이 아닌 오의 수행을 게을리하고 있다.

닌자 실격 단점
필요 공적점 3

이 배경을 소유한 캐릭터와 같은 장면에 등장한 캐릭터는 그 장면을 종료할 때 이 배경을 소유한 캐릭터의 【거처】를 획득할 수 있다.

당신은 자신이 어둠 속에서 살아가는 존재임을 그다지 자각하지 못하고 있다. 숨거나 흔적을 지우는 것이 서투르다.

인질 단점
필요 공적점 4

이 배경의 소유자는 세션 중에 한 번, 메인 페이즈에 게임마스터가 지시하는 행동을 해야 한다(지시하는 행동의 내용은 게임상에서 가능한 것으로 한정된다).

소중한 존재가 유파에 인질로 잡혀 있다. 당신은 그 때문에 자유롭게 살아갈 수 없다.

병마 단점
필요 공적점 5

이 배경의 소유자는 오의나 마법을 1회 사용할 때마다 【생명력】을 1점 소비한다.

병을 앓고 있다. 그 때문에 육체적으로도 정신적으로도 심한 피로를 동반하는 오의의 사용은 당신의 생명을 갉아먹는다.

퇴마편 배경

이 항목에 게재된 배경은 레귤레이션이 「퇴마편」일 때 사용할 수 있다.

요마의 손톱자국　장점
필요 공적점 1

세션 중에 한 번, 임의의 타이밍에 그 세션에 등장한 요마 1명에 대한 「살의」의 【감정】을 획득할 수 있다. 이미 다른 【감정】을 획득했다면 그것을 「살의」로 변경할 수 있다.

과거에 요마에게 소중한 사람을 살해당했다.

신비함　장점
필요 공적점 1

이 배경의 소유자에 대해 정보 판정을 할 때 -1의 수정치를 적용한다.

사생활이 완전히 베일에 싸여 있다.

검은 서고　장점
필요 공적점 1

요마에 대해 정보 판정을 할 때, +1의 수정치를 적용한다.

다양한 요마에 관한 지식을 지니고 있다.

호부　장점
필요 공적점 2

신통환을 사용했을 때, 다시 굴린 판정에 +1의 수정치를 적용할 수 있다.

특수한 호부를 작성하는 기술을 지니고 있다.

장물아비　장점
필요 공적점 2

쓰러뜨린 요마의 시체를 프라이즈로 취급할 수 있다. 이 캐릭터가 세션을 종료할 때 요마의 시체를 가지고 있다면, 그것을 소비해서 공적점 1점을 획득할 수 있다.

요마의 육체를 매매하는 독자적인 루트를 보유하고 있다.

마인　장점
필요 공적점 3

요마화를 시도할 수 있다. 요마화에 관한 자세한 내용은 「24·04 요마화」(p167)을 참조한다. 유파가 오니의 혈통인 캐릭터는 이 장점을 습득하기 위한 필요 공적점이 0점이 된다(반드시 습득할 필요는 없다).

요술을 통해 인간의 몸으로 요마의 힘을 얻었다. 또는 요마의 피를 이어받았다.

부정 포식자　장점
필요 공적점 3

자신이 소지한 요마무기 하나마다 「부정」 전용의 추가 【생명력】 슬롯을 획득한다. 이 추가 【생명력】 슬롯은 「부정」을 받았을 때만 사용할 수 있으며, 【생명력】이 감소했을 때는 사용할 수 없다. 또, 「부정」을 받은 슬롯에 대응하는 요마무기가 없어진 경우, 해당하는 「부정」은 그 캐릭터 본래의 【생명력】 슬롯 중에서 임의로 선택한 슬롯으로 옮겨진다(추가 【생명력】 슬롯은 선택할 수 없다).

자신이 「부정」을 받았을 때, 그 「부정」을 요마무기에게 먹일 수 있는 특수한 능력자다.

무기상　장점
필요 공적점 4

쓰러뜨린 요마의 시체를 프라이즈로 취급할 수 있다. 이 캐릭터가 세션을 종료할 때 요마의 시체를 가지고 있다면, 그것을 소비해서 임의의 요마무기 하나를 획득할 수 있다. 자세한 설명은 「24·05·01 요마무기」(p167)을 참조한다.

요마의 육체를 재료로 무기를 만드는 도래인 검장(劍匠)과 연출이 있다.

요마상인　장점
필요 공적점 8

세션 중에 한 번, 요마무기를 하나 선택한다. 선택한 요마무기의 유지 공적점에 1점을 더한 수치만큼 공적점을 소비하면 그 요마무기를 획득할 수 있다. 이 효과는 자신이 장면 플레이어인 드라마 장면에 사용할 수 있다. 유파가 쿠라마신류, 히라사카 기관, 하구레모노인 캐릭터가 이 「장점」을 습득할 때는 필요 공적점이 본래의 절반이 된다(소수점 이하 올림).

요마무기를 매매하는 특수한 인물과의 커넥션을 소유하고 있다.

무기고　장점
필요 공적점 8

세션을 종료할 때 소지하고 있는 요마무기 하나를 선택할 수 있다. 그 요마무기를 유지 공적점 지불 없이 다음 세션으로 가지고 넘어갈 수 있다. 이 장점을 통해 다음 세션으로 가지고 넘어갈 수 있는 요마무기는 하나뿐이다. 선택하지 않은 요마무기를 다음 세션으로 가지고 넘어가려면 본래의 규칙대로 유지 공적점을 지불해야 한다. 유파가 하스바 인군, 사립 오토기 학원, 오니의 혈통인 캐릭터가 이 「장점」을 습득할 때는 필요 공적점이 본래의 절반이 된다(소수점 이하 올림).

요마무기를 관리하기 위한 특별한 창고와 그곳을 담당하는 관리인을 소유하고 있다.

영적 불감증　단점
필요 공적점 1

이 배경의 소유자는 요마 캐릭터를 상대할 때 공격 인법의 간격이 1 감소한 것으로 간주한다(0 미만이 되지는 않는다). 또, 요마의 공격에 대한 회피 판정에 -2의 수정치를 적용한다.

요마를 감지하는 감각이 둔하다.

열성인자　단점
필요 공적점 3

이 배경의 소유자는 세션을 종료할 때 그 세션에서의 요마화 여부를 불문하고 제어판정을 해야만 한다.

몸 안에 아무런 도움도 되지 않는 요마의 인자가 잠들어 있다.

전국편 배경

이 페이지에 게재된 배경은 레귤레이션이 전국편일 때 습득할 수 있다.

검호 【장점】
필요 공적점 2

이 배경의 소유자는 캐릭터 제작 때나 리스펙 때 쿠라마신류의 유파 인법(하위 유파는 포함하지 않는다)을 특례 습득할 수 있게 된다.

어느 검술 유파의 가르침을 받아 그 기술을 익혔다.

떠돌이 【장점】
필요 공적점 2

이 배경의 소유자는 캐릭터 제작 때나 리스펙 때 하구레모노의 유파 인법(하위 유파는 포함하지 않는다)을 특례 습득할 수 있게 된다.

당신은 의뢰에 따라 주군이나 소속을 그때그때 바꾸는 떠돌이 닌자다.

바사라 【장점】
필요 공적점 2

세션 중에 행동 판정을 했을 때, 공적점을 1점 소비하면 그 판정의 달성치가 1 상승한다. 단, 한 번의 판정에서 2점 이상 달성치를 상승시킬 수는 없다. 이 효과는 주사위를 굴린 후에도 사용할 수 있다.

당신은 권위를 경시하고, 화려한 복장이나 사치스러운 행위를 선호하는 미의식의 소유자다.

닌자장비의 묘수 【장점】
필요 공적점 3

「기술」 분야의 특기가 지정 특기인 서포트 인법의 판정을 할 때, 그 판정의 펌블치가 2 감소한다. 이 「장점」을 「기술」이 전문 분야인 「전국편」의 캐릭터가 습득한다면 필요 공적점은 0점이 된다.

닌자장비를 매우 잘 다룬다.

요괴의 피 【장점】
필요 공적점 3

이 장점을 습득했을 때, 오니의 혈통에 대응하는 하위 유파를 하나 선택한다. 이 배경의 소유자는 캐릭터 제작 때나 리스펙 때 그 유파가 습득할 수 있는 인법(오니의 혈통 인법도 포함)을 특례 습득할 수 있게 된다. 이 「장점」을 「요술」이 전문 분야인 「전국편」의 캐릭터가 습득한다면 필요 공적점은 0점이 된다.

전국시대에는 아직 요괴의 피를 이은 자들이 많이 있었다. 당신은 그 일원이다.

기책 【장점】
필요 공적점 3

집단전 대미지를 입었을 때, 「전국 상태이상 표」 대신 일반적인 「상태이상 표」를 사용할 수 있다.

기발한 책략으로 상대를 앞지르는 것이 특기이다.

용장 【장점】
필요 공적점 3

이 배경의 소유자가 전투에 승리하면 그 세션에 등장한 캐릭터 1명을 선택한다. 그 캐릭터는 이 배경의 소유자에 대한 「충성」의 【감정】을 획득한다. 이미 다른 【감정】을 가지고 있다면 그것을 「충성」으로 변경한다.

무심코 마음을 빼앗길 만큼 뛰어난 무예와 용맹의 소유자.

뿔 【장점】
필요 공적점 3

「요술」 분야의 특기가 지정 특기인 서포트 인법의 판정을 할 때, 그 판정의 펌블치가 2 감소한다.

이 시대의 오니들 중에는 이마에 뿔이 나 있는 이들도 많았다.

전설 【장점】
필요 공적점 4

이 배경은 【사명】을 달성한 세션에서 사망한 캐릭터가 「망자의 공적점」을 소비해야만 습득할 수 있다. 이 배경의 소유자가 가진 「망자의 공적점」을 사용한 캐릭터는 캐릭터 제작 때나 리스펙 때 이 배경의 소유자가 사망했을 당시 습득했던 인법을 특례 습득할 수 있게 된다. 이 효과로 특례 습득한 인법은 그 캐릭터의 계급이 중급닌자 지휘관 이상이 되면 미습득 상태가 된다.

죽음은 한 번, 이름은 영원. 그 마음과 기술은 누군가를 통해 앞으로도 이어진다.

현상 수배 【단점】
필요 공적점 1

이 배경의 소유자가 드라마 장면에서 펌블을 발생시키면 본래의 효과와 더불어 집단전 대미지 1점을 입는다.

당신의 목에는 현상금이 걸려 있다.

과신 【단점】
필요 공적점 2

이 배경의 소유자는 드라마 장면에서 모든 판정의 펌블치가 1 상승한다.

자신의 강함에 심취해서 음모나 정보 수집 등을 경시한다.

종말 【단점】
필요 공적점 3

메인 페이지에 각 사이클을 종료할 때 1D6을 굴린다. 그 눈이 경과한 사이클 수 이하라면 이 배경의 소유자는 사격전 대미지 1점을 입는다.

닌자를 불편하게 여기는 권력자? 아니면 그림자미륵? 당신은 시노비를 파멸시키고자 하는 이의 표적이 되었다.

길의 서

이 장에는 게임 마스터를 위한 시나리오 제작법, 게임 마스터가 사용할 수 있는 특수한 규칙, 그리고 닌자와 맞서는 적들의 데이터 등이 수록되어 있습니다.

CAM- VIEW003

23:24:30

REC 11:12:12:23:29:00:01
68913590-208-9501

「인무에 나설 때마다 느끼는 것이 있어. 배후에 있는 무언가의 존재다. 사건의 원흉 따위를 이야기하는 게 아니야. 더 높은 곳에서 운명이며 우연을 조종하는 놈이야. 그게 실제로 뭔지는 도저히 모르겠다만.」
—— 오니의 혈통, 상급닌자의 술회

16 게임 마스터

이 항목에서는 시나리오 제작, 게임 진행, 규칙 심판 등을 담당하는 게임 마스터의 역할을 설명한다.

되도록 그대로
이미 지나간 시점으로 돌아가서 다시 처리를 해봤자 별로 좋을 것은 없습니다.

규칙 해석
그 자리에서 GM인 당신이 올바르다고 생각하는 대로 처리하면 됩니다.

16·00
게임 마스터란?

게임 마스터란 플레이어와 조금 다른 형태로 게임에 임하는 참가자입니다. 『시노비가미』를 플레이할 때는 반드시 누군가 한 명이 게임 마스터를 담당해야 합니다.

게임 마스터는 몇 가지 역할을 겸하는 존재입니다. 플레이어가 각각 한 명의 캐릭터를 담당하는 반면, 게임 마스터는 게임 속의 세계나 이야기 그 자체를 관리합니다. 그 역할에 대해 자세히 설명하겠습니다.

16·01
심판

우선 게임 마스터는 규칙의 심판 역할을 합니다. 자기 자신도 포함해서 참가자 전원이 가능한 한 규칙을 지키며 게임을 하도록 노력해야 합니다.

하지만 캐릭터 제작, 각종 장면 진행, 전투 등 등 『시노비가미』에는 규칙에 따라 처리해야 하는 사항이 잔뜩 있습니다. 때로는 실수를 할 수도 있을 테지요. 혹시라도 규칙을 잘못 적용했다는 것을 알아차렸다면, 그때까지의 처리는 **되도록 그대로** 놔두고, 이후에는 올바른 규칙에 따라 게임을 진행합니다.

또, 『시노비가미』의 규칙은 종종 복잡하게 뒤얽히곤 하기 때문에 무엇이 올바른 규칙인지 바로 파악할 수 없는 사태와 맞닥뜨릴 때도 있습니다. 그럴 때는 「이번 세션에서의 올바른 **규칙 해석**」을 정하는 것도 게임 마스터가 심판으로서 해야 할 일입니다.

16·02
사회자

게임 마스터는 세션을 운영하고 진행하는 사회자이기도 합니다. 규칙이나 시나리오에 따라 세션을 진행하고, 플레이어들을 각자의 결말까지 인도합시다.

플레이어를 대할 때는 불공평하게 대우하지 않도록 주의합시다. 발언이나 행동의 기회에 큰 차이가 생기는 것은 그다지 바람직한 일이 아닙니다. 또, 플레이어가 무엇을 해야 할지 몰라 고민하고 있다면 상담을 받아줍시다.

16·03
이야기꾼

게임 마스터는 게임 내에서 일어난 사건을 PC들의 시선을 통해 설명하는 이야기꾼이기도 합니다. 닌자들이 지금 있는 장소를 묘사하거나, 그들의 적이나 협력자의 대사를 말해봅시다. 실제로 적의 데이터를 준비해서 PC들과 싸우기도 할 것입니다. 상상력과 표현력을 구사하면 플레이어를 놀래거나, 웃기거나, 기쁘게 하거나, 겁을 줄 수 있습니다. 그들의 감정을 성공적으로 자극한다면 세션이 즐거워질 것입니다.

16·04
시나리오

게임 마스터는 세션을 시작하기 전에 시나리오를 준비해야 합니다.

시나리오는 서포트 서적인 『Role&Roll』(신기원사, 일본)이나 각종 관련 상품을 통해 발표합니다. 처음으로 『시노비가미』를 플레이할 때는 공식 사이트(http://www.bouken.jp/pd/sg/)에 있는 시나리오나 이 책과 함께 발매한 **시노비가미 추가규칙 & 시나리오집 인비전 改**(개)나 **정인기 認**(인)에 수록된 시나리오를 사용하는 것을 추천합니다. 공식 사이트의 시나리오를 플레이하거나 공식 시나리오, 리플레이 등을 읽으면서 게임의 대략적인 분위기를 파악했다면 「17 시나리오」를 읽고 자신만의 시나리오 제작에 도전해봅시다.

16·05
자신감을 가지고 플레이하자

이것저것 설명했지만, 처음부터 모든 것을 완벽하게 해내는 사람은 거의 없습니다. 중요한 것은 플레이어들을 즐겁게 해주고, 자기 자신도 즐기는 것입니다. 자신감을 가지고 게임 마스터에 도전해봅시다.

17 시나리오

이 항목에서는 『시노비가미』를 플레이하기 위해서는 빠질 수 없는 요소인 시나리오의 타입, 구조, 제작법, 그리고 관련된 추가 규칙에 대해 설명한다.

17·00
시나리오

『시노비가미』를 플레이할 때, 게임 마스터는 시나리오를 준비해야 합니다. 시나리오란 세션 1회 분량의 대략적인 줄거리와 캐릭터들의 설정, 그리고 등장할 NPC들의 데이터 등을 모아둔 세트입니다. 여기에서는 간단하게 시나리오의 제작 방법을 소개합니다.

17·01
시나리오의 타입

『시노비가미』의 시나리오에는 몇 가지 타입이 있습니다. 우선 작성할 시나리오의 타입을 아래에서 선택해봅시다.

● 대립형

대립형 시나리오는 플레이어가 조작하는 닌자들이 두 개의 진영으로 나뉘어 겨루는 타입입니다. 대립형 시나리오를 제작할 때는 두 개의 진영을 설정해야 합니다. 이를테면 어느 NPC를 죽여야 하는 쪽과 지켜야 하는 쪽을 설정하는 것입니다. 그리고 PC들이 각각 어느 진영에 소속될지 정하고, 거기에 관련된 【사명】이나 【비밀】을 설정하면 됩니다.

『시노비가미』의 전투는 머릿수에 차이가 생기면 역전하기가 매우 어렵습니다. 두 진영의 인원이 비슷한 규모가 되도록 설정합시다.

『시노비가미』에 익숙하지 않은 게임 마스터라면 우선 대립형 시나리오부터 만들어볼 것을 추천합니다.

● 협력형

협력형 시나리오는 플레이어가 조작하는 닌자들이 힘을 합쳐 거대한 적과 맞서는 타입입니다. 협력형 시나리오에는 클라이맥스 페이즈에 쓰러뜨려야 할 강력한 NPC를 준비합시다. 또, 【비밀】 속에 클라이맥스 페이즈에 도달하기 위한 조건이나 NPC의 【거처】, 쓰러뜨리기 위한 방법을 적어둡시다.

PC들이 쓰러뜨려야 할 강력한 NPC를 「보스」라고 부릅니다. 보스에 관해서는 「17·09 보스」를 참조하시기 바랍니다.

● 배틀로열형

배틀로열형 시나리오는 플레이어가 조작하는 닌자들이 마지막 한 명이 남을 때까지 서로 싸우는 타입입니다. 배틀로열형 시나리오에는 플레이어들이 쟁탈할 프라이즈와 거기에 관련된 【비밀】을 설정해야 합니다.

● 특수형

협력형, 대립형, 배틀로열형을 조합한 시나리오입니다. 기본적으로는 대립형이지만 플레이어들이 잘 대처할 경우 협력형으로도 플레이할 수 있게 하면 좋습니다. 또, 삼파전 형식의 대립형 시나리오 같은 것도 재미있을 것입니다. 특수형에도 보스를 설정할 수 있습니다.

17·02
사건의 배경

사건의 개요를 설정합니다.

사건의 개요, 무대가 될 장소의 설정, 닌자들 이외에 어떤 세력이 관여하고 있는지를 결정합니다.

17·03
플레이어 수

그 시나리오에 참가하는 플레이어의 수를 결정합니다. 2~6명까지 플레이할 수 있지만, 권장인원은 4명입니다. 대립형 시나리오를 플레이할 경우, 플레이어 수는 **전력을 균등하게 구성**하기 위해서라도 짝수로 정하는 것이 바람직합니다. 대립형 시나리오의 플레이어 수를 홀수로 정한 경우에는 PC들과 동등한 데이터를 가진 NPC를 1명 준비해서 인원이 적은 쪽의 진영에 참가시키도록 합시다.

전력을 균등하게 구성

『시노비가미』에서 머릿수 차이를 뒤엎는 것은 상당히 어렵습니다. 따라서 클라이맥스 페이즈의 전투에서 3대1 상황이 될 수 있는 시나리오는 삼가야 합니다. 단, 세션에는 항상 상정 외의 사건이 따라오는 법입니다. 세션의 전개에 따라서는 클라이맥스 페이즈에 그 정도의 전력차가 생기는 경우도 있을 수 있습니다. 그런 경우를 위해 게임 마스터에게 아래의 세 가지 해결책을 제안합니다. 그 세션의 전개나 참가자 상황에 따라 방법을 선택해보시기 바랍니다.

• 승리조건 변경

불리한 측의 승리조건을 「아무나 한 명이라도 쓰러뜨린다」, 「3라운드 동안 살아남는다」 등으로 변경하는 방법입니다.

• 상담

전력차를 유발할 수 있는 타이밍에 예상 밖의 행동을 한 플레이어가 있다면, 그 플레이어와 몰래 이야기를 나누면서 원래 상정한 전개를 솔직하게 설명합시다. 이 해결책은 플레이어에게 시나리오의 전개를 따르도록 강요하라는 의미가 아닙니다. 「시나리오의 본래 의도」를 설명하고, 그것을 염두에 두고 선택을 하게 하는 방식입니다. 설명한 후에도 플레이어가 상정한 전개와는 다른 선택지를 선택했다면 다른 해결책으로 대응합시다.

• 가세

불리한 진영에 급히 NPC 에너미를 등장시켜 가세하게 합시다. 세션의 전개에 맞춰 PC들과 비슷한 수준의 에너미를 선택합니다. 고민될 때는 가세할 PC와 같은 유파의 닌자를 선택합니다.

• 항복

불리한 측이 명백한 실책을 저질렀고, 해당하는 플레이어가 자신의 패배를 인정한다면 전투 처리를 생략하고 수적으로 유리한 쪽이 승리한 것으로 해도 상관없습니다.

프라이즈의 입수 조건

프라이즈의 입수 조건을 변경할 경우, 게임 마스터는 실제로 달성할 수 있는 조건을 설정해야 한다는 점에 유의합시다. 또, 이러한 입수 조건은 도입 페이즈 등을 통해 게임 마스터가 명시하거나, 누군가의【비밀】에 적혀둬야 합니다.

프라이즈의 유무

조금 더 복잡하게 설정하고 싶다면 처음에는 누가 가지고 있는지 모르게 해도 좋습니다. 이 경우, 소유자가 한 번이라도 프라이즈를 사용하거나, 프라이즈의 소유자가 바뀌면 누가 프라이즈를 가지고 있는지 알 수 있게 합시다. 또, 맨 처음에 누가 프라이즈를 가지고 있는지를 소유자의【비밀】등에 적어둘 필요가 있습니다.

더욱 복잡한 시나리오를 만들고 싶다면 프라이즈의 소유자가 판명되지 않은 상태에서는 전과로 프라이즈를 선택할 수 없다고 할 수도 있겠지요.

프라이즈의【비밀】

조금 더 복잡하게 설정하고 싶다면「프라이즈의 입수 조건」과 마찬가지로 몇 가지 특수한 조건을 설정할 수도 있습니다. 이 경우, 프라이즈의 소유자도 그 프라이즈의【비밀】을 모르고 있는 시나리오를 만들 수도 있을 테지요. 단, 그 경우에는「프라이즈의 입수 조건」을 너무 복잡하게 설정하지 않는 것을 추천합니다.

17·04
NPC

NPC는 게임 마스터가 조작하는 캐릭터입니다. 시나리오상의 히로인, 보스 등이 해당합니다. 사건의 배경에 맞춰 자유롭게 설정을 만들어주세요.

적이나 아군이 되어 전투에 참가하는 것을 상정한 NPC는 캐릭터 제작 규칙에 따라 데이터를 설정합니다. 또, 에너미 등의 데이터를 사용해도 무방합니다.

17·04·1
엑스트라

데이터나 핸드아웃이 없는, 게임상에서 그다지 중요하지 않은 NPC는 엑스트라라고 부릅니다. 게임 마스터는 자유롭게 엑스트라를 설정해서 등장시킬 수 있습니다. 또, 장면 플레이어도 자유롭게 엑스트라를 설정해서 장면에 등장시킬 수 있습니다. 엑스트라는 게임 마스터나 플레이어가 선언한 대로 행동하고 처리됩니다.

17·05
프라이즈

시나리오에 설정되어 있는 특수한 존재입니다. 인법의 비전, 기밀 정보, 다양한 신기, 히로인 등등 다양한 프라이즈를 설정할 수 있습니다. 프라이즈의 효과도 핸드아웃에 기재해둡시다. 게임 마스터는 프라이즈의 설정을 자유롭게 결정할 수 있습니다. 단, 프라이즈를 제작할 때는 아래의 항목을 설정하도록 합시다. 또, 이러한 항목을 게임 마스터가 따로 지정하지 않았을 경우에는 어떻게 취급해야 할지를 설정해 뒀습니다. 이런 설정을「디폴트」라고 부릅니다.

● 입수 조건

프라이즈를 어떻게 해서 입수하는지를 나타내는 설정입니다. 디폴트는 따로 존재하지 않습니다만, 캐릭터 중 하나가 가지고 시작하는 것이 일반적입니다. 즉, 해당하는 캐릭터에게 승리하면 다른 캐릭터도 그 프라이즈를 입수할 수 있는 셈입니다.

단, 시나리오에 따라서는 프라이즈를 아무도 가지고 있지 않고, 캐릭터가 세션 중에 특수한 조건을 충족했을 때 획득할 수 있는 경우도 있습니다. 이런 경우, **프라이즈의 입수 조건**을 설

정해야 합니다. 프라이즈의 입수 조건은「특정한 누군가와 특정한【감정】을 맺는다」,「특정한 누군가를 쓰러뜨린다」,「누군가의【비밀】에 숨겨져 있는 정보를 바탕으로 정해진 추리를 한다」등을 생각해볼 수 있습니다.

● 프라이즈의 유무

다른 캐릭터가 봤을 때, 프라이즈의 소유자가 프라이즈를 가지고 있다는 것을 알 수 있는지를 나타내는 설정입니다. 디폴트라면 누가 무슨 프라이즈를 가지고 있는지 알 수 있습니다. 이 경우, 프라이즈와 그 효과를 핸드아웃의 형태로 나눠줍시다. 쟁탈전 같은 형식의 시나리오라면 이렇게 처리하는 것이 바람직합니다.

● 프라이즈 주고받기

세션 중에 캐릭터끼리 프라이즈를 주고받을 수 있는지를 나타내는 설정입니다. 디폴트라면 전투의 승자가 전과로 선택하지 않는 한 프라이즈의 이동이 발생하지 않습니다.

조금 더 플레이어의 선택권을 넓히고 싶다면 장면에 등장한 캐릭터끼리 동의할 경우 프라이즈를 주고받을 수 있다고 할 수도 있을 테지요. 단, 이 경우에도 드라마 장면에만 가능하다고 제한하는 것을 추천합니다.

● 프라이즈의 비밀

게임 마스터가 바란다면 프라이즈에【비밀】을 설정할 수 있습니다. 이 경우, 그【비밀】을 어떻게 조사할 수 있는지를 결정해야 합니다. 디폴트라면 소유자만 볼 수 있습니다.

더 간단하게 **프라이즈의【비밀】**을 조사할 수 있게 하고 싶다면, 일반적인 NPC의【비밀】처럼 정보 판정에 성공하면 알 수 있다고 합시다. 특정한 NPC를 프라이즈로 다루는 경우에는 이쪽이 디폴트가 됩니다.

17·06
도입 장면

도입 장면은 각 캐릭터가 사건에 참가하게 된 이유, 그 시점에서 알고 있는 사건 관련의 정보를 전달하기 위한 장면입니다. 캐릭터마다 설정하시기 바랍니다. 시나리오의 배경이나 캐릭터의【사명】또는【비밀】, 캐릭터 자신의 유파나 사회적 신분 등을 도입 장면에 반영하면 더욱 실감나는 장면이 됩니다.

17·07
마스터 장면

마스터 장면은 메인 페이즈에 끼워 넣기 위한 장면입니다. 게임 마스터의 주도 하에 삽입하고 싶은 장면이 있다면 설정합시다. 시나리오 진행 상 꼭 필요한 정보는 누군가의 【비밀】에 적기보다는 마스터 장면을 통해 플레이어에게 설명하는 것이 좋습니다.

또, 시나리오의 진행 상황을 보고 이야기가 정체되고 있다는 느낌을 받았다면 즉흥적으로 마스터 장면을 삽입해보는 것을 추천합니다.

17·08
클라이맥스 페이즈

클라이맥스 페이즈의 상황을 설정합시다. 어떤 조건을 충족해야 클라이맥스 페이즈가 되는지 설정하시기 바랍니다. 예를 들어 협력형 시나리오라면 쓰러뜨릴 보스의 사망 조건, 혹은 【거처】를 획득해야 클라이맥스 페이즈로 넘어갈 수 있다고 설정할 수 있겠지요.

또, 시나리오의 결말을 간단하게나마 준비해둡시다. 특히 대립형 시나리오라면 어느 쪽 진영이 승리해도 문제가 없도록 여러 가지 결말을 상정해둬야 합니다.

17·08·01
리미트

클라이맥스 페이즈에 도달하기까지 걸리는 최대 사이클 수입니다. 게임의 전개와 관계없이 리미트로 설정한 수만큼의 사이클을 종료하면 강제로 클라이맥스 페이즈에 도달합니다. 보통은 3~4사이클 정도를 추천합니다.

17·09
보스

「보스」란 특수한 NPC를 나타냅니다. 시나리오상에 설정된 NPC로, 자신의 목적을 달성하기 위해 PC를 공격하거나 동료로 회유하곤 합니다.

보스는 시나리오마다 1명까지 설정할 수 있습니다. 또, 보스 이외의 적 NPC는 「심복」으로 간주합니다. 그들에 대해서는 나중에 「17·10 심복」에서 설명합니다.

전형적인 마스터 장면
• 게임 마스터가 지정하는 특기로 판정을 해서 성공하면 적의 【거처】를 알아내는 장면
• NPC가 PC와 【감정】을 맺는 장면
• PC들이 【정보】를 교환하는 장면

보스
「협력형」 타입의 시나리오를 제작할 때, 게임 마스터는 반드시 보스를 설정해야 합니다. 한편, 「대립형」이나 「배틀로열형」, 「특수형」 시나리오를 작성할 때는 보스가 꼭 필요하지는 않습니다. 「대립형」이나 「배틀로열형」 시나리오에서 보스를 설정할 때는 먼저 PC들이 협력해서 보스를 쓰러뜨린 후, 플레이어끼리 결판을 내기 위해 한 번 더 전투를 벌이거나 하는 전개를 준비합시다.

이 시나리오 시트는 시나리오 제작을 돕기 위한 것으로, 『시노비가미』의 시나리오에 필요한 최소한의 항목이 준비되어 있습니다. 처음으로 『시노비가미』의 시나리오를 제작할 때는 우선 이 시트의 항목을 채워나가면서 만들어봅시다.

시나리오 시트

시나리오명	
타입	
리미트	/ 플레이어 수
프라이즈	

사명	
비밀	

사명	
비밀	

사명	
비밀	

사명	
비밀	

사명	
비밀	

● 핸드아웃

보스는 시나리오에서 중요한 위치를 차지하는 NPC입니다. 따라서 핸드아웃을 준비해서 【사명】과 【비밀】을 설정해야 합니다.

보스의 존재는 시나리오가 진행되면서 밝혀지는 편이 더 즐거울 수도 있습니다. 일정한 사이클이 경과하거나, PC들이 특정 조건을 충족하면 보스의 핸드아웃을 공개하는 방식도 재미있을 테지요. 이 경우, 그 조건을 PC나 보스 이외의 NPC가 가진 【비밀】에 설정해둡시다.

● 강함

보스는 기본적으로 PC들보다 강해야 합니다. 게임 마스터는 시나리오에 참가하는 PC들의 계급을 기준으로 보스를 설정합니다. 「협력형」이나 「특수형」이라면 아무리 낮게 잡아도 PC들보다 두 계급 위의 닌자 정도로 강한 보스를 준비합시다.

「대립형」이라면 PC보다 한 계급 위, 「배틀로열형」이라면 PC와 같은 계급의 보스가 적당할 것입니다.

PC의 수가 네 명 이상이라면 보스만이 아니라 「심복」을 몇 명 준비해야 합니다.

● 운용

게임 마스터는 메인 페이즈에 보스를 위한 마스터 장면을 준비하고, PC와 마찬가지로 드라마 장면이나 전투 장면을 묘사할 수 있습니다. 게임 마스터는 사이클마다 한 번, 보스를 위한 마스터 장면을 만들 수 있습니다. 또, 보스는 마스터 장면과는 별개로 플레이어의 장면에 등장할 수도 있습니다. 단, 이때는 장면 플레이어의 허가가 필요합니다.

보스는 자신의 【사명】을 위해 전투 장면에서 PC들을 공격하거나, 드라마 장면에서 회복 판정이나 감정 판정을 하거나, 인법을 사용하는 등의 행동을 할 것입니다.

● 게임을 개시할 때의 정보와 감정

게임 마스터는 게임을 시작하는 시점에서 보스가 몇 가지 【정보】를 가지고 있다고 정할 수 있습니다.

적어도 보스 또한 PC와 마찬가지로 자신의 【거처】, 【비밀】, 【오의】에 관한 【정보】를 가지고 있습니다. 게임 마스터는 거기에 더해 PC의 【거처】를 최대 전원의 몫까지 가지고 있다고 할 수 있습니다. 이중에서 자신의 【비밀】 이외의

【정보】는 같은 드라마 장면에 등장한 캐릭터가 상대라면 건네줄 수 있습니다.

또, 게임 마스터는 게임을 개시하는 시점에 보스가 【감정】을 가지고 있다고 할 수 있습니다.

게임 마스터는 보스에게 2개까지 【감정】을 가지게 할 수 있습니다. 누구에 대한 【감정】이며, 어떤 종류인지는 게임 마스터가 자유롭게 결정할 수 있습니다.

17·10
심복

이 항목에서 설명하는 것은 시나리오상 PC들이 타도해야 하는 NPC에 관한 규칙과 가이드라인입니다.

「심복」이란 보스 이외의, PC와 적대하는 NPC입니다. 기본적으로 보스의 부하로 취급하는 것이 바람직하지만, 시나리오의 전개에 따라서는 도중에 보스를 배신하거나, 보스와 PC 양쪽 모두를 적대하는 제3 세력의 NPC로 등장해도 무방합니다.

● 역할과 강함

심복은 보스의 능력을 보좌하기 위한 존재입니다. 아무리 보스가 강한 캐릭터라고 해도, 『시노비가미』에서 캐릭터의 머릿수 차이를 뒤집는 것은 쉬운 일이 아닙니다. PC가 3~5명인 반면, 보스는 혼자입니다. 따라서 보스측의 머릿수를 늘리기 위해 심복이 필요한 것입니다. 그런 의미에서 심복에게 요구되는 것은 게임을 위한 데이터입니다. 시나리오상 보스를 배신하거나, 어떠한 정보를 제공하는 역할로 쓸 생각이 아니라면 심복에게 핸드아웃은 필요 없을 것입니다.

「특수형」이나 「대립형」이라면 심복 대신 PC를 보스측으로 회유하는 방법도 있습니다.

심복은 일반적으로 보스보다 약해야 합니다. PC들과 같은 계급의 닌자 1명, 혹은 PC들보다 계급이 낮은 닌자 2~6명 정도가 적당하겠지요.

● 운용

게임 마스터는 메인 페이즈에 심복을 위한 마스터 장면을 준비하고, PC들과 마찬가지로 드라마 장면이나 전투 장면을 묘사할 수 있습니다. 게임 마스터는 사이클마다 PC 수의 절반(소수점 이하 올림)과 같은 횟수까지 심복을 위한 마스터 장면을 만들 수 있습니다. 심복은

보스의 【사명】을 위해 전투 장면에서 PC를 공격하거나, 드라마 장면에서 회복 판정이나 감정 판정을 하거나, 인법을 사용하는 등의 행동을 할 것입니다. 또, 심복도 보스와 마찬가지로 마스터 장면과는 별개로 플레이어의 장면에 등장할 수도 있습니다. 단, 이때는 장면 플레이어의 허가가 필요합니다.

● 퇴장과 클라이맥스 페이즈

심복은 대체로 보스만큼 강한 동기를 가지고 있지 않습니다. 따라서 PC에 대해 플러스 【감정】이 생긴 심복은 플레이어가 바라지 않는 한 세션에서 퇴장하고, 전투 장면이나 드라마 장면에 등장하지 않게 됩니다.

또, 게임 마스터는 클라이맥스 페이즈에서 퇴장하지 않은 모든 심복을 등장시킬 수 있습니다.

● 게임을 개시할 때의 정보와 감정

게임을 시작하는 시점에서 심복이 몇 가지 【정보】를 가지고 있다고 정할 수 있습니다.

심복은 자신의 【거처】, 【비밀】, 【오의】에 관한 【정보】를 가지고 있습니다. 게임 마스터는 거기에 더해 PC의 【거처】를 최대 전원의 몫까지 가지고 있다고 할 수 있습니다. 심복은 게임을 시작하는 시점에서 어떤 【감정】도 가질 수 없습니다.

17·11
사명과 비밀

『시노비가미』의 시나리오에서 내용의 대부분을 차지하는 것은 PC와 NPC에게 설정된 【사명】과 【비밀】입니다.

【사명】이란 그 캐릭터가 그 시나리오에서 취해야 할 행동입니다. PC가 달성할 수 있는 【사명】을 설정하시기 바랍니다.

【비밀】은 그 캐릭터가 감추고 싶어하는 일입니다. 자신의 【비밀】을 스스로 타인에게 보여줄 수는 없습니다.

【비밀】에는 【진정한 사명】을 설정할 수 있습니다. 이 경우, 【사명】은 달성해도 의미가 없으며, 【진정한 사명】을 달성하면 공적점이 들어옵니다. 【비밀】에 【진정한 사명】을 설정하는 경우, 세션 전에 플레이어들에게 그 취지를 설명하시기 바랍니다.

17·11·01
사명 변경

『시노비가미』에서 세션을 진행하다 보면 게임 마스터가 설정한 【사명】(【진정한 사명】)을 달성할 수 없게 되는 경우가 있습니다.

게임의 성격상 모두가 【사명】을 달성하기는 어렵겠지만, 명백하게 초반부터 자신의 【사명】

다른 방으로 이동

『시노비가미』에서는 【사명】을 변경할 때를 비롯하여, 비공개 정보가 얽혀 있어서 다른 플레이어 앞에서 상의를 하기가 곤란한 상황이 종종 발생합니다. 이런 상황이 발생했다면 【사명】을 변경할 때와 마찬가지로 상의를 할 멤버끼리 다른 방으로 이동해야 합니다.

의문이나 오해로 세션의 재미를 망치는 것은 큰 문제입니다. 게임 마스터나 플레이어는 뭔가 이상하다고 생각되면 다른 참가자에게 즉시 다른 방으로 이동하자고 제안할 수 있습니다. 이런 행위를 가리켜 밀담이라고 합니다.

밀담은 단순히 착각을 시정할 때도 쓰이지만, 의심을 부추겨 『시노비가미』다운 분위기를 만드는 데에도 공헌합니다. 단, 너무 자주 하면 세션의 템포를 망칩니다. 다른 플레이어가 상의하고 있는 동안 기다리는 플레이어들이 지루할 수 있습니다. 참가자 전원은 이 점에 충분히 주의하도록 합시다.

을 달성할 수 없게 된 플레이어는 세션에 대한 모티베이션을 유지하기 어려울 것입니다.

「사명 변경」은 추가 규칙입니다. 이 규칙을 사용하면 메인 페이즈 중에 【사명】을 달성할 수 없게 되었을 때 새로운 【사명】을 다시 설정할 수 있습니다.

17·11·02
사명과 진정한 사명

이 규칙을 해설하는 동안, 【사명】이라는 표기는 【진정한 사명】도 포함합니다. 【진정한 사명】이 설정된 캐릭터라면 【사명】이라고 적혀 있는 부분을 【진정한 사명】으로 고쳐 읽어주시기 바랍니다.

17·11·03
외통

전술한 바와 같이 「메인 페이즈 중에 【사명】을 달성할 수 없게 된」 상태를 「외통」이라고 부릅니다.

각 플레이어는 메인 페이즈 동안 자신의 【사명】을 달성할 수 없게 되었다고 느낀 경우, 게임 마스터에게 자신이 외통 상태라는 것을 전달합시다. 외통 선언은 메인 페이즈 중의 각 장면과 장면 사이에 할 수 있습니다(클라이맥스 페이즈에 들어가기 전이라면 그 직전에 할 수도 있습니다).

게임 마스터가 그 상태를 외통이라고 인정했을 때만 【사명】을 변경할 수 있습니다. 게임 마스터는 다음의 절차에 따라 외통 여부를 확인해주세요.

17·11·03·01
외통의 확인과 상담

플레이어가 외통에 처했다고 호소할 경우, 게임 마스터는 일단 게임을 중단하고 그 플레이어와 함께 **다른 방으로 이동**하는 등 구두로 상담을 해도 다른 플레이어에게 그 내용이 알려지지 않을 상황을 만들어주세요. 설령 그 플레이어의 【비밀】이 이미 공개되었다고 하더라도, 다른 플레이어의 앞에서 이야기하면 곤란해질 가능성도 큽니다. 반드시 다른 플레이어에게 대화 내용이 들리지 않는 장소로 이동하세요.

다른 방으로 이동하면 그 플레이어의 핸드아웃이나 현재 상황을 외통이라고 생각하는 이유 등을 확인합시다. 그리고 정말로 그 플레이어의 【사명】을 결코 달성할 수 없는 상황인지 판단합니다.

상황에 따라서는 외통이라고 판단한 것이 플레이어의 오해일 수도 있습니다. 규칙을 착각했거나, 본인의 핸드아웃을 게임 마스터의 의도와는 다르게 해석한 경우라면 그 점을 지적하고 【사명】을 달성하기 위한 방법을 알려줍니다.

오해한 이유가 그 플레이어는 아직 알지 못하는 【비밀】이나 시나리오의 이후 전개와 관계된 경우, 그 점을 지적하거나 상세한 사정을 알려줘서는 안 됩니다. 그 대신 「지금은 외통으로 보일지도 모르지만, 사실은 아직 알 수 없습니다」라고 전합시다.

여하튼 플레이어가 오해를 하고 있었다면 【사명】을 변경할 수 없습니다. 원래 있던 방으로 돌아가서 하던 세션을 재개합니다.

만약 정말로 외통인 상황이라면 그 사실을 플레이어에게 알리고, 【사명】을 변경하시기 바랍니다.

17·11·04
새로운 사명

세션 중에 【사명】을 변경한 경우, 과거의 【사명】은 새로 설정한 것으로 변경됩니다. 이렇게 변경된 내용을 【새로운 사명】이라고 부릅니다.

【새로운 사명】은 다른 플레이어들의 앞에서 결정하며, 공개 정보가 됩니다. 【새로운 사명】을 정하는 방법은 크게 두 종류로 나뉩니다.

하나는 「새로운 사명 표」를 사용해서 무작위로 결정하는 방법입니다. 2D6을 굴려 나온 주사위 눈의 내용이 그 캐릭터의 【새로운 사명】이 됩니다. 게임 마스터나 플레이어들이 나중에 【새로운 사명】의 내용을 확인할 수 있도록 이때 굴린 2D6의 주사위 눈을 핸드아웃이나 캐릭터 시트의 여백에 메모해두세요. 또, 이때 게임 마스터나 「새로운 사명 표」를 사용한 플레이어가 설정해야 하는 항목이 있다면 그것도 마찬가지로 메모해주세요.

또 하나는 게임 마스터가 현재까지 전개한 세션의 내용이나 그 캐릭터의 유파, 그 밖의 설정에 맞춰 상의하면서 결정하는 방법입니다. 이 방법은 세션이나 캐릭터의 일관성을 유지한다는 점에서는 매우 우수하지만, 시간이 걸린다는 단점이 있습니다. 또, 무작위로 결정하는 경우와 마찬가지로 【새로운 사명】을 확인할 수 있도록 문장화할 필요가 있습니다. 이 작업도 세션 도중에 하기에는 그다지 적합하지 않습니다. 「그 PC가 새로 【사명】을 설정한다면 단연코 이것!」이라는 이미지가 바로 떠올랐고, 그 【새로운 사명】이 간결한 내용이었을 때만 이 방법을 채용할 것을 권장합니다.

두 가지 방법의 절충안으로써, 플레이어나 게임 마스터가 「새로운 사명 표」의 내용 중에서 현재 상황에 딱 맞는 이미지의 항목을 골라

서로에게 제안해볼 수도 있습니다. 이 경우, 양쪽 모두 합의했다면 그것이 【새로운 사명】이 됩니다.

어떤 방법을 채용했든 간에 【새로운 사명】을 달성했을 때 획득할 수 있는 공적점은 2점입니다. 만약 시간이 충분하다면 왜 【사명】이 변경되었는지를 설명하는 마스터 장면을 삽입해서 【새로운 사명】의 내용에 맞춰 연출해봅시다.

● 새로운 사명 표

2	큭. 이런 때에 이런 부상을……. 당신은 이 세션의 클라이맥스 페이즈에서 【생명력】이 0이 되면 사망한다. 당신의 【사명】은 「클라이맥스 페이즈가 끝난 시점에서 살아있을 것」이 된다.
3	이렇게 되면 너도 함께! 이 표를 사용한 플레이어는 PC 중에서 아무나 한 명을 선택한다. 【새로운 사명】은 「그 캐릭터의 【사명】달성을 저지한다」가 된다.
4	이 기분은, 설마 사랑!? 이 표를 사용한 플레이어는 자신의 PC가 플러스【감정】을 가지고 있는 캐릭터를 한 명 선택한다. 없는 경우는 임의로 한 명을 선택해서 그 캐릭터에 대한 「애정」의 【감정】을 획득한다. 【새로운 사명】은 「그 캐릭터가 자신에 대해 가지고 있는 【감정】을 『애정』으로 만든다」가 된다.
5	녀석만큼은 내가 이 손으로 쓰러뜨린다! 게임 마스터는 그 PC의 입장에서 가장 쓰러뜨려야 하는 상대라고 생각되는 캐릭터를 클라이맥스 페이즈에 등장하는 캐릭터 중에서 1명 선택한다. 【새로운 사명】은 「당신의 인법이나 오의로 그 캐릭터의 【생명력】을 0으로 만든다」가 된다.
6	재미있는 녀석들이군. 이 녀석들의 마음 속에 내가 살아가는 모습을 새겨둘까. 【새로운 사명】은 『공적점 획득』을 할 때 『심금을 울렸다』항목에서 1점 이상의 공적점을 획득한다」가 된다.
7	나는 녀석을 믿어. 그 녀석이라면 분명……. 이 표를 사용한 플레이어는 자신의 PC가 플러스【감정】을 가지고 있는 캐릭터를 1명 선택한다. 없는 경우에는 핸드아웃을 가지고 있는 캐릭터 중 아무나 1명을 선택하고, 그 캐릭터에 대해 무작위로 선택한 플러스【감정】을 획득한다. 【새로운 사명】은 「그 캐릭터의 【사명】 달성을 돕는다」가 된다.
8	이렇게 된 건 모두 그 녀석 때문이야! 게임 마스터는 그 PC가 「외통」에 처하는 원인을 제공한 캐릭터를 클라이맥스 페이즈에 등장한 캐릭터 중에서 1명 선택한다. 【새로운 사명】은 「그 캐릭터를 클라이맥스 페이즈에서 패자로 만든다」가 된다.
9	이렇게 되면 사건의 진상만이라도 두령에게 보고해야겠어……. 【새로운 사명】은 「시나리오상 설정된 모든 【비밀】을 획득한 채로 살아남는다」가 된다.
10	그것만큼은 무슨 일이 있어도 막겠다! 게임 마스터는 그 PC나 PC가 소속된 유파에게 가장 위협이 되는 캐릭터를 1명 선택한다. 【새로운 사명】은 「그 캐릭터의 【사명】 달성을 저지한다」가 된다.
11	이제 됐어. 이번 일에 관계된 녀석들을 모조리 쓰러뜨려주지. 【새로운 사명】은 「클라이맥스 페이즈에서 승자가 된다」가 된다.
12	「진정한 너 자신을 깨닫게 해주지」 검은 옷의 사나이가 나타나서 당신의 내면에 있는 「무언가」를 해방시켰다! 당신은 이 세션 동안 【마인】 배경을 획득한다. 【새로운 사명】은 「클라이맥스 페이즈의 시작과 동시에 요마화하고, 그 후 승자가 된다」가 된다.

18 레귤레이션과 추가 규칙

이 항목에서는 『시노비가미』 플레이의 조건을 제시하는 「레귤레이션」과 플레이 스타일을 확장하는 「추가 규칙」에 대해 설명한다.

18·00 레귤레이션과 추가 규칙

여기에서는 「레귤레이션」과 「추가 규칙」에 대해 설명합니다.

레귤레이션이란 『시노비가미』 세션을 플레이할 때 설정하는 조건을 말합니다.

추가 규칙이란 게임 마스터가 그 시나리오에 도입할지 말지 결정할 수 있는 규칙을 말합니다.

게임 마스터는 플레이어가 캐릭터 제작을 시작하기 전에 세션의 레귤레이션을 전달해야 합니다. 여기에서는 주로 「퇴마편」과 「전국편」이라는 두 가지 레귤레이션을 소개합니다.

각 레귤레이션과 구별하기 위해 일반적인 『시노비가미』를 「현대편」이라고 부릅니다.

18·01 레귤레이션 「퇴마편」

닌자들과 요마의 싸움을 중심으로 하는 레귤레이션입니다. 「퇴마편」의 자세한 설정에 관해서는 「27 요마와 항마닌자」(p229)를 참조하시기 바랍니다.

「퇴마편」에서는 아래와 같은 부분이 달라집니다.

● 유파의 법식

캐릭터가 6대 유파에 소속되어 있다면 법식이 「퇴마편 법식」이 됩니다.

● 인법

범용 인법, 소속 유파의 유파 인법을 습득할 수 있다는 점은 똑같지만, 그중에서 「퇴마편 마크」가 붙어 있는 인법도 습득할 수 있게 됩니다.

● 배경

일반적인 배경에 더해 「퇴마편 배경」도 습득할 수 있게 됩니다.

또, 그로 인해 오니의 혈통에 소속된 캐릭터는 필요 공적점 0점으로 【마인】 배경을 습득할 수 있습니다(반드시 습득할 필요는 없습니다).

● 시나리오

「퇴마편」 시나리오에는 반드시 보스로 요마가 등장합니다. 「퇴마편」 시나리오를 제작하는 경우, 게임 마스터는 「17 시나리오」(p131)나 「24 요마」(p163)를 참조해서 보스로 등장할 요마를 설정하시기 바랍니다.

단, 「퇴마편」 이외의 시나리오라도 요마를 등장시키는 것에 따로 제한은 없습니다.

18·02 레귤레이션 「전국편」

전국시대나 아즈치모모야마 시대를 무대로 『시노비가미』를 플레이하기 위한 레귤레이션입니다. 무대는 현실의 전국시대와 흡사한 「난세」라는 세계입니다. 「난세」에 대한 자세한 설정은 「28 난세」(p233)를 참조하시기 바랍니다. 「전국편」에서는 아래와 같은 부분이 달라집니다.

● 유파

「전국편」 레귤레이션으로 캐릭터를 제작할 경우, PC는 고류 유파 중에서 소속 유파를 선택합니다. 「2·04 고류 유파」(p46)를 참조해서 캐릭터 제작을 하시기 바랍니다.

● 배경

일반적인 배경에 더해서 「전국편 배경」을 습득할 수 있게 됩니다.

● 상태이상

「전국편」에서는 집단전 대미지가 발생하거나 무작위로 상태이상을 결정해야 할 때, 「전국 상태이상 표」(p66)를 사용합니다.

● 기존의 상태이상

「전국편」에서 기존의 상태이상이 발생하지 않는 것은 아닙니다. 【독수】나 【깨달음】처럼 특정 상태이상의 효과를 적용하는 인법이 사용되면 해당하는 「상태이상」의 효과를 적용합니다.

18·03
그 밖의 레귤레이션

게임 마스터는 그 외에도 직접 원하는 대로 레귤레이션을 설정할 수 있습니다. 이를테면 이 책에서 주된 추가 규칙으로 소개하고 있는 「19 일반인」(p140), 「20 에니그마」(p146), 「21 의식 인법」(p155), 「22 오의 개발 규칙」(p158), 「23 종자」(p162) 중 무엇을 사용하고 무엇을 사용하지 않을지 등을 결정하고, 그것을 레귤레이션의 형태로 플레이어에게 전달하는 것입니다.

18·03·01
레귤레이션 「전국 퇴마편」

게임 마스터가 바란다면 「퇴마편」과 「전국편」을 조합한 레귤레이션을 만들 수도 있습니다.

이 경우, 「전국편」의 무대 설정에 요마가 출현하는 이야기가 됩니다. 캐릭터 제작은 「전국편」의 조건을 따르되 「퇴마편 마크」가 붙은 인법이나 「퇴마편 배경」을 습득할 수 있게 됩니다.

18·04
그 외의 공적점 사용 및 그 특전

이것은 추가 규칙입니다. 공적점을 사용해서 얻을 수 있는 그 밖의 특전입니다.

● 특수 닌자도구:영적장비
필요 공적점:3

공적점을 3점 소비할 때마다 특수 닌자도구 「영적장비」를 1개 획득합니다. 이 닌자도구는 요술로 강화한 특수 무기입니다. 이 무기를 획득했을 때, 「요술」 분야에서 임의의 특기를 하나, 그리고 자신이 습득한 공격 인법을 원하는 만큼 지정합니다. 지정한 인법을 사용해서 공격하면 회피 판정에 사용하는 특기를 지정된 특기로 변경할 수 있습니다. 이 닌자도구는 3개까지 장비할 수 있으나, 다음 세션을 종료하면 모두 없어집니다.

● 특수 닌자도구:주술문양
필요 공적점:3

공적점을 3점 소비할 때마다 특수 닌자도구 「주술문양」을 1개 획득합니다. 획득했을 때, 임의의 특기 분야 한 종류를 선택합니다. 그 특기

분야의 【생명력】을 잃지 않는 한, 전투 중에 라운드마다 사용할 수 있는 인법의 코스트 합계가 자신의 플롯치+주술문양의 수가 됩니다. 이 닌자도구는 3개까지 장비할 수 있으나, 선택한 【생명력】을 하나라도 잃거나 다음 세션을 종료하면 모두 없어집니다.

● 특수 닌자도구:변심환
필요 공적점:4

공적점을 4점 소비할 때마다 특수 닌자도구 「변심환」을 1개 획득합니다. 사용한 캐릭터의 【감정】을 임의의 것으로 변경할 수 있습니다 (아무런 【감정】도 가지고 있지 않다면 【감정】을 변경할 수 없습니다). 자신에 대해서는 자유롭게 사용할 수 있지만, 자신 이외의 캐릭터를 대상으로 삼으려면 같은 드라마 장면에 등장한 상태에서 《독술》, 《사기술》, 《미인계》 중 하나로 판정하여 성공해야 합니다. 이 판정은 보조 판정입니다. 성공 여부와 관계없이 「변심환」을 1개 잃습니다. 이 닌자도구는 3개까지 장비할 수 있으나, 다음 세션을 종료하면 모두 없어집니다.

● 인법 수행
필요 공적점:3

공적점을 3점 소비하고 자신이 습득한 공격 인법 중에서 임의의 공격 인법 하나를 선택합니다. 그 공격 인법에 대한 회피 판정에 -1의 수정치를 적용합니다. 「인법 수행」은 세션과 세션 사이에 한 번만 할 수 있습니다. 「인법 수행」은 다음 세션을 종료하면 무효가 됩니다.

● 번뜩이는 영감
필요 공적점: 1D6점

「번뜩이는 영감」은 세션 중에만 사용할 수 있는 예외적인 형태의 공적점 사용법입니다.

드라마 장면이라면 사이클마다 1회, 전투 장면이라면 라운드마다 1회 시도할 수 있습니다. 자신의 특기 하나를 지정하고, 1D6을 굴립니다. 그 주사위 눈 이상의 공적점을 가지고 있다면, 그 주사위 눈과 같은 수치만큼 공적점을 소비합니다. 그리고 그 특기를 미습득 상태로 만들고, 무작위로 선택한 다른 특기 하나를 습득합니다. 「번뜩이는 영감」은 영속적으로 효과를 발휘합니다.

19 일반인

이 항목에서는 닌자가 아니면서도 특수한 능력을 지닌 캐릭터, 일반인의 제작 및 운용에 관한 규칙을 설명한다.

일반인

게임 마스터가 시나리오에 닌자 이외의 중요 인물을 등장시키고 싶을 때, 일반인은 편리한 존재입니다. 닌자가 아니라도 그 사건에 관심을 가지고 있는 정부의 중진이나 특무 기관의 존재, PC들의 주위에 있는 히로인 등을 일반인으로 등장시키면 세션이 더욱 즐거워질 것입니다.

또, 플레이어 중에는 일반인 캐릭터를 사용해서 게임에 참가하고 싶어 하는 참가자도 있을 것입니다. 게임 참가자가 일반인밖에 없다면 『시노비가미』라고 할 수 없겠지만, 한 명 정도라면 플레이어가 조종하는 일반인이 있는 것도 나쁘지 않을 것입니다. 게임 마스터가 허가한다면 플레이어는 일반인으로 게임에 참가할 수 있습니다.

단, 일반인의 전투능력은 닌자보다 한참 뒤떨어집니다. 전투에서 활약하거나 단독으로 자신의 【사명】을 달성하기는 어려울 테지요. 일반인을 조작하는 플레이어는 세션 중에 신뢰할 수 있는(혹은 이용할 수 있을 만한) 닌자를 찾아내서 그 캐릭터와 함께 싸우는 것을 지향해야 합니다. 그러므로 배틀로열형 시나리오에 일반인으로 참가하여 승리하는 것은 매우 어려울 것입니다. 게임 마스터는 자신의 시나리오에 일반인이 참가할 수 있는 여지가 있는지를 판단해서 허가를 내려야 합니다.

19·00
일반인

일반인이란 엑스트라로는 간주하지 않으나 닌자가 아닌 캐릭터들의 총칭입니다. 이름과 달리 이능력이나 중대한 비밀을 가지고 있는 경우가 대부분입니다.

일반인 캐릭터의 제작에 대해서는 「2·03 일반인」(p45)을 참조하시기 바랍니다.

19·01
페르소나

일반인은 몇 개의 「페르소나」를 스스로 설정할 수 있습니다. 페르소나란 특수한 핸드아웃입니다. 일반적인 핸드아웃과는 달리 특수한 효과를 갖추고 있습니다.

페르소나는 앞면의 【위장】과 뒷면의 【진실】로 구성됩니다. 일반적인 핸드아웃의 【사명】이 【위장】에, 【비밀】이 【진실】에 대응됩니다.

캐릭터를 제작할 때, 일반인 캐릭터는 페르소나를 2개 습득할 수 있습니다. 각각 【위장】과 【진실】을 설정합니다.

【위장】에는 그 캐릭터가 언뜻 보기에 어떤 인물로 보이는지를 적어 넣습니다. 이 내용은 그 캐릭터를 조작하는 참가자가 마음대로 정해도 무방합니다.

【진실】은 【비밀】의 일종입니다. 그 특성에 따라 「걸어 다니는 재액」, 「증식자」, 「이인」이라는 세 종류의 카테고리로 나뉩니다. 각각 아래와 같은 특성이 있습니다.

● 걸어 다니는 재액

이 카테고리의 【진실】을 하나 이상 습득한 캐릭터는 걸어 다니는 재액이라고 불립니다. 이 카테고리의 【진실】은 이름이 같은 것을 여러 개 습득할 수 있습니다.

● 증식자

이 카테고리의 【진실】을 하나 이상 습득한 캐릭터는 증식자라고 불리며, 프라이즈로 간주됩니다. 세션을 개시할 때는 아무도 증식자를 소지하지 않습니다. 증식자 개인의 【진실】이 처음으로 공개되었을 때, 그것을 공개한 캐릭터가 그 증식자를 소지합니다. 증식자를 소지한 캐릭터를 계약자라고 부릅니다.

계약자는 증식자 본인이 허가한다면 같은 드라마 장면에 등장한 다른 캐릭터에게 계약자의 권리를 양도할 수 있습니다. 이 경우에는 양도받은 캐릭터가 새로운 계약자가 됩니다. 또, 전투에서 계약자에게 승리하면 전과로 그 계약자가 소지한 증식자를 획득할 수 있습니다. 증식자 본인이 계약자에게 승리하면 잠정적인 계약자가 되는 것도 가능합니다. 잠정적인 계약자는 그 권리를 자신의 의지로 같은 드라마 장면에 등장한 다른 캐릭터에게 양도할 수 있습니다. 잠정적인 계약자는 자신이 증식자로서 가지는 【진실】의 효과를 얻을 수 없습니다.

● 이인

이 카테고리의 【진실】을 하나 이상 습득한 캐릭터는 이인이라고 불립니다.

이인은 다양한 이능력을 지니고 있습니다. 단, 그 효과를 사용할 때 아직 해당하는 【진실】을 공개하지 않았다면, 스스로 그것을 공개해야만 합니다. 이때는 스스로 【진실】을 공개할 수 있습니다.

일반인 캐릭터를 제작할 경우, 위의 각 카테고리에 대응하는 【진실】 중에서 임의로 두 가지를 선택하여 습득합니다. 습득한 【진실】은 자기 페르소나의 【진실】 쪽에 적어 넣습니다. 단, 「걸어 다니는 재액」 카테고리에 속한 것을 제외하면 같은 이름의 【진실】은 여러 개 습득할 수 없습니다.

19·01·01
【진실】 공개

이인 이외의 【진실】은 【비밀】과 마찬가지로 스스로 해당하는 내용을 공개할 수 없습니다.

단, 클라이맥스 페이즈에서는 회상 장면을 열어서 그것을 공개할 수 있습니다. 이때, 회장 장면을 열 수 있는 횟수는 【비밀】이나 【진실】의 수와 관계없이 한 번뿐입니다. 증식자가 자신의 【진실】을 공개했을 때는 잠정적인 계약자가 됩니다.

19·02
일반인 운용

일반인을 사용해서 세션에 참가할 경우, 닌자 캐릭터와는 아래와 같은 부분이 달라집니다. 여기에 적혀 있지 않은 항목은 닌자 캐릭터와 마찬가지로 처리합니다.

19·02·01
일반인이 가지는 【비밀】

일반인은 【비밀】과 페르소나를 습득합니다. 정보 판정의 대상이 되었을 때는 【비밀】이 밝혀졌는지, 페르소나의 【진실】이 밝혀졌는지를 무작위로 결정합니다.

정보 판정 등으로 **일반인의 【비밀】을 획득**하는 것에 성공한 플레이어는 일반인이 가진 핸드아웃 중에서 무작위로 하나를 선택합니다. 일반인 플레이어는 핸드아웃을 다른 플레이어가 볼 수 없도록 섞고, 정보 판정을 한 플레이어는 위에서 몇 장째를 볼지 선언하도록 합시다.

이때 【비밀】을 획득했다면 닌자의 【비밀】을 획득했을 때와 마찬가지로 처리합니다. 만약 이때 획득한 것이 【진실】이었다면 그 내용은 확산 정보로 취급합니다. 즉시 앞면이 보이도록 테이블 위에 올려두고, 전원이 아는 공개 정보로 전환합니다. 누군가가 다시 【비밀】을 획득했을 경우, 이미 공개된 【진실】은 무작위로 선택할 후보에서 제외됩니다.

19·03
일반인의 플롯

일반인은 전투 중에 고속으로 이동할 수 없습니다. 따라서 전투 시의 플롯치는 항상 0입니다. 또, 전투 중의 펌블치는 2로 간주합니다.

단, 플롯 타이밍에 닌자들과 마찬가지로 주사위를 사용하여 1부터 6까지의 수치를 플롯할 수 있습니다. 이것은 그 라운드에 일반인 캐릭터가 공격할 수 있는 속도 단계를 나타내며, 예측치라고 부릅니다. 일반인은 플롯치가 자신의 예측치와 같은 캐릭터 및 플롯치 0인 캐릭터에게 공격을 할 수 있습니다.

예측치는 닌자들의 플롯이 공개되고, 모든 플롯치가 결정된 후에 공개합니다.

19·03·01
일반인의 공격 처리

일반인은 플롯치 0의 타이밍에 공격 처리를 할 수 있습니다. 목표로 삼을 수 있는 것은 플롯치가 자신의 예측치와 같은 캐릭터, 그리고 플롯치 0인 캐릭터뿐입니다. 이때, 명중 판정은 임의의 특기로 할 수 있습니다. 명중 판정에 성공하면 공격받은 목표는 같은 특기로 회피 판정을 합니다. 공격을 받은 캐릭터가 회피 판정에 실패하면 일반인 캐릭터는 목표에게 접근전 대미지 1점을 입힐 수 있습니다.

명중 판정이 스페셜이었다면 1D6점의 접근전 대미지를 입힙니다.

19·03·02
일반인에 대한 공격, 인법, 오의

닌자 캐릭터나 에너미가 일반인을 공격하는 경우, 간격과 관계없이 일반인을 목표로 선택할 수 있습니다. 이것은 간격과 관계가 있는 서포트 인법도 마찬가지입니다.

또, 여러 명의 목표를 선택할 수 있는 인법이라면 간격과 관계없이 일반인을 목표로 선택할 수 있습니다.

그리고 【크리티컬 히트】나 【범위 공격】 오의라면 플롯치와 관계없이 일반인을 목표로 선택할 수 있습니다.

19·04
일반인의 이능

일반인 중에는 인법에 견줄 만한 이능력의 소유자가 있습니다. 그중에서도 「마인병기」와 「마법」에 대해 설명합니다.

19·04·01
마인병기

「마인병기」란 도래인 「검장(劍匠)」의 기술로 개조된 인간입니다. 마인병기가 된 이는 사랑하는 이를 위해 자신의 몸을 다양한 무기로 변화시킬 수 있습니다. 어떤 무기로 변하는지는 그 사람의 성격에 따라 다릅니다.

【진실】로 【마인병기】를 가진 캐릭터는 자신의 계약자가 존재하는 경우, 전투 중에 자기 차례가 되면 마인병기로 변신할 수 있습니다. 누구의 것도 아닌 상태일 때는 변신할 수 없습니다. 자신이 잠정적인 계약자였다면 자기 차례에 변신해서 남에게 억지로 자신을 사용하게 할 수 있습니다. 단, 이 경우 사용자는 마인병기를 사용해서 명중 판정을 할 때마다 【생명력】을 1점 잃습니다.

일반인의 【비밀】을 획득

전과로 획득했을 때도 마찬가지로 핸드아웃 중에서 무작위로 한 장을 골라주세요. 단, 획득한 일반인의 【비밀】을 드라마 장면에서 다른 누군가에게 건네주는 경우, 혹은 정보 공유가 발생한 경우에는 무작위로 선택할 필요가 없습니다.

사용할 수 있는 타이밍

각 오의 효과의 사용 타이밍은 아래와 같습니다.

【크리티컬 히트】

전투 장면에서 자기 차례가 되었을 때 (공격을 하는 대신 사용할 수 있다)

【범위 공격】

전투 장면에서 자기 차례가 되었을 때 (공격을 하는 대신 사용할 수 있다)

【불사신】

언제든지.

【절대 방어】

같은 장면에 등장한 캐릭터가 【생명력】을 소실했을 때.

【완전 성공】

자신이 판정을 하게 되었고, 주사위를 굴리기 전.

【판정 방해】

같은 장면에 등장한 캐릭터가 판정을 해서 주사위를 굴린 후.

일반적인 오의와 마찬가지로 마법은 효과 한 종류당 드라마 장면이라면 사이클마다 1회, 전투 장면이라면 라운드마다 1회 사용할 수 있습니다. 단, 마법으로 오의의 효과를 사용했을 경우, 같은 오의 효과는 동일한 오의로 간주합니다. 예를 들어 마법으로 【크리티컬 히트】를 사용한다면 한 라운드에 한 번만 사용할 수 있습니다. 또, 마법으로 【불사신】을 사용할 때마다 그 사용 횟수가 늘어나면서 회복량이 감소합니다.

「촉매」를 하나 소비

마법의 촉매로 닌자도구를 소비하는 경우, 그 닌자도구를 사용할 수 있는 상태여야 합니다. 따라서 「고장」 이상에 걸렸다면 닌자도구를 촉매로 소비할 수 없습니다.

마인병기를 사용해서 명중 판정을 하는 경우, 계약자의 플레이어와 마인병기의 플레이어가 둘 모두 2D6을 굴립니다. 그리고 계약자는 그중에서 임의로 주사위 2개를 골라 달성치를 산출합니다. 또, 마인병기를 사용한 공격이 성공하면 본래의 효과와 더불어 목표에게 추가로 접근전 대미지 1점을 입힐 수 있습니다.

마인병기가 되어 있는 동안, 그 캐릭터는 인법이나 오의의 목표가 되지 않습니다. 하지만 마인병기가 되어 있는 동안, 그 캐릭터는 감정 수정을 사용하는 것 말고는 스스로 행동을 취할 수 없습니다. 또, 매 라운드를 마칠 때 1D6을 굴립니다. 그 주사위 눈이 마인병기로 변신하고 경과한 라운드 수 이하라면 마인병기 캐릭터의 【생명력】이 1점 감소합니다. 【생명력】이 0이 되면 마인병기의 효과를 사용할 수 없게 되며, 그 전투에서 탈락합니다.

19·04·02 ─────
마법

「마법」이란 인법과는 다른 계통의 초자연적인 능력입니다. 【진실】로 【마법사】를 가진 캐릭터는 마법을 사용할 수 있습니다. 이 【진실】을 습득하려면 최소한 한 종류 이상 요술 분야의 특기를 습득해야 합니다.

마법을 사용하는 경우, 닌자가 사용할 수 있는 오의인 【크리티컬 히트】, 【범위 공격】, 【불사신】, 【절대 방어】, 【판정 방해】, 【완전 성공】 중에서 사용하고 싶은 효과 하나와 자신이 습득한 요술 분야의 특기 하나를 선택합니다. **사용할 수 있는 타이밍**은 각 오의를 사용할 수 있는

타이밍과 같습니다. 그리고 「촉매 표」를 확인합시다. 그 오의에 대응하는 **「촉매」를 하나 소비**할 수 있다면 해당하는 효과가 발생합니다. 「촉매」는 「」로 감싼 내용 전체를 하나로 간주합니다. 「촉매」는 자신이 가진 【비밀】, 【감정】, 닌자도구입니다. 「촉매」로 선택한 것은 사라집니다. 예를 들어 【범위 공격】의 효과를 사용하고 싶다면 누군가에 대한 「분노」를 하나 소비해야 합니다. 또, 누군가에 대한 「동경」과 누군가에 대한 「열등감」을 동시에 하나씩 소비해도 【범위 공격】의 효과를 발생시킬 수 있습니다.

이때, 【크리티컬 히트】는 자기 예측치±1 이내의 플롯치에 있는 캐릭터 또는 플롯치 0의 캐릭터 1명을 목표로 삼을 수 있습니다. 또, 【범위 공격】은 자기 예측치±3 이내의 플롯치에 있는 캐릭터와 플롯치 0의 캐릭터 중에서 몇 명이라도 원하는 만큼 목표를 선택할 수 있습니다.

효과의 목표로 선택된 캐릭터는 그 효과에 대항할 수 있습니다. 마법의 사용자가 마법을 사용할 때 지정한 특기로 판정해서 성공하면 그 오의의 효과를 무효로 할 수 있습니다. 목표가 존재하지 않는 오의에는 대항할 수 없습니다.

● 촉매표	
【크리티컬 히트】	「살의」, 「우정」, 「목표에 대한 애정」
【범위 공격】	「분노」, 「충성」, 「질투」, 「동경과 열등감」
【불사신】	「병량환」, 「광신」, 「열등감」
【절대 방어】	「불신」, 「목표에 대한 충성이나 우정이나 애정」
【판정 방해】	「둔갑부」, 「모멸」, 「열등감」, 「목표의 비밀」
【완전 성공】	「신통환」, 「공감」, 「동경」, 「임의의 플러스【감정】 2개」

【진실】 읽는 법

악인 ①

이 【진실】이 공개되었을 때, 이 【진실】을 밝힌 이와 그 장면에 등장한 캐릭터 전원(이 【진실】의 소유자 제외)을 목표로 선택한다. 이 【진실】의 소유자는 임의의 마이너스 【감정】을 하나 선택한다. 그리고 목표는 이 【진실】의 소유자에 대해 그 【감정】을 획득한다(이미 모종의 【감정】이 있다면 변경된다). ②

「사실은 살인마」, 「뒤에서 불량배 집단을 조종하고 있었다」, 「회사의 돈을 ▨▨ 있었다」 등등 그 캐릭터가 숨기고 있는 사악한 일면을 설정한다. ③

① 진실명

그 【진실】의 명칭입니다.

② 효과

그 【진실】의 효과입니다. 【진실】의 효과로 임의의 캐릭터를 목표로 선택하는 경우, 그 장면에 등장하지 않은 캐릭터를 목표로 선택할 수 있습니다. 단, 목표의 선택에 모종의 조건이 지정되어 있다면 그 조건을 충족해야 합니다.

③ 개요

그 【진실】의 개요입니다.

페르소나

진실: 걸어 다니는 재액

악인

이 【진실】이 공개되었을 때, 이 【진실】을 밝힌 이와 그 장면에 등장한 캐릭터 전원(이 진실의 소유자는 제외)을 목표로 선택한다. 이 【진실】의 소유자는 임의의 마이너스 【감정】을 하나 선택한다. 그리고 목표는 이 【진실】의 소유자에 대해 그 【감정】을 획득한다(이미 모종의 【감정】이 있다면 변경된다).

「사실은 살인마」, 「뒤에서 불량배 집단을 조종하고 있었다」, 「회사의 돈을 횡령하고 있었다」 등 그 캐릭터가 숨기고 있는 사악한 일면을 설정한다.

악몽

이 【진실】이 공개되었을 때, 이 【진실】을 밝힌 이를 목표로 선택한다. 이 【진실】의 소유자는 목표에게 임의의 상태이상 하나를 걸 수 있다.

「사실은 사신의 피를 이어받았다」, 「등에 인면창이 있다」, 「공포를 불러 일으키는 불길한 인상의 소유자」 등 그 캐릭터와 관련된 불우한 운명을 설정한다.

운명의 인물

이 【진실】이 공개되었을 때, 이 【진실】을 밝힌 것이 자신이 아니라면 이 【진실】을 밝힌 이를 목표로 선택한다. 목표는 이 【진실】의 소유자가 가진 【사명】([진정한 사명]이 있다면 그쪽)이 달성되지 않는 한 자신의 【사명】을 달성하지 못한 것이 된다. 목표의 【사명】이 달성되면 이 【진실】의 소유자와 목표는 공적점을 2점 획득한다.

「사실은 전세에 연인이었다」, 「과거에 그 인물을 도운 은인이다」, 「과거에서 찾아온 그 인물의 조상」 등 그 캐릭터가 특정한 캐릭터와 운명공동체가 되는 이유를 설정한다.

괴도

이 【진실】이 공개되었을 때, 이 【진실】을 밝힌 이를 목표로 선택한다. 이 【진실】의 소유자는 목표로부터 닌자도구(특수 닌자도구는 포함하지 않는다) 하나를 빼앗을 수 있다(어느 닌자도구를 빼앗길지는 빼앗기는 쪽이 결정할 수 있다).

「사실은 근시라 자신의 것과 남의 것을 자주 착각한다」, 「빚이 늘어서 돈이 될 만한 것이 필요하다」, 「유명한 대도」 등 그 캐릭터가 닌자도구를 훔치는 이유를 설정한다.

고백

이 【진실】을 습득했을 때, 자신 이외의 캐릭터 1명을 목표로 선택하고 임의의 【감정】중 한 종류를 선택한다. 이 【진실】이 공개되면 【진실】의 소유자는 목표에 대해 그 【감정】을 획득한다(이미 모종의 【감정】이 있다면 변경된다). 게임을 종료할 때, 자신과 그 목표가 서로에 대해 같은 【감정】을 가지고 있다면 이 【진실】의 소유자는 공적점을 2점 획득한다.

「사실은 ●●를 연모하고 있었습니다」, 「●●를 죽이고 싶을 정도로 미워한다」, 「●●는 정말 짜증나!」 등 그 캐릭터의 비밀스러운 감정을 설정한다.

사소한 거짓말

이 【진실】을 습득했을 때, 나이, 성별, 법식, 신념 중에서 임의의 데이터를 원하는 만큼 선택한다. 그리고 각 데이터를 마음대로 설정한다. 이 【진실】이 공개되었을 때, 이 【진실】의 소유자는 해당하는 데이터가 설정한 내용으로 변경된다.

「사실은 10살이었습니다」, 「남자아이였습니다」, 「이기주의자였습니다」 등 그 캐릭터의 사소한 거짓말을 설정한다.

저승사자

이 【진실】이 공개되었을 때, 이 【진실】을 밝힌 이를 목표로 선택한다. 이 【진실】의 소유자는 목표에게 접근전 대미지 1점을 입힐 수 있다.

「사실은 그 인물과 관여한 이는 죽는다」, 「전염병에 걸렸다」, 「죽음의 신에게 씌었다」 등 그 캐릭터와 관련된 불길한 소문을 설정한다.

도망자

클라이맥스 페이즈가 되기 전에 이 【진실】이 밝혀졌을 경우, 이 【진실】을 밝힌 이는 임의의 닌자도구(특수 닌자도구는 포함하지 않는다) 하나를 선언하고 그것을 획득할 수 있다. 클라이맥스 페이즈 이후에 이 【진실】이 밝혀졌다면 이 【진실】의 소유자는 임의의 닌자도구 2개를 원하는 조합으로 선언하고, 그것을 획득할 수 있다.

「사실은 가출 소녀」, 「지명수배범」, 「시노비의 세계에서 쫓기고 있는 용의자」 등 그 캐릭터가 누군가에게 쫓기고 있는 이유를 설정한다.

육친

이 【진실】이 공개되었을 때, 이 【진실】을 밝힌 이를 목표로 선택한다. 이 【진실】의 소유자는 세션을 종료할 때까지 자신의 어떤 목표의 명중 판정과 회피 판정에 -2의 수정치를 적용할 수 있다.

「실은 아버지가 다른 형제가 있다」, 「생이별한 형제가 있다」, 「딸을 찾고 있다」 등 그 캐릭터가 과거에 헤어진 육친을 설정한다. 이 【진실】을 밝힌 이가 그 육친일지도 모른다.

폭로

이 【진실】이 공개되었을 때, 이 【진실】의 소유자는 임의의 캐릭터 1명을 목표로 선택한다. 이 【진실】의 소유자는 목표의 【비밀】을 밝힐 수 있다.

「실은 스파이」, 「특종을 노리는 카메라맨」, 「예지능력자」 등 그 캐릭터가 타인의 비밀을 아는 이유를 설정한다.

복수자

이 【진실】이 공개되었을 때, 이 【진실】을 밝힌 것이 자신이 아니라면 이 【진실】을 밝힌 이를 목표로 선택한다. 목표에 대해 공격을 하고, 그것이 성공하면 본래의 효과와 더불어 추가로 2점의 접근전 대미지를 입힐 수 있다. 또, 한 번이라도 승리하면 공적점 1점을 획득한다.

「사실은 아버지의 원수」, 「대회에서 저서 우승할 기회를 놓쳤다」, 「적반하장」 등 그 캐릭터가 특정한 누군가에게 복수하고자 하는 이유를 설정한다.

매혹

이 【진실】이 공개되었을 때, 이 【진실】을 밝힌 이와 그 장면에 등장한 캐릭터 전원(이 진실의 소유자는 제외)을 목표로 선택한다. 이 【진실】의 소유자는 임의의 플러스 【감정】을 하나 선택한다. 그리고 목표는 이 【진실】의 소유자에 대해 그 【감정】을 획득한다(이미 모종의 【감정】이 있다면 변경된다).

「사실은 좋아하게 된 상대에게는 러브러브」, 「벗으면 굉장하답니다」, 「비 오는 날 강아지를 주운 적이 있다」 등 그 캐릭터에게 숨겨진 매력적인 일면을 설정한다.

길의 서

진실: 증식자

생명의 그릇
계약자가 누군가에 대한 【감정】을 획득할 때마다 추가 【생명력】과 그 슬롯을 1점 획득한다.

당신은 마음의 힘을 실제 생명력으로 변환할 수 있다.

생명의 파동
계약자는 드라마 장면이라면 사이클마다 한 번, 전투 장면이라면 전투 장면마다 한 번 【생명력】 1점이나 상태이상 하나를 회복할 수 있다.

당신은 생명의 원천이다. 당신의 계약자는 상처를 치유할 수 있다.

오의서
이 【진실】을 습득했을 때, 오의 기믹의 「강점」을 하나 선택한다. 계약자는 자신이 습득한 오의의 효과가 그 「강점」을 추가할 수 있는 오의인 경우, 그 「강점」을 추가할 수 있다.

당신은 그 몸에 인법을 새기고 있다. 당신의 계약자는 자신의 오의를 강화할 수 있다.

과거
이 【진실】의 소유자는 클라이맥스 페이즈 동안 본래의 한 번에 더해 아직 밝혀지지 않은 【진실】의 수만큼 회상 장면을 열 수 있다. 또, 이 【진실】의 소유자는 회상 장면의 효과를 계약자가 시도하는 판정이나 공격에 대해 사용할 수 있다.

당신의 마음은 과거에 사로잡혀 있다. 그 과거의 쇠사슬을 풀어줄 누군가를 기다리고 있다.

주저
이 【진실】이 밝혀졌을 때, 이 【진실】의 소유자에게 계약자가 존재한다면 계약자를 목표로 선택한다. 목표에게 임의의 상태이상 두 가지를 걸 수 있다. 그 외의 상황이라면 아무런 효과도 없다.

당신은 계약자에게 불행을 가져다주는 증식자다.

통곡
계약자에게 명령받아 감정 수정을 사용할 때, 그 수정치는 2배가 된다(플러스 【감정】이라면 +2, 마이너스 【감정】이라면 -2의 수정치를 적용하나).

당신의 외침은 시노비의 기술을 한층 더 연마할 수 있다.

폭탄
이 【진실】이 밝혀졌을 때, 이 【진실】의 소유자에게 계약자가 존재하면 계약자를 목표로 선택한다. 계약자에게 1D6-1점의 사격전 대미지를 입힌다(최저 0점). 그 외의 상황이라면 아무런 효과도 없다.

당신은 계약자에게 죽음을 가져다주는 증식자다.

비전서
이 【진실】을 습득했을 때, 범용 인법과 임의의 유파 인법 하나 중에서 아무거나 인법을 2개 선택한다. 계약자는 그 인법을 특례 습득한 것으로 간주한다.

당신은 자신의 몸에 인법을 새기고 있다. 당신의 계약자는 그 인법을 사용할 수 있게 된다.

무운
계약자는 전투 중의 행동 판정에서 펌블치가 1 감소한다.

계약자는 전장에서 크나큰 행운을 누린다.

마인병기
특수 닌자도구 「마인병기」(p141)로 변해서 계약자에게 사용될 수 있다.

당신은 계약자를 위해 자신의 몸을 무기로 변화시킬 수 있다.

마력원
계약자는 라운드마다 사용할 수 있는 인법의 코스트 합계가 2점 상승한다.

당신은 불가사의한 마력의 원천이다. 당신의 계약자는 더욱 강력한 인법을 구사할 수 있다.

빙의체
계약자가 【생명력】을 잃을 때, 이 【진실】의 소유자는 본래 【생명력】을 잃어야 할 계약자를 대신해서 자신의 【생명력】을 같은 점수만큼 잃을 수 있다.

당신은 계약자 대신 상처를 입을 수 있다. 이 힘의 소유자는 공진, 인주력 등의 이름으로 불리기도 한다.

진실: 이인

영웅

이 【진실】의 소유자가 공격에 성공했을 때, 이 【진실】이 밝혀지지 않았다면 사용할 수 있다. 그 공격의 목표는 그 공격에 대해 회피 판정을 시도할 수 없다. 또, 이 【진실】이 밝혀진 후에도 이 【진실】의 소유자는 자신의 공격이 성공했을 때 거기에 대한 회피 판정에 -1의 수정치를 적용할 수 있다.

당신은 자신만의 필살기가 있는 히어로다. 그 원리를 모르는 한 피할 수 없는 일격을 날린다.

패왕

이 【진실】의 소유자에 대해 플러스 【감정】을 가진 캐릭터가 행동할 때 사용할 수 있다. 그 캐릭터 1명을 목표로 선택한다. 목표는 《괴뢰술》 판정을 한다. 목표가 이 【진실】의 소유자에 대해 「충성」이나 「광신」의 【감정】을 가지고 있다면 -3의 수정치를 적용한다. 이 판정에 실패할 경우, 【진실】의 소유자는 목표의 그 행동을 자유롭게 조작할 수 있다(단, 오의나 닌자도구는 원래의 플레이어가 허가하지 않으면 사용할 수 없다). 이 효과는 세션마다 목표 1명당 한 번 사용할 수 있다.

당신은 왕의 자질을 갖추고 있다. 닌자들은 당신의 말에 귀를 기울일 수밖에 없다.

귀환자

누군가가 오의를 사용했을 때 사용할 수 있다. 이 【진실】의 소유자는 【생명력】을 1점 소비하면 그 오의를 무효로 할 수 있다. 이 효과는 라운드마다 한 번 사용할 수 있다.

당신은 다른 세계에서 돌아온 귀환자다. 이 세계와는 전혀 다른 도래인 세계의 기술을 익히고 귀환했다.

수호정령

이 【진실】이 공개되었을 때, 이 【진실】을 밝힌 것이 자신이 아니라면 이 【진실】을 밝힌 이를 목표로 선택한다. 이 【진실】이 공개되면 목표 이외의 캐릭터는 이 【진실】의 소유자를 인법이나 오의, 배경, 감정 판정의 목표로 선택할 수 없게 된다. 또, 이 【진실】의 소유자는 목표 이외의 캐릭터를 인법이나 오의, 배경, 감정 판정의 목표로 선택할 수 없게 된다.

당신은 누군가의 망상에서 태어난 가공의 인격이다. 기본적으로는 당신을 낳은 본인에게만 보인다.

인조 생명체

이 【진실】의 소유자는 【생명력】이 감소하거나 「마비」 또는 「저주」 상태이상에 걸려도 특기나 인법이 사용 불능이 되지 않는다. 사용 불능으로 보이는 특기나 인법을 사용하면 이 【진실】을 공개한다.

당신은 인간을 모방해서 만든 존재다.

닌자 사냥꾼

이 【진실】의 소유자가 공격에 성공했을 때, 목표가 닌자 캐릭터였다면 사용할 수 있다. 본래의 효과 대신 1D6점의 접근전 대미지를 입힐 수 있다. 또, 목표가 자신에 대해 마이너스 【감정】을 가지고 있다면 추가로 접근전 대미지 1점을 입힐 수 있다.

당신은 정부의 특수 기관이나 비밀 결사가 닌자를 상대하기 위해 만든 과학 병기, 또는 주술 병기다.

반요

이 【진실】을 습득했을 때, 임의의 요마 인법을 두 종류 선택한다. 이 【진실】의 소유자는 그 인법을 특례 습득한다. 또, 이 【진실】의 소유자는 요마화를 할 수 있다. 인법을 습득했다는 것이 밝혀지거나, 인법을 사용하거나, 요마화를 했다면 이 【진실】을 공개한다.

당신은 힘을 봉인당했거나, 인간이 되고자 하는 요마다.

분령

각 장면의 맨 처음에, 또는 라운드의 맨 처음에 사용할 수 있다. 【생명력】 1점을 소비하고, 그 세션 동안 같은 장면에 등장한 캐릭터 1명을 목표로 선택한다. 그 장면 동안, 이 【진실】의 소유자는 이 효과가 사용된 시점에서의 목표와 같은 데이터의 캐릭터로 취급한다(일반인 이외의 상대를 목표로 선택했다면 전투 중의 플롯 관련 규칙도 그 목표와 똑같이 적용된다). 단, 【생명력】과 【정보】는 변화하지 않으며, 자신의 본래 데이터를 사용한다. 또, 닌자도구나 공개되지 않은 오의, 【진실】의 효과는 사용할 수 없다.

당신은 도플갱어다. 누군가로 변신해서 거짓된 삶을 살아가는 것으로 기쁨을 느끼는 생물이다.

마법사

요술 분야의 특기를 하나 이상 습득한 캐릭터만 이 【진실】을 습득할 수 있다. 이 【진실】의 소유자는 「마법」(p142)을 사용할 수 있다. 「마법」을 사용할 때, 이 【진실】을 공개한다.

당신은 마법사다. 촉매를 모아서 「영적장비」를 만들 수 있다.

명탐정

이 【진실】의 소유자가 공격을 하는 대신 사용할 수 있다. 자신이 습득한 특기를 한 종류 선택하고, 그와 더불어 자신이 【비밀】을 획득한 캐릭터 중에서 원하는 만큼 목표를 선택한다. 목표는 선택된 특기로 판정을 한다. 실패한 캐릭터는 1점의 접근전 대미지를 입는다.

당신은 명탐정이다. 비밀을 밝혀낸 상대라면 당신의 손바닥 위에서 뜻대로 농락할 수 있으리라.

망자

이 【진실】의 소유자가 자신의 【생명력】을 감소해야만 할 때, 이 【진실】이 밝혀지지 않았다면 사용할 수 있다. 그 【생명력】 감소를 무효로 할 수 있다. 또, 이 【진실】이 밝혀진 후에도 이 【진실】의 소유자는 자신에 대해 플러스 【감정】을 가진 캐릭터에 의해 【생명력】을 2점 이상 잃었을 때 그 대미지를 1점 경감할 수 있다.

당신은 이미 죽었다. 그 사실을 들키지 않는 한, 아무도 당신을 죽일 수 없다.

전직 닌자

이 【진실】을 습득했을 때, 범용 인법이나 임의의 유파 인법 중에서 인법을 두 종류 선택한다(중급닌자 지휘관 이상이어야 습득할 수 있는 인법은 선택할 수 없다). 이 【진실】의 소유자는 그 인법과 【접근전 공격】을 특례 습득한다. 또, 이 【진실】의 소유자는 전투가 발생했을 때, 닌자와 마찬가지로 플롯과 공격을 처리한다(예측치는 사용할 수 없다). 단, 플롯 시에는 최대라도 4까지밖에 플롯할 수 없다. 인법을 습득하거나, 인법을 사용하거나, 전투에서 닌자와 같은 방식으로 플롯을 하면 이 【진실】을 공개한다.

당신은 닌자 수행을 한 적이 있거나, 옛날에 닌자였던 적이 있다.

20 에니그마

이 항목에서는 PC들의 앞을 막아서는 방해물이자 특수한 핸드아웃인 「에니그마」에 관한 규칙을 설명한다.

20·00
에니그마

이 규칙은 추가 규칙입니다.

시나리오 내내 PC들의 앞을 가로막는 수수께끼나 방해물을 만들기 위한 규칙입니다. 「에니그마」란 보스가 가지는 특수한 핸드아웃입니다. 일반적인 핸드아웃과는 달리 그 자체가 특수한 효과를 갖추고 있습니다.

일반인의 페르소나와도 비슷하지만, 효과가 더 강력합니다. PC에게 때때로 치명적인 효과를 초래합니다. 단, 「해제 조건」을 충족하면 무효가 됩니다.

20·01
에니그마 제작

게임 마스터는 시나리오를 제작하는 타이밍에 「에니그마」를 준비합니다. 에니그마는 핸드아웃의 일종으로, 앞면의 【위장】과 뒷면의 【전력】으로 구성됩니다. 일반적인 핸드아웃의 【사명】이 【위장】에, 【비밀】이 【전력】에 대응됩니다.

에니그마를 제작할 때, 게임 마스터는 백지 에니그마를 복사해서 거기에 【위장】과 【전력】을 적어 넣으시기 바랍니다.

세션마다 등장시킬 수 있는 에니그마의 최대 수는 그 세션에 참가한 PC의 수와 같습니다. 같은 이름의 【전력】은 세션마다 1장까지만 등장시킬 수 있습니다.

20·01·01
위장

에니그마는 언뜻 보기에는 어떤 효과를 발휘하는지 알 수 없도록 하기 위해 거짓 모습을 취하고 있습니다. 이것을 【위장】이라고 부릅니다. 【위장】은 보스와 관계가 있는 인물, 보스가 가지고 있는 물품, 보스가 있는 장소, 보스와 관련된 정보 등의 형태를 취합니다.

게임 마스터는 에니그마마다 【위장】을 결정합니다. 따로 아이디어가 떠오르지 않는다면 「물품 위장 표」, 「인물 위장 표」, 「장소 위장 표」, 「정보 위장 표」 중에서 아무거나 표를 하나 선택하고, 그 표를 사용해서 무작위로 【위장】의 개요를 결정할 수도 있습니다.

① 위장
【위장】의 내용을 적어 넣는 면입니다. 이름 칸에는 내용에 상응하는 이름을 적도록 합시다.

② 해제 조건
【전력】의 해제 조건을 적어 넣습니다.

③ 효과
【전력】의 효과를 적어 넣습니다.

④ 전력
【전력】에 대해 적어 넣는 면입니다. 이름 칸에는 【전력】의 이름을 적어 넣습니다.

● 물품 위장 표

1	고대의 문양이 새겨진 유물. 항아리, 토우, 의례용 가면 등.
2	오래된 골동품. 찻잔이나 족자, 그림 등. 가치가 있는 것으로는 보이지 않는다.
3	무기. 명도, 무장의 갑옷, 최신예 화기 등. 확실히 일정한 위력은 갖추고 있다.
4	생물의 일부. 미이라의 손목, 막 자른 듯한 머리 등. 알려지지 않은 생물일 수도 있다.
5	어떠한 기록매체. 책, CD, 마이크로 칩 등.
6	마음이 담겨 있는 소박한 물건. 너덜너덜한 편지, 손수 짠 머플러, 아이가 크레파스로 그린 그림 등.

● 인물 위장 표

1	유력한 인맥. 정치가, 기업인, 유명인 등.
2	부하. 보스가 일반 사회에서 거느리고 있는 부하나 후배 등.
3	애완 대상. 보스가 귀여워하는 아이나 동물, 가련한 히로인 등.
4	직업 범죄자. 보스의 주위에 있는 야쿠자나 갱, 살인 청부업자 등.
5	닌자. 보스가 소속된 유파의 동료나 상관, 적대 유파, 지나가던 하구레모노 등.
6	이형의 존재. 요괴나 도래인 등.

● 장소 위장 표

1	고층 빌딩의 건설현장. 훤히 드러난 철골이 잔뜩 서 있다.
2	공장 터. 방치된 시설은 붉게 녹슬어서 무너지기 시작하고 있다.
3	밤의 무역항. 거대한 선박도 지금은 침묵을 지키고 있다. 파도 소리와 무적(霧笛) 소리만이 들려온다.
4	종교시설. 신사, 절, 교회 등. 주위에서 장엄한 분위기가 느껴진다.
5	울창한 수해(樹海). 녹색의 천장이 햇빛조차 가리고 있다.
6	어딘지도 알 수 없는 어둠 속. 어렴풋한 기척이 느껴진다…….

● 정보 위장 표

1	기묘한 법칙. 일련의 사건에서 보이는 공통점. 그 수수께끼를 풀면 사건의 전모를 알 수 있을지도?
2	죽은 자의 고발. 남겨진 메시지에 녀석이 지닌 힘의 비밀이 숨겨져 있다.
3	날조된 경력. 녀석의 인물상은 가짜다. 거기에 파고 들 틈이 있다.
4	무시무시한 전설. 그것을 접하고 살아남은 자는 한 명도 없다.
5	오래된 기억. 기억의 장막 너머에 단서가 있을 텐데…….
6	별명. 녀석에게는 별명이 있다. 그 이름을 조사하면 진실에 도달할 수 있을지도 모른다.

20·01·02

전력

　에니그마는 【전력】이라고 하는 효과를 가집니다.

　게임 마스터는 각 에니그마가 어떤 효과를 지니고 있는지를 【전력】 중에서 한 종류씩 선택해서 설정합니다. 【전력】은 「자객」, 「패도」, 「책략」이라는 세 종류의 카테고리로 나뉩니다.

　자객은 PC들의 앞을 가로막는 다양한 방해물입니다. PC들이 메인 페이즈에 취하는 행동을 방해합니다.

　패도는 보스가 숨기고 있는 능력입니다. 이것을 지닌 보스를 쓰러뜨리는 것은 상당히 어려울 것입니다.

　책략은 관계된 PC의 【비밀】에 간섭해서 은밀히 그 행동을 제한하는 【전력】입니다.

　각 【전력】은 아래와 같이 사용합니다.

● 자객과 패도

　이 카테고리의 【전력】은 효과에 적혀 있는 타이밍이 되면 GM이 사용할 수 있습니다. 사용 타이밍 1회마다 한 번만 사용할 수 있습니다. 효과에 따로 지정되어 있지 않은 한, 같은 이름의 효과에 대한 제한(사이클, 라운드마다 한 번씩 사용할 수 있다)은 존재하지 않습니다.

　【전력】을 사용할 경우, GM은 그 【전력】의 이름과 효과를 선언합니다. 그리고 그 효과를 처리합니다.

● 책략

　이 카테고리의 【전력】은 목표로 삼은 PC의 【비밀】과 연동됩니다. 게임 마스터는 책략 카테고리의 【전력】을 등장시킬 때, PC를 1명 선택하고 그 【비밀】의 내용에 해당 【전력】의 효과를 덧붙여 적어 넣습니다. 책략 카테고리의 【전력】은 세션의 시작과 동시에 효과가 사용됩니다. 자신의 【비밀】에 책략 카테고리의 【전력】을 바인드 당한 PC는 【전력】이 무효가 될 때까지 그 효과를 따라야만 합니다.

　【전력】은 그것이 공개되지 않아도 효과를 사용할 수 있습니다. 게임 마스터는 【전력】을 사용할 기회를 놓치지 않도록 각각의 효과를 확인하면서 게임을 진행하시기 바랍니다.

20·01·02·01
전력의 무효화

PC는 에니그마에 간섭해서 【전력】을 무효로 할 수 있습니다. 【전력】의 해제에 도전하는 플레이어는 자신이 장면 플레이어인 장면에서 에니그마 하나를 목표로 정보 판정을 합니다. 성공하면 그 【위장】을 벗겨내고, 【전력】을 공개할 수 있습니다. 에니그마의 【전력】은 확산정보입니다. 【전력】 면이 보이도록 뒤집어서 모든 플레이어에게 그 내용을 공개합니다.

그 【전력】의 해제 조건에 「자동」이라고 적혀 있다면 그 시점에서 그 【전력】을 무효로 할 수 있습니다.

해제 조건에 「판정」이라고 적혀 있다면 PC들은 그 장면부터 보조 판정을 할 수 있게 됩니다. 보조 판정은 【전력】을 무효로 하기 위한 판정입니다. 장면 플레이어는 자신의 장면에서 한 번만 보조 판정을 할 수 있습니다. 보조 판정을 할 경우, 공개된 【전력】 중에서 무효로 하고 싶은 것을 하나 선택하고, 해제 조건으로 지정된 특기로 판정을 합니다. 성공하면 그 【전력】을 무효로 할 수 있습니다. 판정에 실패해도 이후 다른 플레이어의 장면이 될 때마다 장면 플레이어가 보조 판정을 1회 할 수 있습니다. 장면 플레이어는 자신의 장면에서 보조 판정을 해도 회복 판정, 정보 판정, 감정 판정 중 하나를 1회 시도할 수 있습니다.

해제 조건에 「계획 판정」이라고 적혀 있을 때는 다음 장면 이후에 계획 판정이라는 판정에 도전할 수 있게 됩니다. 계획 판정 또한 【전력】을 무효로 하기 위한 판정입니다. 장면 플레이어는 자신의 장면에서 한 번만 계획 판정을 할 수 있습니다. 계획 판정을 하면 그 장면에서는 회복 판정, 정보 판정, 감정 판정을 할 수 없습니다. 그 외의 규칙은 「판정」이라고 적혀 있을 때와 같습니다.

20·01·02·02
위협도

【전력】에는 위협도 수치가 설정되어 있습니다. 이것은 그 【전력】의 강도를 나타냅니다. 이 수치가 높으면 높을수록 강력한 【전력】입니다. 게임 마스터가 아직 게임에 익숙하지 않아서 세션마다 어느 정도의 【전력】을 등장시켜야 할지 모르겠다면, 【위협도】를 기준으로 삼아봅시다.

하나의 시나리오에 등장시킬 수 있는 【전력】의 규모를 【최대 위협도】라고 부릅니다. 【최대 위협도】는 세션에 참가하는 PC의 수나 강함에 따라 산출할 수 있습니다. 「최대 위협도 산출표」를 보고, PC마다 설정된 【위협도】를 모두 더하세요. 그 수치가 그 시나리오의 【최대 위협도】가 됩니다.

게임 마스터는 등장시킬 【전력】의 【위협도】를 모두 더한 수치가 【최대 위협도】 이내가 되도록 해주세요.

● 최대 위협도 산출 표

중급닌자 1명마다	2점
중급닌자 지휘관 1명마다	3점
상급닌자 1명마다	4점
상급닌자 지휘관 1명마다	5점

전력 읽는 법

혹독한 환경 ①
위협 1 해제 자동 ③
②
누군가가 ～판정을 하고자 할 때 사용할 수 있다. 회복 판정을 한 캐릭터를 목표로 선택한다. 목표가 시도하는 회복 판정에 -4의 수정치～한다. ④

「큭큭큭. 잠시도 쉬지 ～다」 닌자들을 몰아세워 ⑤
식사나 수면을 방해한다.

① 전력명

【전력】의 이름이 적혀 있습니다.

② 위협도

【전력】에 설정된 【위협도】가 얼마나 높은지를 나타냅니다. 강력한 【전력】일수록 【위협도】가 높아집니다.

③ 해제 조건

【전력】을 해제하기 위한 조건입니다. 아래의 세 가지 패턴이 있습니다.
자동: 밝혀진 시점에서 무효가 됩니다.
판정: 보조 판정을 해서 성공하면 무효가 됩니다.

계획 판정: 계획 판정을 해서 성공하면 무효가 됩니다.

④ 효과

【전력】의 효과가 적혀 있습니다. 【전력】의 효과에 따라 임의의 캐릭터를 목표로 선택하는 경우, 그 장면에 등장하지 않은 캐릭터를 목표로 선택할 수 있습니다. 단, 목표의 선택에 모종의 조건이 지정되어 있다면 그 조건을 충족해야 합니다.

⑤ 개요

【전력】의 개요입니다.

그 정체를 알 수 없는 형태로 PC 들의 앞길을 가로막는 갖가지 함 정들. 조사하기 전에는 어떤 효 과를 가지고 있는지 알 수 없다.

전력: 자객

혹독한 환경

| 위협 | 1 | 해제 | 자동 |

누군가가 회복 판정을 하고자 할 때 사용할 수 있다. 회복 판정을 하는 캐릭터를 목표로 선택한다. 목표가 시도하는 회복 판정에 -4의 수정치를 적용한다.

「큭큭큭. 잠시도 쉬지 못 할 거다」 닌자들을 몰아세워 식사나 수면을 방해한다.

혼란

| 위협 | 1 | 해제 | 자동 |

누군가가 【정보】를 획득했을 때 사용할 수 있다. 그 【정보】에 관한 「정보 공유」를 무효로 할 수 있다.

「이걸 알리게 놔둘 수야 없지」 닌자들의 정보 전달을 방해한다.

독만두

| 위협 | 1 | 해제 | 자동 |

누군가가 「병량환」을 사용했을 때 사용할 수 있다. 「병량환」을 사용한 캐릭터 1명을 목표로 선택한다. 목표에게 집단전 대미지 1점을 입힌다.

「후하하하! 뭐가 들어 있는지도 모르고 잘도 먹는군.」 닌자들의 식사에 독을 탄다.

불화의 씨앗

| 위협 | 1 | 해제 | 자동 |

누군가가 감정 판정을 했을 때 사용할 수 있다. 감정 판정을 한 캐릭터와 그 상대를 목표로 선택한다. 목표는 서로에 대해 마이너스 속성의 【감정】만 선택할 수 있다(배경의 효과로 그 【감정】을 획득할 수 없다면 그 【감정】 이외의 것이 나올 때까지 「감정 표」의 주사위를 다시 굴린다).

「놈은 분명히… 그렇게 말했다.」 닌자들에게 불온한 소문을 흘려 넣어 이간질을 시킨다.

방해 활동

| 위협 | 1 | 해제 | 자동 |

누군가가 드라마 장면에서 행동 판정을 하고자 했을 때 사용할 수 있다. 행동 판정을 하고자 하는 캐릭터를 목표로 선택한다. 목표가 그 판정에 실패하면 목표에게 집단전 대미지 1점을 입힌다.

「그렇게는 안 되지!」 항상 닌자들을 따라다니면서 빈틈이 보이면 공격한다.

늪

| 위협 | 2 | 해제 | 판정 《대인술》 |

누군가가 드라마 장면에서 행동 판정에 실패했을 때 사용할 수 있다. 행동 판정에 실패한 캐릭터를 목표로 선택한다. 목표가 그 사이클에 시도하는 모든 판정에 -1의 수정치를 적용한다.

「저항하면 저항할수록 점점 더 헤어나올 수 없을 것이다.」 빠져나가기 어려운 지옥길.

지휘관

| 위협 | 2 | 해제 | 판정 《용병술》 |

누군가가 전투 난입을 하고자 할 때 사용할 수 있다. 전투 난입을 하고자 하는 캐릭터를 목표로 선택한다. 목표는 《용병술》 판정을 한다. 그 판정이 실패하면 목표에게 1점의 사격전 대미지를 입히고, 전투 난입을 무효로 한다.

「여기를 지나가고 싶다면 이 녀석들을 쓰러뜨려라」 보스에게는 유능한 전투 지휘관이 붙어 있다.

매복

| 위협 | 2 | 해제 | 판정 《암호술》 |

장면 플레이어가 전투 장면을 열고자 했을 때 사용할 수 있다. 그 장면 플레이어의 캐릭터를 목표로 선택한다. 목표에게 1점의 사격전 대미지를 입힌다.

「기다리고 있었다, 멍청한 녀석들!」 닌자들이 공격해오는 순간을 노리고 매복하고 있다.

은신처

| 위협 | 2 | 해제 | 판정 《천리안》 |

누군가가 정보 판정을 해서 「보스」의 【거처】를 조사하고자 했을 때 사용할 수 있다. 그 정보 판정을 실패하게 할 수 있다.

「놈들이 과연 여기까지 도달할 수 있을까?」 보스는 누구에게도 알려지지 않은 비밀 장소에 숨어 있다.

추문

| 위협 | 3 | 해제 | 계획 판정 《잠복술》 |

메인 페이즈의 각 사이클을 시작할 때 사용할 수 있다. GM은 2D6을 굴려서 무작위로 모술 분야의 특기 하나를 선택하고, 임의의 캐릭터를 목표로 선택한다. 목표는 그 특기로 판정을 한다. 실패한 목표에게 집단전 대미지 1점을 입힌다.

「이 사실이 밝혀지면 놈들은 끝장이다.」 닌자들을 사회적으로 말살하려고 한다.

방위기구

| 위협 | 3 | 해제 | 계획 판정 《함정술》 |

메인 페이즈의 각 사이클을 시작할 때 사용할 수 있다. GM은 2D6을 굴려서 무작위로 인술 분야의 특기 하나를 선택하고, 임의의 캐릭터를 목표로 선택한다. 목표는 그 특기로 판정을 한다. 실패한 목표에게 사격전 대미지 1점을 입힌다.

「네놈들이 그것에 접근하게 놔둘 수야 없지!」 무언가를 지키는 장치. 표적을 좇아다니며 보이는 족족 공격한다.

의심암귀

| 위협 | 3 | 해제 | 계획 판정 《전달술》 |

누군가가 감정 판정을 하고자 했을 때 사용할 수 있다. 감정 판정을 하고자 한 캐릭터를 목표로 선택한다. 목표가 시도하는 감정 판정에 -2의 수정치를 적용한다.

「그렇게 생각하는 건 너뿐일지도 모르지.」 닌자들의 마음이 통하려는 순간 나타나 방해한다.

길의 서

정보공작

| 위험 | 3 | 해제 | 계획 판정 《기억술》 |

누군가가 정보 판정을 하고자 했을 때 사용할 수 있다. 정보 판정을 하고자 한 캐릭터를 목표로 선택한다. 목표가 시도하는 정보 판정에 -2의 수정치를 적용한다.

「이 자료를 불태우면 모든 것은 어둠에 묻힐 테지.」 닌자들이 모은 정보를 말소하고 다닌다.

경호원

| 위험 | 4 | 해제 | 계획 판정 《격투술》 |

누군가가 정보 판정을 하고자 했을 때 사용할 수 있다. 정보 판정을 하고자 한 캐릭터를 목표로 선택한다. 목표에게 접근전 대미지 1점을 입힌다.

「미안하지만 그 분의 지시라서 말이지.」 보스를 지키는 인물. 보스의 신변을 조사하는 이에게 매운 맛을 보여준다.

수라의 정원

| 위험 | 4 | 해제 | 계획 판정 《도검술》 |

누군가가 감정 판정을 하고자 했을 때 사용할 수 있다. GM은 2D6을 굴려서 무작위로 체술 분야의 특기 하나를 선택하고, 감정 판정을 하고자 한 캐릭터를 목표로 선택한다. 목표가 시도하는 감정 판정의 특기로 그 특기를 지정한다.

「너희는 시노비다. 말 따위 필요 없다.」 오직 싸움으로만 자신의 마음을 전할 수 있게 된다.

스토커

| 위험 | 4 | 해제 | 계획 판정 《독술》 |

누군가가 감정 판정을 하고자 했을 때 사용할 수 있다. 감정 판정을 하고자 한 캐릭터를 목표로 선택한다. 목표에게 접근전 대미지 1점을 입힌다.

「그 녀석 말고 나를 봐!」 닌자를 사랑하는 인물. 보스에게 조종당하고 있다.

정보 교란

| 위험 | 4 | 해제 | 계획 판정 《조사술》 |

누군가가 정보 판정을 하고자 했을 때 사용할 수 있다. GM은 2D6을 굴려서 무작위로 전술 분야의 특기 하나를 선택하고, 정보 판정을 하고자 한 캐릭터를 목표로 선택한다. 목표가 시도하는 정보 판정의 특기로 그 특기를 지정한다.

「진실을 알고 싶다면 이 수수께끼를 풀어봐라.」 정보를 입수하기 어렵게 한다.

봉쇄 결계

| 위험 | 4 | 해제 | 계획 판정 《결계술》 |

그 시나리오의 리미트로 지정된 사이클을 종료했을 때 사용할 수 있다. 클라이맥스 페이즈를 발생시키지 않고 세션을 종료시킬 수 있다.

「이 결계가 있는 한 놈들은 절대로 다가오지 못한다.」 강력한 결계. 의식 등을 수호한다.

전력: 책략

이빨 자국

위협	1	해제	자동

누군가 1명을 목표로 선택한다. 목표는 「각 사이클 마지막에 접근전 대미지 1점을 입는다」라는 효과를 바인드 당한다.

「그 상처로는 오래 못 버틸 테지.」 살을 도려낸 상처 자국에서 피가 뿜어져 나와 생명을 갉아먹는다.

의혹

위협	1	해제	자동

누군가 1명을 목표로 선택한다. 목표는 「다른 캐릭터에 대해 플러스 감정 수정을 할 수 없다」라는 효과를 바인드 당한다.

「너는 결국 닌자다. 아무도 믿지 마.」 꼬리를 물고 이어지는 의심에 사로잡혀 아무것도 믿을 수 없게 된다.

금단

위협	1	해제	자동

누군가 1명을 목표로 선택한다. 목표는 「새로운【비밀】을 획득할 때마다 접근전 대미지 1점을 입는다」라는 효과를 바인드 당한다.

「너는 쓸데없이 이곳저곳 들쑤실 것 없이 나만 따르면 돼.」 건드려서는 안 되는 것을 건드리면 당연히 대가를 치르게 된다.

목걸이

위협	1	해제	자동

누군가 1명을 목표로 선택한다. 목표는 「이【전력】이 해제되지 않은 채로 클라이맥스 페이즈에 돌입하면 사격전 대미지 1D6점을 입는다」라는 효과를 바인드 당한다.

「내 명령을 따르면 그 폭탄을 벗겨주지.」 몸에 장착된 소형 폭탄이 타이머로 폭발한다.

주독 감염

위협	1	해제	자동

누군가 1명을 목표로 선택한다. 목표는 「누군가와『정보 공유』를 일으킬 경우, 『정보 공유』를 일으킨 상대는 집단전 대미지 1점을 입는다」라는 효과를 바인드 당한다.

「이 저주는 네게 흥미를 품은 자를 통해 확산될 것이다.」 접촉한 이에게 감염되는 저주.

후림불

위협	1	해제	자동

누군가 1명을 목표로 선택한다. 목표는 「펌블을 발생시키면 무작위로 플레이어 1명을 선택한다. 그 플레이어의 캐릭터는 접근전 대미지 1점을 입는다」라는 효과를 바인드 당한다.

「실컷 헛수고나 해대오」 일상적인 풍경 속에 트랩을 설치한다. 남은 것은 얼간이가 스위치를 누르는 것을 기다릴 뿐.

공격성 방벽

위협	1	해제	자동

누군가 1명을 목표로 선택한다. 목표는 「이【비밀】을 획득하는 이는 접근전 대미지 1점을 입는다」라는 효과를 바인드 당한다.

「네 주위를 기웃거리는 놈들에게는 벌을 줘야지.」 정보에 설치하는 마술 함정. 비밀에 접근한 이의 뇌를 불사른다.

벌레탄환

위협	1	해제	자동

누군가 1명을 목표로 선택한다. 목표는 「이【비밀】을 획득한 이는 집단전 대미지 1점을 입는다」라는 효과를 바인드 당한다.

「너의 비밀은 미끼란 말이지.」 정보에 설치하는 마술 함정. 딱정벌레 떼가 다가오는 이를 향해 탄환처럼 날아든다.

삼시

위협	2	해제	자동

누군가 1명을 목표로 선택한다. 목표는 「당신의【진정한 사명】은『보스의【사명】을 달성하는 것』이다」라는 효과를 바인드 당한다. 또, 목표는 보스가 공격의 목표로 선택할 수 없게 된다. GM은 목표가 공격을 할 때, 사용하는 인법과 그 목표를 지시할 수 있다. 목표는 지시를 거스르거나, 지시 받은 내용에 실패하면 접근전 대미지 1점을 입는다.

「내 명령을 거역한다면 네게 설치한 벌레들이 너를 덮치리라.」 세 마리의 벌레가 희생자의 뇌에 숨어들어 자유 의사를 빼앗는다.

(역주-삼시: 도교에서 인체 내에 머무르며 수명, 질병 등을 좌우하는 세 마리 벌레)

역침식

위협	2	해제	자동

누군가 1명을 목표로 선택한다. 목표는 「당신에 대한【감정】을 획득한 캐릭터는 집단전 대미지 1점을 입는다」라는 효과를 바인드 당한다.

「너를 사랑하는 이가 괴로워하는 꼴을 보고 싶지 않다면 홀로 있도록 해라.」 몸에 깃든 주술이 당신에게 흥미를 품은 이에게 옮겨가며 침식을 일으킨다.

순간 분해

위협	2	해제	자동

누군가 1명을 목표로 선택한다. 목표는 「이【비밀】을 획득한 이는 닌자도구나 특수 닌자도구를 하나 잃는다. 어느 닌자도구를 잃을지는 소유자가 결정한다」라는 효과를 바인드 당한다.

「후후. 너의 비밀을 알았을 때 녀석이 어떤 표정을 지을지 보고 싶구나.」 정보에 설치하는 마술 함정. 초진동을 일으켜 건드린 자의 닌자도구를 산산이 분해한다.

마음의 상처

위협	2	해제	자동

누군가 1명을 목표로 선택한다. 목표는 「당신은 누군가가 당신에 대해 마이너스【감정】을 획득할 때마다 그 사이클을 종료할 때 사격전 대미지 1점을 입는다」라는 효과를 바인드 당한다.

「너를 좋아해줄 사람이 있다면 다행이겠지만.」 상처받은 마음을 더욱 후벼판다.

길의 서

거래

| 위협 | 2 | 해제 | 판정《도주술》 |

누군가 1명을 목표로 선택한다. 목표는 「당신의 【진정한 사명】은 『프라이즈를 보스에게 넘기는 것』이다」라는 효과를 바인드 당한다.

「이쪽에 인질이 있다는 것을 잊지 말도록. 뭐, 그것만 손에 넣어준다면 아무런 문제도 없을 거야.」 비겁하기 짝이 없는 수법이지만, 매우 유효한 방법.

소거

| 위협 | 2 | 해제 | 판정《조사술》 |

누군가 1명을 목표로 선택한다. 목표는 「당신이 【거처】나 【오의】의 【정보】를 획득했다면, 해당 사이클을 종료할 때 그것을 잃는다」라는 효과를 바인드 당한다.

「수고했다. 하지만 모조리 잊을 시간이다.」 고생해서 입수한 중요 정보를 모두 소거당한다.

암시

| 위협 | 2 | 해제 | 판정《의지》 |

누군가 1명을 목표로 선택한다. 목표는 「당신의 【진정한 사명】은 『보스의 【사명】을 달성하는 것』이다」라는 효과를 바인드 당한다. 또, 목표는 보스를 공격의 목표로 선택할 수 없게 된다.

「너를 인도하는 목소리가 들리지? 그것은 신의 목소리다.」 강력한 후최면으로 행동을 제어한다.

불행 방사

| 위협 | 2 | 해제 | 판정《봉인술》 |

누군가 1명을 목표로 선택한다. 목표는 「당신과 같은 플롯치에 있는 이는 펌블치가 1 상승한다」라는 효과를 바인드 당한다.

「네가 불행을 불러오는 것이다.」 들러붙은 악령이 당사자가 아닌 주위에 불행을 흩뿌린다.

부조리한 원한

| 위협 | 3 | 해제 | 계획 판정《인맥》 |

누군가 1명을 목표로 선택한다. 목표는 「당신의 【진정한 사명】은 『PC○(핸드아웃의 숫자로 지정)을/를 쓰러뜨리는 것』이다」라는 효과를 바인드 당한다. 또, 각 사이클을 종료할 때, 목표가 지정된 PC에 대해 그 사이클 동안 한 번도 공격을 하지 않았다면 목표에게 1점의 사격전 대미지를 입힐 수 있다.

「이봐, 녀석만 없으면 너의 천하야.」 분노의 불길이 엉뚱한 곳으로 번진다.

세뇌

| 위협 | 4 | 해제 | 계획 판정《동술》 |

누군가 1명을 목표로 선택한다. 목표는 「당신의 【진정한 사명】은 『보스의 【사명】을 달성하는 것』이다」라는 효과를 바인드 당한다. 또, GM은 목표가 전투를 할 때, 「승자가 되어라」라고 지시할 수 있다. 목표는 지시를 거스르거나, 지시받은 내용에 실패하면 접근전 대미지 1점을 입는다.

「너의 진짜 주인님은 누구냐? 뭐라고 대답해야 하는지 알지?」 시간을 들여 의식 아래에 지령을 새겨 넣는다.

전력:패도

가짜
| 위협 | 1 | 해제 | 자동 |

클라이맥스 페이즈를 종료할 때 사용할 수 있다. 「보스」의 【생명력】을 전부 회복한다.

「크하하! 그 정도로 나를 쓰러뜨렸다고 생각했나?」 보스에게는 대역이 있었다. 진짜 보스는 어디에 있지?

자폭
| 위협 | 1 | 해제 | 자동 |

전투 중에 「보스」의 【생명력】이 0점이 되었을 때 사용할 수 있다. 그때 「보스」와 같은 플롯치에 있던 캐릭터 전원을 목표로 삼을 수 있다. 목표에게 접근전 대미지 2점을 입힐 수 있다.

「그냥 죽어주지는 않겠다! 네 녀석들도 같이 죽는 거다!」 보스는 PC들을 길동무로 삼을 작정이다.

보급선
| 위협 | 1 | 해제 | 자동 |

메인 페이즈의 각 사이클을 시작할 때 사용할 수 있다. 「보스」는 임의의 닌자도구(특수 닌자도구는 포함하지 않는다) 하나를 획득한다.

「이만큼 있으면 아직 싸울 수 있다.」 보스는 비밀 보급라인을 가지고 있다.

암흑의 파동
| 위협 | 2 | 해제 | 판정《독술》 |

「플롯」 시에 플롯을 공개했을 때 사용할 수 있다. 「보스」와 같은 플롯치가 된 캐릭터 전원을 목표로 삼을 수 있다. 목표에게 사격전 대미지 1점을 입힐 수 있다.

「내게 다가오다니 배짱 한 번 좋구나!」 전투 중의 보스와 접촉하는 것은 너무나도 위험하다!

이계의 핏줄
| 위협 | 2 | 해제 | 판정《결계술》 |

전투 중에 각 라운드를 시작할 때 사용할 수 있다. 「보스」는 그 라운드 동안 한 라운드에 플롯치+4점까지를 인법의 코스트로 사용할 수 있다.

「나를 평범한 인간이라고 생각하지 마라!」 보스는 이계의 혈통을 이어받아 강력한 마력을 보유하고 있다.

기의 불꽃
| 위협 | 2 | 해제 | 판정《주술》 |

「보스」의 공격이 성공했을 때 사용할 수 있다. 본래의 효과와 더불어 접근전 대미지 1점을 입힐 수 있다.

「내 야망의 불꽃으로 잿더미가 되어버려라!」 피에 굶주린 보스가 정체불명의 불길을 몸에 두른다.

검은 투기
| 위협 | 2 | 해제 | 계획 판정《사령술》 |

「보스」를 목표로 누군가가 공격을 했을 때, 그 공격의 처리를 마친 뒤에 사용할 수 있다. 공격을 한 캐릭터를 목표로 선택한다. 목표는 《의지》로 판정한다. 이 판정에 실패하면 목표에게 집단전 대미지 1점을 입힐 수 있다.

「이번에는 이쪽 차례다!」 보스를 함부로 공격하는 것은 매우 위험하다!

시공의 단층
| 위협 | 2 | 해제 | 판정《소환술》 |

이 【전력】을 설정할 때, 1~6에서 임의의 숫자를 선택한다. 「플롯」 시에 플롯을 공개했을 때 사용할 수 있다. 그 숫자와 같은 플롯치가 된 캐릭터 전원을 목표로 선택한다. 목표는 사격전 대미지 1점을 입는다.

「그곳이 네 놈들의 무덤이다!」 보스는 자신이 싸우기에 편리한 장소를 알고 있다.

비오의
| 위협 | 2 | 해제 | 판정《조사술》 |

이 【전력】을 설정할 때, 오의의 효과 중에서 한 종류를 선택한다. 「보스」는 그 효과를 가진 오의 하나를 특례 습득한다. 이 【전력】을 해제해도 오의는 미습득 상태가 되지 않지만, 이 【전력】을 해제한 캐릭터는 해당하는 【오의】에 관한 【정보】를 획득한다. 이 【전력】은 세션마다 한 번만 사용할 수 있다.

「칭찬해주마. 내게 이 기술을 사용하게 할 줄이야!」 보스는 진정한 비장의 수를 준비해뒀다.

방벽
| 위협 | 2 | 해제 | 판정《색적술》 |

전투 중에 「보스」의 【생명력】이 0이 되었을 때 사용할 수 있다. 그 【생명력】 감소가 「보스」와 같은 플롯치에 있는 캐릭터의 인법이나 오의의 효과로 인한 것이 아니라면, 그 【생명력】 감소를 무효로 할 수 있다.

「네 녀석의 공격은 고작 그 정도냐!?」 보스는 강력한 방어벽을 지니고 있다.

보이지 않는 오의
| 위협 | 2 | 해제 | 판정《조사술》 |

「보스」의 오의에 대해 누군가가 오의 파훼 판정을 하고자 했을 때 사용할 수 있다. 오의 파훼 판정을 하고자 한 이를 목표로 선택한다. 목표는 그 오의 파훼 판정에 -3의 수정치를 적용한다.

「깨뜨릴 수 있겠느냐, 나의 오의를!」 보스의 오의는 수수께끼에 싸여 있어서 파훼하기가 매우 까다롭다.

사령 소환
| 위협 | 3 | 해제 | 계획 판정《사령술》 |

전투 중에 「보스」의 차례가 되면 사용할 수 있다. 임의의 캐릭터 1명을 목표로 선택한다. 그 세션 동안 사망한 캐릭터 1명을 선택하고, 그 캐릭터가 습득한 공격 인법을 사용해서 목표를 공격한다. 목표와 사망한 캐릭터는 같은 플롯치에 있는 것으로 본다. 이 효과는 라운드마다 한 번만 사용할 수 있다.

「망자들이 길동무가 필요하다며 아우성치고 있구나!」 가련한 희생자를 불러내서 죽은 몸조차 혹사시킨다.

길의 서

팔면육비

| 위험 | 3 | 해제 | 계획 판정《격투술》 |

전투 중에 각 라운드를 종료할 때 사용할 수 있다. 「보스」
는 추가 공격을 한 번 할 수 있다. 추가 공격에는 코스트
가 필요하며, 이름이 같은 인법의 사용 제한 규칙이 적용
된다. 또, 추가 공격을 할 때 공격 대신 오의를 사용할 수
는 없다. 이 효과는 라운드마다 한 번만 사용할 수 있다.

「이걸로 끝이 아니지. 아직 멀었다!」 보스는 무시무시
한 기술로 여러분을 공격해온다.

부의 생명

| 위험 | 3 | 해제 | 계획 판정《봉인술》 |

전투 중에 PC 중 누군가가 펌블을 발생시켰을 때 사용할
수 있다. 「보스」의 【생명력】이 1점 회복한다.

「마침 잘 됐군. 한숨 돌려야겠어.」 보스는 여러분의 실
패로 생명을 연장한다.

일대일 대결

| 위험 | 3 | 해제 | 계획 판정《지형활용》 |

클라이맥스 페이즈를 개시할 때 사용할 수 있다. 임의의
캐릭터 1명을 목표로 선택한다. 전투의 첫 라운드에는
「보스」와 목표만 참가한다. 전투에 참가하지 않은 그 밖
의 캐릭터는 다음 라운드부터 각 라운드의 「플롯」을 하
기 전에 1D6을 굴린다. 홀수 눈이 나오면 전투에 참가한
다.

「우선 운치 있게 일대일로 겨뤄보자.」 믿을 것은 자신
뿐! 일대일 승부다.

명경지수

| 위험 | 3 | 해제 | 계획 판정《의지》 |

전투 중에 「보스」가 펌블을 발생시켰을 때 사용할 수 있
다. 「보스」가 펌블로 인해 일어킬 파랑을 무효로 한다.

「나의 마음, 한 점 흔들림 없도다.」 보스는 마지막 싸움
에 대비해서 정신을 연마했다.

산제물

| 위험 | 4 | 해제 | 계획 판정《봉인술》 |

전투 중에 각 라운드의 「플롯」을 하기 전에 사용할 수 있
다. 임의의 「심복」 하나를 목표로 선택한다. 목표는 전
투에서 탈락하고 사망한다. 그리고 「보스」는 추가 【생명
력】과 그 슬롯을 2점 획득한다. 또, 그 「심복」이 습득하
고 있던 오의를 하나 습득할 수 있다(지정 특기는 새로 설
정한다).

「죽어서 나를 위한 초석이 되어라」 보스는 산제물을 잡
아먹고 힘을 키운다.

변신

| 위험 | 4 | 해제 | 계획 판정《침술》 |

이 【전력】을 설정할 때, 임의의 인법 두 종류를 선택한다.
「보스」는 클라이맥스 페이즈에서 임의의 타이밍에 이
【전력】을 사용할 수 있다. 그 인법 두 종류를 습득하고,
【생명력】을 3점 회복할 수 있다. 이 【전력】은 세션마다
한 번만 사용할 수 있다.

「보거라. 이것이 내 힘의 70%다!」 보스는 아직 변신을
남겨두고 있다.

21 의식 인법

이 페이지에서는 복잡한 절차를 밟아 게임 전체에 큰 영향을 미치는 특수한 인법, 의식 인법에 대해 설명한다.

21·00
의식 인법

이 규칙은 추가 규칙입니다.

의식 인법은 복잡한 절차를 되풀이해서 게임 전체에 영향을 미치는 특수한 인법입니다.

21·01
의식 인법 습득

의식 인법은 캐릭터 제작, 또는 리스펙 타이밍에 습득할 수 있습니다. 세션을 종료하면 의식 인법은 미습득 상태가 됩니다.

닌자 캐릭터는 자신의 습득한 **오의의 수**와 같은 개수까지 의식 인법을 습득할 수 있습니다. 단, 습득한 의식 인법의 내용은 공개 정보가 됩니다. 또, 그 세션에서 습득한 의식 인법의 수만큼 자신의 오의를 선택해야 합니다. 선택한 오의는 그 세션 동안 사용할 수 없게 됩니다.

【마법사】 페르소나의 소유자라면 의식 인법을 두 종류 습득할 수 있습니다. 단, 습득한 의식 인법의 내용과 【마법사】 페르소나는 공개 정보가 됩니다. 또, 그 세션 동안 그 캐릭터는 「마법」을 사용할 수 없게 됩니다.

같은 이름의 의식 인법을 두 개 이상 습득할 수는 없습니다.

21·02
운도와 염도

의식 인법에는 【운도】와 【염도】라는 두 가지 파라미터가 설정되어 있습니다.

【운도】란 그 의식 인법이 얼마나 복잡한지를 나타냅니다. 이것이 높은 의식 인법일수록 발동시키기 어렵습니다.

【염도】란 그 의식 인법의 강도를 나타냅니다. 【염도】가 0이 되면 그 의식 인법은 효과를 잃습니다.

21·03
의식 인법 사용

의식 인법은 여러 장면에 걸쳐 판정을 거듭해서 몇 가지 「의식」을 성공시키면 효과를 발휘합니다. 자신이 장면 플레이어인 드라마 장면에서 의식에 도전할 수 있습니다. 사용하고 싶은 의식 인법의 소유자가 같은 장면에 등장했다면, 의식 인법의 소유자가 아닌 캐릭터도 의식에 도전할 수 있습니다.

의식 인법에 도전한다면 그 의식 인법의 의식 칸에 있는 의식 중에서 아직 성공하지 않은 것을 하나 선택합니다. 이때, 거기에 적혀 있는 연출을 합니다. 그리고 그 의식에 대응하는 특기로 판정합니다. 이 판정은 보조 판정입니다. 장면마다 1회, 회복 판정, 정보 판정, 감정 판정과는 별도로 할 수 있습니다.

판정에 성공하면 그 의식은 성공합니다. 의식 칸의 □를 체크해두세요. 성공한 의식의 종류 수가 그 의식 인법의 【운도】 이상이 되었다면 그 의식 인법은 발동합니다. 그 의식 인법의 효과가 발생하고, 그 의식 인법의 【염도】가 「초기 염도」 수치가 됩니다. 【염도】 수치는 추가로 다른 의식에 1회 성공할 때마다 1점씩 상승합니다.

21·04
의식 인법을 공격하기

의식 인법이 발동한 후, 그 의식 인법의 소유자와 전투를 하게 되면 그 의식 인법에 대해 공격을 할 수 있게 됩니다.

자신이 공격할 차례가 되었을 때, 간격을 따지지 않고 의식 인법을 공격 목표로 선택할 수 있습니다. 의식 인법은 회피를 하지 않습니다. 명중 판정에 성공하면 공격의 효과와 관계없이 그 의식 인법의 【염도】를 1점 감소시킬 수 있습니다. 공격 인법 대신 【크리티컬 히트】나 【범위 공격】 오의를 사용할 수도 있습니다. 이때는 감소하는 【염도】가 2점이 됩니다. 【염도】가 0점이 되면 그 의식 인법은 무효가 됩니다.

의식 인법

의식 인법은 기본적으로 게임 마스터용으로 설정된 데이터입니다. 적 NPC가 다양한 음모를 꾸미거나 PC들을 괴롭힐 때 사용하기 위해 설정하는 데이터입니다. 따라서 플레이어가 사용하면 시나리오에 따라서는 게임 마스터가 상정한 전개를 크게 뒤흔들 가능성이 있습니다. 게임 마스터는 플레이어가 이 규칙을 사용해도 좋을지 검토하는 경우, 이 규칙과 이제부터 플레이할 시나리오, 각 플레이어들의 숙련도 등을 잘 확인해서 허가를 내리시기 바랍니다.

오의의 수

인법이라는 단어가 포함되어 있기는 하지만, 의식 인법은 인법과는 별개의 특수한 데이터입니다. 인법과는 다른 규칙에 따라 처리합니다. 또, 인법에 영향을 미치는 효과에는 영향을 받지 않으며, 의식 인법을 대상으로 하는 효과로만 영향을 줄 수 있습니다.

의식 인법

의식을 치러 발동하는 각종 의식 인법. 그 기이한 분위기는 세션을 더욱 흥겹게 만들어줄 것이다.

호신결계의 법

운도	2	초기 염도	5

염도 □□□□□◇◇◇◇

- 의식 □ 결계를 펼칠 장소에 산제물을 묻는다 《굴삭술》
- 의식 □ 하늘을 날아 공중에 결계를 친다 《비행술》
- 의식 □ 탈출 경로를 봉쇄해둔다 《도주술》
- 의식 □ 상대의 허를 찌를 함정을 설치한다 《함정술》
- 의식 □ 결계를 칠 장소의 특성을 미리 조사한다 《지형활용》
- 의식 □ 일심불란하게 주문을 외운다 《결계술》

이 의식 인법의 소유자는 누군가가 【생명력】을 감소했을 때, 【염도】를 원하는 만큼 소비할 수 있다. 소비한 【염도】만큼 그 감소하는 【생명력】 수치를 경감할 수 있다.

강력한 결계를 쳐서 적의 공격을 막는다.

오의봉인의 법

운도	2	초기 염도	4

염도 □□□□◇◇◇◇

- 의식 □ 나무를 태워 호마(護摩*)의 의식을 한다 《불의 술》
- 의식 □ 파훼술의 인을 맺는다 《손놀림》
- 의식 □ 상대의 오의를 깰 기책을 떠올린다 《제육감》
- 의식 □ 그 오의를 철저하게 조사한다 《조사술》
- 의식 □ 정신을 집중해서 「기」를 연마한다 《의지》
- 의식 □ 일심불란하게 주문을 외운다 《봉인술》

게임을 개시할 때 임의로 오의의 효과를 한 종류 선택해서 선언한다. 이 의식 인법의 소유자가 있는 장면에서 그 오의의 효과는 무효가 된다.

자신의 주위에 오의의 발동을 방해하는 요기를 형성한다.

역주·호마(護摩): 밀교에서 명왕 앞에서 불을 피워 죄나 악업을 태워 없애는 의식

전투괴뢰의 법

운도	3	초기 염도	7

염도 □□□□□□□◇◇◇

- 의식 □ 부하의 몸에 바늘을 꽂아 기억을 지운다 《침술》
- 의식 □ 맨손으로 부하와 싸워 자신에게는 이길 수 없다는 것을 알려준다 《격투술》
- 의식 □ 술법의 중심이 될 매개체를 비밀스러운 장소에 숨긴다 《은폐술》
- 의식 □ 부하를 꼭두각시로 만든다 《괴뢰술》
- 의식 □ 수많은 부하를 지휘한다 《용병술》
- 의식 □ 사악한 눈동자를 번뜩인다 《동술》

이 의식 인법의 소유자가 데리고 있는 「종자」는 전투 중에 명중 판정에 자동으로 성공하게 되는 대신, 회피 판정에 자동으로 실패하게 된다. 또, 이 의식 인법의 소유자는 전투 중에 각 라운드를 개시할 때 【염도】를 원하는 만큼 소비할 수 있다. 소비한 【염도】 1점당 하급닌자 카테고리의 에너미 「전투원(p184)」이나 「공작원(p184)」, 또는 「쿠노이치(p184)」 1개체를 자신의 「종자」로 불러낼 수 있다(이 의식 인법의 【염도】가 0이 되어도 「종자」 자체는 남는다).

자신의 수족이 되어 움직일 전투 노예를 조종한다.

귀신초래의 법

운도	4	초기 염도	4

염도 □□□□◇◇

- 의식 □ 밧줄을 사용해서 귀신을 붙잡는다 《포승술》
- 의식 □ 귀신과 힘겨루기를 해서 승리한다 《괴력》
- 의식 □ 갑자기 모습을 감춘다 《은형술》
- 의식 □ 귀신과 마주하고 대화한다 《대인술》
- 의식 □ 귀신이 내는 수수께끼에 답한다 《암호술》
- 의식 □ 일심불란하게 주문을 외운다 《주술》

자신이 장면 플레이어인 드라마 장면, 또는 전투 장면 중의 자기 차례가 되면 이 의식 인법을 사용할 수 있다. 이 의식 인법의 소유자는 이 의식 인법의 【염도】를 1점 소비하고, 임의의 캐릭터 1명을 목표로 선택한다. 그 후, 2D6을 굴려 요술 분야에서 무작위로 특기 하나를 선택한다. 목표는 그 특기로 판정한다. 실패하면 접근전 대미지 1점을 입거나, 이 의식 인법의 소유자가 선택한 상태이상 하나에 걸린다.

귀신의 힘을 빌려 벼락이나 폭풍을 불러내고, 적을 굴복시킨다.

마계현출의 법

운도	2	초기 염도	3

염도 □□□□◇◇◇◇

- 의식 □ 산제물에게 고통을 줘서 강한 원념을 만들어낸다 《고문술》
- 의식 □ 천재지변을 조종하는 방법에 몸을 적응시킨다 《신체조작》
- 의식 □ 주변 일대에 당신의 저주만이 울려 퍼진다 《복화술》
- 의식 □ 아름다운 여성을 산제물로 바친다 《미인계》
- 의식 □ 옛 사람들이 남긴 비전서를 읽는다 《기억술》
- 의식 □ 일심불란하게 주문을 외운다 《환술》

장면을 종료할 때, 이 의식 인법의 소유자는 자신이 그 장면에 등장하지 않았다면 2D6을 굴려 인술 분야에서 무작위로 특기를 하나 선택한다. 장면에 등장했던 캐릭터 전원을 목표로 선택한다. 목표는 그 특기로 판정한다. 실패한 목표는 접근전 대미지 1점 또는 집단전 대미지 1점 중 원하는 쪽을 입는다.

천재지변이나 시공의 진동을 일으켜 지옥 같은 광경을 현실로 만든다.

천마복멸의 법

운도	2	초기 염도	5

염도 □□□□□◇◇◇◇

- 의식 □ 맑은 샘을 찾아가 몸을 씻는다 《물의 술》
- 의식 □ 수리검으로 산제물의 가슴을 꿰뚫는다 《수리검술》
- 의식 □ 최후의 일격을 가할 부하를 대기시켜둔다 《잠복술》
- 의식 □ 신체의 급소를 조사한다 《의술》
- 의식 □ 죽일 적의 힘을 조사한다 《색적술》
- 의식 □ 일심불란하게 주문을 외운다 《언령술》

이 의식 인법의 소유자가 있는 장면에서 【생명력】이 0이 된 캐릭터는 사망한다.

저주를 이용해서 만든 그 공간에서는 시노비라 할지라도 숨통이 끊어진다.

패군살육의 법

운도	3	초기 염도	5

염도 □□□□□◇◇◇

의식	□	병사의 무장에 독을 바르거나 어떠한 장치를 한다 《암기》
의식	□	총이나 중화기를 준비한다 《포술》
의식	□	각지에 분신이 나타나 지시를 내린다 《분신술》
의식	□	군사 시설과 장비를 구매한다 《경제력》
의식	□	대규모 병력을 훈련시킨다 《야전술》
의식	□	일심불란하게 주문을 외운다 《천리안》

이 의식 인법의 소유자는 자신이 등장한 전투 장면에서 각 라운드를 시작할 때 2D6을 굴려 체술 분야에서 무작위로 특기 하나를 선택한다. 장면에 등장한 캐릭터 전원 (이 의식 인법의 소유자 제외)을 목표로 선택한다. 목표는 그 특기로 판정한다. 실패한 목표는 사격전 대미지 1점 또는 집단전 대미지 1점 중 원하는 쪽을 입는다.

노도와 같이 날뛰는 병사들이 나타나 무차별 습격을 가한다.

암흑지배의 법

운도	3	초기 염도	4

염도 □□□□◇◇◇

의식	□	고귀한 의상으로 갈아입는다 《의상술》
의식	□	고급스러운 탈것 안에서 부하에게 지시를 내린다 《기승술》
의식	□	현 정권의 중요한 정보를 입수한다 《도청술》
의식	□	민초들에게 불온한 소문을 퍼트린다 《유언비어》
의식	□	중요 인물을 자신의 부하로 삼는다 《인맥》
의식	□	일심불란하게 주문을 외운다 《빙의술》

이 의식 인법의 소유자가 허가하지 않는 한, 엑스트라를 일절 등장시킬 수 없게 된다. 또, 엑스트라를 등장시켰을 때도 그들의 행동은 이 의식 인법의 소유자가 결정한다.

민초들을 완전히 지배해서 자신의 뜻대로 움직이는 사회를 만든다.

비술각성의 법

운도	3	초기 염도	5

염도 □□□□□◇◇◇

의식	□	영봉에 올라 하늘의 은혜를 받는다 《등반술》
의식	□	전국을 돌아다니며 비술의 정보를 조사한다 《주법》
의식	□	그 술법을 사용했다고 알려진 인물로 분장한다 《변장술》
의식	□	독을 먹고 자기 몸을 개조한다 《독술》
의식	□	단식을 해서 몸을 정화한다 《병량술》
의식	□	자신의 육체가 변모하는 고통을 견딘다 《이형화》

이 의식 인법의 소유자는 임의의 인법 하나를 선택하고, 그것을 특례 습득할 수 있다. 습득하는 인법은 유파나 계급에 따른 제한을 무시할 수 있다. 이 의식 인법의 염도가 0이 되거나 세션을 종료하면 습득한 인법은 미습득 상태가 되며, 지속되는 효과는 무효가 된다.

유실된 고대의 인법이나 미래의 비기를 몸에 익힌다.

마왕강림의 법

운도	4	초기 염도	5

염도 □□□□□◇◇

의식	□	최신예 과학기술로 술식을 서포트한다 《기기술》
의식	□	칼을 휘둘러 이계의 문을 연다 《도검술》
의식	□	생명의 위험을 동반하는 수행을 해서 살아남는다 《생존술》
의식	□	불러낸 존재를 속여 거짓 계약을 맺는다 《사기술》
의식	□	짐승을 죽이고 그 내장을 파묻은 후, 사당을 만든다 《동물사역》
의식	□	일심불란하게 주문을 외운다 《소환술》

이 의식 인법의 소유자는 임의로 선택한 「인수」 카테고리 또는 「중급요마」 카테고리의 에너미 1명을 자신의 「종자」로 삼을 수 있다. 에너미의 오의는 의식 인법의 소유자가 결정한다. 오의 대신 의식 인법을 습득할 수는 없다. 그 에너미의 【생명력】이 감소했을 때, 이 의식 인법의 소유자는 그 에너미의 【생명력】 대신 이 의식 인법의 【염도】를 소비할 수도 있다. 하지만 이 의식 인법의 【염도】가 0이 되면 그 에너미는 소멸한다.

다른 세계에서 무시무시한 존재를 불러내는 비법.

망자귀환의 법

운도	5	초기 염도	4

염도 □□□□□◇

의식	□	죽은 자의 육체가 봉인된 장소를 파괴한다 《손괴술》
의식	□	저승길을 걸으며 잃어버린 영혼을 찾는다 《보법》
의식	□	반혼향을 피우고 현세와 명계의 경계를 불명확하게 만든다 《향술》
의식	□	노래와 춤, 음악과 가곡으로 죽은 이의 혼을 달랜다 《예능》
의식	□	되살리고 싶은 망자에게 그 마음을 전한다 《전달술》
의식	□	일심불란하게 주문을 외운다 《사령술》

이 의식 인법의 소유자는 사망한 캐릭터 1명을 목표로 선택한다. 목표의 사망을 무효로 한다. 그때, 목표의 【생명력】은 모두 회복한 상태가 된다. 하지만 이 의식 인법의 【염도】가 0이 되면 그 캐릭터는 소멸한다.

일시적으로 죽은 자를 되살린다는 금단의 비법.

신기창성의 법

운도	6	초기 염도	10

염도 □□□□□□□□□□

의식	□	사용하는 특기에 따라 원하는 대로 연출한다 「기술」에서 무작위로 선택한 특기
의식	□	사용하는 특기에 따라 원하는 대로 연출한다 「체술」에서 무작위로 선택한 특기
의식	□	사용하는 특기에 따라 원하는 대로 연출한다 「인술」에서 무작위로 선택한 특기
의식	□	사용하는 특기에 따라 원하는 대로 연출한다 「모술」에서 무작위로 선택한 특기
의식	□	사용하는 특기에 따라 원하는 대로 연출한다 「전술」에서 무작위로 선택한 특기
의식	□	사용하는 특기에 따라 원하는 대로 연출한다 「요술」에서 무작위로 선택한 특기

이 의식 인법은 특수한 것으로, 「신기의 파편」이라는 프라이즈를 소지하고 있어야 사용할 수 있다. 이 의식 인법이 발동하면 소지한 「신기의 파편」이 지닌 힘의 속성에 대응하는 기적이 일어난다. 기적의 내용은 각 게임 마스터가 결정한다. 「신기의 파편」이 지닌 힘의 속성에 대해서는 p227 「26·10 6대 신기」 항목을 참조.

「신기의 파편」을 촉매로 삼아 일시적으로 「신기」를 만들어낸다.

22 오의 개발 규칙

이 페이지에서는 닌자가 보유한 강력한 기술, 오의에 「기믹」이라는 이름의 개량을 가할 수 있는 추가 규칙을 소개한다.

22·00
오의 개발 규칙

이 규칙은 추가 규칙입니다.

이 규칙을 추가하면 게임 마스터와 각 플레이어는 「기믹」을 선택해서 자신이 조종하는 닌자 캐릭터의 오의를 개량할 수 있습니다.

이 규칙은 『시노비가미』에 익숙한 플레이어가 더 깊이 있는 플레이 방식에 도전할 때를 위해 준비한 규칙입니다. 따라서 플레이어 중에 한 명이라도 『시노비가미』에 익숙하지 않은 플레이어가 있다면 사용을 제한하는 것이 좋습니다. 게임 마스터는 이 규칙의 사용 허가를 내릴 경우, 이 점에 주의하시기 바랍니다.

22·01
기믹

기믹이란 각 닌자가 자신의 오의에 적용하는 갖가지 고안이나 개조를 뜻합니다. 기믹에는 「강점」과 「결점」이 있습니다. 다양한 효과의 강점을 추가함으로써 오의는 더 강력해집니다. 하지만 기믹을 적용한 오의는 반드시 어딘가가 약체화합니다. 그 약체화를 결점이라고 부릅니다.

22·01·01
기믹 적용

자기 캐릭터가 가진 오의에 기믹을 적용하고 싶은 경우, 캐릭터 제작 또는 리스펙 타이밍에 강점을 하나 선택합니다. 오의 한 종류마다 강점을 한 종류 추가할 수 있습니다. 더 나아가 공적점을 2점 소비할 때마다 추가로 한 종류의 강점을 추가할 수 있습니다. 강점은 세션을 종료할 때 모두 없어집니다.

그 후, 반드시 추가한 강점과 같은 수의 결점을 추가하세요.

같은 오의에 같은 이름의 강점이나 결점을 둘 이상 추가할 수는 없습니다.

추가한 강점과 결점을 조합한 것이 그 오의의 효과가 됩니다. 추가한 강점과 결점의 효과는 오의 사용을 선언한 타이밍에 공개합니다.

22·01·02
추가 가능 오의

각 강점과 결점의 데이터에는 그 기믹이 대응하는 오의의 종류가 설정되어 있습니다.

이것을 「추가 가능 오의」라고 부릅니다. 강점이나 결점을 추가할 때는 추가 가능 오의 항목에 해당하는 오의의 종류가 적혀 있는 것을 선택하시기 바랍니다.

기믹 읽는 법

감추기 ①

추가 가능 오의 모든 오의 ②

【감추기】가 추가된 오의를 사용했을 때, 그 오의에 대한 오의 파훼 판정에 2의 수정치를 적용한다. ③

오의를 파훼하기 어렵게 만드는 기믹. ④

① 기믹명

그 기믹의 이름입니다.

② 추가 가능 오의

그 기믹을 추가할 수 있는 오의의 종류입니다.

③ 효과

그 기믹의 효과입니다.

④ 개요

그 기믹의 대략적인 설명입니다.

기믹

기믹을 적용한 닌자의 오의는 설령 효과가 같을지라도 남들의 오의와는 다른 독자적인 것으로 변화한다.

강점

감추기

추가 가능 오의 모든 오의

【감추기】가 추가된 오의를 사용했을 때, 그 오의에 대한 오의 파훼 판정에 -2의 수정치를 적용한다.

오의를 파훼하기 어렵게 만드는 기믹.

자르기

추가 가능 오의 【크리티컬 히트】

【자르기】가 추가된 오의는 목표로 선택한 캐릭터에게 추가로 접근전 대미지 1점을 입힐 수 있다.

오의의 위력을 끌어올리기 위한 기믹.

쏘기

추가 가능 오의 【범위 공격】

【쏘기】가 추가된 오의는 목표로 선택한 캐릭터에게 추가로 사격전 대미지 1점을 입힐 수 있다.

오의의 위력을 끌어올리기 위한 기믹.

꿰뚫기

추가 가능 오의 【크리티컬 히트】, 【범위 공격】

【꿰뚫기】가 추가된 오의는 【절대 방어】가 사용되어도 반드시 목표로 선택한 캐릭터의 【생명력】을 1점은 소실시킬 수 있다.

상대의 방어를 깨부수기 위한 기믹.

늘이기

추가 가능 오의 【크리티컬 히트】, 【범위 공격】

【늘이기】가 추가된 오의는 원래보다 플롯치 범위가 1 넓은 위치에 있는 캐릭터를 목표로 선택할 수 있게 된다(인법【긴 사지】의 효과와는 누적되지 않는다).

오의의 간격을 늘이기 위한 기믹.

없애기

추가 가능 오의 【크리티컬 히트】, 【범위 공격】

【없애기】가 추가된 오의는 자신이 누군가가 사용한 【크리티컬 히트】나 【범위 공격】의 목표가 되었을 때 사용하게 된다. 이때, 본래의 효과를 적용하는 대신 상대의 오의를 무효화할 수 있다. 【오의】에 관한 【정보】를 가진 캐릭터는 이 효과에 대해 오의 파훼를 시도할 수 있다.

공격으로 공격을 상쇄하는 기믹.

흩트리기

추가 가능 오의 【크리티컬 히트】, 【범위 공격】

【흩트리기】가 추가된 오의는 목표로 선택한 캐릭터에게 무작위로 선택한 상태이상 하나를 걸 수 있다.

상대의 컨디션을 무너뜨리는 기믹.

고정하기

추가 가능 오의 【불사신】

【고정하기】가 추가된 【불사신】으로 회복하는 【생명력】 수치는 5에서 【불사신】을 사용한 횟수를 뺀 수치(처음으로 사용했을 때 회복하는 【생명력】 수치는 4점)가 된다.

회복력을 안정시키는 기믹.

눈뜨기

추가 가능 오의 【불사신】

【눈뜨기】가 추가된 【불사신】으로 【생명력】이 1점 이상 회복하면, 자신을 목표로 선택한다. 그 오의의 효과를 사용한 장면 동안은 자신의 공격이 성공하면 본래의 효과와 더불어 추가로 접근전 대미지 1점을 입힐 수 있게 된다. 이 효과는 누적되지 않는다.

회복할 때마다 자신이 강화되는 기믹.

가라앉히기

추가 가능 오의 【불사신】

【가라앉히기】가 추가된 【불사신】은 회복하는 【생명력】 수치 중 1점 분량에 한해「부정」을 제거할 수 있게 된다.

부정을 회복할 수 있게 되는 기믹.

지키기

추가 가능 오의 【절대 방어】

【지키기】가 추가된 【절대 방어】는 하나의 효과로 캐릭터 두 명 이상의 【생명력】이 감소했을 때, 오의의 목표를 두 명까지 선택할 수 있게 된다.

여러 인물을 지키는 기믹.

깨부수기

추가 가능 오의 【절대 방어】

【깨부수기】를 추가할 때, 임의의 특기 분야를 하나 선택한다. 지정 특기가 그 특기 분야의 특기인 서포트 인법이 자신을 목표로 사용되었을 때, 【깨부수기】가 추가된 【절대 방어】를 사용할 수 있게 된다. 이 경우, 그 서포트 인법의 효과를 무효화할 수 있다. 【오의】에 관한 【정보】를 가지고 있는 캐릭터는 이 효과에 대해 오의 파훼를 시도할 수 있다.

적의 인법을 무력화하는 기믹.

펼치기

추가 가능 오의 【절대 방어】

【펼치기】가 추가된 【절대 방어】는 【생명력】 감소를 1점 더 많이 경감할 수 있게 된다.

방어력을 더욱 강화하는 기밀.

되돌리기

추가 가능 오의 【절대 방어】, 【불사신】

【되돌리기】가 추가된 오의로 접근전 대미지를 1점 이상 경감하거나 회복했을 경우, 오의 효과의 대상(【절대 방어】라면 그 목표, 【불사신】이라면 자신)으로부터 플롯치 차이가 1 이내인 캐릭터 1명을 목표로 선택한다. 목표에게 접근전 대미지 1점을 입힐 수 있다.

적의 공격을 튕겨내는 기밀.

흘려 넘기기

추가 가능 오의 【절대 방어】, 【불사신】

【흘려 넘기기】가 추가된 오의로 사격전 대미지를 1점 이상 경감하거나 회복했을 경우, 오의 효과의 대상(【절대 방어】라면 그 목표, 【불사신】이라면 자신)으로부터 플롯치 차이가 3 이내인 캐릭터 1명을 목표로 선택한다. 목표에게 사격전 대미지 1점을 입힐 수 있다.

적의 공격을 흘려 넘겨 날리는 기밀.

반짝임

추가 가능 오의 【완전 성공】

【반짝임】이 추가된 【완전 성공】은 주사위를 굴려 10이 나온 것으로 간주한다(실제로 주사위를 굴린 것이 아니므로 【판정 방해】의 대상이 되지 않는다).

터무니없는 기량을 선보이는 기밀.

깜빡임

추가 가능 오의 【완전 성공】

【깜빡임】이 추가된 【완전 성공】을 사용해서 명중 판정에 성공했을 경우, 그 공격에 대한 회피 판정에 -3의 수정치를 적용한다.

자신의 움직임을 한층 더 가속시키는 기밀.

울림

추가 가능 오의 【완전 성공】

【울림】이 추가된 【완전 성공】은 규칙대로 판정 주사위를 굴린 후에도 사용할 수 있게 된다(주사위를 굴린 결과 펌블이 발생했을 때도 사용 가능). 이때, 달성치는 10으로 변경된다.

안정적으로 사용할 수 있는 기밀.

놀래기

추가 가능 오의 【판정 방해】

【놀래기】가 추가된 【판정 방해】로 주사위 눈이 변경된 주사위는 「신통환」이나 「둔갑부」로 다시 굴릴 수 없게 된다.

상대를 놀라게 해서 닌자도구를 사용하지 못하게 하는 기밀.

흔들기

추가 가능 오의 【판정 방해】

【흔들기】가 추가된 【판정 방해】의 대상이 된 캐릭터가 판정에 실패하면, 그 캐릭터에게 접근전 대미지 1점을 입힐 수 있다.

상대의 자신감을 상실시키는 기밀.

잇기

추가 가능 오의 【완전 성공】, 【판정 방해】

【잇기】가 추가된 【완전 성공】으로 판정에 성공한 캐릭터는 그 다음에 하는 판정에 +2의 수정치를 적용한다. 또, 【잇기】가 추가된 【판정 방해】로 판정에 실패한 캐릭터는 그 다음에 하는 판정에 -2의 수정치를 적용한다.

효과가 조금이나마 지속되는 기밀.

늘리기

추가 가능 오의 【추가 인법】

【늘리기】가 추가된 오의의 소유자는 【추가 인법】으로 사용할 수 있게 되는 공격 인법이나 서포트 인법의 수를 하나 늘릴 수 있다.

익혀두는 인법의 수를 늘리는 기밀.

줄이기

추가 가능 오의 【추가 인법】

【줄이기】가 추가된 오의의 소유자는 【추가 인법】으로 사용하는 오의의 코스트가 2 감소한다.

익혀둔 인법의 코스트를 줄이는 기밀.

돌려쓰기

추가 가능 오의 【추가 인법】

【돌려쓰기】가 추가된 오의의 소유자는 【추가 인법】으로 사용할 수 있게 되는 공격 인법이나 서포트 인법을 선택할 때, 그 중 하나는 자기 유파 이외의 유파 인법 중에서 선택할 수 있게 된다(비전인법은 선택할 수 없다).

본래는 습득할 수 없는 인법을 익히는 기밀.

결점

횟수 제한

추가 가능 오의 모든 오의

【횟수 제한】이 추가된 오의는 세션마다 두 번씩만 사용할 수 있게 된다. 【횟수 제한】이 추가된 것이 【추가 인법】이라면 【추가 인법】으로 사용할 수 있는 인법을 세션마다 각각 두 번씩만 사용할 수 있게 된다.

오의의 사용 횟수를 제한하는 기믹.

발동 조건

추가 가능 오의 【불사신】이외의 모든 오의

【발동 조건】이 추가된 오의는 자신의 남은 【생명력】이 3점 이하일 때만 사용할 수 있게 된다. 【발동 조건】이 추가된 것이 【추가 인법】이라면 자신의 남은 【생명력】이 3점 이하일 때만 【추가 인법】으로 선택한 인법을 사용할 수 있게 된다.

오의를 발동하려면 자기 자신도 준비가 되어야 하는 기믹.

위력 저하

추가 가능 오의 【크리티컬 히트】, 【범위 공격】

【위력 저하】가 추가된 오의는 소실시킬 수 있는 【생명력】 수치가 1점 감소한다.

오의의 위력이 감소하는 기믹.

사정거리 저하

추가 가능 오의 【크리티컬 히트】, 【범위 공격】

【사정거리 저하】가 추가된 오의는 본래보다 플롯치 범위가 1 좁은 위치에 있는 캐릭터만을 목표로 선택할 수 있게 된다.

오의의 간격이 좁아지는 기믹.

요마 한정

추가 가능 오의 【크리티컬 히트】, 【범위 공격】, 【판정 방해】

【요마 한정】이 추가된 오의는 요마나 요마화한 캐릭터만을 목표로 선택할 수 있다.

요마에게만 오의가 통하게 되는 기믹.

인원 한정

추가 가능 오의 【범위 공격】

【인원 한정】이 추가된 【범위 공격】은 캐릭터를 2명까지만 목표로 선택할 수 있게 된다.

목표의 수를 제한하는 기믹.

회복 저하

추가 가능 오의 【불사신】

【회복 저하】가 추가된 【불사신】은 회복하는 【생명력】 수치가 2점 감소한다.

오의의 회복량이 저하하는 기믹.

체질 이상

추가 가능 오의 【불사신】

【체질 이상】이 추가된 【불사신】으로는 상태이상을 회복할 수 없게 된다. 또, 【체질 이상】이 추가된 【불사신】을 습득한 캐릭터는 「병량환」을 사용해도 효과가 발생하지 않게 된다.

자신의 체질을 변화시키는 기믹.

방어 저하

추가 가능 오의 【절대 방어】

【방어 저하】가 추가된 【절대 방어】는 경감할 수 있는 【생명력】 감소 수치가 1점 적어진다.

방어력이 저하하는 기믹.

취약성

추가 가능 오의 【절대 방어】

【취약성】을 추가할 때, 접근전 대미지와 사격전 대미지 중 하나를 선택한다. 【취약성】이 추가된 【절대 방어】는 선택한 대미지에 의한 【생명력】 감소만 경감할 수 있게 된다.

특정 대미지를 무효화하지 못하는 기믹.

생명 소비

추가 가능 오의 【절대 방어】, 【판정 방해】

【생명 소비】를 추가한 오의를 사용하려면 자신의 【생명력】을 그 오의의 사용 횟수만큼 소비해야 한다.

오의를 사용할 때마다 생명을 좀먹히는 기믹.

분야 한정

추가 가능 오의 【완전 성공】, 【판정 방해】

【분야 한정】을 습득했을 때, 임의의 특기 분야를 하나 선택한다. 【분야 한정】이 추가된 오의는 그 분야의 특기(원래의 지정 특기나 GM이 요구하는 특기. 대신 사용한 특기는 해당하지 않는다)를 사용하는 판정에만 사용할 수 있게 된다.

오의를 사용할 수 있는 분야를 제한하는 기믹.

23 종자

이 페이지에서는 다른 캐릭터를 본래 사용하는 캐릭터의 부하로 삼아 조작하는 추가 규칙을 소개한다.

인법이나 배경으로 획득

종자를 획득한 효과가 미습득 상태가 되면 그 종자는 사용할 수 없게 됩니다. 세션 중에 종자를 획득하는 효과를 재습득하면 그 종자를 다시 사용할 수 있습니다. 이때, 그 종자의 데이터는 세션을 개시할 때의 상태가 됩니다. 또, 종자 A가 획득한 종자 B는 종자 A의 주인이 조작할 수 없습니다. 이 경우, 종자 B는 일반적인 NPC처럼 게임 마스터가 조작합니다.

장면마다 1회

예를 들어 종자 하나가 회복 판정을 한 장면에서는 주인이나 다른 종자가 회복 판정이나 정보 판정, 감정 판정 같은 주요 행동을 할 수 없습니다. 또, 종자 하나가 【사회전】을 사용한 장면에서는 주인이나 다른 종자가 【사회전】을 사용할 수 없습니다.

전투 장면에 등장

클라이맥스 페이즈에서는 종자 캐릭터가 반드시 등장합니다. 전투 난입을 할 필요는 없습니다. 또, 종자 캐릭터가 사망하면 「마지막 일격」이나 「유언」을 사용할 수 있습니다. 단, 「마지막 일격」이나 「유언」은 플레이어마다 한 번만 사용할 수 있다는 점에 주의하세요. 종자가 이것들을 사용했다면, 그 플레이어가 조작하는 다른 캐릭터는 그 세션에서 「마지막 일격」이나 「유언」을 사용할 수 없습니다.

종자만 【정보】를 얻는 경우

PC가 「주인」이고, 「종자」가 얻은 【정보】가 다른 캐릭터의 【비밀】이었을 경우, 그 【비밀】은 「주인」의 플레이어에게 공개해서는 안 됩니다. 「주인」이 그 【비밀】을 획득했을 때 비로소 플레이어에게 그 내용이 공개됩니다.

23·00
종자란?

이 규칙은 추가 규칙입니다.

이 규칙을 추가하는 경우, 게임 마스터나 각 플레이어는 본래 자신이 조종하는 캐릭터 외에 새로 「종자」라고 하는 캐릭터를 조작할 수 있게 됩니다. 종자는 본래의 캐릭터에 속속되는 부하 캐릭터로, 거기에 대응하여 본래의 캐릭터를 「주인」이라고 부릅니다.

종자는 기본적으로 **인법이나 배경으로 획득**하고, 에너미 데이터로 표현합니다.

23·01
종자 운용

종자를 가진 플레이어는 자신이 장면 플레이어인 드라마 장면에서 주인 캐릭터와는 별개로 【통솔력】 이하의 인원만큼 종자를 장면에 등장시킬 수 있습니다.

또, 자신이 장면 플레이어일 때 주인 캐릭터를 등장시키지 않고 종자만을 등장시킬 수도 있습니다. 주인 이외의 플레이어가 종자를 자신의 장면에 등장시키고 싶다면, 종자를 조작하는 플레이어의 허가를 받아야 합니다.

장면에 등장한 종자는 다른 캐릭터와 마찬가지로 다양한 행동을 할 수 있습니다. 단, 종자가 몇 명 있더라도 자신이 장면 플레이어일 때 할 수 있는 주요 행동(전투를 걸거나, 회복 판정, 정보 판정, 감정 판정을 하는 등)의 횟수는 **장면마다 1회**까지입니다. 또, 같은 이름의 인법은 하나의 드라마 장면 동안 주인과 종자를 통틀어 한 번만 사용할 수 있습니다.

23·01·01
종자와 전투

종자를 전투 장면에 등장시키면 각 종자마다 플롯이나 공격을 처리합니다.

종자나 주인이 다른 캐릭터와 전투를 하는 경우, 등장하지 않은 종자나 주인이 그 **전투 장면에 등장**하려면 전투 난입을 해야 합니다.

전투 중에 주인이 탈락하면 종자도 탈락합니다.

23·01·02
종자와 정보

종자가 정보 판정을 했을 때, 종자만 등장한 장면에서 다른 캐릭터의 오의를 봤을 때 등 **종자만 【정보】를 얻는 경우**가 있습니다. 이런 경우, 주인은 드라마 장면 등에서 종자로부터 그 【정보】를 건네받아 해당 【정보】를 얻을 수 있습니다.

주인이 종자에 대해 【감정】을 가지고 있다면 본래의 규칙대로 정보 공유가 발생합니다. 종자가 주인에 대해 【감정】을 가지고 있는 경우도 마찬가지입니다.

23·01·03
종자와 닌자도구

에너미 데이터를 사용하기는 하지만, 종자는 닌자도구를 소지하지 않습니다. 단, 드라마 장면에 등장해서 주인을 비롯한 다른 캐릭터에게 닌자도구를 건네받으면 사용할 수 있습니다.

23·01·04
종자의 사망

메인 페이즈에서 종자의 【생명력】이 0이 되면 종자는 행동불능이 됩니다. 그리고 다음 장면을 개시할 때 【생명력】이 1점이 됩니다.

클라이맥스에서 종자의 【생명력】이 0점이 되면 다른 NPC와 마찬가지로 【생명력】을 0점으로 만든 플레이어가 종자를 사망시킬 수 있습니다. 만약 그 플레이어가 종자를 사망시키지 않았다면, 이어서 주인이 그 종자를 사망시킬지 살릴지 정할 수 있습니다.

24 요마

이 항목에서는 주로 「퇴마편」 레귤레이션에서 등장하는 요마에 관한 규칙이나 운용 방법을 설명한다.

24·00
요마란?

이 항목에서는 주로 「퇴마편」 레귤레이션에 등장하는 요마에 관한 갖가지 규칙, 그 운용 방법, 관련 데이터를 소개합니다.

「퇴마편」 레귤레이션이 아닐 때라도, 시나리오에 요마가 등장할 때는 이 항목을 참조하시기 바랍니다.

요마란 유령이나 요괴, 그리고 다른 세계에서 찾아온 「도래인」 등 초자연적인 존재의 총칭입니다. 그들은 모두 현실 세계의 물리 법칙을 초월하는 능력이나 법칙을 지니고 있으며, 기괴한 현상을 일으킬 수 있습니다.

24·01
레귤레이션 「퇴마편」

「퇴마편」의 주된 무대는 결계 역할을 하던 문, 「지옥문」이 파괴되면서 봉인되어 있던 요마들이 해방된 현대 세계입니다. 닌자들은 풀려난 요마들과 싸워야 합니다.

24·01·01
퇴마편 시나리오

「퇴마편」 시나리오에는 반드시 적이 될 요마를 등장시켜야만 합니다. 그 요마를 어떻게 쓰러뜨리는지가 시나리오의 주된 목적이 됩니다.

24·01·02
요마의 약점

「퇴마편」 시나리오의 제작 포인트 중 한 가지로 「요마의 사망 조건」이 있습니다. 이것은 그 시나리오에 등장하는 요마를 쓰러뜨리기 위한 방법입니다. 흡혈귀라면 햇볕을 쬐고, 뱀여인 메두사라면 그 시선을 거울로 반사시키는 등 「퇴마편」에 등장하는 보스격 요마 캐릭터를 완전히 소멸시키려면 특정 조건을 만족해야만 합니다. 게임 마스터는 요마의 특기나 인법 등의 데이터와는 별개로 그런 설정을 고안해서 【비밀】 등에 적어둘 필요가 있습니다. 이 항목에서는 그 「약점」을 설정하기 위한 아이디어를 몇 가지 해설합니다. 「약점」 제작으로 고민하는 마스터라면 부디 참고해보시기 바랍니다.

24·01·03
시나리오 타입

「약점」을 설정할 때 가장 먼저 생각해둬야 하는 것은 그 조건을 충족하기 위한 난이도입니다. 이것은 시나리오 타입이 「대립형」인가, 「협력형」인가에 따라 대략 두 가지로 나눌 수 있습니다.

그 시나리오가 「협력형」이라면 PC들은 자기 차례의 태반을 요마를 쓰러뜨리기 위해 소비할 수 있습니다. 다소 어려운 절차를 설정해도 문제없을 것입니다.

하지만 시나리오가 「대립형」이라면 이야기가 달라집니다. 플레이어들은 요마와 싸우는 것 외에도 다양한 용건을 위해 자신의 차례를 소비할 가능성이 있습니다. 「대립형」 시나리오는 보다 간단한 「약점」을 설정해둬야 합니다.

24·01·04
약점의 난이도

지금까지 약점의 난이도에 대해 언급했습니다만, 과연 어떤 약점이 공략하기 간단한 약점이고, 어떤 약점이 공략하기 곤란한 약점일까요? 이를 판단하는 하나의 기준이 「요마를 쓰러뜨리기 위한 조건을 충족하기 위해 메인 페이즈 중에 뭘 해야 할 필요가 있는가?」입니다.

만약 약점에 관한 【정보】를 누군가의 【비밀】 속에 숨겼다면 어떻게 될까요? PC의 【정보】에 숨기면 최소한 1명은 아는 상태로 시작할 수 있습니다. 하지만 NPC의 【정보】에 숨기면 PC들이 약점에 관한 정보를 언제 입수할지는 게임 마스터조차 알 수 없습니다.

길의 서

한정 불사

『반지의 제왕』에 등장하는 악역으로서 인간이 아닌 존재나 여성만이 쓰러뜨릴 수 있는 앙그마르의 마술사왕, 발뒤꿈치를 공격해야만 쓰러뜨릴 수 있는 그리스 신화의 아킬레우스, 은 탄환으로만 죽일 수 있는 늑대인간 등등 한정 불사에는 다양한 형태가 있습니다.

게다가 그 약점이 「그 요마에 대해 『애정』의 【감정】을 가진 PC가 최후의 일격을 가한다」 같은 내용이었다면 어떻게 될까요? 그런 【정보】를 클라이맥스 직전에 알아차렸다 해도 PC들에게는 더는 감정 판정을 할 시간이 남아 있지 않습니다. 이런 경우, 클라이맥스 페이즈를 처리할 것도 없이 요마측의 승리가 확정되어 버립니다. 게임 마스터는 되도록 그런 일이 발생할 확률을 낮추기 위해 노력해야 합니다. 그러기 위해서라도 「대립형」 시나리오에서는 메인 페이즈의 행동을 요구하는 약점은 설정하지 않는 것을 권장합니다. 특히 「PC 중에 쓰러뜨려야 하는 요마가 숨어 있다」 같은 【비밀】을 설정하는 경우, 정말로 간단한 조건으로 설정하지 않으면 요마 PC가 압도적으로 유리해져서 플레이어에게 불공평하다는 인상을 주고 말 것입니다.

24·01·05
한정 불사

그렇다면 구체적인 약점으로는 어떤 것이 적절할까요? 가장 간단한 종류는 「최후의 일격을 특정한 방법으로 제한하는 것」입니다.

즉, 요마가 공격을 받아 【생명력】이 0점이 되어도, 그 공격이 지정된 조건을 충족하는 공격이 아니라면 무효로 하는 것입니다. 여기에서는 이런 약점을 가진 요마를 가리켜 **「한정 불사」**라고 부르겠습니다. 한정 불사의 요마는 신화나 전승 속에 잔뜩 존재합니다.

여기에서는 한정 불사의 예시를 몇 가지 열거하겠습니다.

● 특정 부위

발뒤꿈치, 눈, 등의 반점 등 특정 부위를 노려야만 쓰러뜨릴 수 있는 한정 불사입니다.

이런 부위를 공격할 때는 공격을 하는 이가 주사위를 굴리기 전에 그 취지를 선언하고, 명중 판정에 -2의 수정치를 적용해서 판정하도록 처리하세요. 이런 공격이 성공하면 정해진 부위에 공격이 맞은 것이 됩니다.

● 특정 대미지

접근전 대미지, 사격전 대미지, 집단전 대미지와 같이 특정한 종류의 대미지로만 쓰러뜨릴 수 있는 한정 불사입니다(집단전 대미지라면 정해진 상태이상을 입은 상태일 때만 쓰러뜨릴 수 있다고 하면 될 테지요).

【접근전 공격】은 닌자라면 누구나 습득하고 있으므로, 한정 불사의 조건으로는 안성맞춤입니다. 그 외의 대미지를 지정할 때는 미리 PC의 데이터를 파악해서 해당하는 대미지를 입힐 수 있는 PC의 존재를 확인해두거나, 해당하는 대미지를 발생시킬 수 있는 오리지널 프라이즈 또는 요마무기를 등장시켜야 합니다.

또, 오의 중 【크리티컬 히트】나 【범위 공격】은 엄밀히 말하자면 대미지가 아닙니다. 특정 대미지에 대한 한정 불사를 설정할 때는 오의의 처리 방침도 함께 써두는 것이 좋습니다. 예를 들어 「최후의 일격이 접근전 대미지여야 사망한다(【크리티컬 히트】는 포함하지 않는다)」, 「최후의 일격이 사격전 대미지나 【범위 공격】이어야 사망한다」와 같이 표기하는 것을 권장합니다.

● 특정 캐릭터

여성, 아이, 그 요마에 대해 특정한 【감정】을 가진 캐릭터 등과 같이 특정한 인물만 쓰러뜨릴 수 있는 한정 불사입니다.

이 조건은 세션 중에 변경 가능한 속성과 일단 세션이 시작되면 변경할 수 없는 속성의 두 가지로 나눌 수 있습니다.

전자는 【감정】이나 【생명력】 등의 파라미터를 조건을 삼는 경우입니다. 아마도 메인 페이즈에 어떠한 행동을 할 필요가 생길 것이므로, 「협력형」 시나리오에 어울릴 것입니다. 「요마에 대해 『애정』이나 『살의』를 품고 있다」, 「생사의 갈림길에 선 적이 있다(【생명력】이 0점이 된 적이 있다)」, 「전생(메인 페이즈 중의 마스터 장면)에 한 번이라도 그 요마에게 상처를 입힌 적이 있다」 등등 다양한 가능성을 생각해볼 수 있습니다. 요마의 설정과 더불어 생각해보시기 바랍니다.

후자는 성별이나 나이, 종족 등을 조건으로 삼는 경우입니다. 이쪽은 제작한 캐릭터에 따라서는 누구도 요마를 쓰러뜨리지 못할 가능성이 있습니다. 사격전 대미지나 집단전 대미지를 조건으로 하는 경우와 마찬가지로 미리 PC의 데이터를 파악하고 설정하는 것이 무난할 것입니다. 또, 『시노비가미』에서만 사용할 수 있는 방법으로 「사실 당신은 여자다」, 「사실은 인간이 아니다」와 같이 조건을 충족하는 설정을 【비밀】로 배포한 후에 캐릭터를 제작하게 하는 방법도 있습니다. 단, 성별이나 나이 등을 조건으로 했을 때는 요마에게 최후의 일격을 가할 수 있는 캐릭터가 게임을 개시하는 시점에서 정해져 버립니다. 만약 게임 마스터가 이것을 불공평하다고 여긴다면, 그런 설정을 변경할 수 있는 프라이즈를 시나리오에 등장시키는 방법도 있습니다.

● 특정 프라이즈

영험한 부적, 파사의 성검, 비밀리에 개발한 주술병기 등등 **특정 프라이즈**의 소유자만이 쓰러뜨릴 수 있는 한정 불사입니다.

알기 쉬운 약점의 일종입니다. 아마도 요마 측과의 프라이즈 쟁탈전이 벌어질 테지요.「협력형」이라면 프라이즈의 발견이나 입수, 제조 등의 프로세스를 시나리오에 끼워 넣는 방법도 있을 것입니다.「프라이즈가 숨겨진 장소를 수색한다」,「프라이즈의 수호자를 쓰러뜨려서 그 정당한 소유자라는 증거를 보인다」,「의인화한 프라이즈와【감정】을 맺고 그 진정한 힘을 각성시킨다」등등 어울리는 이벤트를 여러 가지로 생각해봅시다.

24·01·06
대미지 내성

한정 불사는 최후의 일격만을 문제 삼는 약점입니다. 그 외의 대미지로는 공격 방법과 관계없이【생명력】을 감소시킬 수 있습니다. 이것은 특정 능력이나 속성이 없는 캐릭터가 전투 중에 무료해지는 것을 피하기 위한 조치입니다.

하지만 압도적인 내성을 지닌 요마도 있을 것입니다. 어떤 상황이라도 특정한 공격으로만【생명력】이 감소하는 요마입니다. 여기에서는 이런 약점을 가진 요마를「대미지 내성을 가진 요마」라고 부르겠습니다. 대미지 내성을 가진 요마를 설정하는 것은 그다지 권장할 수 없습니다. 만약 설정한다고 해도, 적어도 전투 중에 대미지 내성을 무효로 하기 위한 절차를 함께 설정해두시기 바랍니다.

예를 들어 졸개 에너미를 모두 쓰러뜨려야만 대미지를 입는 요마, 특정한 특기로 판정해서 성공한 이에게만 대미지를 입는 요마라면 문제가 될 일은 거의 없을 것입니다. 판정 종류는 요마의 개성과 맞춰 생각해봅시다. 호색한 요괴라면《미인계》, 보이지 않는 마물이라면《천리안》과 같이 정하면 됩니다.

24·01·07
특정 장소나 시간

장소나 시간을 약점으로 삼는 방법도 있습니다. 물 속이나 신역, 인공적으로 만들어낸 결계, 보름달이 뜨는 밤이나 햇볕 아래와 같이 요마가 꺼리는 장소나 시간으로 그들을 유도하는 것 또한 전형적인 패턴입니다.

이런 약점을 설정할 때는 갖가지 처리를 생각해볼 수 있습니다. 단순히 물 속이나 인파 속이 약점이라면 전장 표나【유도】등의 인법을 사용하는 방법을 생각해볼 수 있습니다.「협력형」이라면 미리 약점에 해당하는 장소나 시간을 설정해두고, 그 내용을 PC들이 알고 있으면 클라이맥스의 장소나 시간을 플레이어가 지정할 수 있다고 해도 되겠지요. 상황에 따라서는 시간을 일그러뜨리는 프라이즈나 요마가 마음을 여는 인물 등을 설정하고, 그것들을 이용해서 요마를 약점에 해당하는 장소나 시간으로 끌어내는 전개도 재미있을 것입니다.

결계나 봉인의 의식으로 요마를 봉인하고 싶다면 계획 판정이나 보조 판정 등을 활용해봅시다.

24·01·08
일시적인 봉인

만약 게임 마스터가 달성할 수 있을 만한 약점을 설정할 자신이 없다면, 요마의 사망 조건을 달성하지 못해도 시나리오가 종료되는 형식을 취할 수도 있습니다. 일단 요마의【생명력】을 0점으로 만들면 일시적으로 봉인한 것으로 처리하는 것입니다.

이 방법으로는 요마를 완전히 소멸시킬 수 없습니다. 그 요마는 언젠가 부활할 것입니다(이르면 클라이맥스 후의 에필로그에서 부활할 수도 있습니다). 하지만 이런 조건을 추가함으로써 일단 클라이맥스를 마무리할 수 있을 것입니다. 특히「대립형」시나리오라면 일시적인 봉인을 허용하는 것이 좋습니다.

단, 일시적인 봉인에 성공했더라도「요마를 쓰러뜨린다」라는 취지의【사명】을 완전히 달성했다고는 할 수 없습니다. 상황에 따라 다르지만, 게임 마스터는 일시적인 봉인에 그친 경우 그러한【사명】의 소유자가 획득할 수 있는 공적점을 1~2점으로 변경합시다.

특정 프라이즈
P174에는「자신을 요마화하는 사령분」같은 요마무기가 소개되어 있으며,「성별을 변경하는 인법」이나「젊어지기 위한 비약」등은 닌자물에 등장하는 전형적인 소품의 일종입니다.

특정 장소나 시간
이런 판정을 설정할 때는 p155에 수록된 의식 인법 등이 참고가 될 수도 있습니다(요마를 상대하기 위한 프라이즈로「천마복멸의 법」등을 PC에게 넘기는 방법도 있을 테지요).

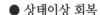

추가 공격과 상태이상 회복

폭위를 가진 요마는 같은 라운드에 추가 공격과 상태이상 회복을 양쪽 모두 사용할 수 있습니다. 플롯 0의 처리를 종료한 후에 추가 공격을 하고, 그 후에 라운드를 종료할 때 상태이상 회복을 할 수 있습니다.

요마 인법을 습득할 수 없습니다

고류 인법인【신쟈 가면】은 예외입니다. 또,【진실】로【반요】를 습득한 일반인도 요마 인법을 특례 습득할 수 있습니다.

여기까지의 내용은 어디까지나 약점을 설정할 때 참고하기 위한 가이드라인입니다. 게임 마스터는 여기에 적힌 내용을 마음대로 채용해도 좋고, 채용하지 않아도 좋습니다. 조건을 충족하기 어려워 보인다면 굳이 요마의 약점을【비밀】에 적을 필요는 없습니다. 즉, 공개 정보로 해버려도 됩니다. 자신이 상대하는 플레이어들이라면 간단히 달성할 것이라고 생각될 경우, 여러 개의 조건을 조합해도 상관없습니다.

게임 마스터는 시나리오의 타입이나 PC의 강함, 그리고 무엇보다도 자신이 묘사하고 싶은 이야기의 분위기에 맞춰 자유롭게 조정해보시기 바랍니다.

24·02
보스 요마

「보스」란 p133에서 정의한 개념입니다.「퇴마편」에서는 클라이맥스 페이즈에서 싸울 강력한 NPC 요마를 가리킵니다. 이 규칙을 사용하면 보스 요마에게「폭위」또는「군세」라는 능력을 부가할 수 있습니다.

게임 마스터는 이 규칙을 도입함으로써 적 요마를 간단히 관리할 수 있게 될 것입니다.

24·02·01
폭위

대부분의 요마는 너무나도 강한 만큼 독선적이고 협조성이 결여되어 있는 고독한 존재입니다. 조직이나 집단을 만들어도 그것을 크게 키우지 못합니다. 강한 요마일수록 자신이 지배하는 부하나 노예 이외의 상대와 협조하기를 꺼립니다. 그런 요마는 조직적인 행동을 주특기로 삼는 인간에게 대항하고자 몇 가지 특수한 힘을 갖추고 있습니다. 이런 특수한 힘을「폭위」라고 부릅니다.

폭위는 클라이맥스 페이즈에 1인 세력으로 등장하는 보스 요마가 사용할 수 있는 능력입니다.

폭위에는 아래와 같은 효과가 있습니다.

● 추가 공격

플롯이 0의 처리를 종료한 후, 추가로 공격을 할 수 있습니다. 추가 공격의 횟수는 중급요마라면 1회, 상급요마라면 2회입니다. 단, 이런 공격에도 코스트, 같은 이름의 인법에 관한 제한, 같은 이름의 오의에 대한 횟수 제한이 적용됩니다. 또, 추가 공격을 할 때 공격 대신 오의를 사용할 수는 없습니다.

● 상태이상 회복

만약 상태이상에 걸렸다면, 각 사이클이 끝날 때만이 아니라 각 라운드를 종료할 때도 지정된 판정을 할 수 있습니다. 이 판정에 성공하면 상태이상을 회복할 수 있습니다.

24·02·02
군세

폭위 항목에서도 소개한 대로 대부분의 요마는 고독한 존재입니다. 하지만 그중에는 흡혈귀처럼 사회적인 세력을 자랑하는 요마도 있습니다. 이런 요마는「군세」라고 하는 힘을 사용해서 인간에게 대항합니다.

게임 마스터는 사회적으로 강력한 세력을 자랑하는 요마를 묘사하기 위해 보스에게 군세를 사용하게 할 수 있습니다. 또,「에니그마」(p146)를 사용하는 것 또한 사회적인 요마다운 선택입니다.

군세에는 아래와 같은 효과가 있습니다.

● 원군

특정한 저급요마를 한 종류 선택합니다. 만약 라운드를 종료할 때 자신 이외의 동료가 3명 이하가 되었다면, 그 요마 1명을 전투에 참가시킬 수 있습니다.

● 친위대

자신을 광신도처럼 따르는, 한 가지 종족으로 구성된 요마 친위대를 거느리고 있습니다. 친위대는 설정상 여러 명의 인물로 구성되어 있으나, 데이터로는 1명의 에너미 데이터로 취급합니다. 저급요마 에너미 중에서 한 종류를 선택합니다. 그것이 당신의 친위대입니다. 자신이 중급요마라면 친위대를 1명, 상급요마라면 친위대를 2명 거느립니다. 친위대는 본래의 데이터보다【생명력】이 1점 더 많고, 임의로 추가 인법을 하나 습득합니다. 또, 메인 페이즈에 친위대가 승리했다면 그 전과를 친위대 대신 그 소유자인 보스 요마가 획득할 수 있습니다.

24·03
요마 인법

요마 인법이란 기본적으로 요마 에너미 전용 인법입니다.

일반적인 PC는 인법이나 배경의 효과를 사용해도 **요마 인법을 습득할 수 없습니다.** 단,「요마화」를 사용하면 PC도 요마 인법을 습득할 수 있게 됩니다. 게임상에서는 요마 인법을 습득한 캐릭터와 요마화로 이형이 발현한 캐릭터를 요마로 간주합니다.

24·04
요마화

요마화란 몸도 마음도 일시적으로 요마와 같은 형질의 존재로 변신하는 것을 말합니다. 일시적으로 강력한 힘을 얻을 수 있지만, 죽거나 완전히 요마로 변모할 위험을 동반합니다.

【마인】 배경을 가진 캐릭터는 드라마 장면이든 전투 장면이든 자신의 차례에 1회, 요마화를 시도할 수 있습니다. 요마화는 선언하기만 해도 자동으로 효과를 발휘합니다. 요마화의 효과는 그 장면 동안 지속됩니다.

요마화하면 임의의 【생명력】 슬롯 하나를 검게 색칠합니다. 단, 이미 소실한 【생명력】이나 추가 【생명력】 슬롯은 검게 색칠할 수 없습니다. 검게 색칠한 슬롯을 「부정」이라고 부릅니다. 부정을 받은 【생명력】은 소실된 경우와 똑같이 처리합니다. 하지만 「부정」은 세션 중에는 회복되지 않으며, 세션을 종료할 때 시도하는 제어 판정에 성공했을 때만 회복합니다.

요마화 중에는 자신의 【생명력】 상태와 관계없이 습득한 특기를 모두 사용할 수 있습니다. 또, 요마화할 때마다 발현하는 이형의 효과를 사용할 수 있게 됩니다.

24·04·01
이형 발현

캐릭터가 요마화했을 경우, 「이형 표」를 보고 1D6을 굴려 어떤 효과가 발현했는지 결정합니다. 이 효과의 내용을 이형이라고 부릅니다.

자신이 발현한 이형은 배경 칸에 메모해두세요. 요마화로 한 번 발현한 이형은 다시 요마화했을 때 모두 발현합니다. 그와 더불어 요마화할 때마다 1D6을 굴려 「이형 표」에서 새로운 이형을 결정합니다. 이때, 이미 메모에 적혀 있는 이형이 나왔다면 다른 이형에 해당하는 결과가 나올 때까지 1D6을 다시 굴려 「이형 표」에서 새로운 이형을 결정합니다.

요마화를 하면 할수록 그 캐릭터의 이형은 늘어나는 셈입니다.

24·04·02
제어 판정

PC는 세션 중에 한 번이라도 요마화를 했을 경우, 그 세션을 종료할 때 제어 판정을 해야만 합니다.

2D6을 굴려 요술 분야에서 무작위로 특기를 선택하고, 그 특기로 행동 판정을 합니다. 이때, 자신이 가진 이형의 수만큼 마이너스 수정치를 적용합니다. 또, 제어 판정의 주사위를 굴리기 전에 자신이 가지고 있는 공적점을 1점 소비할 때마다 +1의 수정치를 적용합니다. 제어 판정에 대해 오의나 인법의 효과를 사용할 수는 없습니다.

제어 판정에 성공하면 「부정」을 원하는 수만큼 회복할 수 있습니다. 그리고 남겨둔 「부정」과 같은 수만큼 이형을 남겨둘 수 있습니다.

제어 판정에 실패하면 그 PC는 완전히 요마로 변화합니다. 이후, 플레이어의 손을 떠나 NPC 요마로 간주합니다.

24·05
요마 관련 데이터

이어서 소개할 것은 요마와 관련된 세 종류의 데이터입니다.

24·05·01
요마무기

「퇴귀편」의 세계에는 요마무기라는 프라이즈가 나돌고 있습니다. 이것은 요마의 기술로 만들어낸 이형의 무기입니다.

요마무기는 세션 중에 획득해도 그 세션을 종료하면 모두 없어집니다. 단, 세션을 종료할 때 그 요마무기에 설정된 유지 공적점을 지불하면 그 요마무기를 다음 세션으로 가지고 갈 수 있습니다(【무기상】 배경으로 획득한 요마무기도 유지 공적점을 지불할 필요가 있습니다).

요마무기는 기본적으로 캐릭터끼리 주고받을 수 없습니다. 단, 전투에 승리하면 전과로 빼앗을 수는 있습니다. 또, 사용하면 없어지는 타입의 요마무기는 드라마 장면에 주고받을 수 있습니다.

● 이형 표	
1	1D6을 굴려 「요마 인법 표A」에서 무작위로 인법의 종류를 결정한다. 요마화하고 있는 동안 그 요마 인법을 습득하고 있는 것으로 간주한다. 이 이형은 요마 인법의 종류가 다르다면 서로 다른 이형으로 간주한다.
2	1D6을 굴려 「요마 인법 표B」에서 무작위로 인법의 종류를 결정한다. 요마화하고 있는 동안 그 요마 인법을 습득하고 있는 것으로 간주한다. 이 이형은 요마 인법의 종류가 다르다면 서로 다른 이형으로 간주한다.
3	1D6을 굴려 「요마 인법 표C」에서 무작위로 인법의 종류를 결정한다. 요마화하고 있는 동안 그 요마 인법을 습득하고 있는 것으로 간주한다. 이 이형은 요마 인법의 종류가 다르다면 서로 다른 이형으로 간주한다.
4	요마화하고 있는 동안에는 전투 중에 라운드마다 사용할 수 있는 인법의 코스트가 자기 플롯치+3점이 되며, 장비인법 「뒤흔드는 소리」를 습득한다.
5	요마화하고 있는 동안에는 【접근전 공격】으로 입히는 접근전 대미지가 2점이 된다.
6	요마화하고 있는 동안, 이 캐릭터의 공격에 대한 회피 판정과 이 캐릭터의 오의에 대한 오의 파훼 판정에 -1의 수정치를 적용한다.

● 요마 인법 표 A	
1	【부루부루】
2	【카미가쿠시】
3	【요스즈메】
4	【사냥개】
5	【오우마가토키】
6	【쿄고츠】

● 요마 인법 표 B	
1	【노부스마】
2	【츠쿠모가미】
3	【미코시】
4	【코다마】
5	【누에】
6	【나마하게】

● 요마 인법 표 C	
1	【햐쿠메】
2	【돈코우】
3	【아라하바키】
4	【원령】
5	【오니비】
6	【히루코】

24·05·02
요마 인법

요마 인법이란 기본적으로 요마 에너미 전용 인법입니다.

일반적인 PC는 인법의 효과를 사용해도 요마 인법을 습득할 수 없습니다. 단, 「요마화」를 사용하면 PC도 요마 인법을 습득할 수 있게 됩니다. 게임상으로는 요마 인법을 습득한 캐릭터와 요마화로 이형이 발현한 캐릭터를 요마로 간주합니다.

24·05·03
외도 유파

외도 유파란 닌자나 요마와 관련된 몇몇 조직이나 집단입니다. 닌자, 요마, 일반 사회의 경계선 위에 있다고 할 수 있는 유파입니다.

외도 유파는 적 NPC 전용 유파입니다. PC는 이 유파가 될 수 없습니다. 게임 마스터는 적 NPC를 강화하거나 더 재미있는 줄거리의 시나리오를 만들기 위해 이러한 유파를 사용할 수 있습니다.

24·05·03·01
외도 유파 캐릭터 제작

외도 유파는 에너미만 사용할 수 있습니다. 단, 외도 유파에는 각각 「권장」이라는 항목이 설정되어 있습니다. 이 항목의 내용에 반하는 에너미는 그 외도 유파에 소속될 수 없습니다. 외도 유파에 자작 에너미를 소속시킬 때는 권장 항목의 내용에 부응하는 설정과 데이터를 준비해야 한다는 점에 주의하시기 바랍니다. 같은 에너미가 여러 외도 유파에 소속될 수는 없습니다. 또, 외도 유파에 소속되기를 선택한 캐릭터에게는 아래의 규칙이 적용됩니다.

● 외도 인법

외도 유파에 들어간 에너미는 외도 인법 중에서 임의로 한 종류를 습득할 수 있습니다. 또, 원래 습득하고 있는 인법 한 종류를 미습득 상태로 만들 때마다 추가로 임의의 외도 인법 한 종류를 습득할 수 있습니다.

● 이점과 제한

외도 유파의 캐릭터에게는 각 외도 인법에 설정된 특수 규칙인 이점과 제한이 적용됩니다.

● 수장

수장이란 그 외도 유파를 관리하는 인물입니다. 외도 유파의 캐릭터는 자기 유파의 수장에게 경의를 표할 필요가 있습니다.

요마무기 데이터 읽는 법

사령분(①비파우더)

유지 공적점 ①

자기 차례가 되면 사용할 수 있다. 「요마화」할 수 있다. 또, 일반인이나 플롯에 제한을 받는 에너미가 이 요마무기를 사용하②화하고 있는 동안에는 닌자와 똑같이 플롯을 할 수 ③게 된다. 이 요마무기는 사용하면 없어진다.

하얀 가루. 콧구멍이나 입을 통해 섭취하면 일시적으로 망자가 될 수 있다.④

① **요마무기명**

그 요마무기의 명칭입니다.

② **유지 공적점**

그 요마무기를 다음 세션으로 가지고 가기 위해 필요한 공적점의 점수입니다.

③ **효과**

그 요마무기의 효과입니다.

④ **개요**

그 요마무기의 개요입니다.

외도 유파

외도 유파는 적 NPC 전용 유파다. 에너미에게 사용해서 시나리오의 스토리와 전투를 더욱 흥겹게 장식해보자.

ACES(에이시즈)

권장: 카테고리 「보통사람」의 에너미. 그리고 설정상 경찰 조직 소속일 것.

이점: 「사령분」을 1개 가진다. 또, 메인 페이즈의 전투에서 이 ACES의 캐릭터가 승자가 되면 패자 중에서 1명을 선택해서 「행방불명」을 걸 수 있다.

제한: 공안 은밀국 캐릭터를 우선적으로 공격한다.

수장: 「특수반장」 우자키 토고

성실한 경찰관으로, 시민의 안전을 최우선으로 여기는 인물입니다. 단, 닌자에 대해서는 강한 불신감을 품고 있습니다.

정식 명칭은 공안 대전자파 범죄 특별 수사반입니다. ACES란 그 영어명칭인 Anti Criminal Electromagnetic Squad의 머리글자로, 대전특수(對電特搜)라고도 불립니다. 요마가 나타날 때 발생하는 특유의 자기장 교란을 감시하고 대처하기 위한 특수부대입니다.

현 여당의 비주류파가 공안 은밀국에 대항하기 위하여 경시청 내에 설치한 조직입니다. 그 대부분이 닌자가 아닌 일반인이지만, 「사령분」을 복용함으로써 닌자와 동등한 고속기동을 할 수 있습니다. 쿠라마신류 검사들의 가혹한 전투 훈련을 견뎌내고, 하스바 인군으로부터 제공받은 최신 요마 퇴치 장비를 자유자재로 구사하는 엘리트만으로 구성되어 있습니다.

전자결계

타입	서포트 인법	간격	없음	코스트	3
지정 특기	기기술				

전투 중에 자기 차례가 되면 공격을 하는 대신 사용할 수 있다. 지정 특기 판정에 성공하면 전장을 「악천후」로 변경할 수 있다. 그 전투에서 전장이 「악천후」인 동안, 전투에 참가한 캐릭터 전원은 플롯을 할 때 3까지만 선택할 수 있게 된다.

ACES가 닌자, 요마를 상대하기 위해 개발한 결계.

지명수배

타입	서포트 인법	간격	없음	코스트	없음
지정 특기	유언비어				

드라마 장면에 사용할 수 있다. 임의의 캐릭터 1명을 목표로 선택한다. 지정 특기 판정에 성공하면 목표의 사회적 신분이 「도망자」가 된다. 「도망자」가 된 캐릭터가 1명이라도 전투 장면에 등장하면, 그 전투에 에너미 「대닌자 헬리콥터」 1명이 등장해서 목표나 목표의 아군을 공격한다. 이 효과는 목표나 그 아군이 된 캐릭터가 전투에서 이 인법의 사용자에게 승리할 때까지 계속된다. 이 효과는 누적되지 않는다. 이 인법은 그 장면에 등장하지 않은 캐릭터에서도 목표를 선택할 수 있다.

일반 사회에서의 신용을 파괴하고, 추격자를 파견한다.

전술폭격

타입	서포트 인법	간격	없음	코스트	없음
지정 특기	용병술				

자신이 등장하지 않은 드라마 장면에 사용할 수 있다. 지정 특기 판정에 성공하면 그 장면에 등장한 캐릭터 전원을 목표로 선택한다. 목표는 사격전 대미지 1점을 입는다.

주위 일대에 폭격을 가해 일반 시민들까지 휘말리게 하면서 한꺼번에 대미지를 가한다.

반지의 귀족

권장: 카테고리 「보통사람」이거나, 【진실】로 【마법사】를 습득한 에너미.

이점: 「둔갑부」를 1개 가진다.

제한: 전투에서 한 번 패배한 상대에게는 그 세션 동안 다시 전투를 걸 수 없다.

수장: 「놋쇠의 서열 7위」 엘르아살 드 티포주

당당한 풍모의 장년 남성입니다. 오만한 마법사로, 요마와 닌자를 매우 얕잡아봅니다.

그 뿌리를 따라가면 고대 바빌론의 대사제까지 거슬러 올라간다는 명문 마술사들의 혈족 결사입니다. 놋쇠의 36가문, 철의 72가문이라고도 불립니다. 재력, 마력, 그리고 권모술수로 요마로부터 세계를 지켜왔다는 자부심이 있으며, 지옥문을 개방해버린 닌자들을 질서의 파괴자라고 생각합니다.

가문마다 하나씩 강력한 요마를 지배하고 있으며, 당주의 자리를 물려받으면 그 지배권을 계승합니다. 당주는 인장이 새겨진 반지로 그 지위를 증명하는데, 각 반지에는 유실된 옛 언어로 그 반지에 대응하는 요마의 진짜 이름이 새겨져 있다고 합니다.

사역마

타입	서포트 인법	간격	없음	코스트	2
지정 특기	소환술				

이 인법을 습득했을 때, 저급요마 카테고리의 에너미 중에서 임의로 한 종류를 선택한다. 전투 중에 자신이 공격하는 대신 사용할 수 있다. 지정 특기 판정에 성공하면 다음 라운드부터 그 전투를 종료할 때까지 그 에너미 1명을 불러내서 종자로 사용할 수 있다. 이 인법은 전투마다 한 번까지 사용할 수 있다.

계약한 반지의 요마로부터 그 권속을 빌려 사역한다.

전이

타입	서포트 인법	간격	없음	코스트	없음
지정 특기	소환술				

전투 중에 자기 차례가 되면 사용할 수 있다. 지정 특기 판정에 성공하면 그 전투에서 탈락할 수 있다. 단, 패자가 되지는 않는다.

계약한 요마의 힘을 빌려 그 자리에서 텔레포트한다.

반지의 계약

타입	장비 인법	간격	없음	코스트	없음
지정 특기	없음				

이 인법을 습득했을 때, 중급요마 카테고리의 에너미 중에서 임의로 한 종류를 선택한다. 그 요마가 습득한 권장 오의의 효과를 그 사용 타이밍에 사용할 수 있게 된다. 오의의 지정 특기는 《소환술》이 된다. 이 효과는 세션 동안 1회까지 사용할 수 있다.

계약한 반지의 요마가 지닌 힘을 일시적으로 현현시킨다.

죄를 먹는 자

권장: 카테고리「보통사람」의 에너미.

이점:《고문술》특기를 습득한다. 유지 공적점이 2점 이하인 요마무기를 1개 가진다.

제한: 요마의 시체를 남에게 넘길 수 없다.

수장:「뼈 먹는 성모」요안나

평소에는 온화한 성녀입니다. 하지만 공복감에 사로잡히면 악귀로 변해 버립니다.

요마를 멸하는 것을 신이 내린 사명으로 여기는 엑소시스트 집단입니다. 상투스 우르티카, 쐐기풀 옷을 걸친 성자라고 불리기도 합니다. 신의 사자를 자칭하지만, 교회는 결코 그들의 존재를 인정하지 않습니다.

그들은 모두 불로불사의 존재입니다. 하지만 정기적으로 요마의 고기를 먹지 않으면 끔찍한 공복감에 시달립니다. 거듭된 고통과 공포는 죄를 먹는 자들의 윤리관을 망가뜨렸고, 그들 중 대다수는 정신이 이상해졌습니다. 이젠 먹어치울 요마를 유인하기 위해 인간을 미끼로 쓰는 짓마저 주저하지 않습니다. 수백 년에 걸친 퇴마행의 경험과 채워지지 않는 식욕을 겸비한, 교활한 사냥꾼들입니다.

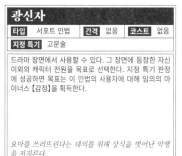

광신자

타입	서포트 인법	간격	없음	코스트	없음
지정 특기	고문술				

드라마 장면에서 사용할 수 있다. 그 장면에 등장한 자신 이외의 캐릭터 전원을 목표로 선택한다. 지정 특기 판정에 성공하면 목표는 이 인법의 사용자에 대해 임의의 마이너스【감정】을 획득한다.

요마를 쓰러뜨린다는 대의를 위해 상식을 벗어난 악행을 저지른다.

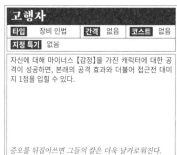

고행자

타입	장비 인법	간격	없음	코스트	없음
지정 특기	없음				

자신에 대해 마이너스【감정】을 가진 캐릭터에 대한 공격이 성공하면, 본래의 공격 효과와 더불어 접근전 대미지 1점을 입힐 수 있다.

증오를 뒤집어쓰면 그들의 칼은 더욱 날카로워진다.

불사자

타입	장비 인법	간격	없음	코스트	없음
지정 특기	없음				

전투 때마다【생명력】이 최대치까지 회복한다.

옛 대요마의 저주로 불사신이 되었다.

용궁

권장:《물의 술》이나《이형화》특기를 습득한 에너미.

이점:【전장의 극의:수중】인법을 습득한다. 또, 용궁의 캐릭터가 메인 페이즈의 전투에서 승자가 되면 패자 중에서 임의로 선택한 이를「요마화」시킬 수 있다.

제한: 자기 쪽에서 감정 판정을 할 수 없다.「수중」이외의 전장에서【생명력】이 0이 되면 즉시 사망한다.

수장: 심해도시에 잠든「신」

자세한 것은 불명입니다. 도래인 중에서도 사신으로 분류되는 존재인 객신이라는 설도 있습니다.

남양(南洋)에 기원을 두고 해신의 말예를 자칭하는 수서 요괴의 권속입니다. 비늘이나 아가미, 물갈퀴 등 어류나 양서류를 연상케 하는 이형을 지니고 태어나는 반수서 혈족입니다. 물을 다루는 기술이 뛰어나며, 물 속에서는 겉보기로는 상상도 할 수 없는 민첩성과 괴력을 발휘합니다.

그들은 기본적으로 인류와의 교배를 통해 혈족을 늘리는 것이 목적입니다. 또한, 오니의 혈통에게 협력하는 대가로 과거에 뿔뿔이 흩어진 동족들의 후예를 모아달라는 계약을 체결했습니다. 그들은 해저 도시에 잠들어 있는 대요마를 자신들의「신」으로 숭배하고 있습니다. 그「신」이 눈을 뜰 때, 인류의 세상은 종언을 맞이한다고 믿고 있습니다.

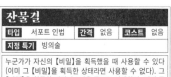

잔물결

타입	서포트 인법	간격	없음	코스트	없음
지정 특기	빙의술				

누군가가 자신의【비밀】을 획득했을 때 사용할 수 있다 (이미 그【비밀】을 획득한 상태라면 사용할 수 없다). 그【비밀】을 획득한 캐릭터 1명을 목표로 선택한다. 지정 특기 판정에 성공하면 목표는 요마화를 하고,【마인】장점을 습득한다. 그 세션을 종료하면, 이 효과로 습득한【마인】장점은 사라진다.

깊고도 먼 우주의 진실을 깨달은 자는 악몽에 시달리다가 마침내 괴물로 변모한다.

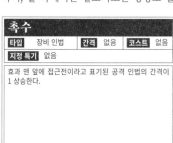

촉수

타입	장비 인법	간격	없음	코스트	없음
지정 특기	없음				

효과 맨 앞에 접근전이라고 표기된 공격 인법의 간격이 1 상승한다.

번들번들 빛나는 모독적인 촉수가 적을 옭아맨다.

물의 종족

타입	장비 인법	간격	없음	코스트	없음
지정 특기	없음				

「수중」전장에서 공격이 성공하면 본래의 공격 효과와 더불어 접근전 대미지 1점을 입힐 수 있다.

아득한 심해야말로 그들의 안식처이자 낙원이다.

윤회의 뱀

권장:「시귀 무리」이외의 중급 이상 요마
에너미는 불가.
이점: 윤회의 뱀끼리는「정보 공유」와「전
투 난입」이 가능.
제한:【감정】을 획득할 수 없다.
수장:「해충의 왕」
　불사충의 집합 의식이라고 합니다. 상세한
정보는 밝혀지지 않았습니다.

　머나먼 옛날, 불사신이 되고자 했던 츠
치구모의 충사들이 무시무시한「불사충」
을 만들어냈습니다. 하지만 이 벌레는 실패
작이었습니다. 왜냐하면 불사충들은 개체
전부가 불가사의한 공유 의식으로 연결되
어 있었으며, 충사들의 명령보다도 자신들
의 증식을 우선시했기 때문입니다. 그들은
뇌에 파고들어 숙주를 노예화했고, 서로
힘을 합쳐 그 육체를 조종해서 충사들에게
반기를 들었습니다.

　고대의 충사들에 의해「지옥문」너머에
봉인되었던「불사충」과 그 숙주들은 이제
다시 해방되었고, 자신들을 가리켜 윤회의
뱀이라 부르고 있습니다. 그들은 다시 증식
을 위한 활동을 개시했습니다. 지금은 아
직 증식이 진행되지 않아 잠복하고 있는
상태입니다. 증식 속도를 높이기 위해 사회
적으로 영향력이 있는 인물이나 육체적으
로 우수한 인물을 우선적으로 노리고 있습
니다.

요괴벌레

타입	서포트 인법	간격	없음	코스트	없음
지정 특기	없음				

자기 차례가 되면 사용할 수 있다. 요마화하고, 자신에게
걸린 상태이상을 하나 선택해서 회복한다.

기생한 벌레가 육체의 컨디션을 자동으로 수복한다.

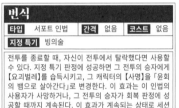

번식

타입	서포트 인법	간격	없음	코스트	없음
지정 특기	빙의술				

전투를 종료할 때, 자신이 전투에서 탈락했다면 사용할
수 있다. 지정 특기 판정에 성공하면 그 전투의 승자에게
【요괴벌레】를 습득시키고, 그 캐릭터의【사명】을「윤회
의 뱀으로 살아간다」로 변경한다. 이 효과는 이 인법의
사용자가 사망하거나, 그 전투의 승자가 회복 판정에 성
공할 때까지 계속된다. 이 효과가 계속되는 상태로 세션
을 종료하면, 그 캐릭터는 요마로 변해서 NPC가 된다.

더 강력한 숙주를 찾아 자신의 새끼를 기생시킨다.

공유

타입	장비 인법	간격	없음	코스트	없음
지정 특기	없음				

【사명】이「윤회의 뱀으로 살아간다」인 캐릭터가 습득한
인법을 자신도 습득하고 있는 것으로 간주한다(단, 이 효
과로 습득할 수 있는 인법은 한 종류당 하나까지다. ※가
붙은 인법을 둘 이상 습득할 수는 없다).

*「윤회의 뱀」구성원은 기술이나 경험을 다 함께 공유할
수 있다.*

백기야행

권장:「대닌자 헬리콥터」,「심령병기」,「개
인요새」,「악마상」,「사검」,「뜻벌레」,「괴
기기계」,「피조물」,「거대 기계인형」. 또는
【기계닌자】를 습득한 에너미, 도구와 관련
된 에너미.
이점: 없음
제한: 오의를 습득할 때, 한 종류는【완전
성공】을 선택해야 한다.
수장: 없음

　수백 년의 세월에 거쳐 화신이 되는 힘
을 얻은 골동품, 수많은 인간의 피를 빨아
들인 칼, 혹은 저주받은 일화가 얽힌 보석.
이와 같이 각자의 사연이 있는 무생물 요
괴들의 집단입니다.
　예부터 존재한 유파지만, 현대에는 총기
나 차량, 컴퓨터 등등이 합류하면서 그 구
성원이 대폭 변화했습니다. 그러한 변화에
따라 백기야행은 전례가 없을 만큼 공격적
으로 변했으며, 인류를 상대로 갖가지 악

행을 저지르고 있습니다. 단, 동기를 살펴
보면 자신들을 버린 인류에 대한 복수,「우
수한 사용자」의 획득, 단순한 호기심 등등
구성원마다 제각각입니다. 따라서 조직다
운 통제는 전혀 이루어지지 않고 있습니다.

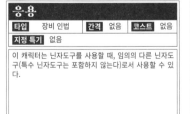

응용

타입	장비 인법	간격	없음	코스트	없음
지정 특기	없음				

이 캐릭터는 닌자도구를 사용할 때, 임의 다른 닌자도
구(특수 닌자도구는 포함하지 않는다)로서 사용할 수 있
다.

*인간이 손으로 물건을 만들거나 부수는 것처럼 무생물
요괴는 자기 몸을 이루는 부품을 다양한 용도로 사용한
다.*

무생물의 마음

타입	장비 인법	간격	없음	코스트	없음
지정 특기	없음				

이 캐릭터가 시도하는 명중 판정은 자동으로 성공한다
(스페셜은 아니다. 달성치가 필요하다면 10이 된다). 회
피 판정은 자동으로 실패한다(펌블은 아니다. 달성치가
필요하다면 4가 된다).

*자기 보신을 고려하지 않는 냉철한 사고방식의 소유자
다.*

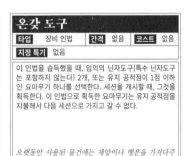

온갖 도구

타입	장비 인법	간격	없음	코스트	없음
지정 특기	없음				

이 인법을 습득했을 때, 임의의 닌자도구(특수 닌자도구
는 포함하지 않는다) 2개, 또는 유지 공적점이 1점 이하
인 요마무기 하나를 선택한다. 세션을 개시할 때, 그것을
획득한다. 이 인법으로 획득한 요마무기는 유지 공적점을
지불해서 다음 세션으로 가지고 갈 수 없다.

*오랫동안 사용된 물건에는 재앙이나 행운을 가져다주
는 혼이 깃든다.*

171

요마 인법

매우 강력하지만 무시무시하고 꺼림칙한 요마들의 기술. 이 인법을 익힌다는 것은 요마에 가까워진다는 것을 의미한다

오우마가토키 [퇴]

| 타입 | 서포트 인법 | 간격 | 없음 | 코스트 | 없음 |

지정 특기 없음

자신이 장면 플레이어인 드라마 장면에 사용할 수 있다. 2D6을 굴려 체술 분야 중에서 무작위로 특기 하나를 선택한다. 이 인법의 사용자를 제외한 나머지 캐릭터는 그 특기로 판정을 할 수 있다. 이 판정에 실패한 캐릭터는 1점의 접근전 대미지를 입는다. 아무도 판정에 성공하지 못하면 이 인법의 사용자는 추가 【생명력】과 그 슬롯을 2점 획득한다(최대 6점까지).

어두운 밤을 틈타 희생자를 잡아먹고 요력을 비축한다.

카미가쿠시 [퇴]

| 타입 | 서포트 인법 | 간격 | 없음 | 코스트 | 없음 |

지정 특기 없음

자기 차례가 되면 사용할 수 있다. 2D6을 굴려 모술 분야 중에서 무작위로 특기 하나를 선택하고, 임의의 캐릭터 1명을 목표로 선택한다. 목표는 그 특기로 판정을 한다. 실패하면 「행방불명」 상태이상에 걸린다. 이 인법은 그 장면에 등장하지 않은 캐릭터 중에서도 목표를 선택할 수 있다.

그 인물의 의심을 증폭시켜 타인에게 간섭하지 못하게 한다.

쿄고츠 [퇴]

| 타입 | 서포트 인법 | 간격 | 없음 | 코스트 | 없음 |

지정 특기 없음

자신이 공격 인법을 사용할 때 사용할 수 있다. 그 공격 인법의 간격을 「이 캐릭터보다 높은 플롯치 전부」로 변경할 수 있다.

압도적인 광기를 발산해서 적의 위치를 파헤친다.

코다마 [퇴]

| 타입 | 서포트 인법 | 간격 | 없음 | 코스트 | 없음 |

지정 특기 없음

자신이 장면 플레이어인 드라마 장면에 사용할 수 있다. 자신에게 【감정】을 가진 캐릭터 1명을 목표로 선택한다. 목표에게 1점의 접근전 대미지를 입힐 수 있다.

상대를 홀려 쇠약해지게 만든다.

츠쿠모가미 [퇴]

| 타입 | 서포트 인법 | 간격 | 없음 | 코스트 | 없음 |

지정 특기 없음

전투 중에 자신이 공격하는 대신 사용할 수 있다. 2D6을 굴려 기술 분야 중에서 무작위로 특기 하나를 선택한다. 그리고 전투에 참가한 캐릭터 중에서 원하는 만큼 캐릭터를 목표로 선택한다. 그 캐릭터는 그 특기로 판정을 한다. 실패하면 「마비」 상태이상에 걸린다.

다양한 물건에 깃든 영혼을 지배해서 그 기능을 정지시킨다.

나마하게 [퇴]

| 타입 | 서포트 인법 | 간격 | 없음 | 코스트 | 없음 |

지정 특기 없음

전투 중에 자신의 공격이 성공해서 상대에게 대미지를 입혔을 때 사용할 수 있다. 2D6을 굴려 요술 분야 중에서 무작위로 특기 하나를 선택하고, 대미지를 입은 캐릭터 전원을 목표로 선택한다. 목표는 그 특기로 판정을 한다. 판정에 실패한 목표는 습득한 장비 인법 중에서 무작위로 하나를 선택하고, 그것을 미습득 상태로 만든다. 이 효과는 그 전투를 종료할 때까지 지속되며, 누적되지 않는다.

인간들이 체득한 기술이나 경험을 벗겨내는 능력.

누에 [퇴]

| 타입 | 서포트 인법 | 간격 | 없음 | 코스트 | 없음 |

지정 특기 없음

전투 중에 자신이 공격하는 대신 사용할 수 있다. 자신의 오의 하나를 선택한다. 그 효과를 【범위 공격】으로 변경할 수 있다(변경 전이나 변경 후나 【오의】에 관한 【정보】는 같은 것으로 간주한다. 이전의 오의에 적용된 기밀은 모두 무효가 된다).

자신의 육체 일부에서 갖가지 짐승을 만들어낸다.

노부스마 [퇴]

| 타입 | 서포트 인법 | 간격 | 없음 | 코스트 | 없음 |

지정 특기 없음

자신과 플롯치가 다른 캐릭터로부터 사격전 대미지를 입었을 때 사용할 수 있다. 그 사격전 대미지를 0점으로 만든다.

아무것도 없는 공간에 역장을 형성해서 수리검이나 탄환을 막는다.

부루부루 [퇴]

| 타입 | 서포트 인법 | 간격 | 없음 | 코스트 | 없음 |

지정 특기 없음

전투 중에 자기 차례가 되었을 때 사용할 수 있다. 2D6을 굴려 전술 분야 중에서 무작위로 특기 하나를 선택한다. 그리고 전투에 참가한 캐릭터 중에서 원하는 만큼 목표를 선택한다. 목표는 그 특기로 판정을 하며, 실패하면 파랑을 일으킨다. 이 판정을 할 때, 이 인법을 사용한 캐릭터의 【비밀】을 획득한 상태라면 +2의 수정치를 적용한다. 이 인법은 세션 동안 세 번까지 사용할 수 있다.

모독적인 행위나 모습을 보여줌으로써 상대의 마음에 절망적인 공포를 심는다.

미코시 [퇴]

| 타입 | 서포트 인법 | 간격 | 없음 | 코스트 | 없음 |

지정 특기 없음

전투 중에 자신이 공격하는 대신 사용할 수 있다. 자신을 목표로 선택한다. 그 전투 동안 자신의 모든 공격 인법은 간격이 1 상승하고, 본래의 효과와 더불어 추가로 1점의 사격전 대미지를 입힐 수 있게 된다. 이 효과는 누적되지 않는다.

올려다봐야 할 정도로 거대한 모습으로 변한다.

요스즈메 [퇴]

| 타입 | 서포트 인법 | 간격 | 없음 | 코스트 | 없음 |

지정 특기 없음

자신이 지정 특기가 있는 서포트 인법을 사용할 때 사용할 수 있다. 그 지정 특기 판정에 자동으로 성공하게 된다(스페셜은 아니다. 달성치가 필요하다면 10이 된다).

기묘한 울음소리와 함께 재액을 일으킨다.

사냥개 [퇴]

| 타입 | 서포트 인법 | 간격 | 없음 | 코스트 | 없음 |

지정 특기 없음

전투 중에 자신이 공격하는 대신 사용할 수 있다. 자신의 플롯치를 임의의 수치로 변경하고, 공격 인법을 한 번 사용한다. 그 공격 인법의 처리를 마치면 그 라운드에는 더 이상 공격할 수 없다.

시공간의 틈새를 넘나들며 표적을 쫓는다.

아라하바키 [퇴]

타입	장비 인법	간격	없음	코스트	없음

지정 특기 없음

이 인법의 소유자에 대해 자신 이외의 누군가가 【크리티컬 히트】나 【범위 공격】, 【판정 방해】를 사용했을 때 사용할 수 있다. 오의의 사용자를 목표로 선택한다. 그 오의에 대한 오의 파훼 판정에 성공하면 목표에게 2점의 접근전 대미지를 입힐 수 있다.

자신을 향한 적의를 뱀으로 변화시켜, 적의를 드러낸 인물을 덮치게 한다.

오니비 [퇴]

타입	장비 인법	간격	없음	코스트	없음

지정 특기 없음

이 인법을 습득한 캐릭터에게 공격을 한 캐릭터는 공격 처리를 종료한 후, 《불의 술》로 판정을 한다. 실패하면 사격점 대미지 1점을 입는다.

화염으로 몸을 감싸 자신을 공격하는 이를 불사른다.

원령 [퇴]

타입	장비 인법	간격	없음	코스트	없음

지정 특기 없음

이 캐릭터의 【비밀】(또는 복수하고자 하는 상대)이 밝혀지지 않았다면, 누군가가 사용한 인법이나 오의의 효과로 【생명력】 감소가 발생해도 그 절반만큼의 수치를 회복한다(소수점 이하 올림).

무시무시한 분노나 슬픔으로 자신을 현세에 묶어둔다.

돈코우 [퇴]

타입	장비 인법	간격	없음	코스트	없음

지정 특기 없음

자신이 등장한 장면에서 자신 이외의 누군가가 【불사신】이나 【절대 방어】, 【완전 성공】을 사용했을 때 사용할 수 있다. 그 오의에 대한 오의 파훼 판정에 성공하면 자신의 【생명력】을 2점 회복할 수 있다.

적의 인법을 먹어치워 자신의 힘으로 변환한다.

햐쿠메 [퇴]

타입	장비 인법	간격	없음	코스트	없음

지정 특기 없음

이 인법을 습득한 캐릭터는 간파 판정에 자동으로 성공한다. 또, 자신이 시도하는 오의 파훼 판정에 +2의 수정치를 적용한다.

자신의 전신에 생겨난 이형의 눈으로 상대의 오의를 간파한다.

히루코 [퇴]

타입	장비 인법	간격	없음	코스트	없음

지정 특기 없음

이 인법을 습득한 캐릭터는 【크리티컬 히트】, 【범위 공격】의 효과를 받았을 때, 감소하는 【생명력】 수치를 1점 경감한다.

자신의 육체를 자유자재로 변화시켜 손상을 줄인다.

● 이형 표

1	1D6을 굴려 「요마 인법 표A」에서 무작위로 인법의 종류를 결정한다. 요마화하고 있는 동안 그 요마 인법을 습득하고 있는 것으로 간주한다. 이 이형은 요마 인법의 종류가 다르다면 서로 다른 이형으로 간주한다.
2	1D6을 굴려 「요마 인법 표B」에서 무작위로 인법의 종류를 결정한다. 요마화하고 있는 동안 그 요마 인법을 습득하고 있는 것으로 간주한다. 이 이형은 요마 인법의 종류가 다르다면 서로 다른 이형으로 간주한다.
3	1D6을 굴려 「요마 인법 표C」에서 무작위로 인법의 종류를 결정한다. 요마화하고 있는 동안 그 요마 인법을 습득하고 있는 것으로 간주한다. 이 이형은 요마 인법의 종류가 다르다면 서로 다른 이형으로 간주한다.
4	요마화하고 있는 동안에는 전투 중에 라운드마다 사용할 수 있는 인법의 코스트가 자기 플롯치+3점이 되며, 장비인법 【뒤흔드는 소리】를 습득한다.
5	요마화하고 있는 동안에는 【접근전 공격】으로 입히는 접근전 대미지가 2점이 된다.
6	요마화하고 있는 동안, 이 캐릭터의 공격에 대한 회피 판정과 이 캐릭터의 오의에 대한 오의 파훼 판정에 -1의 수정치를 적용한다.

● 요마 인법 표 A

1	【부루부루】
2	【카미카쿠시】
3	【요스즈메】
4	【사냥개】
5	【오우마가토키】
6	【쿄고츠】

● 요마 인법 표 B

1	【노부스마】
2	【츠쿠모가미】
3	【미코시】
4	【코다마】
5	【누에】
6	【나마하게】

● 요마 인법 표 C

1	【햐쿠메】
2	【돈코우】
3	【아라하바키】
4	【원령】
5	【오니비】
6	【히루코】

요마무기

요마무기는 요마의 기술로 만든 이형의 무기다. 바로 그렇기에 요마를 상대로 효과를 발휘한다.

사령분(좀비파우더)
유지 공적점 1

자기 차례가 되면 사용할 수 있다. 「요마화」할 수 있다. 또, 일반인이나 플롯에 제한을 받는 에너미가 이 요마무기를 사용하면 요마화하고 있는 동안에는 닌자와 똑같이 플롯을 할 수 있게 된다. 이 요마무기는 사용하면 없어진다.

하얀 가루. 코로 흡입하거나 입으로 섭취하면 일시적으로 망자가 될 수 있다.

조수의 구슬
유지 공적점 1

전투의 각 라운드를 개시할 때 이 요마무기의 효과를 사용할 수 있다. 전장을 「수중」으로 변경한다. 이 요마무기는 사용하면 없어진다. 【무기상】 장점으로 이 요마무기를 획득할 경우에는 갓파나 우미보즈, 인어처럼 물에 사는 요마(에너미라면 「수서요괴」), 또는 《물의 술》이나 《소환술》을 가진 요마의 시체가 필요하다.

투명한 푸른색 구슬. 사용자 주위의 공간을 왜곡시켜 주위 수십 m를 물로 채울 수 있다.

얼굴 없는 가면
유지 공적점 1

세션을 종료하면서 제어 판정을 할 때 사용할 수 있다. 그 판정에 +2의 수정치를 적용한다. 이 효과는 세션마다 한 번씩 사용할 수 있다.

요마의 얼굴을 벗겨서 만든 가면. 요마화로 인한 육체나 정신의 변모로부터 장비한 이를 지킨다.

요피지
유지 공적점 1

메인 페이즈에 요마 캐릭터가 이 요마무기의 소유자에게 전투를 걸었을 때 사용할 수 있다. 그 전투를 강제로 종료할 수 있다. 이 전투에 승자는 발생하지 않는다. 이 요마무기는 사용하면 없어진다. 이 요마무기로 전투를 종료한 경우, 요마 캐릭터는 전투의 목표를 변경해서 다른 캐릭터에게 전투를 걸 수도 있다.

요마의 가죽에 갖가지 주문을 적은 부적. 이것을 붙인 이는 요마의 눈에 동족으로 보이게 된다. 요마로부터 몸을 감추기 위한 위장 장비다.

뼈칼
유지 공적점 1

이 요마무기의 소유자가 사용한 공격 인법이나 【크리티컬 히트】 오의에 대해 【절대 방어】가 사용되었을 때 사용할 수 있다. 【절대 방어】로 모든 【생명력】 감소가 경감되어도 목표의 【생명력】을 1점만큼은 감소시킨다.

요마의 뿔이나 이빨, 뼈로 만든 칼날을 인체 내부에 격납한 것. 모든 것을 베어 가르는 예리한 칼날을 자신의 뜻대로 넣고 꺼낼 수 있다.

요괴 투구
유지 공적점 1

이 요마무기의 소유자가 【크리티컬 히트】나 【범위 공격】의 목표로 선택되었을 때 사용할 수 있다. 감소하는 【생명력】 수치가 1점 경감한다.

이형의 투구. 이것을 쓴 이는 마치 요마의 머리를 이식한 것처럼 보인다.

유명환
유지 공적점 1

언제든지 사용할 수 있다. 사용하면 【생명력】 2점, 혹은 자신에게 걸린 상태이상 전부를 회복할 수 있다. 이 요마무기는 사용하면 없어진다. 「병량환」을 사용한 타이밍에 사용할 수 있는 인법이나 【전력】은 이 요마무기를 사용한 타이밍에도 사용할 수 있다.

요마의 육체를 달여서 만든 특수한 병량환

생체총
유지 공적점 2

이 요마무기의 소유자는 공격 인법 【사격전 공격】을 사용할 수 있게 된다. 【사격전 공격】의 지정 특기는 프라이즈를 획득할 때 결정한다.

자신의 육체 일부에서 요마의 뼈나 이빨을 쏠 수 있게 된다.

신명창
유지 공적점 2

이 요마무기의 소유자는 라운드마다 사용할 수 있는 인법의 코스트 합계가 3점 상승한다.

요마의 얼굴을 자신의 몸 어딘가에 꿰매어 붙여 주문을 외우게 할 수 있다.

사생아
유지 공적점 2

이 요마무기의 소유자는 공격 인법 【집단전 공격】을 사용할 수 있게 된다. 【집단전 공격】의 지정 특기는 프라이즈를 획득할 때 결정한다.

요마의 세포에 혈액이나 머리카락 등 자신의 육체 일부를 섞어서 만들어낸 인조 요마. 적으로부터 본체를 지키기 위해 반자율적으로 행동한다.

귀신의 장갑
유지 공적점 2

【접근전 공격】에 의한 공격이 성공했을 때 사용할 수 있다. 본래의 효과와 더불어 접근전 대미지 1점을 입힐 수 있다. 【무기상】 장점으로 이 요마무기를 획득할 경우에는 《괴력》이나 《기기술》을 가진 요마의 시체가 필요하다.

요마의 팔을 그대로 이식한 의수. 인간의 영역을 벗어난 괴력을 획득할 수 있다.

폭발하는 피
유지 공적점 2

전투 중에 사망했을 때 사용할 수 있다. 「유언」이나 「마지막 일격」과 더불어 【범위 공격】의 효과를 가진 오의를 사용할 수 있다. 지정 특기는 사용할 때 결정한다. 이 요마무기는 사용하면 없어진다.

체내에 폭발성의 혈액을 수혈했다.

외법로
유지 공적점 2

전투 중에 자기 차례가 되면 사용할 수 있다. 만약 자신이 모종의 상태이상에 걸렸거나 파랑을 일으키고 있을 경우, 자신의 【생명력】을 1점 소비하면 그중 한 가지 효과를 무효로 할 수 있다. 이 효과는 라운드마다 1회만 사용할 수 있다. 【무기상】 장점으로 이 요마무기를 획득할 경우에는 《생존술》이나 《병량술》을 가진 요마의 시체가 필요하다.

망념 기관. 근원적인 생명력을 연소해서 일시적으로 육체의 피로나 손상을 회복할 수 있다.

긴너편의 목소리
유지 공적점 2

누군가의 종자, 또는 외도 유파에 소속된 캐릭터가 인법을 사용했을 때 사용할 수 있다. 《빙의술》판정을 해서 성공하면 그 캐릭터가 사용한 인법을 무효로 할 수 있다. 이 효과는 드라마 장면이라면 사이클마다 1회, 전투 중이라면 라운드마다 1회 사용할 수 있다. 【무기상】 장점으로 이 요마무기를 획득할 경우에는 《동물사역》이나 《언령술》을 가진 요마의 시체가 필요하다.

동물이나 누군가의 지배를 받아들인 인물에 대해 강한 영향력을 미치도록 개조한 성대.

수심향
유지 공적점 2

이 요마무기는 전투 중에 자기 차례가 되면 사용할 수 있다. 그 장면에 등장한 캐릭터 1명을 목표로 선택하고, 《향술》판정을 한다. 판정에 성공하면 목표는 이 요마무기의 소유자에 대한 「광신」이나 「살의」의 【감정】을 획득한다(이미 다른 【감정】을 가지고 있다면 「광신」이나 「살의」로 변경한다). 이 효과는 그 전투 동안 지속된다. 이 효과는 라운드마다 1회만 사용할 수 있다. 【무기상】 장점으로 이 요마무기를 획득할 경우에는 《향술》이나 《미인계》를 가진 요마의 시체가 필요하다.

체내에서 특수한 페로몬을 분비해서 주위에 있는 인물을 짐승처럼 미쳐 날뛰게 한다.

모침
유지 공적점 3

이 요마무기의 소유자는 공격 인법 【사격전 공격】을 사용할 수 있게 된다. 【사격전 공격】의 지정 특기는 프라이즈를 획득할 때 결정한다. 이 【사격전 공격】으로 사격전 대미지를 1점이라도 입은 캐릭터는 이후 그 전투를 종료할 때까지 펌블치가 1 상승한다. 이 펌블치가 상승하는 효과는 누적되지 않는다.

생체총의 일종. 자신의 머리카락을 경질화해서 사출할 수 있다.

날개손
유지 공적점 3

이 요마무기의 소유자가 공격의 목표가 되었을 때 사용할 수 있다. 그 공격에 대해 자신의 간격이 1 먼 것으로 간주한다. 이 효과는 공격의 목표가 될 때마다 한 번 사용할 수 있다. 【무기상】 장점으로 이 요마무기를 획득할 경우에는 《비행술》이나 《이형화》를 가진 요마의 시체가 필요하다.

이형의 날개가 돋아나게 할 수 있다.

마왕안
유지 공적점 4

이 요마무기의 소유자는 공격 인법 【사격전 공격】을 사용할 수 있게 된다. 【사격전 공격】의 지정 특기는 《봉인술》이 된다. 이 요마무기의 소유자가 이 【사격전 공격】에 의한 공격에 성공했을 때, 사격전 대미지를 입히는 대신 그 라운드 동안만 「요마의 사망 조건」을 무효로 할 수 있다. 「요마의 사망 조건」을 무효로 하기 위해 사용하면 마왕안은 없어진다. 캐릭터의 유파가 토가메류, 혹은 고류 유파 쿠로하바키구미라면 이 요마무기의 유지 공적점은 본래의 절반이 된다.

생체총의 일종. 요마의 불사성을 깨뜨리는 죽음의 힘이 깃든 눈동자다.

25 에너미

이 항목에서는 적으로 등장하는 NPC인 에너미를 소개한다. 소위 말하는 피라미부터 캠페인의 보스급까지 골고루 준비되어 있다.

예측치와 목표가 플롯한 플롯치의 차이

예를 들어 예측치 3의 보통사람 카테고리 에너미가 【접근전 공격】을 사용했다면 플롯치 2~4의 캐릭터를 목표로 선택할 수 있습니다. 또 다른 예로, 예측치 6의 보통사람 카테고리 에너미가 【크리티컬 히트】를 사용하면 플롯치 5~7인 캐릭터를 목표로 선택할 수 있습니다.

25·00
에너미

에너미란 세션 중에 등장하는 적 NPC입니다. 에너미는 캐릭터의 일종이지만, 게임 마스터의 수고를 덜기 위해 좀 더 간단한 데이터로 기재되어 있습니다.

25·01
에너미의 생명력

에너미의 【생명력】은 각 특기 분야에 대응하지 않습니다.

【생명력】을 잃는 효과가 발생하면 왼쪽 위부터 순서대로 소비합니다. 【생명력】이 줄어들어도 특기를 사용할 수 없게 되지는 않습니다.

또, 【역린】처럼 각 분야에 대응하는 【생명력】 슬롯을 선택하는 인법을 사용하는 경우는 【생명력】에 대응하는 슬롯이 아니라, 분야와 관계없이 임의의 【생명력】 슬롯을 선택해둡니다. 예를 들어 【역린】을 가진 캐릭터가 왼쪽에서 두 번째 【생명력】 슬롯을 선택했다고 합시다. 이 경우 2점 이상 【생명력】을 잃으면 모든 판정에 +1의 수정치를 적용하는 셈입니다.

25·02
에너미의 오의

게임 마스터는 오의를 습득한 에너미를 사용할 경우, 세션 전에 오의 내역을 원하는 대로 설정하시기 바랍니다. 단, 고민될 때는 권장 오의를 습득시키세요. 지정 특기는 그 에너미가 습득한 특기 중에서 아무거나 선택하세요.

25·03
데이터 개조

게임 마스터는 에너미를 게임에 등장시킬 때, 습득한 특기나 인법을 다른 것으로 바꿔도 무방합니다.

25·04
동시 처리

게임 마스터가 동시에 여러 명의 에너미를 등장시킬 경우, 같은 종류의 에너미는 플롯치가 같은 것으로 간주하면 수고를 덜 수 있습니다.

25·05
에너미의 카테고리

이 책에 수록된 에너미는 아래의 여덟 가지 카테고리로 분류되어 있습니다.

● 보통사람

닌자는 아니지만 사실은 특수한 능력을 가진 초인, 닌자나 요마와 싸우기 위해 개발된 초상병기 등 닌자도 요마도 아닌 에너미의 카테고리입니다. 따로 표기된 것이 없다면 보통사람 카테고리에 속하는 에너미의 플롯은 「19·03 일반인의 플롯」(p141)을 따릅니다. 보통사람 카테고리의 에너미가 간격이 있는 인법을 습득했다면, **예측치와 목표가 플롯한 플롯치의 차이**가 그 인법의 간격 이내일 경우 해당 목표에게 인법의 효과를 사용할 수 있습니다. 또, 【크리티컬 히트】나 【범위 공격】 오의도 마찬가지로 취급합니다.

적으로 등장시킬 때 외에도 의뢰인이나 히로인의 데이터로 사용할 수도 있을 것입니다.

● 인수

특수한 훈련을 받아 인술이나 인법을 터득한 동물들입니다. 인간이 그다지 활동하지 않는 장소에서 활약합니다. PC의 종자로 사용되는 경우도 있습니다.

또, 나이를 먹어 인법을 사용할 수 있게 된 짐승들도 이 카테고리에 포함됩니다.

● 하급닌자

각 유파에 소속된 하급닌자들입니다. 중급닌자나 상급닌자의 수족이 되어 첩보 활동이나 파괴 공작 등에 임합니다. PC의 종자로 사용되는 경우도 있습니다.

● 중급닌자

각 유파의 달인들. PC들과 동등한 실력의 소유자들입니다. 캐릭터를 제작하는 수고를 덜기 위한 샘플 캐릭터 데이터로도 사용할 수 있습니다. 단, 그 경우 특기를 추가로 하나 더 습득하고, 오의의 지정 특기를 설정해야 합니다. PC의 라이벌이나 협력자로 등장시킨다면 이 카테고리의 에너미가 적당할 것입니다.

● 상급닌자

플레이어 캐릭터들보다 훨씬 뛰어난 실력의 소유자들입니다. 혼자서 여러 명의 닌자와 싸울 수 있습니다. 시나리오에 하위 유파 등의 수장을 등장시킨다면 이 카테고리의 에너미 데이터를 사용하도록 합시다.

● 저급요마

힘이 약한 요마들입니다. 대체로 여러 마리가 함께 나타납니다. 중급요마나 상급요마의 부하로 나타나는 경우도 흔히 찾아볼 수 있으며, 때로는 닌자나 마법사의 사역마가 되기도 합니다.

● 중급요마

강력한 힘을 지닌 요마들입니다. 그 힘은 마을 하나 정도는 멸망시킬 수 있을 정도입니다. 전승으로 전해지는 요괴나 유명한 괴물의 대다수는 이 카테고리의 에너미입니다. 시나리오의 주된 적으로 등장하는 요마의 대부분은 이 중급요마일 것입니다.

● 상급요마

매우 강력한 요마들입니다. 다양한 전승이나 신화에 등장하며, 신과도 어깨를 나란히 하는 존재입니다. 하나의 지역, 더 나아가 국가 자체마저 멸망시킬 수 있는 힘을 지니고 있습니다. 여러 개의 세션을 거쳐 싸워야 하는 캠페인의 보스로 적당한 상대입니다.

에너미 데이터 읽는 법

① 위협도

에너미의 강함을 대략적으로 나타낸 수치입니다. 강력한 에너미일수록 위협도가 높아집니다. 위협도에 관한 자세한 설명은 p148을 참조하시기 바랍니다.

② 에너미명

에너미의 명칭입니다.

③ 카테고리

그 에너미가 속하는 카테고리입니다.

④ 해설

그 에너미에 관한 간단한 해설입니다.

⑤ 생명력

그 에너미의 생명력입니다.

⑥ 인법

그 에너미가 습득한 인법입니다.

⑦ 닌자도구

그 에너미가 가지고 있는 닌자도구의 종류와 숫자입니다

⑧ 특기

에너미의 전문 분야가 적혀 있습니다. 그리고 /(슬래시) 뒤에 적혀 있는 것이 그 에너미가 습득한 특기입니다.

⑨ 기타

기타 칸에는 오의나 그 에너미만이 습득하는 독자적인 인법(에너미 인법)의 효과가 적혀 있습니다. 여기에 오의에 관한 내용이 적혀 있지 않다면 오의를 습득하지 않은 에너미입니다.

길의 서

보통사람

일반인, 혹은 일반인이 닌자나 요마에게 대항하고자 만든 병기들. 특수한 인법을 습득하지 않은 한 일반인 규칙을 따른다.

마도사 Mage

위협도 3 ／ 카테고리 보통사람

수백 년, 수천 년도 전에 사망한 전설의 마법사. 하지만 완전히 죽은 것이 아니라, 마술의 힘으로 이 세상에 머무르고 있다. 그 사실을 들키지 않는 한 소멸하지 않는다.

생명력 6

페르소나: 【망자】 p145 ／ 【마법사】 p145

특기: 전술／《불의 술》《조사술》《색적술》《사령술》《언령술》《주술》

닌자도구 ／ 병량환 1 ／ 신통환 0 ／ 둔갑부 0

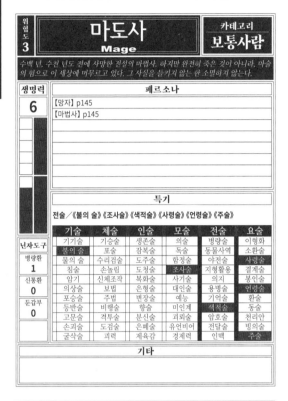

기술	체술	인술	모술	전술	요술
기기술	기승술	생존술	의술	병량술	이형화
불의 술	포술	잠복술	독술	동물사역	소환술
물의 술	수리검술	도주술	함정술	야전술	사령술
침술	손놀림	도청술	조사술	지형활용	결계술
암기	신체조작	복화술	사기술	의지	봉인술
의상술	보법	은형술	대인술	용병술	언령술
포승술	주법	변장술	예능	기억술	환술
등반술	비행술	향술	미인계	색적술	동술
고문술	격투술	분신술	괴뢰술	암호술	천리안
손괴술	도검술	은폐술	유언비어	전달술	빙의술
굴삭술	괴력	제육감	경제력	인맥	주술

기타

검희 Bladess

위협도 3 ／ 카테고리 보통사람

검도를 좋아하는 소녀. 최근 마음이 끌리는 상대가 나타나 고백할 생각이었지만…… 사실은 인간에서 칼로 변신할 수 있는 【마인병기】라는 것이 판명.

생명력 6

페르소나: 【고백】 p143 ／ 【마인병기】 p144

특기: 체술／《의상술》《주법》《도검술》《향술》《대인술》《병량술》

닌자도구 ／ 병량환 1 ／ 신통환 0 ／ 둔갑부 0

기술	체술	인술	모술	전술	요술
기기술	기승술	생존술	의술	병량술	이형화
불의 술	포술	잠복술	독술	동물사역	소환술
물의 술	수리검술	도주술	함정술	야전술	사령술
침술	손놀림	도청술	조사술	지형활용	결계술
암기	신체조작	복화술	사기술	의지	봉인술
의상술	보법	은형술	대인술	용병술	언령술
포승술	주법	변장술	예능	기억술	환술
등반술	비행술	향술	미인계	색적술	동술
고문술	격투술	분신술	괴뢰술	암호술	천리안
손괴술	도검술	은폐술	유언비어	전달술	빙의술
굴삭술	괴력	제육감	경제력	인맥	주술

기타

얼굴 없는 자 Faceless

위협도 3 ／ 카테고리 보통사람

누구도 아닌 자. 천의 화산을 가진 자. 사람들 사이에 섞여들어 어떠한 이유에 따라 타인의 행세를…… 아니, 인류의 행세를 하고 있는 자.

생명력 6

페르소나: 【악몽】 p143 ／ 【분령】 p145

특기: 인술／《손괴술》《신체조작》《변장술》《함정술》《기억술》《빙의술》

닌자도구 ／ 병량환 0 ／ 신통환 0 ／ 둔갑부 1

기술	체술	인술	모술	전술	요술
기기술	기승술	생존술	의술	병량술	이형화
불의 술	포술	잠복술	독술	동물사역	소환술
물의 술	수리검술	도주술	함정술	야전술	사령술
침술	손놀림	도청술	조사술	지형활용	결계술
암기	신체조작	복화술	사기술	의지	봉인술
의상술	보법	은형술	대인술	용병술	언령술
포승술	주법	변장술	예능	기억술	환술
등반술	비행술	향술	미인계	색적술	동술
고문술	격투술	분신술	괴뢰술	암호술	천리안
손괴술	도검술	은폐술	유언비어	전달술	빙의술
굴삭술	괴력	제육감	경제력	인맥	주술

기타

상류층 King

위협도 3 ／ 카테고리 보통사람

왕의 상을 지닌 자. 대자연을 연상케 하는 힘과 악마 같은 교활함을 겸비하고 있다. 남의 위에 군림할 숙명을 타고난 인물.

생명력 6

페르소나: 【매혹】 p143 ／ 【패왕】 p145

특기: 전술／《의상술》《기승술》《변장술》《용병술》《인맥》《천리안》

닌자도구 ／ 병량환 0 ／ 신통환 1 ／ 둔갑부 0

기술	체술	인술	모술	전술	요술
기기술	기승술	생존술	의술	병량술	이형화
불의 술	포술	잠복술	독술	동물사역	소환술
물의 술	수리검술	도주술	함정술	야전술	사령술
침술	손놀림	도청술	조사술	지형활용	결계술
암기	신체조작	복화술	사기술	의지	봉인술
의상술	보법	은형술	대인술	용병술	언령술
포승술	주법	변장술	예능	기억술	환술
등반술	비행술	향술	미인계	색적술	동술
고문술	격투술	분신술	괴뢰술	암호술	천리안
손괴술	도검술	은폐술	유언비어	전달술	빙의술
굴삭술	괴력	제육감	경제력	인맥	주술

기타

어린이 Child

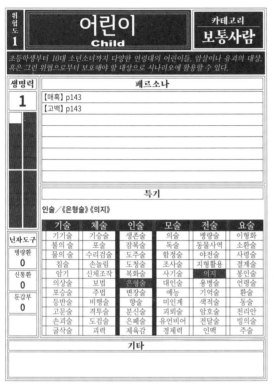

위협도 1 / 카테고리 보통사람

초등학생부터 10대 소년소녀까지 다양한 연령대의 어린이들. 암살이나 유괴의 대상, 혹은 그런 위협으로부터 보호해야 할 대상으로 시나리오에 활용할 수 있다.

생명력 1

페르소나

【매혹】 p143
【고백】 p143

특기

인술/《은형술》《의지》

닌자도구 0 / 병량환 0 / 신통환 0 / 둔갑부 0

기술	체술	인술	모술	전술	요술
기기술	기승술	생존술	의술	병량술	이형화
불의 술	포술	잠복술	독술	동물사역	소환술
물의 술	수리검술	도주술	함정술	야전술	사령술
침술	손놀림	도청술	조사술	지형활용	결계술
암기	신체조작	복화술	사기술	**의지**	봉인술
의상술	보법	**은형술**	대인술	용병술	언령술
포승술	주법	변장술	예능	기억술	환술
등반술	비행술	향술	미인계	색적술	동술
고문술	격투술	분신술	괴뢰술	암호술	천리안
손괴술	도검술	은폐술	유언비어	전달술	빙의술
굴삭술	괴력	제육감	경제력	인맥	주술

기타

대요마부대 Anti Damned Unit

위협도 2 / 카테고리 보통사람

자위대 내부에 설립된 특수부대. 닌자와의 전투를 상정하고 제작한 고속기동 대요마 강화 장갑을 대요마용으로 개수해서 장비하고 있다. 닌자 정도는 아니지만 고속으로 이동할 수 있다.

생명력 3

인법

【접근전 공격】공 《격투술》 간격: 1 p78
【집단전 공격】공 《포술》 간격: 4 p80
【항마】장 p90
【강화복】장 기타 참조

특기

체술/《의상술》《포술》《격투술》《용병술》

닌자도구 0 / 병량환 0 / 신통환 1 / 둔갑부 0

기술	체술	인술	모술	전술	요술
기기술	기승술	생존술	의술	병량술	이형화
불의 술	**포술**	잠복술	독술	동물사역	소환술
물의 술	수리검술	도주술	함정술	야전술	사령술
침술	손놀림	도청술	조사술	지형활용	결계술
암기	신체조작	복화술	사기술	의지	봉인술
의상술	보법	은형술	대인술	**용병술**	언령술
포승술	주법	변장술	예능	기억술	환술
등반술	비행술	향술	미인계	색적술	동술
고문술	**격투술**	분신술	괴뢰술	암호술	천리안
손괴술	도검술	은폐술	유언비어	전달술	빙의술
굴삭술	괴력	제육감	경제력	인맥	주술

기타

【강화복】이 캐릭터는 플롯 때 플롯치를 3까지만 플롯할 수 있다. 또, 닌자에 대한 공격이 성공하면 본래의 공격 효과와 더불어 사격전 대미지 1점을 입힐 수 있다.

심령병기 Bomber Sprite

위협도 2 / 카테고리 보통사람

하스바와 히라사카의 공동 연구 결과, 인간의 제어하에 놓여 자위대의 대요마부대에 배치된 저급 요마. 창백한 인간형의 병기로, 공격 대상에 달라붙는다.

생명력 4

인법

【접근전 공격】공 《빙의술》 간격: 1 p78
【교차】공 《도검술》 간격: 0 코스트: 1 p78
【그림자 흉내】서 《보법》 코스트: 2 p90
【츠쿠모가미】서 p172

특기

체술/《보법》《도검술》《야전술》《빙의술》

닌자도구 0 / 병량환 0 / 신통환 0 / 둔갑부 0

기술	체술	인술	모술	전술	요술
기기술	기승술	생존술	의술	병량술	이형화
불의 술	포술	잠복술	독술	동물사역	소환술
물의 술	수리검술	도주술	함정술	**야전술**	사령술
침술	손놀림	도청술	조사술	지형활용	결계술
암기	신체조작	복화술	사기술	의지	봉인술
의상술	**보법**	은형술	대인술	용병술	언령술
포승술	주법	변장술	예능	기억술	환술
등반술	비행술	향술	미인계	색적술	동술
고문술	격투술	분신술	괴뢰술	암호술	천리안
손괴술	**도검술**	은폐술	유언비어	전달술	**빙의술**
굴삭술	괴력	제육감	경제력	인맥	주술

기타

개인요새 Powered Suit

위협도 3 / 카테고리 보통사람

닌자 및 요마에 대항하고자 개발된 접근전형 강화 장갑복. 훈련된 이가 착용하면 고속 기동을 할 수 있으며, 공격자에 대한 반격 기능을 보유하고 있다.

생명력 8

인법

【접근전 공격】공 《손괴술》 간격: 1 p78
【사격전 공격】공 《용병술》 간격: 2 p79
【필중】공 《포술》 간격: 2 코스트: 3 p79
【기계 무공】공 《신체조작》 간격: 1 코스트: 2 p88
【전극권】장 p93

특기

체술/《손괴술》《포술》《신체조작》《경제력》《용병술》

닌자도구 0 / 병량환 0 / 신통환 0 / 둔갑부 0

기술	체술	인술	모술	전술	요술
기기술	기승술	생존술	의술	병량술	이형화
불의 술	포술	잠복술	독술	동물사역	소환술
물의 술	수리검술	도주술	함정술	야전술	사령술
침술	손놀림	도청술	조사술	지형활용	결계술
암기	**신체조작**	복화술	사기술	의지	봉인술
의상술	보법	은형술	대인술	**용병술**	언령술
포승술	주법	변장술	예능	기억술	환술
등반술	비행술	향술	미인계	색적술	동술
고문술	격투술	분신술	괴뢰술	암호술	천리안
손괴술	도검술	은폐술	유언비어	전달술	빙의술
굴삭술	괴력	제육감	**경제력**	인맥	주술

기타

길의 서

영능력자 Medium

위협도 2	카테고리
	보통사람

괴이 사건의 해결을 생업으로 삼는 영능력자. 저급요마와 싸우는 일도 자주 있다. 고위 요마의 존재를 남들보다 먼저 알아차리기도 한다. 바로 앞의 미래를 예지해서 고속기동에 대응할 수 있다.

생명력 3

인법
【접근전 공격】공 《생존술》 간격: 1 p78
【사격전 공격】공 《사령술》 간격: 2 p79
【항마】장 p90
【예감】장 기타 참조

특기
모술／《생존술》《조사술》《전달술》《사령술》

	기술	체술	인술	모술	전술	요술
	기기술	기승술	생존술	의술	병량술	이형화
닌자도구	불의 술	포술	잠복술	독술	동물사역	소환술
병량환 0	물의 술	수리검술	도주술	함정술	야전술	사령술
	침술	손놀림	도청술	조사술	지형활용	결계술
신통환 0	암기	신체조작	복화술	사기술	의지	봉인술
	의상술	보법	은행술	대인술	용병술	언령술
둔갑부 0	포승술	주법	변장술	예능	기억술	환술
	등반술	비행술	향술	미인계	색적술	동술
	고문술	격투술	분신술	괴뢰술	암호술	천리안
	손괴술	도검술	은폐술	유언비어	전달술	빙의술
	굴삭술	괴력	제육감	경제력	인맥	주술

기타
【예감】 이 캐릭터는 플롯 때 6면체 주사위를 굴려 나온 눈을 플롯치로 취급한다.

복수자 Avenger

위협도 2	카테고리
	보통사람

육친이나 사랑하는 이를 닌자나 요마에게 살해당했거나, 그렇게 믿고 있는 인물. 그 집념은 지독한 수준으로, 목적을 이루기 위해서라면 수단을 가리지 않는다.

생명력 3

인법
【접근전 공격】공 《색적술》 간격: 1 p78
【집단전 공격】공 《생존술》 간격: 4 p80
【강타】서 《포승술》 코스트: 1 p83
【집념】장 기타 참조

특기
전술／《포승술》《생존술》《병량술》《색적술》

	기술	체술	인술	모술	전술	요술
	기기술	기승술	생존술	의술	병량술	이형화
닌자도구	불의 술	포술	잠복술	독술	동물사역	소환술
병량환 0	물의 술	수리검술	도주술	함정술	야전술	사령술
	침술	손놀림	도청술	조사술	지형활용	결계술
신통환 0	암기	신체조작	복화술	사기술	의지	봉인술
	의상술	보법	은행술	대인술	용병술	언령술
둔갑부 0	포승술	주법	변장술	예능	기억술	환술
	등반술	비행술	향술	미인계	색적술	동술
	고문술	격투술	분신술	괴뢰술	암호술	천리안
	손괴술	도검술	은폐술	유언비어	전달술	빙의술
	굴삭술	괴력	제육감	경제력	인맥	주술

기타
【집념】 이 캐릭터는 플롯 때 플롯치를 2까지만 플롯할 수 있다.

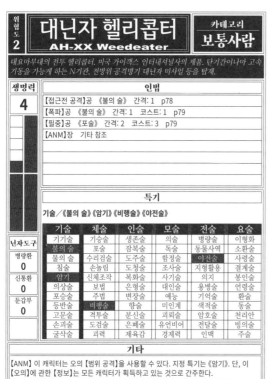

대닌자 헬리콥터 AH-XX Weedeater

위협도 2	카테고리
	보통사람

대요마부대의 전투 헬리콥터. 미국 가이낙스 인터내셔널사의 제품. 단기간이나마 고속 기동을 가능케 하는 N기관, 전방위 공격병기 대닌자 미사일 등을 탑재.

생명력 4

인법
【접근전 공격】공 《불의 술》 간격: 1 p78
【폭파】공 《불의 술》 간격: 1 코스트: 1 p79
【필중】공 《포술》 간격: 2 코스트: 3 p79
【ANM】장 기타 참조

특기
기술／《불의 술》《암기》《비행술》《야전술》

	기술	체술	인술	모술	전술	요술
	기기술	기승술	생존술	의술	병량술	이형화
닌자도구	불의 술	포술	잠복술	독술	동물사역	소환술
병량환 0	물의 술	수리검술	도주술	함정술	야전술	사령술
	침술	손놀림	도청술	조사술	지형활용	결계술
신통환 0	암기	신체조작	복화술	사기술	의지	봉인술
	의상술	보법	은행술	대인술	용병술	언령술
둔갑부 0	포승술	주법	변장술	예능	기억술	환술
	등반술	비행술	향술	미인계	색적술	동술
	고문술	격투술	분신술	괴뢰술	암호술	천리안
	손괴술	도검술	은폐술	유언비어	전달술	빙의술
	굴삭술	괴력	제육감	경제력	인맥	주술

기타
【ANM】 이 캐릭터는 오의 【범위 공격】을 사용할 수 있다. 지정 특기는 《암기》. 단, 이 【오의】에 관한 【정보】는 모든 캐릭터가 획득하고 있는 것으로 간주한다.

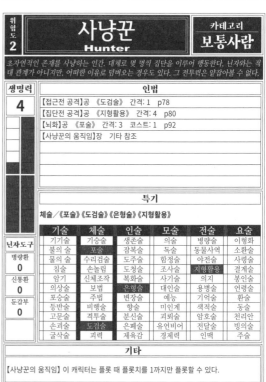

사냥꾼 Hunter

위협도 2	카테고리
	보통사람

초자연적인 존재를 사냥하는 인간. 대체로 몇 명씩 집단을 이루어 행동한다. 닌자와는 적대 관계가 아니지만, 어떠한 이유로 덤벼드는 경우도 있다. 그 전투력은 얕잡아볼 수 없다.

생명력 4

인법
【접근전 공격】공 《도검술》 간격: 1 p78
【집단전 공격】공 《지형활용》 간격: 4 p80
【뇌화】공 《포술》 간격: 3 코스트: 1 p92
【사냥꾼의 움직임】장 기타 참조

특기
체술／《포술》《도검술》《은형술》《지형활용》

	기술	체술	인술	모술	전술	요술
	기기술	기승술	생존술	의술	병량술	이형화
닌자도구	불의 술	포술	잠복술	독술	동물사역	소환술
병량환 0	물의 술	수리검술	도주술	함정술	야전술	사령술
	침술	손놀림	도청술	조사술	지형활용	결계술
신통환 0	암기	신체조작	복화술	사기술	의지	봉인술
	의상술	보법	은형술	대인술	용병술	언령술
둔갑부 0	포승술	주법	변장술	예능	기억술	환술
	등반술	비행술	향술	미인계	색적술	동술
	고문술	격투술	분신술	괴뢰술	암호술	천리안
	손괴술	도검술	은폐술	유언비어	전달술	빙의술
	굴삭술	괴력	제육감	경제력	인맥	주술

기타
【사냥꾼의 움직임】 이 캐릭터는 플롯 때 플롯치를 1까지만 플롯할 수 있다.

인수

특수한 훈련을 받아 인법을 터득한 동물들. 고속기동이나 시노비 회화도 가능하며, 닌자와는 의사소통을 할 수 있다

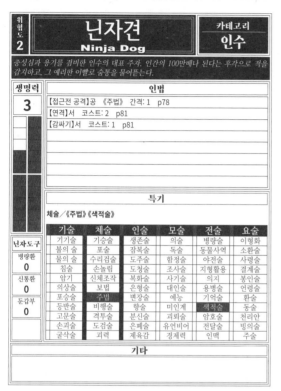

닌자견 Ninja Dog

위협도 2 / 카테고리 인수

충성심과 용기를 겸비한 인수의 대표 주자. 인간의 100만배나 된다는 후각으로 적을 감지하고, 그 예리한 이빨로 숨통을 물어뜯는다.

생명력 3

인법
- 【접근전 공격】공 《주법》 간격:1 p78
- 【연격】서 코스트:2 p81
- 【감싸기】서 코스트:1 p81

특기
체술/《주법》《색적술》

닌자도구 / 병량환 0 / 신통환 0 / 둔갑부 0

기술	체술	인술	모술	전술	요술
기기술	기승술	생존술	의술	병량술	이형화
불의 술	포술	잠복술	독술	동물사역	소환술
물의 술	수리검술	도주술	함정술	야전술	사령술
침술	손놀림	도청술	조사술	지형활용	결계술
암기	신체조작	복화술	사기술	의지	봉인술
의상술	보법	은형술	대인술	용병술	언령술
포승술	**주법**	변장술	예능	기억술	환술
등반술	비행술	향술	미인계	**색적술**	동술
고문술	격투술	분신술	괴뢰술	암호술	천리안
손괴술	도검술	은폐술	유언비어	전달술	빙의술
굴삭술	괴력	제육감	경제력	인맥	주술

기타

닌자충 Ninja Sworm

위협도 1 / 카테고리 인수

닌자는 날벌레, 딱정벌레, 땅벌레, 독충, 절지동물 등 다양한 벌레를 길들여 추적이나 탐색, 전투 등에 이용한다. 또, 닌자충을 사용해서 치료를 할 수도 있다.

생명력 2

인법
- 【접근전 공격】공 《의술》 간격:1 p78
- 【사역술】공 《동물사역》 간격:3 코스트:4 p80

특기
전술/《의술》《동물사역》

닌자도구 / 병량환 0 / 신통환 0 / 둔갑부 0

기술	체술	인술	모술	전술	요술
기기술	기승술	생존술	**의술**	병량술	이형화
불의 술	포술	잠복술	독술	**동물사역**	소환술
물의 술	수리검술	도주술	함정술	야전술	사령술
침술	손놀림	도청술	조사술	지형활용	결계술
암기	신체조작	복화술	사기술	의지	봉인술
의상술	보법	은형술	대인술	용병술	언령술
포승술	주법	변장술	예능	기억술	환술
등반술	비행술	향술	미인계	색적술	동술
고문술	격투술	분신술	괴뢰술	암호술	천리안
손괴술	도검술	은폐술	유언비어	전달술	빙의술
굴삭술	괴력	제육감	경제력	인맥	주술

기타

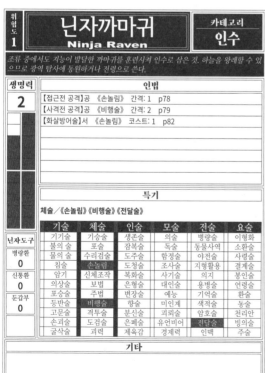

닌자까마귀 Ninja Raven

위협도 1 / 카테고리 인수

조류 중에서도 지능이 발달한 까마귀를 훈련시켜 인수로 삼은 것. 하늘을 왕래할 수 있으므로 광역 탐사에 동원하거나 전령으로 쓴다.

생명력 2

인법
- 【접근전 공격】공 《손놀림》 간격:1 p78
- 【사격전 공격】공 《비행술》 간격:2 p79
- 【화살방어술】서 《손놀림》 코스트:1 p82

특기
체술/《손놀림》《비행술》《전달술》

닌자도구 / 병량환 0 / 신통환 0 / 둔갑부 0

기술	체술	인술	모술	전술	요술
기기술	기승술	생존술	의술	병량술	이형화
불의 술	포술	잠복술	독술	동물사역	소환술
물의 술	수리검술	도주술	함정술	야전술	사령술
침술	**손놀림**	도청술	조사술	지형활용	결계술
암기	신체조작	복화술	사기술	의지	봉인술
의상술	보법	은형술	대인술	용병술	언령술
포승술	주법	변장술	예능	기억술	환술
등반술	**비행술**	향술	미인계	색적술	동술
고문술	격투술	분신술	괴뢰술	암호술	천리안
손괴술	도검술	은폐술	유언비어	**전달술**	빙의술
굴삭술	괴력	제육감	경제력	인맥	주술

기타

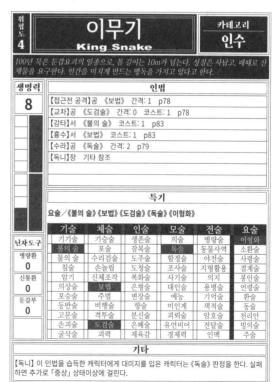

이무기 King Snake

위협도 4 / 카테고리 인수

100년 묵은 둔갑요괴의 일종으로, 몸 길이는 10m가 넘는다. 성질은 사납고, 때때로 산 제물을 요구한다. 인간을 미치게 만드는 맹독을 가지고 있다고 한다.

생명력 8

인법
- 【접근전 공격】공 《보법》 간격:1 p78
- 【교차】공 《도검술》 간격:0 코스트:1 p78
- 【강타】서 《불의 술》 코스트:1 p83
- 【흡수】서 《보법》 코스트:1 p83
- 【수라】공 《독술》 간격:2 p79
- 【독니】장 기타 참조

특기
요술/《불의 술》《보법》《도검술》《독술》《이형화》

닌자도구 / 병량환 0 / 신통환 0 / 둔갑부 0

기술	체술	인술	모술	전술	요술
기기술	기승술	생존술	의술	병량술	**이형화**
불의 술	포술	잠복술	**독술**	동물사역	소환술
물의 술	수리검술	도주술	함정술	야전술	사령술
침술	손놀림	도청술	조사술	지형활용	결계술
암기	신체조작	복화술	사기술	의지	봉인술
의상술	**보법**	은형술	대인술	용병술	언령술
포승술	주법	변장술	예능	기억술	환술
등반술	비행술	향술	미인계	색적술	동술
고문술	격투술	분신술	괴뢰술	암호술	천리안
손괴술	**도검술**	은폐술	유언비어	전달술	빙의술
굴삭술	괴력	제육감	경제력	인맥	주술

기타
【독니】 이 인법을 습득한 캐릭터에게 대미지를 입은 캐릭터는 《독술》판정을 한다. 실패하면 추가로 「중상」 상태이상에 걸린다.

길의 서

거대 두꺼비 / Monster Toad
위험도 4 · 카테고리 인수

이무기와 마찬가지로 둔갑요괴의 일종으로, 거대한 두꺼비. 입에서 무지개 같은 기운을 토해내며, 이 기운에 닿은 이를 집어삼킨다고 한다. 그 많은 병량환의 재료로 쓰인다고 한다.

생명력 8

인법
- 【접근전 공격】공 《은형술》 간격: 1 p78
- 【폭파】공 《불의 술》 간격: 1 코스트: 1 p79
- 【반격기】서 《지형활용》 간격: 2 코스트: 2 p82
- 【플롯 제한】서 《봉인술》 코스트: 3 p83
- 【만화경】공 《잠복술》 간격: 3 p80
- 【두꺼비 기름】장 기타 참조

특기
인술/《불의 술》《잠복술》《은형술》《지형활용》《봉인술》

닌자도구 / 병량환 0 / 신통환 0 / 둔갑부 0

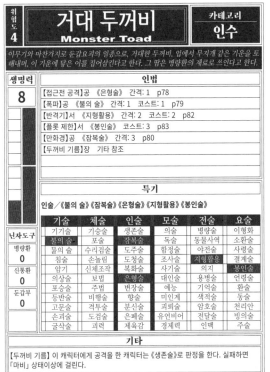

기술	체술	인술	모술	전술	요술
기기술	기승술	생존술	의술	병량술	이형화
불의 술	포술	잠복술	독술	동물사역	소환술
물의 술	수리검술	도주술	함정술	야전술	사령술
침술	손놀림	도청술	조사술	지형활용	결계술
암기	신체조작	복화술	사기술	의지	봉인술
의상술	보법	은형술	대인술	용병술	언령술
포승술	주법	변장술	예능	기억술	환술
등반술	비행술	향술	미인계	색적술	동술
고문술	격투술	분신술	괴뢰술	암호술	천리안
손괴술	도검술	은폐술	유언비어	전달술	빙의술
굴삭술	괴력	제육감	경제력	인맥	주술

기타
【두꺼비 기름】이 캐릭터에게 공격을 한 캐릭터는 《생존술》로 판정을 한다. 실패하면 「마비」 상태이상에 걸린다.

닌자상어 / Ninja Shark
위험도 3 · 카테고리 인수

난폭한 백상아리에게 뇌 수술을 실시해서 제어하에 둔 존재. 수중전에 있어서는 최용, 최악의 존재.

생명력 6

인법
- 【접근전 공격】공 《괴력》 간격: 1 p78
- 【죠스】서 《괴력》 코스트: 2 자신이 「수중」 전장에서 【접근전 공격】을 하기 직전에 사용할 수 있다. 자신을 목표로 선택한다. 명중 판정에 성공하면 그 【접근전 공격】의 대미지 2점 상승한다. 이 효과는 누적되지 않는다.
- 【수중 적응】장 「수중」 전장의 특수 효과를 자기만 무효로 할 수 있다.

특기
체술/《괴력》《생존술》《지형활용》

닌자도구 / 병량환 0 / 신통환 0 / 둔갑부 0

기술	체술	인술	모술	전술	요술
기기술	기승술	생존술	의술	병량술	이형화
불의 술	포술	잠복술	독술	동물사역	소환술
물의 술	수리검술	도주술	함정술	야전술	사령술
침술	손놀림	도청술	조사술	지형활용	결계술
암기	신체조작	복화술	사기술	의지	봉인술
의상술	보법	은형술	대인술	용병술	언령술
포승술	주법	변장술	예능	기억술	환술
등반술	비행술	향술	미인계	색적술	동술
고문술	격투술	분신술	괴뢰술	암호술	천리안
손괴술	도검술	은폐술	유언비어	전달술	빙의술
굴삭술	괴력	제육감	경제력	인맥	주술

기타

닌자묘 / Ninja Cat
위험도 1 · 카테고리 인수

시노비 훈련을 받은 고양이. 유연한 육체와 예민한 감각을 구사해 다양한 장소에 숨어들어 정보를 모은다. 뒷골목 닌자묘 공동체에서 얻을 수 있는 정보도 얕잡아볼 수 없다.

생명력 1

인법
- 【접근전 공격】공 《조사술》 간격: 1 p78
- 【유도】서 《주법》 코스트: 2 p82
- 【고양이의 길】서 《조사술》 코스트: 2 자신이 등장하지 않은 드라마 장면에서 사용할 수 있다. 지정 특기 판정에 성공하면 정보 판정을 1회 할 수 있다. 단, 이 정보 판정에는 -2의 수정치를 적용한다.

특기
인술/《주법》《조사술》

닌자도구 / 병량환 0 / 신통환 0 / 둔갑부 0

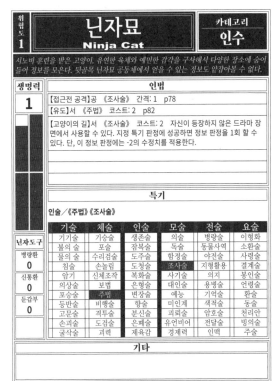

기술	체술	인술	모술	전술	요술
기기술	기승술	생존술	의술	병량술	이형화
불의 술	포술	잠복술	독술	동물사역	소환술
물의 술	수리검술	도주술	함정술	야전술	사령술
침술	손놀림	도청술	조사술	지형활용	결계술
암기	신체조작	복화술	사기술	의지	봉인술
의상술	보법	은형술	대인술	용병술	언령술
포승술	주법	변장술	예능	기억술	환술
등반술	비행술	향술	미인계	색적술	동술
고문술	격투술	분신술	괴뢰술	암호술	천리안
손괴술	도검술	은폐술	유언비어	전달술	빙의술
굴삭술	괴력	제육감	경제력	인맥	주술

기타

닌자원숭이 / Ninja Monkey
위험도 1 · 카테고리 인수

인간과 가장 가까운 동물이라는 원숭이를 닌자로 훈련시킨 것. 타고난 도벽을 마음껏 발휘해서 적으로부터 닌자도구를 훔친다.

생명력 3

인법
- 【접근전 공격】공 《손놀림》 간격: 1 p78
- 【괴조】공 《등반술》 간격: 1 p78
- 【원숭이 몸놀림】공 《손놀림》 간격: 0 코스트: 1 접근전. 공격이 성공하면 목표가 가지고 있는 닌자도구 1개를 빼앗을 수 있다(어느 닌자도구를 빼앗길지는 공격받은 목표가 지정할 수 있다). 만약 이 인법을 습득한 캐릭터가 누군가의 종자라면, 빼앗은 닌자도구는 자동으로 주인의 것이 된다.

특기
체술/《등반술》《손놀림》

닌자도구 / 병량환 0 / 신통환 0 / 둔갑부 0

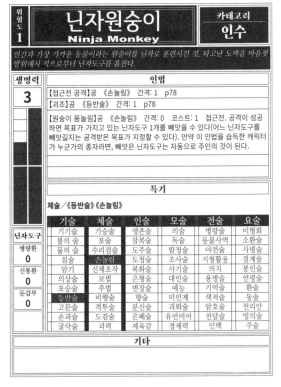

기술	체술	인술	모술	전술	요술
기기술	기승술	생존술	의술	병량술	이형화
불의 술	포술	잠복술	독술	동물사역	소환술
물의 술	수리검술	도주술	함정술	야전술	사령술
침술	손놀림	도청술	조사술	지형활용	결계술
암기	신체조작	복화술	사기술	의지	봉인술
의상술	보법	은형술	대인술	용병술	언령술
포승술	주법	변장술	예능	기억술	환술
등반술	비행술	향술	미인계	색적술	동술
고문술	격투술	분신술	괴뢰술	암호술	천리안
손괴술	도검술	은폐술	유언비어	전달술	빙의술
굴삭술	괴력	제육감	경제력	인맥	주술

기타

닌자여우 / Ninja Fox

위협도 1 · 카테고리 인수

둔갑요괴의 일종으로, 변화의 술법을 터득한 여우. 원래는 여우의 왕인 이나리 신을 섬기는 존재지만, 계약에 의해 닌자를 따른다. 여우와 인간의 모습을 자유자재로 오가며 적을 농락한다.

생명력 2

인법
- 【접근전 공격】공 《주법》 간격: 1 p78
- 【카마이타치】공 《포승술》 간격: 2 코스트: 1 p79
- 【여우의 가죽 옷】서 장면에 등장할 때 사용할 수 있다. 이 인법을 사용하면 그 장면 동안 자신의 데이터가 하급닌자 카테고리의 에너미 「쿠노이치」인 것으로 간주한다.

특기
기술/《포승술》《주법》

닌자도구: 병량환 0 / 신통환 0 / 둔갑부 0

기술	체술	인술	모술	전술	요술
기공술	기승술	생존술	의술	병량술	이형화
불의 술	포술	잠복술	독술	동물사역	소환술
물의 술	수리검술	도주술	함정술	야전술	사령술
침술	손놀림	도청술	조사술	지형활용	결계술
암기	신체조작	복화술	사기술	의지	봉인술
의상술	보법	은형술	대인술	용병술	언령술
포승술	주법	변장술	예능	기억술	환술
등반술	비행술	향술	미인계	색적술	동술
고문술	격투술	분신술	괴뢰술	암호술	천리안
손괴술	도검술	은폐술	유언비어	전달술	빙의술
굴삭술	괴력	제육감	경제력	인맥	주술

기타

피조물 / Creature

위협도 3 · 카테고리 인수

마법으로 창조한 인조생물. 자아가 약하고 지능도 낮지만, 주인에게 완전 복종한다. 살식으로 유지되는 흙덩어리 육체는 마지막 한 조각이 될 때까지 명령을 수행하기 위해 움직인다.

생명력 6

인법
- 【접근전 공격】공 《괴력》 간격: 1 p78
- 【하늘소】공 《괴력》 간격: 0 코스트: 4 p78
- 【춘향】공 《향술》 간격: 3 코스트: 4 p94
- 【감싸기】서 코스트: 1 p81
- 【무통증】장 자신의 【생명력】을 모두 잃었을 때 사용할 수 있다. 1D6에서 3을 뺀 수치만큼 【생명력】을 회복한다(최저 0).

특기
체술/《괴력》《향술》《봉인술》

닌자도구: 병량환 0 / 신통환 0 / 둔갑부 0

기술	체술	인술	모술	전술	요술
기공술	기승술	생존술	의술	병량술	이형화
불의 술	포술	잠복술	독술	동물사역	소환술
물의 술	수리검술	도주술	함정술	야전술	사령술
침술	손놀림	도청술	조사술	지형활용	결계술
암기	신체조작	복화술	사기술	의지	봉인술
의상술	보법	은형술	대인술	용병술	언령술
포승술	주법	변장술	예능	기억술	환술
등반술	비행술	향술	미인계	색적술	동술
고문술	격투술	분신술	괴뢰술	암호술	천리안
손괴술	도검술	은폐술	유언비어	전달술	빙의술
굴삭술	괴력	제육감	경제력	인맥	주술

기타

거대 박쥐 / Monster Bat

위협도 3 · 카테고리 인수

둔갑요괴의 일종으로, 날개 폭이 20m 가까이 되는 거대한 박쥐. 몸집은 항공기 사이즈지만 기척을 지우고 날면 일반인의 눈에는 보이지 않으며, 레이더로도 포착할 수 없다.

생명력 8

인법
- 【접근전 공격】공 《비행술》 간격: 1 p78
- 【유성우】공 《소환술》 간격: 3 코스트: 3 p106
- 【야만족의 노래】서 《언령술》 코스트: 2 p82
- 【마계 시공】장 《환술》 p106
- 【화살방어술】서 《의상술》 코스트: 1 p82
- 【파괴음파】공 《언령술》 간격: 3 코스트: 2 사격전. 공격이 성공하면 사격전 대미지 1점을 입힐 수 있다. 이 공격을 받은 캐릭터는 《손괴술》로 판정을 한다. 실패하면 「고장」 상태이상에 걸린다.

특기
체술/《비행술》《야전술》《소환술》《언령술》《환술》

닌자도구: 병량환 0 / 신통환 0 / 둔갑부 0

기술	체술	인술	모술	전술	요술
기공술	기승술	생존술	의술	병량술	이형화
불의 술	포술	잠복술	독술	동물사역	소환술
물의 술	수리검술	도주술	함정술	야전술	사령술
침술	손놀림	도청술	조사술	지형활용	결계술
암기	신체조작	복화술	사기술	의지	봉인술
의상술	보법	은형술	대인술	용병술	언령술
포승술	주법	변장술	예능	기억술	환술
등반술	비행술	향술	미인계	색적술	동술
고문술	격투술	분신술	괴뢰술	암호술	천리안
손괴술	도검술	은폐술	유언비어	전달술	빙의술
굴삭술	괴력	제육감	경제력	인맥	주술

기타

거대 기계인형 / Warmachine

위협도 4 · 카테고리 인수

하스바가 보유한 대형병기 개발 기술의 정수를 담은 인간형 거대 병기. 전고30m 이상 완전 무장시의 중량은 1,000t을 가볍게 넘는다. 너무나도 거대하여 운용하기 불편하긴 하지만, 일단 전장에 투입되면 폭력적인 섬멸능력으로 적을 구축한다.

생명력 10

인법
- 【접근전 공격】공 《기기술》 간격: 1 p78
- 【폭파】공 《불의 술》 간격: 1 코스트: 1 p79
- 【가을비】공 《포술》 간격: 2 코스트: 1 p90
- 【금강】공 《생존술》 코스트: 3 p94
- 【마계공학】장 p86
- 【자동 반격】장 이 인법을 습득한 캐릭터에게 공격을 한 캐릭터는 《기기술》로 판정을 한다. 실패하면 사격전 대미지 1점을 입는다.

특기
기술/《기기술》《불의 술》《포술》《생존술》

닌자도구: 병량환 0 / 신통환 0 / 둔갑부 0

기술	체술	인술	모술	전술	요술
기공술	기승술	생존술	의술	병량술	이형화
불의 술	포술	잠복술	독술	동물사역	소환술
물의 술	수리검술	도주술	함정술	야전술	사령술
침술	손놀림	도청술	조사술	지형활용	결계술
암기	신체조작	복화술	사기술	의지	봉인술
의상술	보법	은형술	대인술	용병술	언령술
포승술	주법	변장술	예능	기억술	환술
등반술	비행술	향술	미인계	색적술	동술
고문술	격투술	분신술	괴뢰술	암호술	천리안
손괴술	도검술	은폐술	유언비어	전달술	빙의술
굴삭술	괴력	제육감	경제력	인맥	주술

기타

하급닌자

각 유파나 혈맹에 소속된 하급 닌자들. 중급닌자나 상급닌자의 수족이 되어 임무의 최전선에서 첩보 활동이나 파괴 공작 등을 담당한다.

쿠사 Grass

위협도	1

카테고리 하급닌자

쿠사란 '풀'이라는 의미. 닌자라는 정체를 완전히 숨기고, 일반 사회에 섞여드는 역할을 맡은 이들을 가리킨다. 주된 임무는 정보 수집, 학교, 회사, 지역 주민…… 다양한 커뮤니티 속에 각 유파의「쿠사」가 존재한다.

생명력 1

인법
【접근전 공격】공《잠복술》간격:1 p78
【방황】서《잠복술》p94

특기
인술/《잠복술》《색적술》

기술	체술	인술	모술	전술	요술
기기술	기승술	생존술	의술	병량술	이형화
불의 술	포술	**잠복술**	독술	동물사역	소환술
물의 술	수리검술	도주술	함정술	야전술	사령술
침술	손놀림	도청술	조사술	지형활용	결계술
암기	신체조작	복화술	사기술	의지	봉인술
의상술	보법	은형술	대인술	용병술	언령술
포승술	주법	변장술	예능	기억술	환술
등반술	비행술	향술	미인계	**색적술**	동물
고문술	격투술	분신술	괴뢰술	암호술	천리안
손괴술	도검술	은폐술	유언비어	전달술	빙의술
굴삭술	괴력	제육감	경제력	인맥	주술

닌자도구 병량환 0 / 신통환 0 / 둔갑부 0

기타

전투원 Combatant

위협도	1

카테고리 하급닌자

하급닌자 중에서도 전투에 특화한 부대. 암살, 습격 등의 임무를 주로 맡는다.

생명력 2

인법
【접근전 공격】공《도검술》간격:1 p78
【사격전 공격】공《수리검술》간격:2 p79
【아지랑이】서《도검술》코스트:1 p90

특기
체술/《수리검술》《도검술》《은형술》

기술	체술	인술	모술	전술	요술
기기술	기승술	생존술	의술	병량술	이형화
불의 술	포술	잠복술	독술	동물사역	소환술
물의 술	**수리검술**	도주술	함정술	야전술	사령술
침술	손놀림	도청술	조사술	지형활용	결계술
암기	신체조작	복화술	사기술	의지	봉인술
의상술	보법	**은형술**	대인술	용병술	언령술
포승술	주법	변장술	예능	기억술	환술
등반술	비행술	향술	미인계	색적술	동물
고문술	격투술	분신술	괴뢰술	암호술	천리안
손괴술	**도검술**	은폐술	유언비어	전달술	빙의술
굴삭술	괴력	제육감	경제력	인맥	주술

닌자도구 병량환 0 / 신통환 0 / 둔갑부 0

기타

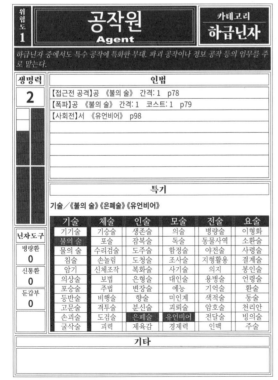

공작원 Agent

위협도	1

카테고리 하급닌자

하급닌자 중에서도 특수 공작에 특화한 부대. 파괴 공작이나 정보 공작 등의 임무를 주로 맡는다.

생명력 2

인법
【접근전 공격】공《불의 술》간격:1 p78
【폭파】공《불의 술》간격:1 코스트:1 p79
【사회전】서《유언비어》p98

특기
기술/《불의 술》《은폐술》《유언비어》

기술	체술	인술	모술	전술	요술
기기술	기승술	생존술	의술	병량술	이형화
불의 술	포술	잠복술	독술	동물사역	소환술
물의 술	수리검술	도주술	함정술	야전술	사령술
침술	손놀림	도청술	조사술	지형활용	결계술
암기	신체조작	복화술	사기술	의지	봉인술
의상술	보법	은형술	대인술	용병술	언령술
포승술	주법	변장술	예능	기억술	환술
등반술	비행술	향술	미인계	색적술	동물
고문술	격투술	분신술	괴뢰술	암호술	천리안
손괴술	도검술	**은폐술**	**유언비어**	전달술	빙의술
굴삭술	괴력	제육감	경제력	인맥	주술

닌자도구 병량환 0 / 신통환 0 / 둔갑부 0

기타

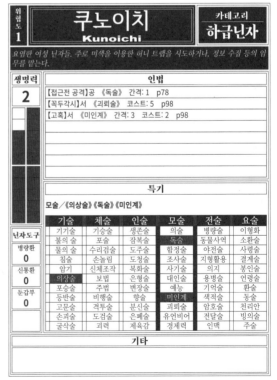

쿠노이치 Kunoichi

위협도	1

카테고리 하급닌자

요염한 여성 닌자. 주로 미색을 이용한 허니 트랩을 시도하거나, 정보 수집 등의 임무를 맡는다.

생명력 2

인법
【접근전 공격】공《독술》간격:1 p78
【꼭두각시】서《괴뢰술》코스트:5 p98
【고혹】서《미인계》간격:3 코스트:2 p98

특기
모술/《의상술》《독술》《미인계》

기술	체술	인술	모술	전술	요술
기기술	기승술	생존술	의술	병량술	이형화
불의 술	포술	잠복술	**독술**	동물사역	소환술
물의 술	수리검술	도주술	함정술	야전술	사령술
침술	손놀림	도청술	조사술	지형활용	결계술
암기	신체조작	복화술	사기술	의지	봉인술
의상술	보법	은형술	대인술	용병술	언령술
포승술	주법	변장술	예능	기억술	환술
등반술	비행술	향술	**미인계**	색적술	동물
고문술	격투술	분신술	괴뢰술	암호술	천리안
손괴술	도검술	은폐술	유언비어	전달술	빙의술
굴삭술	괴력	제육감	경제력	인맥	주술

닌자도구 병량환 0 / 신통환 0 / 둔갑부 0

기타

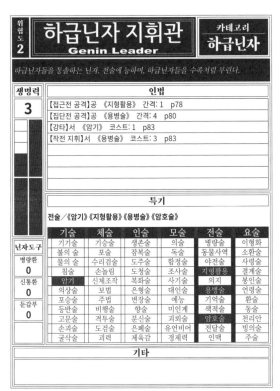

하급닌자 지휘관 — Genin Leader

위협도 2 · **카테고리** 하급닌자

하급닌자들을 통솔하는 닌자. 전술에 능하며, 하급닌자들을 수족처럼 부린다.

생명력 3

인법
- [접근전 공격]공 《지형활용》 간격: 1 p78
- [집단전 공격]공 《용병술》 간격: 4 p80
- [강타]서 《암기》 코스트: 1 p83
- [작전 지휘]서 《용병술》 코스트: 3 p83

특기
전술／《암기》《지형활용》《용병술》《암호술》

닌자도구 / 병량환 0 / 신통환 0 / 둔갑부 0

기술	체술	인술	모술	전술	요술
기기술	기승술	생존술	의술	**병량술**	이형화
불의 술	포술	잠복술	독술	**동물사역**	소환술
물의 술	수리검술	도주술	함정술	야전술	사령술
침술	손놀림	도청술	조사술	**지형활용**	결계술
암기	신체조작	복화술	사기술	**의지**	봉인술
의상술	보법	은형술	대인술	**용병술**	언령술
포승술	주법	변장술	예능	기억술	환술
등반술	비행술	향술	미인계	색적술	동술
고문술	격투술	분신술	괴뢰술	**암호술**	천리안
손괴술	도검술	은폐술	유언비어	전달술	빙의술
굴삭술	괴력	제육감	경제력	인맥	주술

기타

송장닌자 — Zombie Ninja

위협도 2 · **카테고리** 하급닌자

외법에 의해 황천의 잠에서 깨어나 꼭두각시로 이용당하는 닌자. 생전의 기억과 이성은 거의 잃었으나, 몸에 각인된 시노비의 기술만큼은 건재하다.

생명력 4

인법
- [접근전 공격]공 《신체조작》 간격: 1 p78
- [연격]서 코스트: 2 p81
- [감싸기]서 코스트: 1 p81
- [강타]서 《암기》 코스트: 1 p83

특기
인술／《신체조작》《은형술》

닌자도구 / 병량환 0 / 신통환 0 / 둔갑부 0

기술	체술	인술	모술	전술	요술
기기술	기승술	생존술	의술	병량술	이형화
불의 술	포술	잠복술	독술	동물사역	소환술
물의 술	수리검술	도주술	함정술	야전술	사령술
침술	손놀림	도청술	조사술	지형활용	결계술
암기	**신체조작**	복화술	사기술	의지	봉인술
의상술	보법	**은형술**	대인술	용병술	언령술
포승술	주법	변장술	예능	기억술	환술
등반술	비행술	향술	미인계	색적술	동술
고문술	격투술	분신술	괴뢰술	암호술	천리안
손괴술	도검술	은폐술	유언비어	전달술	빙의술
굴삭술	괴력	제육감	경제력	인맥	주술

기타

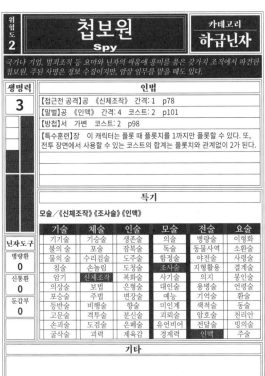

첩보원 — Spy

위협도 2 · **카테고리** 하급닌자

국가나 기업, 범죄조직 등 요마나 닌자의 싸움에 흥미를 품은 갖가지 조직에서 파견한 첩보원. 주된 사명은 정보 수집이지만, 암살 임무를 맡을 때도 있다.

생명력 3

인법
- [접근전 공격]공 《신체조작》 간격: 1 p78
- [말벌]공 《인맥》 간격: 4 코스트: 2 p101
- [방첩]서 가변 코스트: 2 p98
- [특수훈련]장 이 캐릭터는 플롯 때 플롯치를 1까지만 플롯할 수 있다. 또, 전투 장면에서 사용할 수 있는 코스트의 합계는 플롯치와 관계없이 2가 된다.

특기
모술／《신체조작》《조사술》《인맥》

닌자도구 / 병량환 0 / 신통환 0 / 둔갑부 0

기술	체술	인술	모술	전술	요술
기기술	기승술	생존술	의술	병량술	이형화
불의 술	포술	잠복술	독술	동물사역	소환술
물의 술	수리검술	도주술	함정술	야전술	사령술
침술	손놀림	도청술	**조사술**	지형활용	결계술
암기	**신체조작**	복화술	사기술	의지	봉인술
의상술	보법	은형술	대인술	용병술	언령술
포승술	주법	변장술	예능	기억술	환술
등반술	비행술	향술	미인계	색적술	동술
고문술	격투술	분신술	괴뢰술	암호술	천리안
손괴술	도검술	은폐술	유언비어	전달술	빙의술
굴삭술	괴력	제육감	**경제력**	**인맥**	주술

기타

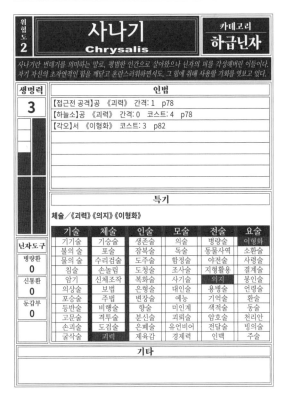

사나기 — Chrysalis

위협도 2 · **카테고리** 하급닌자

사나기란 번데기를 의미하는 말로, 평범한 인간으로 살아가나 닌자의 피를 각성해버린 이들이다. 자기 자신의 초자연적인 힘을 깨닫고 혼란스러워하면서도, 그 힘에 취해 사용할 기회를 엿보고 있다.

생명력 3

인법
- [접근전 공격]공 《괴력》 간격: 1 p78
- [하늘소]공 《괴력》 간격: 0 코스트: 4 p78
- [각오]서 《이형화》 코스트: 3 p82

특기
체술／《괴력》《의지》《이형화》

닌자도구 / 병량환 0 / 신통환 0 / 둔갑부 0

기술	체술	인술	모술	전술	요술
기기술	기승술	생존술	의술	병량술	**이형화**
불의 술	포술	잠복술	독술	동물사역	소환술
물의 술	수리검술	도주술	함정술	야전술	사령술
침술	손놀림	도청술	조사술	지형활용	결계술
암기	신체조작	복화술	**사기술**	**의지**	봉인술
의상술	보법	은형술	대인술	용병술	언령술
포승술	주법	변장술	예능	기억술	환술
등반술	비행술	향술	미인계	색적술	동술
고문술	격투술	분신술	괴뢰술	암호술	천리안
손괴술	도검술	은폐술	유언비어	전달술	빙의술
굴삭술	**괴력**	제육감	경제력	인맥	주술

기타

중급닌자

각 유파의 달인들. 안정적인 실력을 보유하고 있는 PC들의 호적수이기도 하다. 특기를 하나 추가하면 샘플 PC로도 사용할 수 있다.

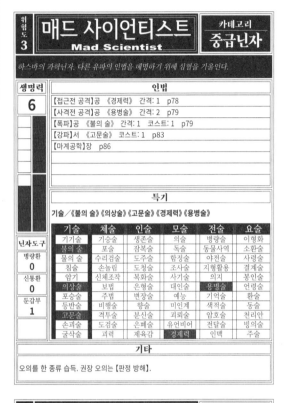

매드 사이언티스트 / Mad Scientist

위험도 3 · **카테고리** 중급닌자

하스바의 과학닌자. 다른 유파의 인법을 해명하기 위해 심혈을 기울인다.

생명력 6

인법
【접근전 공격】공 《경제력》 간격: 1 p78	
【사격전 공격】공 《용병술》 간격: 2 p79	
【폭파】공 《불의 술》 간격: 1 코스트: 1 p79	
【강파】서 《고문술》 코스트: 1 p83	
【마계공학】장 p86	

특기
기술／《불의 술》《의상술》《고문술》《경제력》《용병술》

	기술	체술	인술	모술	전술	요술
	기기술	기승술	생존술	의술	병량술	이형화
	불의 술	포술	잠복술	독술	동물사역	소환술
	물의 술	수리검술	도주술	함정술	야전술	사령술
	침술	손놀림	도청술	조사술	지형활용	결계술
	암기	신체조작	복화술	사기술	의지	봉인술
	의상술	보법	은형술	대인술	**용병술**	언령술
	포승술	주법	변장술	예능	기억술	환술
	등반술	비행술	향술	미인계	색적술	동술
	고문술	격투술	분신술	괴뢰술	암호술	천리안
	손괴술	도검술	은폐술	유언비어	전달술	빙의술
	굴삭술	괴력	제육감	**경제력**	인맥	주술

닌자도구 병량환 0 / 신통환 0 / 둔갑부 1

기타
오의를 한 종류 습득. 권장 오의는 【판정 방해】.

검사 / Swordsman

위험도 3 · **카테고리** 중급닌자

쿠라마신류의 검사. 이형의 존재들을 사냥하러 나선다.

생명력 6

인법
【접근전 공격】공 《기승술》 간격: 1 p78	
【사격전 공격】공 《도검술》 간격: 2 p79	
【강타】서 《손괴술》 코스트: 1 p83	
【아지랑이】서 《도검술》 코스트: 1 p90	
【후의 선】장 p90	

특기
체술／《손괴술》《기승술》《주법》《도검술》《색적술》

	기술	체술	인술	모술	전술	요술
	기기술	**기승술**	생존술	의술	병량술	이형화
	불의 술	포술	잠복술	독술	동물사역	소환술
	물의 술	수리검술	도주술	함정술	야전술	사령술
	침술	손놀림	도청술	조사술	지형활용	결계술
	암기	신체조작	복화술	사기술	의지	봉인술
	의상술	보법	은형술	대인술	용병술	언령술
	포승술	**주법**	변장술	예능	기억술	환술
	등반술	비행술	향술	미인계	**색적술**	동술
	고문술	격투술	분신술	괴뢰술	암호술	천리안
	손괴술	**도검술**	은폐술	유언비어	전달술	빙의술
	굴삭술	괴력	제육감	경제력	인맥	주술

닌자도구 병량환 1 / 신통환 0 / 둔갑부 0

기타
오의를 한 종류 습득. 권장 오의는 【크리티컬 히트】.

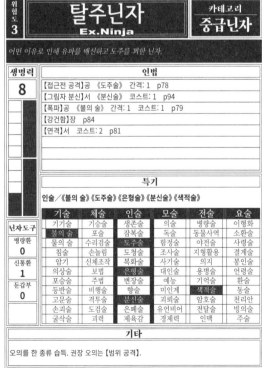

탈주닌자 / Ex.Ninja

위험도 3 · **카테고리** 중급닌자

어떤 이유로 인해 유파를 배신하고 도주를 꾀한 닌자.

생명력 8

인법
【접근전 공격】공 《도주술》 간격: 1 p78	
【그림자 분신】서 《분신술》 코스트: 1 p94	
【폭파】공 《불의 술》 간격: 1 코스트: 1 p79	
【강건함】장 p84	
【연격】서 코스트: 2 p81	

특기
인술／《불의 술》《도주술》《은형술》《분신술》《색적술》

	기술	체술	인술	모술	전술	요술
	기기술	기승술	생존술	의술	병량술	이형화
	불의 술	포술	잠복술	독술	동물사역	소환술
	물의 술	수리검술	**도주술**	함정술	야전술	사령술
	침술	손놀림	도청술	조사술	지형활용	결계술
	암기	신체조작	복화술	사기술	의지	봉인술
	의상술	보법	**은형술**	대인술	용병술	언령술
	포승술	주법	변장술	예능	기억술	환술
	등반술	비행술	향술	미인계	**색적술**	동술
	고문술	격투술	**분신술**	괴뢰술	암호술	천리안
	손괴술	도검술	은폐술	유언비어	전달술	빙의술
	굴삭술	괴력	**제육감**	경제력	인맥	주술

닌자도구 병량환 0 / 신통환 1 / 둔갑부 0

기타
오의를 한 종류 습득. 권장 오의는 【범위 공격】.

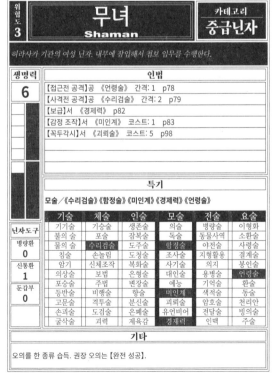

무녀 / Shaman

위험도 3 · **카테고리** 중급닌자

히라사카 기관의 여성 닌자. 내부에 잠입해서 첩보 임무를 수행한다.

생명력 6

인법
【접근전 공격】공 《언령술》 간격: 1 p78	
【사격전 공격】공 《수리검술》 간격: 2 p79	
【보급】서 《경제력》 p82	
【감정 조작】서 《미인계》 코스트: 1 p83	
【꼭두각시】서 《괴뢰술》 코스트: 5 p98	

특기
모술／《수리검술》《함정술》《미인계》《경제력》《언령술》

	기술	체술	인술	모술	전술	요술
	기기술	기승술	생존술	의술	병량술	이형화
	불의 술	포술	잠복술	독술	동물사역	소환술
	물의 술	**수리검술**	도주술	**함정술**	야전술	사령술
	침술	손놀림	도청술	조사술	지형활용	결계술
	암기	신체조작	복화술	사기술	의지	봉인술
	의상술	보법	은형술	대인술	용병술	**언령술**
	포승술	주법	변장술	예능	기억술	환술
	등반술	비행술	향술	**미인계**	색적술	동술
	고문술	격투술	분신술	괴뢰술	암호술	천리안
	손괴술	도검술	은폐술	유언비어	전달술	빙의술
	굴삭술	괴력	제육감	**경제력**	인맥	주술

닌자도구 병량환 0 / 신통환 1 / 둔갑부 0

기타
오의를 한 종류 습득. 권장 오의는 【완전 성공】.

학생닌자 School Ninja

위험도 3 ｜ 카테고리 중급닌자

사립 오토기 학원의 전술가. 항상 최선, 최효율을 추구하며 자신에게 유리한 전장으로 적을 유인한다.

생명력 6

인법
- 【접근전 공격】공 《야전술》 간격:1 p78
- 【연격】서 코스트:2 p81
- 【유도】서 《주법》 코스트:2 p82
- 【전장의 극의】장 p102
- 【전격작전】서 《전달술》 p102

특기
전술／《주법》《도청술》《야전술》《용병술》《전달술》

기술	체술	인술	모술	전술	요술
기기술	기승술	생존술	의술	병량술	이형화
불의 술	포술	잠복술	독술	동물사역	소환술
물의 술	수리검술	도주술	함정술	**야전술**	사령술
침술	손놀림	**도청술**	조사술	지형활용	결계술
암기	신체조작	복화술	사기계	의지	봉인술
의상술	보법	은형술	대인술	**용병술**	언령술
포승술	**주법**	변장술	예능	기억술	환술
등반술	비행술	향술	미인계	색적술	동술
고문술	격투술	분신술	괴뢰술	암호술	천리안
손괴술	도검술	은폐술	유언비어	**전달술**	빙의술
굴삭술	괴력	제육감	경제력	인맥	주술

닌자도구: 병량환 1 ｜ 신통환 0 ｜ 둔갑부 0

기타
오의를 한 종류 습득. 권장 오의는 【완전 성공】.

요술사 Sorcerer

위험도 3 ｜ 카테고리 중급닌자

오니의 주술사. 마술이나 요술에 능하다. 적 아군을 가리지 않는 유성우를 뿔군다.

생명력 8

인법
- 【접근전 공격】공 《봉인술》 간격:1 p78
- 【유성우】공 《소환술》 간격:3 코스트:3 p106
- 【강타】서 《등반술》 코스트:1 p83
- 【강건함】장 p84
- 【반격기】서 《함정술》 간격:2 코스트:2 p82

특기
요술／《등반술》《함정술》《소환술》《봉인술》《동술》

기술	체술	인술	모술	전술	요술
기기술	기승술	생존술	의술	병량술	이형화
불의 술	포술	잠복술	독술	동물사역	**소환술**
물의 술	수리검술	도주술	**함정술**	야전술	사령술
침술	손놀림	도청술	조사술	지형활용	결계술
암기	신체조작	복화술	사기계	의지	**봉인술**
의상술	보법	은형술	대인술	용병술	언령술
포승술	주법	변장술	예능	기억술	환술
등반술	비행술	향술	미인계	색적술	**동술**
고문술	격투술	분신술	괴뢰술	암호술	천리안
손괴술	도검술	은폐술	유언비어	전달술	빙의술
굴삭술	괴력	제육감	경제력	인맥	**주술**

닌자도구: 병량환 0 ｜ 신통환 1 ｜ 둔갑부 0

기타
오의를 한 종류 습득. 권장 오의는 【절대 방어】.

동술사 Evil Eye

위험도 3 ｜ 카테고리 중급닌자

코우가 닌자 중에서도 시선을 마주친 자에게 효과를 미치는 동술을 사용하는 자. 자신을 향한 적의를 상대에게 되돌리는 기술로, 아군조차도 두려워한다.

생명력 6

인법
- 【접근전 공격】공 《보법》 간격:1 p78
- 【살상 시선】공 《동술》 간격:3 코스트:1 p111
- 【감정 조작】서 《미인계》 코스트:1 p83
- 【반격기】서 《동술》 간격:2 코스트:2 p82
- 【죽음의 접촉】서 《미인계》 p111

특기
전술／《보법》《미인계》《동물사역》《의지》《동술》

기술	체술	인술	모술	전술	요술
기기술	기승술	생존술	의술	병량술	이형화
불의 술	포술	잠복술	독술	**동물사역**	소환술
물의 술	수리검술	도주술	함정술	야전술	사령술
침술	손놀림	도청술	조사술	지형활용	결계술
암기	신체조작	복화술	사기계	**의지**	봉인술
의상술	**보법**	은형술	대인술	용병술	언령술
포승술	주법	변장술	예능	기억술	환술
등반술	비행술	향술	**미인계**	색적술	**동술**
고문술	격투술	분신술	괴뢰술	암호술	천리안
손괴술	도검술	은폐술	유언비어	전달술	빙의술
굴삭술	괴력	제육감	경제력	인맥	주술

닌자도구: 병량환 0 ｜ 신통환 0 ｜ 둔갑부 1

기타
오의를 한 종류 습득. 권장 오의는 【완전 성공】.

손행자 Monkey Magic

위험도 3 ｜ 카테고리 중급닌자

변환자재로 휘어지는 봉을 사용하는 공격이 장기인 노키자루의 일원. 더욱이 자신을 위기 상태에 몰아넣어 몸 안에 감춰진 진정한 힘을 폭발시키는 술법의 사용자이기도 하다.

생명력 6

인법
- 【접근전 공격】공 《은폐술》 간격:1 p78
- 【필중】공 《포술》 간격:3 p79
- 【홍수】서 《포술》 코스트:1 p83
- 【일각고래】장 p85
- 【화신화】서 《이형화》 코스트:4 p114

특기
인술／《포술》《복화술》《은폐술》《색적술》《이형화》

기술	체술	인술	모술	전술	요술
기기술	기승술	생존술	의술	병량술	**이형화**
불의 술	**포술**	잠복술	독술	동물사역	소환술
물의 술	수리검술	도주술	함정술	야전술	사령술
침술	손놀림	도청술	조사술	지형활용	결계술
암기	신체조작	**복화술**	사기계	의지	봉인술
의상술	보법	은형술	대인술	용병술	언령술
포승술	주법	변장술	예능	기억술	환술
등반술	비행술	향술	미인계	**색적술**	동술
고문술	격투술	분신술	괴뢰술	암호술	천리안
손괴술	도검술	**은폐술**	유언비어	전달술	빙의술
굴삭술	괴력	제육감	경제력	인맥	주술

닌자도구: 병량환 1 ｜ 신통환 0 ｜ 둔갑부 0

기타
오의를 한 종류 습득. 권장 오의는 【크리티컬 히트】.

상급닌자

오의를 두 종류 이상 습득한, PC들보다 훨씬 뛰어난 실력의 소유자들. 혼자서 두어 명의 PC를 상대할 수도 있다.

기계신 Metal Monger

위협도 4 · **카테고리** 상급닌자

생명력 8

전신을 모조리 기계로 치환한 하스바 인군의 기계인간. 손발이나 내장은 말할 것도 없고, 뇌까지 전자 장치로 치환했다. 기계화 닌자의 종착점이라고도 할 수 있다. 하스바의 상층부에도 몇 명의 기계신이 존재한다고 한다.

인법

- 【접근전 공격】공 《고문술》 간격: 1 p78
- 【만화경】공 《고문술》 간격: 3 p80
- 【화약 내장】서 코스트: 1 p87
- 【기계 거인】서 《불의 술》 코스트: 5 p87
- 【인법회로】장 p89
- 【마계공학】장 p86

특기

기술/《불의 술》《고문술》《도청술》《괴뢰술》《동물사역》

기술	체술	인술	모술	전술	요술
기기술	기승술	생존술	의술	병량술	이형화
불의 술	포술	잠복술	독술	동물사역	소환술
물의 술	수리검술	도주술	함정술	야전술	사령술
침술	손놀림	도청술	조사술	지형활용	결계술
암기	신체조작	복화술	사기술	의지	봉인술
의상술	보법	은형술	대인술	용병술	언령술
포승술	주법	변장술	예능	기억술	환술
등반술	비행술	향술	미인계	색적술	동술
고문술	격투술	분신술	괴뢰술	암호술	천리안
손괴술	도검술	은폐술	유언비어	전달술	빙의술
굴삭술	괴력	제육감	경제력	인맥	주술

닌자도구 병량환 1 · 신통환 1 · 둔갑부 0

기타

오의를 두 종류 습득. 권장 오의는 【범위 공격】, 【불사신】.

검선 Blade Master

위협도 4 · **카테고리** 상급닌자

생명력 8

궁극의 검술을 추구한 끝에 인간세상을 버리고 피안에 도달한 구도자. 깊은 산속에 틀어박혀 오로지 수행에 모든 것을 바쳐왔다. 궁극의 검을 눈앞에 두고도 살인에 대한 망설임을 끊어내기 힘들어 망설임을 품은 채로 검을 휘두른다.

인법

- 【접근전 공격】공 《천리안》 간격: 1 p78
- 【백야】공 《수리검술》 코스트: 1 간격: 1 p91
- 【흉수】서 《도검술》 코스트: 1 p83
- 【부동】장 p85
- 【피안】장 p85
- 【질풍】장 p85

특기

체술/《의상술》《수리검술》《도검술》《야전술》《천리안》

기술	체술	인술	모술	전술	요술
기기술	기승술	생존술	의술	병량술	이형화
불의 술	포술	잠복술	독술	동물사역	소환술
물의 술	수리검술	도주술	함정술	야전술	사령술
침술	손놀림	도청술	조사술	지형활용	결계술
암기	신체조작	복화술	사기술	의지	봉인술
의상술	보법	은형술	대인술	용병술	언령술
포승술	주법	변장술	예능	기억술	환술
등반술	비행술	향술	미인계	색적술	동술
고문술	격투술	분신술	괴뢰술	암호술	천리안
손괴술	도검술	은폐술	유언비어	전달술	빙의술
굴삭술	괴력	제육감	경제력	인맥	주술

닌자도구 병량환 1 · 신통환 1 · 둔갑부 0

기타

오의를 두 종류 습득. 권장 오의는 【크리티컬 히트】, 【절대 방어】.

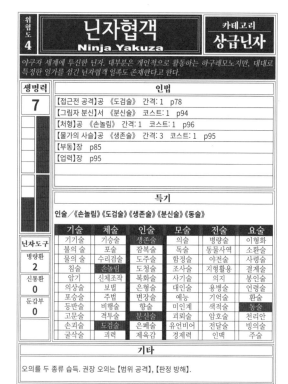

닌자협객 Ninja Yakuza

위협도 4 · **카테고리** 상급닌자

생명력 7

야쿠자 세계에 투신한 닌자. 대부분은 개인적으로 활동하는 하구레모노지만, 대대로 특정한 일족을 섬긴 닌자협객 일족도 존재한다고 한다.

인법

- 【접근전 공격】공 《도검술》 간격: 1 p78
- 【그림자 분신】서 《분신술》 코스트: 1 p94
- 【처형】공 《손놀림》 간격: 1 코스트: 1 p96
- 【물가의 사슬】공 《생존술》 간격: 3 코스트: 1 p95
- 【부동】장 p85
- 【업력】장 p95

특기

인술/《손놀림》《도검술》《생존술》《분신술》《동술》

기술	체술	인술	모술	전술	요술
기기술	기승술	생존술	의술	병량술	이형화
불의 술	포술	잠복술	독술	동물사역	소환술
물의 술	수리검술	도주술	함정술	야전술	사령술
침술	손놀림	도청술	조사술	지형활용	결계술
암기	신체조작	복화술	사기술	의지	봉인술
의상술	보법	은형술	대인술	용병술	언령술
포승술	주법	변장술	예능	기억술	환술
등반술	비행술	향술	미인계	색적술	동술
고문술	격투술	분신술	괴뢰술	암호술	천리안
손괴술	도검술	은폐술	유언비어	전달술	빙의술
굴삭술	괴력	제육감	경제력	인맥	주술

닌자도구 병량환 2 · 신통환 0 · 둔갑부 0

기타

오의를 두 종류 습득. 권장 오의는 【범위 공격】, 【판정 방해】.

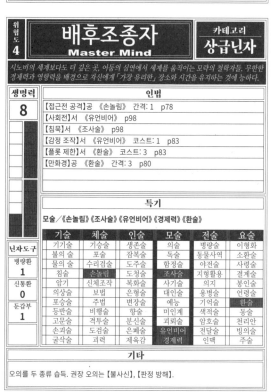

배후조종자 Master Mind

위협도 4 · **카테고리** 상급닌자

생명력 8

시노비의 세계보다도 더 깊은 곳, 어둠의 심연에서 세계를 움직이는 모략의 철학자들. 무한한 경제력과 영향력을 배경으로 자신에게 「가장 유리한」 장소와 시간을 유지하는 것에 능하다.

인법

- 【접근전 공격】공 《손놀림》 간격: 1 p78
- 【사회전】서 《유언비어》 p98
- 【침묵】서 《조사술》 p98
- 【감정 조작】서 《유언비어》 코스트: 1 p83
- 【플롯 제한】서 《환술》 코스트: 3 p83
- 【만화경】공 《환술》 간격: 3 p80

특기

모술/《손놀림》《조사술》《유언비어》《경제력》《환술》

기술	체술	인술	모술	전술	요술
기기술	기승술	생존술	의술	병량술	이형화
불의 술	포술	잠복술	독술	동물사역	소환술
물의 술	수리검술	도주술	함정술	야전술	사령술
침술	손놀림	도청술	조사술	지형활용	결계술
암기	신체조작	복화술	사기술	의지	봉인술
의상술	보법	은형술	대인술	용병술	언령술
포승술	주법	변장술	예능	기억술	환술
등반술	비행술	향술	미인계	색적술	동술
고문술	격투술	분신술	괴뢰술	암호술	천리안
손괴술	도검술	은폐술	유언비어	전달술	빙의술
굴삭술	괴력	제육감	경제력	인맥	주술

닌자도구 병량환 1 · 신통환 0 · 둔갑부 1

기타

오의를 두 종류 습득. 권장 오의는 【불사신】, 【판정 방해】.

신동 / Prodigy

위협도 4　카테고리 상급닌자

초등학생, 또는 그 이하의 나이에도 불구하고 시노비의 기술을 모조리 터득한 천재. 그 가공할 두뇌로 어른들을 장기짝 삼아 게임을 즐기듯이 싸운다.

생명력 8

인법

【접근전 공격】공 《불의 술》 간격: 1　p78
【외박진】공 《용병술》 간격: 5　p80
【미채 만다라】공 《용병술》 간격: 2　코스트: 1　p80
【무곡】공 《야전술》 간격: 3　코스트: 2　p103
【작전 지휘】서 《동물사역》 코스트: 3　p83
【해류의 경계선】서 《지형활용》 코스트: 2　p103

특기

전술/《불의 술》《동물사역》《야전술》《용병술》《환술》

닌자도구
병량환 0
신통환 1
둔갑부 1

기술	체술	인술	모술	전술	요술
기기술	기승술	생존술	의술	병량술	이형화
불의 술	포술	잠복술	독술	**동물사역**	소환술
물의 술	수리검술	도주술	함정술	**야전술**	사령술
침술	손놀림	도청술	조사술	지형활용	결계술
암기	신체조작	복화술	사기술	의지	봉인술
의상술	보법	은형술	대인술	**용병술**	언령술
포승술	주법	변장술	예능	기억술	**환술**
등반술	비행술	항술	미인계	색적술	동술
고문술	격투술	분신술	괴뢰술	암호술	천리안
손괴술	도검술	은폐술	유언비어	전달술	빙의술
굴삭술	괴력	제육감	경제력	인맥	주술

기타

오의를 두 종류 습득. 권장 오의는 【완전 성공】, 【완전 성공】.

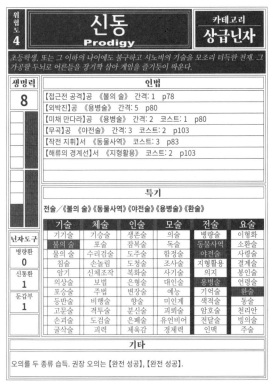

고족 / Magical Bleed

위협도 4　카테고리 상급닌자

오니의 일족 중에서도 특히 피가 짙은 이들을 서로 싸우게 해서 강력한 전투 생물을 만들어내는 외법 중의 외법, 「고독」. 이 의식 마술로 태어난 자가 바로 「고족」이다.

생명력 8

인법

【접근전 공격】공 《언령술》 간격: 1　p78
【수라공】《동술》 간격: 2　p79
【강타】서 《물의 술》 코스트: 1　p83
【연격】서 코스트: 2　p81
【악식】서 《병량술》 코스트: 2　p109
【짐승 변신】서 《이형화》 코스트: 3　p109

특기

요술/《물의 술》《은형술》《병량술》《이형화》《언령술》《동술》

닌자도구
병량환 2
신통환 0
둔갑부 0

기술	체술	인술	모술	전술	요술
기기술	기승술	생존술	의술	**병량술**	**이형화**
불의 술	포술	잠복술	독술	동물사역	소환술
물의 술	수리검술	도주술	함정술	야전술	사령술
침술	손놀림	도청술	조사술	지형활용	결계술
암기	신체조작	복화술	사기술	의지	봉인술
의상술	보법	**은형술**	대인술	용병술	**언령술**
포승술	주법	변장술	예능	기억술	환술
등반술	비행술	항술	미인계	색적술	**동술**
고문술	격투술	분신술	괴뢰술	암호술	천리안
손괴술	도검술	은폐술	유언비어	전달술	빙의술
굴삭술	괴력	제육감	경제력	인맥	주술

기타

오의를 두 종류 습득. 권장 오의는 【크리티컬 히트】, 【불사신】.

노고 / Wrinklie

위협도 4　카테고리 상급닌자

오랫동안 고고하게 살아남은 베테랑 하구레모노. 겉보기에는 평범한 노인이지만, 그 기술은 젊은 닌자 파워로는 상대도 되지 않을 정도의 예리함을 유지하고 있다.

생명력 8

인법

【접근전 공격】공 《지형활용》 간격: 1　p78
【물가의 사슬】공 《생존술》 간격: 3　코스트: 1　p95
【만화경】공 《굴삭술》 간격: 3　p80
【방황】서 《잠복술》 p94
【쌍둥이 그림자】서 《분신술》 코스트: 3　p95
【업력】장 p95

특기

인술/《굴삭술》《잠복술》《은형술》《분신술》《지형활용》

닌자도구
병량환 0
신통환 1
둔갑부 1

기술	체술	인술	모술	전술	요술
기기술	기승술	**생존술**	의술	병량술	이형화
불의 술	포술	**잠복술**	독술	동물사역	소환술
물의 술	수리검술	도주술	함정술	야전술	사령술
침술	손놀림	도청술	조사술	**지형활용**	결계술
암기	신체조작	복화술	사기술	의지	봉인술
의상술	보법	**은형술**	대인술	용병술	언령술
포승술	주법	변장술	예능	기억술	환술
등반술	비행술	항술	미인계	색적술	동술
고문술	격투술	**분신술**	괴뢰술	암호술	천리안
손괴술	도검술	은폐술	유언비어	전달술	빙의술
굴삭술	괴력	제육감	경제력	인맥	주술

기타

오의를 두 종류 습득. 권장 오의는 【범위 공격】, 【절대 방어】.

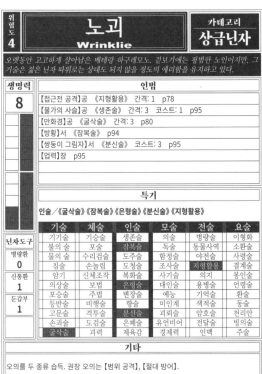

시노비가미 / SHINOBIGAMI

위협도 6　카테고리 상급닌자

신기의 파편 하나를 손에 넣어 자신의 한계를 돌파하고 시노비가미라 불리기에 이른 닌자 중 하나. 그 참격 하나하나에 오의에 필적하는 힘이 실려 있다.

생명력 20

인법

【접근전 공격】공 《불의 술》 간격: 1　p78
【저녁뜸】공 《수리검술》 간격: 0　코스트: 2　p90
【밤 무지개】공 《도검술》 간격: 1　p91
【강타】서 《불의 술》 코스트: 1　p83
【이독제독】서 코스트: 1　p81
【그림자 흉내】서 《보법》 코스트: 2　p90
【일각고래】장 p85
【염마】장 p85

특기

체술/《불의 술》《수리검술》《보법》《도검술》《독술》《전달술》《결계술》

닌자도구
병량환 2
신통환 0
둔갑부 0

기술	체술	인술	모술	전술	요술
기기술	기승술	생존술	의술	병량술	이형화
불의 술	포술	잠복술	**독술**	동물사역	소환술
물의 술	**수리검술**	도주술	함정술	야전술	사령술
침술	손놀림	도청술	조사술	지형활용	**결계술**
암기	신체조작	복화술	사기술	의지	봉인술
의상술	**보법**	은형술	대인술	용병술	언령술
포승술	주법	변장술	예능	기억술	환술
등반술	비행술	항술	미인계	색적술	동술
고문술	격투술	분신술	괴뢰술	암호술	천리안
손괴술	**도검술**	은폐술	유언비어	**전달술**	빙의술
굴삭술	괴력	제육감	경제력	인맥	주술

기타

오의를 여섯 종류 취득. 권장 오의는 모든 오의를 한 종류씩.

저급요마

중급요마나 상급요마를 따르는 봉사 종족. 「퇴마편」의 졸개 에너미에 해당 하지만, 강력한 요마 인법을 익히고 있 는 이도 있으므로 얕잡아볼 수 없다.

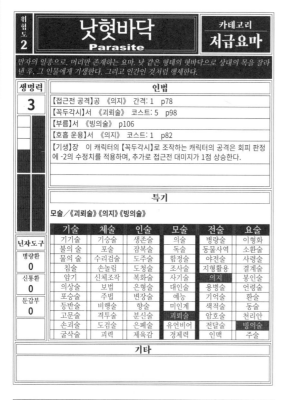

낫혓바닥 / Parasite

위협도 2 | 카테고리 저급요마

만자의 일종으로, 머리만 존재하는 요마. 낫 같은 형태의 혓바닥으로 상대의 목을 잘라 낸 후, 그 인물에게 기생한다. 그리고 인간인 것처럼 행세한다.

생명력 3

인법
【접근전 공격】공 《의지》 간격: 1　p78
【꼭두각시】서 《괴뢰술》 코스트: 5　p98
【부름】서 《빙의술》　p106
【호흡 운용】서 《의지》 코스트: 1　p82
【기생】장　이 캐릭터의 【꼭두각시】로 조작하는 캐릭터의 공격은 회피 판정에 -2의 수정치를 적용하며, 추가로 접근전 대미지가 1점 상승한다.

특기
모술/《괴뢰술》《의지》《빙의술》

닌자도구 / 병량환 0 / 신통환 0 / 둔갑부

기술	체술	인술	모술	전술	요술
기기술	기승술	생존술	의술	병량술	이형화
불의 술	포술	잠복술	독술	동물사역	소환술
물의 술	수리검술	도주술	함정술	야전술	사령술
침술	손놀림	도청술	조사술	지형활용	결계술
암기	신체조작	복화술	사기술	의지	봉인술
의상술	보법	은형술	대인술	용병술	언령술
포승술	주법	변장술	예능	기억술	환술
등반술	비행술	향술	미인계	색적술	동물
고문술	격투술	분신술	괴뢰술	암호술	천리안
손괴술	도검술	은폐술	유언비어	전달술	빙의술
굴삭술	괴력	제육감	경제력	인맥	주술

기타

날아다니는 내장 / Disemboweled

위협도 2 | 카테고리 저급요마

내장 같은 형태의 만자. 내장에 생긴 병을 「문」으로 삼아 나타난다. 인체를 안쪽부터 터트리며 튀어나와 새로운 희생자에게 달라붙는다.

생명력 3

인법
【접근전 공격】공 《은폐술》 간격: 1　p78
【카마이타치】공 《포승술》 간격: 2 코스트: 1　p79
【악당】공 《은폐술》 간격: 0 코스트: 1　p96
【난폭자】서 《도주술》 간격: 0 코스트: 2　p81
【엽기】장　전투를 개시할 때, 닌자나 일반인 캐릭터는 《색적술》판정을 한 다. 실패하면 첫 라운드에는 플롯치가 1이 되며, 공격을 할 수 없게 된다.

특기
인술/《포승술》《도주술》《은폐술》

닌자도구 / 병량환 0 / 신통환 0 / 둔갑부 0

기술	체술	인술	모술	전술	요술
기기술	기승술	생존술	의술	병량술	이형화
불의 술	포술	잠복술	독술	동물사역	소환술
물의 술	수리검술	도주술	함정술	야전술	사령술
침술	손놀림	도청술	조사술	지형활용	결계술
암기	신체조작	복화술	사기술	의지	봉인술
의상술	보법	은형술	대인술	용병술	언령술
포승술	주법	변장술	예능	기억술	환술
등반술	비행술	향술	미인계	색적술	동물
고문술	격투술	분신술	괴뢰술	암호술	천리안
손괴술	도검술	은폐술	유언비어	전달술	빙의술
굴삭술	괴력	제육감	경제력	인맥	주술

기타

움직이는 시체 / Zombie

위협도 2 | 카테고리 저급요마

요마의 영향을 받아 움직이는 시체. 하나하나가 지닌 힘은 대단할 것이 없으나, 여러 마리가 한꺼번에 나타나는 경우가 많다. 움직이는 시체에게 죽은 이들 또한 움직이는 시체가 된다.

생명력 2

인법
【접근전 공격】공 《보법》 간격: 1　p78
【교차】공 《도검술》 간격: 0 코스트: 1　p78
【솟아나는 시체】서 《사령술》 간격: 1 코스트: 2　p100

특기
체술/《보법》《괴력》《사령술》

닌자도구 / 병량환 0 / 신통환 0 / 둔갑부 0

기술	체술	인술	모술	전술	요술
기기술	기승술	생존술	의술	병량술	이형화
불의 술	포술	잠복술	독술	동물사역	소환술
물의 술	수리검술	도주술	함정술	야전술	사령술
침술	손놀림	도청술	조사술	지형활용	결계술
암기	신체조작	복화술	사기술	의지	봉인술
의상술	보법	은형술	대인술	용병술	언령술
포승술	주법	변장술	예능	기억술	환술
등반술	비행술	향술	미인계	색적술	동물
고문술	격투술	분신술	괴뢰술	암호술	천리안
손괴술	도검술	은폐술	유언비어	전달술	빙의술
굴삭술	괴력	제육감	경제력	인맥	주술

기타

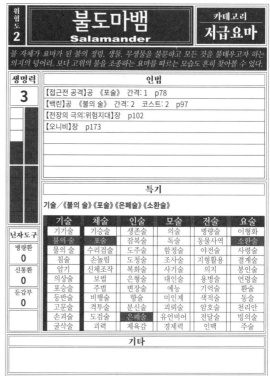

불도마뱀 / Salamander

위협도 2 | 카테고리 저급요마

불 자체가 요마가 된 불의 정령. 생물, 무생물을 불문하고 모든 것을 불태우고자 하는 의지의 덩어리. 보다 고위의 불을 조종하는 요마를 따르는 모습도 흔히 찾아볼 수 있다.

생명력 3

인법
【접근전 공격】공 《포술》 간격: 1　p78
【백린】공 《불의 술》 간격: 2 코스트: 2　p97
【전장의 극의:위험지대】장 p102
【오니비】장 p173

특기
기술/《불의 술》《포술》《은폐술》《소환술》

닌자도구 / 병량환 0 / 신통환 0 / 둔갑부 0

기술	체술	인술	모술	전술	요술
기기술	기승술	생존술	의술	병량술	이형화
불의 술	포술	잠복술	독술	동물사역	소환술
물의 술	수리검술	도주술	함정술	야전술	사령술
침술	손놀림	도청술	조사술	지형활용	결계술
암기	신체조작	복화술	사기술	의지	봉인술
의상술	보법	은형술	대인술	용병술	언령술
포승술	주법	변장술	예능	기억술	환술
등반술	비행술	향술	미인계	색적술	동물
고문술	격투술	분신술	괴뢰술	암호술	천리안
손괴술	도검술	은폐술	유언비어	전달술	빙의술
굴삭술	괴력	제육감	경제력	인맥	주술

기타

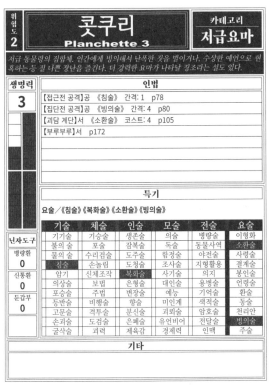

콧쿠리 Planchette 3

위협도 2 | 카테고리 저급요마

저급 동물령의 집합체. 인간에게 빙의해서 난폭한 짓을 벌이거나, 수상한 예언으로 현혹하는 등 질 나쁜 장난을 즐긴다. 더 강력한 요마가 나타날 징조라는 설도 있다.

생명력 3

인법
【접근전 공격】공 《침술》 간격: 1 p78
【집단전 공격】공 《빙의술》 간격: 4 p80
【괴담 계단】서 《소환술》 코스트: 4 p105
【부루부루】서 p172

특기
요술/《침술》《복화술》《소환술》《빙의술》

닌자도구
병량환 0
신통환 0
둔갑부 0

기술	체술	인술	모술	전술	요술
기기술	기승술	생존술	의술	병량술	이형화
불의 술	포술	잠복술	독술	동물사역	소환술
물의 술	수리검술	도주술	함정술	야전술	사령술
침술	손놀림	도청술	조사술	지형활용	결계술
암기	신체조작	복화술	사기술	의지	봉인술
의상술	보법	은형술	대인술	용병술	언령술
포승술	주법	변장술	예능	기억술	환술
등반술	비행술	향술	미인계	색적술	동물
고문술	격투술	분신술	괴뢰술	암호술	천리안
손괴술	도검술	은폐술	유언비어	전달술	빙의술
굴삭술	괴력	제육감	경제력	인맥	주술

기타

뜻벌레 Worm

위협도 2 | 카테고리 저급요마

요마와 관련된 소문이나 도시전설, 갖가지 괴정보 등이 모여 탄생한 정보 생명체. 나열된 문자로 이루어진 애벌레 같은 모습이다. 항간에 수상한 소문을 퍼트려 의심을 초래한다.

생명력 3

인법
【접근전 공격】공 《기기술》 간격: 1 p78
【환영병정】공 《환술》 간격: 2 코스트: 4 p80
【재앙 전염】서 《기기술》 p87
【요스즈메】서 p172

특기
기술/《기기술》《도청술》《유언비어》《환술》

닌자도구
병량환 0
신통환 0
둔갑부 0

기술	체술	인술	모술	전술	요술
기기술	기승술	생존술	의술	병량술	이형화
불의 술	포술	잠복술	독술	동물사역	소환술
물의 술	수리검술	도주술	함정술	야전술	사령술
침술	손놀림	도청술	조사술	지형활용	결계술
암기	신체조작	복화술	사기술	의지	봉인술
의상술	보법	은형술	대인술	용병술	언령술
포승술	주법	변장술	예능	기억술	환술
등반술	비행술	향술	미인계	색적술	동물
고문술	격투술	분신술	괴뢰술	암호술	천리안
손괴술	도검술	은폐술	유언비어	전달술	빙의술
굴삭술	괴력	제육감	경제력	인맥	주술

기타

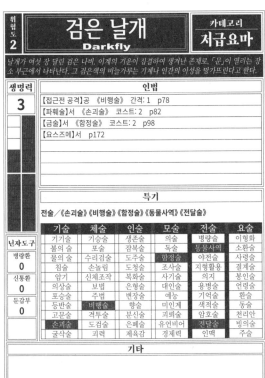

검은 날개 Darkfly

위협도 2 | 카테고리 저급요마

날개가 여섯 장 달린 검은 나비. 이계의 기운이 집결하여 생겨난 존재로, 「문」이 열리는 장소 부근에서 나타난다. 그 검은색의 비늘가루는 기계나 인간의 이성을 망가뜨린다고 한다.

생명력 3

인법
【접근전 공격】공 《비행술》 간격: 1 p78
【파훼술】서 《손괴술》 코스트: 2 p82
【금술】서 《함정술》 코스트: 2 p98
【요스즈메】서 p172

특기
전술/《손괴술》《비행술》《함정술》《전달술》

닌자도구
병량환 0
신통환 0
둔갑부 0

기술	체술	인술	모술	전술	요술
기기술	기승술	생존술	의술	병량술	이형화
불의 술	포술	잠복술	독술	동물사역	소환술
물의 술	수리검술	도주술	함정술	야전술	사령술
침술	손놀림	도청술	조사술	지형활용	결계술
암기	신체조작	복화술	사기술	의지	봉인술
의상술	보법	은형술	대인술	용병술	언령술
포승술	주법	변장술	예능	기억술	환술
등반술	비행술	향술	미인계	색적술	동물
고문술	격투술	분신술	괴뢰술	암호술	천리안
손괴술	도검술	은폐술	유언비어	전달술	빙의술
굴삭술	괴력	제육감	경제력	인맥	주술

기타

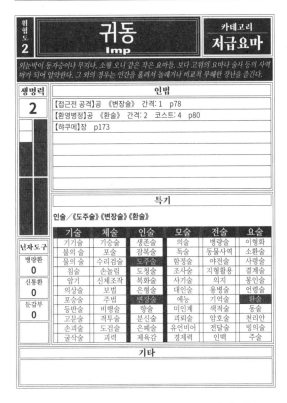

귀동 Imp

위협도 2 | 카테고리 저급요마

외눈박이 동자승이나 무지나, 소형 오니 같은 작은 요마들. 보다 고위의 요마나 술사 등의 사역마가 되어 암약한다. 그 외의 경우는 인간을 홀려서 놀래거나 비교적 무해한 장난을 즐긴다.

생명력 2

인법
【접근전 공격】공 《변장술》 간격: 1 p78
【환영병정】공 《환술》 간격: 2 코스트: 4 p80
【하쿠메】장 p173

특기
인술/《도주술》《변장술》《환술》

닌자도구
병량환 0
신통환 0
둔갑부 0

기술	체술	인술	모술	전술	요술
기기술	기승술	생존술	의술	병량술	이형화
불의 술	포술	잠복술	독술	동물사역	소환술
물의 술	수리검술	도주술	함정술	야전술	사령술
침술	손놀림	도청술	조사술	지형활용	결계술
암기	신체조작	복화술	사기술	의지	봉인술
의상술	보법	은형술	대인술	용병술	언령술
포승술	주법	변장술	예능	기억술	환술
등반술	비행술	향술	미인계	색적술	동물
고문술	격투술	분신술	괴뢰술	암호술	천리안
손괴술	도검술	은폐술	유언비어	전달술	빙의술
굴삭술	괴력	제육감	경제력	인맥	주술

기타

길의 서

Game Master Part

유령 / Ghost

위협도 2 ｜ **카테고리 저급요마**

죽은 자의 영. 이 세상에 대한 미련으로 유령이 되었으며, 거기에 관한 것을 제외하면 모든 기억을 잊었다. 그 탓에 자아를 잃고 오로지 미련을 푸는 것만 생각하게 되었다.

생명력 2

인법
- 【접근전 공격】공 《사령술》 간격: 1 p78
- 【플롯 제한】서 《빙의술》 코스트: 3 p83
- 【부루부루】서 p172

닌자도구 — 병량환 0 ／ 신통환 0 ／ 둔갑부 0

특기
요술／《은형술》《사령술》《빙의술》

기술	체술	인술	모술	전술	요술
기기술	기승술	생존술	의술	병량술	이형화
불의 술	포술	잠복술	독술	동물사역	소환술
물의 술	수리검술	도주술	함정술	야전술	**사령술**
침술	손놀림	도청술	조사술	지형활용	결계술
암기	신체조작	복화술	사기술	의지	봉인술
의상술	보법	**은형술**	대인술	용병술	언령술
포승술	주법	변장술	예능	기억술	환술
등반술	비행술	향술	미인계	색적술	동술
고문술	격투술	분신술	괴뢰술	암호술	천리안
손괴술	도검술	은폐술	유언비어	전달술	**빙의술**
굴삭술	괴력	제육감	경제력	인맥	주술

기타

피의 사도 / Stoker

위협도 2 ｜ **카테고리 저급요마**

흡혈귀에게 희생당한 자들. 그들에게 피를 빨려 반쯤 요마화했다. 결코 눈에 띄는 자리에 나오려 하지 않는 흡혈귀들을 대신해서 갖가지 악행을 저지른다.

생명력 3

인법
- 【접근전 공격】공 《고문술》 간격: 1 p78
- 【반격기】서 《함정술》 간격: 2 코스트: 2 p82
- 【사회전】서 《유언비어》 p98
- 【쿄고츠】서 p172

닌자도구 — 병량환 0 ／ 신통환 1 ／ 둔갑부 0

특기
모술／《고문술》《함정술》《유언비어》《용병술》

기술	체술	인술	모술	전술	요술
기기술	기승술	생존술	의술	병량술	이형화
불의 술	포술	잠복술	독술	동물사역	소환술
물의 술	수리검술	도주술	**함정술**	야전술	사령술
침술	손놀림	도청술	조사술	지형활용	결계술
암기	신체조작	복화술	사기술	의지	봉인술
의상술	보법	은형술	대인술	**용병술**	언령술
포승술	주법	변장술	예능	기억술	환술
등반술	비행술	향술	미인계	색적술	동술
고문술	격투술	분신술	괴뢰술	암호술	천리안
손괴술	도검술	은폐술	**유언비어**	전달술	빙의술
굴삭술	괴력	제육감	경제력	인맥	주술

기타

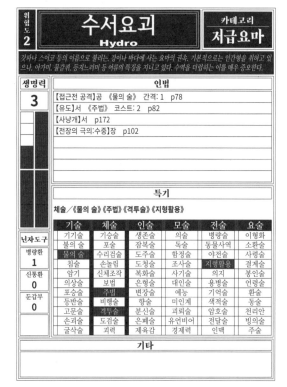

수서요괴 / Hydro

위협도 2 ｜ **카테고리 저급요마**

갓파나 스이코 등의 이름으로 불리는 강이나 바다에 사는 요마의 권속. 기본적으로는 인간형을 취하고 있으나, 아가미, 물갈퀴, 등지느러미 등 어류의 특징을 지니고 있다. 수역을 더럽히는 이를 매우 증오한다.

생명력 3

인법
- 【접근전 공격】공 《물의 술》 간격: 1 p78
- 【유도】서 《주법》 코스트: 2 p82
- 【사냥개】서 p172
- 【전장의 극의:수중】장 p102

닌자도구 — 병량환 1 ／ 신통환 0 ／ 둔갑부 0

특기
체술／《물의 술》《주법》《격투술》《지형활용》

기술	체술	인술	모술	전술	요술
기기술	기승술	생존술	의술	병량술	이형화
불의 술	포술	잠복술	독술	동물사역	소환술
물의 술	수리검술	도주술	함정술	야전술	사령술
침술	손놀림	도청술	조사술	**지형활용**	결계술
암기	신체조작	복화술	사기술	의지	봉인술
의상술	보법	은형술	대인술	용병술	언령술
포승술	**주법**	변장술	예능	기억술	환술
등반술	비행술	향술	미인계	색적술	동술
고문술	**격투술**	분신술	괴뢰술	암호술	천리안
손괴술	도검술	은폐술	유언비어	전달술	빙의술
굴삭술	괴력	제육감	경제력	인맥	주술

기타

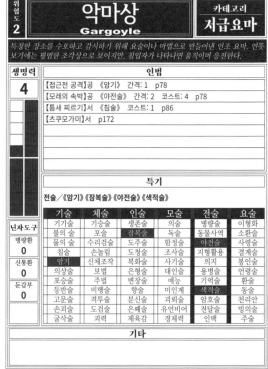

악마상 / Gargoyle

위협도 2 ｜ **카테고리 저급요마**

특정한 장소를 수호하고 감시하기 위해 요술이나 마법으로 만들어낸 인조 요마. 언뜻 보기에는 평범한 조각상으로 보이지만, 침입자가 나타나면 움직이며 응전한다.

생명력 4

인법
- 【접근전 공격】공 《암기》 간격: 1 p78
- 【모래의 속박】공 《야전술》 간격: 2 코스트: 4 p78
- 【틈새 찌르기】서 《침술》 코스트: 1 p86
- 【츠쿠모가미】서 p172

닌자도구 — 병량환 0 ／ 신통환 0 ／ 둔갑부 0

특기
전술／《암기》《잠복술》《야전술》《색적술》

기술	체술	인술	모술	전술	요술
기기술	기승술	생존술	의술	병량술	이형화
불의 술	포술	**잠복술**	독술	동물사역	소환술
물의 술	수리검술	도주술	함정술	**야전술**	사령술
침술	손놀림	도청술	조사술	지형활용	결계술
암기	신체조작	복화술	사기술	의지	봉인술
의상술	보법	은형술	대인술	용병술	언령술
포승술	주법	변장술	예능	기억술	환술
등반술	비행술	향술	미인계	**색적술**	동술
고문술	격투술	분신술	괴뢰술	암호술	천리안
손괴술	도검술	은폐술	유언비어	전달술	빙의술
굴삭술	괴력	제육감	경제력	인맥	주술

기타

식인꽃 / Seed

위협도 2	카테고리 저급요마

요마가 나타난 장소에서 자란 식물이 요기를 쐬어 요마화한 존재. 아름다운 꽃에 이끌려 다가온 이를 땅속에서 뻗어 나온 뿌리로 붙잡아 양분으로 삼는다.

생명력 3

인법
【접근전 공격】공 《함정술》 간격: 1 p78
【토룡후】공 《굴삭술》 간격: 2 코스트: 2 p86
【플롯 제한】서 《결계술》 코스트: 3 p83
【나마하게】서 p172

특기
인술/《굴삭술》《향술》《함정술》《결계술》

닌자도구 — 병량환 0 / 신통환 0 / 둔갑부 0

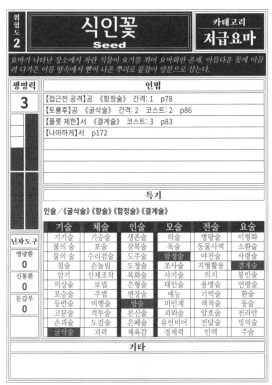

기술	체술	인술	모술	전술	요술
기기술	기승술	생존술	의술	병량술	이형화
불의 술	포술	잠복술	독술	동물사역	소환술
물의 술	수리검술	도주술	**함정술**	야전술	사령술
침술	손놀림	도청술	조사술	지형활용	**결계술**
암기	신체조작	복화술	사기술	의지	봉인술
의상술	보법	은형술	대인술	용병술	언령술
포승술	주법	변장술	예능	기억술	환술
등반술	비행술	**향술**	미인계	색적술	동술
고문술	격투술	분신술	괴뢰술	암호술	천리안
손괴술	도검술	은폐술	유언비어	전달술	빙의술
굴삭술	괴력	제육감	경제력	인맥	주술

기타

사검 / Demonic Steel

위협도 2	카테고리 저급요마

오랫동안 요마가 사용한 무기 또한 부정이 쌓여 요마가 되기도 한다. 요마가 된 무기는 단독으로 움직이며 더 많은 피를 갈구하게 된다.

생명력 2

인법
【접근전 공격】공 《도검술》 간격: 1 p78
【카마이타치】공 《포승술》 간격: 2 코스트: 1 p79
【연격】서 코스트: 2 p81

특기
기술/《기기술》《포승술》《도검술》

닌자도구 — 병량환 0 / 신통환 0 / 둔갑부 0

기술	체술	인술	모술	전술	요술
기기술	기승술	생존술	의술	병량술	이형화
불의 술	포술	잠복술	독술	동물사역	소환술
물의 술	수리검술	도주술	함정술	야전술	사령술
침술	손놀림	도청술	조사술	지형활용	결계술
암기	신체조작	복화술	사기술	의지	봉인술
의상술	보법	은형술	대인술	용병술	언령술
포승술	주법	변장술	예능	기억술	환술
등반술	비행술	향술	미인계	색적술	동술
고문술	격투술	분신술	괴뢰술	암호술	천리안
손괴술	**도검술**	은폐술	유언비어	전달술	빙의술
굴삭술	괴력	제육감	경제력	인맥	주술

기타

쿠라쿠라 / Malice

위협도 2	카테고리 저급요마

이름은 '어질어질'이라는 의미. 실체가 없는 전자파 같은 성질의 만자. 광기를 유발하는 이계의 「말」을 소환해서 사람들의 뇌에 홍수처럼 쏟아붓는다.

생명력 3

인법
【접근전 공격】공 《유언비어》 간격: 1 p78
【유성우】공 《소환술》 간격: 3 코스트: 3 p106
【미채 만다라】공 《용병술》 간격: 2 코스트: 1 p80
【감정 조작】서 《유언비어》 코스트: 1 p83
【무형】장 이 캐릭터는 사격전 대미지를 입지 않는다.

특기
모술/《유언비어》《용병술》《소환술》

닌자도구 — 병량환 0 / 신통환 0 / 둔갑부 0

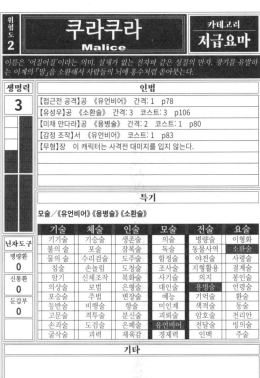

기술	체술	인술	모술	전술	요술
기기술	기승술	생존술	의술	병량술	이형화
불의 술	포술	잠복술	독술	동물사역	**소환술**
물의 술	수리검술	도주술	함정술	야전술	사령술
침술	손놀림	도청술	조사술	지형활용	결계술
암기	신체조작	복화술	사기술	의지	봉인술
의상술	보법	은형술	대인술	**용병술**	언령술
포승술	주법	변장술	예능	기억술	환술
등반술	비행술	향술	미인계	색적술	동술
고문술	격투술	분신술	괴뢰술	암호술	천리안
손괴술	도검술	은폐술	**유언비어**	전달술	빙의술
굴삭술	괴력	제육감	경제력	인맥	주술

기타

날개 달린 유녀 / Temptress

위협도 2	카테고리 저급요마

등에 날개가 달린 것을 제외하면 언뜻 보기에는 사랑스러운 소녀처럼 보이는 만자. 사람들을 유혹해서 타락시킨다고 한다.

생명력 3

인법
【접근전 공격】공 《환술》 간격: 1 p78
【신기루】서 《사기술》 간격: 2 코스트: 2 p104
【고혹】서 《미인계》 간격: 3 코스트: 2 p98
【야만족의 노래】서 《언령술》 코스트: 2 p82
【요염한 자태】장 기타 참조

특기
모술/《사기술》《미인계》《언령술》

닌자도구 — 병량환 0 / 신통환 0 / 둔갑부 0

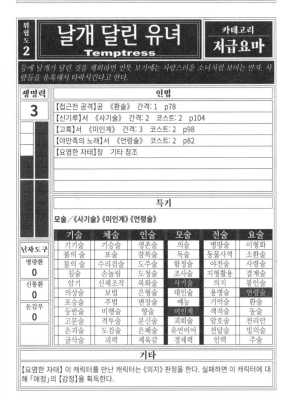

기술	체술	인술	모술	전술	요술
기기술	기승술	생존술	의술	병량술	이형화
불의 술	포술	잠복술	독술	동물사역	소환술
물의 술	수리검술	도주술	함정술	야전술	사령술
침술	손놀림	도청술	조사술	지형활용	결계술
암기	신체조작	복화술	**사기술**	의지	봉인술
의상술	보법	은형술	대인술	용병술	**언령술**
포승술	주법	변장술	예능	기억술	환술
등반술	비행술	향술	**미인계**	색적술	동술
고문술	격투술	분신술	괴뢰술	암호술	천리안
손괴술	도검술	은폐술	유언비어	전달술	빙의술
굴삭술	괴력	제육감	경제력	인맥	주술

기타
【요염한 자태】이 캐릭터를 만난 캐릭터는 《의지》 판정을 한다. 실패하면 이 캐릭터에 대해 「애정」의 【감정】을 획득한다.

길의 서

Game Master Part

중급요마

강력한 요마들. 닌자가 아니면 대처할 수 없다. 혼자서 중급닌자 PC 두 명을 상대하면 딱 적합한 수준의 강자들.

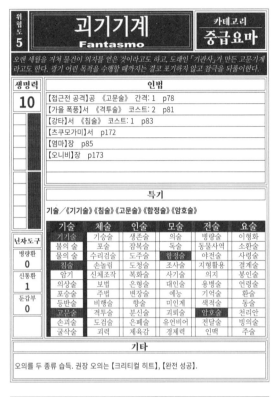

괴기기계 Fantasmo

위험도 5 | 카테고리 중급요마

오랜 세월을 거쳐 물건이 의지를 얻은 것이라고도 하고, 도래인「기관사」가 만든 고문기계라고도 한다. 광기 어린 목적을 수행할 때까지는 결코 포기하지 않고 참극을 되풀이한다.

생명력 10

인법
【접근전 공격】공 《고문술》 간격: 1 p78
【가을 폭풍】서 《격투술》 코스트: 2 p81
【강타】서 《침술》 코스트: 1 p83
【츠쿠모가미】서 p172
【염마】장 p85
【오니비】장 p173

특기
기술/《기기술》《침술》《고문술》《함정술》《암호술》

닌자도구
병량환 0
신통환 1
둔갑부 0

기술	체술	인술	모술	전술	요술
기기술	기승술	생존술	의술	병량술	이형화
불의 술	포술	잠복술	독술	동물사역	소환술
물의 술	수리검술	도주술	**함정술**	야전술	사령술
침술	손놀림	도청술	조사술	지형활용	결계술
암기	신체조작	복화술	사기술	의지	봉인술
의상술	보법	은형술	대인술	용병술	언령술
포승술	주법	변장술	예능	기억술	환술
등반술	비행술	항술	미인계	색적술	동술
고문술	격투술	분신술	괴뢰술	**암호술**	천리안
손괴술	도검술	은폐술	유언비어	전달술	빙의술
굴삭술	괴력	제육감	경제력	인맥	주술

기타
오의를 두 종류 습득. 권장 오의는 【크리티컬 히트】, 【완전 성공】.

망상의 짐승 Larvae

위험도 5 | 카테고리 중급요마

인간의 어두운 욕망이나 파멸적인 망상이 구현되어 짐승의 모습을 취한 존재. 도래인「에술의 신」으로부터 영감을 제공받은 예술가 등이 망상의 짐승을 만들어내는 경우도 있다.

생명력 10

인법
【접근전 공격】공 《병량술》 간격: 1 p78
【토룡후】공 《굴삭술》 간격: 2 코스트: 2 p86
【만화경】공 《생존술》 간격: 3 p80
【비연】서 《비행술》 코스트: 2 p90
【오우마가토키】서 p172
【쿄고츠】서 p172

특기
체술/《신체조작》《비행술》《괴력》《생존술》《병량술》

닌자도구
병량환 0
신통환 0
둔갑부 1

기술	체술	인술	모술	전술	요술
기기술	기승술	**생존술**	의술	**병량술**	이형화
불의 술	포술	잠복술	독술	동물사역	소환술
물의 술	수리검술	도주술	함정술	야전술	사령술
침술	손놀림	도청술	조사술	지형활용	결계술
암기	**신체조작**	복화술	사기술	의지	봉인술
의상술	보법	은형술	대인술	용병술	언령술
포승술	주법	변장술	예능	기억술	환술
등반술	**비행술**	항술	미인계	색적술	동술
고문술	격투술	분신술	괴뢰술	암호술	천리안
손괴술	도검술	은폐술	유언비어	전달술	빙의술
굴삭술	**괴력**	제육감	경제력	인맥	주술

기타
오의를 두 종류 습득. 권장 오의는 【범위 공격】, 【불사신】.

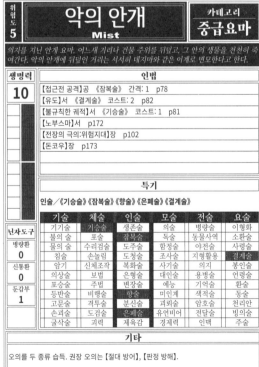

악의 안개 Mist

위험도 5 | 카테고리 중급요마

의지를 지닌 안개 요마. 어느새 거리나 건물 주위를 뒤덮고, 그 안의 생물을 천천히 죽여간다. 악의 안개에 뒤덮인 거리는 서서히 데지마와 같은 이계로 변모한다.

생명력 10

인법
【접근전 공격】공 《잠복술》 간격: 1 p78
【유도】서 《결계술》 코스트: 2 p82
【불규칙한 궤적】서 《기승술》 코스트: 1 p81
【노부스마】서 p172
【전장의 극의:위험지대】장 p102
【돈코우】장 p173

특기
인술/《기승술》《잠복술》《항술》《은폐술》《결계술》

닌자도구
병량환 0
신통환 0
둔갑부 1

기술	체술	인술	모술	전술	요술
기기술	**기승술**	생존술	의술	병량술	이형화
불의 술	포술	**잠복술**	독술	동물사역	소환술
물의 술	수리검술	도주술	함정술	야전술	사령술
침술	손놀림	도청술	조사술	지형활용	**결계술**
암기	신체조작	복화술	사기술	의지	봉인술
의상술	보법	은형술	대인술	용병술	언령술
포승술	주법	변장술	예능	기억술	환술
등반술	비행술	**항술**	미인계	색적술	동술
고문술	격투술	분신술	괴뢰술	암호술	천리안
손괴술	도검술	**은폐술**	유언비어	전달술	빙의술
굴삭술	괴력	제육감	경제력	인맥	주술

기타
오의를 두 종류 습득. 권장 오의는 【절대 방어】, 【판정 방해】.

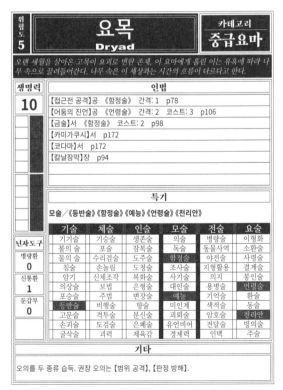

요목 Dryad

위험도 5 | 카테고리 중급요마

오랜 세월을 살아온 고목이 요괴로 변한 존재. 이 요마에게 홀린 이는 유혹에 따라 나무 속으로 끌려들어간다. 나무 속은 이 세상과는 시간의 흐름이 다르다고 한다.

생명력 10

인법
【접근전 공격】공 《함정술》 간격: 1 p78
【어둠의 진언】공 《언령술》 간격: 2 코스트: 3 p106
【금술】서 《함정술》 코스트: 2 p98
【카미가쿠시】서 p172
【코다마】서 p172
【칼날장막】장 p94

특기
모술/《등반술》《함정술》《예능》《언령술》《천리안》

닌자도구
병량환 0
신통환 1
둔갑부 0

기술	체술	인술	모술	전술	요술
기기술	기승술	생존술	의술	병량술	이형화
불의 술	포술	잠복술	독술	동물사역	소환술
물의 술	수리검술	도주술	**함정술**	야전술	사령술
침술	손놀림	도청술	조사술	지형활용	결계술
암기	신체조작	복화술	사기술	의지	봉인술
의상술	보법	은형술	대인술	용병술	**언령술**
포승술	주법	변장술	**예능**	기억술	환술
등반술	비행술	항술	미인계	색적술	동술
고문술	격투술	분신술	괴뢰술	암호술	**천리안**
손괴술	도검술	은폐술	유언비어	전달술	빙의술
굴삭술	괴력	제육감	경제력	인맥	주술

기타
오의를 두 종류 습득. 권장 오의는 【범위 공격】, 【판정 방해】.

시귀 무리 — Legion

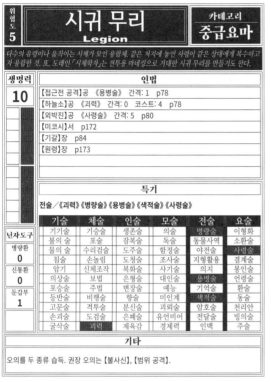

위협도 5 · 카테고리 **중급요마**

다수의 유령이나 움직이는 시체가 모인 융합체. 같은 처지에 놓인 사령이 같은 상대에게 복수하고자 융합한 것. 또, 도래인「시체학자」는 전투용 마네킹으로 거대한 시귀 무리를 만들기도 한다.

생명력 10

인법

인법
【접근전 공격】공 《용병술》 간격: 1 p78
【하늘소】공 《괴력》 간격: 0 코스트: 4 p78
【외박진】공 《사령술》 간격: 5 p80
【미코시】서 p172
【기갈】장 p84
【원령】장 p173

특기

전술/《괴력》《병량술》《용병술》《색적술》《사령술》

기술	체술	인술	모술	전술	요술
기기술	기승술	생존술	의술	병량술	이형화
불의 술	포술	잠복술	독술	동물사역	소환술
물의 술	수리검술	함정술	도주술	야전술	사령술
침술	손놀림	도청술	조사술	지형활용	결계술
암기	신체조작	복화술	사기술	의지	봉인술
의상술	보법	은형술	대인술	용병술	언령술
포승술	주법	변장술	예능	기억술	환술
등반술	비행술	향술	미인계	색적술	동술
고문술	격투술	분신술	괴뢰술	암호술	천리안
손괴술	도검술	은폐술	유언비어	전달술	빙의술
굴삭술	괴력	제육감	경제력	인맥	주술

닌자도구 — 병량환 0 · 신통환 0 · 둔갑부 1

기타

오의를 두 종류 습득. 권장 오의는 【불사신】, 【범위 공격】.

수확자 — Reaper

위협도 5 · 카테고리 **중급요마**

도래인의 일종이라고도, 명계나 천계의 사자라고도 하는 존재. 수명이 다한 자, 혹은 사령술로 거짓된 삶을 누리는 자를 소멸시킨다. 사신, 제살자 등 무수한 별명이 있다.

생명력 10

인법

인법
【접근전 공격】공 《언령술》 간격: 1 p78
【제석천】공 《도검술》 간격: 1 p79
【아지랑이】서 《도검술》 코스트: 1 p90
【부루부루】서 p172
【염마】장 p85
【아라하바키】장 p173

특기

요술/《도검술》《은형술》《소환술》《언령술》《천리안》

기술	체술	인술	모술	전술	요술
기기술	기승술	생존술	의술	병량술	이형화
불의 술	포술	잠복술	독술	동물사역	소환술
물의 술	수리검술	함정술	도주술	야전술	사령술
침술	손놀림	도청술	조사술	지형활용	결계술
암기	신체조작	복화술	사기술	의지	봉인술
의상술	보법	은형술	대인술	용병술	언령술
포승술	주법	변장술	예능	기억술	환술
등반술	비행술	향술	미인계	색적술	동술
고문술	격투술	분신술	괴뢰술	암호술	천리안
손괴술	도검술	은폐술	유언비어	전달술	빙의술
굴삭술	괴력	제육감	경제력	인맥	주술

닌자도구 — 병량환 0 · 신통환 1 · 둔갑부 0

기타

오의를 두 종류 습득. 권장 오의는 【크리티컬 히트】, 【완전 성공】.

고대의 왕 — Incredible

위협도 5 · 카테고리 **중급요마**

야서왕이나 아쿠로오, 노부나가 등 신격화된 고대의 왕이나 위인이 너무나도 거대한 야망 탓에 요마화한 존재. 그들은 마음 내키는 대로 피를 추구하고, 칼을 휘두른다.

생명력 10

인법

인법
【접근전 공격】공 《기승술》 간격: 1 p78
【요괴칼날】공 《이형화》 간격: 1 코스트: 1 p93
【연옥】서 《함정술》 코스트: 4 p92
【사냥개】서 p172
【영거리사격】장 p92
【염마】장 p85

특기

체술/《기승술》《도검술》《함정술》《색적술》《이형화》

기술	체술	인술	모술	전술	요술
기기술	기승술	생존술	의술	병량술	이형화
불의 술	포술	잠복술	독술	동물사역	소환술
물의 술	수리검술	함정술	도주술	야전술	사령술
침술	손놀림	도청술	조사술	지형활용	결계술
암기	신체조작	복화술	사기술	의지	봉인술
의상술	보법	은형술	대인술	용병술	언령술
포승술	주법	변장술	예능	기억술	환술
등반술	비행술	향술	미인계	색적술	동술
고문술	격투술	분신술	괴뢰술	암호술	천리안
손괴술	도검술	은폐술	유언비어	전달술	빙의술
굴삭술	괴력	제육감	경제력	인맥	주술

닌자도구 — 병량환 0 · 신통환 1 · 둔갑부 0

기타

오의를 두 종류 취득. 권장 오의는 【크리티컬 히트】, 【완전 성공】.

흡혈귀 — Vampire

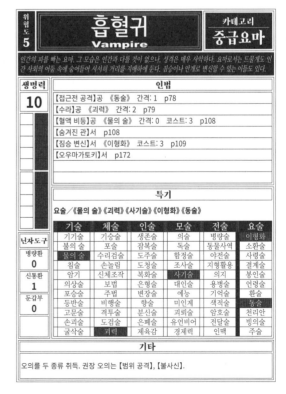

위협도 5 · 카테고리 **중급요마**

인간의 피를 빠는 요마. 그 모습은 인간과 다를 것이 없으나, 성격은 매우 사악하다. 요마로서는 드물게도 인간 사회의 어둠 속에 숨어들어 서서히 거리를 지배하에 둔다. 짐승이나 안개로 변신할 수 있는 이들도 있다.

생명력 10

인법

인법
【접근전 공격】공 《동술》 간격: 1 p78
【수라】공 《괴력》 간격: 2 p79
【혈액 비등】공 《물의 술》 간격: 0 코스트: 3 p108
【숨겨진 관】서 p108
【짐승 변신】서 《이형화》 코스트: 3 p109
【오우마가토키】서 p172

특기

요술/《물의 술》《괴력》《사기술》《이형화》《동술》

기술	체술	인술	모술	전술	요술
기기술	기승술	생존술	의술	병량술	이형화
불의 술	포술	잠복술	독술	동물사역	소환술
물의 술	수리검술	도주술	함정술	야전술	사령술
침술	손놀림	도청술	조사술	지형활용	결계술
암기	신체조작	복화술	사기술	의지	봉인술
의상술	보법	은형술	대인술	용병술	언령술
포승술	주법	변장술	예능	기억술	환술
등반술	비행술	향술	미인계	색적술	동술
고문술	격투술	분신술	괴뢰술	암호술	천리안
손괴술	도검술	은폐술	유언비어	전달술	빙의술
굴삭술	괴력	제육감	경제력	인맥	주술

닌자도구 — 병량환 0 · 신통환 1 · 둔갑부 0

기타

오의를 두 종류 취득. 권장 오의는 【범위 공격】, 【불사신】.

길의 서

사룡 / Wyrm

위협도 5 · 카테고리 중급요마

몸통이가 뱀과 흡사한 형태의 요마로, 세계 각지의 전설에서 용이라 불렸던 존재. 하늘을 나는 것, 물에 사는 것이 있다. 불이나 얼음, 벼락, 산 등의 숨결을 토해 생물을 해친다.

생명력 10

인법
- 【접근전 공격】공 《독술》 간격: 1 p78
- 【뇌화】공 《포술》 간격: 3 코스트: 1 p92
- 【수라】공 《괴력》 간격: 2 p79
- 【미코시】서 p172
- 【역린】장 p106
- 【오니비】장 p173

특기 체술/《포술》《괴력》《은폐술》《독술》《이형화》

닌자도구 · 병량환 0 · 신통환 0 · 둔갑부 1

기술	체술	인술	모술	전술	요술
기기술	기승술	생존술	의술	병량술	이형화
불의 술	포술	잠복술	독술	동물사역	소환술
물의 술	수리검술	도주술	함정술	야전술	사령술
침술	손놀림	도청술	조사술	지형활용	결계술
암기	신체조작	복화술	사기술	의지	봉인술
의상술	보법	은형술	대인술	용병술	언령술
포승술	주법	변장술	예능	기억술	환술
등반술	비행술	향술	미인계	색적술	동술
고문술	격투술	분신술	괴뢰술	암호술	천리안
손괴술	도검술	은폐술	유언비어	전달술	빙의술
굴삭술	괴력	제육감	경제력	인맥	주술

기타 오의를 두 종류 취득. 권장 오의는 【크리티컬 히트】, 【범위 공격】.

거대 얼굴 / Magniskull

위협도 5 · 카테고리 중급요마

거대한 얼굴만이 공중을 날아다닌다는 괴물. 항상 굶주려 있으며, 배고픔을 달래기 위해 사람을 잡아먹는다. 이 요마가 나타나 작은 마을이나 취락에서 사람들이 싹 사라져버리는 일도 있다.

생명력 12

인법
- 【접근전 공격】공 《잠복술》 간격: 1 p78
- 【제석천】공 《대인술》 간격: 1 p79
- 【가을 폭풍】서 《격투술》 코스트: 2 p81
- 【악식】서 《병량술》 코스트: 2 p109
- 【오우마토키】서 p172
- 【돈코우】장 p173

특기 인술/《격투술》《잠복술》《대인술》《병량술》《주술》

닌자도구 · 병량환 0 · 신통환 1 · 둔갑부 0

기술	체술	인술	모술	전술	요술
기기술	기승술	생존술	의술	병량술	이형화
불의 술	포술	잠복술	독술	동물사역	소환술
물의 술	수리검술	도주술	함정술	야전술	사령술
침술	손놀림	도청술	조사술	지형활용	결계술
암기	신체조작	복화술	사기술	의지	봉인술
의상술	보법	은형술	대인술	용병술	언령술
포승술	주법	변장술	예능	기억술	환술
등반술	비행술	향술	미인계	색적술	동술
고문술	격투술	분신술	괴뢰술	암호술	천리안
손괴술	도검술	은폐술	유언비어	전달술	빙의술
굴삭술	괴력	제육감	경제력	인맥	주술

기타 오의를 두 종류 취득. 권장 오의는 【범위 공격】, 【판정 방해】.

후손 수집가 / Snatcher

위협도 5 · 카테고리 중급요마

인간을 어딘가로 데리고 가는 도래인. 거대한 손, 빛덩어리, 속이 텅 빈 붉은 외투 등 다양한 모습으로 나타난다. 납치된 자를 대신해서 도플갱어나 움직이는 시체를 놓고 가기도 한다.

생명력 10

인법
- 【접근전 공격】공 《함정술》 간격: 1 p78
- 【수라】공 《의상술》 간격: 2 p79
- 【만화경】공 《도검술》 간격: 3 p80
- 【폐쇄】서 《봉인술》 p105
- 【카미가쿠시】서 p172

특기 모술/《의상술》《도검술》《함정술》《괴뢰술》《봉인술》

닌자도구 · 병량환 0 · 신통환 0 · 둔갑부 1

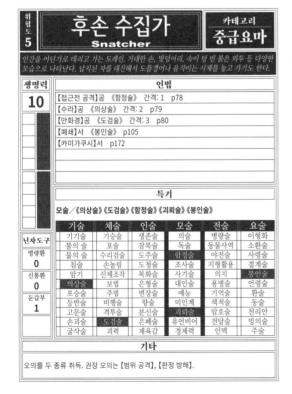

기술	체술	인술	모술	전술	요술
기기술	기승술	생존술	의술	병량술	이형화
불의 술	포술	잠복술	독술	동물사역	소환술
물의 술	수리검술	도주술	함정술	야전술	사령술
침술	손놀림	도청술	조사술	지형활용	결계술
암기	신체조작	복화술	사기술	의지	봉인술
의상술	보법	은형술	대인술	용병술	언령술
포승술	주법	변장술	예능	기억술	환술
등반술	비행술	향술	미인계	색적술	동술
고문술	격투술	분신술	괴뢰술	암호술	천리안
손괴술	도검술	은폐술	유언비어	전달술	빙의술
굴삭술	괴력	제육감	경제력	인맥	주술

기타 오의를 두 종류 취득. 권장 오의는 【범위 공격】, 【판정 방해】.

악귀병 / Murder Maker

위협도 5 · 카테고리 중급요마

기묘한 노래나 수수께끼, 철학 따위를 늘어놓는 외다리 새. 이 새의 노래나 말을 들은 인간은 살인마로 변해버린다. 인간의 생각이나 심정을 다른 것으로 바꿔버리는 요마.

생명력 10

인법
- 【접근전 공격】공 《환술》 간격: 1 p78
- 【방황】서 《잠복술》 p94
- 【도둑놈의갈고리】서 《환술》 p105
- 【어둠의 경치】서 《잠복술》 코스트: 2 p97
- 【그림자 인형】서 《괴뢰술》 간격: 2 코스트: 4 p97
- 【코다마】서 p172

특기 인술/《잠복술》《복화술》《괴뢰술》《전달술》《환술》

닌자도구 · 병량환 0 · 신통환 1 · 둔갑부 0

기술	체술	인술	모술	전술	요술
기기술	기승술	생존술	의술	병량술	이형화
불의 술	포술	잠복술	독술	동물사역	소환술
물의 술	수리검술	도주술	함정술	야전술	사령술
침술	손놀림	도청술	조사술	지형활용	결계술
암기	신체조작	복화술	사기술	의지	봉인술
의상술	보법	은형술	대인술	용병술	언령술
포승술	주법	변장술	예능	기억술	환술
등반술	비행술	향술	미인계	색적술	동술
고문술	격투술	분신술	괴뢰술	암호술	천리안
손괴술	도검술	은폐술	유언비어	전달술	빙의술
굴삭술	괴력	제육감	경제력	인맥	주술

기타 오의를 두 종류 취득. 권장 오의는 【범위 공격】, 【완전 성공】.

Game Master Part

시체학자 Deathnologist

위협도 4 | 카테고리 중급요마

사문과 생물이라는 문장을 다루는 「도래인」. 사문을 새긴 생물은 마네킹이라는 꼭두각시가 되고, 생물을 새긴 망자는 거짓된 생명을 누리는 레블리카라는 이능력자가 된다.

생명력 **10**

인법

【접근전 공격】공 《고문술》	간격: 1		p78
【외박진】공 《사령술》	간격: 5		p80
【반격기】서 《신체조작》	간격: 2	코스트: 2	p82
【흡정】서 《사령술》		코스트: 1	p106
【머리카락 연극】서 《신체조작》		코스트: 2	p110
【송장까마귀】장			p116

특기

요술／《침술》《고문술》《신체조작》《의술》《사령술》

기술	체술	인술	모술	전술	요술
기기술	기승술	생존술	의술	병량술	이형화
불의 술	포술	잠복술	독술	동물사역	소환술
물의 술	수리검술	도주술	함정술	야전술	사령술
침술	손놀림	도청술	조사술	지형활용	결계술
암기	신체조작	복화술	사기술	의지	봉인술
의상술	보법	은형술	대인술	용병술	언령술
포승술	주법	변장술	예능	기억술	환술
등반술	비행술	향술	미인계	색적술	동술
고문술	격투술	분신술	괴뢰술	암호술	천리안
손괴술	도검술	은폐술	유언비어	전달술	빙의술
굴삭술	괴력	제육감	경제력	인맥	주술

닌자도구 — 병량환 0 · 신통환 1 · 둔갑부 0

기타

오의를 두 종류 취득. 권장 오의는 【크리티컬 히트】, 【불사신】.

해체업자 Dissolutioner

위협도 4 | 카테고리 중급요마

의뢰인이 주문하는 「부품」을 조달하는 「도래인」. 그들은 동정녀의 탐닉, 이상에 관한 꿈, 질투의 집적 회로 등 의뢰인이 원하는 「부품」을 꺼낼 수 있다.

생명력 **10**

인법

【접근전 공격】공 《도청술》	간격: 1		p78
【무기파괴】서 《손괴술》		코스트: 2	p86
【파훼술:기술】서 《손괴술》		코스트: 2	p82
【감정 조작】서 《사기술》		코스트: 1	p83
【불의 습격】서 《암기》			p86
【살 가면】서 《빙의술》			p119

특기

기술／《암기》《손괴술》《도청술》《사기술》《빙의술》

기술	체술	인술	모술	전술	요술
기기술	기승술	생존술	의술	병량술	이형화
불의 술	포술	잠복술	독술	동물사역	소환술
물의 술	수리검술	도주술	함정술	야전술	사령술
침술	손놀림	도청술	조사술	지형활용	결계술
암기	신체조작	복화술	사기술	의지	봉인술
의상술	보법	은형술	대인술	용병술	언령술
포승술	주법	변장술	예능	기억술	환술
등반술	비행술	향술	미인계	색적술	동술
고문술	격투술	분신술	괴뢰술	암호술	천리안
손괴술	도검술	은폐술	유언비어	전달술	빙의술
굴삭술	괴력	제육감	경제력	인맥	주술

닌자도구 — 병량환 0 · 신통환 1 · 둔갑부 0

기타

오의를 두 종류 취득. 권장 오의는 【크리티컬 히트】, 【범위 공격】.

예술의 신 Muse

위협도 4 | 카테고리 중급요마

「아름다움」에 기생하는 「도래인」. 예술가와 교류함으로써 상대에게 영감을 내려준다. 하지만 예술의 신과 교류하여 생겨난 「아름다움」은 다른 「도래인」을 불러들인다.

생명력 **10**

인법

【접근전 공격】공 《의상술》	간격: 1		p78
【춘향】공 《향술》	간격: 3	코스트: 4	p94
【감정 조작】서 《유언비어》		코스트: 1	p83
【죽음의 접촉】서 《미인계》			p111
【고혹】서 《미인계》	간격: 3	코스트: 2	p98
【마계전생】서 《빙의술》		코스트: 5	p106

특기

모술／《의상술》《향술》《미인계》《유언비어》《빙의술》

기술	체술	인술	모술	전술	요술
기기술	기승술	생존술	의술	병량술	이형화
불의 술	포술	잠복술	독술	동물사역	소환술
물의 술	수리검술	도주술	함정술	야전술	사령술
침술	손놀림	도청술	조사술	지형활용	결계술
암기	신체조작	복화술	사기술	의지	봉인술
의상술	보법	은형술	대인술	용병술	언령술
포승술	주법	변장술	예능	기억술	환술
등반술	비행술	향술	미인계	색적술	동술
고문술	격투술	분신술	괴뢰술	암호술	천리안
손괴술	도검술	은폐술	유언비어	전달술	빙의술
굴삭술	괴력	제육감	경제력	인맥	주술

닌자도구 — 병량환 0 · 신통환 0 · 둔갑부 1

기타

오의를 두 종류 취득. 권장 오의는 【완전 성공】, 【판정 방해】.

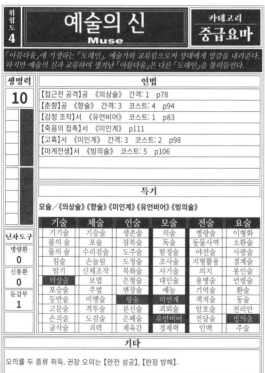

검장 Swordsmith

위협도 4 | 카테고리 중급요마

다른 세계에서 벌어지는 싸움을 위해 인간을 재료로 마검을 벼리는 「도래인」. 규격 외의 욕망, 그 몸을 불사를 듯한 애정 등 강렬한 감정의 소유자일수록 우수한 마검이 된다.

생명력 **13**

인법

【접근전 공격】공 《봉인술》	간격: 1		p78
【핏빛 소용돌이】공 《이형화》	간격: 3	코스트: 1	p106
【아지랑이】서 《도검술》		코스트: 1	p90
【연격】서		코스트: 2	p81
【후의 선】장			p90
【떼구름】장			p112

특기

체술／《포술》《도검술》《대인술》《이형화》《봉인술》

기술	체술	인술	모술	전술	요술
기기술	기승술	생존술	의술	병량술	이형화
불의 술	포술	잠복술	독술	동물사역	소환술
물의 술	수리검술	도주술	함정술	야전술	사령술
침술	손놀림	도청술	조사술	지형활용	결계술
암기	신체조작	복화술	사기술	의지	봉인술
의상술	보법	은형술	대인술	용병술	언령술
포승술	주법	변장술	예능	기억술	환술
등반술	비행술	향술	미인계	색적술	동술
고문술	격투술	분신술	괴뢰술	암호술	천리안
손괴술	도검술	은폐술	유언비어	전달술	빙의술
굴삭술	괴력	제육감	경제력	인맥	주술

닌자도구 — 병량환 0 · 신통환 1 · 둔갑부 0

기타

오의를 두 종류 취득. 권장 오의는 【크리티컬 히트】, 【절대 방어】.

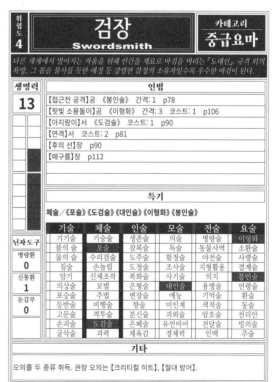

길의 서

하이 롤러 (High Roller)

위협도 4 · 카테고리 중급요마

초인적인 수학 능력과 반사 신경을 지닌 「도레인」, 모든 법칙에서 「게임」을 도출해서 승리하는 것을 목적으로 삼는다. 변덕스럽지만, 한 번 정한 규칙은 준수한다.

생명력 10

인법
- 【접근전 공격】공 《복화술》 간격:1　p78
- 【수라】공 《손놀림》 간격:2　p79
- 【수업】서 《기억술》　p102
- 【허물벗기】서 《복화술》 코스트:4　p94
- 【비행 우산】서 《등반술》 코스트:2　p117
- 【산마루의 엄니】장　p118

특기

전술／《등반술》《손놀림》《복화술》《의지》《기억술》

닌자도구: 병량환 0 / 신통환 1 / 둔갑부 0

기술	체술	인술	모술	전술	요술
기기술	기승술	생존술	의술	병량술	이형화
불의 술	포술	잠복술	독술	동물사역	소환술
물의 술	수리검술	도주술	함정술	야전술	사령술
침술	**손놀림**	도청술	조사술	지형활용	결계술
암기	신체조작	**복화술**	사기술	의지	봉인술
의상술	보법	은형술	대인술	용병술	언령술
포승술	주법	변장술	예능	기억술	환술
등반술	비행술	향술	미인계	색적술	동술
고문술	격투술	분신술	괴뢰술	암호술	천리안
손괴술	도검술	은폐술	유언비어	전달술	빙의술
굴삭술	괴력	제육감	경제력	인맥	주술

기타
오의를 두 종류 취득. 권장 오의는 【완전 성공】, 【판정 방해】.

기관사 (Organiser)

위협도 4 · 카테고리 중급요마

다양한 기계를 발명하는 「도레인」, 무시무시한 기구를 다루며, 기구의 실험을 위해 이 세계에 나타난다. 또, 근사한 재능의 소유자를 발견하면 자기들의 세계로 데리고 돌아간다.

생명력 10

인법
- 【접근전 공격】공 《굴삭술》 간격:1　p78
- 【만화경】공 《기기술》 간격:3　p80
- 【큰 톱】공 《손괴술》 간격:0 코스트:4　p117
- 【연격】서 코스트:2　p81
- 【비행 우산】서 《등반술》 코스트:2　p117
- 【마계공학】장　p86

특기

기술／《기기술》《등반술》《굴삭술》《함정술》《암호술》

닌자도구: 병량환 0 / 신통환 1 / 둔갑부 0

기술	체술	인술	모술	전술	요술
기기술	기승술	생존술	의술	병량술	이형화
불의 술	포술	잠복술	독술	동물사역	소환술
물의 술	수리검술	도주술	**함정술**	야전술	사령술
침술	손놀림	도청술	조사술	지형활용	결계술
암기	신체조작	복화술	사기술	의지	봉인술
의상술	보법	은형술	대인술	용병술	언령술
포승술	주법	변장술	예능	기억술	환술
등반술	비행술	향술	미인계	색적술	동술
고문술	격투술	분신술	괴뢰술	**암호술**	천리안
손괴술	도검술	은폐술	유언비어	전달술	빙의술
굴삭술	괴력	제육감	경제력	인맥	주술

기타
오의를 두 종류 취득. 권장 오의는 【범위 공격】, 【완전 성공】.

상자 사나이 (Boxmen)

위협도 4 · 카테고리 중급요마

기묘한 상자 같은 존재의 안에 들어가 있는 남자. 상자까지 포함해서 하나의 만자다. 사람들을 상자의 결계에 가둔다. 그 안에서는 인법조작 봉인된다.

생명력 6

인법
- 【접근전 공격】공 《봉인술》 간격:1　p78
- 【파훼술】서 《봉인술》 코스트:2　p82
- 【금강】서 《생존술》 코스트:3　p94
- 【마계 시공】서 《환술》　p106
- 【파환】장 이 캐릭터가 사용하는 《파훼술》은 분야를 가리지 않고 지정 특기가 있는 서포트 인법을 무효로 할 수 있다.

특기

요술／《생존술》《봉인술》《환술》

닌자도구: 병량환 0 / 신통환 0 / 둔갑부 1

기술	체술	인술	모술	전술	요술
기기술	기승술	**생존술**	의술	병량술	이형화
불의 술	포술	잠복술	독술	동물사역	소환술
물의 술	수리검술	도주술	함정술	야전술	사령술
침술	손놀림	도청술	조사술	지형활용	결계술
암기	신체조작	복화술	사기술	의지	**봉인술**
의상술	보법	은형술	대인술	용병술	언령술
포승술	주법	변장술	예능	기억술	**환술**
등반술	비행술	향술	미인계	색적술	동술
고문술	격투술	분신술	괴뢰술	암호술	천리안
손괴술	도검술	은폐술	유언비어	전달술	빙의술
굴삭술	괴력	제육감	경제력	인맥	주술

기타
오의를 두 종류 취득. 권장 오의는 【절대 방어】, 【절대 방어】.

기분 나쁜 거품 (Boogie Pop)

위협도 5 · 카테고리 중급요마

도레인이 만들어낸 만자의 일종. 본래는 거대한 칠흑의 점액 덩어리 같은 모습이지만, 다양한 형태로 모습을 바꿀 수 있다. 인간이 되어 생활하는 경우도 있다.

생명력 12

인법
- 【접근전 공격】공 《이형화》 간격:1　p78
- 【거대한 턱】공 《병량술》 간격:0 코스트:1　p109
- 【지중은신】서 《굴삭술》 코스트:5　p108
- 【육체 흡수】서 《병량술》 코스트:1　p119
- 【요스즈메】서　p172
- 【히루코】장　p173

특기

체술／《굴삭술》《신체조작》《은폐술》《병량술》《이형화》

닌자도구: 병량환 1 / 신통환 0 / 둔갑부 0

기술	체술	인술	모술	전술	요술
기기술	기승술	생존술	의술	병량술	**이형화**
불의 술	포술	잠복술	독술	동물사역	소환술
물의 술	수리검술	도주술	함정술	야전술	사령술
침술	손놀림	도청술	조사술	지형활용	결계술
암기	**신체조작**	복화술	사기술	의지	봉인술
의상술	보법	은형술	대인술	용병술	언령술
포승술	주법	변장술	예능	기억술	환술
등반술	비행술	향술	미인계	색적술	동술
고문술	격투술	분신술	괴뢰술	암호술	천리안
손괴술	도검술	**은폐술**	유언비어	전달술	빙의술
굴삭술	괴력	제육감	경제력	인맥	주술

기타
오의를 두 종류 취득. 권장 오의는 【크리티컬 히트】, 【불사신】.

Game Master Part

상급요마

신처럼 강력한 힘을 자랑하는 요마들. 전설에만 등장하는 존재였으나, 「지옥문」이 열리면서 몇 명인가 지상에 나타났다.

쿠마소 (Wild)
위협도 6 — 카테고리 상급요마

산이나 숲 같은 자연을 신성시하고, 신격화한 결과 탄생한 요마. 인간을 비롯한 생물에 대한 자연의 혹독함, 가혹함을 체현한 존재다. 이름의 유래는 야마토 조정에 저항한 규슈 남부의 민족.

생명력 20

인법
【접근전 공격】공 《지형활용》 간격: 1 p78
【외박진】공 《생존술》 간격: 5 p80
【천구】공 《비행술》 간격: 0 코스트: 1 p92
【독과일】서 《독술》 코스트: 4 p101
【사냥개】서 p172
【미코시】서 p172
【질풍】장 p85
【아라하바키】장 p173

특기
전술 /《물의 술》《굴삭술》《비행술》《생존술》《은폐술》《독술》《지형활용》《환술》

닌자도구 / 병량환 1 / 신통환 0 / 둔갑부 1

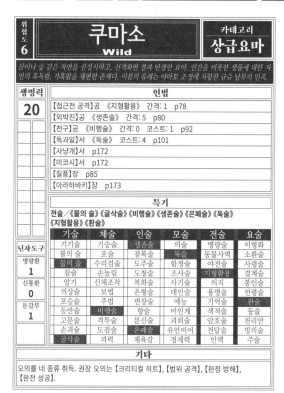

기술	체술	인술	모술	전술	요술
기기술	기승술	생존술	의술	병량술	이형화
불의 술	포술	잠복술	독술	동물사역	소환술
물의 술	수리검술	도주술	함정술	야전술	사령술
침술	손놀림	도청술	조사술	지형활용	결계술
암기	신체조작	복화술	사기술	의지	봉인술
의상술	보법	은형술	대인술	용병술	언령술
포승술	주법	변장술	예능	기억술	환술
등반술	비행술	향술	미인계	색적술	동술
고문술	격투술	분신술	괴뢰술	암호술	천리안
손괴술	도검술	은폐술	유언비어	전달술	빙의술
굴삭술	괴력	제육감	경제력	인맥	주술

기타
오의를 네 종류 취득. 권장 오의는 【크리티컬 히트】, 【범위 공격】, 【판정 방해】, 【완전 성공】.

고룡 (Dragon)
위협도 6 — 카테고리 상급요마

폭풍이나 벼락 같은 날씨가 신격화하여 탄생한 요마. 모든 짐승의 조상이라고 여겨지거나, 용신으로 숭배되는 경우도 흔히 찾아볼 수 있다. 하늘, 수중, 용암 속 등에 산다.

생명력 20

인법
【접근전 공격】공 《신체조작》 간격: 1 p78
【마물의 매복】공 《결계술》 간격: 0 코스트: 1 p107
【용살군】공 《소환술》 간격: 3 코스트: 1 p107
【흉성】서 《언령술》 간격: 3 코스트: 1 p107
【쿄고츠】서 p172
【미코시】서 p172
【역린】장 p106
【돈코우】장 p173

특기
체술 /《물의 술》《신체조작》《괴력》《독술》《전달술》《소환술》《결계술》《언령술》

닌자도구 / 병량환 1 / 신통환 1 / 둔갑부 0

기술	체술	인술	모술	전술	요술
기기술	기승술	생존술	의술	병량술	이형화
불의 술	포술	잠복술	독술	동물사역	소환술
물의 술	수리검술	도주술	함정술	야전술	사령술
침술	손놀림	도청술	조사술	지형활용	결계술
암기	신체조작	복화술	사기술	의지	봉인술
의상술	보법	은형술	대인술	용병술	언령술
포승술	주법	변장술	예능	기억술	환술
등반술	비행술	향술	미인계	색적술	동술
고문술	격투술	분신술	괴뢰술	암호술	천리안
손괴술	도검술	은폐술	유언비어	전달술	빙의술
굴삭술	괴력	제육감	경제력	인맥	주술

기타
오의를 네 종류 취득. 권장 오의는 【크리티컬 히트】, 【범위 공격】, 【판정 방해】, 【완전 성공】.

장생자 (Elder)
위협도 6 — 카테고리 상급요마

흡혈귀라 불리는 요마 중에서도 천 년 이상을 산 자. 인간들에 대한 강력한 영향력을 가지고 있으며, 대도시나 국가를 지배하는 경우도 있다. 혈족으로 하위 흡혈귀를 거느리고 있다.

생명력 18

인법
【접근전 공격】공 《도검술》 간격: 1 p78
【혈액 비등】공 《물의 술》 간격: 0 코스트: 3 p108
【유성우】공 《소환술》 간격: 3 코스트: 3 p106
【악식】서 《병량술》 코스트: 3 p109
【짐승 변신】서 《이형화》 코스트: 3 p109
【요스즈메】서 p172
【염마】장 p85
【원령】장 p173

특기
요술 /《물의 술》《도검술》《생존술》《사기술》《병량술》《이형화》《소환술》《동술》

닌자도구 / 병량환 1 / 신통환 1 / 둔갑부 0

기술	체술	인술	모술	전술	요술
기기술	기승술	생존술	의술	병량술	이형화
불의 술	포술	잠복술	독술	동물사역	소환술
물의 술	수리검술	도주술	함정술	야전술	사령술
침술	손놀림	도청술	조사술	지형활용	결계술
암기	신체조작	복화술	사기술	의지	봉인술
의상술	보법	은형술	대인술	용병술	언령술
포승술	주법	변장술	예능	기억술	환술
등반술	비행술	향술	미인계	색적술	동술
고문술	격투술	분신술	괴뢰술	암호술	천리안
손괴술	도검술	은폐술	유언비어	전달술	빙의술
굴삭술	괴력	제육감	경제력	인맥	주술

기타
오의를 네 종류 취득. 권장 오의는 【크리티컬 히트】, 【범위 공격】, 【범위 공격】, 【불사신】. 요마무기 「뼈칼」, 「외법로」를 장비하고 있다.

악마 (Demon)
위협도 6 — 카테고리 상급요마

신이라 불리는 존재와 적대하는 악신. 아크데몬이나 데몬로드라고 불리기도 하는 존재로, 파괴와 조정을 관장한다. 지옥의 불길로 모든 것을 불태운다.

생명력 20

인법
【접근전 공격】공 《동물사역》 간격: 1 p78
【수라】공 《색적술》 간격: 2 p79
【야쿠사노이카츠치】공 《사령술》 간격: 2 코스트: 3 p100
【백린】공 《불의 술》 간격: 2 코스트: 2 p97
【연격】서 코스트: 2 p81
【미코시】서 p172
【전장의 극의:위험지대】장 p102
【업화】장 p97

특기
전술 /《불의 술》《굴삭술》《비행술》《은폐술》《경제력》《동물사역》《색적술》《사령술》

닌자도구 / 병량환 0 / 신통환 1 / 둔갑부 1

기술	체술	인술	모술	전술	요술
기기술	기승술	생존술	의술	병량술	이형화
불의 술	포술	잠복술	독술	동물사역	소환술
물의 술	수리검술	도주술	함정술	야전술	사령술
침술	손놀림	도청술	조사술	지형활용	결계술
암기	신체조작	복화술	사기술	의지	봉인술
의상술	보법	은형술	대인술	용병술	언령술
포승술	주법	변장술	예능	기억술	환술
등반술	비행술	향술	미인계	색적술	동술
고문술	격투술	분신술	괴뢰술	암호술	천리안
손괴술	도검술	은폐술	유언비어	전달술	빙의술
굴삭술	괴력	제육감	경제력	인맥	주술

기타
오의를 네 종류 취득. 권장 오의는 【크리티컬 히트】, 【범위 공격】, 【완전 성공】, 【불사신】.

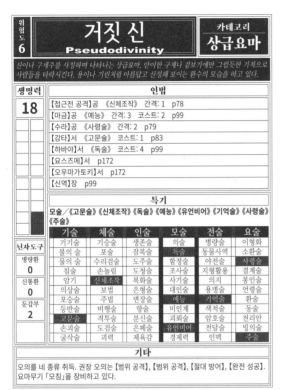

거짓 신 — Pseudodivinity

위협도 6 | 카테고리 상급요마

신이나 구세주를 사칭하며 나타나는 상급요마. 안이한 구제나 겉보기에만 그럴듯한 기적으로 사람들을 타락시킨다. 용이나 기린처럼 아름답고 신성해 보이는 환수의 모습을 하고 있다.

생명력 18

인법
【접근전 공격】공 《신체조작》 간격: 1 p78
【마음】공 《예능》 간격: 3 코스트: 2 p99
【수라】공 《사령술》 간격: 2 p79
【강타】서 《고문술》 코스트: 1 p83
【하바야】서 《독술》 코스트: 4 p99
【요스즈메】서 p172
【오우마가토키】서 p172
【신역】장 p99

특기
모술/《고문술》《신체조작》《독술》《예능》《유언비어》《기억술》《사령술》《주술》

기술	체술	인술	모술	전술	요술
기기술	기승술	생존술	의술	병량술	이형화
불의 술	포술	잠복술	독술	동물사역	소환술
물의 술	수리검술	도주술	함정술	야전술	사령술
침술	손놀림	도청술	조사술	지형활용	결계술
암기	신체조작	복화술	사기술	의지	봉인술
의상술	보법	은형술	대인술	용병술	언령술
포승술	주법	변장술	예능	기억술	환술
등반술	비행술	향술	미인계	색적술	동술
고문술	격투술	분신술	괴뢰술	암호술	천리안
손괴술	도검술	은폐술	유언비어	전달술	빙의술
굴삭술	괴력	제육감	경제력	인맥	주술

닌자도구 / 병량환 0 / 신통환 0 / 둔갑부 2

기타
오의를 네 종류 취득. 권장 오의는 【범위 공격】, 【범위 공격】, 【절대 방어】, 【완전 성공】. 요마무기 「모침」을 장비하고 있다.

무지개 아가씨 — Rainbow Queen

위협도 6 | 카테고리 상급요마

도래인 중에서도 신의 일종으로 분류되는, 객신이라는 존재. 세계와 세계를 연결하는 「다리」를 만드는 기술자로, 이 세계 자체를 위기에 몰아넣는 매우 위험한 요마.

생명력 20

인법
【접근전 공격】공 《불의 술》 간격: 1 p78
【수라】공 《소환술》 간격: 2 p79
【제석천】공 《함정술》 간격: 1 p79
【유도】서 《결계술》 코스트: 2 p82
【카미카쿠시】서 p172
【쿄고츠】서 p172
【영롱】장 p109
【오니비】장 p173

특기
요술/《불의 술》《보법》《제육감》《함정술》《전달술》《소환술》《결계술》《환술》

기술	체술	인술	모술	전술	요술
기기술	기승술	생존술	의술	병량술	이형화
불의 술	포술	잠복술	독술	동물사역	소환술
물의 술	수리검술	도주술	함정술	야전술	사령술
침술	손놀림	도청술	조사술	지형활용	결계술
암기	신체조작	복화술	사기술	의지	봉인술
의상술	보법	은형술	대인술	용병술	언령술
포승술	주법	변장술	예능	기억술	환술
등반술	비행술	향술	미인계	색적술	동술
고문술	격투술	분신술	괴뢰술	암호술	천리안
손괴술	도검술	은폐술	유언비어	전달술	빙의술
굴삭술	괴력	제육감	경제력	인맥	주술

닌자도구 / 병량환 1 / 신통환 1 / 둔갑부 0

기타
오의를 네 종류 취득. 권장 오의는 【크리티컬 히트】, 【크리티컬 히트】, 【범위 공격】, 【판정 방해】.

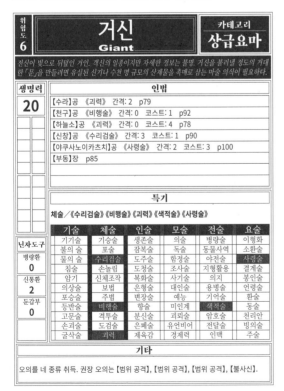

거신 — Giant

위협도 6 | 카테고리 상급요마

전신이 빛으로 뒤덮인 거인. 객신의 일종이지만 자세한 정보는 불명. 거신을 불러낼 정도의 거대한 「문」을 만들려면 유실된 신가나 수천 명 규모의 산제물을 촉매로 삼는 마술 의식이 필요하다.

생명력 20

인법
【수라】공 《괴력》 간격: 2 p79
【천구】공 《비행술》 간격: 0 코스트: 1 p92
【하늘소】공 《괴력》 간격: 0 코스트: 4 p78
【신창】공 《수리검술》 간격: 3 코스트: 1 p90
【야쿠사노이카츠치】공 《사령술》 간격: 2 코스트: 3 p100
【부동】장 p85

특기
체술/《수리검술》《비행술》《괴력》《색적술》《사령술》

기술	체술	인술	모술	전술	요술
기기술	기승술	생존술	의술	병량술	이형화
불의 술	포술	잠복술	독술	동물사역	소환술
물의 술	수리검술	도주술	함정술	야전술	사령술
침술	손놀림	도청술	조사술	지형활용	결계술
암기	신체조작	복화술	사기술	의지	봉인술
의상술	보법	은형술	대인술	용병술	언령술
포승술	주법	변장술	예능	기억술	환술
등반술	비행술	향술	미인계	색적술	동술
고문술	격투술	분신술	괴뢰술	암호술	천리안
손괴술	도검술	은폐술	유언비어	전달술	빙의술
굴삭술	괴력	제육감	경제력	인맥	주술

닌자도구 / 병량환 0 / 신통환 2 / 둔갑부 0

기타
오의를 네 종류 취득. 권장 오의는 【범위 공격】, 【범위 공격】, 【범위 공격】, 【불사신】.

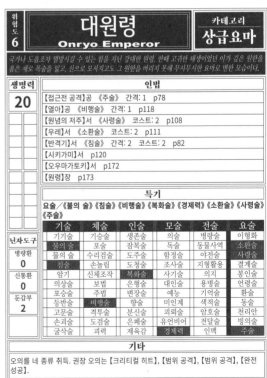

대원령 — Onryo Emperor

위협도 6 | 카테고리 상급요마

국가나 도읍조차 멸망시킬 수 있는 힘을 지닌 강대한 원령. 한때 고귀한 태생이던 이가 깊은 원한을 품은 채로 목숨을 잃고, 신으로 모셔지고도 그 원한을 버리지 못해 무시무시한 요마로 변한 모습이다.

생명력 20

인법
【접근전 공격】공 《주술》 간격: 1 p78
【열아】공 《비행술》 간격: 1 p118
【원념의 저주】서 《사령술》 코스트: 2 p108
【우레】서 《소환술》 코스트: 1 p111
【반격기】서 《침술》 간격: 2 코스트: 2 p82
【시키가미】서 p120
【오우마가토키】서 p172
【원령】장 p173

특기
요술/《불의 술》《침술》《비행술》《복화술》《경제력》《소환술》《사령술》《주술》

기술	체술	인술	모술	전술	요술
기기술	기승술	생존술	의술	병량술	이형화
불의 술	포술	잠복술	독술	동물사역	소환술
물의 술	수리검술	도주술	함정술	야전술	사령술
침술	손놀림	도청술	조사술	지형활용	결계술
암기	신체조작	복화술	사기술	의지	봉인술
의상술	보법	은형술	대인술	용병술	언령술
포승술	주법	변장술	예능	기억술	환술
등반술	비행술	향술	미인계	색적술	동술
고문술	격투술	분신술	괴뢰술	암호술	천리안
손괴술	도검술	은폐술	유언비어	전달술	빙의술
굴삭술	괴력	제육감	경제력	인맥	주술

닌자도구 / 병량환 0 / 신통환 0 / 둔갑부 2

기타
오의를 네 종류 취득. 권장 오의는 【크리티컬 히트】, 【범위 공격】, 【범위 공격】, 【완전 성공】.

세계의 서

월드 파트

이 장에는 『시노비가미』의 닌자에 대한 자세한 설명, 세계에 존재하는 갖가지 요괴, 닌자와 관련된 사람들에 대한 내용이 실려 있습니다.

「닌자의 상식… 닌자의 상식. 묘한 말이지요. 당신이 만나는 닌자도, 마주칠 사건도, 준비된 자료에 없는 것들뿐일 테지요. 하지만 상식을 염두에 두면 적어도 무난한 대응 정도는 할 수 있게 됩니다.」
―― 히라사카 기관, 신인 연수의 한 장면

26 닌자란?

이 항목에서는 『시노비가미』 세계의 닌자들 및 6대 유파의 설정을 소개한다.

그림자의 세계

실제로 그림자의 세계라는 이름의 다른 세계가 존재하는 것이 아니라, 심야의 길거리나 아무도 오지 않는 건물의 어느 방, 버려진 공업 시설이나 수수께끼의 호화 저택 등 사람들이 그다지 관심을 기울이지 않는 장소를 말합니다. 닌자는 주로 그런 장소에서 활동합니다.

전향

일반인들의 사회로 진출한 전직 닌자들이 과학 기술에 변혁을 가져오는 사례도 흔히 찾아볼 수 있습니다. 지금 시노비의 세계에서 닌자들이 독점하고 있는 기술을 모조리 세상에 공개하면 지구의 모습은 일변할 테지요.

26·00
세계에 관하여

이 파트에는 『시노비가미』의 세계관 설정이 적혀 있습니다. 여기에 적혀 있는 것은 시노비의 세계에서 정설로 통하는 정보입니다. 하지만 시노비의 세계는 거짓말과 비밀, 그리고 음모로 이루어져 있습니다. 무엇이 진짜인지는 알 수 없고, 밝혀지지 않은 진실이 잠들어 있는 경우도 있습니다. 게임 마스터는 자신의 상상력을 구사해서 여기에 적혀 있지 않은 내용을 다루거나, 여기에 적혀 있는 내용과 모순되는 시나리오를 만들어도 무방합니다. 시노비의 세계에서 진실은 여러분의 세션 속에 있습니다.

26·01
시노비의 세계

우리가 사는 평범한 세상의 뒷면에는 「시노비의 세계」라는 **그림자의 세계**가 존재합니다. 그곳은 폭력과 모략, 그리고 요술의 세계입니다.

「시노비의 세계」에서는 날마다 싸움이 벌어지고 있습니다. 하지만 그런 사실은 교묘하게 은폐되어 우리의 눈에는 들어오지 않습니다.

그런 싸움은 물론, 그곳에서 싸우는 전사…… 닌자들의 존재 또한.

26·02
닌자란?

닌자란 「시노비의 세계」에서 살아가는 전사들의 총칭입니다. 「인술사」, 「시노비노모노」, 「츠카이테」, 「랏파」, 「숫파」, 「아루키미코」 등 다양한 이름으로 불립니다.

평범한 사람들 사이에서 닌자란 중세 일본에서 다이묘나 영주를 모시며 첩보 활동이나 암살을 담당한 이들을 가리킵니다. 하지만 실제로는 그 이전부터 존재해온 이능력자들입니다. 거슬러 올라가면 기원전 1세기, 야요이 시대 전후부터 존재했다고 합니다. 일설에 따르면 진시황이나 히미코도 닌자였다고 합니다.

고대 일본에 전해진 신선술을 바탕으로 그 밖의 무술이나 과학, 마술을 받아들여 독자적으로 발전한 것이 닌자들의 기술, 인법입니다.

닌자는 이러한 인법을 구사하여 예부터 정치나 경제, 종교계 등 거대 권력을 모셨습니다. 전국시대에는 여러 권력자가 군웅할거했으므로, 닌자들 또한 몇 가지 유파로 나뉘어서 서로 기술을 겨뤘습니다. 하지만 전란의 시대가 막을 내린 도쿠가와 막부 체제 하에서는 그 많던 유파도 코우기온미츠(公儀隱密; 막부의 명을 받아 정찰 임무에 종사하는 하급 무사의 조직)의 이름 하에 점차 통합되었습니다. 그리고 메이지 시대 이후, 근대화가 이루어지면서 닌자는 그 역할을 마친 것처럼 보였습니다. 대다수의 닌자가 농부나 경찰 관계자, 의사나 약제사, 화약 기술자 등으로 **전향**했다는 이야기도 있습니다.

하지만 빛이 있는 곳에 반드시 그림자가 있는 법. 근대화로 인한 빛이 더욱 강해짐에 따라 어둠도 한층 더 짙어집니다. 「시노비의 세계」는 여전히 평화로운 일상의 바깥쪽에 존재했습니다. 평화라는 이름의 장막은 더욱 교묘하게 「시노비의 세계」를 감추고 있습니다. 하지만 그 장막 너머에서는 예전과 다름없이 현대의 닌자들을 통해 권력자들의 대리 투쟁이 벌어지고 있습니다. 과학과 마도의 정점에 서 있는 이형의 이능력자들이 벌이는 싸움이.

26·03
인법과 인술

그렇다면 닌자란 도대체 어떤 존재일까요? 닌자 최대의 특징은 인법이나 인술을 사용한다는 점입니다.

그렇습니다. 매우 까다롭게도 이 두 가지는 서로 다른 개념입니다.

인법이란 닌자들이 「시노비가미」라는 존재로부터 짙게 이어받은 피의 힘에 독자적으로 만들어낸 초자연적 이론을 조합해서 구현하는 불가사의한 기술을 말합니다. 반면, 절도나 은밀 활동, 첩보 활동, 또는 거기에 대한 대응책을 인술이라고 부릅니다. 호칭은 매우 비슷하지만, 시노비의 세계에서는 인법과 인술을 이와 같이 구별합니다. 때로는 「첩보 활동을 유리하게 이끌어 나가는 비술」이라는 의미에서 「인술적인 인법」이라는 복잡한 표현을 사용하기도 합니다.

26·04
인법의 원천

근본적으로 인법을 발동하려면 「시노비가미」의 핏줄 외에도 「고속기동」 능력이나 정밀한 신체 조작 등이 필수입니다. 따라서 인법은 원리를 알아봤자 평범한 인간은 재현할 수 없으며, 한계까지 육체를 단련한 닌자만이 사용할 수 있다고 합니다.

인법이라는 힘의 원천은 크게 세 종류로 나뉩니다. 각각 「닌자장비」, 「육체」, 「삼라만상」이라고 부릅니다.

26·04·01
닌자장비

닌자장비란 닌자가 사용하는 특수한 도구나 약물입니다. 과거에는 마비약이나 암기, 남만(동남아시아 및 그곳에 식민지를 둔 포르투갈, 스페인 등 서양 국가를 뜻하는 말)에서 건너온 기계 장치 등을 사용했습니다. 현대에는 기계나 정밀한 전자기기 등 최첨단 과학 기술에 이르기까지 다양한 닌자장비가 존재합니다.

닌자장비의 개발 자체에는 막대한 시간과 노력, 그리고 천재적인 영감이 필요하지만, 이미 제작된 닌자장비는 닌자라면 **누구라도 다룰 수 있습니다**. 「육체」나 「삼라만상」을 이용하는 경우와 비교하면 비교적 다루기 쉬운 편입니다. 「병량환」이나 「신통환」 같은 닌자도구는 가장 세련된 닌자장비로 통합니다.

전국시대에는 무수한 닌자장비가 개발되었습니다. 특히 사이가슈나 네고로슈, 그리고 하치야슈 등이 닌자장비에 정통했습니다. 그들 자신은 역사의 거친 파도에 휩쓸려 멸망했으나, 그 기술이 후세까지 남아 현대의 하스바 인군이 탄생했다고 합니다.

26·04·02
육체

인간을 비롯한 생물에게는 미지의 힘이 잠재되어 있다고 합니다. 그런 힘을 활성화해서 불가사의한 현상을 일으키는 인법도 있습니다.

자기 육체의 기능을 확장해서 초월적인 지각 능력을 획득하거나 고속으로 이동하는 체술이 여기에 포함됩니다. 그중에는 제3의 눈이나 팔, 날개처럼 보통 사람에게는 없는 기관을 만들어내는 이도 있습니다. 단, 이것은 「시노비가미」의 피를 깊게 이어받은 이들만 사용할 수 있는 힘입니다. 이런 특수한 육체를 「이형」이라고 부릅니다.

한편, 자신이 아닌 상대의 육체를 이용하는 경우도 있습니다. 일반인들에게는 알려지지 않은 **신체의 약점을 이용**해서 상대의 움직임을 억제하거나 생각을 읽는 인법이 여기에 해당합니다.

자기 몸이든 남의 몸이든 육체의 힘을 조종하려면 반드시 「기(氣)」라고 하는 생명과 정신의 에너지를 제어해야 합니다. 대량의 「기」를 조종하려면 주문으로 정신 통일을 하거나, 손이나 손가락으로 독특한 형상을 만들어내야 합니다. 이런 행위를 「인을 짜다」, 「인을 맺다」라고 부릅니다.

일반적으로 생물의 「기」는 유한하며, 이것을 소비하는 것은 생명을 깎아먹는 행위로 여겨집니다. 따라서 「기」를 소모하는 인법을 구사하는 닌자는 모두 단명합니다.

26·04·03
삼라만상

세계 자체로부터 불가사의한 힘을 끌어오는 인법도 있습니다. **삼라만상의 힘**을 이용함으로써 폭풍을 일으키거나, 공간의 기억을 불러오거나, 인수를 불러낼 수 있습니다. 이런 인법은 때때로 요술이나 마술, 선술 등으로 불리기도 합니다. 육체에서 술법을 끌어낼 때와 마찬가지로 인을 맺을 필요가 있습니다. 육체와는 또 다른 종류의 「기」를 제어하는 인법인 셈입니다.

이런 종류의 인법은 종종 「마법사」, 「요술사」라고 불리는 이들도 다룰 수 있습니다. 일설에 따르면 닌자보다도 그들 쪽이 더 능숙하게 다룬다고 합니다.

누구라도 다룰 수 있습니다
닌자장비의 형태나 용법은 유파마다 제각각이지만, 모든 닌자는 직감이나 그동안 쌓은 지식으로 모든 닌자장비를 활용할 수 있습니다. 때로는 바람총을 곤봉으로 사용하는 등 착각을 할 때도 있지만, 그 닌자장비의 사용 목적만큼은 어떻게든 달성합니다.

신체의 약점을 이용
소위 말하는 혈이나 경락 등을 이용해서 육체 자체를 조종하는 경우, 인식의 공백이나 사고에 사용하는 언어의 구조를 이용해서 의식을 해킹하는 경우가 있습니다.

삼라만상의 힘
이 단어는 초목의 특성이나 동물의 습성, 지형의 효과 등 비교적 이해하기 쉬운 개념과 삼라만상에 깃들어 있는 초자연적인 힘, 양쪽 모두를 가리킵니다.

상식을 초월한 고속기동
　닌자의 고속기동에 달리거나 뛰거나 하는 가속 과정은 존재하지 않습니다. 정해진 상징을 뇌리에 떠올리거나, 키워드에 주의를 기울이면 그 의식째로 한순간에 고속화합니다.

순간적인 것
　고속기동은 단시간에 여러 번 반복할 수 없습니다. 일반적으로 고속기동 중에 열 번 이상 연속으로 공격을 주고받은 닌자는 기진맥진해서 당분간 움직이지도 못하게 됩니다.

26·05
닌자의 생태

　그 밖에도 닌자들은 몇 가지 기본적인 힘을 지니고 있습니다.

● 고속기동

　닌자의 기초능력인 동시에 일반인들로서는 결코 흉내낼 수 없는 것이 바로 **상식을 초월한 고속기동**입니다. 아무리 빨라도 일반인의 움직임은 닌자가 보기에는 멈춰 있는 것이나 다름없습니다. 이를 가리켜 일반인의 속도를「정지한 시간」이라고 부르기도 합니다.
　고속기동은 그 속도에 따라 몇 종류로 분류됩니다.
　「유령걸음」은 닌자의 기동 중에서도 가장 느린 부류인데, 그래도 일반인이 눈으로 쫓기는 버겁습니다. 자세히 보면 간신히 시야 한쪽 끝에서 깜빡거리며 유령처럼 보일 듯 말 듯 움직이는 무언가를 볼 수 있을지도 모릅니다. 유령걸음으로 움직이는 닌자와 대치한 이는 바로 조금 전까지 건너편에 있다고 생각한 상대가 눈 깜짝할 사이에 코앞으로 다가온 것을 보고 경악할 것입니다.
　「그림자 질주」는 일반인의 시각으로 포착할 수 있는 한계에 해당하는 속도입니다. 눈을 깜빡이는 순간을 수십 분의 1로 나눈 지극히 짧은 시간에 시야를 스쳐지나가는 그림자. 설령 눈에 보였더라도 반응하는 것은 도저히 무리입니다.
　「사고속도」로 움직이는 닌자는 뉴런의 발화 속도로 움직입니다. 이것은 감각 정보가 성립되지 않는 속도입니다. 바꿔 말하면 닌자를 제외하면 누구에게도 인식되지 않는 속도인 셈입니다.
　「음속」으로 움직이는 닌자는 정확하게 소리와 같은 속도로 움직이는 것은 아니지만, 대략 아음속에서 천음속에 해당하는 속도(마하 0.75~1.25)로 움직입니다.
　「초음속」은 마찬가지로 초음속에서 극초음속(마하 5 정도, 또는 그 이상)으로 기동합니다. 이런 속도로 움직이면 충격파가 발생해야 하겠지만, 닌자는 기척을 지우는 기술을 터득하고 있어서 주위에 전혀 들리지 않고 소리의 벽을 넘을 수 있습니다. 단, 그런 기동법을 아직 모르는 미숙한 닌자가 이동할 때마다 굉음을 일으키고 충격파를 발생시켜 주위를 엉망으로 만드는 경우가 있습니다.

　「광속」에 도달한 닌자는 물리학적인 시각에서 보면 빛 그 자체가 됩니다. 광속으로 움직이는 닌자는 기동 중에 시간을 느끼지 않습니다.
　아광속과 광속을 오가는 닌자는 광자와 다른 원자 사이의 물질 전환을 순간적으로 이루어내는데, 이때 필요로 하는, 그리고 그로 인해 발생하는 막대한 에너지가 어디에서 생겨 어디로 사라지는지는 수수께끼입니다. 태고의 위대한 인술로 물리법칙 자체를 속이고 있는 것이라는 농담 반 진담 반의 가설까지 언급될 정도입니다.
　드물게 빛의 속도를 웃도는「초광속」으로 기동하는 닌자가 나타나곤 하는데, 아무리 닌자라 할지라도 이 속도는 사지(死地)에 발을 들이는 영역입니다. 기존에 알려진 물리학의 영역 너머에 존재하는 초광속 시공에서는 만족스럽게 움직일 수도 없습니다. 적과 싸우고자 해도 검을 맞대는 것조차 쉽지 않으므로, 이 상태를 오래 유지할 수는 없을 것입니다.
　닌자의 기동은 터무니없는 고속 이동을 가능케 하지만, 그것은 어디까지나 **순간적인 것**입니다. 장거리 이동은 불가능합니다. 광속을 유지한 채로 지구를 뛰쳐나가 알파 센타우리까지 홀로 날아가지는 못합니다.
　이 정도의 고속기동 중에는 사소한 실수나 밸런스의 붕괴가 치명적인 결과를 유발합니다. 그래서 기동에 실패한 닌자는 관성을 제어하고 자세를 바로잡는 것에 전념해야 합니다. 이것이 바로「파랑」입니다. 파랑을 일으켰더라도 속도는 그대로 유지되므로 일반인의 눈에는 보이지 않습니다. 단, 너무나도 치명적인 실수를 범한 닌자가 의도치 않게「현현」(고속기동을 멈추고 일반인의 눈에 보이게 되는 것)하는 경우는 있을 수 있습니다. 그 광경을 목격한 일반인의 입장에서 보면 허공에서 갑자기 사람이 나타난 것처럼 보일 것입니다.

● 정보 공유

　닌자끼리 감정적인 연결고리가 생겼을 때, 그들 사이에서는 정보의 공유가 발생합니다.
　이때 일어나는 현상은 텔레파시와 유사한 정신의 공유로 추정됩니다. 속마음을 드러내지 않도록 엄격한 교육을 받은 닌자가 감정을 품는 순간, 일반인과는 비교도 안 되는 정서적인 반응이 발생합니다. 이것은 영혼 깊숙한 곳에서 공명을 일으켜 매우 강력한 연결고리가 됩니다.

이것은 공감이나 애정 같은 긍정적인 감정만이 아니라 분노나 살의 같은 부정적인 감정도 마찬가지입니다. 애초에 닌자가 표층 의식에서 상대에 대해 어떤 인상을 품고 있는지는 아무런 영향도 미치지 않습니다. 사랑이든 적의든 그 본질은「상대에게 강한 흥미를 느끼고 있다」는 것이며, 각각의 닌자가 자각하고 있는 감정의 종류 자체는 사실 아무래도 좋은 문제입니다. 하지만 당사자의 입장에서는 이야기가 그렇게 간단하지 않습니다. 누구도 믿어서는 안 된다는 닌자의 계율에 따라 살아왔는데 갑자기 서로의 영혼이 맞닿을 정도로 가까운 타인이 나타났으니 가볍게 넘어갈 수가 없습니다. 감정을 품은 닌자는 그 감정에 크게 휘둘리고 고뇌할 것입니다.

하지만 아무리 갈등하더라도 정보는 멋대로 공유됩니다. 가르쳐주고 싶지 않아도 저항할 수 없습니다. 오히려 이 공유는 무의식 중에 이루어져서 상대 쪽도 자각하지 못하는 사이에 모르는 정보를 알게 될 뿐만 아니라 그것을 **이상하다고 여기지 않는** 경우조차 종종 발생합니다.

● 시노비 회화

닌자에게는 닌자끼리만 주고받을 수 있는 압축 언어가 전해집니다. 제스처나 표정, 독순술, 화살편지, 정신 접속을 통한 염화 등등 다양한 방법이 전해지는데, 일반인은 감지할 수 없다는 것과 순간적으로 대량의 정보를 주고받을 수 있다는 점에서 공통점을 보입니다.

고속기동 중의 의사소통은 바로 이「시노비 회화」로 이루어집니다. 상식적으로 생각하면 빛의 속도로 기동 중인 닌자와 음속으로 기동 중인 닌자가 같은 시간을 공유한다고는 생각하기 어려우며, 상호간의 대화가 성립할 리 없을 것입니다. 하지만 그런 걱정은 필요 없습니다. 고속기동 중인 닌자 사이에는 대화의 공유 기반이 되는 특수한「영역」이 형성됩니다. 서로 다른 속도로 움직이는 닌자들은 이「영역」을 향해 말을 걸고, 동시에 그곳을 통해 타인의 의사를 전해들으며 시간의 흐름과 관계없이 대화를 나눌 수 있습니다. 일설에 따르면 고속기동 중인 닌자로부터 발생하는 에너지가 이러한 영역의 형성에 소비됨으로써 열역학 법칙이 지켜지는 것이라고 합니다.

26·06
6대 세력

이와 같이 평범한 인간은 가질 수 없는 힘을 지닌 닌자들도 지금은 여섯 개의 세력으로 정착했습니다. 이를 가리켜 6대 세력, 6대 유파라고 부릅니다. 하스바 인군, 쿠라마신류, 히라사카 기관, 사립 오토기 학원, 오니의 혈통, 그리고 하구레모노입니다.

다음 페이지부터는 6대 세력과 더불어 그 산하 및 동맹에 해당하는 하위 유파에 관한 설명을 하고, 각 유파에 소속된 캐릭터들을 소개합니다.

이상하다고 여기지 않는
나중에 기억을 날조해서「그때 봤으니까」,「옛날에 그런 이야기를 들은 적이 있으니까」와 같은 이유를 만들어버리는 것이 일반적입니다.

세계의 서

모든 닌자가 시노비가미의 영역에 도달할 수 있다
　닌자의 의식 내부에서 인법이 보다 개량된 새로운 인법을 만들어내는 인법 폭발이 일어나고, 생명을 얻은 인법의 일부가 된 닌자가 존재의 다음 단계로 진화한다는 주장입니다.

고성능화
　사이가 나쁜 나라의 닌자는 역시 사이가 나쁜 경향을 보이는 모양입니다.

26·06·01
하스바 인군

　모든 인법을 해석하고 체계화해서 자신들의 것으로 삼고자 하는 유파입니다.

　사이가슈의 계보를 이은 그들은 전국시대 당시에도 우수한 기술자 집단이었습니다. 한때 히데요시에 의해 괴멸의 쓴맛을 경험했지만, 이가나 코우가의 닌자들에게 우수한 닌자장비를 개발 및 제공하는 집단으로서 살아남았습니다.

　현재 하스바 인군의 활동 모체는 서른 군데의 회사로 구성된 야타 그룹이라는 기업체입니다. 그중에서도 선박이나 에너지 관련 기기, 항공기, 병기 제조 등의 분야에서 눈부신 활약을 하고 있는 야타 중공업 주식회사의 연구 부문이 하스바 인군의 중핵입니다. 각 연구 부문은 전문 분야에 따라 공구나 도구의 이름을 붙인 몇 개의 섹션으로 나뉘어 있습니다. 이 섹션 중에서도 특이성이 높은 곳은 하위 유파로 간주되어 특별 취급을 받습니다.

　하스바 인군은 해석한 인법을 자신들의 기술 체계에 편입해서 닌자장비로 재현합니다. 그것도, 다른 유파가 사용하는 원시적인 닌자장비와는 다릅니다. 하스바 인군의 닌자장비는 최신식 총기나 특수 소재를 사용한 수트, 고성능 의체(사이버 파츠) 같은 장비입니다. 원래는 특수한 혈통이나 오랜 훈련을 필요로 하는 갖가지 인법을 그런 조건이 일절 필요 없는 닌자장비로 바꿔버림으로써 하스바 인군은 다른 유파의 인법을 흡수하고 있습니다. 그리고 언젠가 모든 유파를 내포한 통일 유파가 되는 것을 목표로 삼고 있습니다. 하스바 인군은 통일 유파가 완성되는 그때야말로 **모든 닌자가 시노비가미의 영역에 도달할 수 있다**고 가정하고 있습니다.

　그래서 전승을 은폐하거나 위험한 인법을 봉인하는 쿠라마신류와는 사이가 나쁘며, 사사건건 충돌합니다. 인법을 해석해서 닌자장비로 만든다는 것은 요컨대 비전을 훔친다는 의미이므로, 다른 유파들도 하스바에 대해 그다지 좋은 인상은 가지고 있지 않습니다. 인법을 해석하는 과정에서 해석 대상으로 선택한 닌자가 사망하는 사례가 많은 것 또한 그들의 악명을 높이고 있습니다. 드물게 다른 유파와 하스바 사이에서 인법 교환 협정을 맺는 경우도 있다고 하는데, 그 실태는 베일에 싸여 있습니다.

26·06·01·01
츠바노미구미

　하스바 인군의 기계화 닌자 부대입니다. 별명은 키닌슈(機忍衆). 임무 도중에 부상을 당한 이나 더 강한 힘을 얻고자 스스로 기계화 수술에 지원한 이 등이 소속되어 있으며, 하스바에서도 가장 무시무시한 실전 부대입니다.

　츠바노미구미의 기원은 전국시대의 사이가슈와 네고로슈입니다. 에도 시대까지는 그들의 기술적인 진보가 비교적 더딘 편이었습니다. 당시의 기계화 닌자가 사용한 것은 태엽장치를 다루는 기술을 응용해서 나무나 놋쇠로 만든 몸이었습니다. 그리고 메이지 이후, 일본이 공업 국가로 발전하면서 서양 각국의 기술을 받아들이자 닌자의 의체는 급속도로 **고성능화**의 길을 걷게 됩니다. 지금에 이르러서는 설계의 주류가 몇 년에 한 번씩 바뀔 정도의 기세로 기술이 진보하고 있으며, 츠바노미구미의 닌자는 빈번하게 몸을 업그레이드하고 있습니다. 외모가 자주 바뀌는 관계로 몸이나 의복의 눈에 띄는 부분에 식별을 위한 번호며 마크를 새기는 경우가 많다고 합니다.

26·06·01·02
오오즈치군

　일반적으로 병량환과 신통환은 환약, 둔갑부는 부적의 형태를 취하는 것이 보통입니다. 하지만 닌자가 활동하는 영역에서 환약이나 부적은 가장 먼저 수색의 대상이 되고, 발견되면 압수당하게 됩니다. 그뿐만 아니라 닌자도구가 발각되면 자신이 닌자라는 사실을 들켜버립니다. 이를 막기 위해 닌자도구는 효과를 유지하면서도 다양한 모습으로 변화해야 하는데, 이를 연구하는 것이 바로 하스바 인군의 닌자도구 개발 부대인 오오즈치군입니다. 그들은 최신예 과학을 이용해 태블릿이나 앰플, 마이크로머신 등 다양한 형태의 닌자도구를 개발하고 있습니다.

　또, 오오즈치군은 닌자도구의 응용 연구 분야에서도 눈부신 성과를 내고 있습니다. 그들은 복용하기만 해도 어지간한 **컨디션 불량**을 6할 정도의 확률로 치료할 수 있는 병량환, 에러 발생률이 낮은 둔갑부 통신 케이블 등을 만들고 있으며, 많은 닌자들이 이러한 도구를 애용하고 있습니다.

26·06·01·03
사시가네한

　하스바 인군의 인법 개발, 분석 부문입니다. 다른 유파의 인법을 조사하고 해석해서 하스바 인군에 흡수하기 위한 닌자장비 개발을 담당합니다.

　다른 유파, 특히 하구레모노 사이에서 악명 높은 「인법 사냥」은 대체로 이들의 지휘로 진행됩니다. 독자성이 높은 오의나 현 시점에서 최고의 성능을 자랑하는 인법 등은 소문만으로도 사시가네한의 주의를 끌게 됩니다. 그리고

그 인법을 지닌 닌자나 마을은 하스바로부터 대규모 습격을 받고, 다음 주쯤에는 하스바의 중급닌자나 하급닌자 사이에서 그 인법을 재현할 수 있는 닌자장비의 **베타테스트**가 이루어집니다.

　사시가네한의 사시가네라는 이름은 도구인 곱자를 의미하는 동시에 뒤에서 조종한다는 의미 또한 가지고 있는데, 그 이름대로 그들은 어지간해서는 직접 인법 사냥에 나서지 않습니다. 실제 임무는 다른 이들에게 의뢰하고, 자기들은 보고만 있는 경우가 대부분인 모양입니다. 하지만 필요하다면 해박한 지식과 인법에 대한 깊은 이해가 적을 향해 이빨을 드러낼 것입니다.

26·06·01·04
오쿠기슈

　과학 기술로 시노비의 세계를 재패하고자 하는 하스바 인군의 중핵치고는 이단 중의 이단이라 할 수 있는 마술 행사자들입니다. 그 뿌리는 하스바 인군이 초창기에 가장 먼저 흡수한 점성술사 일족입니다. 쿠기 사단, 어공희중이라고 불리기도 합니다.

　그들의 직능은 점성술을 이용한 예지와 주살입니다. 대지에 뻗어 있는 용맥의 적당한 장소에 특수한 못을 박아 별자리에 간섭하고 운명을 필연으로 변화시키는 일종의 공감 주술을 사용합니다.

　오쿠기슈의 적은 운명을 뒤트는 이들입니다. 대부분은 다른 계통의 마술사들이지만, 드물게도 자각 없이 운명의 **흐름을 지배**해서 역사에 거대한 변혁을 일으키는 이능력자가 나타나기도 합니다. 오쿠기슈는 그런 이들을 점술로 찾아내고, 은밀히 감시하며, 때로는 말살합니다.

컨디션 불량
　두통, 어깨 결림, 소화 불량 등.

베타테스트
　베타 버전의 닌자장비는 자주 폭발을 일으키므로, 하스바의 하급닌자 사이에서는 사시가네한의 평판이 매우 안 좋습니다.

흐름을 지배
　오쿠기슈는 용맥이나 별자리를 일종의 흐름으로 받아들이고, 그 흐름에 박아 넣는 말뚝으로써 못을 이용합니다. 흐름에 꽂힌 말뚝 뒤에는 소용돌이가 생기는데, 이것이 모든 존재를 휩쓸어 파멸과 영광으로 인도하는 운명의 소용돌이입니다.

세계의 서

쓰러뜨리고 봉인

아이템 자체가 의지를 지닌 요물인 경우와 아이템을 지키고 있는 특정 집단이 존재하는 경우가 해당합니다.

악인이나 유파의 배신자

두령을 모시지 않고 유파의 통제를 받지 않는 닌자가 자제심을 갖추는 사례는 드뭅니다. 주위의 인간들을 자기 마음대로 처리할 수 있는데, 굳이 욕망을 억누르고 살아갈 수 있을 리가 없습니다. 탈주 닌자는 언제가 되었던 간에 반드시 욕망대로 행동하는 악당이 되며, 다른 사람들에게 재앙을 가져오는 법입니다.

26·06·02
쿠라마신류

이형의 존재를 사냥하고, 시노비의 세계와 일반 사회의 경계를 지키는 자.

그것이 바로 쿠라마신류라고 하는 유파입니다. 쿠라마신류는 헤이안 시대 말기, 교토 쿠라마산에서 음양사 키이치 호겐이 여덟 승려를 가르치면서 시작된 무술 유파입니다. 그 가르침은 모든 검술의 원류가 되었다고도 하며, 쿄하치류라는 이름으로 불리기도 합니다. 역사에 이름을 남긴 무예가나 무술가 중 대다수는 비밀리에 쿠라마신류에 소속되어 있었습니다.

그들은 항상 당대의 권력자와 손을 잡고 「시노비의 세계」에서 일어난 사건이 일반 사회에 노출되지 않도록 은폐하는 역할을 담당했습니다. 위험한 인법을 봉인하거나 무고한 백성을 해치는 이형의 괴물을 처치하는 것이 주된 인무입니다.

그래서 쿠라마신류는 이형의 모습을 취하고 요마의 힘을 휘두르기도 하는 오니의 혈통을 적대시하고 있습니다. 「오니 사냥꾼」이라는 별명이 있을 정도로 오니에 대한 그들의 적개심은 뿌리가 깊습니다.

인법 봉인이라는 쿠라마의 사명 중에서도 특히 중요한 것이 「신기」의 봉인입니다. 신기란 시노비가미 현현과 모종의 관계를 가진 아이템의 총칭입니다. 신기라는 것이 구체적으로 무엇을 가리키는지, 어떻게 사용하면 시노비가미를 현현시킬 수 있는지, 시노비가미 현현이란 도대체 무엇인지. 이러한 정보는 쿠라마를 비롯한 각 유파의 상층부만이 파악하고 있으며, 실제로 신기 봉인 임무에 나서는 닌자가 알게 되는 일은 없습니다. 그들이 아는 것은 시노비가미가

사용할 수 있는 궁극의 인법 「천상천하」가 온갖 인법 중에서도 가장 위험한 인법이며 사용하기에 따라서는 시노비의 세계는 물론 온 세상이 사람 하나 없는 황무지로 변할 수도 있다는 것, 새로운 시노비가미의 현현은 결코 용납해서는 안 된다는 것, 그것을 위해서는 반드시 모든 신기를 쿠라마신류의 관할 하에서 봉인해야만 한다는 것. 이 세 가지입니다.

신기는 모두 여섯 개인데, 각각 세계 어딘가에 숨겨져 있다고 합니다. 그 외의 단서는 없습니다. 그래서 쿠라마의 닌자들은 주위에 괴현상을 일으키는 그림이나 강력한 마검 등 강력한 힘을 지닌 아이템이 나타나면 닥치는 대로 **쓰러뜨리고 봉인**하고자 하는 경향을 보입니다. 다른 유파에겐 미움을 사게 됩니다만.

26·06·02·01
마와리가라스

쿠라마신류의 처형 집행인들입니다. 시노비의 힘에 취해 일반 사회를 혼란에 빠뜨리려고 하는 **악인이나 유파의 배신자**를 은밀하게 말살하는 것이 그들의 사명입니다. 별명은 탈주닌자 사냥꾼으로, 탈주닌자 중에서도 특히 하구레모노들이 그들을 두려워합니다.

마와리가라스의 닌자가 사용하는 무술은 제각각이지만, 구성원 모두가 공통적으로 인법과 인술 전반에 대한 깊은 소양을 갖추고 있습니다. 표적의 정보를 미리 파악하고, 내부에서 대상을 쓰러뜨리기에 적합한 능력을 지닌 닌자를 선출해서 말살 임무를 맡기는 것이 이 조직의 기본적인 일 처리 방식입니다.

마와리가라스에 소속된 닌자는 많지 않습니다. 그들은 인무에 임할 때, 죽지 않는 것을 최

우선으로 생각하며 행동합니다. 중요한 것은 세상을 어지럽히는 자가 배제되는 것이지, 꼭 자신이 표적을 쓰러뜨릴 필요는 없기 때문입니다. 명예롭다고는 할 수 없지만, 세계에는 수호자가 필요합니다.

26·06·02·02
바요넷

검술, 창술 등을 특기로 하는 쿠라마신류에서는 보기 드물게도 총기에 특화한 일파. 초인적인 체술과 사격능력을 조합한 총검법을 구사합니다. 그 가공할 탄도 예측에 기반을 둔 총탄은 광속으로 움직이는 적조차 꿰뚫는다고 합니다.

사실 단순히 쏘기만 할 뿐인 총탄은 닌자의 **고속기동보다 느리므로**, 바요넷의 닌자는 팔을 휘두르면서 사격을 합니다. 힘 조절을 통해 탄환의 속도에 다양한 변화를 줄 수 있으므로, 설령 닌자라 할지라도 그들의 사격을 피하기는 쉽지 않습니다. 준광속으로 날아오는 총탄은 무시무시한 운동 에너지를 지니고 있으며, 스치기만 해도 심각한 부상을 입힙니다. 비교적 속도가 느린 탄환은 함정으로 배치하며, 고속기동 상태가 「끊긴」 닌자를 그야말로 가장 절묘한 순간에 덮칩니다.

26·06·02·03
마왕류

오니를 상대로 하는 전투에 특화한 쿠라마신류의 오니 사냥꾼들입니다. 하나같이 **독으로 독을 제압**하고자 오니의 피를 받아들인 일족으로 구성된 인외의 마검사들입니다.

마왕류는 육체적으로는 숙적에 해당하는 오니와 아무런 차이도 없지만, 정신적인 면은 전혀 다릅니다. 인간으로 자랐고, 인간 세상이 얼마나 덧없으면서도 아름다운지 잘 아는 그들은 그것을 파괴하고자 하는 오니나 요마를 진심으로 증오합니다.

마왕류의 검사는 자신들이 가진 이형의 힘을 불쾌하지만 필요한 저주 같은 것으로 여기므로, 그것을 이어받은 자식들에게는 거의 예외없이 죄책감을 느낍니다. 그래서 마왕류의 혈통을 이은 가족은 묘하게 서로 소원한 관계가 되는 경우가 많은 모양입니다.

26·06·02·04
연화왕권

요마의 혈육을 그 몸에 받아들인 마왕류와는 달리, 어디까지나 인간으로서 요마를 퇴치하기 위한 권법을 수행하는 유파입니다.

삼십삼권당이라는 수행방에서 단련한 끝에 손에 넣은, 마치 천수관음과도 같다고 칭송받는 초음속의 타격은 한 방으로 거목의 줄기를 꿰뚫어버릴 정도로 강력합니다. 연화왕권의 권법가가 마음만 먹으면 맨손으로 바위산을 평지로 바꿔버릴 수도 있다고 합니다.

단, 지나치게 강력한 힘인 만큼 동포인 인간들에게 그 힘을 휘두르는 것은 엄격하게 금지되어 있습니다. 그들이 상대할 수 있는 것은 인간을 괴롭히는 요마 뿐이며, 동문간의 대련조차도 금지되어 있습니다. 요마를 쓰러뜨리기 위해 연마한 주먹으로는 상대를 봐주면서 싸울 수가 없습니다.

그들이 자신의 주먹에 성스러운 글귀가 새겨진 끈 모양의 호부를 감으면 본래 건드릴 수 없는 존재를 타도할 수 있는 파사(破邪)의 법력이 깃든다고 합니다.

고속기동보다 느리므로
사실 총탄은 음속 이상의 속도로 움직이므로, 비교적 느리게 움직이는 닌자에게는 그 자체로도 충분히 유효합니다.

독으로 독을 제압
마왕류는 팔이 셋 달려 있는 것을 전제로 하는 참격이나 활공할 수 없으면 의미가 없는 몸놀림 등 변칙적인 전법을 구사해서 싸웁니다.

삼십삼권당
연화왕권을 창시한 33명의 권법가가 만들어낸 33층짜리 건물입니다. 각 층은 오로지 권법가를 죽인다는 목적만으로 제작된 함정의 박람회나 다름없는 상태로, 권법가는 맨몸으로 모든 층을 돌파해야 합니다.

세계의 서

접촉하는 방법
대부분은 메일입니다. 요루가오의 내부 연락 또한 마찬가지 방법으로 이루어지며, 주최자의 프로필은 소속된 닌자들조차 모릅니다. 그래서 요루가오에 귀속 의식이나 충성심을 지닌 닌자는 드뭅니다.

조직으로서 기능하지 못하고 있는
세계 닌자 연합이 계획을 세워 수행했다는 이야기는 단 한 번도 들려온 적이 없습니다.

26·06·03
하구레모노

닌자이면서도 대규모 유파 소속이 아닌 이들을 하구레모노라고 부릅니다.

닌자가 하구레모노가 되는 이유에는 여러 가지가 있지만, 그들 중 대부분은 작은 마을의 닌자나 개인적으로 인법을 전수받은 부류, 혹은 다른 유파를 빠져나온 탈주닌자입니다. 신조도 기술도 제각각인 그들은 다른 유파에 짓밟히지 않도록 느슨한 연대를 취하며 적당히 무리지어 행동합니다.

큰 목표를 내건 조직에 소속되지도 않거니와 모실 주군이나 거대한 야망도 가지고 있지 않은 하구레모노는 다른 유파보다 한 단계 낮게 평가되곤 합니다. 영능력자나 범죄 결사처럼 일반 사회와 시노비의 세계 사이에 있는 세력에게 돈으로 고용되는 이들마저 있다는 사실 또한 그런 인식에 박차를 가합니다. 그러나 다양한 능력을 지니고 있고, 실제로 상대할 때 무슨 짓을 할지 전혀 예상할 수 없는 만큼 세력으로서의 그들은 무시 못 할 존재입니다.

하스바 인군은 하구레모노의 다양성에 주목해서 자주 「인법 사냥」이라는 명목의 습격을 해왔습니다. 각지에 은밀히 존재하는 소규모 닌자 마을을 괴멸시키거나 흡수함으로써 기술 체계를 확대했던 것입니다. 그 탓에 하구레모노 중에는 하스바 인군에게 원한을 품은 이들이 많이 존재합니다.

26·06·03·01
요루가오

닌자의 힘을 악용하는 프리랜서 암살자 집단입니다. 사례금만 준비하면 누구의 의뢰라도 받으며, 표적 말살률은 100%라고 합니다. 인터넷의 언더그라운드 사이트를 통해 접속할 수 있다고 알려져 있었지만, 요즘에는 언더그라운드 사이트 자체가 거의 사라졌으므로 무료 메일 계정으로 접촉 수단을 바꿨습니다. 인터넷 곳곳에 흩어져 있는 계정과 비밀번호를 이용해서 메일 박스에 접속하면 하위 폴더에 요루가오와 **접촉하는 방법**이 보존되어 있습니다.

26·06·03·02
세계 닌자 연합

세계 닌자 연합은 세계 각지에 뿌리를 내린 이형의 닌자, 세계 닌자들의 느슨한 연합 조직입니다. 퀼트스커트 차림으로 양날의 양손검을 휘두르는 하이랜드 닌자, 인류 최고의 신체능력을 자랑하는 중앙 아프리카 닌자 등이 모여 있습니다. 조직으로서는 눈에 띄는 움직임을 보이지 않는다…기보다도, 소속된 닌자들이 지나치게 제각각이라 **조직으로서 기능하지 못하고 있는** 것으로 추측됩니다. 단, 아무리 국제적이라고 해도 닌자는 닌자이며, 일본에 대해 어떠한 감정을 품고 있는 이들뿐입니다. 실은 은밀히 「일본 정복 계획」이라는 계획을 수행 중이라는 소문도 있습니다.

26·06·03·03
No.9

10년 전 시노비의 세계에서 일어난 「대전쟁」의 생존자인 아홉 명의 닌자가 만든 유파로, 탈주닌자들을 위한 비밀 마을입니다. 싸움에 지

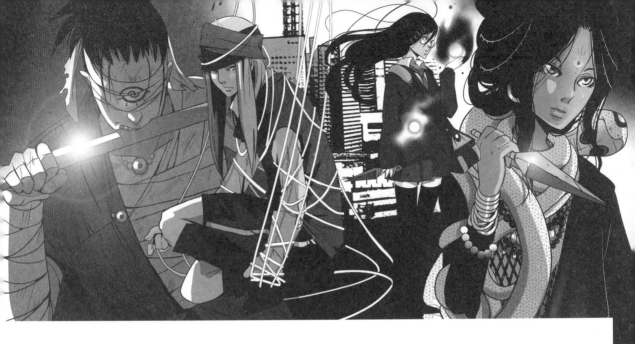

친 그들은 외부와 단절된 산속에서 근근이 자급자족하는 생활을 하고 있습니다. 마찬가지로 시노비의 세계나 일반 사회에 **넌더리가 난** 닌자들이 잇달아 가세하고 있는 모양입니다. 그들은 외부와 일절 관여하지 않고, 정보의 출입조차 거의 완전히 차단하고 있습니다. 접촉하려면 고생깨나 해야 할 것입니다.

26·06·03·04
토가메류

「본다」라는 지극히 단순한 마술 공정으로 불행을 선사하는 사안의 힘을 이어받은 혈족 유파입니다. 전국시대에 다테 마사무네의 부하였던 쿠로하바키구미가 그 원류입니다. 토가메류의 술사들은 시선을 통해 대상의 본질을 간파하는 정안(淨眼)인 세시(灑視), 대상의 존재를 일그러뜨려 상대를 해치는 마안(魔眼)인 사시(邪視)의 두 가지 시선으로 구성된 표리일체의 힘을 발휘합니다.

토가메류에서는 신생아가 태어날 때 반드시 사시의 힘을 견딜 정도의 힘을 지닌 친인척이 동석하며, 태어난 아이는 시선을 제어하는 방법을 터득할 때까지 **외출이 제한**됩니다. 시선을 제어하는 과정에서 자신이 흩뿌린 사시의 악영향을 확인하고, 그것을 정화하는 방법으로서 정안의 힘을 터득하는 것입니다.

26·06·03·05
카게에자

습득하기 매우 어렵다고 알려진 그림자술사의 기술을 이어받은 이들입니다. 소속 닌자끼리 교류하는 일은 드물고, 재능을 드러낸 이를 맡기 위한 연락망만이 존재합니다.

그들은 흑현(黑絃)이라는 **실 같은 무언가**를 그림자에 짜 넣어 조종합니다. 뱀의 독과 시체 태운 재를 섞은 염료로 여자의 머리카락을 물들여 만든 흑현은 강도로 따지면 철사조차 능가하며, 그림자에 녹아드는 마성을 띠고 있습니다. 두께나 실체가 없고 모든 표면 위를 이동할 수 있는 그림자를 방어하는 것은 불가능합니다. 그림자를 조종하는 실을 끊지 않는 한 그들을 막아낼 방법은 없습니다.

26·06·03·06
시라누이

발화능력자 일족입니다. 시체의 인(燐)이 술법의 촉매로 가장 적합하기 때문에 예부터 전장털이와 도굴을 반쯤 생업으로 삼았으며, 유령의 일종으로 여겨져 두려움을 산 적도 있습니다.

이들 일족은 박해를 받아 흩어졌으며, 그 말예들은 대부분 그 탁월한 전투력에 주목한 하스바 인군, 오니의 혈통에 가입하거나 흡수되었습니다. 그래서 시라누이라는 이름을 사용하는 오의 전수자들은 고작 몇 명만이 남아 있습니다. 욕망이 있는 한 꺼지지 않는 **업화**를 다룹니다.

26·06·03·07
브레멘

닌자는 종종 동물을 훈련시켜 수족처럼 다룹니다. 닌자의 능력을 갖추고, 때로는 높은 지성마저 지니고 있는 이런 동물들을 인수라고 부릅니다. 브레멘은 주인과 헤어진 인수들이 모여 만들어진 집단입니다. 등에 까마귀와 개구리를 태우고 고양이와 함께 길을 걷는 대형견이 있다면 **바로 그들일 것입니다.** 누군가를 따르도록 교육받았으나 따를 주인이 없기에 그들은 이상적인 주인을 찾아 일본 각지를 여행하고 있습니다.

넌더리가 난
지쳤다고 표현해도 무방하겠지요. 항상 생명의 위기에 맞서면서 진의가 무엇인지조차 알 수 없는 인무를 거듭하는 닌자 생활을 하다 보면 상식적인 인간일수록 마음이 병들게 됩니다.

외출이 제한
실제로는 지하에 있는 일종의 감옥에 유폐됩니다. 내부에는 방이 따로 없으며, 벽에는 무시무시한 눈 그림이 수도 없이 그려져 있고, 시선을 차단하기 위한 통로와 모퉁이가 끝없이 이어집니다.

실 같은 무언가
진짜 실이 아닙니다. 의식을 거쳐 만들어낸 인조 요마의 일종입니다.

업화
온도를 낮춰도, 산소의 공급을 차단해도 꺼지지 않습니다. 「뜨겁다」「아프다」「끄고 싶다」라고 생각하기만 해도 타오르므로, 이 불을 무효화하려면 상당한 정신 수양을 쌓아야 할 것입니다.

바로 그들일 것입니다
아니면 과음, 수면 부족, 커피 과다 복용 등으로 인한 환각입니다.

211

세
계
의
서

땅을 준비하거나

시골에 묘하게 그럴싸한 건물이 세워지곤 합니다. 산속에 들어선 수상한 연구소 등도 알고 보면 히라사카의 출자로 지은 건물이 많습니다.

죽은 이를 잠든 상태로 유지함으로써

원한이나 슬픔, 분노가 지나치게 강한 경우, 불규칙적인 주기로 눈을 뜨는 망자도 있습니다. 예를 들면 타이라노 마사카도 같은 경우가 그렇습니다. 이런 흉악한 악령들은 대규모 재례를 통해 진정시킬 수밖에 없으며, 때로는 산제물을 바쳐야 할 때도 있습니다.

(*역주-타이라노 마사카도:헤이안 시대에 교토의 중앙 정부를 상대로 반란을 일으켰다가 토벌당한 무사. 원령이 되었다는 전설이 있다.)

26·06·04
히라사카 기관

일본 정부가 닌자나 요마에 대처하기 위해 거느리고 있는 첩보 기관입니다. 일본의 국익을 최대로 하는 것이 목표인 국가 소속의 닌자들입니다.

밀교나 불교 같은 외래 종교가 전래되기 훨씬 전부터 고대 일본에서 믿었던 원시 신도, 히라사카류 고신도의 계보를 잇는 유파입니다. 일본 정부와 매우 깊은 관계를 맺고 있으며, 정계에 대한 영향력이 가장 강합니다. 점술이나 국가 수호의 제례를 통해 보이지 않는 곳에서 국정을 움직이고 있다는 소문도 있습니다.

히라사카 기관의 닌자는 거의 예외 없이 일본 국적이며, 민족, 정부, 또는 토지에 대한 충성심을 가지고 있습니다. 애초에 그런 인물이 선발되어 모이는 유파인 셈입니다. 이들 기관의 닌자 중에는 전 세계의 닌자며 첩보원을 일본 국내에 끌어 모아 활동하고 있는 사립 오토기 학원을 곱게 여기시지 않는 이들이 많은 모양이며, 실제로 종종 충돌하곤 합니다. 오토기 학원 이외의 다른 유파라도 히라사카와는 다른 대상에 충성을 바치는 유파라면 내려다보는 경향이 있습니다. 조직에 대한 충성심이 일절 존재하지 않는 닌자나 외국의 닌자에 대해서는 더 말할 필요도 없습니다.

기관에는 무녀라 불리는 특수한 여성 닌자가 다수 재적하고 있습니다. 무녀는 온갖 기업과 조직에 잠입합니다. 기관은 무녀들을 통해 입수한 정보를 분석하고, 그것을 토대로 다시 무녀들에게 지시를 내려 각 세력의 동향을 자신들이 원하는 방향으로 유도합니다. 내부에서의 해킹이나 조직 내의 파벌 조정은 물론이고, 심

지어 탕비실이나 여자 화장실에서 주고받는 잡담에서 국정을 움직일 만한 정보를 확보하는 등 무녀들은 믿기지 않을 정도의 조직력을 지니고 있습니다.

그 가공할 첩보 능력에 비해 직접적인 전투력은 그다지 높지 않으므로, 쿠라마신류나 하구레모노의 닌자를 호위로 데리고 다니는 경우가 많습니다. 히라사카는 일본 국내에 존재하는 유파 중에서도 가장 막강한 자금력을 자랑하며, 금전 이외의 보수를 요구받을 때도 가장 좋은 것을 준비할 수 있습니다. 탈주닌자에게 은신처나 위조 신원을 제공하거나, 특정 단체가 집회나 훈련, 생활을 하기 위한 **땅을 준비하거나**, 히라사카 기관은 국가의 시스템이나 국유지를 어느 정도 자유롭게 활용할 수 있으므로, 일본 국내에서 어떠한 목적을 가지고 행동하는 닌자의 입장에서는 최고의 거래 상대가 될 수 있습니다.

26·06·04·01
토코요

산 채로 이승과 저승을 왕래할 수 있는 히라사카류 고신도의 오의에 통달한 무녀 집단입니다. 죽은 자의 목소리를 듣고 불행이나 재앙을 예언하며, 국정에 미치는 영향력도 막강합니다. 실로 가공할 사령술사들입니다.

그녀들의 말에 따르면 죽은 이들은 대부분 잠들어 있으며, 깨어 있는 망자들은 대체로 분노와 원념에 사로잡혀 현세에 재앙을 가져온다고 합니다. 원한의 원인을 제거하여 **죽은 이를 잠든 상태로 유지함으로써** 국가가 안녕을 유지하는 셈입니다.

토코요는 형식상으로는 히라사카 기관의 하위 유파지만, 실제로는 기관의 중핵에 해당하

는 존재입니다. 기관은 그녀들의 예언으로 움직이며, 더 나아가 일본의 국정까지도 영향을 받습니다. 이름을 숨긴 고대의 시노비가미와 거래를 하고 있다는 소문도 끊이지 않습니다.

26·06·04·02
시코메슈

여성만으로 구성된 전투 부대입니다. 권모술수가 장기인 히라사카 기관치고는 드물게도 직접 전투가 특기인 이단아들입니다. 그 구성원은 모두 얼굴을 가리고 있으며, 맨얼굴을 본 상대를 반드시 말살하는 것으로 유명합니다. 명확한 이유는 불명이지만, 인법을 습득하는 과정에서 눈 뜨고 못 볼 추한 모습이 되고 말았다느니, 맨얼굴을 본 상대에게는 인법이 통하지 않는다느니, 시코메슈의 맨얼굴은 보는 순간 죽어버리는 최종병기라느니 하는 몇 가지 소문은 존재합니다.

그녀들의 적은 일본 전복을 노리는 오니의 혈통, 그리고 높은 전투력으로 평판이 높은 쿠라마신류입니다. 오니 쪽은 임무를 위해 싸우는 상대인 반면, 쿠라마신류 쪽은 자신들의 명성을 높이기 위해 쓰러뜨려야 할 라이벌로 보고 있습니다. 쿠라마신류에 소속된 무술 유파의 도장을 찾아가 도장 깨기를 하는 것은 시코메슈 사이에서 **상당한 명예**로 여겨집니다.

26·06·04·03
공안 은밀국

일본 정부 내부에 존재하는 히라사카의 출장 기관 중 하나입니다. 법무성 내에 설치되었으나 그 존재가 잘 알려지지 않은 조직으로, 안전 보장이라는 목적을 위해 국내외의 정보를 수집하고 분석합니다. 국내의 주요 닌자 관련 사건은 그들이 조사하고 은폐합니다.

만약 사건 해결에 닌자가 필요하다면 은밀국은 주로 다른 유파의 닌자를 고용합니다. 히라사카 기관이 보유한 전투 부대는 특색이 뚜렷해서 임무의 성격에 맞는 이를 찾아내기가 어려울 뿐만 아니라, 유사시에는 다른 유파의 닌자 쪽이 더 잘라내기 좋기 때문입니다.

국내의 경우, 그들의 주요 조사 대상은 하구레모노의 각 유파와 사립 오토기 학원입니다. 국외에 흩어져 있는 요원들은 주로 세계 닌자 연합에 대한 잠입을 시도하고 있습니다.

26·06·04·04
쟈코카이 종합병원

예부터 전해진 연단술에 정통한 독술사, 전신에 맹독을 품은 가녀린 미모의 쿠노이치들로 이루어진 유파입니다.

쟈코카이 종합병원은 대외적으로는 정재계 인사들을 전문으로 담당하는 병원이지만, 그 실체는 VIP 전용의 매춘굴 겸 마약굴입니다. 그곳을 찾은 이들에게는 우아한 위안, 타락을 부추기는 쾌락, 그리고 불로장생의 비약을 제공합니다.

일반 사회에서 권력과 재력을 손에 넣은 인생의 승리자 중 상당수가 최후를 맞이할 장소로 이곳을 선택하며, 호화로운 병실 안에서 마지막 순간까지 영향력을 휘두릅니다. 영원히…… 혹은, **재산이 다 떨어질 때까지**.

권력자의 심신을 장악하여 뜻대로 움직인다는 점에서 어떤 의미로는 참으로 히라사카 기관다운 유파입니다만, 반대로 전투를 통해 일을 매듭짓고자 하는 시코메슈나 고도의 정보전과 은폐 공작에 가치를 두는 공안 은밀국은 이들을 멀리합니다.

상당한 명예

세 군데 이상의 도장을 제패했다면 일선급의 시코메슈입니다. 수장쯤 되면 격파한 도장의 간판 콜렉션을 방에 한가득 장식해두고 있다는 이야기도.

재산이 다 떨어질 때까지

그들의 의식은 독술사에게 조종당하고 있으며, 종종 바깥세상의 부하들에게 파멸을 자초하는 지령을 내리곤 합니다. 조종하는 조직이 히라사카 기관에 도움이 되지 않는 위험 요소에 불과하다고 판단했을 경우, 그것을 파괴하는 것 또한 쟈코카이의 사명입니다.

세계의 서

반영구적인 닌자 팀

그들은 하위 유파보다도 더 규모가 작은 집단이지만, 각각의 부활동이나 위원회마다 엄격한 규정과 전통이 존재합니다. 선배들이 남긴 노하우나 장비는 후배들이 유효하게 활용합니다. 구성원은 학교를 졸업하면서 이런 집단을 나가게 되지만, 종종 후배들을 보러 와서 부담을 주는 모양입니다.

교사로 살아가는 이들

그들은 오토기 학원에 있는 「인법을 가르치는 교사」가 아니라, 「인법도 사용할 수 있는 교사」입니다. 규칙대로 일반인 사회의 교육 과정을 수강하고, 교직원 채용 시험에 합격한 이들입니다. 또, 각지의 대학교에 존재하는 닌자 교수들의 세미나와도 관계를 유지하고 있습니다.

26·06·05 —
사립 오토기 학원

젊은 이능력자를 보호하고 교육하는 유파입니다.

메이지 유신 이후, 닌자 중에는 일반 사회로 넘어가 시노비의 세계를 잊고 평화롭게 살아가는 이들도 많이 있었습니다. 하지만 그들의 핏줄에는 이능력이 잠들어 있습니다. 그들의 자식 중에는 자기도 모르는 사이에 시노비의 힘을 각성하여 길을 벗어난 악인이 되어버리는 이들도 많았습니다. 사립 오토기 학원은 그런 젊은이들을 보호하고, 힘을 제어하는 방법을 가르치고자 하는 이들의 모임입니다. 오토기 학원의 교사가 이능력 사건을 일으킨 아이의 가정에 접촉해서 전학 수속을 밟는 것이 가장 일반적인 닌자 학생 모집의 패턴입니다.

그런 만큼 제대로 된 교육을 받지 않은 채로 힘을 휘두르는 하구레모노를 곱지 않은 눈으로 바라보며, 그들을 가리켜 건달이나 악인의 패거리라고 단언하는 교직원이나 학생도 많습니다. 또, 사립 오토기 학원의 졸업생은 그 가문이 본래 속하는 유파나 스스로 선택한 유파에 합류하는 것이 아니라 그대로 「오토기 학원의 닌자」가 되므로, 이것을 가리켜 혈통이나 후계자를 가로채는 행위라고 여기는 유파가 많습니다. 반대로 오토기 학원을 교육 기관으로만 이용하고자 마음먹고, 졸업 후에는 원래의 유파로 복귀시키는 것을 전제로 아이를 입학시키는 닌자 가문도 존재합니다. 하지만 그런 시도가 뜻대로 풀렸다는 이야기는 들려오지 않습니다.

오토기 학원은 공식적으로는 초중고 과정을 모두 포함하는 에스컬레이터식 진학교입니다. 상류 계급의 자녀가 다수 재적하고 있으며, 일

반인 사회의 젊은이들 중에서도 이 학교를 동경하는 이들이 많습니다. 하지만 그 실태는 닌자의 적성을 지닌 학생들에게 닌자 교육을 시키는 스파이 양성 기관입니다. 학교 내부에서도 이 사실은 비밀 사항이며, 일반 학생 중 태반은 학교의 또 다른 얼굴을 모르고 있습니다. 닌자 학생들은 구교사를 비롯한 특수 시설에서 특수한 교육을 받습니다. 닌자 학생만으로 구성되는 부활동이나 위원회도 있는데, 이들은 **반영구적인 닌자 팀**으로서 교사나 학생회로부터 사명을 하달받습니다.

이 학교의 후견인 중에는 해외의 재벌이나 연구 기관도 여럿 포함되어 있습니다. 그래서 해외에서 온 유학생이나 각국 첩보 기관의 훈련생도 재적하고 있습니다.

26·06·05·01 —
특명 임시 교직원 파견위원회

오토기 학원의 OB로 구성된 닌자 교사들의 조직입니다. 별명은 「특교위」. 닌자와 관련된 문제가 일어난 학교에 파견되어 비밀리에 사건을 해결합니다.

보통 오토기 학원을 졸업한 닌자 학생은 일반인의 사회에서 살아가다가 학교의 요청을 받으면 닌자로 활동하는 「오토기 학원의 닌자」가 되는데, 그중에서도 **교사로 살아가는 이들**이 특교위입니다. 오토기 학원에 상시 근무하는 이는 많지 않고, 전국 각지의 학교로 흩어져 정보 교환을 하면서 학교에서 발생하는 괴사건이나 학생 사이에서 나타나는 이능력자의 징후를 포착하기 위해 눈을 빛내고 있습니다.

특히 닌자의 소질을 지닌 학생을 발견하면 오토기 학원으로 편입하기 위해 스카우트 등을 하기도 합니다. 닌자의 피는 혈통에 좌우되는

경우가 많으므로, 다른 유파의 보호자와 충돌하는 사례도 있다고 합니다.

26·06·05·02
오토기 학원 학생회

오토기 학원에는 최강의 닌자 학생을 결정하기 위해 비밀리에 열리는 육도제라는 축제가 있습니다. 이 육도제의 우승자에게 주어지는 「육도의 서」를 가진 이를 학생회장으로, 나머지 상위 입상자들을 학생회의 임원으로 임명하고, 학생회장이 학생회의 정점에 서서 교내의 풍기와 질서를 지키는 것이 오토기 학원의 전통이었습니다. 하지만 어느 사건으로 인해 「육도의 서」는 분열해버렸고, 지금은 전국으로 흩어졌습니다. 닌자 학생들은 「육도의 서」 조각을 노리고 서로 경쟁하기 시작했고, 오토기 학원 내부는 여러 개의 학생회가 난립하는 **학생회 내전 상태**가 되었습니다.

각 학생회는 학교 안의 특정 장소를 각자의 구역으로 삼고 있으며, 각 구역 내에서는 그 학생회가 정한 법에 따라야만 합니다. 이것은 매우 불편한 상황이라 일반 학생을 비롯한 학생들 사이에서는 하루 빨리 학생회가 통일되어야 한다는 목소리가 높아지고 있습니다.

26·06·05·03
사립 타라오 여학원

긴키 지방 산간부에 있는 학교로, 사립 오토기 학원의 자매교. 쿠노이치를 전문으로 양성하고 있습니다. 학생 수는 오토기 학원의 1할에도 미치지 못하지만, 그 전원이 쿠노이치이며 일반 학생은 없습니다.

학원에 재적 중인 학생들은 일대일의 유사 자매 관계를 맺고, 연장자가 인법 수행부터 사생활에 이르기까지 연소자를 지도합니다. 또, 1년에 한 번 오토기 학원의 닌자 학생과 교류회를 가집니다. 명목상으로는 서로 교류하며 기술을 갈고닦는다는 취지지만, 실제로는 교류회에 출석한 학생은 물론이고 지도 교사까지도 각 학교의 프라이드를 걸고 승부를 겨루는 자리입니다. 그래서 참가자들은 교류회가 열리기한 달 전부터 열심히 대책을 강구합니다. 이 준비 기간 동안 두 학교의 학생들은 상대의 인법을 조사하고, 무슨 수를 써서라도 교류회에서 승리하고자 온갖 방법을 짜냅니다. 실제로는 바로 이것이야말로 학원 이사와 학원장의 목적입니다만.

26·06·05·04
구교사 관리위원회

오토기 학원의 구교사를 보전하는 학생 위원회입니다.

현재 구교사는 「**어떤 존재**」를 봉인하는 방대한 미궁으로 변한 상태이며, 일반 학생의 출입은 엄격하게 금지되어 있습니다. 닌자 학생은 몇 명씩 공략대를 짜서 여러 차례 미궁에 도전하고 있으나, 최심부까지 도달한 학생은 아직 없습니다. 구교사 관리위원회는 미궁 공략에 도전하는 닌자 학생의 서포트, 「어떤 존재」의 영향을 받아 이능력을 각성한 일반 학생의 보호 등을 담당하고 있습니다.

또, 「어떤 존재」는 자신의 일부를 「괴이」의 형태로 떼어내서 전 세계의 학교에 풀어놓기도 합니다. 이렇게 되면 구교사가 그 학교와 연결되어 버립니다. 관리위원회의 학생들은 이러한 사태를 해결하기 위해 괴이가 도망친 학교로 전학을 가서 포획을 시도합니다.

세계의 서

과거의 시노비가미

이제까지 시노비가미가 된 닌자가 몇 명인지에 대해서는 네 명부터 수천 명에 이르기까지 다양한 설이 있습니다. 시노비가미는 보통 자신의 정체를 감추며, 닌자로서는 그 정체를 간파할 수 없으므로 어느 설이 올바른지는 확인할 수 없습니다.

도로가 필요 없습니다

츠치구모는 산과 숲 위로 뛰어다니며 이동합니다. 또, 물자가 필요해지면 산기슭의 마을을 습격해서 조달합니다. 일본에 전해지는 요괴 이야기 중 상당수는 츠치구모의 목격담입니다.

26·06·06

오니의 혈통

일본이라는 국가의 전복을 꾀하는 이형의 존재들로 구성된 유파입니다.

오니의 혈통은 고대 일본에서 오니(鬼)나 츠치구모(土蜘蛛)라 불린 자들의 말예입니다. 그 중에는 흡혈귀나 늑대인간, 몽마나 둔갑요괴 등 인간이 아닌 존재도 많으며, 그런 괴물 중에서도 이질적인 존재라 하여 「나이트건트」라고 불리기도 합니다. 다른 많은 닌자들이 어떤 형태로든 일반인의 사회에도 관여하고 있는 반면, 오니의 혈통은 그렇지 않습니다. 인무 등의 일부 예외적인 경우를 제외하면 인간 사회로부터 적극적으로 거리를 두고자 하는 배타적이고 염세적인 성격의 소유자가 많습니다.

그들 일족은 오랜 세월에 거쳐 다양한 세력에게 핍박당하고 박해를 받은 과거를 가지고 있습니다. 그래서 지금의 인간 세상을 비롯한 온갖 권력을 증오하고 있습니다. 특히 야마토 왕권과 관계가 깊은 히라사카 기관에게는 범상치 않은 원한을 품고 있습니다. 마주치면 싸움은 피할 수 없을 테지요.

그들은 시노비가미의 비술 「천상천하」를 손에 넣어 이 세계를 자신들이 살기 편한 세상으로 바꾼다는 숙원을 품고 있습니다. 현재 오니가 핍박받으며 은거해야 하는 것은 다름이 아니라 과거의 시노비가미가 그런 세계를 바랐기 때문입니다. 오니의 입장에서 과거의 시노비가미는 모두 사악하거나 도움이 안 되는 존재입니다. 오니를 세계의 지배자로 만들기 위해서는 한 시라도 빨리 새로운 시노비가미를 현현시켜야 합니다.

그래서 쿠라마신류 등의 다른 유파와 마찬가지로 오니 또한 신기를 찾고 있습니다. 어느 우수한 닌자가 사실은 시노비가미라는 소문을 듣는다면 적극적으로 접촉해서 소문의 진위 여부를 확인합니다. 또한, 전승이나 전설을 조사해서 과거의 시노비가미가 남긴 발자취를 찾기도 합니다. 이러한 탐색을 계속하는 오니들은 신기를 모으는 것 외에도 시노비가미를 현현시킬 방법은 있을 것이라는 신조를 가지고 있습니다.

하지만 오니의 활동은 다른 유파가 보기에는 위험하기 짝이 없는 우행으로밖에 보이지 않습니다. 그래서 오니의 활동은 항상 다른 유파의 방해를 받습니다. 그래서 오니의 혈통은 점점 더 배타적이 되고, 인간은 신용할 수 없다는 생각을 굳히고…… 더욱 인간이 아닌 존재에 가까워지게 됩니다.

26·06·06·01

츠치구모

야마토 왕권 이전에 일본 각지에서 세력을 뽐냈던 선주 민족의 말예. 조정에 복종하지 않았다는 이유로 수많은 일족이 멸망을 맞이했습니다. 모계 사회로, 그 피를 이어받은 이는 하나같이 팔다리가 길고, 충사(벌레술사)의 재능을 타고납니다. 조직적으로 일본 정부에 대항하기 위해 오랫동안 숨을 죽인 채 힘을 모으고 있습니다.

츠치구모의 닌자는 대부분 산속에 마을을 만들어 생활합니다. 외부에서 연락을 취하는 것은 불가능하며, 지도에도 실리지 않은 취락입니다. 도로가 나 있는 경우도 드물겠지요. 주민들은 모두 닌자이므로 **도로가 필요 없습니다**. 드물게 불행한 여행자가 길을 잃고 헤매다가 츠

치구모의 마을에 들어가는 일이 있는데, 츠치구모의 닌자들은 마을의 정보가 외부로 새는 것을 용납하지 않습니다. 여행자는 온갖 무시무시한 체험을 한 끝에 마을 변두리에 있는 무덤 아래에 묻히게 됩니다.

26·06·06·02
셰샤

비밀리에 불로장생의 비법을 가지고 돌아온 서복에 의해 진 시황제는 흡혈귀가 되었습니다. 시황제는 **잠들었으나**, 그를 시조로 숭배하는 어둠의 자식들은 그들 혈족만으로 이루어진 비밀 결사를 조직했습니다. 셰샤의 흡혈귀들은 아시아 최대 규모의 혈족 집단입니다.

셰샤의 본거지는 중국 어딘가에 있는 모양이지만, 그들의 활동 범위는 전 세계에 미칩니다. 차이나 타운이 있는 곳이라면 어디든지 셰샤의 흡혈귀가 숨어 있다고 생각해도 될 것입니다. 당연히 일본 내의 최대 거점은 요코하마입니다.

오니와 동맹을 맺고 있기는 하지만, 셰샤의 최종 목표는 흡혈귀만으로 세계를 정복하는 것입니다. 그래서 유능한 인재를 스카우트하여 혈족으로 받아들임으로써 순조롭게 힘을 늘리고 있습니다. 때가 되면 오니와 거리를 두고 독자적으로 움직일 것입니다.

26·06·06·03
마가츠비

나이를 먹고 **인간으로 둔갑하는 힘**을 얻은 짐승들입니다. 혹은, 그런 짐승의 피를 이어받아 짐승으로 변신할 수 있는 수인들도 포함됩니다. 기본적으로 도시에는 거의 없고, 시골 마을이나 산간부의 숨겨진 마을에 살고 있습니다. 도

시에 사는 짐승 닌자의 최대 세력은 바케네즈미 (둔갑 쥐 요괴) 일족이지만, 이들은 전혀 별개의 세력입니다.

마가츠비는 역사의 어느 한 시점부터 인간과 거리를 두는 길을 선택했습니다. 인류의 멸망을 기다리고 있는 것인지, 아니면 지배 종족이 되기를 포기한 것인지는 알 수 없습니다. 그저 인간 사이의 다툼은 인간에게 맡긴 채, 자기들은 산속의 숨겨진 마을에서 조용히 지내고 있습니다. 그 태도는 세계의 변혁을 바라는 오니의 주류파와는 맞물리지 않는 것이지만, 마가츠비의 짐승들은 단순한 은둔자가 아니라 긍지 높은 전사이기도 하므로 오니들도 함부로 간섭하지 못합니다.

26·06·06·04
나가미미

인간의 아이와 바꿔치기된 요마, 요정인 「뒤바뀐 아이」들의 집단입니다. 과거에는 요마가 인간 세상에 영향을 미치기 위해 자신들의 사생아를 인간의 아기와 교환하는 의식 마술을 몇 차례 진행했습니다. 이것이 그들의 기원입니다.

그들은 고향인 이계로 귀환하는 「문」을 열기 위해 오니의 혈통에 협력하며, 현세에 존재하는 갖가지 마력의 원천을 수집하고 있습니다. 천성적으로 변덕이 심하고 유흥을 애호하는 성질이 화근이 되어 별다른 성과는 올리지 못하고 있지만, 무슨 짓을 저지를지 모르는 그 성격이야말로 순혈 요마의 마력과 더불어 그들을 더욱 위험한 존재로 만들고 있습니다.

그들 사이에서도 특히 강력한 마력을 지닌 이들은 귀족의 작위를 내세우며 **유사 궁정 사회**를 형성하고 있습니다.

잠들었으나
이미 소멸했다는 소문도 있습니다.

인간으로 둔갑하는 힘
마가츠비가 인간으로 둔갑할 때는 모델이 필요합니다. 인간 사회와 거리를 두고 살아가는 만큼 버려진 잡지에 실려 있는 인물이나 TV 방송에 등장하는 인물을 모델로 삼는 경우가 많습니다.

유사 궁정 사회
궁정에 군림하는 왕과 여왕이 모든 나가미미를 다스리며, 각자의 영지를 가진 제후들이 신하의 입장에서 복종하고 있습니다.

217

하스바 인군
NPC

여기에서는 과학에 의한 인술의 재현, 더 나아가 인술과 마술의 융합에까지 도전하는 하스바 인군의 수뇌진을 소개한다. 모두 둘째가라면 서러울 만큼 개성적인 인물들이다.

「야타 중공 CEO」 쿠로시오 히토리

「이 프로젝트는 내가 총지휘를 맡는다.」

성별: 남 나이: 43세
유파: 하스바 인군
계급: 두령 신념: 율

하스바 인군의 두령이자 세계적인 중공업 메이커 야타 중공의 CEO. 쿠로시오 히토리는 다른 유파의 인법을 기술로 재현하는 것에 총력을 기하는 「연구직」 타입의 수뇌진이 많은 하스바 인군에서 그 기술을 누구보다도 능숙하게 활용하여 지금의 지위에 오른 인물로, 「밑바닥에서부터 출세한」 두령입니다. 닌자로서도 CEO로서도 매우 정력적인 인물로 알려져 있습니다. 현재 진행되고 있는 인무와 유파에 소속된 멤버를 규모, 강약과 관계없이 모두 파악하고 있으며, 현장에도 자주 모습을 보이는 모양입니다. 부하들의 신뢰 또한 두터운 경영자 타입의 두령입니다.

「제6세대 침습형 기계닌자」 부리키

「타깃 확인. 이제부터 섬멸 인무로 이행한다.」

성별: 남 나이: 35세
유파: 츠바노미구미
계급: 상급닌자 신념: 아

츠바노미구미의 수장, 부리키는 그 모습대로 어떤 인무든 간에 명령대로 정확하게 수행하는 기계 같은 사내입니다. 본래 하스바 인군 소속의 하급 닌자에 불과했던 그는 인무 중의 사고로 몸의 절반을 잃고 말았습니다. 이 사건이 그를 최강의 기계닌자로 다시 태어나게 했습니다. 부리키가 츠바노미구미의 필두인 것은 그 몸에 시술된 하스바의 최신 기술 덕분입니다. 해외 분쟁 지역을 중심으로 하는 그 자신의 활동, 그리고 츠바노미구미에 소속된 다른 기계닌자들의 활동 데이터를 통해 그의 「성능」은 업데이트를 거듭하여 최신 최강의 자리를 유지하고 있습니다.

「MM 연구소 수석 연구원」 오오즈치 리카

「아파? 괜찮아, 뇌 세포를 교체할 때까지만 참으면 돼!」

성별: 여 나이: 29세
유파: 오오즈치군
계급: 상급닌자 신념: 충

오오즈치 리카는 마이크로 머신 연구의 성과를 높게 평가받아 쿠로시오 히토리에 의해 오오즈치군의 수장으로 발탁된 인물입니다. 닌자도구와 마이크로 머신의 연구만 할 수 있다면 다른 것은 아무래도 좋다는 사람이지만, 쿠로시오 히토리에 대한 충성심은 높습니다. 그녀가 현재 연구하고 있는 테마는 마이크로 머신을 이용한 인체 개조입니다. 갖가지 실험에도 열심이라서 다른 연구소의 데이터를 훔쳐오라, 새로운 닌자도구를 사용하고 리포트를 제출하라, 다른 유파의 닌자를 납치해오라, 특정 지역에 마이크로 머신을 살포하라 등등 부하에게 다양한 인무를 내립니다.

「하스바 사천뇌」 Dr. 하스바

「이 인무가 성공할 확률은 98%. 어린애라도 할 수 있는 일이다.」

성별: 불명 나이: 불명
유파: 사시가네하
계급: 상급닌자 신념: 흉

하스바 인군이 자랑하는 4대 두뇌 중 한 사람. 사시가네하의 수장은 항상 모니터 너머의 불명확한 영상으로만 모습을 보이므로, 사실은 여러 대의 컴퓨터로 이루어진 AI라는 소문마저 심심찮게 들려오는 인물입니다. 인법 연구에 모든 것을 바친 매드 사이언티스트로, 연구를 위해서라면 부하들은 물론이고 일반인의 목숨도 전혀 대수롭지 않게 여깁니다. 그 탓에 그가 관여하면 요란한 사건이 발생하며, 은폐 공작을 맡을 닌자가 필요해집니다. 최근에 일어난 사건 중에서 「I댐 독살포 사건」, 「Y현 쇼핑몰 화재 사건」, 「도쿄~오사카간 고속버스 납치 사건」 등은 그의 지시에 의해 벌어진 사건입니다.

「혼천공주」 탓카가오카 키즈나

「자, 오시지요. 당신에게는 해야할 일이 있답니다.」

성별: 남 나이: 불명
유파: 오쿠기슈
계급: 상급닌자 지휘관 신념: 율

오쿠기슈의 수장, 탓카가오카 키즈나는 손에 큼직한 흉터가 있는 빼빼마른 남자입니다. 나이는 이미 마흔을 넘었을 테지만, 겉모습은 20대 청년처럼 젊습니다. 닌자라고는 생각할 수 없는 점잖은 태도의 인물로, 항상 열두 명의 제자들이 그 주위를 지키고 있습니다. 그가 하는 말은 마치 시의 한 구절 같아 대부분의 사람은 의미조차 이해하지 못합니다. 하지만 그것을 들은 제자들은 신속하게 행동에 나섭니다. 그들은 그 말의 의미를 알아내고 실현함으로써 세계가 자신들이 원하는 방향으로 바뀔 것이라고 믿고 있습니다.

쿠라마신류
NPC

검술이나 격투기에 능한 이들을 다수 보유하고 있는 쿠라마신류는 두령 또한 무예를 사랑하고, 무술가로서 살아가는 인물이다. 이 페이지에서는 괴이와 싸우기 위한 기술을 다수 보유하고 있으며, 요마 사건에 정면으로 맞서는 일이 많은 이 집단의 중심 인물들을 소개한다.

「영이검」야규 미츠요시

『재미없구먼, 네 놈들은 너무 약해.』

야규 쥬베에라는 별명으로 유명한 에도시대의 검호. 그가 야규 쥬베에 본인이 맞는지, 만약 본인이라면 왜 현대에 존재하는지에 대해서는 전혀 밝혀진 것이 없습니다. 닌자이기 이전에 무인이며, 책략을 쓰기보다는 직접 싸우는 것을 선호합니다. 더 강한 상대와 싸우는 것이 그의 가장 큰 즐거움입니다. 반면, 권모술수에 대해서는 별 흥미가 없어서 다른 유파와의 정보전 따위는 다른 수뇌부에게 떠맡기고 있습니다. 속으로는 책략에 실패해도 싸워서 이기면 그만이라고 생각하는 것 같습니다. 애꾸눈이라 항상 안대를 차고 있는데, 그 내부에 회수한 신기 중 하나가 봉인되어 있다는 소문도 있습니다.

성별: 남 나이: 불명
유파: 쿠라마신류
계급: 두령 신념: 아

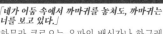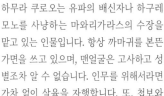

「아키바산 산샤쿠보」하무라 쿠로오

『네가 어둠 속에서 까마귀를 놓쳐도, 까마귀는 너를 보고 있다.』

하무라 쿠로오는 유파의 배신자나 하구레모노를 사냥하는 마와리가라스의 수장을 맡고 있는 인물입니다. 항상 까마귀를 본뜬 가면을 쓰고 있으며, 맨얼굴은 고사하고 성별조차 알 수 없습니다. 인무를 위해서라면 가차 없이 살육을 자행합니다. 또, 첩보와 은밀 행동 또한 신의 영역에 도달한 존재로, 숙련된 마와리가라스에게만 주어지는 칭호인 48텐구 중에서도 최강의 닌자라 하여 모두가 두려워합니다. 쿠라마신류 소속은 말할 것도 없고, 다른 유파 소속이라도 어느 정도 이름이 알려진 자라면 그(그녀)가 이미 거처를 파악하고 있다고 봐야 합니다. 자신의 몸을 까마귀 떼로 변화시키는 인법「아키바 다이곤겐 변화」의 사용자로도 알려져 있습니다.

성별: 불명 나이: 불명
유파: 마와리가라스
계급: 상급닌자 지휘관 신념: 충

(*역주-아키바산 산샤쿠보: 수행을 통해 아키바산의 텐구 아키바곤겐으로 전생했다는 수험도의 수행자)

「총검사」츠다 인쵸

『너를 위해 기도해주마.』

쿠라마신류 중에서도 총기에 특화한 일파인 바요넷을 통솔하는 것이 바로 이 츠다 인쵸입니다. 2m가 넘는 거구와 문신을 새겨 넣은 스킨헤드 탓에 겉모습은 흉악해 보이지만, 인무 때를 제외하면 조용하고 지적인 인물로 알려져 있으며 폭력을 휘두르는 것을 좋아하지 않습니다. 유파의 기술인 총검법(바요네타)에 절대적인 자신감과 긍지를 가지고 있으며, 다른 유파의 기술보다 우월하다고 굳게 믿고 있습니다. 두령인 야규 미츠요시에 대해서는 경의를 표하고 있지만, 한편으로는 그 자유분방한 행동에 반감 또한 품고 있습니다. 유파의 인간 중에는 언젠가 두 사람이 갈라서게 될 것을 우려하는 이도 있는 모양입니다.

성별: 남 나이: 37세
유파: 바요넷
계급: 상급닌자 신념: 율

「뱀 선녀」사카헤비 이치고

『술 한 턱 낸다면 못 본 척해줄 수도 있는데?』

마왕류의 수장이자 뱀 요괴의 피를 짙게 이어받은 여성입니다. 용모도 어딘지 모르게 뱀을 연상시킵니다. 술잔을 든 채로 여유롭게 이야기하는 그 모습은 항상 취해 있는 것처럼 보입니다. 기본적으로 다툼을 좋아하지 않고, 혈기를 주체하지 못하는 부하가 있으면 그러지 말라고 충고하곤 합니다. 상응하는 대가만 치른다면 적을 도와주는 일조차 있습니다. 단, 상대가 오니의 혈통일 때만큼은 이야기가 다릅니다. 인법「이무기의 춤」으로 거대한 뱀으로 변신한 이치고는 상대를 통째로 집어 삼킬 것입니다. 오니의 피는 그 어떤 술보다도 그녀를 취하게 하는 것입니다.

성별: 여 나이: 32세
유파: 마왕류
계급: 중급닌자 지휘관 신념: 화

「십절권」우나즈키 슈우

『갈! 적은 아직 내 안에 있는 모양이로구나.』

연화왕권을 통솔하는 단호한 눈빛의 노인입니다. 이미 백 살을 넘겼다고 하나, 2m가 넘는 강철 같은 육체는 쇠퇴할 줄을 모릅니다. 한편, 어느 요마의 저주가 그의 신체를 좀먹고 있다는 소문도 있습니다. 그 저주는 거꾸로 흐르는 시간의 저주라 불리는데, 그의 육체를 서서히 수행을 시작하기 전의 상태로 되돌린다고 합니다. 이 소문이 사실이라면 단련을 거듭하여 터득한 기술을 뽐내는 우나즈키에게는 지옥이나 다름없이 고통스러운 상황일 것입니다. 우나즈키 본인은 침묵을 지키고 있으며, 진위는 불명입니다만……

성별: 남 나이: 100세 이상
유파: 연화왕권
계급: 상급닌자 신념: 충

세
계
의
서

하구레모노 &기타 NPC

이 항목에서는 거대한 조직이 아닌, 소규모 닌자 조직의 모임인 하구레모노의 수장들, 그리고 닌자는 아니지만 닌자와 관계가 있는 인물들을 소개한다. 그들을 PC들의 의뢰인이나 도와야 할 상대로 등장시켜보도록 하자.

「하늘을 나는 가토」가토 단조

「할 수 없지. 도와줄까.」

성별: 남 나이: 24세
유파: 하구레모노
계급: 상급닌자 지휘관 신념: 정

곤란하다는 듯이 웃고 있는 얼빠진 느낌의 청년. 그가 바로 희대의 닌자「하늘을 나는 가토」의 이름을 이어받은 하구레모노 최고의 실력자입니다. 하스바의 최신 인법 시큐리티를 단신으로 돌파하고, 동시에 열 명이 나타나는가 하면 거대한 두꺼비로 변신하는 등 전설의 닌자를 칭하기에 부족함이 없는 솜씨를 보여줍니다. 그를 스카우트하고자 하는 조직은 많지만, 단조에게는 그럴 생각이 없는 모양입니다. 그는 조직의 후원을 얻는 것보다도 한 사람의 소녀를 구하는 일이 더 가치가 있다고 생각하는 사내입니다. 의뢰인의 사정이 마음에 와 닿는다면 그는 필시 힘을 빌려줄 테지요.

「미궁술사」우츠로기 만리키

「미궁 속을 헤매다가 죽어라.」

성별: 남 나이: 32세
유파: 요루가오
계급: 상급닌자 신념: 흉

아무런 전조도 없이 갑자기 길바닥에 나타난 바싹 마른 시체. 이것이 바로 우츠로기 만리키의 타깃이 된 이의 말로입니다. 만리키는「미궁」이라고 하는, 시공이 일그러진 마공간을 소환하는 술법의 사용자로 알려져 있습니다. 이 미궁에 갇힌 이는 설령 닌자라 할지라도 방향을 잃고 길을 헤맨 끝에 목숨을 잃고 맙니다. 평소에는 극단적으로 과묵하고 표정에 변화가 없는 만리키지만, 이 술법을 사용하는 순간만큼은 음험하게 웃어 보입니다. 요루가오 내에서도 가장 강력한 힘을 지니고 있으나, 그를 존경하는 이는 없습니다. 소문에 따르면 쌍둥이 형제가 있다고 합니다.

「잔인(殘忍)」히바시라 이오리

「난 옛날에 악귀가 된 적이 있었지. 그런 건 이제 질색이야.」

성별: 남 나이: 28세
유파: No.9
계급: 상급닌자 지휘관 신념: 화

상대를 산 채로 얼음에 가두는 인법「영구동토」의 사용자로 알려진 히바시라 이오리는 한때 히라사카 기관에 소속되어 국가를 따르지 않는 닌자를 사냥하는 인무를 맡았습니다. 하지만 오니의 혈통에 소속된 어느 닌자와의 싸움을 계기로 그는 히라사카 기관을 빠져나왔습니다. 지금의 그는 비슷한 처지의 닌자 몇 명과 함께 히라사카 기관의 추격자나 사람들의 눈을 피하며 살아가고 있습니다. 그 재능이나 그가 가진 정보를 아까워하는 이들도 있지만, 그를 찾아내는 것은 매우 어렵습니다. 단, 보름달이 뜨는 밤이 되면 신주쿠 뒷골목의 어느 술집에 나타난다는 소문도 있습니다.

「기사닌자」자크 드 몰레

「……템플 기사 인법, 성배 회귀.」

성별: 남 나이: 70세
유파: 세계 닌자 연합
계급: 상급닌자 신념: 율

세계 각지에 뿌리를 내리고, 각각 독자적인 인법을 고안해낸 닌자들. 그 대표를 맡고 있는 몰레는 기사도 정신과 서양 검술을 조합한 인법의 사용자입니다. 연합이라는 이름대로 세계 닌자들은 각각 별개의 집단이며, 대표는 몇 년마다 열리는「원탁」이라는 회의로 결정됩니다. 좀비를 조종하는 부두 닌자, 밧줄의 명수 텍사스 닌자를 상대하는 것에 지친 몰레는 다음 원탁이 열렸을 때 이 입장에서 해방될 것을 고대하고 있습니다. 그의 비원은「성배」라고 하는 것을 찾아내는 것인데, 시노비가미를 부활시키는 신기야말로 성배일 것이라고 여기며 주목하고 있습니다.

「흑기사 사역자」후지시로 네네

「그림자에게서는 도망칠 수 없어. 그렇잖아?」

성별: 여 나이: 26세
유파: 카게에자
계급: 상급닌자 신념: 아

자신의 머리카락으로 만든 흑현을 다루는 여성입니다. 그녀의 적은 모두 자기 그림자에게 살해당했다고 합니다. 하지만 그녀가 카게에자 최고의 실력자로 평가받게 된 것은 1년 정도밖에 되지 않았습니다. 1년 전에 경험한 어느 닌자와의 싸움이 그녀를 바꿨다는 소문만이 알려져 있습니다. 그녀에게 무슨 일이 있었을까요? 상대 닌자가 어느 유파의 수장이라는 이야기는 정말일까요? 그녀가 1년 전부터 사용하게 된 기술「흑기사현(黑騎士絃)」과 관계가 있는 것일까요? 호기심 많은 하구레모노 사이에서는 누가 사건의 진상을 알아낼지를 두고 내기를 하는 이들까지 나오기 시작했습니다.

「축융의 새색시」 아구네 란카

> 『봐…… . 불이란 참 예쁘지……?』

「나, 항상 닌자로 태어나기를 잘했다고 생각해.」 헌팅을 시도한 젊은이, 옆자리에 앉게 된 같은 반 친구, 전철에서 옆에 앉은 중년 남성. 란카는 누구에게나 이렇게 말을 겁니다. 그리고 웃으면서 이렇게 말합니다. 「왜냐하면 사람을 태울 수 있으니까.」 이와 같이 무시무시한 화염술사인 아구네 란카는 시라누이의 정당한 혈통을 계승한 후계자입니다. 란카의 피가 지닌 힘을 노리고 나타난 여러 유파의 닌자들이 그녀에게 패했습니다. 과연 싸움에 이겨서, 혹은 그 마음을 녹여서 그녀를 신부로 삼는 이가 나타날까요? 아직은 알 수 없습니다.

성별: 여 나이: 15세
유파: 시라누이
계급: 상급닌자 신념: 흉

「천안통」 히무로 라도우

> 『죽음상이 보이는구나. 눈을 감고 있어도, 선명하게.』

1년 정도 전에 히무로의 당주가 된 청년입니다. 너무나도 강력한 자신의 안력을 제어하기 위해 항상 눈을 감고 있습니다. 라도우는 사안의 힘도 강력하지만, 대상의 본질을 간파하는 정안의 힘이 규격 외로 강력합니다. 그는 최근 몇 개월 동안 계속해서 「눈을 감고 있어도 이 땅에 다가오는 재앙이 확실하게 보인다」라며 시노비의 세계에 경고를 하고 있습니다. 아이러니하게도 이 경고가 그를 위험에 처하게 했습니다. 라도우의 예언을 자신들의 예지력에 대한 도전이라고 받아들인 히라사카 기관, 그 눈을 연구하고 싶어 하는 하스바 인군, 전설적인 사안과의 대결을 바라는 자들까지 많은 이들이 라도우를 노리고 있습니다.

성별: 남 나이: 29세
유파: 토가메류
계급: 상급닌자 신념: 율

「요괴 개구리」 하네마루

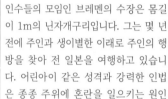

> 『유마…… 어디야?』

인수들의 모임인 브레멘의 수장은 몸길이 1m의 닌자개구리입니다. 그는 몇 년 전에 주인과 생이별한 이래로 주인의 행방을 찾아 전 일본을 여행하고 있습니다. 어린아이 같은 성격과 강력한 인법은 종종 주위에 혼란을 일으키는 원인이 됩니다. 사라진 주인을 찾아 앞뒤 생각하지 않고 학교나 공원에 모습을 드러냈다가 주변의 주민들에게 목격되곤 하니까요. 그의 인법에 반하여 모여든 다른 인수들이 그를 돕고 있지만, 아직 주인의 단서는 찾지 못했습니다. 주인을 찾는 브레멘의 여행은 한동안 계속될 것 같습니다.

성별: 남 나이: 불명
유파: 브레멘
계급: 상급닌자 신념: 충

「내각 총리대신」 미소노 유리에

> 『일본의 운명을 나와 그들에게 맡겨주세요.』

미소노 유리에는 일본 최초의 여성 총리대신입니다. 그 중책에 부끄럽지 않은 지성과 장래를 향한 야망, 이상을 겸비한 인물이지만, 나이보다 젊게 보여 아직도 남부럽지 않게 아름다운 그녀를 두고 간판에 불과하다며 업신여기는 이들도 있습니다. 그럼에도 불구하고 미소노가 수상으로 선택된 경위에는 닌자들이 깊이 관여하고 있습니다. 소속된 당에서 대표를 정할 당시, 비밀리에 여섯 유파가 둘로 나뉘어 싸우는 의식을 치렀습니다. 이 의식에서 승자가 된 것이 바로 미소노였던 것입니다. 수상이 된 경위가 경위인 만큼 그녀는 닌자를 중요시합니다. 히라사카 기관, 그중에서도 공안 은밀국에는 그녀가 직접 사명을 내리는 경우도 자주 있는 모양입니다.

성별: 여 나이: 53세
유파: 없음
계급: 없음 신념: 화

「체인 소」 잭 윌킨슨

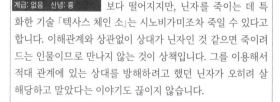

> 『Oh, NINJA! 이건 죽일 수밖에 없겠GOON!』

독특한 발음의 일본어로 활기차게 말을 거는 미국인, 잭 윌킨슨은 CIA 소속의 첩보원이자, 닌자를 경계하는 미국에서 특수한 훈련을 받은 통칭 「CIA 야쿠자」 중 한 명입니다. 신체 능력이야 닌자보다 떨어지지만, 닌자를 죽이는 데 특화한 기술 「텍사스 체인 소」는 시노비가마저도 죽일 수 있다고 합니다. 이해관계와 상관없이 상대가 닌자인 것 같으면 죽이려드는 인물이므로 만나지 않는 것이 상책입니다. 그를 이용해서 적대 관계에 있는 상대를 방해하려고 했던 닌자가 오히려 살해당하고 말았다는 이야기도 끊이지 않습니다.

성별: 남 나이: 34세
유파: 없음
계급: 없음 신념: 흉

「폭룡」 보류인 소우지

> 『권총이든 닌자든 씨먹을 수만 있으면 결과는 마찬가지야.』

보류인 소우지는 광역 지정 폭력단 오오이즈미구미의 두목으로, 범죄계에서 닌자의 존재를 파악하고 있는 몇 안 되는 인물 중 하나입니다. 그 자신도 닌자의 가계에서 태어났으나, 닌자의 재능이 없어서 어렸을 적에 일찌감치 보류인 가에 양자로 넘어갔습니다. 그러나 소우지의 친어머니이자 닌자이기도 했던 여성은 여전히 그와의 교류를 이어 나갔습니다. 현재의 그는 닌자 또한 자신이 사용할 수 있는 폭력의 일부에 불과하다고 여기고 있습니다. 하구레모노를 사용한 몇 건의 암살은 잘 풀렸습니다. 지금은 닌자들 또한 암흑가에서 영향력을 행사하는 그를 쓸모 있는 인물로 여기고 있습니다.

성별: 남 나이: 45세
유파: 없음
계급: 없음 신념: 아

세계의 서

히라사카 기관
NPC

무녀라 불리는 여성 닌자들을 보유한 히라사카 기관은 여성의 권력이 강한 유파다. 조직 중 절반 이상의 수장을 여성이 맡고 있는 것도 그런 이유다. 상황에 따라 강경책과 회유책을 골라 쓰는 그녀들은 실로 만만찮은 상대라고 할 수 있을 것이다.

「히라사카류 고신도 총사」히라사카 우부메

「이 나라의 미래는 당신에게 달려 있습니다.」

성별: 여 나이: 28세
유파: 히라사카 기관
계급: 두령 신념: 충

히라카사 우부메는 어린 시절부터 히라카사 기관의 총사 후보로 양육되었습니다. 12살의 나이에 총사의 자리에 오른 이래로 어딘가의 지하 깊숙한 곳에 있는 신전에서 밖으로 나오는 일 없이 제사를 집행하고, 국가의 미래에 관해 예언을 하는 역할을 맡아 왔습니다. 우부메와 직접 대면할 수 있는 것은 시중을 드는 무녀를 제외하면 정부의 고관이나 중요한 인무를 하달받는 부하뿐입니다. 그 때문에 그녀는 세상 물정을 모르고, 실제 나이보다도 더 어려 보입니다. 하지만 자유롭지 못한 신세임에도 불구하고 그녀는 진심으로 국가의 안녕을 바라며, 거기에 대해 의문을 품지 않습니다.

「은폐 무녀」히라사카 하하키

「미래는 어둠이다. 아무도 구원받지 못해. 모두 죽는다.」

성별: 여 나이: 26세
유파: 토코요
계급: 상급닌자 지휘관 신념: 흉

토코요의 수장, 히라사카 하하키는 두령인 우부메와 대칭을 이루는 존재로 키워진 여성입니다. 방해가 되는 이를 주술로 제거하는 역할을 맡고 있습니다. 어린 시절부터 항상 불행과 사령을 접해야만 했던 생활은 하하키의 마음을 좀먹었습니다. 지금의 그녀는 모든 이가 불행하기를 바라고 있습니다. 하하키는 자신을 이러한 처지로 몰아넣은 원인으로서 친언니이자 두령인 히라사카 우부메를 그 누구보다도 증오합니다. 강력한 힘을 지닌 우부메에게는 주술이 통하지 않으므로, 하하키는 비밀리에 다른 유파를 통해 우부메를 암살한다는 계획을 추진하고 있습니다.

「요모츠이쿠사」히나코

「빗을 던져도, 복숭아를 던져도 우리에게서 도망칠 수는 없어.」

성별: 여 나이: 24세
유파: 시코메슈
계급: 중급닌자 지휘관 신념: 아

다른 히라사카의 무녀들과 마찬가지로 단아한 미모의 소유자인 히나코가 시코메슈의 수장이 된 것은 그녀가 강하기 때문입니다. 일단 싸움이 벌어지면 그녀의 체구는 2m 이상으로 부풀어 오릅니다. 그 모습은 그야말로 신화에 등장하는 요모츠이쿠사와 흡사합니다. 「나보다 강한 남자를 만나고 싶다」라는 것이 히나코의 말버릇인데, 그녀를 이긴 남자는 아직 존재하지 않습니다. 항상 얼굴을 가리고, 맨얼굴을 본 상대가 있으면 죽여야 한다는 것이 시코메슈의 규정입니다만, 히나코는 이를 역으로 이용해서 반드시 죽여야 하는 상대가 남자일 경우 일부러 맨얼굴을 보이는 것으로 알려져 있습니다.

(*역주-히나코의 대사: 일본신화에서 이자나기가 요모츠이쿠사로부터 도망칠 때 빗과 복숭아를 던져서 시간을 벌었다는 일화에서.)

「국장」아소 마사토

「그것을 위한 공안 은밀국이다.」

성별: 남 나이: 59세
유파: 공안 은밀국
계급: 상급닌자 신념: 율

아소 마사토가 국장을 맡고 있는 공안 은밀국은 비공식 조직이면서도 정부 내에서 중요한 역할을 담당하고 있습니다. 히라사카 관련의 가계에서 태어난 아소는 젊었을 적부터 조직의 한계를 느끼고 있었습니다. 일본의 국익을 지키려면 신탁이나 주술에 의지하지 않는 공격적인 조직이 필요하다! 그렇게 생각한 아소는 공안 은밀국을 조직했습니다. 그 때문에 히라사카 본체나 다른 하위 유파에는 그에게 적의를 품고 있는 이들도 많습니다. 현재의 아소는 신뢰할 수 있는 부하에게 현장을 맡기고, 지휘에 전념하고 있습니다. 조직을 더욱 강고하게 만들기 위한 인재 모집에도 여념이 없습니다.

「독 장인」쟈코인 에츠로

「아름다운 꽃에는 나 같은 꿀벌도 필요한 법이지.」

성별: 남 나이: 29세
유파: 쟈코카이 종합병원
계급: 중급닌자 지휘관 신념: 아

쟈코카이 종합병원의 원장인 에츠로는 여성으로 착각할 정도로 아름다운 독술사입니다. 향기로운 숨결, 아름답고 촉촉한 입술, 손톱 하나하나에 이르기까지 모든 것에 독을 품고 있습니다. 부하 쿠노이치들 중에는 그를 숭배하는 이들이 많습니다. 독을 다루는 법을 숙지하고 있는 그만이 전신에 맹독을 품은 여자들에게 진정한 열락을 선물해줄 수 있기 때문입니다. 그 재능과 쿠노이치들의 힘, 그리고 병원 환자들의 힘으로 에츠로의 권력은 나날이 커지고 있습니다. 그가 미약을 사용해서 우부메나 하하키조차 자신의 포로로 만들 음모를 꾸미고 있다고 수군거리는 이들도 있는 모양입니다.

World Part

사립 오토기 학원
NPC

이능력을 지닌 아이들을 보호하고, 닌자로 육성하는 오토기 학원은 하구레모노를 제외하면 가장 젊은 힘이 충만한 조직이다. 방향성조차 정해지지 않은 미지수의 힘은 두령 록가쿠의 교육 하에 아직도 성장 중이라 할 수 있다.

「사립 오토기 학원 학원장」 록가쿠 아서 마사시게
「그들에게는 미래가 있소. 바로 그게 중요한 겁니다.」

성별: 남 나이: 61세
유파: 사립 오토기 학원
계급: 두령 신념: 화

비밀리에 닌자를 육성하는 오토기 학원의 제3대 학원장을 맡고 있는 영국계 일본인. 교육열이 강한 인격자의 얼굴과 육성한 닌자를 여러 조직에 파견하는 빈틈없는 닌자의 얼굴, 두 개의 얼굴을 지닌 인물입니다. 그는 재능이 있는 이들에게 올바른 힘의 사용법을 가르치는 것을 가장 중요하게 여깁니다. 닌자 인재를 바라는 여러 조직으로부터 지원을 받고 있으므로, 오토기 학원 상층부의 역학 관계는 복잡합니다. 상층부 내에는 학생들을 소모품처럼 다루는 방침을 내세우는 이들도 있습니다. 그 와중에 록가쿠는 절묘하게 밸런스를 잡아가면서 학교의 학생들을 지키고 있습니다.

「특명교사」 다나카 야이치
「으악! 거기, 비켜!」

성별: 남 나이: 26세
유파: 특명 임시 교직원 파견위원회
계급: 상급닌자 신념: 흉

각지의 교육 시설에 부임해서 닌자와 관련된 사건을 남몰래 해결하는 특명 임시 교직원 파견위원회. 다나카 야이치는 그곳의 위원장을 맡고 있는 인물입니다. 그 자신도 종종 임시 교사로 잠입 활동에 나섭니다. 임무에 고전 중인 동료가 있으면 도와주러 나타나는 경우도 자주 있는 모양입니다. 교사로 일할 때의 다나카는 미덥지 못하지만 사람은 좋은 인물로, 학생들을 아끼는 국어 교사입니다. 하지만 오토기 학원에 재학할 당시의 그는 냉혹하고 잔학하기로 악명이 높았습니다. 그의 높은 임무 성공률, 그리고 적들의 낮은 생환율을 생각해보면 잔인한 얼굴이야말로 그의 진짜 모습일 테지요.

「학생회장」 사오토메 켄
「이 학교는 내 앞마당이야.」

성별: 남 나이: 18세
유파: 오토기 학원 학생회
계급: 중급닌자 지휘관 신념: 율

사오토메 켄은 어느 작은 유파의 가문에서 태어났습니다. 하지만 어린 시절, 부친이 스승을 죽이는 죄를 범하는 바람에 그 유파에서도 이탈. 오토기 학원에서 거두어줄 때까지는 방랑의 나날을 보냈습니다. 오토기 학원에 입학한 이후의 그는 눈 깜짝할 사이에 두각을 드러내고 학생회장의 자리에 오를 정도의 실력을 쌓았습니다. 지금의 사오토메에게는 자신처럼 의지할 곳이 없는 닌자를 보호하고, 자신을 받아들여준 오토기 학원의 질서를 지키는 것이야말로 중요한 사명입니다. 부친에게 이어받은 검술이 주특기지만, 명문 후지바야시 일족의 관계자인 부회장과의 콤비네이션도 유명합니다.

「학원장」 타라오 시노부
「남자 닌자 따위에게 결코 약점을 보여서는 안 됩니다.」

성별: 여 나이: 69세
유파: 사립 타라오 여학원
계급: 상급닌자 지휘관 신념: 아

유명한 남성 혐오자이자 엄격한 성격의 학원장. 그것이 타라오 시노부라는 인물입니다. 젊은 시절 어느 닌자를 사랑했으나 적으로 돌아서게 되었고, 결국 완패를 당했다는 소문이 있습니다. 소문의 상대는 공안 은밀국의 아소 마사토라는 이야기도 있고, 록가쿠 아서 마사시게라는 이야기도 있습니다. 진위야 어떻든 간에 그녀가 남성 전체를 경멸하고 있는 것은 틀림없는 사실입니다. 화술, 태도, 여자의 무기라면 얼마든지 사용해도 좋지만 마음만큼은 결코 허락해서는 안 되며, 남자는 모조리 농락하고 이용해야 한다는 학원의 교육 사상에서도 이러한 성향이 나타납니다. 우수한 성적을 거둔 학생은 그녀에게 직접 지도를 받게 될 것입니다.

「미치광이 왕의 딸」 모가리노미야 미마카
「미궁에서 즐기는 다과회도 나쁘지 않아.」

성별: 여 나이: 18세
유파: 구교사 관리위원회
계급: 중급닌자 지휘관 신념: 화

구교사 관리위원회의 위원장을 맡고 있는 것은 요마의 피를 이어받았다는 소녀입니다. 그녀는 구교사 밖으로 나오는 일이 없음에도 불구하고 전국의 학교 괴이에 관한 정보를 훤히 꿰고 있습니다. 모든 학교로 이어진다는 구교사를 가장 잘 아는 것이 바로 그녀이기 때문입니다. 정보 수집을 위해 전국 각지의 학교에 나타나는 그녀의 모습은 「뒤에 서 있는 소녀」라는 괴담이 되어 온 일본에 알려지기 시작했습니다. 하지만 구교사 관리는 쉬운 일이 아니므로, 몇 명의 소녀가 그녀를 보좌하고 있습니다. 구교사 안뜰에서 회의 대신 다과회를 여는 그녀들은 「폐가의 소녀들」이라고 불리기도 합니다.

세계의 서

오니의 혈통 NPC

요마나 둔갑요괴, 혹은 그들의 피를 이어받은 자들이라는 공통된 처지. 그리고 일치하지 않는 사상. 이 두 가지를 동시에 지니고 있는 집단인 오니의 혈통은 항상 사건을 일으키는 존재입니다. 그들이 무엇을 생각하고, 무엇을 하려 하는가. 그 편린을 이 인물들을 통해 엿볼 수 있을 것입니다.

「히루코노미코토」 야토노카미 토리히코

「두 번 다시 나를 실망시키지 말아다오.」

컬트 교단 「히노키미 교단」의 교주이자 현 정부의 전복을 노리는 오니의 혈통 두령. 야토노카미 토리히코는 미모의 청년입니다. 일반인과 닌자를 불문하고 그의 강렬한 매력에 심취한 이들이 존재합니다. 하지만 그의 출신은 유파 내에도 거의 알려져 있지 않습니다. 10년 전, 선대 두령이 갑자기 후계자로 데려온 것이 바로 그였습니다. 무슨 이유인지 이의를 제기하는 자조차 없었고, 두령의 자리에 오른 토리히코에 의해 오니의 혈통은 더욱 활발하게 활동하기 시작했습니다. 최근 도시 내에서 거대한 짐승이 목격된 사건이나 꼬리를 물고 일어나는 행방불명 사건의 이면에는 틀림없이 그가 얽혀 있을 것입니다.

성별: 남 **나이:** 불명
유파: 오니의 혈통
계급: 두령 **신념:** 흉

「죠로구모」 야소메 시오리

「내 귀여운 벌레들을 당해낼 수 있을 것 같아?」

오니의 혈통의 하위 유파인 츠치구모를 이끄는 여성 닌자. 유파의 다른 이들이 그렇듯이 팔다리가 깁니다. 일족에 대해 깊은 애정을 품고 있는 반면, 그 밖의 다른 것에 대해서는 일말의 정도 보이지 않습니다. 희대의 충사(벌레술사)인 동시에 거미의 실로 만들어낸 「백납사」의 명수이기도 합니다. 그녀가 실을 이용해 펼치는 기술은 자유자재로 상대를 붙잡거나 토막 냅니다. 오니의 혈통에게 협조하는 입장을 취하고 있지만, 한편으로는 토리히코에게 이용당하기만 하는 것이 아닌가 하는 의심을 떨치지 못하고 있습니다. 그녀는 오니 전체를 위해 자기 일족이 희생당하는 것을 두려워하고 있는 것입니다.

성별: 여 **나이:** 39세
유파: 츠치구모
계급: 상급닌자 지휘관 **신념:** 정

「혈여제」 연비

「나는 닌자 100명의 피를 원한다.」

지금 일본에는 시황제를 시조로 하는 중화계 흡혈귀가 100명 이상 존재합니다. 이 흡혈귀의 유파 「셰샤」를 통솔하는 것이 바로 연비입니다. 고대 중국의 귀족이었다는 그녀는 여왕처럼 고귀한 행동거지와 잔인한 면모를 겸비하고 있습니다. 그녀가 가장 즐기는 오락은 닌자를 비롯한 인간의 비명이나 고통스러워하는 신음을 듣는 것입니다. 그러나 그런 그녀도 자신을 흡혈귀로 만든 시황제를 소생시킨다는 비원을 품고 있습니다. 그녀가 종종 부하를 시켜 힘을 지닌 인간이나 닌자를 납치하는 것은 그녀 자신을 위한 오락인 동시에 시황제를 부활시키기 위한 의식의 일환이기도 합니다.

성별: 여 **나이:** 불명
유파: 셰샤
계급: 상급닌자 지휘관 **신념:** 충

「흰 여우」 쿠즈노하

「인간 나라들이 뭘 하는지는 우리가 알 바 아닙니다.」

시노다 숲에 사는 흰 여우의 화신, 쿠즈노하는 원래 오니의 혈통 소속조차 아니었습니다. 하지만 천 년 이상 살아온 그녀의 곁에는 저절로 짐승의 화신들이 모여들었습니다. 그렇게 모인 동료들이 인간들의 싸움에 휘말리는 것을 꺼린 그녀는 그들을 지키기 위해 오니의 혈통과 동맹을 맺고, 마가츠비를 만들었습니다. 짐승의 화신 중에는 마가츠비에 소속되지 않은 이들도 많지만, 쿠즈노하는 그들과도 교류를 하고 있습니다. 특히 같은 여우인 아마노카구야마 산의 콧쿠리히메와는 절친한 사이입니다. 그녀에게는 자신과 동료들이 자유롭게 살아가는 것이야말로 중요한 일입니다.

성별: 여 **나이:** 불명
유파: 마가츠비
계급: 상급닌자 지휘관 **신념:** 화

「반요정왕」 소요기 마레히토

「아름다운 여인이여, 나의 궁정으로 오너라.」

약 300년 전에 일본에서 태어나 나가미미 궁정의 왕으로 군림해온 인물입니다. 유파를 불문하고 많은 여성 닌자와 관계를 맺은 호색한 남성으로, 인법만이 아니라 마법까지 사용한다고 합니다. 성격은 나가미미답게 매우 향락적으로, 재미있을 것 같으면 중요한 정보조차도 아무렇지도 않게 누설해버립니다. 현재 마레히토는 쿠라마신류의 어느 여성을 자신의 여자로 삼으려고 안달을 내고 있습니다. 오니들은 그가 무슨 짓을 할지 경계하고 있으며, 다른 유파들 또한 이 상황을 주목하고 있습니다. 그리고 마레히토는 자신이 그런 태풍의 눈과 같은 입장에 놓였다는 사실조차도 즐기고 있습니다.

성별: 남 **나이:** 287세
유파: 나가미미
계급: 상급닌자 지휘관 **신념:** 정

26·07
닌자에 대한 인식

『시노비가미』의 세계에서 대부분의 인간은 닌자의 존재를 모릅니다. 물론 역사상에서 닌자라는 이름을 사용한 이들이 있다는 것은 알고 있지만, 그들이 지금도 존재한다는 사실이나 정말로 인간의 영역을 아득히 능가하는 능력과 기술을 구사한다는 것은 알 도리가 없습니다.

사실 대다수의 인간은 닌자가 관여한 현상이나 사건과 조우하고 있지만, 그들의 고속기동을 인식할 수도 없을 뿐만 아니라 닌자가 구사하는 갖가지 기술은 평범한 인간의 상식을 한참 넘어선 것들입니다. 그래서 그들의 대부분은 자신이 본 것을 환각이나 눈의 착각으로 믿고, **마침내 잊어버립니다.** 때로는 불가사의한 체험담이나 도시전설, 괴담으로 남는 경우도 있는 모양입니다만.

그래도 극소수의 인간은 닌자의 존재를 알고, 그들과 관여하고 있습니다.

26·08
닌자를 아는 이들

여기에서는 닌자에 대해 알고 있는 닌자 이외의 세력을 몇 가지 소개하겠습니다.

● 범죄계

야쿠자나 마피아 같은 세력입니다. 그들은 자신들의 이익을 위해 하구레모노 같은 닌자를 고용하기도 합니다. 하지만 「시노비의 세계」를 정확하게 파악하고 있는 이는 거의 없습니다. 대부분은 「그런 무시무시한 녀석들이 있다」라는 소문 수준으로 파악하고 있는 것에 불과합니다.

● 사법 관계자

경찰이나 법조계 상층부에도 「시노비의 세계」에 대해 아는 이는 있습니다. 하지만 히라사카 기관의 압력으로 인해 대부분의 닌자 관련 사건은 은폐됩니다. 따라서 되도록 관여하지 않고 있는 것이 현실입니다. 종종 현장 담당자 중에 **압력에 굴하지 않는 이**가 나타나지만, 그런 사람들의 말로는 굳이 언급할 것까지도 없겠지요.

● 정재계

그들은 오히려 닌자들을 부리는 측의 인간입니다. 자신들의 이권이나 권익을 확대하기 위해 「시노비의 세계」에서 암투를 벌이고 있습니다. 그중에서도 마요이노미야 일족만은 「시노비의 세계」에 대해 독특한 입장을 취하고 있습니다.

그들은 6대 세력의 밸런스를 유지하고, 어느 한 유파가 밀려나는 것을 저지하려는 것 같은 모습을 보입니다. 각자의 입장에 따라 닌자들에게 관여하는 방식은 다르지만, 「일반인의 사회」의 안정을 바라는 점에서는 의견이 일치합니다.

● 해외 각국

해외 각국도 일본에 닌자가 존재하는 것을 알아차리고 있습니다. 하지만 그들도 규모의 차이야 있을지언정 닌자나 닌자와 동등한 수준의 이능력자들을 보유한 첩보 기관을 가지고 있습니다. 대표적인 것으로는 미국의 「CIA 야쿠자」가 있습니다.

26·09
시노비가미

시노비가미란 닌자들 사이에 전해지는 전설적인 존재입니다. 모든 닌자의 조상으로, 모든 무술과 마술의 원류가 된 존재라고 합니다. 또, 히라사카 기관이나 오니의 혈통에 전해지는 전승에 따르면 시노비가미야말로 『고사기』에 등장하는 타케하야스사노오노미코토(建速須佐之男命)와 동일한 존재라고 합니다.

시노비가미가 실제로 존재하는지를 의심하는 이들은 많으나, 바로 최근까지 시노비가미가 남겼다는 여섯 신기가 각 유파에 남겨져 있었습니다. 하지만 오니의 혈통이 그것들을 빼앗았습니다. 오니의 혈통은 모든 소원을 들어준다는 시노비가미의 비술 「천상천하」를 손에 넣고자 시노비가미 현현을 위한 대규모 의식 마술을 시도한 것입니다. 신기 중 몇 가지는 이 사건 이후로 행방을 알 수 없게 되었습니다.

26·09·01
시노비가미의 피

현재 존재하는 닌자들은 기본적으로 모두 시노비가미의 피를 이어받은 이들입니다. 그러므로 닌자 사회는 혈통주의가 강하고, 자신들에게 전해진 「피」의 농도를 유지하려고 합니다.

하스바 인군은 포획한 다른 유파의 닌자들을 교배시켜 특정한 능력을 인공적으로 발현 및 강화한다는, 인술과 유전자 공학을 조합한 테크놀로지를 **실용화했습니다.**

히라사카 기관과 쿠라마신류는 각자 일본 국내에서 매우 오래된 혈통을 유지해 왔습니다. 그러나 그 탓에 근친 교배가 잦아 유전적으로 취약한 면이 있다는 점은 부정하지 못합니다.

그래서 최근에는 히라사카와 쿠라마가 협정을 맺고 서로의 닌자를 결혼시켜 혈통의 연속

마침내 잊어버립니다

친구나 지인에게 「닌자를 봤다」고 말해봤자 일단 믿어주지도 않을 테고, 끈질기게 주장해봤자 모두에게 걱정만 끼칠 것입니다. 그것은 눈의 착각이었다고 자신을 설득하며 잊어버리는 것이 가장 나은 선택입니다.

압력에 굴하지 않는 이

닌자든 뭐든 간에 법을 따라야만 한다는 훌륭한 사고방식입니다. 그들의 주장은 압도적으로 옳지만, 유감스럽게도 닌자의 지지는 얻을 수 없습니다.

실용화했습니다

통례에 따르면 하나의 배아가 12분할되어 동일한 유전자를 가진 12명의 닌자가 만들어집니다. 생후 2년 이내에 기준 인법 강도에 도달하는 이는 그중 여덟 명 정도로, 기준에 미치지 못한 나머지는 폐기됩니다.

트러블의 원인

일단 도망칠 각오를 굳힌 닌자를 붙잡는 것은 매우 어려우며, 탈주닌자 사냥을 하려고 해도 그에 상응하는 비용이 됩니다.

일반인을 닌자로 바꿔버리는 것

기계닌자 실험부대에 관한 소문도 있습니다. 보조 뇌 부분에 시노비가미 인자를 이식한 닌자 의체를 제작하고, 거기에 일반인의 뇌를 탑재한다는 것입니다. 생체 뇌와 보조 뇌의 상성 문제를 해결하기가 어려워 자주 탑재된 뇌를 교체한다고 합니다.

시노비가미의 화신

이 책 곳곳에서 언급하는 「시노비가미」란 이러한 화신을 가리키는 경우가 대부분인 것 같습니다.

성을 보전하면서도 새로운 피를 손에 넣는다는 시도를 하고 있습니다. 그러나 이런 혼인은 당사자의 의사를 무시하는 경우도 많아 종종 **트러블의 원인**이 되기도 합니다.

오니의 혈통은 피를 유지해온 역사를 놓고 본다면 히라사카나 쿠라마 따위는 비교도 되지 않을 정도지만, 그 계통수는 인간에게만 뿌리를 내리고 있지 않습니다. 오히려 적극적으로 인간이 아닌 존재와 관계를 가지며 인간의 것이 아닌 힘을 얻어온 유파라고 할 수 있겠지요.

이런 정통파 닌자 외에도, 일반인 중에서 닌자의 능력을 지닌 이가 갑자기 나타나는 경우도 있습니다. 이것은 유전적으로 잠복하고 있던 시노비가미의 피가 발현한 것으로 여겨집니다. 기나긴 시간을 거쳐 시노비가미의 피는 무수히 갈라졌고, 온 세상으로 흩어졌습니다.

이런 이들은 「사나기(번데기)」라고 불리는데, 자기 힘의 정체도, 사용법도 모르는 채로 패닉에 빠져 능력을 폭주시키거나, 의도치 않게 주위의 사람들을 해치는 등 그때까지의 생활을 포기해야만 하는 상황에 처하는 경우가 적지 않습니다. 일반 사회에 잠복한 각 유파의 쿠사 중에는 이러한 인재를 찾아내서 감시하는 역할을 맡은 이들이 있으며, 대상은 이르든 늦든 간에 스카우트를 받게 됩니다. 납치나 세뇌 같은 수단을 동원하는 경우도 있고, 같은 인재를 두고 여러 유파의 닌자가 충돌하는 경우도 드물지 않습니다. 다른 유파에게 넘길 바에는 차라리 대상의 말살을 선택하는 이도 나타날 테지요. 사립 오토기 학원은 젊은 이능력자를 다른 유파의 마수에서 구한다는 명목으로 이러한 쟁탈전에 적극적으로 참여하는 경향을 보입니다.

미확인 정보지만, 소문에 따르면 하스바 인군에는 유전자 속의 시노비가미 인자를 측정해서 능력이 발현되기 이전부터 닌자로서의 잠재능력을 지닌 이를 검출하는 기술이 있다고 합니다. 더 나아가 추출한 시노비가미 인자를 이식해서 순수한 **일반인을 닌자로 바꿔버리는 것**조차 가능하다고도 합니다. 진위 여부는 알 수 없습니다.

26·09·02
시노비가미의 진실

그렇다면 시노비가미란 구체적으로 어떤 존재였을까요?

히라사카 기관이나 오니의 혈통에서는 시노비가미가 스사노오, 『고사기』에 등장하는 타케하야스사노오노미코토와 같은 존재라고 말합니다. 하지만 신화에 전해지는 스사노오의 성격은 일관적이지 않으므로, 시노비가미는 개인이 아닌 집단, 종족을 가리키는 것이라고 주장하는 이도 있습니다. 다른 세계에서 온 수수께끼의 존재, 「도래인」이 시노비가미의 출신과 어떠한 관계가 있음을 암시하는 문헌도 있습니다.

하지만 정체 불명이라 할지라도 시노비가미라고 하는 누군가가 존재한 것은 확실한 것 같습니다. 그 증거가 바로 「신기(神器)」라고 하는 특별한 아티팩트입니다.

대대로 여섯 유파에 전해진 신기는 시노비가미의 육체 일부가 변화한 것이라고 합니다. 이것들은 다른 닌자도구나 주술도구와는 비교도 되지 않을 만큼 강력한 힘을 지닌 물품으로, 최대한 신중하게 관리되어 왔습니다. 각 유파에 남아 있는 가장 오래된 전승에서도 여섯 신기의 존재를 확인할 수 있으므로, 상당한 역사를 지닌 물건이라는 것은 확실합니다.

몇 년 전, 시노비가미 부활을 노린 오니의 혈통이 각 유파의 신기를 강탈했습니다. 그들은 그 신기를 사용해서 시노비가미 부활을 위한 의식 마술을 실행했으나, 각 유파의 방해를 받아 실패. 신기들 또한 그 탓에 유실된 것으로 알려졌습니다. 하지만 사실 각 신기는 유실된 것이 아니라 여러 조각으로 분할되어 흩어졌습니다. 그 파편을 하나만 손에 넣어도 강대한 힘을 얻을 수 있으므로, 많은 닌자들이 혈안이 되어 신기나 그 파편의 위치를 찾고 있습니다.

시노비가미를 부활시키고자 했던 이는 과거에도 많이 있었습니다. 그때마다 신기가 모였지만, 부활 시도는 매번 실패로 끝났습니다. 신기는 그때마다 여러 차례 몇 가지 형태로 분산되었던 것입니다.

이런 시기에는 신기의 파편을 자신의 육체에 받아들여 초인적인 힘을 얻은 닌자들이 나타났습니다. 그들은 시간이나 생명에 마음대로 간섭할 정도로 무시무시한 인법을 구사하며 그 시대를 제패했다고 합니다. 그들 또한 「시노비가미」라고 불렸습니다. 히미코, 타이라노 마사카도, 오다 노부나가 같은 위인들이 그런 닌자였다는 설도 있습니다. **시노비가미의 화신**이라고도 할 수 있는 이런 이들의 존재는 문헌사의 모순을 해명해줍니다. 시대마다 여러 명의 「시노비가미」가 나타났다가 쓰러지기도 하고, 전승마다 「시노비가미」의 언동이 달라진 것은 이런 강력한 닌자의 존재가 있었기 때문인 것으로 보입니다.

6대 신기

여기에서는 각 유파에 전해지는 여섯 신기에 대해 설명합니다.

● 미츠루기

쿠라마신류에 전해진 신기입니다.

한 번 휘두르면 지형을 바꿔버릴 정도로 거대한 파괴력을 불러낼 수 있다고 합니다. 스사노오가 야마타노오로치 퇴치에 사용한 토츠카노츠루기라는 설도 있습니다.

오니의 의식 마술이 실패한 이후 무수한 파편으로 분산되었으나, 그 파편의 대부분이 검이나 창, 총 같은 무기의 형태를 취하고 있습니다. 그 모두가 강력한 마법 무기라는 점은 틀림없는 사실입니다.

힘을 추구하는 이들이 미츠루기의 파편을 원합니다. 미츠루기의 파편을 둘러싼 싸움은 대규모 파괴를 동반하는 경우가 많을 테지요.

● 야츠루기

과거에 멸망한 유파에 전해지던 신기입니다. 이전에는 어느 하구레모노가 소유하고 있었습니다.

한정적이긴 해도 시간 그 자체에 간섭하여 과거를 개변하는 능력이 있다고 합니다. 그 영향 범위는 「자신이 체험한 일」로 한정됩니다. 즉, 아무리 최근의 일이라 해도 신기의 사용자가 직접 체험한 일이 아니면 과거를 고쳐 쓸 수 없는 셈입니다. 하지만 그것만으로도 **충분하고도 남**을 정도로 강력한 효과**입니다. 과거를 바꾸고 싶어 하는 이들은 얼마든지 있으며, 이 신기의 파편이 얽히면 항상 치열한 싸움이 벌어집니다.

야츠루기의 파편은 도검이나 나이프 같은 날붙이 외에도 모래시계나 과거의 일을 기록한 책 등의 형태를 취하는 것으로 알려져 있습니다.

● 미타마

과거에 멸망한 유파에 전해지던 신기로, 오니의 혈통에게 빼앗기기 전까지는 사립 오토기 학원이 소유하고 있었습니다.

미타마의 힘은 행운입니다. 확률을 조작하고, 소유자에게 압도적인 행운을 불러오는 것입니다. 미타마를 가진 자를 노리는 공격은 번번이 빗나가고, 반대로 소유자의 행동은 무슨 짓을 해도 왠지 성공할 것입니다.

이 신기의 파편 또한 강력한 부적이 됩니다. 하늘이 돕지 않는 한 성공할 수 없을 만큼 어려운 계획을 수행할 때도, 리스크를 짊어지고 내기를 할 때도 미타마의 파편은 큰 도움이 될 것입니다.

미타마의 파편은 부적이나 호부, 장신구의 형태로 나타나는 것으로 알려져 있습니다.

● 마가타마

오니의 혈통에 전해진 신기입니다.

인간을 되살릴 수 있는 힘을 지니고 있어서 많은 닌자들이 노렸던 이 신기는 아이러니하게도 그 쟁탈 과정에서 여섯 신기 중에서도 가장 많은 희생자를 냈습니다.

충분하고도 남을 정도로 강력한 효과

과거를 여행하는 인법이나 선조의 체험을 공유하는 인법과 조합하면 최대의 효과를 발휘할 수 있습니다.

인체의 일부로

이 경우, 매우 강력한 「사나기」가 탄생합니다. 이와 같이 신기를 품고 있는, 자각 없는 시노비가미라고도 할 수 있는 사나기는 대체로 단명합니다.

다른 세계의 주민

도래인의 대다수는 인간 같은 모습을 하고 있지만, 누가 봐도 평범한 승용차로밖에 보이지 않는 도래인, 공중을 떠다니는 다면체 같은 형태의 도래인도 확인되었습니다.

확인조차 할 수 없습니다

한편, 「나는 데지마에서 왔다」라고 주장하는 도래인이나 닌자는 잔뜩 있습니다. 그들은 모두 이계의 기술이나 신기의 정보를 미끼로 뭔가를 꾸미고 있는 사기꾼들입니다.

(역주-데지마: 이름의 유래는 에도시대 당시 쇄국 정책 속에서 예외적으로 네덜란드와의 무역 및 교류가 이루어진 인공섬)

소중한 사람을 되살리고 싶다, 혹은 역사상의 인물을 부활시키고 싶다는 소원을 가진 사람들이 이 신기를 찾습니다.

마가타마의 파편은 곡옥 같은 고고학적 유물, 또는 눈동자나 손바닥 같은 **인체의 일부로** 현현하는 경우가 많다고 합니다. 파편이 가진 부활 능력이 불완전한 경우도 있는지, 바라지 않는 형태로 사랑하는 사람을 되살리고 말았다는 비극도 전해지고 있습니다.

● 미카가미

하스바 인군에 전해진 신기입니다.

미래를 예지하고, 때로는 개변조차 할 수 있다고 합니다. 소문에 따르면 그 거울면에는 미래만이 아니라 낯선 이세계의 광경이 비치는 경우도 있다고 하는데, 그것을 활용할 수 있을지는 또 별개의 문제입니다. 어쩌면 최초의 시노비가미에 관한 수수께끼도 미카가미를 꾸준히 연구하면 알아낼 수 있을지도 모릅니다.

미카가미의 파편은 유리창이나 디스플레이 등의 화면, 미래의 일을 기록한 책 등의 형태를 취하는 것으로 알려져 있습니다. 마술결사 「구세계 질서(올드 월드 오더)」가 이 신기를 남몰래 부활시키고 있다는 소문도 있지만, 정확한 정보는 아무도 모릅니다.

● 사카가미

히라사카 기관에 전해진 신기입니다.

인간의 마음이나 기억을 조종하는 능력이 있으며, 사회전에서 매우 강력한 효과를 발휘합니다. 사카가미를 이용하면 한 국가의 국민 모두를 조작하는 정도는 가능하다고 합니다. 역사상의 사건 중에는 사카가미에 의해 일어난 사건이 있을지도 모릅니다.

사카가미의 파편은 네트워크 서버, 베틀, 축음기 등의 형태를 취한다는 기록이 남아 있습니다.

26·11
도래인

그들은 이 세계가 아닌 **다른 세계의 주민**입니다. 다른 세계와의 접점인 「문」을 통해 나타납니다. 그들 중 대부분은 이 세계에 모종의 「재액」을 가져오는 불청객입니다. 하지만 보통의 물리적인 병기로는 그 재액에 대처할 수 없습니다. 따라서 그들이 얽힌 사건은 닌자, 특히 쿠라마신류나 오니의 혈통이 담당하게 됩니다.

도래인의 대다수는 이계의 기술자로, 이쪽 세상을 찾아오는 목적도 자신의 「기술」을 실험하는 것입니다. 닌자를 비롯한 인간 자체에는 거의 흥미가 없습니다. 하지만 그들의 「기술」에 적성을 지닌 자가 있으면 자신들의 세계로 데리고 가거나, 자기 기술을 이어받을 후계자로 삼기도 합니다. 아무래도 그들은 자신들만으로는 번식을 할 수 없는 모양입니다. 도래인이 일으키는 이런 유괴 행위를 「카미가쿠시」라고 부릅니다.

시노비가미나 오니들의 선조가 도래인이었다는 설도 있습니다.

26·12
데지마(出島)

몇 년 전, 오니의 혈통은 궁극의 인법 「천상천하」를 손에 넣고자 어느 도시에서 시노비가미 부활의 의식 마술을 실행했습니다. 그것은 그 도시에 사는 수천 명의 목숨과 6대 세력에 전해지는 여섯 신기를 제물로 삼는 대규모 의식이었습니다. 오니의 법술사들이 지른 의식으로 인해 이계의 「문」이 열리고, 시노비가미 현현이 코앞까지 닥쳐왔으나, 쿠라마신류를 비롯한 각 유파 닌자들의 방해로 이 의식은 중단. 불완전한 의식 탓에 마술은 폭주했고, 이계에서 흘러들어온 독기와 무수한 도래인이 도시 자체를 마계로 바꿔 버리고 말았습니다.

이후, 그 도시는 물리적, 마술적으로 폐쇄되어 외부에서 침입할 수 없게 되었습니다. 공식적인 기록에서도 말소되어 그 장소가 어디에 있는지 **확인조차 할 수 없습니다.** 「시노비의 세계」에서도 그 도시의 정확한 정보는 상급닌자 이상만이 알고 있습니다. 그곳은 이제 「데지마」라고 불리고 있으며, 정착한 도래인들까지 있는 모양입니다.

도래인의 이계 기술을 획득하기 위해, 혹은 잃어버린 신기를 찾기 위해 많은 닌자들이 「데지마」를 방문했지만, 무사히 돌아온 이는 확인된 바가 없습니다. 유일하게 어느 하스바의 닌자가 「데지마」에서 생환했으나, 구출되었을 때는 무수한 해양 생물과 융합한 모습으로 완전히 정신이 붕괴되어 있었습니다. 사정을 아는 이들 중에는 이 저주받은 장소를 「시지마(死島)」라고 부르는 이도 있습니다.

27 요마와 항마닌자

이 항목에서는 「퇴마편」 레귤레이션에서 중요한 역할을 하는 요마와 항마닌자의 설정을 소개한다.

27·00
요마와 항마닌자

이 항목에서는 『시노비가미』의 세계 설정 중에서도 요마에 관한 설정, 그리고 그들이 나타나게 된 계기에 대한 설정을 소개합니다. 「퇴마편」 레귤레이션에서 사용하는 설정입니다.

27·01
요마란?

요마란 유령이나 요괴, 그리고 이계에서 찾아온 방문자인 「도래인」 등 초자연적인 존재들의 총칭입니다. 그들은 모두 현실 세계의 물리 법칙을 초월한 능력이나 법칙을 보유하고 있으며, 기괴한 현상을 일으킬 수 있습니다. 그 사고 형태나 철학 또한 인류의 것과는 매우 다르며, 대체로 인류를 식량이나 실험 재료 정도로밖에 여기지 않습니다. 그래서 인류와 요마는 예부터 역사의 이면에서 끝없이 싸워 왔습니다.

요마와 싸운 것은 닌자를 비롯한 다양한 이능력자들이었습니다. 그들은 초인적인 무술이나 요마의 힘을 모방한 요술 등을 구사하며 어둠 속에서 계속 싸워 왔습니다. 큰 희생을 치를 때도 있었지만, 그들은 오늘날까지 요마의 횡포를 아슬아슬하게 막아내는 데 성공했습니다.

닌자 중에서도 요마를 상대하는 것에 특화한 기술을 구사하며 요마 봉인을 전문으로 하는 이들을 항마닌자라고 부릅니다.

시대가 흘러 과학과 합리주의가 대두함에 따라 사람들은 요마를 신화나 전승, 미신이나 동화 속에만 존재하는 것이라고 여기게 되었습니다. 이것은 요마의 존재를 인간 사회에서 쉽지 않고 은폐해 온 이능력자들의 위대한 계획 덕분입니다. 인류의 공포를 양식으로 삼는 일부 요마에게 자신의 존재를 의심받는 것은 치명적인 사태입니다. 양식을 잃은 요마는 하찮은 존재로 **타락하거나, 어딘가로 사라져** 점차 그 수가 줄어들었습니다.

27·02
지옥문

하지만 고대에는 신이나 다름없는 힘을 휘두르는 요마도 다수 존재했습니다. 인간 세상을 뒤덮은 어둠은 아직 깊었고, 그 힘은 압도적이었습니다. 이런 대요마는 인간의 힘으로는 완전히 소멸시킬 수 없었습니다. 설령 그 육체를 소멸시켜도, 몇 분에서 몇 년의 시간이 흐르면 그들은 다시 되살아났던 것입니다.

그래서 이능력자들은 대요마를 막고자 신불의 힘에 의지하기로 했습니다. 그들은 엄청난 희생을 치르면서도 서로 힘을 합쳐 옛 신들이 잠든 땅에 대요마를 가두기 위한 견고한 감옥을 만들어냈습니다. 그리고 그것을 결계의 문, 통칭 「지옥문」으로 봉인했습니다. 「지옥문」 너머는 요마들의 힘을 지속적으로 깎아내리는 항마력으로 가득합니다. 아무리 대요마라 해도 그런 장소에서 인류의 영지를 한 데 모아 만든 「지옥문」을 파괴하고 탈출하는 것은 불가능했습니다.

그 후, 이능력자들은 인간 세상을 어지럽히는 대요마를 「지옥문」 너머에 봉인해 왔습니다. 그렇게 세계의 안전을 지켜온 것입니다. 「지옥문」은 정치에 있어서 가장 중요한 사항 중 하나가 되었으며, 이능력자 집단을 거느린 당대의 권력자들은 그들에게 「지옥문」의 관리를 맡겼습니다. 다양한 종교 결사와 인법 유파가 「지옥문」을 관리했고, 현대에는 히라사카 기관이 그 역할을 이어받았습니다.

하지만 바로 그 「지옥문」이 누군가에 의해 파괴되는 사건이 일어났습니다. 파괴된 문 너머의 이름 있는 요마들이 세계 곳곳에 강림한 것입니다.

27·03
요마를 둘러싼 정세

인류에게는 다행스럽게도, 해방된 대요마 중에서 곧바로 활동을 개시한 것은 극히 일부였습니다. 그들은 세계에 미증유의 재액을 초래했

힘을 되찾고 있는 중

　대요마쯤 되면 하위 요마들이 그들을 향해 느끼는 공포나 선망에서도 힘을 얻을 수 있습니다. 부활했다는 소식이 동류의 요마들에게 전해지면, 대요마는 전성기만큼은 아니더라도 상당한 힘을 되찾을 수 있습니다.

으나, 각국의 퇴마 기관이나 군대에 의해 제압당했습니다. 어느 요마는 퇴마 기관에 의해 일시적으로 죽음을 맞이하여 활동을 정지했고, 또 다른 요마는 강림한 도시째로 결계에 갇혀 외부에 간섭하지 못하는 신세가 되었습니다. 대요마들이 초래한 재액은 자연 현상이나 전쟁 등으로 위장되어 은폐되었습니다. 아직까지 일반인들 사이에서는 요마의 존재가 밝혀지지 않았습니다.

　하지만 진압당한 대요마들은 일시적으로 활동을 정지한 것에 불과합니다. 게다가 아직 활동을 개시하지 않은 대부분의 대요마는 인간에게 빙의하거나 옛 터전에 틀어박혀 한창 **힘을 되찾고 있는 중**입니다. 대요마의 해방에 호응하듯이 인류 사회 구석진 곳에서 남몰래 준동하고 있던 하위 요마들의 활동도 활발해졌습니다. 요마의 존재가 밝혀지는 것도 시간문제일 것입니다.

　이와 같은 인류의 위기를 앞두고 이능력을 지닌 각 인법 유파는 휴전 협정을 맺었습니다. 그들은 요마에 대한 대응을 우선하기로 한 것입니다. 인류도 아무 대책도 없이 허송세월을 한 것은 아닙니다. 이능력자들은 요마를 상대하기 위한 대책을 갈고닦아 왔습니다. 당시에는 쓰러뜨리지 못한 대요마라도 지금의 기술이라면 쓰러뜨릴 수 있을지도 모릅니다. 게다가 대부분의 요마들은 아직 힘을 되찾지 못한 미각성 상태입니다. 지금 공격한다면 닌자들에게도 승산이 있습니다.

단, 닌자들의 협정은 어디까지나 표면적인 것입니다. 하스바 인군은 요마가 지닌 미지의 힘을 독점해서 보다 많은 이계의 기술을 축적하려 하고 있습니다. 요마의 피를 이은 오니의 혈통은 이 혼란에 편승해서 자신들이 바라는 세계를 만들어내려고 합니다. 또, 해외 각국의 퇴마 기관도 대두하고 있습니다. 닌자들의 적은 요마만이 아닌 셈입니다.

　대요마의 해방으로 인해 세계는 혼란의 양상을 보이고 있습니다.

27·04
6대 유파의 움직임

　여기에서는 요마에 대한 6대 유파의 대응을 소개합니다.

● 하스바 인군

　지옥문 파괴, 그로 인한 요마들의 해방. 그것은 하스바 인군에게는 연구 분야의 대규모 확장을 의미했습니다. 이제까지 전혀 알려지지 않았던 요마의 인법이 세계에 대량으로 출현했기 때문입니다. 요마 관련의 섹션은 활기를 띠고, 거액의 예산을 획득하고, 인원 또한 대폭 보강되었습니다. 다른 섹션도 하스바 인군의 기술과 요마 인법을 조합한 인법을 개발하기 시작했습니다.

　하스바 인군의 대부분은 세상에 풀려난 요마는 언젠가 다시 봉인되어 버릴 것이라고 여기고 있습니다. 그들은 요마가 없어져버리기 전에 서둘러서 요마의 인법을 확보할 작정입니다.

● 쿠라마신류

요마가 해방되어 전 세계에서 활동을 시작하면서 쿠라마신류와 그 하위 유파의 적은 대폭 늘어났습니다. 지금까지도 결코 편하지는 않았던 괴물 사냥이 인원과 휴양의 부족으로 인해 한층 더 힘겨워진 것입니다.

또, 지옥문에 봉인된 요마의 대다수는 쿠라마신류의 선배들이 쓰러뜨린 상대였습니다. 그 탓에 그 자손들이나 유파의 후계자는 복수심에 불타는 강대한 요마의 표적이 되었습니다. 자신의 몸을 지키는 동시에 요마를 사냥하는 것은 쉬운 일이 아니었고, 쿠라마신류의 상층부는 달갑지 않은 결단을 내리게 되었습니다. 즉, 다른 유파와의 협조입니다. 설령 상대가 숙적인 오니라 할지라도 사적인 싸움은 금지되었습니다. 적어도, 표면상으로는.

● 하구레모노

요마의 출현은 하구레모노의 활동에 큰 영향을 미치지 않았습니다. 그들은 닌자끼리의 정보망이나 첩보 활동과 거리가 먼 존재였으므로, 시노비의 세계를 뒤흔드는 대사건이 일어났음에도 불구하고 그 사실을 알게 되기까지 시간이 걸렸던 것입니다.

하구레모노가 요마를 상대하는 사례는 괴사건의 해결을 청부했더니 사건의 원인이 요마였을 경우, 요마를 쫓는 다른 유파의 닌자에게 의뢰를 받은 경우 등등 일과 관련된 경우가 대부분입니다.

그러나 극히 일부의 닌자는 요마의 해방을 절호의 기회로 여기고 있습니다. 이들은 공통의 적을 이용해서 하구레모노를 최대의 유파로 통합하고자 합니다. 이 시도가 성공한다면 시노비 세계의 세력도는 급변할 것입니다.

● 히라사카 기관

현재, 요마 문제에 대처하기 위해 휴전 상태에 들어간 6대 유파를 통제하고 있습니다. 하지만 유파간의 조율은 그다지 뜻대로 풀리지 않고 있습니다. 자신들이 관리하던 지옥문이 파괴된 탓에 신용을 크게 잃었기 때문입니다. 다른 유파는 물론이고 모체인 일본 정부를 상대로 쌓아올린 신용마저 땅에 떨어졌습니다.

요마의 활동은 서서히 활발해지고, 그 횡포가 세계 각지로 확산되고 있습니다. 일은 늘어만 가지만, 기관 전체의 인원은 늘지 않으므로 대응은 늦어지기 일쑤입니다.

● 사립 오토기 학원

이사회는 닌자 학생을 대상으로 퇴마 전투 코스를 신설하고, 퇴마 닌자 육성에 힘을 기울이고 있습니다. 한편, 학원장과 학생회를 중심으로 학교에서 인류와 공존할 수 있는 요마를 교육시켜야 한다는 의견도 나오고 있습니다. 이 두 가지 파벌은 물 밑에서 치열하게 대립하며 오토기 학원에 **커다란 균열**을 만들고 있습니다.

또, 요마는 사람이 모인 장소에서 활동하는 경우가 많으며, 세계 각지의 학교에서도 요마의 출현 사례가 다수 보고되고 있습니다. 따라서 학교에 잠입하기에 유리한 닌자 학생들이 각지의 학교에 파견되는 사례도 늘고 있습니다.

● 오니의 혈통

요마의 해방은 오니의 혈통에게 커다란 희망을 가져다줬습니다. 고대의 강력한 대요마들이 세계에 해방되었을 때, 많은 닌자들이 이번 사태야말로 오니의 혈통이 세계를 제패할 절호의 기회라고 생각했습니다. 하지만 대요마들이 변혁에는 전혀 흥미를 보이지 않고 그저 세계를 파괴할 뿐이라는 것을 알았을 때, 오니의 닌자 대다수는 실망과 함께 다시 은거를 선택했습니다. 한편, 거기에 지지 않을 정도로 많은 닌자들이 요마 편에 붙어 세계를 파괴하는 세력으로서 활동하는 길을 선택하면서 오니의 혈통은 둘로 갈라졌습니다. 누가 어느 세력에 소속되어 있는지 완벽하게 파악하고 있는 이는 아마 없을 테지요.

27·05
요마의 분류

요마 및 그와 유사한 부류로는 아래와 같은 존재들이 있습니다.

● 망자

이 세상에 강한 미련을 남기고 죽은 이가 되살아난 존재입니다. 망자 중에서도 육체를 가진 이를 「좀비」나 「움직이는 시체」라고 부르고, 육체를 잃고 영체가 된 이를 「유령」이나 「원령」이라고 부릅니다. 격이 낮을수록 자아가 희박하고, 자신의 욕망에 휘둘립니다. 하나같이 살아 있는 자에게 강한 증오심을 품고 있습니다. 또, 이런 일반적인 망자와는 다른 「데드맨」이라는 존재도 확인되었습니다. 닌자 같은 이능력자가 사망하면 데드맨이 된다고 합니다. 하구레모노 중에는 바로 이 데드맨들만으로 구성된 유파가 있다는 소문도 있습니다.

커다란 균열

학생회 내전에 더해 교직원들도 파벌을 만들고, 교육 방침을 둘러싸고 다투고 있습니다. 이 싸움이 직접적인 대결로 발전하는 경우는 거의 없지만, 제자들의 대리 투쟁이라는 형태로 나타나는 사례는 종종 있는 모양입니다.

괴이

괴이는 존재하지 않는 역으로 인간을 데려가는 전철, 아무리 차를 몰아도 건너편까지 도달할 수 없는 다리, 자살 사건이 자주 일어나는 분양 주택 등의 형태를 취합니다. 이들은 자동적으로 반응하는 존재로, 인간이 특정한 조건을 충족시키면 괴현상을 일으킵니다.

● 도래인

이계의 주민입니다. 이 세계의 존재와는 완전히 다른 사고 형태를 가지고 있습니다. 그들은 모두 이계의 기술자로, 자신의 기술을 실험하기 위해 이 세계로 건너오는 것으로 보입니다. 기본적으로 인간에게는 별 흥미가 없는지, 그들의 실험을 방해하지 않으면 적극적으로 적대하지는 않을 것입니다. 물론 우호적인 것도 아니므로 인간을 죽이는 것에 전혀 주저하지 않습니다. 단, 자신들의 기술을 이어받을 후계자가 될 수 있는 상대만큼은 예외입니다. 그런 존재를 발견하면 어떤 방해를 받더라도 이계로 데리고 돌아가려고 할 것입니다.

● 사신

과거에 사람들이 신으로 숭배했던 존재입니다. 하지만 사람들에게 재앙을 가져오기에 사신(邪神)이라고 불립니다. 하나같이 무시무시한 힘을 지닌 대요마들입니다. 사람들의 공포와 경외를 힘의 원천으로 삼습니다. 특히 도래인이면서 사신인 존재를 「객신」이라고 부릅니다.

● 요괴

신이 신앙을 잃고 영락한 모습입니다. 또, 오래된 물건이나 늙은 생물에 그런 신이나 넋이 깃들어 신비한 힘을 얻은 존재도 포함됩니다.

어느쪽이건 현대에 와서는 그리 강력한 존재는 아니지만, 다시 공포의 대상이 되거나 신앙을 되찾으면 신의 힘을 되찾을 것입니다.

또, 자아를 거의 잃었으나 갖가지 기이한 현상을 일으키는 존재를 「괴이」라고 부릅니다. 닌자가 요마 인법이라고 부르는 현상이야말로 이 괴이라는 설도 있습니다.

● 인조 요마

사람이나 요마가 구사하는 요술로 만들어낸 존재로, 영혼이 없는 요마입니다. 지성은 있지만 고도의 자기 판단은 할 수 없습니다. 기본적으로 간단한 명령을 수행할 뿐입니다. 하지만 나이를 먹은 생물이 요마화하듯이 인조 요마가 혼을 얻는 사례도 있습니다. 특히 도래인이 만들어낸 요마를 「만자」라고 부릅니다.

● 오니의 혈통

모든 요마는 자기들끼리 아이를 만들 수 없습니다. 따라서 요마는 인간이나 짐승과 교배해서 자신의 아이를 낳습니다. 지옥문에서 해방된 요마 중에는 요마의 삶을 버리고 오니의 혈통에 합류하는 이도 있었습니다. 그로 인해 유파의 세력은 더 강해졌지만, 내부는 혼돈의 도가니가 되었습니다.

28 난세

이 항목에서는 레귤레이션이 「전국편」일 경우에 주된 무대가 될 「난세」의 설정을 소개한다.

28·00
난세란?

『시노비가미』의 세계에는 1500년 초부터 1600년쯤까지 걸쳐 걸출한 실력의 닌자가 몇 명 나타났습니다. 그들은 모두 「신기의 파편」을 지니고 「시노비가미」를 자칭했다고 합니다.

「전국편」의 세계는 그들의 영향을 받아 우리가 아는 세계와는 다소 다른 역사를 따르고 있습니다. 우리가 모르는 전쟁이 일어나거나, 우리가 모르는 전국시대 다이묘가 나타나곤 합니다. 이와 같은 「전국편」의 세계를 우리의 역사와 구별해서 「난세」라고 부릅니다.

28·01
난세의 닌자

「난세」의 닌자는 전국시대 각국의 다이묘를 모시는 하급 무사들입니다. 첩보, 척후, 암살, 방화, 정보 공작 등등의 분야에서 활약했습니다. 세키가하라 전투나 오사카의 진에 대해 서술한 『무공잡기(武功雜記)』에는 고명한 이가 닌자 핫토리 한조가 언급되며, 그 외에도 코우가 닌자에 대한 언급이 있는 『개정 미카와 풍토기(改正三河後風土記)』, 노키자루가 언급된 『에치고 군기(越後軍記)』등등 닌자의 활약을 기록한 사료는 많이 있습니다. 하지만 **우수한 닌자일수록 자신의 흔적을 남기지 않기 위해 고심합니다.** 우리가 모르는 역사의 그림자에서 닌자들은 여러 가지 무시무시한 기술을 피로했습니다.

닌자의 기술, 소위 말하는 인술은 「난세」에서 빼놓을 수 없는 요소로, 군웅들은 다들 닌자를 이용했습니다. 온미츠, 밀정, 쿠사, 카마리, 미즈모노, 랏파, 야마쿠구리 등등 다양한 이름의 닌자들이 일본 전국에 나타났습니다. 그들은 또한 이가류나 코우가류, 토가쿠시류나 쿠스노키류 등 각자의 유파명을 내걸고 자신들의 기술을 체계화했습니다.

따라서 같은 닌자라도 그들의 배경은 제각각입니다. 무예나 병법을 배운 이들이 세운 유파가 있는가 하면, 수행승이나 수험자, 음양사나 밀교승 등 요술을 사용하는 이들이 일으켜 세운 유파도 있습니다. 「길바닥 인생」이라 불리며 보답 받지 못하는 인생을 살아가는 예능인이나 기술자들이 유파를 만든 사례, 야적이나 산적들을 등용해서 닌자로 삼은 사례도 있습니다. 또, 희귀한 사례로는 산제물이나 공물을 대가로 닌자, 군인으로 일한다는 계약을 맺은 오니나 요괴들이 인간과 교류하면서 닌자 유파로 변화한 경우도 있습니다.

28·02
난세의 닌자들

「난세」의 닌자들은 어떤 국면에서 활약했을까요? 거기에 대해 소개해 보겠습니다.

28·02·01
개변 사건

「난세」에는 닌자의 개입으로 인해 현실의 역사에서 일어난 사건이 일어나지 않거나, 혹은 현실의 역사에서는 일어나지 않은 사건이 일어나곤 합니다. 이런 갖가지 사건을 「개변 사건」이라고 부릅니다.

이 「개변 사건」 중에서도 가장 비참한 것이 「세키가하라 대전」입니다. 이 싸움의 시작은 보통의 세키가하라 전투와 별 차이가 없습니다. 하지만 강력한 시노비들이 잇달아 개입하는 과정에서 시간의 흐름은 조금씩 달라집니다. 「세키가하라 대전」이 본격화되면 모든 장소, 모든 시대, 모든 차원의 시노비들이 세키가하라에 모입니다. 그리고 동군과 서군으로 나뉘어 궁극의 인법 전쟁, 월드 워 닌자를 벌이는 것입니다.

이 싸움은 가장 강하고, 가장 사악하고, 가장 순수한 힘을 결정하기 위한 것입니다. 시간 표류자들이 반입한 가공의 병기가 전장을 날아다니고, 의식 인법이 폭풍을 부르며 천지를 가릅니다. 그 부름에 호응하여 문 너머에서 나타난 무수한 「도래인」은 세계의 섭리를 잇달아 왜곡합니다. 이 날을 경계로 선악의 피안을 넘어선 끝없는 최종 전쟁이 시작되는 것입니다. **세계는 지옥으로 변합니다.**

우수한 닌자일수록 자신의 흔적을 남기지 않기 위해 고심합니다

아무도 모르는 닌자야말로 가장 무시무시한 닌자입니다. 유명한 닌자는 확실히 강하긴 하지만, 그 기술이나 사용하는 인법, 경우에 따라서는 오의마저 알려져 있습니다. 이렇게 되면 최전선에서 임무를 맡기는 어려워집니다. 하지만 그 동안 쌓은 공적이 있는 만큼 유파에서 쫓아낼 수도 없는 노릇입니다. 필연적으로 남을 지도하는 입장에 서거나, 아예 작정하고 인법서를 집필하게 됩니다.

세계는 지옥으로 변합니다

세키가하라 대전이 끝없는 싸움이라면, 왜 현대의 이 땅은 참혹한 허허벌판이 되지 않은 걸까요? 그것은 세키가하라 대전의 최종 국면에서 시노비가미가 현현하여 세계를 지금의 형태로 재창조했기 때문입니다. 하지만 시간 이동자들이 그 순간으로 이동할 때마다 대전의 마지막 순간이 뒤로 밀려 버리므로 시노비가미를 관측하는 것도, 대전을 끝내는 것도 사실상 불가능합니다.

어전시합
　요인들 또한 닌자이므로, 닌자끼리 벌이는 격투전을 인식할 수 있습니다.

전설의 비보
　비보 중 일부가 시노비가미 현현에 사용되는 신기라는 것은 거의 확실합니다.

　「난세」에서 시노비의 힘이 남용되면 시간의 흐름은 이 묵시록의 싸움으로 유도됩니다. 미래를 꿰뚫어보는 힘을 지닌 닌자들은 항상 이 싸움으로 이어지는 전개를 피하기 위해 애씁니다. 세계에서 시노비의 힘을 말살하고자 음모를 꾸미는 「그림자미륵」과 그 부하들 또한 그런 세력의 하나입니다.

28·02·02
대체

　「난세」에는 우리가 아는 전국시대의 여러 다이묘, 무장 등 유명인이 닌자로 대체됩니다. 이런 현상을 「대체」라고 부릅니다. 닌자와 인연이 깊은 도쿠가와 이에야스, 우라야규를 조직한 야규 세키슈사이 등이 「난세」에서 「대체」된 사례입니다.

28·02·03
기량 대결

　「난세」에는 종종 닌자끼리 싸우게 해서 그 승패에 따라 중요한 정치 문제를 결정하는 기이한 관습이 있습니다. 이것을 「기량 대결」이라고 합니다. 기량 대결의 예로는 목숨을 걸고 **어전시합**을 벌이는 「사합」, 「단성」이라는 미궁에 도전하는 미궁 공략 승부, 두루마리나 다기 등의 비보를 손에 넣기 위해 닌자끼리 경쟁하는 「비보 쟁탈전」 등이 있습니다.

28·02·04
잠행

　「난세」의 가장 일반적인 인무는 잠입 공작이었습니다. 닌자는 적대 세력 내부에 침입해서 갖가지 공작을 하기 위한 수단으로 이용되었습니다. 이런 잠입 공작을 「잠행」이라고 부릅니다. 암살, 구출, 추적이 대표적인 「잠행」입니다.

28·02·05
약탈전

　「난세」에는 전국시대 다이묘끼리 비밀스러운 전쟁을 벌였습니다.
　「불사의 묘약」이나 「나라를 좌지우지하는 요도」 등 시노비 세계에 전해지는 **전설의 비보**를 손에 넣고자 많은 다이묘들이 비보를 지키는 절이나 신사, 닌자들을 인정사정없이 공격했다고 합니다. 이런 싸움을 「약탈전」이라고 부릅니다.

28·02·06
쇼묘(小名)

　「난세」에는 닌자의 개입으로 인해 우리가 모르는 갖가지 소규모 세력이 존재했습니다. 그들을 가리켜 「쇼묘」라고 부릅니다. 남만 닌자나 크리스천 닌자를 거느린 예수회, 쿠노이치를 요청하는 여성 당주, 해적질을 하는 동시에 타국과 무역을 하는 왜구 등이 쇼묘의 예입니다.

게임 마스터의 도구상자

PC의 이명표, 각종 장면 표, 엑스트라 이름표 등 요긴하게 쓸 수 있는 표를 총정리하여 수록하였다.

인무표·엑스트라표

이 페이지에는 시나리오를 작성할 때 PC나 NPC에게 부여할 적당한 인무(忍務)가 떠오르지 않을 때 사용하는 「인무 표」, 세션 중에 즉흥적으로 등장시킨 엑스트라의 외모와 특징을 결정하기 위한 표를 게재했습니다.

● 인무 표

2	수행. 새로운 인법이나 오의를 습득한다. GM은 그 인법의 효과와 습득 방법을 설정한다.
3	방해 인무. 적대 세력의 인무를 실패로 이끈다. GM은 적대 세력의 인무와 그 인무를 방해하기 위한 방법을 설정한다.
4	이간 인무. 적대 세력에 소속된 인물 중에서 자신의 세력에 협조할 협력자를 만들어낸다. GM은 협력자가 될 수 있는 인물과 협력 방법을 설정한다.
5	암살 인무. 요인이나 배신자 등을 찾아내서 살해한다. GM은 표적 캐릭터를 제작한다.
6	파괴 인무. 프라이즈를 파괴한다. GM은 프라이즈의 입수 방법과 그 파괴 및 봉인 방법을 설정한다.
7	회수 인무. 특정 장소에서 프라이즈를 회수하거나, 누군가로부터 프라이즈를 탈취한다. GM은 그 프라이즈의 입수 방법을 설정한다.
8	호위 인무. 요인이나 프라이즈 등을 적대 세력이 파괴하거나 강탈하지 못하게 막는다. GM은 적대 세력의 전력과 전술을 설정한다.
9	수송 인무. 요인이나 프라이즈 등을 특정 장소까지 옮긴다. GM은 적대 세력의 전력과 전술, 옮길 것, 옮길 장소를 설정한다.
10	조사 인무. 특정 장소나 인물에 관련된 비밀이나 정보를 입수한다. GM은 그 정보의 입수 방법을 설정한다.
11	감독 인무. 특정 인물을 감독하고, 특정한 방향으로 이끈다. GM은 그 인물과 그 인물을 제어할 방법을 설정한다.
12	인간 관계. 특정 인물과 지정된 인간 관계를 구축한다. GM은 그 인물과 초기 【감정】을 설정한다.

● 엑스트라 외견표

11	기모노를 입은 귀한 신분의 인물.
12	흔히 말하는 닌자 복장.
13	순진무구한 아이.
14	노숙자.
15	중학생.
16	하드보일드한 탐정, 기자, 형사.
22	고교생.
23	인간미 없는 사업가.
24	백의의 의사, 연구원.
25	대학생.
26	양아치.
33	주부.
34	노출이 많은 의상.
35	악기를 짊어진 밴드맨.
36	호화로운 인상의 명사.
44	가난해 보이는 화가, 글쟁이.
45	검은 코트의 인물.
46	개나 고양이 등 도시에 사는 짐승.
55	메이드.
56	노인.
66	종교인.

● 엑스트라 속성 표

2	주인. 그 엑스트라는 특정 PC의 주인이다. 무작위로 선택된 PC 1명은 그 엑스트라에 대해 「충성」의 【감정】을 맺는다.
3	사랑꾼. 그 엑스트라는 특정 PC를 일방적으로 사랑하고 있다. 무작위로 선택된 PC 1명에 대해 「애정」의 【감정】을 맺는다.
4	정보통. 그 엑스트라는 정보에 빠삭한 중립적인 닌자 또는 암흑가의 주민이다. 그는 「닌자도구」나 다른 캐릭터의 【비밀】과 맞바꿔서 다른 캐릭터의 【거처】를 알려준다.
5	프라이즈. 그 엑스트라는 인무의 대상이다. 「인무 표」와 「프라이즈 비밀 표」로 그 엑스트라의 자세한 설정을 결정한다.
6	의뢰인. 그 엑스트라는 PC 중 일부, 또는 전원에게 인무를 의뢰한다. 「인무 표」로 그 내용을 결정한다.
7	지인. 그 엑스트라는 특정 PC가 사회적 신분으로 지낼 때의 동료, 선배, 혹은 후배다. 이 엑스트라가 같은 장면에 등장하고 있는 경우, 회복 판정에 성공하면 【생명력】이 추가로 1점 더 회복한다.
8	유쾌한 이웃. 그 엑스트라는 특정 PC의 친구다. PC 중 일부, 또는 전원을 마스터 장면에 등장시키고, 일상 장면 표를 사용하여 장면을 연출한다.
9	발목을 잡는 존재. 그 엑스트라는 호의를 품고 있거나, 호위 대상이거나, 수갑으로 연결되어 있는 등 어떠한 이유에 의해 강제로 PC와 함께 있는 일반인 또는 부하. PC 중 일부, 또는 전원을 마스터 장면에 등장시키고, 트러블 장면 표를 사용하여 장면을 연출한다.
10	과거의 망령. 그 엑스트라는 이미 사망하여 회상 장면에만 등장한다. PC 중 일부, 또는 전원을 마스터 장면에 등장시키고, 회상 장면 표를 사용하여 장면을 연출한다.
11	라이벌. 그 엑스트라는 특정 PC의 라이벌을 자칭하고 있다. 무작위로 선택한 PC 1명에 대해 「열등감」의 【감정】을 맺는다.
12	원수. 그 엑스트라는 특정 PC의 원수다. 무작위로 선택된 PC 1명은 그 엑스트라에 대해 「살의」의 【감정】을 맺는다.

● 엑스트라 비밀표

2	실은 남에게 말 못할 성벽의 소유자다. 무작위로 선택한 PC 1명에게 이렇고 저런 짓을 하고 싶다고 생각하고 있다.
3	실은 성별을 속이고 있다. 실제 성별은 반대다.
4	실은 우연히 닌자들을 목격했다. 무작위로 그 시나리오에 등장하고 있는 닌자 캐릭터 중 1명을 선택한다. 그 캐릭터의 【비밀】을 알고 있다.
5	실은 아군 닌자다. 무작위로 선택한 PC 1명을 보이지 않는 곳에서 돕는다.
6	실은 PC를 미워하고 있다. 무작위로 선택한 PC 1명을 보이지 않는 곳에서 공격한다.
7	실은 【비밀】 따위 없다. 보이는 그대로의 인간이다.
8	실은 PC를 과도하게 사랑하고 있다. 무작위로 선택한 PC 한 명이 자신 이외의 캐릭터에 대해 「애정」의 【감정】을 품으면, 그 PC와 그 PC가 「애정」을 품고 있는 캐릭터를 공격한다.
9	실은 적 닌자다. 무작위로 선택한 PC 한 명을 보이지 않는 곳에서 방해한다.
10	실은 「걸어 다니는 재액」이다. 무작위로 「걸어 다니는 재액」의 【페르소나】 중에서 하나를 골라, 그것을 설정한다.
11	실은 「증식자」다. 무작위로 「증식자」의 【페르소나】 중에서 하나를 골라, 그것을 설정한다.
12	실은 「이인」이다. 무작위로 「이인」의 【페르소나】 중에서 하나를 골라, 그것을 설정한다.

각종 장면 표

드라마 장면에서 사용할 수 있는 장면 표 여덟 종류를 게재했습니다. 시나리오에 특수한 장면 표가 따로 설정되어 있지 않다면, 여기에 있는 장면 표 중에서 시나리오와 어울리는 것을 선택하여 사용합니다.

● 장면 표

2	주위에 피 냄새가 진동한다. 누군가가 싸운 흔적. 아니, 아직 싸움은 계속되고 있는 것인가?
3	이것은…… 꿈? 이미 지나간 과거. 하지만 그것을 잊을 수는 없다.
4	눈앞에 펼쳐진 거리의 풍경을 바라본다. 여기라면 한 눈에 거리를 내려다볼 수 있지만…….
5	세계의 끝을 연상케 하는 어둠. 어둠 속에서 당신들은 은밀하게 속삭인다.
6	평화로운 시간이 흘러간다. 그림자의 세계를 잊어버릴 것만 같다.
7	맑은 기운이 감도는 숲 속. 새가 지저귀는 소리와 나무 사이로 산들바람이 부는 소리가 들려온다.
8	엄청나게 혼잡하다. 그림자의 세계를 모르는 순진한 이들이 자기자랑이며 잡담을 나누는 소리로 시끌벅적하다.
9	세찬 비가 내린다. 사람들은 비를 피할 곳을 찾아 황급히 달려가고 있다.
10	강한 바람이 휘몰아친다. 머리카락과 옷이 크게 휘날린다. 무언가가 일어날 듯한 예감…….
11	주정뱅이의 노성. 호객꾼들의 외침. 여자들의 교성. 평소와 다를 것이 없는 번화가의 모습이지만…….
12	태양의 미소가 당신을 감싼다. 그림자 속에서 살아가는 이들에게 그 미소는 너무나 눈부시다.

● 데지마 장면 표

2	미궁 속의 거리. 언제부터 갇혀버린 걸까? 수도 없이 교차하고 꺾이는 길을 쉬지 않고 걷는다. 이 장면의 등장인물은 《기억술》로 판정을 해야 한다. 성공하면 미궁의 끝에서 임의의 닌자도구를 1개 획득한다. 실패하면「행방불명」상태이상에 걸린다.
3	환영의 성. 방문한 자의 과거나 미래를 나타내는 풍경을 보여주는 장소. 이 장면의 등장인물은 《의지》로 판정을 할 수 있다. 성공하면 자신이 가지고 있는 【감정】을 원하는 내용으로 변경할 수 있다.
4	죽은 자들의 행진. 한 맺힌 죽음을 맞이한 자들이 길동무를 찾아 방황하고 있다. 이 장면의 등장인물은 《사령술》로 판정을 해야 한다. 실패하면 무작위로 정한 상태이상 하나에 걸린다.
5	슬럼. 간신히 살아남은 사람들이 서로 의지하며 살아가고 있는 모양이다. 여기라면 조금은 안심할 수 있을지도…….
6	낙서투성이의 호텔. 그 주위에는 피부를 노출한 남녀들이 교태를 부리며 모여 있다.
7	줄지어 서 있는 폐허. 그 그늘에서 사람도 괴물도 아닌 존재의 그림자가 당신을 엿보고 있다.
8	지저분한 뒷골목. 검은색의 거대한 개가 무언가를 먹고 있다. 검은 개는 당신의 기척을 느끼고 그 자리를 떠나지만, 거기에 남아 있는 것은…….
9	어두운 술집. 바텐더가 말없이 유리잔을 닦고 있다. 당신 말고는 손님의 기척은 느껴지지 않지만…….
10	지면을 뒤덮은 무수한 기왓조각과 자갈. 그 틈새로 암흑의 독기가 피어오른다. 이 장면의 등장인물은 《생존술》로 판정을 해야 한다. 실패하면 아무거나 【생명력】을 1점 잃는다.
11	열기를 띤 시장. 무기나 약물을 파는 모양이다. 상인들 중에는 도래인도 있다. 이 장면의 등장인물은 《경제력》으로 판정을 할 수 있다. 성공하면 임의의 닌자도구를 1개 획득할 수 있다.
12	눈앞에 도래인이 나타난다. 도래인은 당신에게 흥미를 보이며 습격해온다. 이 장면의 등장인물은 《도검술》로 판정해야 한다. 성공하면 도래인을 쓰러뜨리고 임의의 닌자도구를 1개 획득한다. 실패하면 3점의 접근전 대미지를 입는다.

● 도시 장면 표

2	샤워를 하고, 욕조에 지친 몸을 담근다. 때로는 힐링도 필요하다.
3	한적한 주택가. 시노비의 세계와는 무관한 일상이 펼쳐져 있는 것처럼 보이지만…… 그것은 착각일지도 모른다.
4	다리 위에 우두커니 서 있다. 강 건너편과 연결되는 경계 지점. 자, 어디로 가야 할까……?
5	인기척이 없는 공원. 길고양이가 한 마리가 멀리서 당신을 보고 있는 기분이 든다.
6	술 한 잔의 행복. 이 한 잔을 위해서 산다. ……어째 항상 같은 소리를 하는 기분이 든다.
7	생동감이라고는 느껴지지 않는 오피스 빌딩. 그것은 마치 도시의 묘비 같다.
8	낡은 극장. 조명은 꺼졌고, 당신들 외의 관객은 없는 것 같지만…….
9	상점가를 걷는다. 인파에 섞여 이따금 불온한 기척이 느껴지는데…….
10	빌딩과 빌딩 사이를 넘나든다. 이 거리 어딘가에 「그것」이 존재할 터인데…….
11	본 적도 없는 천장. 깜빡 잠들었나? 그런데 여긴 어디지?
12	폐가. 바닥에 망가진 집기며 기구들이 난잡하게 뒹굴고 있다.

● 저택 장면 표

2	어딘지도 알 수 없는 어둠 속. 닌자들이 숨어들기에는 적합한 장소다.
3	저택의 지붕 위. 여기라면 저택의 주변을 한 눈에 볼 수 있을 터…….
4	아름다운 정원. 정성들여 키운 다양한 색깔의 꽃. 그리고 아름답게 다듬은 생울타리가 펼쳐져 있다.
5	당신은 계단에서 문득 발을 멈춘다. 누군가의 발소리가 들려오는 것 같다.
6	당신에게 배정된 침실. 침대는 푹신하고, 집기도 고급품뿐이지만…….
7	현관의 홀. 고풍스러운 벽시계가 시보를 울리는 가운데, 저택 주인의 초상화가 당신을 내려다보고 있다.
8	식당. 얼룩 하나 없는 테이블 클로스를 덮어 놓은 긴 식탁. 그 위에는 오랫동안 사용된 고풍스러운 촛대와 꽃이 장식되어 있다.
9	긴 복도 한복판. 이 저택은 너무 넓어서 미아가 될 것만 같다.
10	장난삼아 오락실에 들어왔다. 그곳에는 당구대, 다트판, 몇 패의 트럼프가 흩어져 있는 포커 테이블이 있다.
11	곰팡내 나는 도서관. 역대 저택 주인의 기록이나 동서고금의 명작이 빼곡히 책장에 꽂혀 있다.
12	일족의 납골당이 있다. 냉기와 독기가 가득한 장소에 기묘한 외침이 들려온다. 멀리서 새가 지저귀는 소리인가? 아니면 죽은 자의 원한 서린 목소리인가……?

● 트러블 장면 표

2	동행과 싸우고 말았다. 으음, 껄끄러운 분위기.
3	촤악! 동행의 실수로 흠뻑 젖어버렸다. ……추워.
4	적의 기척을 느끼고 몸을 숨긴다. 그런데… 동행의 휴대전화가 착신음을 울리기 시작한다. 「…… 에헤헤헤헤」하고 웃을 상황이냐!
5	동행의 분위기 파악 못하는 한 마디. 완전히 어색한 분위기가 되었다. 곤란하다. 어떻게든 해야 한다.
6	위기일발! 동행을 죽음의 위기에서 구해냈다! ……여기도 방심할 수 없군.
7	동행이 행방불명된다. 그 녀석, 어디로 도망친 거야!
8	와당탕! 아파라……. 발을 헛디딘 동행에게 휘말려서 같이 넘어지고 말았다.
9	동행 때문에 길을 잃었다. 곤란한데. 어디로 가야 할까?
10	「어딜 보고 다니는 거냐, 짜샤!」양아치들이 동행에게 시비를 걸고 있다. 으음~ 도와줘야 하나?
11	…! 방심했다가 동행에게 자신의 부끄러운 일면을 보이고 말았다. ……일생의 불찰!
12	동행이 갑자기 눈물을 흘린다. ……도대체 무슨 일이지?

● 회상 장면 표

2	어둠 속에 만연한 닌자의 기척. 그 때도 그랬다. 뼈아픈 실패를 범했던 기억. 이번에야말로 잘 해내고 말겠다.
3	달콤한 입맞춤. 격렬한 포옹. 슬픈 눈동자. ……하룻밤의 추억이 되살아난다.
4	기억 속에서 흔들리는 세피아 빛의 풍경. ……기억이 있다. 그래, 난 여기에 온 적이 있어!!
5	눈앞에 쓰러진 시체. 지면에 피가 번지고 있다. 그것은, 내 탓이었을까……?
6	그 녀석과의 소중한 추억을 떠올린다. 지켜야 했던 약속. 지키지 못한 약속.
7	도움을 바라는 손이 당신을 향해 똑바로 다가온다. 당신은 필사적으로 그 손을 잡으려 했지만, 간발의 차이로 그 손을 잡지 못했다…….
8	반짝반짝 빛나는 웃는 얼굴. 지금은 잃어버린, 그 소중한 웃음.
9	무시무시한 일격! 하마터면 목숨을 잃을 뻔했다……. 하지만 그 기술은 아직도 간파하지 못했다.
10	……어린 시절의 기억. 사이 좋았던 그 아이. 그러고보면 그 아이는 어디로 가버린 걸까? 어쩌면…….
11	「……윽!!」격렬한 말다툼. 최악의 형태로 헤어지고 말았다. 그렇게 될 줄 알았다면…….
12	주머니 속의 부적을 움켜쥔다. 그 녀석에게 받은, 소중한 추억의 물건. 「병량환」을 1개 획득한다.

● 일상 장면 표

2	에췌! 으음……. 감기에 걸렸나? 아, 문병 와줬구나. 고마워.
3	눈앞의 그 녀석은 몰라볼 정도로 그럴싸하게 차려 입고 있었다. 서서히…… 어른의 시간이 흘러간다.
4	맛있어 보이는 간식을 먹게 되었다. 가끔은 단 것을 먹으면서 한숨 돌려야지~♪
5	후와와와와. 어느새 잠들어버렸다. ……어, 어라? 너, 언제부터 거기에 있었어!?
6	쇼핑을 하고 돌아오는 길에 친구와 만난다. 방향이 같아서 잠시 함께 걷다보니 어느새 이야기꽃이 피었다.
7	편의점. 상품을 집어 들려고 손을 뻗었더니, 동시에 그 상품을 집으려던 다른 인물과 손이 닿는다. 이런 우연이!
8	다 함께 식탁에 둘러앉았다. 전골로 할까? 아니면 불고기? 오코노미야키도 괜찮겠네♪
9	어딘가에서 즐거운 노랫소리가 들려온다. ……어, 어라? 왜 네가 이런 곳에?
10	길고양이에게 먹이를 준다. 목을 가르릉거리는 고양이. 마음 놓고 당신에게 어리광을 부리는 모양새다.
11	「……! ……? ……♪」TV에서 뭔가 재미있는 장면이 나오고 있다. 어라, 벌써 시간이 이렇게 됐나?
12	재미 있어 보이는 게임! 누군가와 게임으로 승부를 겨루게 된다. GM은 전술 분야에서 무작위로 특기를 하나 선택한다. 이 장면에 등장한 캐릭터는 그 특기로 판정을 한다. 성공한 경우, 같은 장면에 등장한 캐릭터 1명을 선택하고, 자신에 대한 그 캐릭터의 【감정】을 임의의 것으로 변경한다(아무런 【감정】도 가지고 있지 않은 경우, 임의의 【감정】을 획득한다).

● 학교 장면 표

2	맑은 기운이 감도는 숲 속. 새가 지저귀는 소리와 나무 사이로 산들바람이 부는 소리가 들려온다.
3	학교 화장실. ……왠지 조금 무섭다.
4	아무도 없는 체육관. 농구공이 데굴데굴 굴러다닌다.
5	교사 옥상. 한차례 바람이 불어 옷자락이 휘날린다.
6	교정. 체육복 차림의 학생들이 달리고 있다.
7	복도. 휴식시간인가? 아니면 방과후? 학생들이 즐겁게 떠들고 있다.
8	교내 식당의 카페테리아. 학생들이 여기저기에 자리를 잡고 담소를 나누고 있다.
9	조용한 수업 중의 한 때. 하지만 인술을 써서 일반 학생들 몰래 대화를 나누는 닌자들도 있다.
10	교사와 교사를 연결하는 구름다리 복도. 당신 외에는 아무도 없는 것 같지만…….
11	특별교실. 음악실이나 이과실에 있는 건 왠지 즐겁단 말이지.
12	수영장. 수면이 잔잔하게 흔들리고 있다.

전국시대 장면 표·가공 지명 결정 표

주로 「전국편」 레귤레이션의 드라마 장면에서 사용하는 「전국시대 장면 표」, 그리고 시나리오에 가공의 국가를 등장시킬 때를 위해 그 국가의 이름이나 대략적인 분위기, 그 나라를 지배하는 다이묘의 설정에 도움이 되는 표들을 준비했습니다.

「가공의 지명 표1」과 「가공의 지명 표2」를 조합하면 전장이나 닌자들의 마을에 붙일 이름을 정할 수 있습니다. 「대략적인 장소 표」나 「가공의 국명 표」, 「지형 표」를 사용하면 그 장소의 설정을 보다 상세하게 정할 수 있습니다. 「가공의 다이묘 성 표」와

「가공의 다이묘 이름 표」를 사용하면 그 땅을 다스리는 영주의 이름을 정할 수 있습니다. 또, 「유명인 표」를 사용해서 그 나라의 영주와 관계가 있는 유명인을 정해두면 「전국편」다운 분위기를 더욱 선명하게 느낄 수 있을 것입니다.

● 전국시대 장면 표

2	불타오르는 산성(山城). 사람들의 비명과 노성이 메아리친다. 아무래도 적장의 화공인 모양이다. 지금이라면, 어쩌면…….
3	황폐한 마을. 까마귀의 불길한 울음소리가 들려오는 가운데, 비쩍 마른 마을사람들이 공허한 눈으로 이쪽을 바라본다.
4	인기척이 없는 산길. 오직 새가 지저귀는 소리만이 들려온다. 지나가는 사람을 습격하기에는 딱 좋은 기회일지도 모른다.
5	말라 비틀어진 해골이 굴러다니는 전쟁터. 살아있는 것은 풀 한 포기조차 보이지 않는다. 죽은 무사들의 원한에 찬 목소리가 들릴 것만 같다…….
6	기분 나쁜 분위기의 숲 속. 뭔가 정체를 알 수 없는 것이 숨어있는 것 같다.
7	폐허가 된 빈 절. 홀로 남겨진 본존 불상이 쥐가 바스락거리며 배회하는 본당 내부를 내려다보고 있다.
8	길가에 위치한 마을. 전쟁을 피해 도망쳐온 것으로 보이는 마을 사람, 장사할 물건을 찾는 상인, 날카로운 눈매의 무사 등이 왁자지껄한 거리를 걷고 있다.
9	성의 천수각 꼭대기. 세차게 불어오는 바람에 구름이 흘러간다.
10	저택의 천장 위. 이 아래에서는 지금 무슨 일이 벌어지고 있는가…….
11	전쟁터에 설치된 진영 안. 화톳불이 켜져 있고, 무사들이 술잔치를 벌이고 있다.
12	싸움이 한창인 전쟁터. 말 위에 올라탄 갑옷 차림의 무사가 전장을 달린다. 어느 진영이 승자가 될 것인가.

● 대략적인 장소 표

2	토사(土佐) 부근·쵸소카베(長宗我部)
3	무츠(陸奧; 후쿠시마, 미야기, 이와테, 아오모리) 부근·다테(伊達)
4	가이(甲斐; 야마나시) 부근·다케다(武田)
5	에치고(越後; 니이가타) 부근·우에스기(上杉)
6	오와리(尾張; 아이치) 부근·오다(織田), 도요토미(豊臣)
7	야마토(大和; 나라) 부근·마츠나가(松永)
8	아키(安芸; 히로시마) 부근·모리(毛利)
9	이즈모(出雲; 시마네) 부근·아마고(尼子)
10	분고(豊後; 오오이타) 부근·오오토모(大友)
11	사츠마(薩摩; 카고시마) 부근·시마즈(島津)
12	히젠(肥前; 사가) 부근·류조지(龍造寺)

● 가공의 지명 표 1

11	지옥(地獄) / 지고쿠	23	백, 하양(白) / 시로, 하쿠	36	야응, 밤의 매(夜鷹) / 요타카
12	촉루, 해골(髑髏) / 도쿠로	24	은(隱) / 카쿠레, 카쿠시	44	마귀할멈(鬼婆) / 오니바바
13	달마(達磨) / 다루마	25	이나리(稻荷) / 이나리	45	사신(死神) / 시니가미
14	염마(閻魔) / 엔마	26	초승달(三日月) / 미카즈키	46	용(龍) / 류, 타츠
15	피안(彼岸) / 히간	33	공동, 빈 공간(宇津保) / 우츠보	55	주작(朱雀) / 스자쿠, 스쟈쿠
16	삼도(三途) / 산즈	34	귀곡(鬼哭) / 오니나키, 키코쿠	56	백호(白虎) / 뱌코, 시라토라
22	흑, 검정(黑) / 쿠로, 코쿠	35	아기(赤子) / 아카고	66	만(卍) / 만지

● 가공의 지명 표 2

1	곡(谷) / 타니, 야
2	~원(ヶ原) / 가하라
3	촌(村) / 무라
4	~연(ヶ淵) / 가후치
5	상(峠) / 토우게
6	도(島) / 시마, 토우

● 지형 표

1	분지
2	해안
3	평야
4	구릉
5	섬
6	산

● 토지의 분위기 표

1	싸움이 계속되어 백성들이 괴로워하고 있다
2	흉작으로 백성들이 괴로워하고 있다
3	규모는 작지만 번영하고 있다
4	무역이나 상업이 활발하게 이루어지고 있다
5	종교가 유행하고 있다
6	영주의 압정에 떨고 있다

● 가공의 국명 표

11	아다치 (安達)	23	타카이도 (高井戶)	36	니시키요 (錦代)
12	이이데 (飯手)	24	운노 (海野)	44	가토 (加藤)
13	에자쿠라 (江櫻)	25	아즈마키요하라 (吾妻淸原)	45	타키무라 (瀧村)
14	오오키자카 (大木坂)	26	이시구로 (石黑)	46	오쿠세 (奧瀬)
15	키미지마 (君島)	33	이치카와 (市川)	55	모리모토 (森元)
16	타카나가 (高永)	34	히로에 (廣江)	56	키요세 (淸瀬)
22	사사하라 (笹原)	35	마츠유키 (松雪)	66	시이나 (椎名)

● 가공의 다이묘 성 표

11	야미츠키 (病槻)	23	오니가하라 (鬼ヶ原)	36	아쿠하라 (惡原)
12	요미사카 (黃泉坂)	24	쿠라야미모리 (暗闇森)	44	히루누마 (蛭沼)
13	쿠와바라 (桑原)	25	도쿠기리 (毒霧)	45	야마가 (山鹿)
14	고쿠모리 (獄守)	26	도로카와 (泥川)	46	쿠로다 (黑田)
15	쿠시자시 (串刺)	33	카바네바야시 (屍林)	55	사와라 (早良)
16	키리사키 (斬崎)	34	마가츠 (凶)	56	미나고로 (水比)
22	시구루이 (死狂)	35	쿠키 (九鬼)	66	마요이노미야 (迷の宮)

● 가공의 다이묘 이름 표

11	히라히데 (平秀)	23	토키야스 (時康)	36	우지모토 (氏元)
12	타츠테루 (龍輝)	24	카게모토 (影元)	44	헤비나가 (蛇長)
13	후유시게 (冬重)	25	쿠니아키라 (邦曉)	45	마사나오 (昌直)
14	카즈요리 (數賴)	26	키요히사 (淸久)	46	나가라 (永良)
15	오니츠구 (鬼繼)	33	하루노부 (晴信)	55	코레치카 (惟近)
16	사카미치 (逆道)	34	코레치카 (惟近)	56	아키히라 (昭平)
22	쿠로스미 (黑墨)	35	미치시게 (道重)	66	쿠라아키라 (暗彬)

● 유명인 표

11	오다 노부나가 (織田信長)	23	시마즈 요시히사 (島津義久)	36	아마고 하루히사 (尼子晴久)
12	도쿠가와 이야에스 (德川家康)	24	이마가와 요시모토 (今川義元)	44	마츠나가 히사히데 (松永久秀)
13	도요토미 히데요시 (豊臣秀吉)	25	아자이 나가마사 (浅井長政)	45	이시다 미츠나리 (石田三成)
14	다케다 신겐 (武田信玄)	26	쵸소카베 모토치카 (長宗我部元親)	46	마에다 토시이에 (前田利家)
15	우에스기 겐신 (上杉謙信)	33	호죠 우지야스 (北條氏康)	55	아케치 미츠히데 (明智光秀)
16	모리 모토나리 (毛利元就)	34	아사쿠라 요시카게 (朝倉義景)	56	모가미 요시아키 (最上義光)
22	오오토모 소우린 (大友宗麟)	35	사이토 도우잔 (斎藤道三)	66	다테 마사무네 (伊達政宗)

이명·소품 표

이명 표는 PC나 NPC에게 닌자다운 이명을 붙여주고 싶은데 좋은 명칭이 떠오르지 않는 경우에 사용하는 표입니다.

소품 표는 PC나 NPC가 가지고 다니는, 소속 유파에 어울리는 상징적인 소품을 결정할 때 사용합니다.

● 이명 결정 표

2	형용 표 + 「자신이 습득하고 있는 인법명」으로 결정
3	형용 표 + 백귀야행 표(p39)로 결정
4	형용 표 + 화조풍월 표(p39)로 결정
5	형용 표 + 「자신의 성」으로 결정
6	형용 표 + 수식 표로 결정
7	형용 표 + 칭호 표로 결정
8	수식 표 + 칭호 표로 결정
9	형용 표 + 자기 유파의 소품 표로 결정
10	「(자기 유파명)의」 + 칭호 표로 결정
11	칭호 표에서 주사위를 1회 굴리고, 「●●」중의 「●●」가 된다.
12	자신의 오의명

● 칭호 표

11	신동(申し子), 동자(童子), 왕자(王子), 후계자(後繼者), 소년(少年), 아들(息子)	23	절망(絶望), 희망(希望), 과거(過去), 미래(未來), 운명(運命), 망각(妄却)	36	괴인(怪人), 마인(魔人), 초인(超人), 귀인(鬼人), 아인(亞人), 성인(星人)
12	오니(鬼), 귀신(鬼神), 나찰(羅刹), 야차(夜叉), 수라(修羅), 한냐(般若)	24	노인(老人), 영감(翁), 은자(隱者), 말로(末路), 할아범(爺), 할멈(婆)	44	짐승(獸), 야수(野獸), 흉수(兇獸), 괴수(怪獸), 맹수(猛獸), 진수(珍獸)
13	악마(惡魔), 마신(魔神), 마녀(魔女), 마왕(魔王)	25	시노비(忍び), 닌자(忍者), 도적(盜賊), 괴도(怪盜), 살인귀(殺人鬼), 범죄자(犯罪者)	45	전사(戰士), 전귀(戰鬼), 기사(騎士), 투사(鬪士), 검사(劍士), 병사(兵)
14	기계(機械), 장치(裝置), 기사(機士), 얼개(絡繰), 인형(人形), 이론(理論)	26	패왕(覇王), 대왕(大王), 황제(皇帝), 대제(大帝), 여제(女帝), 여왕(女王)	46	칼날(刃), 검(劍), 도끼(斧), 창(矛), 폭탄(爆彈), 병기(兵器)
15	사인(死人), 유령(幽靈), 망령(亡靈), 악령(惡靈), 원령(怨靈), 혼(魂)	33	시인(詩人), 화가(畫家), 악사(樂師), 무도가(舞蹈家), 예술가(藝術家), 시키부(式部)	55	번장(番長), 반역자(叛逆者), 혁명가(革命家), 방랑자(放浪者), 도망자(逃亡者), 악한(惡漢)
16	선풍(旋風), 질풍(疾風), 천풍(天風), 열풍(烈風), 광풍(狂風), 폭풍(暴風)	34	전설(傳說), 신화(神話), 괴담(怪談), 계획(計劃), 참극(慘劇), 연의(演義)	56	지옥(地獄), 천국(天國), 명계(冥界), 황천(黃泉), 이차원(異次元), 우주(宇宙)
22	공주(姬), 소녀(少女), 천녀(天女), 요정(妖精), 신부(花嫁), 미녀(美女)	35	그림자(影), 어둠(闇), 밤(夜), 검정(黑), 땅거미(夕暮れ), 황혼(黃昏)	66	풍경(風景), 산하(山河), 경치(景致), 정경(情景), 세계(世界), 환영(幻影)

● 형용 표

11	모르는 자가 없는	23	재액의	36	알려지지 않은
12	충격의	24	멋진	44	아름다운
13	떠돌이	25	굳건한	45	위대한
14	섬광의	26	유성의	46	최후의
15	절대적인	33	그림자 없는	55	춤추는
16	칠흑의	34	조소하는	56	몽환의
22	불꽃의	35	연옥의	66	1D6명째의

● 수식 표

11	초(超)	23	마도(魔道)	36	슬픔, 애(哀)
12	검은, 흑(黑)	24	섬멸(殲滅)	44	죽음, 사(死)
13	붉은, 홍(紅)	25	성(聖)	45	가장(假裝)
14	요망한, 요(妖)	26	은(銀)	46	궁극(窮極)
15	작열(灼熱)	33	파괴(破壞)	55	천연(天然)
16	독(毒)	34	천재(天才)	56	절대(絶對)
22	나선(螺旋)	35	어둠, 암(暗)	66	1D6중(重)

● 하스바 인군 소품 표

11	모노클(외눈안경)
12	쇠망치
13	톱
14	체인 소(전동톱)
15	시험관이나 플라스크
16	노트북 컴퓨터
22	알약이나 약병
23	주사기
24	백의
25	스마트폰
26	나사나 톱니바퀴
33	크로스워드 퍼즐
34	미러 선글라스
35	스패너
36	가이거 카운터
44	계산자
45	드라이버
46	화염방사기
55	메스
56	확대경
66	파워드 수트

● 쿠라마신류 소품 표

11	브로드 소드
12	카타나(도) 또는 타치(태도)
13	단련된 주먹
14	투구
15	안대
16	슈리켄(수리검)
22	화궁(일본 활)
23	권총
24	로프
25	사슬낫
26	무기가 숨겨진 지팡이
33	채찍
34	기모노
35	도복
36	오오타치(대태도)
44	비녀
45	긴 흑발
46	두루마리
55	머리띠
56	사슬옷
66	말

● 하구레모노 소품 표

11	슈리켄(수리검)
12	카타나(도) 또는 타치(태도)
13	연막구슬
14	얼굴의 흉터
15	긴 머플러
16	쿠나이
22	마름쇠
23	오토바이
24	롤러 블레이드 또는 스케이트 보드
25	나이프
26	몸에 감은 붕대
33	요요 또는 켄다마(죽방울)
34	가죽 점퍼
35	헤드폰
36	탈색한 머리카락
44	크로스 보우
45	라이더 수트
46	까마귀
55	펜던트
56	담배
66	손가락 없는 장갑

● 히라사카 기관 소품 표

11	무녀복
12	타마구시(비쭈기나무에 베나 종이로 만든 오리를 단 신도의 종교용품)
13	구리거울
14	검은 정장
15	선글라스
16	휴대전화
22	호부
23	부적
24	수첩
25	검은 테의 안경
26	수갑
33	곡옥
34	검
35	신주(신에게 바치는 술)
36	명함
44	트렌치 코트
45	007가방
46	두랄루민 방패
55	경찰봉
56	금줄
66	검은색 리무진

● 사립 오토기 학원 소품 표

11	교복(가쿠란/세일러복)
12	학생수첩
13	안경
14	샤프 펜슬
15	스티커 등으로 장식한 휴대폰
16	휴대폰용 캐릭터 스트랩
22	사전
23	스테이플러
24	커다란 삼각자나 컴퍼스
25	대학 노트
26	30cm 자
33	운동복
34	농구공이나 야구공
35	글러브
36	운동화
44	학생가방
45	자전거
46	문고본
55	땋은 머리
56	분필
66	스포츠백

● 오니의 혈통 소품 표

11	토끼 앞다리
12	망토
13	하얀 장갑
14	차양이 넓은 모자
15	모피
16	일부만 색이 다른 머리카락
22	짐승 같은 귀
23	꼬리
24	작은 새
25	날카로운 이빨
26	고양이
33	짐승 같은 눈
34	평범한 사람보다 긴 신체부위
35	지팡이, 스틱
36	이마의 눈
44	얼굴의 문신
45	뼈로 만든 장식품
46	마스크나 가면
55	눈가리개
56	일본인형
66	알몸

프라이즈 표

이 항목에 실린 표는 시나리오에 등장시킬 프라이즈의 이름, 외견, 효과, 【비밀】을 무작위로 결정할 수 있는 표입니다.

프라이즈의 설정이나 【비밀】을 정할 때 사용해보시기 바랍니다.

● 프라이즈 이름 결정표

1	화조풍월 표 (p39) + 칠진만보 표
2	백귀야행 표 (p39) + 칠진만보 표
3	픽션 성 표1 (p24) + 칠진만보 표
4	전기 성 표1 (p24) + 칠진만보 표
5	삼라만상 표 (p39) + 행주좌와 표 (p39)
6	화조풍월 표 (p39) + 외견과 관련된 단어

● 프라이즈 외견 표

11	5인치 플로피 디스크	23	오래된 두루마리	36	캡슐형 알약
12	본 적 없는 꽃	24	특이한 가면	44	불길한 퍼즐박스
13	날카로운 일본도	25	수수께끼의 낡은 지도	45	휴대형 음악 플레이어
14	무시무시한 미라	26	신성한 불상	46	열쇠
15	아름다운 거울	33	불길한 마도서	55	검은 가죽 표지의 수첩
16	곰인형	34	요사스럽게 빛나는 보석	56	누군가의 사체나 그 일부
22	이끼가 낀 석판	35	튼튼한 007가방	66	사연이 있어 보이는 카드

● 칠진만보(七珍萬寶)표

11	단장(斷章) / 단쇼우	23	이론(理論) / 리론, 메소드	36	환상(幻想) / 겐소우, 판타지
12	비전(秘傳) / 히덴	24	문서(文書) / 분쇼, 몬죠	44	[~의] 왕(王) / [~노]오우
13	대전(大全) / 타이젠	25	계획(計劃) / 케이카쿠	45	[~의] 빛(光) / [~노]히카리, 코우
14	인법첩(忍法帖) / 닌포쵸	26	지옥(地獄) / 지고쿠	46	기관(機關) / 키칸, 엔진
15	팔문(八門) / 하치몬	33	둔갑(遁甲) / 톤코우	55	신화(神話) / 신와
16	묵시록(黙示録) / 모쿠시로쿠	34	이본(異本) / 이혼	56	무라마사(村正) / 무라마사
22	만다라(曼茶羅) / 만다라	35	전생(轉生) / 텐쇼우	66	명물(名物) / 메이부츠

● 프라이즈 비밀표

2	저주. 그 프라이즈는 소유자에게 불행한 운명을 초래한다.
3	봉인. 그 프라이즈는 해방해서는 안 되는 마물이나 힘을 봉인하고 있다.
4	병기. 그 프라이즈는 대규모 파괴와 학살을 일으킬 수 있는 병기다.
5	예지. 그 프라이즈는 미래를 예지하는 힘이 있다.
6	권력. 그 프라이즈는 소유자에게 강대한 권위를 가져다 준다.
7	재보. 그 프라이즈에는 막대한 금전적 가치가 있다.
8	기밀. 그 프라이즈에는 국가의 위신을 뒤흔들 만한 비밀이 감춰져 있다.
9	문. 그 프라이즈에는 도래인을 불러들이는 힘이 있다.
10	신의 술. 그 프라이즈에는 육체를 젊어지게 하는 힘이 있다.
11	반혼. 그 프라이즈에는 죽은 자를 되살리는 힘이 있다.
12	기억. 그 프라이즈는 누군가의 기억이다. 거기에는 중대한 경구, 또는 기억의 주인이 남기고 싶어 했던 정경이 새겨져 있다.

● 프라이즈 효과표

2	폭탄. 이 프라이즈의 소유자는 행동 판정에서 펌블이 발생하면 사격전 대미지 1D6점을 입는다. 그 후, 이 프라이즈는 파괴된다. 게임을 종료할 때 이 프라이즈를 가지고 있으면 공적점을 1점 획득한다.
3	집중. 이 프라이즈의 소유자는 전투 장면에서 라운드마다 사용할 수 있는 인법의 코스트가 1점 상승한다.
4	재생. 이 프라이즈의 소유자는 사이클을 종료할 때 【생명력】이 1점 회복한다.
5	장벽. 이 프라이즈의 소유자는 목표치가 10 이상인 회피 판정에 +1의 수정치를 적용한다.
6	가속. 이 프라이즈의 소유자는 자신이 공격 인법을 사용할 때, 거기에 대한 회피 판정에 -1의 수정치를 적용할 수 있다.
7	치유. 이 프라이즈의 소유자는 드라마 장면에서 회복 판정을 할 때, 추가로 【생명력】을 1점 회복하거나, 상태이상을 하나 회복할 수 있다.
8	단절. 이 프라이즈의 소유자는 누군가가 자신을 대상으로 정보 판정이나 감정 판정을 시도하려고 할 때, 그 판정에 -1의 수정치를 적용할 수 있다.
9	가호. 이 프라이즈의 소유자는 자신이 집단전 대미지를 입었을 때, 그것을 사격전 대미지로 변경할 수 있다.
10	기억. 이 프라이즈의 소유자는 무작위로 선택한 특기 한 종류를 습득하고 있는 것으로 간주한다.
11	명품. 이 프라이즈의 소유자는 【접근전 공격】 인법을 하나 더 특례 습득한다. 이 인법의 지정 특기는 프라이즈를 획득했을 때 획득한 캐릭터가 설정할 수 있다.
12	저주. 「프라이즈 효과 표」에서 주사위를 두 번 더 굴리고, 그 두 가지 효과를 모두 가진다. 이 프라이즈의 소유자는 사이클을 종료할 때 접근전 대미지 1점을 입는다.

색인

인술 배틀 TRPG
시노비가미
Ninja Battle Role Playing Game
SHINOBIGAMI

닌자용 캐릭터 시트

이름

나이
유파
성별
계급
법식
사회적신분
신념
공적
배경

특기 리스트 (특기 분야는 오른쪽에 표시된 코드 [생명력]순입니다)

	기술	체술	인술	모술	전술	요술
2	기기술	기승술	생존술	의술	병량술	이형화
3	붙의술	포술	잠복술	독술	동물사역	소환술
4	물의술	수리검술	도주술	함정술	야전술	사령술
5	참술	손놀림	도청술	조사술	지형활용	결계술
6	암기	신체조작	복화술	사기술	의지	봉인술
7	의상술	보법	은형술	대인술	용병술	언령술
8	포승술	주법	변장술	예능	기억술	환술
9	등반술	비행술	향술	미인계	색적술	둔술
10	고둔술	격투술	분신술	괴뢰술	암호술	천리안
11	손괴술	도검술	은폐술	유언비어	전달술	빙의술
12	궁사술	괴력	제육감	경제력	인맥	주술

인법 리스트

인법명	타입	지정 특기	간격	코드	효과
접근전 공격	ⓒ공·서·장		1	없음 코드	접근전. 공격이 성공하면 목표에게 접근전 데미지 1점을 입힐 수 있다.
	공·서·장				
	공·서·장				
	공·서·장				
	공·서·장				
	공·서·장				
	공·서·장				

인물칸

인물명	거처	베일	요마	요의	감정
					+ / −
					+ / −
					+ / −
					+ / −
					+ / −
					+ / −
					+ / −
					+ / −
					+ / −
					+ / −
					+ / −
					+ / −

오의 내역

오의명 1
지정 특기
효과

오의명 2
지정 특기
효과

닌자도구

병량환 ✕ — 자신의 [생명력]이 1점 이상이라면 언제든지 사용할 수 있다. 이 아이템을 사용하면 자신의 [생명력] 1점이나 상태이상 하나를 회복할 수 있다.

신통환 ✕ — 자신이 행동 판정의 주사위를 굴렸을 때 사용할 수 있다. 그 주사위를 다시 굴릴 수 있다.

둔갑부 ✕ — 자신 이외의 누군가가 행동 판정의 주사위를 굴렸을 때 사용할 수 있다. 그 주사위를 다시 굴리게 할 수 있다.

인술 배틀 TRPG 시노비가미
SHINOBIGAMI
Ninja Battle Role Playing Game

특기 리스트
특기 분야 오른쪽에 표시된 □는 [생명력 슬롯]입니다.

	기술 □	체술 □	인술 □	모술 □	전술 □	요술 □
2	기기술	기승술	생존술	의술	병량술	이형화
3	붕아술	포술	잠복술	독술	동물사역	소환술
4	봉인술	수리검술	도주술	함정술	야전술	사령술
5	침술	손놀림	도청술	조사술	지형활용	결계술
6	암기	신체조작	복화술	사기술	의지	봉인술
7	이상술	보법	은형술	대인술	용병술	언령술
8	포승술	주법	변장술	예능	기억술	환술
9	등반술	비행술	향술	미인계	색적술	동술
10	고문술	격투술	분신술	괴뢰술	암호술	천리안
11	손괴술	도검술	은폐술	유인미행	전달술	빙의술
12	극독술	괴력	제육감	정보력	인맥	주술

일반인 규칙 요약문

누군가가 페르소나의 [진실]을 획득하면 그것은 공개되며, 모든 참가자가 볼 수 있다.

[검술사]의 [진실]을 가지고 있는 캐릭터는 프라이즈로 간주한다.

[에너미]의 [진실]이 가진 효과는 그것을 사용할 때 공개해야 한다.

일반인의 플롯치는 0. 단, 라운드마다 플롯을 실시해서 예속치를 결정한다.
일반인은 예속치와 같은 플롯치, 또는 플롯치가 0의 캐릭터 중에서 공격 목표를 선택한다.

예속치는 닌자 캐릭터의 플롯치가 공개되고, 모든 플롯치가 결정된 뒤에 공개된다.

일반인은 간격과 관계없이 인법의 대상이 된다.

속마표

	범위 공격	절대 방어	불사신
크리티컬 히트	「실의」, 「우정」, 「목표에 대한 애정」	「분노」, 「충성」, 「질투」, 「동경과 열등감」	
안전 성공	「신통환」, 「둥감」, 「동경」, 「열등감」, 「목표에 대한 애정」 2개	「물신」, 「목표에 대한 애정」	
판정 방해	「둔갑부」, 「모멸」, 「목표의 비밀」	「맹목환」, 「광신」, 「열등감」	

닌자도구

병량환 ✕
자신의 [생명력]이 1점 이상이라면 언제든지 사용할 수 있다. 이 아이템을 사용하면 자신의 [생명력] 1점이나 상태 이상 하나를 회복할 수 있다.

신통환 ✕
자신이 행동 판정의 주사위를 굴렸을 때 사용할 수 있다. 그 주사위를 다시 굴릴 수 있다.

둔갑부 ✕
자신 이외의 누군가가 행동 판정의 주사위를 굴렸을 때 사용할 수 있다. 그 주사위를 다시 굴리게 할 수 있다.

진실

이름 _____
설정 _____
효과 _____

이름 _____
설정 _____
효과 _____

이름 _____
설정 _____
효과 _____

일반인용 캐릭터 시트

이름 _____

나이 _____
밸식 _____
진실의 수 _____
사회적 신분 _____
공적 _____
배경 _____

성별 _____
신념 _____

인물칸

인물명 _____
거처 | 비밀 | 오의 | 감정

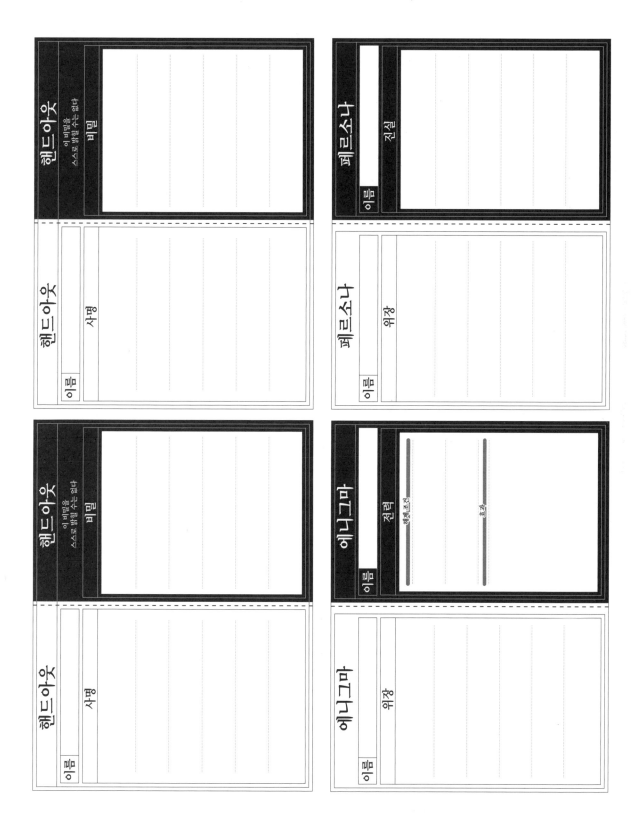

핸드아웃

이 비밀을
스스로 밝힐 수는 없다

비밀

핸드아웃

사명

이름

페르소나

진실

이름

페르소나

위장

이름

핸드아웃

이 비밀을
스스로 밝힐 수는 없다

비밀

핸드아웃

사명

이름

에니그마

전력

헤갯조건

효과

이름

에니그마

위장

이름

VELOCITY SYSTEM

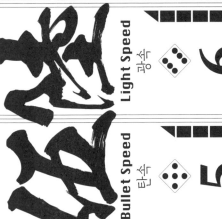

Mundain 정지한 시간 0	Ghost Walk 유령걸음 1	Shadow Run 그림자 질주 2	Neuro Speed 사고속도 3	Sonic Speed 음속 4	Bullet Speed 탄속 5	Light Speed 광속 6	F.T.L. 초광속 7
펌블 에어리어 0	펌블 에어리어 1	펌블 에어리어 2	펌블 에어리어 3	펌블 에어리어 4	펌블 에어리어 5	펌블 에어리어 6	펌블 에어리어 7
전투 장면에서는 펌블이 발생하면 모든 행동 판정이 자동으로 실패하게 된다.	전투 장면에서는 펌블이 발생하면 모든 행동 판정이 자동으로 실패하게 된다.	전투 장면에서는 펌블이 발생하면 모든 행동 판정이 자동으로 실패하게 된다.	전투 장면에서는 펌블이 발생하면 모든 행동 판정이 자동으로 실패하게 된다.	전투 장면에서는 펌블이 발생하면 모든 행동 판정이 자동으로 실패하게 된다.	전투 장면에서는 펌블이 발생하면 모든 행동 판정이 자동으로 실패하게 된다.	전투 장면에서는 펌블이 발생하면 모든 행동 판정이 자동으로 실패하게 된다.	전투 장면에서 발생하면 펌블이 발생하면 모든 행동 판정이 자동으로 실패하게 된다.

▲ 메인 페이즈의 전투에서는 자신 이외의 캐릭터에게 [생명력]을 1점 이상 감소당하면 탈락.

▲ 메인 페이즈에서는 전투 참가자의 수만큼 라운드가 경과하면 전투 장면 종료.

▲ 공격을 처리할 때부터 라운드를 종료할 때까지 2D6의 눈이 플롯치 이하라면 펌블 발생.

▲ 접근전 대미지는 무작위로 결정. 사격전 대미지는 없는 쪽이 결정.

▲ 전투에 참가하지 않는 플레이어는 라운드마다 1회, ±1의 수정치를 적용할 수 있다. 연출 수정.

▲ 클라이맥스 페이즈에서는 [비밀]을 스스로 공개하고 화상 장면을 연출함으로써 판정의 달성치에 +3을 적용하거나, 공격의 효과로 근거리 접근전 대미지 1점을 추가할 수 있다.

● 징상 표

1 평지. 특별한 효과 없음.

2 수중. 바다나 강, 수영장, 피 연못 지옥 등. 이 전장에서는 회피 판정에 -2의 수정치를 적용한다.

3 고지대. 빌딩 사이나 나무 위, 깎아지른 절벽 등. 이 전장에서 펌블을 내면 접근전 대미지 1점을 입는다.

4 악천후. 폭풍이나 눈보라, 미사일의 비 등. 이 전장에서는 모든 공격 판정에서 1 상승한다.

5 혼잡. 사람이 우글거리는 거리나 교실, 정체 중인 차도 등. 이 전장에서는 행동 판정을 할 때의 펌블치가 1 상승한다.

6 위험지대. 우주나 심해, 용암, 마계 등. 게임 마스터는 라운드가 끝날 때 1D6을 굴린다. 주사위 눈이 전투가 시작하고 경과한 라운드 수 이하인 경우, 이 전장에 있는 캐릭터들은 접근전 대미지 1점을 입는다. 이 전장에서 접근전 대미지 1점을 입거나, 1D6을 굴려서 상태이상 표의 결과를 적용한다.

메인 페이즈에 할 수 있는 일

드라마 장면의 절차

1. 장면 플레이어는 장면 표에서 주사위를 굴린다.
2. 등장인물이나 시간, 공간을 선택하고 장면을 연출한다.
3. 회복 판정, 정보 판정, 감정 판정 중 하나를 한다.
4. 장면 플레이어가 연출에 어울리는 특기 하나를 선택하고 행동 판정을 한다.

판정에 성공하면……

회복 판정 자신의 【생명력】 1점 또는 상태 이상 하나를 회복한다.

정보 판정 임의의 캐릭터 1명을 선택한다. 그 캐릭터의 【거처】나 【비밀】을 하나 획득할 수 있다.

감정 판정 같은 장면에 등장한 임의의 캐릭터 1명을 선택한다. 자신과 그 캐릭터의 플레이어는 서로 1D6을 굴리고, 서로에 대한 【감정】을 무작위로 획득한다. 이미 상대에 대해 모종의 【감정】을 획득하고 있다면, 새로 정한 【감정】으로 변경할 수 있다.

전투 장면의 절차

1. 장면 플레이어는 전장 표에서 주사위를 굴려 전장을 결정할 수 있다.
2. 플롯
3. 공격 처리
4. 라운드 종료

전투에 승리하면……

【감정】 패자 1명을 선택한다. 선택한 캐릭터에 대해 임의의 【감정】을 획득한다. 또는, 자신에 대한 임의의 【감정】을 그 캐릭터로 하여금 획득하게 한다(【감정】을 획득하는 캐릭터가 대상에 대해 이미 모종의 【감정】을 획득하고 있을 경우, 지정된 【감정】으로 변경한다).

【정보】 패자 1명을 선택하고, 그 캐릭터가 가진 【거처】나 【비밀】을 획득한다.

프라이즈 패자 1명을 선택하고, 그 캐릭터가 가진 프라이즈 하나를 획득한다.

● 드라마 장면 동안 같은 장면에 있는 캐릭터를 상대로 닌자도구나 【거처】, 【오의】를 자발적으로 양도 및 교환할 수 있다.

● 같은 장면에 있는 캐릭터가 판정을 할 때, 그 캐릭터에 대해 【감정】을 가지고 있다면 그 판정에 감정 수정을 적용할 수 있다(사이클마다 한 번만).

유파 상관도

히라사카 기관 일본의 국익을 지킨다	**사립 오토기 학원** 누군가의 비밀을 조사한다
오니의 혈통 시노비가미 부활과 관련된 정보를 입수한다	**하구레모노** 누구에게도 얽매이지 않고 자신의 의지로 싸운다
쿠라마신류 시노비가미 부활을 저지한다	**하스바 인군** 다른 유파가 보유한 「오의의 내용」을 수집한다

숙적 / 숙적

감정을 가진 상대에게 할 수 있는 일

「정보 공유」 「전투 난입」 「감정 수정」

● 장면 표

2	주위에 피 냄새가 진동한다. 누군가가 싸운 흔적. 아니, 아직 싸움은 계속되고 있는 것인가?
3	이것은…… 꿈? 이미 지나간 과거. 하지만 그것을 잊을 수는 없다.
4	눈앞에 펼쳐진 거리의 풍경을 바라본다. 여기라면 한 눈에 거리를 내려다 볼 수 있지만…….
5	세계의 끝을 연상케 하는 어둠. 어둠 속에서 당신들은 은밀하게 속삭인다.
6	평화로운 시간이 흘러간다. 그림자의 세계를 잊어버릴 것만 같다.
7	맑은 기운이 감도는 숲 속. 새가 지저귀는 소리와 나무 사이로 산들바람이 부는 소리가 들려온다.
8	엄청나게 혼잡하고 떠들썩하다. 그림자의 세계를 모르는 순진한 이들이 자기자랑이며 잡담을 나누는 소리로 시끌벅적하다.
9	세찬 비가 내린다. 사람들은 비를 피할 곳을 찾아 황급히 달려가고 있다.
10	강한 바람이 휘몰아친다. 머리카락과 옷이 크게 휘날린다. 무언가가 일어날 듯한 예감…….
11	주정뱅이의 노성. 호객꾼들의 외침. 여자들의 교성. 평소와 다를 것이 없는 번화가의 모습이지만…….
12	태양의 미소가 당신을 감싼다. 그림자 속에서 살아가는 이들에게 그 미소는 너무나 눈부시다.

● 펌블 표

1	뭔가 상태가 이상하다. 그 사이클 동안 모든 행동 판정에 -1의 수정치를 적용한다.
2	아뿔싸! 아무거나 닌자도구를 하나 잃어버린다.
3	정보가 새어나갔다! 당신을 제외한 다른 캐릭터들은 당신이 가지고 있는 【비밀】이나 【거처】 중에서 원하는 것을 하나씩 알아낼 수 있다.
4	방심했다! 술법의 제어에 실패해서 【생명력】을 아무거나 1점 잃는다.
5	적의 음모인가? 함정에 걸려서 무작위로 상태이상 한 종류에 걸린다. 상태이상은 상태이상 표로 결정한다.
6	휴우. 하마터면 큰일 날 뻔 했다. 아무 일도 일어나지 않는다.

● 감정 표

1	**공감** (플러스) / **불신** (마이너스)
2	**우정** (플러스) / **분노** (마이너스)
3	**애정** (플러스) / **질투** (마이너스)
4	**충성** (플러스) / **모멸** (마이너스)
5	**동경** (플러스) / **열등감** (마이너스)
6	**광신** (플러스) / **살의** (마이너스)

● 상태이상 표

1	**고장.** 모든 닌자도구를 사용할 수 없게 된다. 이 효과는 누적되지 않는다. 각 사이클을 종료할 때 《기기술》로 행동 판정을 해서 성공하면 이 상태이상은 무효가 된다.
2	**마비.** 습득하고 있는 특기 중에서 무작위로 하나를 고른다. 그 특기를 사용할 수 없게 된다. 이 효과는 습득하고 있는 특기의 수만큼 누적된다. 각 사이클을 종료할 때 《신체조작》으로 행동 판정을 해서 성공하면 이 상태이상은 모두 무효가 된다.
3	**중상.** 명중 판정, 정보 판정, 감정 판정을 할 때마다 접근전 대미지 1점을 입는다. 이 효과는 누적되지 않는다. 각 사이클을 종료할 때 《생존술》로 행동 판정을 해서 성공하면 이 상태이상은 무효가 된다.
4	**행방불명.** 메인 페이즈 동안 자기 이외의 플레이어가 장면 플레이어인 장면에 등장할 수 없게 된다. 이 효과는 누적되지 않는다. 각 사이클을 종료할 때 《경제력》으로 행동 판정을 해서 성공하면 이 상태이상은 무효가된다.
5	**망각.** 획득한 【감정】 중에서 무작위로 하나를 고른다. 그 【감정】을 가지고 있지 않은 것으로 간주한다. 이 효과는 획득한 【감정】의 수만큼 누적된다. 각 사이클을 종료할 때 《기억술》로 행동 판정을 해서 성공하면 이 상태이상은 모두 무효가 된다.
6	**저주.** 습득하고 있는 인법 중에서 무작위로 하나를 고른다. 그 인법을 사용할 수 없게 된다. 이 효과는 습득하고 있는 인법의 수만큼 누적된다. 각 사이클을 종료할 때 《주술》로 행동 판정을 해서 성공하면 이 상태이상은 모두 무효가 된다.

시나리오 시트

시나리오명		
인원		
리미트	플레이어 수	
프라이즈		

	사망	비밀
	사망	비밀
	사망	비밀
	사망	비밀
	사망	비밀
	사망	비밀

보충

이 책의 규칙은 『인술 배틀 TRPG 시노비가미 기본룰북』에 가필 및 수정을 가한 것입니다. 이 책을 사용해서 플레이하는 경우, 2020년 4월 이전에 발표된 규칙이나 FAQ는 무시하고 플레이하시기 바랍니다. 또, 『인술 배틀 TRPG 시노비가미 기본룰북』이나 『시노비가미 시나리오집 인비전 改』등 몇몇 서적에 대해서는 공식 WEB사이트(bouken.jp/pd/sg/)의 『개정판』항목에 업데이트 방법을 기재했습니다. 확인하시고, 안내에 따라주세요.

지금까지 발표한 규칙이나 데이터를 이용하는 것도 가능하지만, 그 경우에는 참가자끼리 합의한 후에 플레이하시기 바랍니다. 또, 지금까지 발표한 시나리오를 이 책의 규칙을 사용해서 플레이할 수도 있습니다. 그 때는 인법, 닌자도구, 오의, 배경, 에너미, 페르소나 등 갖가지 데이터를 이 책에 실린 내용에 따라 수정해서 운용하시기 바랍니다.

육박 수정

이것은 전투의 동시 공격에 관한 추가 규칙입니다.

동시 공격을 처리할 때, 자신과 플롯치가 같은 캐릭터를 공격의 목표로 선택하면 그 회피 판정에 -1의 수정치가 적용됩니다. 이것을 육박 수정이라고 부릅니다.

초보자 보너스

이것은 『시노비가미』를 처음으로 경험하는 플레이어를 위한 추가 규칙입니다.

게임 마스터가 바란다면 캐릭터를 제작할 때, 각 캐릭터에게 「병량환」을 1개 가지고 시작하게 합시다. 이것은 원래 획득하는 초기 닌자도구 2개와는 별개로 주어집니다. 이 「병량환」을 초보자 보너스라고 부릅니다.

초보자 플레이어가 베테랑 플레이어들과 함께 플레이를 할 경우, 게임 마스터는 그 초보자 플레이어에게 초보자 보너스를 적용할 수도 있습니다.

특수 인법 일람 표

이 표는 인법을 특수한 형태로 습득하고 사용할 수 있는 효과를 정리한 표입니다. 인법, 배경, 【진실】이 실려 있습니다.

상세한 효과는 각 데이터를 참조하시기 바랍니다.

사용 타입이 「사용」인 효과로 인해 사용할 수 있게 된 인법은 습득한 것으로 보지 않습니다. 따라서 「저주」와 같이 습득한 인법에 영향을 미치는 효과의 대상이 되지 않습니다(바탕이 되는 효과가 미습득 또는 사용 불능이 되었다면 이러한 효과는 사용할 수 없게 됩니다).

●특수 인법 일람 표

명칭	분류	사용 타입	제한	공격	서포트	장비	비전	고류	요마	외도
【기계닌자】	인법	특례 습득	하스바 인군이나 그 하위 유파 이외의 서포트 인법(비전 인법, 고류 인법은 제외).	×	○	×	×	×	×	×
【고향의 전법】	인법	특례 습득	자기 유파 이외의 공격 인법(비전 인법은 제외).	○	×	×	×	×	×	×
【탐랑】	인법	특례 습득	목표가 습득한 인법.	○	○	○	○	○	×	×
【전학생】	인법	특례 습득	하구레모노나 오니의 혈통 유파 인법 중 장비 인법. 하위 유파의 유파 인법 포함(비전 인법은 제외).	×	×	○	×	×	×	×
【교도】	인법	특례 습득	자신이 습득했고, 목표가 습득하지 않은 인법(중급닌자 지휘관 이하에서는 습득할 수 없는 인법, 【교도】는 제외).	○	○	○	○	○	×	×
【애제자】	인법	특례 습득	자신이 습득한 공격 인법이나 서포트 인법.	○	○	×	○	○	×	×
【특별교실】	인법	특례 습득	자신이 습득 가능한 인법.	○	○	○	○	○	×	×
【아야카시 가면】	인법	특례 습득	범용 공격 인법, 카루타슈 이외의 고류 유파에 속하는 공격 인법.	○	×	×	×	○	×	×
【신쟈 가면】	인법	특례 습득	요마 인법.	○	○	×	×	×	○	×
【기계병기】	인법	특례 습득	자기 유파 이외의 장비 인법(비전 인법은 제외).	×	×	○	×	×	×	×
【지네】	인법	특례 습득	목표가 습득한 인법.	○	○	○	○	○	×	×
【말예】	배경	특례 습득	고류 인법.	○	○	○	×	○	×	×
【다른 유파의 혈통】	배경	특례 습득	임의로 선택한 유파(자신이 속한 유파 제외, 고류 유파 제외)의 인법. 하위 유파의 인법은 그 하위 유파를 선택해야만 습득 가능.	○	○	○	×	×	×	×
【시간여행자】	배경	특례 습득	「전국편」이라면 6대 유파나 그 하위 유파, 「현대편」이라면 고류 유파의 인법.	○	○	○	×	×/○	×	×
【쌍둥이】	배경	특례 습득	자신이 습득 가능한 공격 인법이나 서포트 인법.	○	○	×	×	×	×	×
【종가】	배경	특례 습득	자기 유파의 비전 인법.	○	○	○	○	×	×	×
【검호】	전국편 배경	특례 습득	쿠라마신류의 유파 인법(하위 유파는 제외).	○	○	○	×	×	×	×
【떠돌이】	전국편 배경	특례 습득	하구레모노의 유파 인법(하위 유파는 제외).	○	○	○	×	×	×	×
【요괴의 피】	전국편 배경	특례 습득	오니의 혈통에 대응하는 하위 유파 하나가 습득 가능한 인법.	○	○	×	×	×	×	×
【전설】	전국편 배경	특례 습득	이 배경의 소유자가 사망 시점에 습득하고 있던 인법.	○	○	○	○	○	×	×
【비전서】	진실	특례 습득	범용 인법, 임의의 유파 인법 하나.	○	○	○	○	○	×	×
【반요】	진실	특례 습득	요마 인법.	○	○	○	×	×	○	×
【전직 닌자】	진실	특례 습득	범용 인법, 임의의 유파 인법(중급닌자 지휘관 이상만 습득할 수 있는 인법은 제외).	○	○	○	○	○	×	×
【마성의 피】	인법	사용	오니의 혈통 유파 인법에 속하는 공격 인법이나 서포트 인법. 하위 유파의 유파 인법을 포함(비전 인법은 제외).	○	○	×	×	×	×	×
【인법 복사】	인법	사용	자신 이외의 누군가가 사용한 서포트 인법.	×	○	×	×	×	×	×
【옛날】	인법	사용	임의로 선택한 유파(자신이 속한 유파 제외)의 공격 인법이나 서포트 인법(비전 인법은 제외).	○	○	×	×	×	×	×
【그림자 인형】	인법	사용	목표가 습득한 공격 인법.	○	×	×	×	×	×	×
【짐승의 기교】	인법	사용	그 에너미가 습득한 공격 인법이나 서포트 인법.	○	○	×	×	×	×	×
【능묘】	인법	사용	히라사카 기관의 비전 인법.	○	○	○	○	×	×	×
【친우】	인법	사용	친우가 습득한 공격 인법이나 서포트 인법.	○	○	×	×	×	×	×

후기

『시노비가미』가 발매된 지 10년. 그것을 기념해서 이런 룰북을 출판하게 되었습니다. 지금까지도 몇 차례 『시노비가미』의 룰북을 출판했지만, 이번 버전은 여러분의 사랑과 의견이 없었다면 만들지 못했을 겁니다. 우선 여러분에게 감사의 말씀을 전하고 싶습니다.

정말로 감사합니다.

솔직히 이 룰북은 제작 과정에서 매우 많은 고민을 해야 했습니다.

이제까지의 『시노비가미』는 많은 문제를 안고 있었습니다. 이 룰북은 그런 문제를 수정해야 했습니다. 알기 어려운 규칙에 주석을 추가하고, 각 데이터의 강함을 조정하고, 이상하게 해석되는 텍스트를 다시 정의하는 작업이 필요했습니다. 자신이 과거에 저지른 실수와 마주하며, 보다 좋은 결과물을 지향하는 것은 상당히 고된 작업이었습니다.

수정한 범위는 방대합니다.

「정말로 그걸 다 고치는 거야?」「너무 많이 고치면 앞 버전의 룰북을 가진 분들이 플레이하지 못하게 될 텐데?」「하지만 모처럼 좋은 기회가 찾아왔으니 오해는 줄여두고 싶고⋯⋯.」

그런 모순과 싸우는 와중에 단순히 고치는 것만이 아니라 근본적인 부분을 변경해서 새로운 게임으로 만들고 싶다는 욕구도 솟아났습니다.

「주사위 안 써도 되지 않을까?」「절대안 돼. 사이코로 픽션은 주사위를 써야지!」「에이, 그래도 거기에 너무 얽매일 필요는 없잖아?」

머릿속에서 매일 같이 그런 회의가 열렸습니다.

또, 이 작업 속에서 과거의 시행착오라 할 수 있는 내용들 덕분에 탄생한 매력적인 캐릭터들, 즐거운 세션들을 접할 수 있었습니다. 현재의 자신이 고치고 있는 버그도 포함해서 여러분이 플레이해온 것이야말로 『시노비가미』라 할 수 있을지도 모릅니다. 그렇게 생각하니 이 작업을 진행해도 좋을지 지독한 갈등에 시달리게 되었습니다. 두 가지 해석이 가능한 애매모호한 텍스트를 바탕으로 두 종류의 재미있는 세션이 성립했을 때, 어느쪽을 선택해야 할까요? 이 작업을 하게 되면 그 세션 중 한쪽은 틀린 것이 되어버리는 것은 아닐까요.

하지만 작업을 계속하다 보니 서서히 그런 고민은 사라졌습니다. 『시노비가미』에 대한 많은 감상과 지적을 조사하는 사이에 기묘한 감동을 느낀 것입니다. 거기에는 제가 모르는 무수한 『시노비가미』가 존재했습니다. 이제는 독자 여러분이 이 게임을 더 자세히 아시겠구나. 그 사실을 인정하고 나니 굉장히 마음이 편해졌습니다.

새로운 『시노비가미』를 만들고 싶다. 하지만 지금은 그때가 아니다.

되도록 고치되, 가능한 한 고치지 않는다.

이 룰북은 그런 한 권이 되었을 것입니다.

여러분이 이 후기를 읽고 계신다는 것은 이번 룰북 제작이 이미 종료되었다는 것일 테지만. 하지만 『시노비가미』를 더욱 재미있게 만들기 위한 저의 작업은 아마 좀 더 계속될 것입니다. 이 게임을 여러분보다 더 구석구석 파악하고, 더 재미있는 형태로 다시 전해드리기 위해 준비하고 있을 테지요.

다음이 언제가 될지는 모르겠지만, 또다시 새로운 『시노비가미』로 만나뵐 수 있을 거라고 믿습니다. 어쩌면 또 10년 후일지도 모르겠군요. 그때까지는 이 룰북으로 사이 좋게 칼부림을 벌이는 이야기를 즐겨보시기 바랍니다.

세션은, 여러분의 것입니다.

시노비가미 10주년을 축하드립니다. 처음으로 시노비가미의 일러스트를 그린 것이 바로 얼마 전의 일 같기도 하고, 머나먼 옛날인 것 같은 기분도 들고... 길고도 짧은 10년이었습니다. 일러스트레이터가 되어 처음으로 담당했던 시노비가미는 개인적으로 매우 애착이 가는 TRPG입니다. 발매한 지 10년이 지난 지금도 많은 분들에게 사랑받는 작품에 일러스트라는 형태로 관여할 수 있게 된 것을 정말로 영광스럽게 생각합니다. 이 게임을 만든 카와시마 토이치로 선생님, 그리고 앞으로도 많은 시나리오에서 태어나고 싸우고 쓰러질 닌자(플레이어) 여러분에게 경의를 표하며.

나나하라 시에

기획·게임 디자인
카와시마 토이치로

편집
이케다 아사카
비엠
아미야 타케아키

집필
카와시마 토이치로
이케다 아사카
사이토 타카요시
우오케리

설정 협력
야인

그래픽 디자인
이케다 사토시
나카가와 나오미
이시미네 쇼지

일러스트
나나하라 시에
오치아이 나고미

Special Thanks
우라베 잇테츠
MASASHIGE
이자쿠
미나기
유스케
아리마사
그 밖의 모든 게임 마스터, 플레이어 여러분!

역자 후기

한 해 동안 여러 가지 일들이 있었지만 어떻게든 다시 룰북 번역을 맡게 된 역자 유범입니다.

2022년은 정말 다사다난했던 해였네요. 남이 알려주기 전까지는 다사다난하다는 자각조차 없었을 정도로 정신 없었던 한 해였습니다.

그래도 어떻게든 좋아하는 것들 붙잡고 있다는 것만으로도 다행인 것 같습니다.

이번에는 시노비가미의 번역을 맡게 되었습니다. 디자이너인 카와시마 토이치로 님은 제가 TRPG를 시작한 이후로 새 룰이 나올 때마다 꼬박꼬박 체크하는 두 분의 디자이너 중 한 분이고, 시노비가미 자체가 제 마스터링에도 크게 영향을 주는 계기가 되었던 룰이라 이렇게 번역을 맡게 된 것이 정말로 기쁩니다. 한편, 이미 많은 분들이 좋아하시는 룰이고, 저 자신도 다른 룰 이상으로 이 룰에 관한 추억이 많다 보니 작업 내내 긴장하기도 했습니다. 실제로 용어 선정부터 본문 번역까지 지금까지 했던 작업 중에서도 가장 손이 많이 가는 작업이었고, 결과물을 내놓고도 여러 차례 뜯어고치기를 반복했습니다.

부디 그 보람이 있어서 조금이라도 더 나은 번역을 전해드릴 수 있다면 좋겠습니다.

이번 번역에서 가장 고민한 건 역시 용어였습니다. 닌자물이라는 장르 자체가 마니악하면서도 역사가 깊어서 그 자체의 개성이 강한 장르고, 각종 오마주 요소나 언어 유희도 고려해야 했기 때문입니다. 평소라면 그런 배경을 잘 모르더라도 상관 없도록 용어를 선택하겠습니다만, 시노비가미의 경우는 그런 배경을 포함해서 닌자물다운 분위기가 유지되는 것이 아닐까… 하는 생각이 들어서 고유명사나 오마주 요소 등은 되도록 살리는 방향으로 번역하기로 했고, 또 특정 작품이나 소재를 모르면 이해가 안 되는 인법 이름 같은 것도 종종 등장했으므로, 그런 것들도 포함해서 부연 설명이 필요하다고 생각했습니다.

그런 이유로 이번에는 특별히 역자 후기 공간을 평소보다 넉넉하게 허락 받았습니다. 이번 후기에서는 인법의 이름을 비롯하여 시노비가미 룰북에 등장한 용어 중에서 한국인은 바로 알아보기 힘든 소재에 대해 정리하겠습니다. 주관적인 기준이 포함되는 부분도 있는지라, 없는 것보다는 도움이 되는 부분도 있지 않을까 하여 작성해봅니다.

우선 일본 신화에서 유래한 용어와 같이 뚜렷하게 고유명사로서의 특성이 강한 것들은 그대로 옮겼습니다. 기본룰북에서는 특히 히라사카 기관, 그중에서도 시코메슈의 인법 "야쿠사노이카츠치"나 "치가에시", "요모츠이쿠사" 등이 여기에 해당합니다. 이후 시나리오집에 등장하는 용어도 마찬가지 기준을 적용했습니다("호노이카츠치" 등).

조직의 이름 등의 경우, 훈독 표기의 고유명사는 되도록 그대로 옮겼습니다(예: 츠바노미구미). 조, 군, 반, 중 등 집단을 나타내는 종류의 한자가 쓰인 집단은 대체로 옮겼습니다. 반면, 음독 표기 그대로 옮겨도 위화감이 없는 경우(예: 마왕류)는 그대로 옮겼습니다.

읽는 법이 같다는 점을 이용한 언어유희(읽는 법은 같으나 한자가 다르거나, 아예 사전에 없는 조합의 한자 표기)는 문맥에 따라 평범하게 번역하되, 이중적인 의미를 노린 경우는 되도록 중복 표기를 통해 표기했습니다. 예를 들어 구교사 관리위원회의 인법인【괴담 계단】은 원문을 살펴보면 계단과 괴담의 일본어 발음이 같다는 것을 이용한 언어유희이므로 괴담과 계단의 두 단어를 조합한 이름입니다. 장송 방송, 피의 결단, 축복의 복권, 물가의 사슬 등도 같은 경우입니다.

시트 용어의 경우, 대체로 기존에 번역한 사이코로 픽션 시리즈의 용어를 따랐습니다. 법식 등의 용어는 원문의 의미를 가장 무난한 형태로 전할 수 있는 용어를 고른다는 목적으로 골랐습니다.

계급 용어는 하급닌자 지휘관, 중급닌자 지휘관, 상급닌자 지휘관 등의 단어를 사용했습니다만, 이것은 원문의 카시라(頭)라는 단어를 닌자 특유의 계급 구조를 나타내면서도 대부분의 상황에서 무난하게 사용할 수 있는 용어라고 판단하여 골랐습니다.

각 하위 유파의 우두머리는 원문에서는 '수괴'입니다만, 우리나라 정서에서 '수괴'라는 단어가 가지는 부정적인 이미지를 고려해서 '수장'으로 고쳐 옮겼습니다.

전투 중의 펌블로 발생하는 "사카나기"는 "파랑"이라고 옮겼습니다. 단어의 한자를 보건대 바람이 불지 않아 물결이 잔잔한 상태를 안정된 고속기동 상태로 비유하는 것으로 보였으므로 그 반대에 해당하는 묘사로서 큰 물결과 잔물결을 통틀어 이르는 단어를 골랐습니다.

그 외에도 인법의 이름과 그 내용의 상관관계를 이해하기 어렵다고 생각되는 인법, 이런 형태로 번역한 이유를 밝혀줘야 할 인법들이 몇 종류 있었으므로, 거기에 대해서도 적어보려고 합니다.

【깃든 넋의 비상】 p78
원문은 비혼. 공격을 받아 잘려나간 팔이나 머리카락 등에 넋을 불어넣어 조종하는 인법입니다. 효과의 뉘앙스를 살리기 위해 이렇게 옮겼습니다.

【미채만다라】 p80
미채를 뜻하는 '마다라'와 '만다라'의 말장난을 이용한 이름의 인법.

【불규칙한 궤적】 p81
원문은 섬궤(閃軌)입니다만, 문의해본 바로는 단순히 복잡한 궤도를 그리며 이리저리 움직이는 모습을 표현한 것이라고 해서 이렇게 옮겼습니다. 이름을 봤을 때는 모 만화의 스탠드 묘사가 떠올랐습니다만, 직접 문의해본 바로는 관계가 없다는 모양입니다….

【가을 폭풍】 p81
원문은 "카자마츠리'라고 읽는 단어로, 폭풍으로 농사를 망치지 않도록 기원하는 제사를 의미합니다. 문의 결과, 한자 표기보다는 어감을 우선한 네이밍이라는 답변이 돌아왔습니다. 효과 자체는 상대가 약해졌을 때 추가 공격을 가하는 효과이므로, 역설적인 해석을 의미한다고 가정하여 수확 시기에 찾아오는 폭풍이라는 의미로 옮겼습니다.

【야만족의 노래】 p82
원문의 한자를 그대로 풀어 옮겼습니다. 문명의 이기인 닌자도구를 야만스럽게 파괴한다는 의미를 담은 이름입니다.

【인법 혼청】 p83
원문의 인법명을 풀어 해석하면 '혼을 삼킨다'는 의미입니다만, 문의한 바에 따르면 여기에서 말하는 "혼"은 "기술"을 의미하며, 상대의 기술을 독으로 비유해서 그것을 견디기 위한 혈청을 만든다는 의미라고 합니다. 적의 기술(독)을 자기 몸에 받아들여 면역력을 얻는다는 뉘앙스입니다.

【어지러운 연기】 p84
적의 인지 능력을 약화시키는 연기를 주위에 퍼트려 더 수월하게 공격을 가하는 인법입니다. 원문을 있는 그대로 풀어서 해석하면 날개담뱃대라는 뜻인데, 이것은 에너지 드링크 레드불의 광고 문구인 "날개를 달아드립니다"에서 유래한 이름이라 짧은 인법명에 반영하기 어려웠으므로 효과의 뉘앙스 전달을 우선하여 옮겼습니다.

【목련】 p85
목련 자체는 그냥 식물의 일종인 목련입니다. 문의해본 결과, 목련의 꽃말인 "숭고함", "고귀함"에서 착안한 인법명이라고 합니다. 게임적인 효과상 강인한 정신력의 소유자라는 뉘앙스를 살리기 위해 이러한 인법명을 붙였다고 합니다.

【뒤흔드는 소리】 p85
단순히 어감을 우선한 이름이라고 하여 그대로 풀어서 해석했습니다.

【그래비톤】 p88
원문은 암밀(暗密)이라는 정체 불명의 한자였어고, 훈독인 "쿠라미츠'도 어떤 의미인지 알 수 없었습니다. 문의해본 결과, 중력자를 의미하는 그래비톤을 억지로 일본식 발음으로 고치고 다듬은 이름이라고 합니다. 이름의 직접적인 출처는 「선술 초공각 ORION」이라는 만화입니다. 원래의 의미대로 옮겼습니다.

【히토츠】 p88
문의해본 결과, 이름의 유래는 대장장이신인 아메노마히토츠노카미. 신의 이름 일부를 가져오고, 한자 하나를 비슷한 다른 한자로 고친 것으로 보입니다. 원래의 유래를 살리는 방향으로 옮겼습니다.

【그림자 흉내】 p90
원문인 '영법사'는 사람의 그림자를 의미하는 단어입니다만, 마치 대상의 그림자처럼 따라붙어 같은 플롯이 되는 효과를 살리면서 좀 더 보편적인 의미의 '그림자影'와 구분하기 위해 이와 같이 옮겼습니다.

【마물사냥의 노래】 p93
원문은 곡가(曲歌). 곡(曲)이라는 한자의 발음이 마물을 사냥한다는 의미의 "마가리"와 같다는 점을 사용한 언어유희입니다. 효과상 의도하는 바는 마물 사냥 쪽이므로 그 의미를 살리는 방향으로 옮겼습니다.

【도적】 p95
원문의 표기는 백파(白波). 흰 물결이라고 읽을 수 있지만, 중국의 백파적에서 유래하여 도적이라는 의미도 있는 단어입니다.

【등롱초】 p96
식물인 꽈리의 다른 이름입니다. 효과의 테마가 불꽃이고, 식물의 이름 표기도 "귀등"이므로 별명 쪽을 사용했습니다.

【탐랑】 p102, 【파군】 p102, 【문곡】 p103, 【거문】 p103, 【무곡】 p103
모두 북두칠성의 별 이름이므로 그대로 옮겼습니다.

【화승식 탄력본원】 p113
원문은 탄력본원이라는 사자성어의 마지막 글자가 일본어 발음상 총을 의미하는 "GUN"과 같다는 점을 이용한 말장난. 이 말장난을 그대로 옮길 방법이 없어서 총 대신 탄환을 말장난에 대입해서 옮겼습니다. 오타가 아닙니다.

【보이지 않는 빗장】 p115
일본의 닌자 소설에서 종종 등장하는 표현으로, 예리한 실을 보이지 않게 설치해둔 함정을 빗장에 비유한 표현입니다. 원문은 바람(風)이라는 표현을 씁니다만, 바람이라는 의미보다는 보이지 않는다는 의미에 더 무게가 실린 표현입니다.

【두 얼굴의 사자】 p120
원문은 가부키의 공연 이름에서 유래한 이름입니다. 해당 공연의 내용을 살리는 방향으로 옮겼습니다. 둘이서 한 바지도 마찬가지입니다.

【마인병기】 p141, p144
원문은 마인(魔刃). 刄이라는 한자가 본래의 의미보다는 사람(人)과 칼날(刀)이라는 의미를 동시에 표현하는 것으로 해석하여 둘 중 어느쪽으로 해석해도 상관 없도록 하되, 마인(魔人) 등의 표현으로 오해하는 일이 없도록 뒤에 무기임을 나타내는 단어를 덧붙였습니다.

그 외에 그림자(影)라는 한자가 들어가는 인법은 의도적으로 '그림자'라는 표현으로 통일했습니다. 이것은 나중에 발매된 책에 포함되어 있는 어느 인법의 효과 때문입니다.

그 외에도 출처나 뒷설정을 알아야 이해할 수 있는 인법, 효과가 몇 가지 있었습니다만, 이런 것은 대부분 본문의 해설에 원문에는 없는 설명을 덧붙였습니다. 오토기 학원 학생회의 인법 "사오토메"나 우라야규의 인법 "코즈메", "오오즈메", 노키자루의 인법 "교단", 카루타슈의 인법 이름 등이 여기에 해당합니다.

후기를 통해 언급하는 부연 설명이라는 것은 어떻게 생각하면 번역에 대한 변명처럼 느껴지기도 합니다만, 번역 과정에서 미처 전하지 못한 원본의 의도나 의미를 조금이라도 더 명확하게 전달드리고 싶어서 이렇게 빈 자리를 활용했습니다. 원문과 번역된 용어 사이에서 괴감함을 느끼시는 분들이 계신다면, 이 후기가 조금이나마 해명에 도움이 되었으면 합니다.

이것으로 기본 룰북의 후기를 마칩니다.

시노비가미라고 하는 좋은 룰북의 번역을 맡게 된 것은 제게는 정말로 과분한 영광이라고 생각합니다. 하다못해 조금이라도 더 많은 분들이 만족하실 수 있는 결과물이 되기를 바랄 따름입니다.

일정상 당장은 힘들겠지만, 저도 이 책이 발매되었을 때는 시노비가미를 해보고 싶네요. 그때는 이번에야말로 자기 핸드아웃 외의 정보를 모르는 채로 게임을 시작한다는 감각이 어떤 것인지 체험해보고 싶습니다. 사이코로 픽션을 접한 지도 십수 년은 지났으니까 한 번쯤은 괜찮지 않을까요…….

부디 여러분의 플레이가 즐거우시기를 기원하며 이만 인사 드리겠습니다.

Ninja Battle Role Playing Game
인술 배틀 TRPG
SHINOBIGAMI
시노비가미
BasicRulebook 기본룰북 개정판
Revised edition

인술 배틀 TRPG 시노비가미
기본 룰북 개정판

2023년 06월 02일 초판 인쇄
2023년 06월 23일 초판 발행
원제   忍術バトルRPG シノビガミ　基本ルールブック 改訂版
저자   카와시마 토이치로/모험기획국
디자인   모험기획국
역자   유범

한국어판 제작
편집   곽건민(이그니시스)
교정   곽건민(이그니시스), 유범, 김효경, 정재민, 전홍준
타이틀 디자인   김규민
발행   TRPG Club

파본 및 불량은 구매처에 문의하시기 바랍니다.
정가는 표지에 표시되어 있습니다.
ISBN   979-11-88546-44-2

©2020 河嶋陶一朗 / ©2020 冒険企画局